PETER VON DUSBURG
CHRONIK
DES PREUSSENLANDES

Übersetzt und erläutert von
Klaus Scholz und Dieter Wojtecki

1984
WISSENSCHAFTLICHE BUCHGESELLSCHAFT
DARMSTADT

CIP-Kurztitelaufnahme der Deutschen Bibliothek

Petrus ⟨de Dusburg⟩:
Chronik des Preussenlandes / Peter von Dusburg.
Übers. u. erl. von Klaus Scholz u. Dieter
Wojtecki. [Ed. quam paraverat Max Toeppen. Textum
denuo impr. cur. Klaus Scholz et Dieter Wojtecki].
– Darmstadt: Wissenschaftliche Buchgesellschaft,
1984.
(Ausgewählte Quellen zur deutschen Geschichte
des Mittelalters; Bd. 25)
Einheitssacht.: Chronicon terrae Prussiae ⟨dt.⟩
Parallelsacht.: Petri de Dusburg Chronica terre
Prussie
ISBN 3-534-00604-6
NE: Töppen, Max [Hrsg.]; GT

1 2 3 4 5

Bestellnummer 0604-6

© 1984 by Wissenschaftliche Buchgesellschaft, Darmstadt
Satz: Roddert Fotosatz, Köngernheim bei Mainz
Druck und Einband: Wissenschaftliche Buchgesellschaft, Darmstadt
Printed in Germany
Schrift: Century Light, 8/10 9/11 10/12

ISSN 0067-0650
ISBN 3-534-00604-6

PETER VON DUSBURG
CHRONIK DES PREUSSENLANDES

AUSGEWÄHLTE QUELLEN
ZUR DEUTSCHEN GESCHICHTE
DES MITTELALTERS

FREIHERR VOM STEIN-GEDÄCHTNISAUSGABE

Begründet von Rudolf Buchner
und fortgeführt von Franz-Josef Schmale

Band XXV

PETRI DE DUSBURG
CHRONICA
TERRE PRUSSIE

Editionis quam paraverat Max Toeppen
textum denuo imprimendum curaverunt
Klaus Scholz et Dieter Wojtecki

1984

WISSENSCHAFTLICHE BUCHGESELLSCHAFT
DARMSTADT

INHALTSVERZEICHNIS

Einleitung	1
1. Aufbau und Inhalt der Chronik	1
2. Verfasser und Werk	7
3. Quellen	14
4. Überlieferung	18
Literaturverzeichnis	21
Text und Übersetzung	25
Widmungsbrief	27
Prolog	27
Von der Gliederung dieses Buches	35
Hier beginnt der erste Teil des Buches	37
Hier endet der erste Teil dieses Buches. Es beginnt der zweite Teil	55
Hier endet der zweite Teil des Buches. Es beginnt der dritte Teil	97
Hier beginnt der vierte Teil des Buches	469
Ende der ersten Chronik des Peter von Dusburg. Supplementum	539
Namenverzeichnis	557

EINLEITUNG

1. Aufbau und Inhalt der Chronik

Die ›Chronica terre Prussie‹ des Peter von Dusburg gibt sich ihrem Titel nach als eine Landeschronik. Diese Kennzeichnung stammt nicht vom Autor, ebensowenig wie der Titel ihrer Übersetzung ›Die Kronike von Pruzinlant‹ von Nikolaus von Jeroschin auf diesen zurückzuführen ist. Dusburg nennt sein Werk vielmehr unspezifiziert „liber", also Buch, offenbart indessen sehr konkrete inhaltliche und auch literarische Absichten, die eine Inhaltsübersicht über sein Werk verdeutlichen möge.

Nach Peters von Dusburg eigenem Konzept, das er im Prolog im Abschnitt ›De modo agendi libri huius‹ darlegt, gliedert sich sein Werk in vier Teile:

I. "Primo describam, quo tempore et a quibus et quomodo incepit ordo domus Theutonice" (Gründungsgeschichte des Deutschen Ordens),

II. "secundo, quando et quomodo fratres predicti intraverunt in terram Prussie" (Einzug der Deutschordensbrüder ins Preußenland),

III. "tercio de bellis et aliis, que gesta sunt in dicta terra" (Kriegerische Eroberung und Behauptung des Ordens im Preußenland),

IV. "quarto ponam in margine pontifices summos et imperatores, qui a tempore institucionis huius ordinis regnaverunt, et notabilia quedam facta, que ipsorum temporibus acciderunt" (Marginalien mit Daten zur Geschichte von Päpsten und Kaisern).

Dusburgs klarem inhaltlichen Aufbauschema ist die Absicht zu entnehmen, die Geschichte des Deutschen Ordens mit Beschränkung auf die „terra Prussie" niederzuschreiben, was freilich vor allem bedeutet, über die Kampfzeit des Ordens und kriegerische Ereignisse zu berichten: „de bellis et aliis, que gesta sunt in dicta terra." Diesen Tenor seines Werks, das damit seinen Schwerpunkt in Teil III erhält, läßt Dusburg schon in der Widmungsepistel anklingen: „bella, que per nos et antecessores nostros ordinis nostri fratres victoriose gesta sunt, conscripsi et in hunc librum redegi." Es verdient herausgestellt zu werden, daß die schwerpunktmäßige Behandlung dieser Thematik in der Chronik, einem in offiziellem

Auftrag verfaßten und 1326 abgeschlossenen Werk, offenbar einem geforderten Anspruch nachkam.

In diese Zusammenhänge weist die dem Werk vorangestellte ›Epistola‹. Mit diesem Widmungsbrief legt der Autor dem derzeitigen Hochmeister Werner von Ursel 1326 sein Werk zur Begutachtung vor (ipsum examinari faciatis). Dabei bittet er auch darum, mögliche Fehler in der Darstellung korrigieren zu lassen. Erst dann möge die Chronik veröffentlicht werden. Diese Äußerungen verbindet der Autor, wohl wissend um die Erfordernisse literarischer Form, mit Darlegungen, die im Gewande rhetorischer Muster seine Rolle als Autor und das Thema des Werks betreffen. So verweist er auf das Vorbild der alten und heiligen Väter, denen die Aufzeichnung der „mira Domini nostri Jesu Christi opera" zum Lobpreis und zur Ehre des Herrn verdankt wird. Schon sie hätten — und damit wird ein Wort der Heiligen Schrift zur Leitsentenz für literarisches Tun — das Tobias-Wort „opera Domini revelare honorificum est" befolgt. Diesem Exemplum verpflichtet sich auch Dusburg, denn er versteht sein Werk, das er im Sinne des anklingenden Lukas-Worts als Talentprobe begreift und für das er traditionsbewußt den Bescheidenheitstopos „nemo sibi satis est" vorbringt, als die Darstellung von Gottes Wirken am Beispiel der Geschichte des Deutschen Ordens. So ist ein enger Bezug zu sehen zwischen der Leitsentenz des Tobias-Worts „opera Domini revelare honorificum est" und dem Thema des Werks, welches die „bella, que per nos et antecessores nostros ordinis nostri fratres victoriose gesta sunt" behandelt.

Diese Auffassung vertieft der ›Prolog‹, den der Autor gemäß literarischer Tradition dazu benutzt, sein Werk inhaltlich vorzustellen. Im Stil einer Predigt wird dabei das Bibelwort „signa et mirabilia fecit apud me Dominus excelsus" (Daniel 3,99) ausgelegt in Anwendung auf den Deutschen Orden. Dessen Taten im Preußenland, vollbracht unter Entbehrungen und Mühsal in der Nachfolge Christi, werden als Beweis für die an ihm offenbar werdende Gnade Gottes hingestellt. Die Brüder, „pleni gracia et fortitudine", werden als Werkzeuge Gottes verstanden (magna signa et forcia mirabilia fecit Deus excelsus per dictos fratres in terra Prussie), ihr Einstehen für den Glauben (pro defensione fidei corpora sua tradere in mortem) wird als „magnum signum" für die „ecclesia militans" begriffen. Dusburg zeichnet an dieser Stelle ein Bild vom Deutschen Orden und seinen Brüdern, das programmatisch für das ganze Werk gilt, in dem dann fortschreitend von Schilderung zu Schilderung dieses Verständnis Bestätigung findet. Darüber hinaus ist freilich unverkennbar, daß der Autor mit einer derartigen Zeichnung des Ordens bestrebt ist, vor

dem Leser oder Hörer — der Verständigung mit ihm dient ja der ›Prolog‹
— auch den Geist lebendig werden zu lassen, der den Orden in seinen Anfängen im Preußenland trug. Insofern soll der Blick in die Ordensgeschichte, die ja die „signa et forcia mirabilia" Gottes darstellt, den Gewinn neuer Kraft bringen, die dem Autor für den Orden nötig scheint, denn: „in novissimis diebus instabunt tempora periculosa." So erfleht denn Dusburg für den Deutschen Orden in seinen Tagen von Christus neue Zeichen und Wunder (innova signa et immuta mirabilia). Ordensgegenwart und Ordensvergangenheit sollen sich so zusammenschließen. Am Ende des ›Prologs‹ entwirft der Autor die oben mitgeteilte Gliederung des Werks und schließt nach Unfähigkeitsbeteuerung und Memoria-Topos mit einem Gebet an Christus, dessen Hilfe er zu seinem Werk erbittet.

Der erste Teil des Werks (prima pars libri) handelt von den Ursprüngen und der Anfangszeit des Deutschen Ordens (de origine domus Theutonicorum). Den nur fünf Kapiteln dieses Teils ist in Gestalt einer „prefacio" ein eigener Prolog vorangestellt. In ihr wird das Bibelwort „sapiencia sibi edificavit domum, excidit columpnas septem" (Sprüche 9,1) ausgelegt in Anwendung auf den Deutschen Orden: wie nämlich Christus das Haus der „ecclesia militans" erbaute durch das Aushauen von sieben Säulen, eben der sieben Sakramente, so habe Papst Cölestin III. (1191—1198) zum Nutzen der heiligen Kirche ein Haus, den Deutschen Orden, erbaut und sieben Säulen ausgehauen, und zwar die sieben Gebietiger oder Landkomture von Livland, Preußen, Deutschland, Österreich, Apulien, Romanien und Armenien. Dieses Haus des Deutschen Ordens, dessen Säulenbauteile seine breite territoriale Ausdehnung verdeutlichen, ist auf Christus als den Fels gegründet.

Für die Darstellung der Gründung des Ordens (I,1) benutzt Dusburg als Quelle die ›De primordiis ordinis Theutonici narratio‹ (s. dazu unten). Diese berichtet von der Einrichtung eines Feldspitals im Lager von Akkon, das 1190 von Pilgern aus Bremen und Lübeck unter dem Zeltdach aus Segeln einer Kogge gegründet wurde. Nach Abreise der Bremer und Lübecker wurde das Spital von Geistlichen aus der Umgebung Herzog Friedrichs von Schwaben übernommen, der Gottesmutter geweiht und mit dem Namen „Hospital St. Marien des Deutschen Hauses zu Jerusalem" in Hoffnung auf die Rückeroberung der Stadt versehen. Herzog Friedrich habe sodann durch Verwendung bei seinem Bruder König Heinrich VI. erreicht, daß Papst Cölestin III. die Bestätigung der Stiftung vornahm. Dusburg folgt dem Bericht der ›Narratio‹ nicht vollständig; wesentlich ist jedoch, daß er seiner Vorlage vor allem die Auffassung von der Stiftung des Ordens durch einen Neugründungsakt 1190 entnimmt und damit wie

schon die ›Narratio‹ den Zusammenhang mit dem alten Spital der Deutschen in Jerusalem, das seit 1143 urkundlich nachweisbar ist, nicht herstellt und folglich nicht für die Namengebung beizieht.

Dem Kapitel über die Gründung des Ordens, das fernerhin den Orden als den Weinberg Gottes verherrlicht und seine Gottesstreiterschaft mit der Rolle der Makkabäer vergleicht, folgen unterschiedliche Abschnitte über die ersten Hochmeister bis zu Hermann von Salza (I,2—5). Hermann von Salza wird dabei als überragende Gestalt herausgestellt und seine Rolle zwischen Papst und Kaiser angesprochen. Bemerkenswerterweise wird jedoch die Verleihung der „dignitas principis" und der entsprechenden Herrschaftszeichen (Ring und Wappen) in harmonisierender Sicht dem Zusammenwirken beider Gewalten zugeschrieben. Hier wie andernorts (vgl. II,5) ist das Bemühen des Autors als Sprachrohr des Ordens faßbar, die Spannung zwischen den beiden den Orden schirmenden Gewalten aufzufangen.

Der zweite Teil der Chronik stellt in 13 Kapiteln die Vorgänge bei der Ankunft des Ordens im Preußenland dar (de adventu ... in terram Prussie). Dusburgs Komposition dieses Chronikteils, der insgesamt die Funktion hat, die Vorgeschichte für die Herbeirufung des Ordens sowie die daraus abzuleitende Wahrnehmung der Aufgabe zum Heidenkampf zu verdeutlichen, stellt an den Anfang die trotz der missionarischen Anstrengungen des Bischofs Christian von Preußen ungebrochene „malicia" der Prußen, welche recht bald die „pax" mit den benachbarten Christen brechen und sowohl das Kulmerland wie Polen heimsuchen (II,1—2). Weder Geschenke noch militärische Gegenwehr durch den eigens gestifteten Orden der Ritterbrüder von Dobrin schaffen dagegen Abhilfe (II,3—4), so daß der „christianissimus princeps" Konrad von Masowien geradezu folgerichtig den Deutschen Orden zu Hilfe gerufen und diesem — hier stützt Dusburg seine Darstellung gezielt auf den ins Jahr 1226 verlegten, eigentlich 1230 abgeschlossenen Vertrag von Kruschwitz — das Kulmerland und das Land Löbau geschenkt habe (II,5). Die Bestätigung dieser Abmachung durch den Papst und dessen Ermunterung an die Brüder zum Heidenkampf (exhortans eos ad bellum; II,6) läßt Dusburg als Legitimation für die vom Orden gegen die Prußen aufgenommenen „nova bella, que elegit Dominus" erscheinen. Diese neuen Kämpfe für den Glauben, so entwickelt Dusburg (II,7), würden auch mit neuer Kampfesweise (in novo genere bellandi) geführt, nämlich mit stofflichen und mit geistlichen Waffen, von denen sodann im einzelnen in einer breit angelegten Waffen-Allegorese die Rede ist (II,8). Der Gebrauch dieser Waffen wird mit Bezug auf sechs Gesichtspunkte, gerichtliche Klagegründe (causae), deren Berechtigung durch

Schriftauslegung erhärtet wird, legitimiert (II,9). Erst nach diesen reflektierenden und rechtfertigenden Passagen verfolgt Dusburg das Erscheinen der ersten Brüder an der Weichsel (II,10) sowie den Zuzug von weiteren Brüdern und den Bau der Burg Nessau (II,11). Dann handelt er vom ersten Landmeister Hermann Balk (II,12) und beschließt diesen Teil der Chronik mit dem Bericht über die Erlangung päpstlicher Bullen durch den Orden, nach denen hinfort die Kreuzfahrt nach Preußen zur Unterstützung des Ordens praktiziert werden konnte.

Mit dem dritten Teil, der sich mit seinen 362 Kapiteln schon vom Umfang her als der Schwerpunkt des Werks erweist, kommt Dusburg zu seinem eigentlichen Thema (De bellis fratrum domus Theutonice contra Pruthenos). Nahezu einhundert Jahre Ordensgeschichte vom Gründungsjahr der Burg Thorn (1231) bis ins Jahr der Abfassung der Chronik (1326) werden hier behandelt. Die Fülle der chronologisch mitgeteilten Nachrichten unterliegt einem nur schwach erkennbaren Gliederungsprinzip, das der Autor als Geschichtsschreiber zur Bewältigung seines Stoffes verwendet. Zunächst ist eine Zweiteilung zugrunde liegend, die — mit Bezug auf die Niederschlagung des Prußenaufstands und endgültige Befriedung des Ordenslandes im Jahre 1283 — ein „bellum Prussie" von einem „bellum Lethowinorum" trennt (III,221). Demzufolge hat Dusburg die Kampfzeit des Ordens gegen die Prußen bis zum Jahre 1283 als „bellum Prussie" bis III,220 darstellen wollen. Diese Partie des dritten Teils der Chronik ist fernerhin durch eine Bezeichnung der einzelnen Kampfphasen gegen die verschiedenen Stämme der Prußen untergliedert, und zwar derartig, daß die vom Autor in III,3 (De diversitate et potencia Pruthenorum) genannten Landschaften und ihre Bewohner — Dusburg führt hier einen Katalog von elf Namen an — in der dort gebotenen Reihung als Angriffsziele des Heidenkampfes benannt werden. Insofern ergibt sich folgende Untergliederung des „bellum Prussie":
1. „contra habitatores terre Colmensis" (III,1ff.),
2. „contra Pomesanos" (III,9ff.),
3. „de bello Pogesanorum" (III,16ff.),
4. „contra Warmienses, Barthos et Nattangos" (III,18ff.),
5. „contra Sambitas" (III,68ff.),
6. „de bello Nadrowitarum" (III,175ff.),
7. „de bello Scalowitarum" (III,180ff.),
8. „de bello Sudowitarum et de bello finali terre Prussie" (III,193ff.).
Mit Blick auf den Stämmekatalog in III,3 ist leicht erkennbar, daß Dusburg seine dort vorgenommene Gliederung nicht voll umsetzte. So wird die Schilderung des Kampfes gegen die Galinder, die an zehnter Stelle

geführt werden, schon in III,4 begonnen; so werden die Kämpfe gegen die an elfter Stelle erwähnten Barter schon bei den Auseinandersetzungen mit den an vierter bzw. fünfter Stelle rangierenden Warmiern und Natangern behandelt. Dusburg hat dieses Schema, das er sich mit seinem Stämmekatalog in III,3 bereitlegte, also nicht starr ausgeführt, es vielmehr als Hilfsmittel der Orientierung verstanden. Gegenüber dem so behandelten „bellum Prussie" (III,1—220) ist das „bellum Lethowinorum" ungegliedert dargestellt. Beide Partien des dritten Teils werden miteinander schwach zu einem Ganzen verbunden. Dazu dient einerseits die beide Partien durchlaufende Schilderung von insgesamt fünf Abfällen vom Glauben seitens der Prußen, wenn auch gesagt werden muß, daß diese „apostasiae" (III,31ff., 89ff., 189ff., 227ff., 262ff.) funktional nicht zur Stoffgliederung genutzt werden. Zum anderen sucht Dusburg seiner Schilderung ein Gerüst zu geben durch kontinuierlich mitgeteilte Daten, die die Amtszeiten der Landmeister abgrenzen. Dusburg konnte diese Angaben einer ihm vorliegenden Amtsliste entnehmen, die Nachrichten zu den Landmeistern von Hermann Balk bis Siegfried von Feuchtwangen enthielt; aber deren durchgehende Einfügung in den Handlungsablauf (II,12; III, 29, 57, 78, 82, 96, 124, 132, 134, 201, 203, 214, 234, 272, 274, 279, 295, 304) bewirkt keine Strukturierung. Insgesamt erweist sich der dritte Teil des Werks somit als ein vom Autor wohl absichtlich schwach gegliederter Erzählkomplex mit — abgesehen von wenigen der Geschichte des Ordens in Livland geltenden Passagen (III, 28, 269, 341, 343, 356, 358) — unausgesetzter Fixierung auf das Ordensland Preußen.

Dusburg hat diese alleinige Ausrichtung auf das Preußenland auszugleichen versucht, indem er wichtige außerpreußische Ereignisse seiner Darstellung in Randbemerkungen hinzufügte. Er selbst faßte diese Marginalien als einen eigenen Teil seines Werks auf (vgl. ›Prolog‹), maß ihnen also sichtbar die vermutete Funktion einer Ergänzung bzw. eines Ausgleichs gegenüber der Erzählmasse des dritten Teils zu. Der vierte Teil mit dem Titel ›De incidentibus‹, dessen Marginaliencharakter aus dem Befund der Handschriften erhellt, enthält demgemäß für den Leser in 125 Kapiteln der breiteren Orientierung dienende Daten und Nachrichten vornehmlich der Reichs-, Kaiser- und Papstgeschichte für die Zeit von 1190 bis 1326. Dusburg schöpft sie zumeist aus zweiter Hand. Eigenständig sind vor allem das dem Hochmeister Konrad von Thüringen (1239—1240) gewidmete Kapitel (IV,33) und vier Abschnitte, die dem Verlust des Heiligen Landes gelten (IV,77—80).

Das inhaltlich so zu umreißende Werk, welches bis 1326 geführt wurde und in diesem Jahr seinen Abschluß fand, erhielt infolge besonderer

Umstände eine Fortsetzung, die sehr wahrscheinlich von demselben Autor stammt und die Jahre 1327 bis 1330 umfaßt. Diese traditionell als ›Supplementum‹ bezeichnete Fortsetzung hat Dusburg benutzt, um die Ordensgeschichte in 20 Kapiteln bis zur Ermordung des Hochmeisters Werner von Ursel (1330 Nov. 18) zu führen, dem er ja seine Chronik widmete und dem er wohl den Auftrag zu ihrer Abfassung verdankte. Entsprechend diesem Befund dürfte der Mord an dem Hochmeister für Peter von Dusburg die Veranlassung zur Fortsetzung seiner Chronik abgegeben haben. Das ›Supplementum‹ hat der Verfasser daher wohl gegen Ende des Jahres 1330 erstellt.

2. Verfasser und Werk

Der Autor der Chronik des Preußenlandes nennt im Widmungsbrief seinen Namen und gibt sich dabei als Priesterbruder des Deutschen Ordens in Preußen zu erkennen: „frater Petrus de Dusburgk eiusdem sacre professionis sacerdos." Diese Angaben sind die einzigen Daten, die zur Person des Verfassers in der Chronik und überhaupt vorliegen. Leider läßt sich in der gesamten Überlieferung des Deutschen Ordens, insbesondere in der urkundlichen, kein Träger dieses Namens nachweisen. Damit ist Peter von Dusburg letztlich ein Unbekannter, zumal auch Überlegungen, ihn mit singulär bezeugten Ordenspriestern desselben Vornamens zu identifizieren, reine Spekulation sind.

Zwei Fragen verdienen indessen im Zusammenhang mit seiner Identität Beachtung, zum einen die nach seiner Herkunft und andererseits die nach seinem Aufenthaltsort in Preußen. Zunächst: der Name Peters von Dusburg dürfte eine Herkunftsbezeichnung darstellen, die entgegen der älteren Auffassung wohl nicht mit Duisburg/Rhein in Verbindung zu bringen ist, sondern mit Doesburg/Ijssel in der niederländischen Provinz Gelderland (ö. Arnhem). Diese Vermutung wird stark gestützt durch die Tatsache, daß der Deutsche Orden in Doesburg seit 1286/87 über Kirchen- und Grundbesitz verfügte, auf dessen Grundlage allmählich eine Kommende entstand. Mit Doesburg als namengebender Herkunftsbezeichnung dürfte das Gelderland auch als Heimat des Chronisten in Frage kommen. Ungeklärt wie die Herkunftsfrage ist auch die nach Peters von Dusburg Weg im Deutschen Orden und nach seinem Übergang nach Preußen. Schließlich gibt es auch keinen Anhaltspunkt dafür zu entscheiden, in welchem preußischen Konvent der Chronist lebte und seine Chronik abfaßte. Die ältere Ordensforschung glaubte mit guten Gründen, die Marienburg oder den Königsberger Konvent dafür benennen zu können.

Neuerlich ist hingegen das Ordenshaus in Ragnit als möglicher Standort Dusburgs ins Gespräch gebracht worden. Aber auch das ist reine Vermutung. Festzuhalten bleibt allerdings, daß bei der Diskussion dieser Frage das Argument der Hochmeisternähe und der Arbeitsmöglichkeiten des Chronisten eine wichtige Rolle spielen sollte.

Unsere geringe Kenntnis über den Verfasser der Chronik findet ihre Parallele in den spärlichen Daten über die Entstehung und die Abfassungszusammenhänge des Werks. Wenn hier nochmals auf Dusburgs eigene Angaben im Widmungsbrief zu verweisen ist, denen zufolge die Chronik dem Hochmeister Werner von Ursel im Jahre 1326 zugeeignet und zur Begutachtung vorgelegt wurde, dann deshalb, weil aus ihnen die wohl offizielle Beauftragung Dusburgs zur Abfassung der Chronik und damit der „amtliche" Charakter des Werks erschließbar sind. Von daher ergibt sich die Notwendigkeit, Dusburgs Chronik im Kontext der Ordenspolitik der 1320er Jahre zu würdigen, die Funktion dieser Auftragsarbeit zu bedenken und damit Wert und Wirkung zu erfassen. Der Schlüssel zum Verständnis liegt offensichtlich in der vom Hochmeister Werner von Ursel verfolgten Politik. Werner von Ursel wurde am 6. Juli 1324 auf der Marienburg zum Hochmeister gewählt, also zu einer Zeit, als sich der Deutsche Orden außenpolitisch in einer zunehmend ungünstigen Lage sah. Gegenüber Polen war der Kampf um Pommerellen, das der Orden 1309 in seinen Besitz gebracht hatte, längst nicht ausgestanden. Im Gegenteil, die vor dem Heiligen Stuhl deswegen angestrengten Prozesse und ihre letztlich für König Wladyslaw Lokietek (1320–1333) negativen Entscheidungen ließen diesen immer zielstrebiger auf eine militärische Klärung der Streitfrage hinarbeiten. Dabei bot sich dem Polenkönig immer mehr der Litauerfürst Gedimin (1316–1341) als Bündnispartner gegen den Orden an, zumal sich angebliche Pläne des Litauers, zum Christentum überzutreten (in sogenannten ›Briefen Gedimins‹ vom Mai 1323 kundgetan; vgl. III,356), als unzutreffend erwiesen und das heidnische Litauen damit weiterhin als Ordensgegner auf dem Plan blieb. Des Ordens tiefe Gegnerschaft gegen Litauen wurde insbesondere durch die litauische Livlandpolitik begründet, die darin kulminierte, daß die sich dem Zugriff des Ordens widersetzende Stadt Riga seit 1298 mehrfach die heidnischen Litauer gegen den Orden ins Land rief. Für Gedimin war das Bündnis mit Riga das Mittel, den für einen Frieden mit Litauen unzugänglichen Deutschen Orden in seiner politischen und militärischen Bewegungsfreiheit gegenüber Litauen einzuschränken, wodurch der Litauerfürst selbst Spielraum für eine deutlich intendierte und praktizierte Politik nach Osten gewann. In diesem Zusammenhang ist auch die Ziel-

richtung der sicherlich im Interesse Rigas fabrizierten (und auch in Riga mutmaßlich angefertigten) Briefe Gedimins mit ihrer Erklärung zur angeblichen Taufbereitschaft des Litauers zu würdigen, haben sie doch die Funktion gehabt, dem Kampf des Ordens gegen das heidnische Litauen die Legitimation zu nehmen. Erst als Gedimin sich öffentlich von der ihm untergeschobenen Absicht im Herbst 1324 distanzierte, gab es für den Deutschen Orden unter dem neuen Hochmeister Werner von Ursel wieder klare Fronten.

Werner von Ursel und der Deutsche Orden suchten der sich anbahnenden Koalition zwischen Wladyslaw von Polen und Gedimin von Litauen, die sich im April 1325 in der Heirat des Wladyslaw-Sohns Kasimir mit der Tochter des Gedimin Anna-Aldona konkretisierte, sowohl durch eine eigene Bündnispolitik (Verträge mit den Herzögen von Pommern, Halitsch und Masowien, später auch mit dem Herzog von Schlesien-Breslau) zu begegnen als auch mit einem Waffenstillstandspakt mit König Wladyslaw selbst (1326; II,7). Der polnische König nutzte indessen das befristete Abkommen noch im Frühjahr 1326 zu einem gemeinsam mit Litauen unternommenen Einfall in die gerade an die Wittelsbacher gefallene Mark Brandenburg (vgl. III,361), bei dem das Land Lebus schwer verwüstet wurde. Diese Aktion besaß ihre besondere politische Dimension auf dem Hintergrund der Auseinandersetzung zwischen Ludwig dem Bayern und der römischen Kurie; denn König Wladyslaw hatte dazu bemerkenswerterweise päpstliche Rückendeckung gegen die vom Deutschen Orden gestützte Wittelsbacherpartei. Insofern traf der polnisch-litauische Vorstoß in die Mark Brandenburg auch die Interessen des Ordens und löste schließlich eine Kette von politisch-militärischen Maßnahmen in der Folgezeit aus, in die der Orden den mit alten Ansprüchen auf die polnische Krone aufwartenden König Johann von Böhmen für seine Sache hineinzuziehen wußte.

Eine derartige Skizze der außenpolitischen Lage des Deutschen Ordens in den ersten Jahren der Hochmeisterschaft Werners von Ursel läßt unschwer erkennen, daß sich der Orden in Livland wie in Preußen unter erheblichen politischen Druck gesetzt und zu militärischer Gegenwehr genötigt sah. In diese Jahre 1324/26 fällt die Erteilung des Auftrags zur Abfassung der ›Chronica terre Prussie‹ durch den Hochmeister und ihre Fertigstellung. Die Chronik könnte in dieser Situation vom Hochmeister in einer doppelten Funktion in Auftrag gegeben worden sein, und zwar einerseits mit dem Ziel der Wirkung nach innen, also mit Bezug auf den Orden selbst. Hierbei mag die Überlegung im Vordergrund gestanden haben, den Orden durch das Mittel der Chronik auf den Geist seiner Frühzeit

zu stoßen und ihn am Beispiel seiner erfolgreich bestandenen Kämpfe innerlich aufzurüsten. In dieser Hinsicht, so müßte dann geschlossen werden, wären der Orden und seine Bruderschaft der eigentliche Adressat des Geschichtswerks. Andererseits könnte die Wirkung und Funktion der Chronik berechnet sein auf Kräfte außerhalb des Ordens, also auf alle jene Instanzen und Mächte, vor denen der Orden eine Rechtfertigung seiner bisherigen Politik in Preußen, ja seiner Existenz abzulegen sich genötigt fühlte. Beide Aspekte bedürfen näherer Prüfung im Hinblick auf ihre Richtigkeit.

Daß sich Peter von Dusburg mit seiner Chronik direkt und einzig an seine Mitbrüder im Orden wendet, ist aus der Chronik an keiner Stelle zu belegen. Gleichfalls nicht erweisbar ist, daß die Chronik — wie früher angenommen — in den Konventen zu Lesungen (die lateinisch hätten erfolgen müssen!) benutzt wurde. Dieser Tatbestand läßt sich auch erschließen von zwei bemerkenswerten Sachverhalten her: erstens spricht die Überlieferung der Chronik, die angesichts der Verbreitung des Ordens als schmal anzusehen ist (vgl. dazu unten), ganz und gar gegen eine derartige Verwendung des Werks in den einzelnen Ordenskonventen; zweitens ist darauf zu verweisen, daß die lateinische Chronik des Dusburg schon knapp nach ihrer Fertigstellung durch Nikolaus von Jeroschin ins Deutsche übertragen wurde, und zwar sicherlich, um Dusburgs Werk eine diesem bis dahin eben nicht zuteil gewordene breitere Verwendung (nämlich auch innerhalb des Ordens) zu geben. Demzufolge ist Peters von Dusburg Chronik — und dahinter steht ja die Konzeption des Hochmeisters Werner von Ursel — nicht primär zum Gebrauch innerhalb des Ordens bestimmt gewesen und somit das breite Ordenspublikum als Adressat auszuschließen.

Es bleibt als wesentliches Motiv zur Abfassung der Chronik daher die Absicht, durch eine so gebotene Darstellung der Ordensgeschichte vor bestimmten Adressaten die Vergangenheit und Gegenwart des Ordens zu rechtfertigen. Die außenpolitische Lage des Ordens, gekennzeichnet durch die polnisch-litauische Gegnerschaft und die damit korrespondierende Papstferne sowie die Parteinahme des Ordens für die Wittelsbacher, läßt vermuten, daß es ihm nach einhundert Jahren Herrschaft im Preußenland vorab um die Sicherung seiner Existenz mit Hilfe der Wiedergewinnung des Papsttums als entscheidender Stütze und um die Isolierung des eigentlichen Gegners Litauen ging. Die Chronik vermittelt nicht von ungefähr so den Eindruck von der besonderen Rolle des Papsttums bei der Herrschaftsbildung — unter Hintansetzung der Initiative Kaiser Friedrichs II. (vgl. II,5—6) —, kennt Wladyslaw Lokietek gar nicht

als eigentlichen Hauptgegner und bietet eben die zweite Hälfte des wichtigen Teils III unter dem Thema „bellum Lethowinorum" mit deutlicher Benennung des Ordenswidersachers Litauen. Die durch die Chronik dokumentierte Funktion des Ordens als neue Makkabäer-Streitmacht und Werkzeug Gottes gegen das Heidentum ist ein wohlberechneter Appell an die „christianitas" zu seiner Unterstützung. Der Aufrüttelung möglicher Helfer des Ordens wie auch der Selbstbesinnung auf die Aufgabe, für deren Erledigung der Orden seine Einrichtung erfuhr, dient vor allem die Propagierung der für den Deutschen Ritterorden verbindlichen Kreuzzugsidee, wie sie etwa in der breiten Waffenallegorese widergespiegelt wird, derzufolge — wie in der Kreuzzugsliteratur seit dem 12. Jahrhundert (vgl. des Radulfus Niger ›De re militari et triplici via peregrinationis Ierosolimitane‹) — der Heidenkampf mit den herkömmlichen Waffen seine geistliche Überhöhung erhielt. Daß der Deutsche Orden in Dusburgs Chronik so ausdrücklich seine Orientierung am Kreuzzugsgedanken vorträgt, ist sowohl ein entschiedener Beleg für sein Selbstverständnis und damit sein Traditionsbewußtsein wie selbstredend auch Ausdruck seiner auf die konkrete politische Situation einhundert Jahre nach dem Einzug ins Preußenland bezüglichen Existenzlegitimation, soll doch Dusburgs Werk die ungebrochene Notwendigkeit des Heidenkampfes erweisen und dazu sowohl zur inneren Neuorientierung des Ordens selbst wie vor allem auch zu seiner Rechtfertigung nach außen dienen sowie zur allseitigen Unterstützung aufrufen. Die Frage allerdings, ob die so zu umreißende und mit der Chronik Peters von Dusburg zu verbindende Absicht erreicht worden ist, sollte so konkret nicht gestellt werden; denn die Frage impliziert die eben nicht angemessene Einschätzung der Chronik, die ja im Kern Geschichtswerk ist, als politische Schrift.

Die Kennzeichnung der Chronik als Geschichtswerk leitet dazu über zu fragen, wie Peter von Dusburg als Historiker einzuschätzen ist. Wie schon herausgestellt, vermittelt seine Chronik auf Grund ihrer Entstehung und ihres damit offiziellen Charakters eine gewissermaßen amtliche Sicht der Ordensgeschichte, und zwar sowohl vom hochmeisterlichen wie insbesondere auch vom preußischen Standpunkt aus. Das wird durch die Darbietung des Stoffes erkennbar, die in der strikten Ausrichtung auf das Preußenland keinen Platz läßt für die außerpreußische und zu einem guten Teil auch vor dem Übergang nach Preußen liegende und damit vorpreußische Ordensgeschichte. Insofern läßt Dusburg sowohl die mittelmeerischen Anfänge des Ordens als auch insbesondere seine Entwicklung in den Balleien im Reich außer acht. Überdies ist das gänzliche Verschweigen des politischen Fehlschlags im Burzenland zu registrieren, wo dem

Orden 1211/24 die Errichtung einer eigenen Herrschaft mißglückte. Die enge preußische Orientierung gibt den Blick Dusburgs auch nicht genügend frei für die Entwicklung des Ordens in Livland, obwohl ja gerade von hier die Aufgabe, Litauen zu bekehren, in Angriff genommen wurde. Wie aber die Gesamtentfaltung des Ordens im Mittelmeerraum und in den Balleien im Reich unter je eigenen Bedingungen vonstatten ging, so auch in Livland. Das Nachzeichnen dieser Vorgänge vermeidet Dusburg wohl nicht zuletzt wegen fehlender Detailkenntnisse, aber eben auch wegen seiner Konzeption, in deren Mitte — entsprechend seinem Auftrag — das Ordensland Preußen stand.

Dusburg vermittelt ein Bild geradezu „folgerichtiger" Entwicklung des Ordens auf seine preußische Geschichte hin. Das gilt zwar noch nicht für den von ihm geschilderten Komplex der Ordensgründung, die Dusburg in Rückgriff auf die ordensoffizielle Tradition (›De primordiis narratio‹) als Neugründung darlegt (I,1), obwohl auch in diesem Zusammenhang die Einbettung der Ordensanfänge in den Geist der Kreuzzugsbewegung funktional gedeutet werden kann, also letztlich konzeptionell bedingt sein mag. Konkreter wird Dusburgs Interpretation der Ordensgeschichte im Sinne der auf Preußen ausgerichteten Vorprägung in Teil III der Chronik, dessen einzelne Kapitel zunächst die Vergeblichkeit aller Mühen schildern, die heidnischen Prußen zu bekehren, und sodann eine Dusburg als Historiker kennzeichnende Vorgeschichte der Ordensanfänge in Preußen liefern. Hier spielt die gemeinhin als wichtige Grundlage eingeschätzte kaiserliche Goldbulle von Rimini (März 1226) keine Rolle, sie wird vielmehr gar nicht erwähnt. An ihre Stelle als „Verfassungs"-Urkunde wird die in das Jahr der Erteilung der Rimini-Goldbulle gesetzte, eigentlich dem Sommer 1230 zugehörige und in ihrer Echtheit umstrittene Schenkung von Kruschwitz seitens Herzog Konrads von Masowien gerückt. Mit dieser Sichtverschiebung, die in der Sache als Manipulation zu bezeichnen ist, wird die Initiative zur Herbeirufung des Deutschen Ordens und zu seiner Ansetzung gänzlich dem Piasten Konrad von Masowien zugeschrieben (was sachlich auch nach Ausweis der Rimini-Goldbulle richtig ist), daneben jedoch die in der Bulle zutage tretende und bis ins Detail mit außerordentlicher Prägnanz formulierte Verantwortlichkeit Friedrichs II., seines Weltkaisertums und des Reichs für die Herrschaftsbegründung des Ordens durch Hermann von Salza außer acht gelassen. Diese Behandlung der Rimini-Goldbulle korrespondiert mit der an gleicher Stelle faßbaren (vgl. auch II,6) Hervorkehrung der besonderen Rolle des Papsttums durch Dusburg. Beide Punkte sprechen für Dusburgs auftragsgemäß vorgenommene Einschätzung der preußischen Anfänge des Ordens: Autor

wie Auftraggeber, d.h. Hochmeister und preußische Ordensspitze, wollen 1324/26 — bemerkenswerterweise genau ein Jahrhundert post festum — den Anteil des Staufers Friedrich II. und des Reichs an der Herrschaftsbildung des Ordens in Preußen herunterspielen und dagegen die Legitimierung der Ordensexistenz in Preußen durch den Piasten Konrad von Masowien, den „christianissimus princeps", selbst hervorkehren. Weiterhin wird dem Papsttum und seinem Zusammenwirken mit dem Kaisertum in diesem Ereignisfeld eine dominierende Rolle zugemessen, aus der letztlich mit Bezug auf die Funktion und Zielsetzungen der Chronik konkrete politische Erwartungen abgeleitet werden konnten.

Dusburgs Leistung als Historiker wird ferner faßbar in seiner Beschwörung des Kreuzzugsgeistes, der ja schon die so von Dusburg geschilderte Gründung des Ordens prägt, weiterhin jedoch zur Leitrechtfertigung allen militärischen Tuns beigezogen wird dadurch, daß der Kampf für den Glauben mit den Waffen des Rittertums spiritualisiert wird in einer funktional auffällig plazierten Waffenallegorese (II,8), der die Nutzanwendung für den Orden als Gemeinschaft der neuen Makkabäer — „novi sub tempore gratiae Machabei" nennt Honorius III. die Ordensbrüder schon 1221 — nachfolgt (II,9). Typologische Geschichtsbetrachtung verquickt sich hier mit perspektivisch verengter Vergangenheitsschau.

Der so verstandenen Ordensgeschichte, die durch die Komposition der Dusburg-Chronik widergespiegelt wird, konnte der Autor in Teil III mit einer nur schwach gegliederten Erzählmasse einen Schwerpunkt geben, in dem sich in der Wiedergabe der „bella, que per nos et antecessores nostros ordinis nostri fratres victoriose gesta sunt" die Verteidigung des Glaubens und seine Ausbreitung mit der Waffe als tagtägliche und hundertfach bewältigte Aufgabe darstellen ließ. Dusburgs hier deutlich auseinanderlaufende, trotz erkennbarer Gestaltungslinien unübersichtlich und diffus werdende Darstellung mit der Bevorzugung des Militärischen ist aber immer noch Abschilderung des Kampfes von Gottesstreitern gegen die Feinde des Glaubens. Insofern kennt der Chronist nur Christen, denen alle Mittel für ihren Glauben erlaubt sind, und Glaubensfeinde, gegen die alle ergriffenen kriegerischen Maßnahmen von der Feldschlacht über den mörderischen Kampf Mann gegen Mann bis hin zur immer wieder praktizierten Verschleppung von Frauen und Kindern Rechtens sind. Dusburgs Ordensstandpunkt läßt keinen Raum für Skrupel, kennt kein Bedauern mit dem Gegner, weiß nichts von Schonung und Toleranz aus dem Glauben. Hier dominiert ein starrer Kreuzzugsgeist.

In diesem Sinne kann Dusburgs Chronik mitnichten als „eine Art von Erbauungsbuch" (Toeppen) bezeichnet werden, auch nicht, wenn man die

in nicht geringer Zahl eingestreuten Passagen berücksichtigt, in denen vom heiligmäßigen Leben einzelner Ordensbrüder, vom Wirken Christi oder der heiligen Jungfrau Maria die Rede ist. Dusburgs Geschichtswerk ist ganz und gar Kriegsgeschichte und atmet kriegerischen Geist. Demgegenüber — und das dürfte der Konzeption des Historikers Dusburg gemäß seinem Auftrag entspringen — gibt es keine Darstellung der gewiß eindrucksvollen Leistungen des Ordens als Landesherr: kein Wort gilt dem Aufbau der Verwaltung, der breiten Siedlungsarbeit, der systematischen Entwicklung von Städten und Dörfern, der Ausformung von Handel, Gewerbe und Verkehr. Unberücksichtigt bleiben rein politische Zusammenhänge im werdenden Ordensstaat und erst recht Fragen seines Verhältnisses zu den Nachbarn. Wir dürfen und müssen diesen Tatbestand auf dem Hintergrund des Dusburgschen Darstellungsziels bewerten, oblag es ihm doch, den Orden vornehmlich als kämpfendes und kämpferisches Werkzeug Gottes vorzuführen, das auch fernerhin auf diese Aufgabe verpflichtet werden mußte. Eine Darbietung von konsolidierter Landesherrschaft als Ausdruck eines gezielt vorangetriebenen historischen Prozesses und als Ergebnis systematisch verfolgter Politik wäre da abträglich gewesen, und zwar vor allem mit Blick auf die Adressaten der Chronik.

Dusburg hat diese Verengung auf Preußen, so sehr sie zur Rechtfertigung der Ordensexistenz am Rande der Christenheit vonnöten war, durch die Funktion des Teils IV ›De incidentibus‹ auszugleichen versucht. Es spricht für sein historisches Verständnis, daß er die Notwendigkeit dazu verspürte. Dennoch: die beabsichtigte Wirkung wird keinesfalls erreicht, denn das hier marginal angefügte Material läßt keinen Sinn für Wesentliches bei Dusburg an dieser Stelle erkennen. Hier fassen wir ganz offensichtlich Dusburgs schwächste Stelle der Chronik; hier wird auch deutlich, daß ihm als Mitglied des Ordens die Unbefangenheit zur distanzierten Behandlung von Geschichte, die keine Ordensgeschichte ist, fehlte — ebenso wie übrigens weitergehende Kenntnisse, die ein rundes Geschichtsbild ausmachen.

3. Quellen

Äußerungen zur Quellenlage mit dem Ziel, die Glaubwürdigkeit der eigenen Darstellung zu erhöhen, gehören zur Topik auch der mittelalterlichen Geschichtsschreibung. Dabei wird den Erfahrungen und Erlebnissen des Autors selbst, danach der Augenzeugenschaft seiner Gewährsleute der höchste Verläßlichkeitsgrad zugemessen. Auch Dusburg greift auf

diesen Topos zurück, wenn er am Ende des ›Prologs‹ folgende Quellen seiner Chronik nennt:
1. Selbsterlebtes, und zwar nur in geringem Umfang (pauca, que vidi),
2. Berichte von Augenzeugen (alia, que audivi ab his, qui viderunt et interfuerunt),
3. andere glaubwürdige Berichte (cetera, que relacione veridica intellexi).
Nach Prüfung dieser sehr summarischen Angaben Dusburgs läßt sich folgendes feststellen. Über die Benutzung schriftlicher Quellen zur Ordensgeschichte sagt er nichts — falls er sie nicht zu seiner dritten Quellengruppe gezählt hat —, obwohl er sich ihrer in den beiden ersten Teilen und am Anfang des dritten Teils seiner Chronik ausgiebig bedient hat. Seine Version der Gründungsgeschichte des Ordens (I,1) stützt sich auf den deutschen ›Prolog‹ zur Ordensregel, der um die Mitte des 13. Jahrhunderts entstanden ist und seinerseits die kurz vor der Jahrhundertmitte lateinisch niedergeschriebene ›De primordiis ordinis Theutonici narratio‹ zur Vorlage gehabt hat. Damit übernimmt Dusburg die charakteristischen Änderungen des deutschen ›Prologs‹ gegenüber der ›Narratio‹. Während nämlich letztere den Orden in zwei Etappen, zunächst als Hospital- und dann als Ritterorden, entstanden sein läßt, ziehen der ›Prolog‹ zur Ordensregel und mit ihm Dusburg die Ereignisse vor und in Akkon 1190/91 und 1198 zu einer kontinuierlichen Gründungshandlung zusammen. Gleichwohl hat Dusburg auch die ›Narratio‹ selbst in Händen gehabt; ihr entnimmt er seinen — gegenüber dem ›Prolog‹ — ausführlicheren Katalog der beim Gründungsakt anwesenden geistlichen und weltlichen Großen und einige Nachrichten zur Geschichte des ersten Meisters Heinrich Walpode (I,2). Ein weiteres Mal hat er den ›Prolog‹ zur Regel bei seiner an die Gründungsgeschichte in I,1 anknüpfenden programmatischen Darlegung der Gottesstreiterschaft des Ordens herangezogen, die er wörtlich aus der lateinischen Fassung des ›Prologs‹ exzerpiert hat.

Bei der Abfassung des zweiten und des Beginns des dritten Teils seines „liber" (bis III,60) hat sich Dusburg auf eine weitere erzählende Quelle stützen können, und zwar den ebenfalls um die Mitte des 13. Jahrhunderts im Orden entstandenen, deutsch abgefaßten sogenannten ›Bericht Hermann von Salzas‹, der die Umstände der Berufung des Ordens nach Preußen, die Eroberung des Landes und den Krieg gegen den Pommerellerherzog Swantopolk bis zum Jahre 1246 darstellt. Aus eben diesem Grund kann der Bericht jedoch nicht auf Hermann von Salza († 1239) zurückgehen, sondern ist zu Recht dem Hochmeister Heinrich von Hohenlohe zugeschrieben worden. Diesem Bericht ist Dusburg keineswegs sehr eng gefolgt; er hat etwa die umfangreiche Waffenallegorese (II,7—9) und den

geographisch-ethnographischen Exkurs (III,2—5) hinzugefügt und das Material des Berichts aus anderen, unbekannten Quellen durch Erzählungen über Wunder und das heroische und asketische Leben der Brüder, aber auch durch Einschübe historischen Inhalts beträchtlich erweitert. Wichtige Änderungen gegenüber seiner Vorlage nimmt er vor, wenn er etwa die Verratsabsichten der Kulmer Bürger nach der Schlacht am Rensen (III,43) nur eben andeutet, während der Bericht den Vorfall ausführlich schildert, oder wenn er bei der Besprechung der Kruschwitzer Urkunde, die er als das grundlegende Rechtsdokument für Existenz und Wirken des Ordens in Preußen auffaßt und demgemäß in das Jahr 1226 setzt, die archivalische Überlieferung selbst heranzieht (worauf die gegenüber dem Bericht erweiterte Zeugenliste hinweist).

Eine weitere ordensoffiziöse, sehr wahrscheinlich ebenfalls dem 13. Jahrhundert angehörende Quelle, den sogenannten ›Bericht Hartmanns von Heldrungen‹ über die Vereinigung des Schwertbrüderordens mit dem Deutschen Orden im Jahre 1237, ist von Dusburg nur in geringem Umfang benutzt worden, und zwar für seine umrißhafte Schilderung dieses Vorgangs in III,28.

Außerdem hat Dusburg die Annalen- und Nekrologienliteratur des Ordens, aus der manche Irrtümer, etwa über die Todestage der ersten Meister, in seine Chronik gelangt sind, insbesondere für die chronologische Gliederung seines Werks heranziehen können sowie schließlich auch eine Anzahl von Urkunden, so den Kruschwitzer Vertrag, eingesehen und verwertet. Daß er Zugang zu Ordensarchivalien hatte, spricht für die Nähe des Autors zur Ordensleitung, die seine Arbeit nach der Auftragserteilung förderte, überwachte und prüfte, so daß auch in diesem Zusammenhang Dusburgs Chronik als authentische Selbstinterpretation des Ordens, als offizielle Ordensgeschichtsschreibung eingeschätzt werden muß.

Schließlich ist zu vermerken, daß Dusburg die allgemeinen historischen Notizen, die den weitaus überwiegenden Bestand des Teiles IV seiner Chronik ausmachen, der Kirchengeschichte des Tolomeo von Lucca und der Papst- und Kaiserchronik des Martin von Troppau verdankt. Damit ist der Kreis der von ihm verwerteten historischen Schriftquellen, soweit wir sie kennen, im wesentlichen bezeichnet. Sicherlich kann man die eine oder andere der Dusburg verfügbaren schriftlichen Nachrichten heute nicht mehr fassen. So ist nicht zu entscheiden, ob er beispielsweise die Vorlage der verlorenen St.-Barbara-Dichtung des Hochmeisters Luther von Braunschweig oder das ebenfalls nicht überlieferte Gedicht des Gerstenberg über einen Litauerzug Dietrichs von Altenburg gekannt hat, denn von beiden Werken wissen wir allein aus der von Nikolaus von Jero-

schin angefertigten Reimübertragung der Dusburg-Chronik. Auch seine Quelle für die angeblichen Prußenkriege von neun Brüdern namens Gampti aus Schweden oder über Hugo Potyre (II,7) hat bisher nicht ermittelt werden können.

Neben der schriftlichen Überlieferung hat Dusburg die mündliche in erheblichem Maße herangezogen, und zwar vor allem für den umfangreichen Teil III seiner Chronik. Daß ihm etwa für seinen Bericht über den zweiten Abfall (III,89—179) eine zusammenhängende Geschichtsdarstellung als Quelle nicht zur Verfügung gestanden hat, macht er selbst deutlich, wenn er in III,137ff., in Unsicherheit über den zeitlichen Ablauf, das sonst durchgängige chronologische Ordnungsprinzip aufgibt, um die Ereignisse in den einzelnen Regionen ohne Zeitangabe zu beschreiben. Über seine Gewährsleute äußert er sich, wenn überhaupt, nur summarisch (III,281: mulieres; III,360: Prutheni; III,69 und 269: refertur); nur selten wird dabei ein Name genannt (III,91: Heinrich Monte). Im wesentlichen wird Dusburg seine Kenntnisse den Berichten seiner Mitbrüder und ihrer Anhängerschaft unter Deutschen, Prußen, Polen und Litauern entnommen haben. Hinzu treten etwa seit dem Beginn des Litauerkrieges in den 1280er Jahren (III,221ff.) seine eigenen Erinnerungen und möglicherweise Aufzeichnungen; jedenfalls wird diese Annahme nahegelegt durch die seit dieser Zeit zunehmende Genauigkeit und Vollständigkeit seiner Sach- und vor allem Datumsangaben.

Wort- und Sprachschatz der Chronik des Dusburg sind erwartungsgemäß stark von der geistlichen Literatur geprägt, die der Autor als Priester des Ordens täglich vor Augen hatte. Bibelzitate finden sich in großer Zahl. Daß die häufigsten Entlehnungen aus den Königs- und den Makkabäerbüchern des Alten Testaments stammen, ist bei deren Berichten über Krieg und Glaubenskampf nicht verwunderlich. Aber auch die Psalmen, Isaias und das Matthäus-Evangelium werden relativ oft zitiert. Daneben finden sich Stellen aus den liturgischen Büchern (aus Missale und Brevier) und vereinzelt aus der theologischen Literatur der Patristik und des Mittelalters, so aus Hieronymus, Paulinus von Nola, Macrobius, Boethius, Isidor, Gregor dem Großen, Bernhard, Petrus Lombardus, Petrus Comestor, der Glossa ordinaria des Anselm von Laon, vielleicht aus Alanus von Lille. Die antiken Autoren des mittelalterlichen Schulunterrichts, etwa Ovid, Horaz und Livius, konnten nur an einigen wenigen Stellen nachgewiesen werden; sie wird Dusburg — wenn nicht aus dem Gedächtnis — nach einem ihm verfügbaren Florilegium zitiert haben, wie auch manches seiner Bibel- und Väterzitate nicht direkt, sondern über Missale und Brevier in den Chroniktext eingeflossen sein wird. Die Frage

nach der Benutzung derartiger literarischer Zwischenglieder muß für Dusburg wie für die meisten mittelalterlichen Geschichtsschreiber noch im einzelnen beantwortet werden.

Auch am weltlichen Bildungsgut seiner Zeit hatte Dusburg Anteil. So läßt er seine Kennntis des Rolandsliedes des Pfaffen Konrad (III,44) und einer der zahlreichen Caesar-Fabeln des Mittelalters, wie sie etwa von der Sächsischen Weltchronik überliefert werden, gelegentlich (II,7) anklingen. Neben dem Zitatenschatz aus geistlicher und weltlicher Literatur hat Dusburg die dem gebildeten Kleriker seiner Zeit ganz selbstverständlich zu Gebote stehenden rhetorischen Ausdrucksformen des sogenannten „patristischen Stils" gekannt und sich ihrer bedient. Das wird in den einleitenden Partien seines Werks besonders deutlich, in denen er seine Kenntnis der rhetorischen Figuren der Exordiumstopik, etwa des Bescheidenheits-, Wahrhaftigkeits-, Brevitas-Topos, dokumentiert. Rhetorische Kunstmittel und entlehntes Sprachgut — dabei geht es von der Einfügung einzelner Ausdrücke bis hin zur Übernahme ganzer Passagen, z.B. aus der Vulgata — hat Dusburg bei der Gestaltung seines Textes nicht ungeschickt verwendet. Dennoch wirkt seine Darstellung insgesamt unlebendig und schematisch, zumal im Vergleich mit den von ihm benutzten Quellen, welche farbige Schilderung, Details und direkte Rede schätzen, wie z.B. die ›Narratio‹. Wendungen wie „in servitutem perpetuam deducere" werden stereotyp wiederholt; adlige Helfer des Ordens sind stets „nobiles" oder „illustres", „Deo devoti, in armis strenui"; die Schilderungen einzelner Kriegs- und Kampfhandlungen gleichen sich zuweilen bis in die Einzelheit. Bei aller Breite und Ausführlichkeit der Schilderung bietet die Chronik doch kaum genaue Beobachtungen, statt dessen vielmehr generalisierende Wendungen (vgl. das häufige diversis modis, fatigati laboribus et expensis, captis et occisis pluribus hominibus usw.) oder umständliche Formulierungen (vgl. III,16: precedentibus navibus illis cum hiis, que ad edificacionem fuerant necessaria). Insgesamt gesehen hat Dusburgs Werk so einen Charakter erhalten, der die Lektüre für den heutigen Leser „doch theilweise sehr ermüdend" macht, wie schon Toeppen in der Einleitung zu seiner Ausgabe 1861 zutreffend vermerkte.

4. Überlieferung

Die Erstausgabe der Chronik Dusburgs wurde 1679 von Christoph Hartknoch besorgt (Petri de Dusburg ... Chronicon Prussiae cum anonymi cuiusdam continuatione aliisque antiquitatibus Prussicis Christoph

Hartknoch e manuscriptis codicibus recensuit notisque illustravit. Francofurti et Lipsiae 1679). 1861 folgte die Ausgabe Max Toeppens (Chronicon terrae Prussiae von Peter von Dusburg. Herausgegeben von Max Toeppen. In: Scriptores rerum Prussicarum, Bd. 1, Leipzig 1861, S. 3—219; unveränderter Nachdruck: Frankfurt am Main 1963).

Für die gegenwärtige Ausgabe, die erstmals — abgesehen von Jeroschins Bearbeitung — eine deutsche Übersetzung der Chronik bietet, ist Toeppens Text mit geringfügigen Änderungen übernommen worden. Toeppen hat in seiner Einleitung die ihm bekannten und die von ihm benutzten Handschriften beschrieben, sich über die Abhängigkeiten zwischen ihnen geäußert und seine Grundsätze für die Textherstellung dargelegt. Auf seine Ausführungen, die hier stark verkürzt und mit wenigen, vor allem die heutigen Lagerorte und Signaturen betreffenden Ergänzungen wiedergegeben werden, ist also zu verweisen.

Toeppen führt folgende Dusburg-Handschriften an:

K: Staats- und Universitätsbibliothek Königsberg, seit Kriegsende 1945 verschollen. Nach Toeppen ist sie auf 1540 datiert und enthält nach einem in seiner Ausgabe weggelassenen Index der Kapitelüberschriften (Tabula super cronica terre Pruschie), der 16 ungezählte Blätter einnimmt, auf fol. 1—270 die vollständige Preußenchronik (ohne das Supplement, vgl. dazu T), an die sich auf fol. 270—274 „einige Pomesanien betreffende Aufzeichnungen aus dem 16. Jahrhundert" (Toeppen) anschließen. Über den Verbleib der Handschrift war von den zuständigen polnischen, russischen und deutschen Stellen nichts zu erfahren.

T: Staatsarchiv Thorn, Signatur: XIII,1. Nach Toeppen eine im 17. Jahrhundert angefertigte Abschrift von K. Dusburgs Chronik nimmt S. 1—268 (alte Zählung, S. 3—287 moderne Zählung) ein; das Verzeichnis der Kapitelüberschriften ist nicht mit abgeschrieben. Da, wo K endet (S. 268 bzw. 287), schließt T mit den Worten: „Finis prime chronice Petri de Dusburg. Τῷ θεῷ μόνῳ ἡ δόξα εἰς τὸ αἰώνιον." Darauf folgt ohne weitere Überschrift auf S. 268—293 bzw. 287—312 ein in den anderen Handschriften nicht überlieferter, bis 1433 reichender Anhang, dessen erster Teil bis 1330 (S. 268—275 bzw. 287—294) von der Forschung Dusburg zugeschrieben und von Toeppen nach dem Vorgang Hartknochs mit der Überschrift ›Supplementum‹ herausgegeben worden ist. Die Vorlage für T konnte Toeppen nicht ermitteln.

B: Deutsche Staatsbibliothek Berlin (DDR), Signatur: Ms. Boruss. fol. 68. Die der Schrift nach im 16. Jahrhundert entstandene Handschrift ist nicht vollständig; sie bricht in Kap. III,357 nach den Worten

„intravit terram Masovie XI kal." ab. Außerdem fehlt das Verzeichnis der Kapitelüberschriften. Dusburgs Chronik füllt S. 1—191 der Handschrift; daran schließt sich auf S. 192—264 ein „Summarium bellorum Pruthenicorum per annos 14" an.

W: Österreichische Nationalbibliothek Wien, Signatur: Cod. 9093. Die Handschrift gehört dem 17. Jahrhundert an. Sie enthält auf 17 Blättern Teil I und II sowie die ersten fünf Kapitel des dritten Teils der Chronik (Explicit: ... non audebant aliqualiter equitare). Das Verzeichnis der Kapitelüberschriften fehlt. Nach Toeppens Urteil „stimmt (W) in vielen Dingen, auch in Fehlern, mit der Berliner Handschrift überein und hat neben derselben keinen selbständigen Wert ...".

D: Staatsarchiv Danzig, Signatur: WAP Gdańsk 300,R/Ll,q 1. Diese Sammelhandschrift enthält auf S. 297—357 (zu Toeppens Zeit: fol. 144—174) den Text Dusburgs von der Berufung des Ordens nach Preußen bis 1326. Die dem 16. Jahrhundert entstammende Handschrift, der Toeppen für den dritten Teil der Chronik etwa denselben Wert beimißt wie K und B, gibt nach seinen Worten bei Abweichungen zwischen diesen beiden „nicht selten ... den Ausschlag".

Außerdem erwähnt Toeppen eine in der Schloßkirche zu Ronneburg (Livland) befindliche Handschrift, die zu seiner Zeit jedoch nicht mehr vorhanden war, einen 1668 abgefaßten Auszug aus der Chronik, hergestellt vom Elbinger Ratsherrn Gottfried Zamehl (heute im Staatsarchiv Danzig, Signatur: WAP Gdańsk 492/971), den er als „dürftig und flüchtig und deshalb für die Bearbeitung Dusburgs ohne Bedeutung" beurteilt, und schließlich ein „für die kritische Bearbeitung des Textes völlig wertlos(es)", da auf K zurückgehendes Fragment, das Hartknoch für seine Ausgabe benutzt, Toeppen jedoch offenbar nicht vorgelegen hat.

Aus der so zu kennzeichnenden Überlieferungssituation ergab sich für die Herausgeber insbesondere wegen des Verlustes der Handschrift K die Orientierung an der Ausgabe von Toeppen. Dessen Text wurde daher nahezu unverändert übernommen; dabei erfuhr der kritische Apparat Toeppens eine notwendige Verminderung. Die Abkürzung der biblischen Schriften folgt der Praxis des ›Lexikons für Theologie und Kirche‹. Orthographie und Interpunktion wurden behutsam modernisiert.

LITERATURVERZEICHNIS

a) Zu Dusburgs Chronik:

Arnold, Udo: Geschichtsschreibung im Preußenland bis zum Ausgang des 16. Jahrhunderts. In: Jb. f. Gesch. Mittel- u. Ostdeutschlands 19 (1970) S. 74—126.

Bauer, Helmut: Peter von Dusburg und die Geschichtsschreibung des Deutschen Ordens im 14. Jahrhundert in Preußen. Berlin 1935 (Hist. Studien 272).

Eis, Gerhard: Die Literatur im Deutschen Ritterorden und in seinen Einflußgebieten. In: Ostdt. Wiss. 9 (1962) S. 56—101.

Engels, Odilo: Zur Historiographie des Deutschen Ordens im Mittelalter. In: Archiv f. Kulturgesch. 48 (1966) S. 336—363.

Grundmann, Herbert: Deutsches Schrifttum im Deutschen Orden. In: Altpreuß. Forschungen 18 (1941) S. 21—49.

Helm, Karl, u. Walter Ziesemer: Die Literatur des Deutschen Ritterordens. Gießen 1951.

Labuda, Gerard: O źródłach ›Kroniki Pruskiej‹ Piotra z Dusburga. (Na marginesie pracy Marzeny Pollakówny, Kronika Piotra z Dusburga). [Über die Quellen der ›Preußischen Chronik‹ des Peter von Dusburg. (Randbemerkungen zum Werk von Marzena Pollakówna, Die Chronik des Peter von Dusburg)]. In: Komunikaty Mazursko-Warmińskie 15 (1971) S. 217—243.

Perlbach, Max: Preußisch-polnische Studien zur Geschichte des Mittelalters. Heft 2. Halle 1886.

Pollakówna, Marzena: Kronika Piotra z Dusburga. [Die Chronik des Peter von Dusburg]. Wrocław-Warszawa-Kraków 1968.

Pollakówna, Marzena: La Chronique de Pierre de Dusburg. In: Acta Poloniae Historica 19 (1968) S. 69—88.

Toeppen, Max: Geschichte der preußischen Historiographie. Berlin 1853.

b) Quellen:

Annalista Thorunensis. In: SS rer. Pruss. 3, Leipzig 1866, S. 57—316.

Bernardi Guidonis vitae pontificum Romanorum. In: Muratori, SS rer. Ital. 3,1, Mailand 1723, S. 670—684 (zit.: Guido, Flores).

Hartmanns von Heldrungen Bericht über die Vereinigung des Schwertbrüderordens mit dem Deutschen Orden. In: SS rer. Pruss. 5, Leipzig 1874, S. 168—172.

Hermann von Salza's Bericht über die Eroberung Preußens. In: SS rer. Pruss. 5, Leipzig 1874, S. 153—168.

Di Kronike von Pruzinlant des Nikolaus von Jeroschin. In: SS rer. Pruss. 1, Leipzig 1861, S. 291—624 (zit.: Jeroschin).
De primordiis ordinis Theutonici narratio. In: SS rer. Pruss. 6, Frankfurt a.M. 1968, S. 22—29 (zit.: Narratio).
Martini Oppaviensis chronicon pontificum et imperatorum. In: MGH SS 22, Hannover 1872, S. 377—475 (zit.: Martin).
Martini Oppaviensis ... continuatio pontificum Romana. In: MGH SS 22, Hannover 1872, S. 475—482 (zit.: Martin, Cont. Rom.).
Perlbach, Max: Deutsch-Ordens-Nekrologe. In: Forschgg. z. Dt. Gesch. 17 (1877) S. 357—371.
Perlbach, Max: Die Statuten des Deutschen Ordens. Halle 1890 (zit.: Perlbach, Statuten).
Pommerellisches Urkundenbuch. Hrsg. von Max Perlbach. Danzig 1881—82 (zit.: Pommerell. UB).
Preußisches Urkundenbuch. Politische Abteilung. Bde. 1 u. 2. Hrsg. von R[udolf] Philippi, C[arl] P[eter] Woelky, August Seraphim, Max Hein, Erich Maschke. Königsberg 1882. 1909. 1939 (zit.: PUB).
Ptolomaei Lucensis ... historia ecclesiastica. In: Muratori, SS rer. Ital. 11, Mailand 1727, Sp. 741—1242 (zit.: Thol., Hist.).
Scriptores rerum Prussicarum. Die Geschichtsquellen der preußischen Vorzeit bis zum Untergange der Ordensherrschaft. 5 Bde. Hrsg. von Theodor Hirsch, Max Toeppen, Ernst Strehlke. Leipzig 1861—74. Bd. 6. Hrsg. von Walter Hubatsch. Frankfurt a.M. 1968 (zit.: SS rer. Pruss.).
Strehlke, Ernst: Tabulae ordinis Theutonici. Berlin 1869 (zit.: Strehlke).
Tholomei Lucensis annales. Die Annalen des Tholomeus von Lucca. Hrsg. von Bernhard Schmeidler. In: MGH SS rer. Germ. NS 8, Berlin ²1955 (zit.: Thol., Ann.).
Voigt, Johannes: Codex diplomaticus Prussiae. 6 Bde. Königsberg 1836—61 (zit.: Voigt, Cod. dipl. Pruss.).
Walther, Hans: Proverbia sententiaeque Latinitatis medii aevi. Lateinische Sprichwörter und Sentenzen des Mittelalters in alphabetischer Anordnung. 6 Teile. Göttingen 1963—69 (Carmina medii aevi posterioris latina II,1—6) (zit.: Walther, Lateinische Sprichwörter).

c) Allgemeine Literatur:
Benninghoven, Friedrich: Der Orden der Schwertbrüder. Fratres Milicie Christi de Livonia. Köln-Graz 1965 (Ostmitteleuropa in Vergangenheit u. Gegenwart 9).
Ewald, Albert Ludwig: Die Eroberung Preußens durch die Deutschen. 4 Bde. Halle 1872—88.
Favreau, Marie-Luise: Studien zur Frühgeschichte des Deutschen Ordens. Stuttgart [1975] (Kieler Hist. Studien 21).
Forstreuter, Kurt: Der Deutsche Orden am Mittelmeer. Bonn 1968 (Quellen u. Studien z. Gesch. des DO 2).
Handbuch der historischen Stätten. Ost- und Westpreußen. Hrsg. von Erich Weise. Stuttgart 1966.

Lampe, Karl H.: Bibliographie des Deutschen Ordens bis 1959. Bad Godesberg 1975 (Quellen u. Studien z. Gesch. d. DO 3).

Łowmiański, Henryk: Studia nad początkami społeczeństwa i państwa litewskiego [Studien zu den Anfängen von Gesellschaft und Staat in Litauen]. Wilno 1931—32.

Mortensen, Hans u. Gertrud: Die Besiedlung des nordöstlichen Ostpreußens bis zum Beginn des 17. Jahrhunderts. 2 Teile. Leipzig 1937—38 (Dtschld. u. d. Osten 7—8).

Scholz, Klaus: Beiträge zur Personengeschichte des Deutschen Ordens in der ersten Hälfte des 14. Jahrhunderts. Untersuchungen zur Herkunft livländischer und preußischer Deutschordensbrüder. Phil. Diss. Münster 1969.

Schumacher, Bruno: Geschichte Ost- und Westpreußens. Würzburg ⁵1959.

Tumler, Marian: Der Deutsche Orden im Werden, Wachsen und Wirken bis 1400 mit einem Abriß der Geschichte des Ordens von 1400 bis zur neuesten Zeit. Wien (1955).

Weber, Lothar: Preußen vor 500 Jahren. Danzig 1878.

Wenskus, Reinhard: Über einige Probleme der Sozialordnung der Prußen. In: Acta Prussica. Abhandlungen zur Geschichte Ost- und Westpreußens. Fritz Gause zum 75. Geburtstag. Würzburg 1968, S. 7—28.

Wojtecki, Dieter: Studien zur Personengeschichte des Deutschen Ordens im 13. Jahrhundert. Wiesbaden 1971 (Quellen u. Studien z. Geschichte d. östl. Europa 3).

TEXT UND ÜBERSETZUNG

Epistola[a]

Honorabili viro et in Cristo devoto fratri Wernero de Orsele magistro hospitalis sancte Marie domus Theutonicorum Ierosolimitani frater Petrus de Dusburgk[b,1] eiusdem sacre professionis sacerdos obedienciam debitam cum salute. Quam diligenti circumspectione et circumspecta diligencia antiqui et sancti patres mira Domini nostri Iesu Cristi opera, que per se aut per suos ministros operari dignatus est, ad laudem et gloriam eius et tam presencium quam futurorum informacionem digesserunt, patet cuilibet intuenti. Attendebant enim ad illud Tobie verbum[2], quod *opera Domini revelare honorificum est*. Quorum imitatus sum vestigia, ne cum servo nequam et inutili, qui talentum sibi a Domino traditum abscondit, proiciar [3]in tenebras exteriores[3], et bella, que per nos et antecessores nostros ordinis nostri fratres victoriose gesta sunt, conscripsi et in hunc librum redegi, quem discrete providencie vestre mitto, supplicans, quia nemo sibi satis est, quatenus ipsum examinari faciatis, et si qua correctione digna in eo reperta fuerint, emendentur, et sic correctus publicetur, ut huius solempnis facti memoriale posteris relinquatur. Scriptum et completum ab incarnacione Domini anno MCCCXXVI.

Prologus

Signa et mirabilia fecit apud me Dominus excelsus. Placuit ergo mihi predicare signa eius, quia magna sunt, et mirabilia eius, quia forcia (Danielis III)[4]. Verba ista fuerunt Nabuchodonosor regis Babilonie, qui, postquam Daniel et socii sui pro eo, quod tradi-

---

[a] Fehlt K.
[b] Dusburgh B; Deusburg W.

WIDMUNGSBRIEF

Dem ehrwürdigen und Christus ergebenen Mann, Bruder Werner von Ursel, dem Meister des Hospitals Sankt Marien des Hauses der Deutschen zu Jerusalem, entbietet Bruder Peter von Dusburg[1], Priester desselben heiligen Ordens, den schuldigen Gehorsam und seinen Gruß! Mit welch sorgfältiger Umsicht und umsichtiger Sorgfalt die alten und heiligen Väter die wunderbaren Werke unseres Herrn Jesus Christus, die er selbst oder durch seine Diener zu wirken die Gnade hatte, zu seinem Lob und seiner Ehre und zur Belehrung der Gegenwärtigen und Zukünftigen aufgezeichnet haben, ist einem jeden offenbar, der seinen Blick auf sie richtet. Sie merkten nämlich auf jenes Wort des Tobias[2], daß „die Werke des Herrn zu enthüllen ehrenvoll sei". Ihren Spuren bin ich gefolgt, auf daß ich nicht mit dem nichtswürdigen und unnützen Knecht, der das ihm von seinem Herrn anvertraute Pfund verbarg, [3]in die äußere Finsternis[3] hinausgeworfen werde. So habe ich die Kriege, die wir und unsere Vorgänger, die Brüder unseres Ordens, siegreich geführt haben, aufgezeichnet und in diesem Buche niedergelegt. Ich überantworte es Eurem verständigen Urteil und bitte demütig – da ja niemand sich selbst genug ist –, es überprüfen und etwa darin befindliche fehlerhafte Stellen verbessern zu lassen; so berichtigt soll es veröffentlicht werden, damit die Erinnerung an dies denkwürdige Geschehen der Nachwelt überliefert werde. Geschrieben und vollendet im Jahr der Menschwerdung des Herrn 1326.

PROLOG

„Zeichen und Wunder hat der erhabene Herr an mir getan. Daher gefiel es mir, kund zu tun seine Zeichen, denn sie sind groß, und seine Wunder, denn sie sind mächtig" (Daniel 3)[4]. Dies waren die Worte Nebukadnezars, des Königs von Babylon; als nämlich Daniel und seine Gefährten gebun-

[1] Zur Person des Autors vgl. Einleitung S. 7ff.
[2] Vgl. Tob 12,7.
[3-3] Vgl. Mt 25,30.
[4] Vgl. Dn 3,99f.

dissent corpora sua, ne servirent et adorarent omnem deum excepto Deo, in quem crediderunt, ligati missi fuissent in fornacem ᶜsuccensam septuplum plus, quam consuevit, videns, quod flamma ignis, que super fornacemᶜ effundebatur XLIX cubitis, incendit ministros suos et Danielem sociosque eius omnino non contristavit nec quidquam molestie intulit, ait[4]: *Signa et mirabilia* etc. Competunt tamen hec verba auctori huius libri, qui in persona sacre congregacionis fratrum hospitalis sancte Marie domus Theutonicorum Ierosolimitani, postquam vidit et audivit tot magna signa et tam mirabilia facta insolita et a seculo inaudita, que per dictos fratres in terra Prussie Deus excelsus misericorditer operari dignatus est, qui pro defensione fidei corpora sua tradere in mortem non formidant, potuit dicere[5]: *Signa et mirabilia fecit apud me Deus excelsus* etc. Sed quia scriptum est[6]: *Videant opera vestra bona et glorificent patrem vestrum, qui in celis est,* ideo ad laudem et gloriam nominis Iesu Cristi et tam presencium quam futurorum informacionem [7]placuit ei predicare signa Dei, quia magna sunt, et mirabilia eius, quia forcia[7]. Signa magna: Dictum est in actibus apostolorum[8], quod *Stephanus plenus gracia et fortitudine faciebat signa magna.* Nec dubitandum est, quin fratres domus Theutonice pleni fuerint [8]gracia et fortitudine[8], cum ipsi pauci numero tam potentem et ferocem et innumerabilem Pruthenorum gentem sibi subdiderunt, quam eciam multi principes, licet sepius attemptarent, non poterant sibi aliqualiter subiugare. Nec pretereundum est hoc eciam magnum signum, quod bellum [9]prosperatum est in manu[9] fratrum predictorum sic, quod infra undecim annos a die introitus sui in terram Prussie[10] gentes, que terram Colmensem et Lubovie occupaverant, et naciones illas, que terras Pomesanie, Pogesanie, Warmie, Nattangie et Barthe inhabitabant, sibi potenter et Cristiane fidei subdiderunt edificantes in eis plures municiones, civitates et castra, quorum numerus et nomina inferius apparebunt. Ecce quam magnum signum apparuit in celo ecclesie militantis. Signa ergo, bone Iesu, servos tibi devotos, per quos tam magna signa operari dignatus es, ut turbentur gentes et [11]timeant, qui ha-

ᶜ⁻ᶜ Fehlt K, T.

[5] Dn 3,99.

den in den siebenmal mehr als gewöhnlich geheizten Feuerofen geworfen worden waren, weil sie lieber ihren Leib hingaben, als einem jeden beliebigen Gott zu dienen und Ehre zu erweisen außer dem ihres Glaubens, und als der König sah, daß die Feuerflamme, die 49 Ellen über den Ofen emporschlug, wohl seine Diener verbrannte, Daniel aber und seine Gefährten überhaupt nicht behelligte und ihnen keinen Schaden zufügte, da sagte er[4]: „Zeichen und Wunder" usw. Diese Worte darf auch der Verfasser dieses Buches gebrauchen, der für die heilige Gemeinschaft der Brüder des Hospitals Sankt Marien vom Hause der Deutschen zu Jerusalem sagen konnte[5]: „Zeichen und Wunder hat der erhabene Gott an mir getan" usw., nachdem er so viele große Zeichen und so ungewöhnliche und in der Welt unerhörte Wunder gesehen und gehört hatte, welche Gott der Erhabene in seiner Barmherzigkeit durch die Brüder im Preußenland gnädig vollziehen ließ, die sich nicht fürchten, ihre Leiber zur Verteidigung des Glaubens dem Tode darzubieten. Aber weil geschrieben steht[6]: „Sie sollen eure guten Werke sehen und euren Vater im Himmel preisen", deshalb hat es dem Verfasser zu Lob und Ehre des Namens Jesu Christi und zur Belehrung der gegenwärtig wie der zukünftig Lebenden [7]gefallen, kund zu tun die Zeichen Gottes, denn sie sind groß, und seine Wunder, denn sie sind mächtig[7]. Große Zeichen: In der Apostelgeschichte heißt es[8], daß „Stephanus, voll der Gnade und Kraft, große Zeichen vollbrachte". Und es ist kein Zweifel, daß die Brüder des Deutschen Hauses [8]voll der Gnade und Kraft[8] waren, als sie, wenige an Zahl, sich das so mächtige, wilde und unzählbare Prußenvolk unterwarfen, das selbst viele Fürsten trotz häufiger Versuche sich nicht im geringsten hatten unterjochen können. Auch dies große Zeichen darf nicht übergangen werden, daß der Kampf [9]in den Händen der Brüder einen so günstigen Fortgang nahm[9], daß sie innerhalb von elf Jahren nach dem Tag ihrer Ankunft im Preußenland[10] die Völkerschaften, welche die Länder Kulm und Löbau innehatten, und jene Völker, welche die Länder Pomesanien, Pogesanien, Warmien, Natangen und Barten bewohnten, sich und dem Christenglauben machtvoll unterwarfen und unter ihnen viele Befestigungen, Städte und Burgen errichteten, deren Zahl und Namen weiter unten genannt werden sollen. Siehe, welch großes Zeichen erschien am Himmel der streitenden Kirche! Bezeichne also, guter Jesus, die dir ergebenen Knechte, durch die du so große Zeichen zu tun die Gnade hast, auf daß die Heiden verwirrt werden und jene [11]sich fürchten vor deinen Zeichen, die an den Enden der Welt wohnen[11].

[6] Mt 5,16.
[7-7] Vgl. Dn 3,99ff.
[8-8] Apg 6,8.
[9-9] Vgl. 1 Makk 2,47; 16,2.
[10] 1231 – 1241.
[11-11] Vgl. Ps 64,9.

bitant terminos, a signis tuis[11]. [12]Placuit eciam ei predicare mirabilia eius, quia forcia[12]. [13]Memoriam fecit mirabilium suorum misericors et miserator Dominus[13] per dictos fratres, ut vere possit dici de ipsis, quod scriptum est de populo Israelitico post exitum de Egipto[14]: *Confiteantur Domino misericordie eius et mirabilia eius filiis hominum, quia saciavit animam inanem et animam esurientem saciavit bonis.* Ad intelligendum, quoniam anima, i. e. vita fratrum, quondam inanis et esuriens, nunc sit bonis temporalibus saciata, necesse est ponere aliqua de defectu preterito et habundancia presenti, ut sic opposita iuxta se posita magis elucescant. Fratres in primitivo, ut inimicos fidei facilius expugnarent, toto cordis desiderio laborabant pro fortibus equis, armis validis et castris firmis et nemo illis dabat; alium exteriorem apparatum corporis et victum non curabant, nisi quatinus summa necessitas requirebat. Imitantes salvatoris nostri vitam et doctrinam, qui ait[15]: *Qui vult venire post me, abneget semetipsum et crucem suam tollat et sequatur me,* in hoc abnegabant semetipsos, quia, cum essent genere nobiles, diviciis potentes, animo liberi, generosi tamen sanguinis sui titulum parvipendebant vilia et vilissima humiliter amplectentes, que statum suum secundum seculi dignitatem non decebant; eligentesque veram paupertatem, renunciaverunt proprie voluntati; sicque diversis et infinitis se incommodis, periculis, curis, sollicitudinibus pro Cristi nomine inplicabant. Crucem eciam suam tollebant et sequebantur Cristum, cum omni die et hora parati fuerunt contumeliam et mortis supplicium pro defensione fidei sustinere. Vestem venustam, que habet calumniam elacionis, portare fuit dedecus inter eos. Quidam ex eis cilicio, alii lorica pro camisia utebantur, ut quilibet cum propheta posset dicere[16]: *Ego, cum mihi molesti essent,* i. e. infideles, *induebar cilicio.* De saccis quoque lineis, quibus farina ipsis trans mare ducebatur, fiebant vestes linee hiis, qui induere voluerunt. Victus autem cibi et potus artus fuit nimis. Dabatur enim in pondere et mensura, ut vere possent dicere cum propheta[17]: *Cibabis nos pane lacrimarum et potum dabis nobis in lacrimis et mensura.* Completum fuit in eis,

[12—12] Vgl. Dn 3,99 ff.
[13—13] Ps 110,4.

[12]Es gefiel dem Verfasser auch, kundzutun Gottes Wunder, denn sie sind mächtig[12]. [13]Ein Gedächtnis an seine Wunder hat der mitleidige und barmherzige Herr durch die Brüder gestiftet[13], so daß wahrlich von ihnen gesagt werden kann, was geschrieben steht über das israelitische Volk nach dem Auszug aus Ägypten[14]: „Sie sollen dem Herrn danken für seine Barmherzigkeit und für seine Wunder an den Menschenkindern, weil er die schmachtende Seele sättigte und die hungrige Seele speiste mit Gütern." Das ist so zu verstehen: Da ja die Seele, d. h. das Leben der Brüder, ehemals arm und hungrig, jetzt gesättigt ist mit zeitlichen Gütern, ist es notwendig, einiges zu berichten über vergangene Not und gegenwärtigen Überfluß, damit so nebeneinandergestellt die Gegensätze deutlicher hervortreten. Anfänglich strebten die Brüder, um die Feinde des Glaubens leichter zu überwinden, aus ganzem Herzen nach starken Pferden, tüchtigen Waffen und festen Burgen, und niemand gab sie ihnen. Um äußerlichen Schmuck des Leibes und um ihren Lebensunterhalt kümmerten sie sich nur, soweit es unbedingt notwendig war. Sie nahmen Leben und Lehre unseres Erlösers zum Vorbild, welcher spricht[15]: „Wer mir nachfolgen will, der verleugne sich selbst und nehme sein Kreuz auf sich und folge mir!" So verleugneten sie sich selbst, weil sie trotz vornehmer Herkunft, Macht durch Reichtum und freier Sinnesart dennoch den Anspruch ihrer edlen Geburt geringachteten und Niedriges und Niedrigstes demütig liebten, das sich für ihren Stand nach weltlicher Bewertung nicht ziemte; sie erwählten die wahre Armut und entäußerten sich des eigenen Willens. So ließen sie sich auf verschiedene und unendliche Nachteile, Gefahren, Sorgen und Kümmernisse um Christi Namen willen ein. Sie nahmen auch ihr Kreuz auf sich und folgten Christus, denn sie waren jeden Tag und jede Stunde bereit, Schmach und Todesnot zur Verteidigung des Glaubens zu ertragen. Schöne Kleidung zu tragen, die den Vorwurf der Hoffahrt einbringt, galt unter ihnen als Schande. Einige von ihnen benutzten ein härenes Gewand, andere einen Panzer anstelle eines Hemdes, so daß ein jeder mit dem Propheten sagen konnte[16]: „Wenn sie mir lästig waren," nämlich die Ungläubigen, „tat ich ein Bußkleid an." Auch wurden aus Leinensäkken, in denen ihnen das Mehl über das Meer gebracht wurde, leinene Kleider für die gemacht, die sie anziehen wollten. Speise und Trank aber waren sehr kärglich. Denn sie wurden ihnen so nach Maß und Gewicht gegeben, daß sie wahrlich mit dem Propheten sagen konnten[17]: „Du wirst uns speisen mit Tränenbrot und uns tränken mit einem Maß Tränen!" An

---

[14] Ps 106,8f.
[15] Mt 16,24.
[16] Ps 34,13.
[17] Vgl. Ps 79,6.

quod Dominus per Ysayam dicit[18]: *Dabit tibi Dominus panem artum et aquam brevem.* Cogebantur sepius familie sue, que in abstinencia fratrum consueta non potuit servicia debita complere, carnes dare ad vescendum, a quibus ipsi licito[d] tempore leto animo et vultu hylari abstinebant. Potus et pulmentum fratrum et familie adeo fuit tenuis substancie, quod color et sapor admixti bladi vel leguminis vix poterat humanis sensibus comprehendi. Hec et alia multa maiora, que longum esset scribere, pacienter perpessi sunt in casis et tuguriis suis. Sed quot pericula et angustias in exercitibus, cum in bello proficiscerentur contra infideles, paciebantur, novit ille, qui nihil ignorat. In eis completa fuerunt, que apostolus de sanctis martiribus scribens ad Hebreos ait[19]: *Alii distenti sunt, alii ludibria et verbera experti, insuper et vincula et carceres; lapidati sunt, secti sunt, temptati sunt, in occisione gladii mortui sunt, circuierunt in melotis, in pellibus caprinis, egentes, angustiati, afflicti, quibus dignus non erat mundus, in solitudinibus errantes et in montibus et speluncis et in cavernis terre.* In his patet defectus, quem fratres quondam passi fuerunt, in quibus anima eorum inanis fuit et esuriens. Si volueris scire, qualiter in habundancia saciata sit in edificiis, equis, armis, vestibus, cibo, potu et multiplicacione fratrum et suorum et aliis vite humane necessariis, aperi oculos tuos et vide; omnia ad oculum tibi patent. [20]Confiteantur eciam Domino misericordie eius et mirabilia eius filiis hominum, quia contrivit portas ereas et vectes ferreos confregit[20]. Ecce mirabilia forcia, quomodo per fratres predictos omnes gentes, que inhabitabant terram Prussie, quarum innumera multitudo inferius apparebit, exterminate sunt et urbium et municionum suarum [21]porte eree contrite sunt et vectes ferrei sunt confracti; sicque Dominus suscepit eos de via iniquitatis eorum et propter iniusticias suas humiliati sunt[21]. [22]Confiteantur eciam Domino misericordie eius et mirabilia eius filiis hominum, ut sacrificent sacrificium laudis[22]. Attende, qualiter fratres ut Iudas Machabeus loca sancta terre Prussie, que gentes prius per ydolatriam polluerunt, mundaverunt, et sacrificatur in eis quotidie Deo sacrificium laudis et hono-

---

[d] Fehlt K; eo ipso T.

Ordensbrüder als neue Makkabäer 33

ihnen wurde erfüllt, was der Herr durch Isaias sagt[18]: „Der Herr wird dir kärgliches Brot geben und wenig Wasser!" Des öfteren mußten sie ihrem Gesinde, das bei der üblichen Enthaltsamkeit der Brüder die schuldigen Dienste nicht verrichten konnte, Fleisch zur Nahrung geben, auf das sie selbst auch zu erlaubten Zeiten mit frohem Sinn und heiterem Gesicht verzichteten. Trank und Zukost der Brüder und des Gesindes waren so dünn, daß Farbe und Geschmack des beigemischten Getreides und Gemüses mit menschlichen Sinnen kaum zu erspüren waren. Dies und vieles andere Größere, das mitzuteilen zu weit führen würde, ertrugen sie geduldig in ihren Häusern und Hütten. Aber wie viele Gefahren und Nöte sie auf den Heerfahrten erduldeten, wenn sie zum Krieg gegen die Ungläubigen auszogen, weiß nur er, dem nichts entgeht. An ihnen wurde erfüllt, was der Apostel über die heiligen Märtyrer im Brief an die Hebräer sagt[19]: „Die einen sind gefoltert worden, andere haben Spott und Schläge erduldet, dazu Fesseln und Gefängnisse; sie wurden gesteinigt, zerhackt, in Versuchung geführt, sie starben durch das Schwert, sie gingen umher in Schafspelzen und Ziegenfellen, in Entbehrung, Not und Pein, sie, deren die Welt nicht wert war, sie irrten umher in den Einöden, auf den Bergen, in Höhlen und in Erdlöchern." Hierin wird der Mangel offenbar, den die Brüder einst erlitten, woran ihre Seele bedürftig war und hungrig. Wenn du aber wissen willst, wie sie im Überfluß gesättigt wurde in Gestalt von Gebäuden, Pferden, Waffen, Kleidern, Speise, Trank, einer Vielzahl von Brüdern und ihrer Leute und anderer für das menschliche Leben notwendiger Dinge, dann öffne deine Augen und sieh; alles liegt dir offen vor Augen. [20]Sie sollen dem Herrn auch danken für seine Barmherzigkeit und für seine Wunder an den Menschenkindern, denn er zermalmte die ehernen Tore und zerbrach die eisernen Riegel[20]. Siehe die starken Wunder, wie alle Völker, die das Preußenland bewohnten — ihre zahllose Menge wird unten deutlich werden —, durch die Brüder vertilgt wurden, und [21]die ehernen Tore ihrer Städte und Festen zermalmt und ihre eisernen Riegel zerbrochen wurden; und so nahm sie der Herr vom Wege ihrer Sünde, und wegen ihrer Ungerechtigkeiten wurden sie erniedrigt[21]. [22]Sie sollen dem Herrn auch danken für seine Barmherzigkeit und für seine Wunder an den Menschenkindern durch das Opfer ihres Lobpreises[22]. Merke wohl, wie die Brüder gleich Judas Makkabäus die heiligen Orte des Preußenlandes reinigten, welche die Heiden vorher durch Götzendienst befleckt hatten; hier werden Gott jetzt Tag für Tag Lob und Ehre darge-

[18] Vgl. Is 30,20.
[19] Vgl. Hebr 11,35—38.
[20—20] Ps 106,15f.
[21—21] Vgl. Ps 106,16f.
[22—22] Vgl. Ps 106,21f.

ris. ²³Accipe ergo, bone Iesu, sacrificium istud pro universo populo tuo et custodi partem tuam et sanctifica²³. Et ut David[e] eciam instituunt sacerdotes et augent quotidie cultum Dei. Sic patet, quam magna signa et forcia mirabilia fecit Deus excelsus per dictos fratres in terra Prussie; quomodo et predicabuntur, inferius apparebit. Sed quia ²⁴in novissimis diebus instabunt tempora periculosa et erunt homines se ipsos amantes²⁴ querentes, que sua sunt, non, que Iesu Cristi, ²⁵habundabit iniquitas et multorum caritas refrigescet²⁵. Idcirco, benignissime Iesu, da eis spiritum consilii sanioris, ut ²⁶non contristent spiritum, in quo signati sunt²⁶; ²⁷innova signa et immuta²⁷ mirabilia et ²⁸erue ipsos in mirabilibus tuis et da gloriam nomini tuo, ut confundantur [f]omnes, qui ostendunt servis tuis mala, confundantur[f] in omnipotencia sua et robur eorum conteratur, et scient, quia tu es Deus solus et gloriosus super orbem terrarum²⁸.

DE MODO AGENDI LIBRI HUIUS

Modus agendi in hoc libro erit iste²⁹: Primo describam, quo tempore et a quibus et quomodo incepit ordo domus Theutonice, secundo, quando et quomodo fratres predicti intraverunt in terram Prussie, tercio de bellis et aliis, que gesta sunt in dicta terra, quorum pauca, que vidi, alia, que audivi ab his, qui viderunt et interfuerunt, cetera, que relacione veridica intellexi. Quarto ponam in margine pontifices summos et imperatores, qui a tempore institucionis huius ordinis regnaverunt, et notabilia quedam facta, que ipsorum temporibus acciderunt. Sed quia insufficientem me ad hoc negocium consummandum recognosco, maxime pro eo, quod huiusmodi factum pene iam a memoria hominum nunc vivencium sit elapsum, et ³⁰sine Deo nihil facere possum³⁰, ideo te deprecor, bone Iesu, ³¹in quo omnes thesauri sapiencie et sciencie sunt reconditi³¹ et revelas mysteria non solum futura, verum et presencia et preter-

[e] dd' K,B; debetur T.
[f–f] Fehlt K, T.

²³⁻²³ Vgl. 2 Makk 1,26.
²⁴⁻²⁴ Vgl. 2 Tim 3,1 f.
²⁵⁻²⁵ Vgl. Mt 24,12.

bracht. [23]Nimm also, guter Jesus, dies Opfer für dein ganzes Volk an und wache über die Deinen und heilige sie[23]! Auch setzen die Brüder wie David Priester ein und vermehren täglich den Dienst Gottes. So ist offenkundig, wie große Zeichen und starke Wunder der erhabene Herr durch die Brüder im Preußenland getan hat; und wie sie verkündigt werden, das wird weiter unten zum Vorschein kommen. Aber da [24]in den jüngsten Tagen gefahrvolle Zeiten bevorstehen, die Menschen nur sich selbst lieben[24] und danach trachten werden, was Ihres, nicht, was Jesu Christi ist, [25]wird die Ungerechtigkeit überhandnehmen und die Liebe vieler erkalten[25]. Deshalb, gütigster Jesus, gib ihnen einen verständigeren Sinn ein, auf daß sie [26]nicht den Geist betrüben, durch den sie bezeichnet sind[26]; [27]erneuere die Zeichen, wiederhole[27] die Wunder, [28]errette sie durch deine Wunder und gib deinem Namen die Ehre, auf daß alle zuschanden werden, die deinen Knechten Übles erzeigen, daß sie zuschanden werden in ihrer Allmacht und ihre Stärke zermalmt wird, und sie werden wissen, daß du der einzige Gott bist und herrlich über den Erdkreis hin[28].

Von der Gliederung dieses Buches

Dies Buch ist in der folgenden Weise gegliedert[29]: Zuerst werde ich beschreiben, zu welcher Zeit, durch wen und wie der Orden des Deutschen Hauses seinen Anfang nahm, sodann, wann und wie die Brüder in das Preußenland kamen, drittens von den Kriegen und anderem, das sich in diesem Lande zutrug; wenig davon habe ich selbst gesehen, anderes von Leuten gehört, die es erlebten und dabei waren, das übrige habe ich aus glaubwürdiger Erzählung erfahren. Zum vierten werde ich auf dem Rande die Päpste und Kaiser vermerken, die seit der Zeit der Stiftung dieses Ordens regiert haben, und einige beachtenswerte Geschehnisse, die sich zu ihren Zeiten zutrugen. Da ich aber wohl weiß, daß ich unzulänglich bin zur Erfüllung dieser Aufgabe — vor allem deshalb, weil diese Begebnisse aus dem Gedächtnis der jetzt lebenden Menschen schon fast entschwunden sind und [30]weil ich ohne Gott nichts vermag[30] —, deshalb flehe ich dich an, guter Jesus, [31]in dem alle Schätze der Weisheit und des Wissens verborgen liegen[31] und der du nicht nur die Geheimnisse der Zukunft, sondern auch die der Gegenwart und der Vergangenheit enthüllst: Erleuchte

[26–26] Vgl. Eph 4,30.
[27–27] Vgl. Sir 36,6.
[28–28] Vgl. Dn 3,43—45.
[29] Vgl. Einleitung S. 1ff.
[30–30] Vgl. Io 15,5.
[31–31] Vgl. Kol 2,3.

ita: Illumina spiritus tui gracia intellectum meum et da mihi os et sapienciam ad complendum breviter opus istud, ut, qui signa tua magna et mirabilia forcia in eo contenta audierint, in te sperent, te adorent, te glorificent et collaudent, quod tu, ex quo omnia, per quem omnia, in quo omnia, prestare digneris, [32]qui vivis et regnas in secula seculorum. Amen[32].

[g]INCIPIT PRIMA PARS LIBRI[h]

DE ORIGINE ORDINIS DOMUS THEUTONICE[g]

Prefacio ad institucionem ordinis domus Theutonice

Sapiencia sibi edificavit domum, excidit columpnas septem (Proverb. IX)[33]. Licet hec verba fuerint Salomonis, qui filium Dei appellat sapienciam patris, iuxta illud apostoli[34]: *Ipsis autem vocatis Iudeis atque Grecis predicamus Cristum Dei virtutem et Dei sapienciam;* et in psalmo[35]: *Omnia in sapiencia fecisti* i. e. in filio, qui assumpta humana natura edificavit in morte sua sibi ad gloriam et honorem domum militantis ecclesie et excidit columpnas septem i. e. septem sacramenta, quibus sustentatur; possunt tamen esse verba sancte matris ecclesie, que dominum papam Celestinum III vocat sapienciam, quia in terris Dei filii vicem gerit secundum illud Ecclesiastici[36]: *Sapiencia doctrine secundum nomen eius.* Ad ipsum enim confluit ecclesia universalis audire et videre sue doctrine, ut regina Saba sapienciam Salomonis[37]. Hic dominus papa Celestinus III edificavit i. e. instituit et confirmavit sibi et sancte ecclesie ad utilitatem domum videlicet sacre religionis hospitalis sancte Marie Theutonicorum Ierosolimitani et excidit columpnas septem i. e. septem fratres commendatores seu preceptores provinciales scilicet Lyvonie, Prussie, Theutonie, Austrie, Apulie, Romanie et Armenie, quibus fratres dicti ordinis tanquam materialis domus innixa columpnis edificata sustentatur, ut sic magi-

[g–g] Nach dem Index K hierher gehörig, in den Codd. vor Kapitel 1.
[h] Fehlt K.

meinen Verstand durch die Gnade deines Geistes und gib mir Mund und Weisheit, dies Werk in Kürze zu vollenden, auf daß die, welche deine in ihm enthaltenen großen Zeichen und mächtigen Wunder vernehmen, auf dich hoffen, dich anbeten, dich verherrlichen und loben. Das wollest du, aus dem, durch den und in dem alles ist, mir gewähren, [32]der du lebst und regierst in Ewigkeit. Amen[32].

Hier beginnt der erste Teil des Buches

Vom Ursprung des Ordens vom Deutschen Hause

Vorrede zur Einsetzung des Ordens vom Deutschen Hause

„Die Weisheit baute sich ein Haus und hieb sieben Säulen aus" (Sprüche 9)[33]. Dies waren zwar die Worte Salomos, der den Sohn Gottes die Weisheit des Vaters nennt, nach dem Wort des Apostels[34]: „Denen aber, die berufen sind, Juden und Griechen, predigen wir Christus, Gottes Kraft und Gottes Weisheit", und im Psalm heißt es[35]: „Alles hast du mit Weisheit gemacht", d.h. mit dem Sohn, der die menschliche Natur annahm und durch seinen Tod sich zu Ruhm und Ehre das Haus der kämpfenden Kirche erbaute und sieben Säulen aushieb, nämlich die sieben Sakramente, auf denen es ruht; es können jedoch auch die Worte der heiligen Mutter Kirche sein, die den Herrn Papst Coelestin III. die Weisheit nennt, denn er ist der Statthalter des Gottessohns auf Erden nach dem Buch Jesus Sirach[36]: „Die Weisheit der Lehre gemäß ihrem Namen." Zu ihm strömt nämlich die allgemeine Kirche zusammen, um die Weisheit seiner Lehre zu hören und zu sehen wie die Königin von Saba die Weisheit Salomos[37]. Dieser Herr Papst Coelestin III. erbaute, d.h. begründete und bestätigte sich und der heiligen Kirche zum Nutzen ein Haus, nämlich das des heiligen Ordens des Hospitals Sankt Marien der Deutschen zu Jerusalem, und hieb sieben Säulen aus, nämlich die sieben Brüder Landkomture oder -gebietiger Livlands, Preußens, Deutschlands, Österreichs, Apuliens, Romaniens und Armeniens; sie tragen die Ordensbrüder, gleichwie ein stoffliches Haus sich auf Säulen stützt, so daß der Hochmeister und das Kapi-

---

[32-32] Messe, Conclusio einiger Gebete.
[33] Spr 9,1.
[34] Vgl. 1 Kor 1,24.
[35] Ps 103,24.
[36] Vgl. Sir 6,23.
[37] Vgl. 1 Kg 1ff.

ster generalis et capitulum sint fundamentum huius domus, provinciales commendatores seu preceptores columpne, alii fratres superedificati. Et sic dominus papa assimilatur viro sapienti, [38]qui edificavit domum suam supra petram[38] et potest dicere[39]: *Ego confirmavi columpnas eius.* Sed quia scriptum est[40]: *Spiritus est, qui vivificat, caro autem non prodest quidquam,* ideo ponende sunt septem columpne alie spirituales in hac domo, quarum tres scilicet obediencia, paupertas, castitas disciplinam ordinent regularem et quatuor alie videlicet contricio, confessio, satisfactio et [41]caritas, que operit multitudinem peccatorum[41], omnem sancte observancie negligenciam in torpentibus zelo rectitudinis disciplinent. Hee sunt columpne spirituales excise manu sapiencie in domo hac sacre religionis, quam edificavit dominus papa, ita quod, [42]si pluvia avaricie descendat et flumina luxurie et venti superbie flent et irruant in illam, non possit cadere; fundata est enim supra firmam petram[42], petra autem est Cristus.

1. [i]De institucione ordinis domus Theutonicorum[i,43]

In nomine Domini, amen. Anno incarnacionis eiusdem MCXC tempore illo, quando civitas Achonensis esset a Cristianis obsessa et divina favente gracia de manibus infidelium recuperata[44], fuerunt in exercitu Cristianorum quidam devoti homines de Bremensi et Lubicensi civitatibus, qui tanquam [45]viri misericordie[45] oculis

[i–i] Aus Index K.
[38–38] Mt 7,24.
[39] Ps 74,4.
[40] Vgl. Jo 6,64.
[41–41] Vgl. 1 Petr 4,8.
[42–42] Vgl. Mt 7,25; Breviarium Romanum, Off. in Octava Dedicationis Ecclesiae, Rp. ad L. V.
[43] Dusburgs Bericht zieht wie seine Hauptquelle, der Prolog zu den Ordensstatuten (vgl. Perlbach, Statuten S. 22f.), die 1190 vor Akkon durch Bremer und Lübecker Bürger vorgenommene Einrichtung einer deutschen Hospitalgemeinschaft und deren im März 1198 in Akkon durch eine Fürstenversammlung erfolgte Umwandlung in einen Ritterorden fälschlich zu einem einzigen Gründungsvorgang

tel das Fundament dieses Hauses, die Landkomture oder -gebietiger die Säulen und die übrigen Brüder den Oberbau darstellen. Und so gleicht der Herr Papst einem weisen Mann, [38]der sein Haus auf Fels gebaut hat[38] und sagen kann[39]: „Ich habe seine Säulen festgemacht." Aber da geschrieben steht[40]: „Der Geist ist es, der lebendig macht; das Fleisch aber ist zu nichts nütze", deshalb sind noch sieben andere geistliche Säulen in diesem Hause zu errichten, von denen drei, nämlich Gehorsam, Armut und Keuschheit die Ordenszucht regeln und die vier anderen, nämlich Reue, Beichte, Buße und [41]die Liebe, welche eine Menge Sünden bedeckt[41], jegliche Nachlässigkeit im heiligen Lebenswandel bei denen zurechtweisen sollen, die im Eifer für den richtigen Weg erlahmen. Dies sind die geistlichen Säulen, ausgehauen von der Hand der Weisheit in diesem heiligen Ordenshaus, das der Herr Papst erbaut hat, [42]so daß es nicht fallen kann, auch wenn der Regen der Habsucht niederfällt und die Ströme der Ausschweifung und die Winde der Hoffahrt wehen und auf es niederstürzen; denn es ist auf festen Fels gegründet[42], der Fels aber ist Christus.

1. Von der Gründung des Ordens vom Hause der Deutschen[43]

Im Namen des Herrn, amen. Im Jahre seiner Menschwerdung 1190 zu der Zeit, als die Stadt Akkon von den Christen belagert und durch die Gnade Gottes aus den Händen der Ungläubigen zurückgewonnen wurde[44], waren im christlichen Heer einige fromme Leute aus den Städten Bremen und Lübeck, die als [45]barmherzige Menschen[45] mit mitleidigen

zusammen. Er verschweigt dabei — wie seine ebenfalls in Ordenskreisen entstandenen Quellen (neben dem erwähnten Prolog die ›De primordiis ordinis Theutonici narratio‹) —, daß es sich wahrscheinlich nicht um eine Neugründung, sondern um die Wiederbelebung eines dem Johanniterorden unterstellten, vor 1143 in Jerusalem bestehenden und 1187 bei der Eroberung der Stadt durch Saladin zugrundegegangenen deutschen Hospitals gehandelt hat, sicherlich im Hinblick auf die von den Johannitern lange Zeit erhobenen Ansprüche auf Inkorporation auch des 1190 errichteten Hospitals. Offenbar aus dem gleichen Grunde geht Dusburg nicht auf die im Sinne der Kontinuitätsthese deutbare Aufnahme Jerusalems in den Titel des Deutschen Ordens ein, die von der ›Narratio‹ andererseits mit der bei der Ordensgründung gehegten Hoffnung auf das zukünftig in Jerusalem zu errichtende Haupthaus erklärt wird.
[44] Die Belagerung Akkons dauerte vom 28. August 1189 bis zum 12. Juli 1191.
[45]−[45] Sir 44,10. 27.

compassionum intendentes in diversos et intolerabiles defectus et incommoda infirmorum degencium in dicto exercitu, fundaverunt hospitale in tentorio suo facto de velo cuiusdam navis dicte cocka Theutonice, ubi dictos infirmos colligentes ipsis devote et humiliter serviebant et de bonis sibi a Deo collatis caritative procurantes misericorditer pertractabant attendentes, quod in persona cuiuslibet infirmi vel pauperis susciperent ipsum Cristum, [46]qui dicet hiis, qui a dextris erunt in iudicio: „Esurivi et dedistis mihi manducare, sitivi et dedistis mihi bibere, hospes eram et collegistis me, nudus eram et cooperuistis me, infirmus eram et visitastis me" etc.; et cum dicent: „Ubi te vidimus talia pacientem?", respondebit: „Amen dico vobis, quamdiu fecistis uni ex hiis fratribus meis minimis, mihi fecistis[46]." Ecce quomodo Cristus infirmos et debiles et despectos quosque fratres vocat; et bene, caro enim et frater noster est. Sed quia dicit apostolus[47]: *Ego plantavi, Apollo rigavit, Dominus autem incrementum dedit,* ex quibus verbis liquide licet appareat, quod [48]neque is, qui plantat, neque is, qui rigat, aliquid sit, sed qui incrementum dat, Deus; tamen humana diligencia impensioris cure sollicitudinem debet impendere circa plantas, que adhuc novelle fructus uberes afferunt et uberiores suo tempore repromittunt[48]. [49]Unde cum dominus patriarcha Ierosolimitanus, Henricus rex Ierosolimitanus illustris[50], Nazarenus et Tyrensis et Cesariensis archiepiscopi et Bethlemitanus et Achonensis episcopi, magister hospitalis sancti Iohannis et magister domus templi et multi fratres ambarum domorum plaresque barones terre sancte scilicet Radulphus dominus Tiberiadis et dominus Hugo frater suus et Raynaldus[k] dominus Sidonis et dominus Eymarus[l] de Cesarea et dominus Iohannes de Hibelino et multi alii de regno Ierusalem et de Alemania Conradus Maguntinensis archiepiscopus, Conradus Herbipolensis episcopus et cancellarius imperii Romani, Wolgerius Pataviensis episcopus, Gardolphus Halberstatensis episcopus et Cicensis[m] episcopus, Fridericus dux Swevie[51], Henricus palatinus

[k] Reinoldus K.
[l] Cymarus Codd.
[m] Cisensis K.

[46–46] Vgl. Mt 25,34—40.

Augen die verschiedenen und unerträglichen Mängel und Beschwernisse der Kranken im Heere bemerkten und daher in ihrem Zelt, das aus dem Segel eines auf deutsch „Kogge" genannten Schiffs gemacht war, ein Hospital begründeten; dort nahmen sie Kranke auf, dienten ihnen fromm und demütig, versorgten sie mildtätig mit den ihnen von Gott geschenkten Gütern und handelten barmherzig an ihnen, denn sie beachteten wohl, daß sie in der Person eines jeden Kranken oder Armen Christus selbst aufnahmen, [46]der denen an seiner Rechten beim Jüngsten Gericht sagen wird: „Ich bin hungrig gewesen, und ihr habt mich gespeist, ich bin durstig gewesen, und ihr habt mich getränkt, ich war ein Fremdling, und ihr habt mich beherbergt, ich war nackt, und ihr habt mich bekleidet, ich war krank, und ihr habt mich besucht" usw.; und wenn sie sagen werden: „Wo haben wir dich solches leiden sehen?", dann wird er antworten: „Wahrlich, ich sage euch: Was ihr einem von diesen meinen geringsten Brüdern getan habt, das habt ihr mir getan[46]." Siehe, wie Christus alle die Kranken, Schwachen und Verachteten seine Brüder nennt; und das mit Recht, denn er ist unser Fleisch und unser Bruder. Aber der Apostel sagt[47]: „Ich habe gepflanzt, Apollo hat begossen, der Herr aber hat Gedeihen gegeben"; hieraus wird zwar deutlich, daß [48]weder der, welcher pflanzt, noch der, welcher begießt, etwas ist, sondern nur der, welcher Gedeihen verleiht, nämlich Gott; doch muß menschlicher Fleiß Kosten und Sorgfalt auf die Pflanzen verwenden, die — obwohl noch jung — reiche Früchte bringen und noch reichere zur rechten Zeit verheißen[48]. [49]Als daher der Herr Patriarch von Jerusalem, der berühmte König Heinrich von Jerusalem[50], die Erzbischöfe von Nazareth, Tyros und Cäsarea und die Bischöfe von Bethlehem und Akkon, der Meister des Hospitals des heiligen Johannes und der Meister des Hauses vom Tempel und viele Brüder der beiden Ordenshäuser und zahlreiche edle Herren des Heiligen Landes, nämlich Radulf, Herr von Tiberias, und Herr Hugo, sein Bruder, Herr Rainald von Sidon, Herr Aimar von Cäsarea, Herr Johann von Ibelin und viele andere aus dem Königreich Jerusalem, und aus Deutschland Erzbischof Konrad von Mainz, Konrad, Bischof von Würzburg und Kanzler des Römischen Reiches, Bischof Wolfger von Passau, Bischof Gardolf von Halberstadt, der Bischof von Zeitz, Herzog Friedrich von Schwaben[51], Heinrich, Pfalz-

---

[47] Vgl. 1 Kor 3,6f.
[48-48] Vgl. das Privileg Papst Honorius' III. vom 15. Dezember 1220 (Strehlke Nr. 306).
[49-49] Den folgenden Bericht über die im März 1198 erfolgte Umwandlung des Hospitals in einen Ritterorden entnimmt Dusburg der ›Narratio‹.
[50] Heinrich von der Champagne war bereits 1197 verstorben. 1198 war Amalrich II. König von Jerusalem.
[51] Nicht dem Ritterorden, sondern dem Hospital vor Akkon ließ Friedrich seine Fürsorge zuteil werden. Er starb schon am 20. Januar 1191, kann also an der hier beschriebenen Versammlung nicht teilgenommen haben.

comes Reni[n] et dux de Brunswich[52], Fridericus dux Austrie, Henricus dux Brabancie, qui capitaneus tunc erat exercitus, Hermannus palatinus comes Saxonie et lantgravius Thuringie, Albertus marchio Brandenburgensis[53] et Henricus de Calendin[o] marscalcus imperii, Conradus marchio de Landsbergk[p], Theodericus[q] marchio Misnensis[54], comites vero et magnates et quam plures nobiles dicti exercitus oculo propiciacionis videntes hanc [55]novellam hospitalis plantacionem aliquales fructus honoris et honestatis tempestiva quadam fecunditate producere et sperantes indubitanter, quod Domino incrementum dante expansis ramis suis uberrimam fructuum copiam faceret in futurum[55], omnium principum supradictorum consilium in hoc resedit, ut dominus Fridericus dux Swevie nuncios solempnes fratri suo serenissimo domino Henrico VI. regi Romanorum futuro imperatori[56] mitteret, qui apud dominum papam institucionem et confirmacionem hospitalis prehabiti impetraret[57]. Papa itaque audita hac legacione piis petencium precibus inclinatus in dicto hospitali [58]ordinem fratrum hospitalis Ierosolimitani circa pauperes et infirmos, fratrum vero milicie templi circa clericos et milites et alios fratres[58] instituit et in nomine Domini confirmavit[59] concedens fratribus dicti hospitalis, ut nigra cruce et albo pallio uterentur, omnesque libertates, immunitates et indulgencias venerandis domibus predictorum hospitalis et templi ab apostolica sede concessas indulsit, ut eis uterentur libere sicut illi[60]. Dignum enim erat, ut, [61]qui in operacione virtutum pio vellent proposito fieri pares, in assecucione apostolici beneficii essent coequales[61]. Sicque institutus et confirmatus et multis privilegiis dotatus est venerandus ille militaris ordo fratrum hospitalis sancte

[n] regni Codd.
[o] Caladin K.
[p] Landesbergh B.
[q] Th. K; fehlt B.

[52] Irrtum der ›Narratio‹. Das Herzogtum Braunschweig-Lüneburg entstand erst 1235.
[53] Vielmehr Graf von Arneburg; Markgraf von Brandenburg erst 1205.
[54] Im März 1198 nicht mehr in Akkon, da er wohl noch 1197 auf die Nachricht vom Tode Kaiser Heinrichs VI. († 28. September 1197) nach Deutschland zurückkehrte.

graf bei Rhein und Herzog von Braunschweig[52], Herzog Friedrich von Österreich, Herzog Heinrich von Brabant, der damals der Führer des Heeres war, Hermann, Pfalzgraf von Sachsen und Landgraf von Thüringen, Markgraf Albrecht von Brandenburg[53] und Heinrich von Kalden, der Marschall des Reiches, Markgraf Konrad von Landsberg, Markgraf Dietrich von Meißen[54], Grafen, Große und sehr viele Vornehme des Heeres mit wohlwollendem Blick sahen, daß das Hospital, diese [55]neue Pflanzung, ehrenvolle und reiche Frucht in früher Fruchtbarkeit hervorbrachte, da hofften sie sicherlich, sie werde — wenn der Herr Gedeihen gebe — ihre Äste ausstrecken und in Zukunft Früchte in Überfülle tragen[55]. Deshalb ging der Ratschlag aller der erwähnten Fürsten dahin, Herr Friedrich, der Herzog von Schwaben, möge eine feierliche Gesandtschaft an seinen Bruder, den erlauchtesten Herrn Heinrich VI., den König der Römer und künftigen Kaiser[56], schicken mit der Bitte, vom Herrn Papst die Gründung und Bestätigung des Hospitals zu erwirken[57]. Der Papst stimmte demgemäß nach Anhörung der Gesandtschaft dem frommen Ansuchen der Bittsteller zu, verlieh dem Hospital [58]die Ordensregel der Brüder des Hospitals zu Jerusalem für die Armen und Kranken, die der Ritterbrüder des Tempels aber für die Kleriker, die Ritter und die übrigen Brüder[58] und bestätigte sie im Namen des Herrn[59]; er gestattete den Brüdern des Hospitals, das schwarze Kreuz und den weißen Mantel zu tragen, und gewährte ihnen alle Freiheiten, Privilegien und Indulgenzen, die die verehrungswürdigen Häuser der Johanniter und der Templer vom apostolischen Stuhl erhalten hatten, um sie frei zu gebrauchen wie jene[60]. Denn es war billig, daß [61]die, welche die gleichen tugendhaften Taten zu vollbringen den frommen Vorsatz hatten, auch die gleiche päpstliche Wohltat erlangten[61]. So wurde der ehrwürdige Ritterorden der Brüder des Hospi-

[55—55] Vgl. das Privileg Papst Honorius' III. vom 15. Dezember 1220 (Strehlke Nr. 306).

[56] Kaiserkrönung am 14. April 1191.

[57] Es kann sich hier nur um die Bestätigung des 1190 gegründeten Hospitals handeln (so auch die ›Narratio‹). Sie wurde durch Clemens III. am 6. Februar 1191 gewährt (Strehlke Nr. 295).

[58—58] Vgl. die Privilegien Honorius' III. vom 15. Dezember 1220 und vom 9. Januar 1221 (Strehlke Nr. 306, 308f.).

[59] Die Bestätigung der Johanniter- und Templerregel erfolgte durch Innozenz III. am 19. Februar 1199 (Strehlke Nr. 297).

[60] Der weiße Ordensmantel wurde dem Deutschen Orden erst 1221 nach längeren Streitigkeiten mit den ebenfalls weiße Mäntel tragenden Templern vom Papst verliehen. Das schwarze Kreuz ist ebenfalls erst 1221 nachweisbar. Die rechtliche Gleichstellung der drei Ritterorden erfolgte durch Privileg Honorius' III. vom 9. Januar 1221 (Strehlke Nr. 309).

[61—61] Vgl. das Privileg Honorius' III. vom 9. Januar 1221 (Strehlke Nr. 309).

Marie domus Theutonicorum Ierosolimitani. Hec est vinea Domini Sabaoth electa, quam tu, Iesu Criste, instituisti [62]fuistique dux itineris in conspectu eius. Plantasti radices eius et implevit terram, transtulisti eam postea et eiecisti gentes de terra Prussie et Lyvonie et plantasti eam ibi et sic extendit palmites suos usque ad mare et usque ad flumen propagines eius[62]. Hec reverenda milicia non solum in terra est ab hominibus confirmata, verum eciam typo celi et terre multipharie prefigurata. [63]Legimus enim in veteribus historiis [64]magnum patriarcham Abraham cum suis vernaculis CCCXVIII[r] pro liberacione fratris Deum timentis decertasse et captivitate innocencium conversa, postquam a cede regum reverteretur, eidem patriarche encenia munerum panis et vini cum benediccione Dei excelsi, quo protegente hostes in manibus suis erant, a Melchisedech rege et sacerdote fuisse oblata[64]. Ex quo tempore tyrocinia fidelium contra nacionum turbas ceperunt exerceri revelante extunc spiritu sancto, quanto favore is, qui summum in ecclesia obtinet locum, tales amplecti debeat tyrones ad protectionis ecclesiastice benediccionem eosdem speciali benevolencia suscipiens et suis indulgenciis et privilegiis encenia patrimoniorum crucifixi militibus [s]illis oblata[s] confirmans. Hec milicia celi et terre typo prefigurata sola et precipua esse videtur, que vicem Cristi in obprobrio sue crucis doleat et terram sanctam Cristianis debitam recuperare ab oppressione gentilium se devovit. [65]Vidit namque Ioannes ecclesiam militantem sub typo nove Ierusalem de celis a triumphante descendere[65], in qua cum ceteris celestium virtutum agminibus potestates Deo militant quamlibet potestatem contrariam debellando. Que profecto visio nos ammonet quosdam in ecclesia militante debere contineri milites, quorum votum sit inimicam ecclesie tyrannidem infidelium propulsare, statuente in omnibus altissimo terminos fidelium populorum iuxta numerum et officium angelorum Dei. Huic et terre[t] consonat testimonium. Nam sub Moyse et Iosue et aliis iudicibus Israel milites Dei [66]nova bella,

---

[r] CCCXVIII annos Codd., vgl. jedoch Gn 14, 14—20; annos fehlt Perlbach, Statuten.

[s—s] illis a fidelibus oblata Perlbach, Statuten.

[t] terre sancte Perlbach, Statuten.

tals St. Marien des Hauses der Deutschen zu Jerusalem begründet, bestätigt und mit vielen Privilegien ausgestattet. Dies ist der auserwählte Weingarten des Herrn Zebaoth, den du, Jesus Christus, eingerichtet hast, und ⁶²du warst der Führer vor ihm auf seinem Wege. Du hast seine Wurzeln gepflanzt und er erfüllte die Erde; darauf trugst du ihn weiter, vertriebst die Heiden aus den Ländern Preußen und Livland und pflanztest ihn dort, und so streckt er jetzt seine Zweige bis zum Meer aus und bis zum Flusse seine Schößlinge⁶². Diese ehrwürdige Ritterschaft ist nicht nur auf Erden von den Menschen bestätigt, sondern auch im Himmel und auf der Erde als Urbild vielfältig vorausgebildet. ⁶³Wir lesen nämlich in den alten Geschichtsbüchern, ⁶⁴der große Patriarch Abraham habe mit seinen 318 Knechten für die Befreiung seines gottesfürchtigen Bruders gestritten; als er die Unschuldigen aus der Gefangenschaft befreit hatte und nach dem Sieg über die Könige zurückkehrte, habe ihm der König und Priester Melchisedek Geschenke an Brot und Wein mit dem Segen des erhabenen Gottes dargeboten, durch dessen Schutz die Feinde in seine Hand gegeben waren⁶⁴. Seit dieser Zeit begannen die Kämpfe der Gläubigen gegen die Scharen der Heiden; und der heilige Geist enthüllte seither, welche Gunst der, welcher den höchsten Platz in der Kirche innehat, solchen Kriegern zuteil werden lassen soll, indem er sie nämlich mit besonderem Wohlwollen in den Segen des kirchlichen Schutzes aufnimmt und ihnen, den Streitern für den Gekreuzigten, durch seine Indulgenzen und Privilegien den ihnen geschenkten Besitz bestätigt. Diejenige Ritterschaft scheint allein und vornehmlich als Urbild im Himmel und auf der Erde vorgebildet, welche an Christi Kreuzesschmach leidet und sich der Aufgabe geweiht hat, das den Christen gebührende Heilige Land von der Bedrückung durch die Heiden zurückzugewinnen. Denn ⁶⁵Johannes sah die streitende Kirche in Gestalt des neuen Jerusalem vom Himmel herniedersteigen vom Triumphierenden⁶⁵; in ihr kämpfen die Mächte mit den übrigen himmlischen Heerscharen für Gott und werfen jegliche gegnerische Macht nieder. Diese Vision gemahnt uns in der Tat daran, daß in der streitenden Kirche sich auch Kämpfer befinden müssen, deren Gelübde sei, die der Kirche feindliche Tyrannei der Ungläubigen abzuwehren, denn der Höchste hat in allem die Grenzen der rechtgläubigen Völker nach Zahl und Amt der Engel Gottes festgesetzt. Hierfür gibt es auch ein übereinstimmendes Zeugnis im Heiligen Land: Denn unter Moses, Josua und den anderen Richtern Israels erwählten die Streiter Gottes ⁶⁶neue Kriege, die

---

⁶²⁻⁶² Vgl. Ps 79,9f. 12.
⁶³⁻⁶³ Bis zum Ende des Kapitels Übernahme des lateinischen Prologs mit unwesentlichen Änderungen (vgl. Perlbach, Statuten S. 23—26).
⁶⁴⁻⁶⁴ Vgl. Gn 14,14—20.
⁶⁵⁻⁶⁵ Vgl. Apk 3,12.
⁶⁶⁻⁶⁶ Vgl. Ri 5,8.

que elegit Dominus⁶⁶, eligentes stirpem Enachim et ceteros iniquos terre sancte inhabitatores gygantee malicie coheredes leonum more invadentes funditus exterminaverunt illis duntaxat exceptis, quos ad erudicionem populi Dei servavit dispensacio sub onere servitutis. Secundum vero incrementa temporis religionis huius simul creverunt prefiguraciones. David enim ⁶⁷secundum cor Dei⁶⁷ in regnum fidelium exaltatus, ut propheta futurorum prescius, expressiora milicie huius presagia presignans ⁶⁸legiones Cerethi et Pheleti⁶⁸ membra quedam sue voluit esse familie^u, quorum hoc esset officii, quatinus secundum proprii nominis significacionem capitis sui custodes iugiter haberentur, ut videlicet insidiatores capitis David exterminantes mirabili salute subiectos defensarent. Cerethi exterminantes, Pheleti vero salvantes mirabiliter interpretantur⁶⁹. Propheta quippe cum esset David et familiare spiritus sancti organum, tam presencia quam futura in scripturis veritatis intuens distinctione sue cohortis edocuit, quod in novissimis temporibus caput ecclesie Cristus custodes foret habiturus, ᵛqui preciosioresᵛ animas suas se ipsis facientes ⁷⁰accingerentur gladio suo sancto super femur suum⁷⁰, ut ⁷¹fortissimi Israel viri Salomonis lectulum ambientes timores nocturnos⁷¹ tenebrose perfidie a finibus expellerent Cristianis. Subit eciam animum illud laudabile et Deo dignum bellum Machabeorum, qui ⁷²in deserto feni cibo pasti, ne participes fierent coinquinacionis⁷², zelo legis et fidei repleti Antiochum Epiphanem et radicem iniquitatis, qui populum Dei ad ⁷³ritus gentiles et lupanar epheborum⁷³ pertrahere nitebatur, Dei suffulti iuvamine ⁷⁴contriverunt, ut sancta iterato mundarent, arcem Sion reciperent⁷⁴ et redderent pacem terre. Quorum bella sacer hic ordo milicie videlicet domus hospitalis sancte Marie Theutonicorum in Ierusalem strenue imitansʷ membris honorabilibus meruit decorari diversis ad diversa digna Deo officia laudabiliter ordinatis. Sunt namque milites et bellatores electi zelo legis

---

ᵘ Fehlt K.
ᵛ⁻ᵛ qui non preciosiores Perlbach, Statuten, und Toeppen; non ist sinngemäß zu streichen.
ʷ militans B.

der Herr erwählte⁶⁶, griffen das Geschlecht Enachim und die übrigen ungerechten Bewohner des Heiligen Landes, die Miterben riesenhafter Bosheit, wie die Löwen an und vertilgten sie gänzlich mit Ausnahme derer, welche der göttliche Ratschluß zur Belehrung des Volkes unter der Last der Knechtschaft verschonte. Mit zunehmender Zeit aber wuchsen zugleich die Vorausbildungen dieses Ordens. So wurde David ⁶⁷nach dem Willen Gottes⁶⁷ zum Königtum über die Rechtgläubigen erhoben und verkündete, ein um künftige Dinge wissender Prophet, deutlichere Vorzeichen für diese Ritterschaft; denn er wollte, daß ⁶⁸die Scharen Krethi und Plethi⁶⁸ Glieder seines Gesindes seien; ihr Amt sollte sein, nach der Bedeutung ihres eigenen Namens ständig die Wächter seines Hauptes zu sein, um nämlich die, welche dem Haupte Davids nachstellten, zu vertilgen und die Untertanen mit wunderbarer Rettung zu verteidigen. Krethi bedeutet „die Vertilgenden", Plethi aber „die wunderbar Rettenden"⁶⁹. Weil David nun ein Prophet war und ein vertrautes Werkzeug des Heiligen Geistes, schaute er Gegenwärtiges wie Zukünftiges in den Schriften der Wahrheit an und lehrte durch die Unterscheidung seiner Mannschaft, daß in den jüngsten Zeiten das Haupt der Kirche, Christus, Wächter haben werde, die ihre Seelen für kostbarer als sich selbst erachten und ⁷⁰ihr heiliges Schwert sich an die Hüfte gürten würden⁷⁰, um wie ⁷¹die tapfersten Männer Israels, die das Bett Salomos umgaben, die nächtlichen Schrecken⁷¹ des finsteren Unglaubens von den Landen der Christen zu vertreiben. Es kommt mir auch jener lobenswerte und gotteswürdige Kampf der Makkabäer in den Sinn, die ⁷²sich in der Einöde von Gras ernährten, um der Sünde nicht teilhaftig zu werden⁷², und voller Eifer für Gesetz und Glauben den Antiochus Epiphanes und die Wurzel der Ungerechtigkeit, die das Volk Gottes zu ⁷³heidnischen Bräuchen und zur Knabenliebe⁷³ zu verführen trachtete, mit der Hilfe Gottes ⁷⁴zermalmten, um die Heiligtümer wieder zu reinigen, die Burg Sion zurückzugewinnen⁷⁴ und dem Lande den Frieden wiederzugeben. Ihren Kämpfen eifert dieser heilige Ritterorden, nämlich das Haus vom Hospital St. Marien der Deutschen in Jerusalem, nach; er ist deshalb zu Recht mit ehrbaren Mitgliedern ausgezeichnet worden, die zu verschiedenen, Gottes würdigen Ämtern in lobenswerter Weise bestimmt sind. Denn sie sind erwählte Rit-

⁶⁷⁻⁶⁷ Vgl. Apg 13,22.
⁶⁸⁻⁶⁸ 2 Sam 15,18.
⁶⁹ Vgl. Hieronymus, Liber interpr. Hebr. nom. I Reg. C, III Reg. F, Num. F, Jos. F, II Reg. F.
⁷⁰⁻⁷⁰ Vgl. Ps 44,4.
⁷¹⁻⁷¹ Vgl. Hl 3,7f.
⁷²⁻⁷² Vgl. 2 Makk 5,27.
⁷³⁻⁷³ Vgl. 2 Makk 4,10. 12.
⁷⁴⁻⁷⁴ Vgl. 1 Makk 4,36f. 43.

patrie manu valida hostes[x] conterentes. Sunt et caritatis beneficiis affluentes, hospitum, peregrinorum et pauperum receptores. Sunt insuper, qui pietatis visceribus in hospitalibus languidis et decumbentibus non abhominatis squaloribus fervido spiritu subministraverint[y]. Inter que membra dignum ac perutilem clerici locum habent, ut [75]tanquam scintille in medio discurrentes[75] pacis tempore ad laycos fratres exhortaciones de observancia regulari faciant et divina celebrent ac sacramenta ministrent, sed ad arma convolantibus [76]sanguinem uve[z] et mori[76] memoriam scilicet crucifixi Domini [76]ostendentes ad virtutem acuant preliandi[76], et sic [77]a fine robustorum militum usque ad finem infirmorum decumbencium, quorum custodiunt consciencias et muniunt exitus, fortiter accingentes[a] in suavitate[77] spiritus sua ministeria[b] exequuntur. Hunc ergo spiritualem[c] ordinem ad utilitatem sancte ecclesie se generalius diffundentem congratulacionis oculo diversi summi pontifices intuentes[d] confirmatum plurimis privilegiis et immunitatibus et libertatibus illustrarunt[63].

2. De fratre Henrico Walpote primo magistro hospitalis sancte Marie domus Theutonice

Frater Henricus dictus Walpote magister primus hospitalis sancte Marie domus Theutonicorum Ierosolimitani prefuit multis annis et obiit nonis[e] Novembris et sepultus est Achon. Huic[78] cives Bremenses et Lubicenses, qui primi huius ordinis fuerant fundatores, ut dictum est[79], dum completo peregrinacionis sue voto ad propria vellent redire, de consilio domini Friderici ducis Swevie predicti et aliorum nobilium de Alemania, qui fuerunt in obsidione

[x] hostes fidei Perlbach, Statuten.
[y] subministrant Perlbach, Statuten.
[z] So Perlbach, Statuten; bei B und K Schrift undeutlich.
[a] attingentes Perlbach, Statuten.
[b] misteria Perlbach, Statuten.
[c] specialem Perlbach, Statuten.
[d] Folgt ad peticionem Friderici ducis Suevie ceterorumque principum terre sancte et Alamannie tempore, quo a Christianis Accon est obsessa Perlbach, Statuten.
[e] nonis kalendis Codd.; vgl. dagegen Jeroschin.

ter und Streiter, die voll Eifer für das Gesetz des Vaterlandes mit starker Hand die Feinde vernichten. Sie vollbringen auch überreiche Wohltaten der Liebe, denn sie nehmen Fremde, Pilger und Arme auf. Sie sind es außerdem, die aus tiefster Frömmigkeit in den Hospitälern den Kranken und Daniederliegenden mit brennendem Sinn gedient haben, ohne vor Schmutz und Unrat zurückzuscheuen. Unter den Mitgliedern des Ordens haben die Geistlichen einen würdigen und höchst nützlichen Platz inne, denn [75]sie sollen wie Funken unter den Laienbrüdern umhergehen[75] und sie zu Friedenszeiten zur Beobachtung der Regel anhalten, den Gottesdienst feiern und die Sakramente darreichen; wenn die Brüder aber zu den Waffen eilen, sollen sie ihnen [76]Trauben- und Maulbeerblut, d.h. die Erinnerung an Leben und Tod des gekreuzigten Herrn, vor Augen führen und sie zur Tapferkeit im Kampfe anspornen[76]. Und so [77]wirken sie mächtig von den starken Rittern bis zu den schwachen Kranken, deren Gewissen sie bewachen und die sie auf das Sterben vorbereiten, und erfüllen ihren Dienst in der Sanftmut[77] des Geistes. Diesen geistlichen Orden also, der sich zum Nutzen der heiligen Kirche immer weiter ausbreitet, haben die verschiedenen Päpste mit freudigem Blick angesehen und ihn mit sehr vielen Privilegien, Vergünstigungen und Freiheiten befestigt und verherrlicht[63].

2. Von Bruder Heinrich Walpode, dem ersten Meister des Hospitals St. Marien des Deutschen Hauses

Bruder Heinrich genannt Walpode, der erste Meister des Hospitals St. Marien des Hauses der Deutschen zu Jerusalem, leitete den Orden viele Jahre; er starb am 5. November und wurde in Akkon bestattet. Ihm[78] übertrugen die bremischen und lübischen Bürger, welche die ersten Begründer dieses Ordens waren — wie bereits dargelegt[79] —, als sie nach Erfüllung ihres Pilgergelübdes nach Hause zurückkehren wollten, auf Rat des Herrn Friedrich, des Herzogs von Schwaben, und anderer vornehmer Herren aus Deutschland, die an der Belagerung der Stadt Akkon teilnah-

[75-75] Vgl. Weish 3,7.
[76-76] Vgl. 1 Makk 6,34.
[77-77] Vgl. Weis 8,1.
[78] Nach der ›Narratio‹ vielmehr Konrad und Burchard, dem Kaplan bzw. dem Kämmerer Herzog Friedrichs von Schwaben. Die urkundliche Überlieferung nennt dagegen als Vorsteher des Hospitals Sibrandus zu 1190, Gerardus und Curaudus zu 1192 und Henricus zu 1193, 1194 und 1196. Dieser könnte mit Walpode identisch sein, der 1198 erster Meister des zum Ritterorden erhobenen Hospitals wurde.
[79] Vgl. I,1.

civitatis Achonensis, dictum hospitale cum omnibus elemosinis et attinenciis, que tunc sufficientes erant, presentabant, ubi dictis infirmis cum suis fratribus humiliter serviebat et necessaria ministrabat. Sed post captionem civitatis Achonensis predicte[80] idem frater Henricus emit quendam ortum infra muros ante portam sancti Nicolai, in quo ecclesiam et hospitale et mansiones diversas extruxit Deo ibi cum suis fratribus serviens et infirmis. In qua ecclesia idem dux Fridericus de Swevia in itinere peregrinacionis mortuus[81] est sepultus, quia, dum viveret, elegit ibi ecclesiasticam sepulturam.

3. De fratre Ottone magistro II

Frater Otto magister secundus prefuit multis annis et obiit IIII nonas Iunii[82] sepultusque est Achon.

4. De fratre Hermanno III magistro

Frater Hermannus dictus Bart magister tercius prefuit multis annis et mortuus est XIII kalendas Aprilis[83] sepultusque est Achon.

5. De fratre Hermanno de Salcza magistro IIII

Frater Hermannus de Salcza[f] magister quartus prefuit plurimis annis, obiit IX kalendas Augusti[84] et sepultus est in Barleto. Hic fuit facundus, affabilis, sapiens, circumspectus, providus et in factis suis omnibus gloriosus. Dum post electionem suam videret tam tenerum statum ordinis, optavit in audiencia fratrum aliquorum se uno velle oculo carere, ut ordo suus tempore suo, quo preesset, tantum sumeret incrementum, quod posset habere in armis paratos

---

[f] Salcza, Salcsa, Saltza, Saltsa Codd.
[80] Am 12. Juli 1191.
[81] Gestorben am 20. Januar 1191.
[82] Nach den Ordensnekrologen vielmehr am 7. Februar (wahrscheinlich 1209).

men, das Hospital mit allen mildtätigen Spenden und Zubehörungen, die damals ausreichend waren; dort diente er den Kranken demütig mit seinen Brüdern und reichte ihnen das Lebensnotwendige dar. Aber nach der Einnahme der Stadt Akkon[80] kaufte derselbe Bruder Heinrich einen Garten innerhalb der Mauern beim Tor des heiligen Nikolaus, wo er eine Kirche, ein Hospital und verschiedene Gebäude errichtete und mit seinen Brüdern Gott und den Kranken diente. In dieser Kirche wurde der auf der Pilgerreise verstorbene Herzog Friedrich von Schwaben[81] begraben; denn dort hatte er sich, als er noch lebte, eine kirchliche Grabstätte erwählt.

3. Von Bruder Otto, dem zweiten Meister

Bruder Otto, der zweite Meister, leitete den Orden viele Jahre; er starb am 2. Juni[82] und wurde in Akkon begraben.

4. Von Bruder Hermann, dem dritten Meister

Bruder Hermann genannt Bart, der dritte Meister, leitete den Orden viele Jahre; er starb am 20. März[83] und wurde in Akkon begraben.

5. Von Bruder Hermann von Salza, dem vierten Meister

Bruder Hermann von Salza, der vierte Meister, leitete den Orden sehr viele Jahre; er starb am 24. Juli[84] und wurde in Barletta begraben. Er war beredt, freundlich, weise, umsichtig, vorausschauend und bei allen seinen Taten ruhmreich. Als er nach seiner Wahl den schwach entwickelten Zustand des Ordens sah, äußerte er in Gegenwart einiger Brüder den Wunsch, er wolle ein Auge dafür geben, wenn sein Orden während seiner Amtszeit nur so stark würde, daß er zehn Ritterbrüder unter Waffen hätte

---

[83] Nach den Ordensnekrologen, die seinen Vornamen wohl richtig mit Heinrich angeben, vielmehr am 2. oder 3. Juni (1209).

[84] Nach den Ordensnekrologen vielmehr am 19. oder 20. März (1239). — Dusburg hat den ersten Ordensmeistern (mit Ausnahme Walpodes) irrtümlich jeweils die Todestage ihrer Nachfolger zugeschrieben; am 24. Juli (1240) starb Hermann von Salzas Nachfolger Landgraf Konrad von Thüringen.

decem fratres milites et non plures. Sed quid fecisti in hac causa, o bone Iesu, qui iustis petencium desideriis semper presto es et pia vota non desinis propicius intueri? Numquid [85]fraudatus est a desiderio suo?[85] Certe non. Imo [86]desiderium anime eius tribuisti ei[86] superhabundanter. Tantum enim profecit ordo temporibus, quibus ipse prefuit, quod non longe post mortem eius computata fuerunt de nobili sanguine regni Alemanie duo milia fratrum in ordine supradicto[87]. Illustris eciam ille Thuringie lantgravius dominus Conradus,[g]de cuius familia ipse, cum esset in seculo, fuerat[g], cum copiosa comitiva nobilium dicti suscepit ordinis habitum regularem[88]. Tempore eciam huius fratris Hermanni meliora privilegia tam papalia quam imperialia ordini sunt collata. Magnifica quoque dona in Apulia, Romania, Armenia, Alemania, Ungaria, scilicet territorium, quod dicitur Wurcza[89], Lyvonia et Prussia temporibus suis ordini sunt donata. Tantum enim exaltatus fuit per eum ordo, quod a seculo non est auditum, quod unquam aliqua religio vel ordo per unum hominem tantum profecerit in hoc mundo. Nec mirum. Tantam enim graciam contulit ei Deus, quod ab omnibus amaretur et vere posset de ipso dici, quod [90]dilectus esset Deo et hominibus[90]. Habebat dominum papam et imperatorem preter alios principes et magnates in manu sua et ita eorum animos ad se inclinavit, ut, quicquid ab eis pro honore et commodo ordinis sui peteret, impetraret. Unde factum est, quod, postquam Veneti pro rebellione, quam contra imperium exercuerant, essent graviter correcti[91], magnam partem sancte crucis Friderico imperatori secundo pro speciali munere obtulerunt, quam idem imperator dicto magistro dedit, qui eam versus Prussie partes misit ad castrum Elbingense, ubi usque in presentem diem a Cristifidelibus in magna reverencia habetur propter crebra miracula, que per ipsam Dominus operatur[92]. Accidit et, quod, dum inter dominum Honorium papam III et Fridericum II imperatorem aliqualis dissensionis materia verteretur occulta, uterque causam suam eidem fratri Hermanno

[g-g] Fehlt T.
[85-85] Vgl. Ps 77,30.
[86-86] Vgl. Ps 20,3.
[87] Diese Zahl und soziale Herkunft sind nicht nachweisbar.

und nicht mehr. Aber was hast du getan in dieser Sache, o guter Jesus, der du gerechten Bitten immer geneigt bist und nicht abläßt, fromme Gebete gnädig anzusehen? [85]Ist sein Wunsch enttäuscht worden[85]? Sicherlich nicht. Nein, [86]den Wunsch seiner Seele hast du ihm im Überfluß erfüllt[86]. So sehr nämlich erstarkte der Orden während seiner Amtszeit, daß nicht lange nach seinem Tode 2000 Brüder edlen Geblüts aus dem deutschen Reiche im Orden gezählt wurden[87]. Auch der berühmte Landgraf von Thüringen, Herr Konrad, zu dessen Dienstmannschaft er selbst, als er noch weltlich war, gehört hatte, nahm mit zahlreichem, vornehmem Gefolge das Ordenskleid[88]. Zu Zeiten dieses Bruders Hermann wurden dem Orden auch bessere päpstliche und kaiserliche Privilegien erteilt. Überdies wurden dem Orden großartige Schenkungen in Apulien, Romanien, Armenien, Deutschland, Ungarn — nämlich das Burzenland[89] genannte Gebiet —, in Livland und Preußen zu seinen Zeiten zuteil. So sehr wurde der Orden nämlich durch ihn erhoben, wie man es in der Welt noch nicht vernommen hat: Niemals wurde eine geistliche Gemeinschaft oder ein Orden durch einen einzelnen Menschen in dieser Welt so gefördert. Kein Wunder! Solche Gnade nämlich schenkte ihm Gott, daß er von allen geliebt wurde und man mit Recht von ihm sagen konnte, [90]er sei Gott und den Menschen lieb[90]. Er hatte den Herrn Papst und den Kaiser wie auch andere Fürsten und Große in seiner Hand und machte sich ihren Sinn so geneigt, daß er von ihnen erlangte, was immer er zur Ehre und zum Nutzen seines Ordens von ihnen erbat. So geschah es, daß die Venezianer, nachdem sie für die Rebellion gegen das Reich hart gestraft worden waren[91], ein großes Stück des heiligen Kreuzes dem Kaiser Friedrich II. zum besonderen Geschenk machten, welches der Kaiser dem Meister gab; dieser schickte es nach Preußen zur Burg Elbing, wo ihm bis auf den heutigen Tag große Verehrung durch die Christgläubigen erwiesen wird wegen der vielen Wunder, die der Herr durch es wirkt[92]. Es trug sich auch zu, daß, als eine geheime Streitigkeit zwischen dem Herrn Papst Honorius III. und Kaiser Friedrich II. herrschte, beide ihre Angelegenheit dem Bruder Hermann zur Entscheidung vorlegten; als dieser das ver-

---

[88] Hermann stammte aus einer landgräflich thüringischen Ministerialenfamilie. Landgraf Konrad trat 1234 in den Orden ein (vgl. IV, 33).

[89] Aus dem ihm 1211 von König Andreas II. von Ungarn lehnsweise übertragenen siebenbürgischen Burzenland wurde der Orden schon 1225 wieder vertrieben, als er versuchte, eine unabhängige Landesherrschaft zu errichten.

[90-90] Vgl. Sir 45,1.

[91] Von einer Rebellion der Venezianer gegen das Reich zur Regierungszeit Friedrichs II. ist nichts bekannt.

[92] Die Bulle Gregors IX. vom 12. Oktober 1233 (PUB 1,1 Nr. 103) erwähnt eine in Preußen verehrte Kreuzpartikel. Der Kaiser könnte sie bei seinem Aufenthalt in Venedig im März 1232 erhalten und an den Hochmeister weitergegeben haben.

diffiniendam commisit, quod cum audiret ipse, renuit asserens magnam indecenciam, si dominorum tocius mundi causam in se susciperet, cum ipse esset persona humilis et in nullius dignitatis preeminencia constitutus. Unde factum est, quod ipse dominus papa et imperator, ut idem frater Hermannus in maiori reverencia haberetur, ei et suis futuris successoribus in officio magisterii ordinis domus Theutonice constitutis dignitatem principis contulerunt[93] et in signum huius principatus dominus papa anulum ei optulit et imperator insignia regalia imperii deferenda in suo vexillo indulsit[94] et sic inter eos composicionem amicabilem sepius ordinavit[95].

EXPLICIT PRIMA PARS LIBRI HUIUS. INCIPIT SECUNDA PARS

DE ADVENTU FRATRUM DOMUS THEUTONICE
IN TERRAM PRUSSIE

1. De vastacione terre Colmensis per Pruthenos

Tempore, quo nobilis ille ac illustris Cristianissimus princeps Conradus dux principatum tenuit in Masovia, Cuyavia et Polonia, fuit quidam episcopus de Prussia Cristianus[96] nomine ordinis Cisterciensis, qui divini verbi semen sepius sparsit inter Pruthenos exhortans eos, ut relicta ydolatria Deum verum colerent Iesum Cristum. [97]Sed quia hoc semen cecidit in terram non bonam, fructum nullum fecit[97]. Tantum enim erant obstinati in malicia sua, quod nulla [98]monita salutis[98] eos ab infidelitatis sue errore poterant revocare. Unum tamen fuit in eis factum laudabile et multipli-

---

[93] Eine fürstengleiche Stellung wurde dem Hochmeister nicht durch Papst und Kaiser, sondern durch letzteren in der Goldbulle von Rimini vom März 1226 verliehen (PUB 1,1 Nr. 56; bessere Edition bei: Erich Weise, Interpretation der Goldenen Bulle von Rimini (März 1226) nach dem kanonischen Recht. In: Acht Jahrhunderte Deutscher Orden in Einzeldarstellungen. Hrsg. von Klemens Wieser. Bad Godesberg 1967 [Quellen u. Studien z. Gesch. d. Deutschen Ordens 1] S. 22—27).

[94] Die Ringinvestitur des Hochmeisters (Gerhard von Malberg) durch den Papst ist erstmals 1243 nachweisbar. Seit wann der Hochmeister das Adlerwappen führte, ist nicht bekannt.

nahm, lehnte er es ab, indem er sagte, es wäre eine große Unschicklichkeit, wenn er den Streit der Herren der ganzen Welt an sich zöge, da er ein niedriger Mensch sei und keine hervorragende Würde besitze. So kam es, daß der Herr Papst selbst und der Kaiser, damit der Bruder Hermann größere Verehrung genösse, ihm und seinen künftigen Nachfolgern im Meisteramt des Ordens vom Deutschen Hause den Rang eines Fürsten übertrugen[93], und zum Zeichen dieses Fürstenstandes übergab der Herr Papst ihm einen Ring, und der Kaiser gestattete ihm, das Wappen des Reichs auf seiner Fahne zu führen[94]; und so brachte er öfter eine freundschaftliche Einigung zwischen ihnen zustande[95].

HIER ENDET DER ERSTE TEIL DIESES BUCHES.
ES BEGINNT DER ZWEITE TEIL

VON DER ANKUNFT DER BRÜDER VOM DEUTSCHEN HAUSE
IM PREUSSENLAND

1. Von der Verwüstung des Kulmerlandes durch die Prußen

Zur Zeit, als der edle und berühmte, christlichste Fürst Herzog Konrad die Herrschaft in Masowien, Kujawien und Polen innehatte, gab es einen Bischof von Preußen mit Namen Christian[96] vom Zisterzienserorden, der den Samen des göttlichen Wortes oft unter den Prußen ausstreute und sie ermahnte, den Götzenkult aufzugeben und den wahren Gott Jesus Christus anzubeten. [97]Aber weil dieser Samen auf keinen guten Boden fiel, trug er keine Frucht[97]. So sehr waren sie nämlich verstockt in ihrer Bosheit, daß keine [98]Ermahnungen, an ihr Seelenheil zu denken[98], sie vom Irrtum ihres Unglaubens abbringen konnten. Eines jedoch war lobenswert

---

[95] Nach eigener Aussage „liebte (Hermann) die Ehre der Kirche und des Reiches gleichermaßen und strebte nach beider Erhöhung" (nos vero sicut ille, qui honorem ecclesie et imperii diligit et utriusque exaltationi intendit) (MGH Const. II Nr. 123 S. 167).
[96] Das 1205 oder 1206 einsetzende, zunächst erfolgreiche friedliche Missionswerk Christians (seit 1215 Bischof von Preußen) wurde 1216 durch den Aufstand der Prußen gegen die Unterwerfungspolitik der polnischen und pommerellischen Herzöge in Frage gestellt. Die von Christian in den nächsten Jahren eingeleitete Kreuzzugsmission blieb erfolglos.
[97-97] Vgl. Mt 13; Mk 4; Lk 8.
[98-98] Tob 1,15.

citer commendandum, quod, licet ipsi essent infideles et diversos deos colerent, pacem cum Cristianis vicinis nihilominus habuerunt nec eos in cultura Dei vivi impediebant nec aliqualiter molestabant. Sed hoc [99]inimicus humani generis pacis emulus non diu sustinens superseminavit zizania[99]. Excitavit enim persecucionem durissimam inter eos, ut infra paucos annos Cristifidelibus partim trucidatis, quibusdam captis et in servitutem perpetuam deductis, paucis fuge presidio salvatis Prutheni terram Colmensem penitus destruentes in solitudinem redegerunt.

2. De vastacione terre Polonie

Et quia idem dux principiis non obstitit nec contra violentos ipsorum ausus et conamina remedium adhibuit oportunum[100], ad ulteriora et deteriora procedentes invaserunt terram Polonie cum magna potencia pugnatorum tot vicibus et tanta damna intulerunt ei, quod combustis edificiis homines etatis adulte percusserunt gladio et mulieres et parvulos in servitutem perpetuam deduxerunt; et si forte aliqua matrona gravida in partu ipsos sequi non poterat, eam occiderunt; rapientes eciam infantes de brachiis matrum infigendo in sudes sepium interfecerunt. Sicque terram adeo vastaverunt, quod de omnibus municionibus et castris ducatus sui non remansit ei nisi unum castrum situm supra fluvium Wisele, quod Ploczko[h] dicebatur. Insuper CCL ecclesias parochiales preter monasteria regularium et secularium clericorum, capellas, cenobia monachorum et claustra sanctimonialium incendio destruxerunt. Sacerdotes et alios clericos tam religiosos quam seculares, quosdam extra septa ecclesie, alios intra, plures in altari, dum sacrosancta corporis et sanguinis Domini nostri Iesu Cristi tractarent ministeria[i], trucidantes, ipsa sacramenta in contemptum Dei irreverenter in terram proicientes pedibus conculcabant. Calices, ampulas et alia vasa ecclesie, corporalia vestesque sacras ad divinum cultum dedicata deferentes ad illicitos usus pertrahebant cum

[h] Ploczke K.
[i] misteria W, T.

an ihnen und höchst bemerkenswert, daß sie, wenn sie auch ungläubig waren und verschiedene Götter verehrten, nichtsdestoweniger Frieden mit den benachbarten Christen hielten und sie nicht an der Verehrung des lebendigen Gottes hinderten oder irgendwie belästigten. Aber das ertrug [99]der Feind des Menschengeschlechts, der Widersacher des Friedens, nicht lange, sondern säte Unkraut dazwischen[99]. Er stachelte sie nämlich zur härtesten Verfolgung gegen die Christgläubigen auf, so daß diese in wenigen Jahren teils hingemordet, teils gefangen und in dauernde Knechtschaft geführt, wenige durch die Flucht gerettet wurden und die Prußen das Kulmerland gänzlich zerstörten und zur Einöde machten.

2. Von der Verwüstung des Landes Polen

Und weil derselbe Herzog den Anfängen nicht wehrte und gegen ihre frevelhaften Taten und Unternehmungen nicht das geeignete Heilmittel anwandte[100], schritten sie weiter und zu Schlimmerem fort, überfielen das Land Polen oftmals mit einer großen Macht Bewaffneter und fügten ihm schweren Schaden dadurch zu, daß sie die Häuser verbrannten, die erwachsenen Männer mit dem Schwert niedermachten und Frauen und Kinder in dauernde Knechtschaft davonführten; und wenn etwa eine schwangere Frau ihnen nicht zu folgen vermochte, dann töteten sie sie, die kleinen Kinder rissen sie aus den Armen der Mütter und brachten sie um, indem sie sie auf Zaunpfähle spießten. Und so verwüsteten sie das Land derart, daß dem Herzog von allen Befestigungen und Burgen seines Herzogtums nur eine Burg am Weichselfluß namens Plock übrigblieb. Außerdem brannten sie 250 Pfarrkirchen, nicht gerechnet die Kirchen der Regular- und Weltgeistlichen, die Kapellen und die Klöster der Mönche und Nonnen, nieder. Priester und andere Ordens- wie auch Weltgeistliche töteten sie, einige außerhalb, andere innerhalb der Kirche, viele am Altar, während sie den heiligen Abendmahlsdienst versahen; sogar die Sakramente warfen sie zum Hohne Gottes freventlich auf die Erde und traten sie mit Füßen. Kelche, Ampullen und andere Kirchengefäße sowie die heiligen, für den Gottesdienst bestimmten Corporalia und Gewänder schleppten sie zu unerlaubtem Gebrauche fort, mit den Gott geweihten

---

[99—99] Vgl. Mt 13,25.
[100] Vgl. Ovid, Remedia amoris v. 91f.

virginibus Deo dicatis de claustris suis violenter extractis impudice sua ludibria exercentes. Et ut breviter concludam, nullus sufficeret ad plenum scribere, quanta mala et facta detestabilia fidei et fidelibus irrogarunt.

3. De muneribus datis Pruthenis ad placandam seviciam ipsorum

Antequam dicta terra Polonie sic penitus destrueretur, cum adhuc aliquid residuum superesset, idem dux in tantum coactus ab eis et angustiatus fuit, quod, quocienscunque dicti Prutheni nuncios suos mitterent ad eum pro equis et vestibus boni coloris, non audebat aliqualiter denegare. Sed cum non haberet, unde satisfaceret eis, vocavit ad convivium suum nobiles et alios et uxores eorum, et dum sederent leti in mensa comedentes et bibentes, iussit secrete vestes et equos ipsorum prenominatis infidelium nunciis presentari. Nec hoc profuit quicquam nec potuit eorum seviciam mitigare, quin destruerent dictam terram, ut superius est premissum.

4. De fratribus ordinis militum Cristi[k]

Cum itaque predictus dux videret terram suam sic miserabiliter deficere nec eam posset aliqualiter defensare, [1]de consilio fratris Cristiani episcopi Prussie et quorundam nobilium pro tuicione terre sue instituit fratres milites Cristi appellatos cum albo pallio, rubro gladio et stella, qui tunc in partibus Lyvonie fuerant[101] et multas terras infidelium potenter subiugaverant[1] fidei Cristiane, et episcopus predictus quendam virum discretum Brunonem dictum et cum eo quatuordecim alios ad dictum ordinem investivit. Hoc facto idem dux ipsis fratribus edificavit castrum dictum Dobrin, de quo ipsi postea fratres de Dobrin fuerant appellati, deditque ipsis allo-

---

[k] Cristi B und im Index K, fehlt im Text K.

[1–1] de consensu dicti episcopi et quorundam nobilium instituit fratres milites Christi appellatos cum albo pallio, rubro gladio et stella, qui tunc in Livonia erant et multas terras ab infidelitate liberaverant D.

Jungfrauen, die sie gewaltsam aus den Klöstern gerissen hatten, trieben sie ihr schändliches Spiel. Und um es kurz zu machen: Niemand könnte vollständig beschreiben, wie große Übel und Scheußlichkeiten sie dem Glauben und den Gläubigen zufügten.

3. Von den Geschenken, die den Prußen gegeben wurden, um ihre Wut zu besänftigen

Bevor das Land Polen so vollständig zerstört wurde, als nämlich noch etwas übrig war, wurde der Herzog so sehr von ihnen bedrängt und in Not gebracht, daß, wann immer die Prußen Boten um Pferde und schönfarbige Kleider zu ihm schickten, er ihnen nichts zu versagen wagte. Aber als er nichts mehr hatte, um ihnen Genüge zu tun, lud er die Adligen und andere und ihre Frauen zu sich zum Gastmahl, und als sie fröhlich bei Tisch saßen und aßen und tranken, befahl er heimlich, ihre Kleider und Pferde den Boten der Ungläubigen zu übergeben. Aber das nützte nichts und konnte ihre Wut, das Land zu verheeren, nicht mildern, wie oben berichtet ist.

4. Von den Brüdern des Ordens der Ritter Christi

Als der Herzog also sah, daß sein Land so jammervoll litt und daß er es nicht verteidigen konnte, setzte er auf Rat des Bruders Christian, des Bischofs Preußens, und einiger Adliger zum Schutze seines Landes die sogenannten Ritterbrüder Christi mit weißem Mantel, rotem Schwert und Stern ein, die damals in Livland gewesen waren[101] und viele Länder der Heiden dem christlichen Glauben machtvoll unterworfen hatten; und der Bischof kleidete einen achtbaren Mann namens Bruno und mit ihm 14 andere zu diesem Orden ein. Darauf erbaute der Herzog den Brüdern eine Burg namens Dobrin, nach der sie später Brüder von Dobrin genannt wurden, und gab ihnen ein Allod oder Eigengut im Land Kujawien, das

---

[101] Die Gründung erfolgte 1228. Der Orden von Dobrin lebte zwar nach Vorbild und Regel der livländischen Schwertbrüder, dürfte aber nicht aus diesem Orden hervorgegangen sein.

dium seu predium in terra Cuyawie, quod fuit Cedelicze nuncupatum. Convenerunt ipse dux et fratres sub his pactis, quod ipsi equaliter dividerent inter se terram infidelium, quam possent sibi [102]cooperante Domino[102] in posterum subiugare. Quod cum Prutheni percepissent, provocati amplius cum copiosa multitudine armatorum dictum castrum Dobrin sepius impugnaverunt tamque infesti fuerunt illis fratribus, quod vix aliquis ipsorum extra septa castri audebat comparere. Immo tandem ad hoc deventum fuit, quod quinque vel quatuor Prutheni ausi fuerunt circa ipsum castrum sua latrocinia exercere.

5. De donacione terre Prussie, Colmensis et Lubovie facta fratribus ordinis domus Theutonice

Hoc eodem tempore ordo domus Theutonice per fratrem Hermannum de Salcza magistrum eiusdem in multiplicacione fratrum, in diviciis, potencia et honore multum profecerat, ita, quod [103]odor bone fame ipsius longe lateque diffusus[103] tandem ad noticiam dicti ducis perveniret. Hoc resedit in corde ipsius divinitus inspiratum, quod dictos fratres vellet ad defensionem sue terre, fidei et fidelium invitare, ex quo videret, quod fratres milites Cristi per eum ad hoc instituti non proficerent in hac causa[104]. Convocatis ergo episcopis et nobilibus suis [105]aperuit eis sensum[105] suum petens super hoc salubre consilium sibi dari. Qui consenserunt unanimiter votis suis addentes, quod relacione veridica intellexissent dictos fratres esse milites strenuos in armis et ab annis adolescencie sue in preliis exercitatos, insuper et apud dominum papam et imperatorem et principes Alemanie gratissimos et acceptos, sic quod sperarent indubitanter, quod in favorem ipsorum dominus papa faceret passagium in subsidium dicte terre. Unde misit solempnes nuncios cum literis suis ad dictum fratrem Hermannum magistrum, qui dum causam itineris coram eo et fratribus suis exposuissent, idem magister post multa consilia variosque tractatus cum fratribus suis habitos super hoc arduo negocio tandem per suggestio-

Szadlowice hieß. Der Herzog und die Brüder kamen dahin überein, daß sie das Land der Ungläubigen, das sie [102]mit Hilfe des Herrn[102] in Zukunft unterwerfen würden, zu gleichen Teilen unter sich aufteilen wollten. Als die Prußen das vernommen hatten, wurden sie noch stärker gereizt; mit zahlreicher bewaffneter Mannschaft griffen sie die Burg Dobrin mehrfach an und waren den Brüdern so feindlich gesonnen, daß kaum jemand von ihnen außerhalb der Befestigungen der Burg zu erscheinen wagte. Schließlich kam es sogar so weit, daß schon 5 oder 4 Prußen es wagten, selbst in der Nähe der Burg ihre Raubzüge auszuführen.

5. Von der Schenkung der Länder Preußen, Kulm und Löbau an die Brüder des Ordens vom Deutschen Haus

Zur selben Zeit hatte der Orden vom Deutschen Haus durch Bruder Hermann von Salza, seinen Meister, an Brüderzahl, Reichtum, Macht und Ehre soviel gewonnen, daß [103]sein weit verbreiteter Ruhm[103] schließlich auch dem Herzog zur Kenntnis kam. Von Gott wurde ihm eingegeben, die Brüder zu Verteidigung seines Landes, des Glaubens und der Gläubigen einzuladen, da er sah, daß die von ihm zu diesem Zweck eingesetzten Ritterbrüder Christi in dieser Sache keinen Erfolg hatten[104]. Er rief also seine Bischöfe und Adligen zusammen, [105]eröffnete ihnen seine Absicht[105] und bat sie, ihm dazu einen heilsamen Rat zu geben. Sie stimmten einhellig seinem Wunsche zu, indem sie hinzufügten, sie hätten aus glaubwürdigem Bericht vernommen, die Brüder seien waffentüchtige, von Jugend auf im Kampf erprobte Streiter; dazu seien die Brüder beim Herrn Papst, dem Kaiser und den Fürsten Deutschlands höchst beliebt und willkommen, so daß sie ohne Zweifel hoffen dürften, der Herr Papst werde ihnen zuliebe eine Kreuzfahrt zur Unterstützung ihres Landes veranlassen. Der Herzog sandte also eine feierliche Gesandtschaft mit seinen Briefen an den Bruder Hermann, den Meister; als die ihm und seinen Brüdern den Grund ihrer Reise dargelegt hatten, entsprach der Meister nach vielen Beratungen und verschiedenen Verhandlungen mit seinen Brüdern über diese schwie-

---

[102–102] Mk 16,20.

[103–103] Vgl. die Bulle Honorius' III. vom 9. Januar 1221 (Strehlke Nr. 309) und 2 Makk 8,7.

[104] Konrad war vielmehr schon 1225/1226, also vor der Gründung des Dobriner Ordens, in Verhandlungen mit dem Deutschen Orden eingetreten.

[105–105] Vgl. Lk 24,45.

nem domini pape et imperatoris Friderici II. et principum Alemanie, qui consilio et auxilio ei assistere promiserunt in hac causa, dicti ducis precibus acquievit. Misit itaque dictus magister fratrem Conradum de Landisbergk et quendam alium fratrem sui ordinis ad ipsum ducem Polonie, ut explorarent terram Colmensem et viderent, si de voluntate ipsius nunciorum legacio processisset. Qui cum venirent Poloniam, duce in remotis agente venit exercitus Pruthenorum et terram Polonie rapina et incendio devastavit. Quem exercitum dicti fratres de mandato domine Agafie uxoris ducis assumpta sibi multitudine Polonorum viriliter sunt agressi in bello, sed Prutheni ex adverso se opponentes fugientibus Polonis in primo congressu dictos fratres letaliter vulneraverunt et capitaneum exercitus Polonorum captum deducentes multos de populo interfecerunt. Sed domina predicta post conflictum fratres semivivos in campo relictos reduci mandavit et per curam medicorum sanari. Qui fratres dum sanati essent, legacionem sibi commissam prudenter peregerunt. Qua[l] audita predictus dominus Conradus dux Polonie prehabita matura deliberacione, ut premissum est, de consilio, voluntate unanimi et consensu expresso uxoris sue Agafie et filiorum suorum Boleslay, Kasimiri et Semoviti dedit dictis fratribus domus Theutonice presentibus et futuris terram Colmensem et Lubovie et terram, quam possent favente Domino in posterum de manibus infidelium expugnare, cum omni iure et utilitate, quibus ipse et progenitores sui possederunt, in perpetuum possidendam nihil sibi iuris aut proprietatis in ipsa reservans, sed renuncians omni actioni iuris vel facti, que sibi aut uxori sue vel filiis sive successoribus posset competere in eisdem. Et ut hec donacio firma esset et perpetua nec ab aliquo in posterum posset infirmari, dedit eis literas sigilli sui munimine roboratas. Acta sunt hec circa annum Domini MCCXXVI in presencia testium subscriptorum scilicet Guntheri Masoviensis, Michaelis Cuyavie, Cristiani Prussie episcoporum, Gernuldi[m] prepositi, Wilhelmi decani, Pacoslay senioris et iunioris comitum de Dirsovia, Ioannis cancellarii, [n]Gregorii vicecancellarii[n] et aliorum plurium religiosorum et secularium virorum discretorum.

[m] Sernuldi K, B, D; Gernuld Jeroschin.
[n–n] Fehlt K, T.

rige Angelegenheit schließlich auf Anraten des Herrn Papstes, des Kaisers Friedrich II. und der Fürsten Deutschlands, die ihm in dieser Sache mit Rat und Hilfe beizustehen versprachen, den Bitten des Herzogs. Daher schickte der Meister den Bruder Konrad von Landsberg und einen anderen Bruder seines Ordens zum Herzog von Polen, um das Land Kulm zu erkunden und zu sehen, ob die Gesandtschaft nach dessen Willen verfahren sei. Als die Brüder nach Polen kamen, fiel in Abwesenheit des Herzogs ein Prußenheer ein und verwüstete das Land Polen mit Raub und Brand. Dies Heer griffen die Brüder auf Gebot Frau Agafias, der Gemahlin des Herzogs, mit einer Schar von Polen mannhaft an; die Prußen jedoch leisteten Widerstand und verwundeten, während die Polen sich beim ersten Zusammenstoß zur Flucht wandten, die Brüder schwer; den Anführer des polnischen Heeres führten sie gefangen davon und töteten viel Volk. Aber die Herzogin ließ nach dem Kampfe die halbtot auf dem Felde zurückgelassenen Brüder zu sich bringen und durch die Fürsorge der Ärzte gesund pflegen. Als die Brüder wieder genesen waren, richteten sie den ihnen anvertrauten Auftrag mit Umsicht aus. Hierauf[1] gab Herr Konrad, der Herzog von Polen, nach reiflicher Überlegung, wie oben bemerkt, auf Rat, mit einhelligem Willen und ausdrücklicher Zustimmung seiner Gemahlin Agafia und seiner Söhne Boleslaw, Kasimir und Ziemowit den gegenwärtigen und zukünftigen Brüdern des Deutschen Hauses die Länder Kulm und Löbau und das Land, das sie mit der Gnade des Herrn aus der Hand der Ungläubigen in Zukunft würden erobern können, mit allem Recht und Nutzen, wie er selbst und seine Vorfahren es besessen hatten, zu ewigem Besitz, wobei er sich kein Recht oder Eigentum daran vorbehielt, sondern auf jeglichen Rechts- oder tatsächlichen Anspruch verzichtete, der ihm, seiner Gemahlin, seinen Söhnen oder Nachfolgern daran zustehen könnte. Und damit diese Schenkung fest und ewig bestünde und von niemand in Zukunft angezweifelt werden könne, gab er ihnen mit seinem Siegel bekräftigte Urkunden. Dies geschah um das Jahr des Herrn 1226 in Gegenwart der unterfertigten Zeugen, nämlich der Bischöfe Günther von Masowien, Michael von Kujawien und Christian von Preußen, des Propstes Gernuld, des Dekans Wilhelm, der Grafen Pacoslaus des Älteren und des Jüngeren von Dirschau, des Kanzlers Johannes, des Vizekanzlers Gregor und vieler anderer geistlicher und weltlicher achtbarer Männer mehr.

---

[1] Den im folgenden inhaltlich wiedergegebenen, hinsichtlich seiner Echtheit umstrittenen Vertrag von Kruschwitz vom Juni 1230 setzt Dusburg fälschlich in das Jahr 1226. Die Schenkung der östlich an das Kulmerland angrenzenden Landschaft Löbau wird in der Kruschwitzer Urkunde nicht erwähnt. Deren Zeugenreihe weicht von der Dusburgs etwas ab.

6. De confirmacione premissorum et exhortacione domini pape ad fratres

Cum autem hec destructio terre Polonie per clamosam insinuacionem dicti ducis ad noticiam Romane curie deveniret, sanctissimus pater et dominus Gregorius IX papa compaciens ei et precavens periculis in futurum omnem ordinacionem cum fratribus domus Theutonice tanquam rite et racionabiliter factam in nomine Domini confirmavit iniungens dictis fratribus in remissionem peccaminum, ut vindicarent iniuriam crucifixi Domini et terram Cristianis debitam recuperarent ab infidelibus occupatam[2]. Et exhortans eos ad bellum ait: „[3]Accingimini et estote filii potentes, estote parati, ut pugnetis adversus naciones, que conveniunt disperdere nos et sancta nostra, quoniam melius est nobis mori in bello, quam videre mala gentis nostre et sanctorum[3]." Confortansque ipsos ad magnanimitatem consolatus fuit eos verbis Domini, quibus usus fuit ad filios Israel, dicens[4]: „*Si exieris ad bellum contra hostes tuos et videris equitatus et currus et maiorem, quam tu habes, adversarii multitudinem, non timebis eos, quia Dominus Deus tuus tecum est*, et interpositis quibusdam sequitur[5]: *Vos hodie contra inimicos vestros pugnam committetis, non pertimescat cor vestrum, nolite metuere, nolite cedere nec formidetis eos, quia Dominus Deus vester in medio vestri est et pro vobis contra adversarios dimicabit, ut eruat vos de periculo.* [6]*Non enim pugna vestra est sed Dei*[6]. Hec magnanimitas maxime fuit in Iuda Machabeo, qui, quando cum paucis stabat contra maximam multitudinem gencium, confortando suos ait[7]: *Ne timueritis multitudinem eorum et impetum eorum ne formidetis. Mementote, qualiter salvi facti sunt patres nostri in mari rubro,* °*cum persequeretur eos Farao*° *cum exercitu multo. Et nunc clamemus in celum et miserebitur nostri Dominus et memor erit testamenti patrum nostrorum et conteret exercitum istum ante faciem nostram hodie, ut sciant omnes gentes, quia est Deus, qui redimat et liberet.* [8]*A verbis viri peccatoris ne timueritis, quia gloria eius stercus et vermis est. Hodie extollitur et cras non inve-*

°—° Fehlt K.

6. Von der Bestätigung der obenbeschriebenen Vorgänge und der Mahnung des Herrn Papstes an die Brüder

Als aber die Verwüstung des Landes Polen durch einen Klagebericht des Herzogs der römischen Kurie zur Kenntnis kam, da fühlte der heiligste Vater und Herr Papst Gregor IX. Mitleid mit ihm und bestätigte, um den Gefahren in Zukunft vorzubeugen, die ganze Übereinkunft mit den Brüdern des Deutschen Hauses im Namen des Herrn als rechtmäßig und vernünftig und erlegte den Brüdern zur Vergebung der Sünden auf, sie sollten das dem gekreuzigten Herrn zugefügte Unrecht rächen und das den Christen gebührende, aber von den Ungläubigen besetzte Land zurückgewinnen[2]. Und er rief sie zum Kampf auf und sprach: „[3]Rüstet euch und seid stark, Söhne, seid bereit zum Kampf gegen die Heiden, die sich versammeln, uns und unser Heiligtum zu verderben, denn besser wäre für uns, im Kampf zu sterben, als das Unglück unseres Volkes und Heiligtums zu sehen[3]." Und er stärkte sie zu hohem Mut und tröstete sie mit den Worten des Herrn an die Kinder Israel[4]: „'Wenn du ausziehst zum Kampf gegen deine Feinde und siehst die Reiter und die Wagen und die Stärke des Feindes, größer als die deine, so fürchte sie nicht; denn der Herr, dein Gott, ist mit dir'; und kurz darauf folgt[5]: 'Ihr werdet heute gegen eure Feinde in die Schlacht ziehen; euer Herz soll nicht erzittern, zagt nicht, weicht nicht und fürchtet sie nicht, denn der Herr, euer Gott, ist mitten unter euch und wird für euch gegen die Feinde kämpfen, um euch aus der Gefahr zu erretten'. [6]Denn es ist nicht euer Kampf, sondern Gottes[6]. Diesen hohen Mut besaß besonders Judas Makkabäus, der, als er einmal mit wenigen gegen eine übergroße Menge von Heiden stand, die Seinen anfeuerte[7]: 'Fürchtet euch nicht vor ihrer Menge und zagt nicht vor ihrem Angriff. Denkt daran, wie unsere Väter gerettet wurden im Roten Meer, als Pharao sie mit großem Heer verfolgte. Und nun laßt uns zum Himmel schreien, und der Herr wird sich unser erbarmen und eingedenk sein des Bundes unserer Väter und dieses Heer heute vernichten vor unseren Augen, damit alle Heiden wissen, daß Gott Erlöser und Befreier ist. [8]Fürchtet euch nicht vor den Worten eines sündigen Menschen, denn seine Herrlichkeit sind Kot und Gewürm. Heute erhebt er sich, und morgen ist er

---

[2] Vgl. die Bullen vom 12. September und 18. Januar 1230 (PUB 1,1 Nr. 80, 72) und c. 3 des lateinischen Prologs zur Ordensregel (Perlbach, Statuten S. 24).
[3-3] Vgl. 1 Makk 3,58f.
[4] Vgl. Dt 20,1.
[5] Vgl. Dt 20,3f.
[6-6] Vgl. 2 Chr 20,15.
[7] Vgl. 1 Makk 4,8—11.
[8-8] Vgl. 1 Makk 2,62f.

*nitur*⁸. ⁹*Estote ergo, o filii, emulatores legis, et date animas vestras pro testamento patrum et mementote operum, que fecerunt in generacionibus suis, et accipietis gloriam magnam et nomen eternum*⁹. ¹⁰*Confortamini et viriliter agite in lege, quia*¹⁰, *cum feceritis, que precepta vobis sunt a Domino Deo vestro,* ¹⁰*in ipsa gloriosi eritis*¹⁰. ¹¹*Adducite ergo ad vos omnes fautores legis et vindicate vindictam populi vestri et retribuite retribucionem gentibus*¹¹."

7. De novo bello fratrum domus Theutonice contra gentem Pruthenorum

Multa bella antiquitus gesta sunt contra Pruthenos, ut veteres narrant historie, per Iulium Cesarem, item per IX germanos de Swecia, qui dicebantur Gampti, item per Hugonem dictum Potyre, ultimo per fratrem Cristianum episcopum Prussie et per fratres milites Cristi, qui vocabantur fratres de Dobrin. Sed habita oportunitate Prutheni capitaneos et alios, qui eis prefuerant, occiderunt aut a se longius fugaverunt et sic ¹²iugum servitutis excuciebant a cervicibus suis¹² et in errores pristinos sunt relapsi. Modo per fratres hospitalis sancte Marie domus Theutonicorum Ierosolimitani incipiunt nova bella contra ipsos. Hec sunt illa ¹³nova bella, que elegit Dominus, ut subvertat portas hostium¹³, quia, si unum vel plures capitaneos vel prefectos occiderent uno die vel delerent, eodem vel sequenti die in loca occisorum alii meliores surgerent vel equales. Nec tantum est novitas in bello, sed eciam in novo genere bellandi, quia non solum materialibus, sed armis spiritualibus vincitur hostis, scilicet oracione. Unde legitur de Moyse, ¹⁴dum oraret, Israel vincebat Amalech, dum cessaret ab oracione, Israel vincebatur¹⁴. Scribitur eciam de ipso Moyse in libro sapiencie¹⁵, quod *vicit turbas non in virtute corporis nec in armatura potencie, sed verbo,* scilicet oracionis. Et de eodem dicitur in libro iudicum^(p.16): *Memores estote servi Dei, quia Amalech confidentem in*

ᵖ iudicum Codd.

⁹⁻⁹ Vgl. 1 Makk 2,50f.
¹⁰⁻¹⁰ Vgl. 1 Makk 2,64.

nicht mehr zu finden⁸. ⁹Darum, o Söhne, eifert für das Gesetz, und gebt euer Leben für den Bund der Väter, und gedenkt der Taten, die sie getan haben zu ihren Zeiten, und ihr werdet großen Ruhm erlangen und einen ewigen Namen⁹. ¹⁰Faßt Mut und handelt mannhaft nach dem Gesetz, denn in ihm werdet ihr¹⁰', wenn ihr die Gebote des Herrn, eures Gottes, erfüllt, '¹⁰verherrlicht werden¹⁰. ¹¹Deshalb sammelt alle, die dem Gesetz gehorchen, und nehmt Rache für euer Volk und zahlt Vergeltung den Heiden¹¹'."

7. Vom neuen Krieg der Brüder des Deutschen Hauses gegen das Prußenvolk

Viele Kriege sind von alters her gegen die Prußen geführt worden, wie die alten Geschichten berichten, nämlich durch Julius Caesar, auch durch neun Brüder aus Schweden mit Namen Gampti, durch Hugo genannt Potyre, schließlich durch Bruder Christian, den Bischof von Preußen, und durch die Ritterbrüder Christi, die Brüder von Dobrin genannt wurden. Aber bei einer günstigen Gelegenheit töteten die Prußen ihre Häuptlinge und anderen Anführer oder jagten sie weit fort, ¹²warfen so das Joch der Knechtschaft von ihren Nacken ab¹² und fielen in ihre früheren Irrtümer zurück. Nun aber beginnen die Brüder des Hospitals Sankt Marien des Hauses der Deutschen zu Jerusalem neue Kriege gegen sie. ¹³Neue Kriege sind es, die der Herr erwählt hat, um die Tore der Feinde umzustürzen¹³; denn, wenn sie nun einen oder mehrere Häuptlinge oder Anführer an einem Tage töteten oder verdürben, dann würden am selben oder am folgenden Tage anstelle der Toten andere bessere oder gleich gute aufstehen. Und neu ist nicht nur der Kampf, sondern auch die Art des Kämpfens, weil nicht allein mit stofflichen, sondern auch mit geistlichen Waffen der Feind geschlagen wird, nämlich mit dem Gebet. Daher liest man von Moses: ¹⁴Solange er betete, besiegte Israel Amalek; ließ er aber vom Gebet ab, so wurde Israel besiegt¹⁴. Von Moses steht auch geschrieben im Buch der Weisheit¹⁵, daß „er die Heere nicht mit der Tüchtigkeit des Leibes und mit Waffenmacht überwand, sondern mit dem Wort", nämlich dem des Gebets. Und im Buch der Richter heißt es von ihm¹⁶: „Seid eingedenk des Knechtes Gottes; denn er warf Amalek, das auf seine Waffen

---

[11-11] Vgl. 1 Makk 2,67 f.
[12-12] Vgl. Gn 27,40.
[13-13] Vgl. Ri 5,8.
[14-14] Vgl. Ex 17,11.
[15] Vgl. Weish 18,22.
[16] Vgl. Jdt 4,13.

clipeis suis non pugnando, sed precibus orando devicit. Legitur et de Machabeis, quod [17]exclamaverunt in oracione et fugaverunt castra[17]. Et de Iuda Machabeo dicitur[18], quod in duobus bellis non oravit scilicet contra Antiochum Eupatorem et tunc non vicit, sed divertit, in secundo contra Bachidem et Alchimum et tunc ipse cecidit in prelio et in fugam castra filiorum Israel sunt conversa. Est et aliud novum genus vincendi scilicet [19]paciencia, in qua martires Cristi animas suas possederunt[19], de qua poeta dicit[20]: *Nobile vincendi genus est paciencia; vincit, qui patitur; si vis vincere, disce pati;* et alibi[20]: *Maxima virtutum paciencia vincit inermes armatosque viros vincere sepe solet.* De hac paciencia dicit Gregorius[21]: *Sine ferro et flammis martires esse possumus, si pacienciam in animo veraciter conservamus.* Ad idem Ieronimus[22]: *Quis sanctorum sine paciencia coronatur?* A cunabulis ecclesie non defuit iniquitas premens et iusticia paciens. Sic habemus novum bellum et novum genus bellandi, quo armis spiritualibus hostes fidei et ecclesie superamus.

8. De armis carnalibus et spiritualibus

Scriptum est in canticis[23], quod *in turri David omnis armatura forcium dependebat,* et in libro sapiencie[24], quod *LX fortes ex fortissimis Israel, omnes tenentes gladios et ad bella doctissimi, Salomonis lectulum ambiebant, uniuscuiusque ensis super femur suum propter timores nocturnos.* In quo notatur, quod custodes capitis Iesu Cristi debent habere arma, quibus turrim fidei exterminatis insidiatoribus defendant et sancte matris ecclesie lectum pacis custodiant et quietis. Sed quia Iudith non in armorum potencia, sed in virtute laudatur, eo quod occidit Holofernem, quis [25]in arcu suo speravit et gladius eius salvavit eum[25]? Aut qui [26]in gladio suo possederunt terram[26]? Ideo secundum doctrinam apostoli[27] debemus

---

[17–17] Vgl. 1 Makk 4,10.
[18] Vgl. 1 Makk 6 und 9.
[19–19] Vgl. Lk 21,19.
[20] Walther, Lateinische Sprichwörter Nr. 16974, 14513.
[21] Vgl. Gregor, In evangelia lib. II hom. 35 c. 7.
[22] Vgl. Hieronymus, Epistola 22 c. 39.

vertraute, nicht durch Kampf, sondern durch das Gebet nieder." Ebenso steht von den Makkabäern zu lesen, daß [17]sie schrien im Gebet und das Heer in die Flucht schlugen[17]. Und von Judas Makkabäus heißt es[18], er habe in zwei Kriegen nicht gebetet, nämlich gegen Antiochus Eupator, und da siegte er nicht, sondern mußte weichen, und sodann gegen Bachides und Alchimus, und da fiel er selbst in der Schlacht, und das Heer der Kinder Israel wurde in die Flucht geschlagen. Es gibt noch eine andere Art des Siegens, [19]das Leiden, durch das die Märtyrer Christi ihr Seelenheil gewannen[19]; von ihm sagt der Dichter[20]: „Eine edle Art zu siegen ist das Dulden; es siegt, wer leidet; willst du siegen, so lerne zu dulden"; und anderswo[20]: „Die größte der Tugenden, das Dulden, bezwingt die Waffenlosen; auch bewaffnete Männer pflegt es oft zu besiegen." Vom Dulden sagt Gregor[21]: „Ohne Eisen und Flammen können wir Märtyrer sein, wenn wir das Dulden wahrhaft im Sinn bewahren." Und Hieronymus sagt dazu[22]: „Welcher Heilige gewinnt die Krone ohne Leiden?" Von der Wiege an mangelte es der Kirche nicht an sie bedrängender Ungerechtigkeit, aber auch nicht an leidender Gerechtigkeit. So haben wir einen neuen Kampf und eine neue Art des Kämpfens, in der wir mit geistlichen Waffen die Feinde des Glaubens und der Kirche überwinden.

8. Von fleischlichen und geistlichen Waffen

Im Hohelied Salomos steht geschrieben[23], daß „am Turme Davids die ganze Rüstung der Tapferen hing", und im Buch der Weisheit[24], daß „60 Tapfere von den Tapfersten Israels, alle Schwerter in den Händen und im Kampf sehr erfahren, das Bett Salomos umstanden, ein jeder das Schwert an der Hüfte wegen der nächtlichen Schrecknisse". Dies bedeutet, daß die Wächter des Hauptes Jesu Christi Waffen haben müssen, um damit die Feinde zu vertilgen, den Turm des Glaubens zu verteidigen und über den Frieden der heiligen Mutter Kirche zu wachen. Aber wenn Judith nicht wegen Waffenmacht, sondern um ihrer Tugend willen Preis verdient, weil sie nämlich Holofernes tötete, wer [25]könnte dann auf seinen Bogen seine Hoffnung setzen und wen hätte sein Schwert errettet[25]? Oder wer [26]hätte das Land durch sein Schwert eingenommen[26]? Deshalb sollen wir nach der Lehre des Apostels[27] auch „die Rüstung Gottes", das sind die Tugen-

---

[23] Vgl. Hl 4,4.
[24] Vgl. Hl 3,7f. und c. 3 des lateinischen Prologs zur Ordensregel (Perlbach, Statuten S. 25).
[25–25] Vgl. Ps 43,7.
[26–26] Vgl. Ps 43,4.
[27] Vgl. Eph 6,11.

eciam *induere armaturam Dei* i.e. virtutes, que, ut dicit Macrobius, sole beatum faciunt hominem[28] et vi tuentur possessorem suum. Hiis armis virtutum debemus eciam ab hostibus nos tueri, ut dicit Boecius[29]: *Talia tibi contulimus arma, que nisi prior abiecisses, invicta te firmitate tuerentur.* Singula ergo arma carnalia et spiritualia sibi moraliter correspondencia, de quibus meminit sacra scriptura, cum quibus pugnandum est in hoc bello novo Domini, hic ponentur[30].

De scuto

De scuto dicitur[31], quod *Salomon fecit CC hastas et CCC scuta;* et Ecclesiasticus dicit[32], quod *super scutum potentis adversus inimicum pugnabit.* Pro scuto accipe fidem, de qua Paulus dicit[33]: *In omnibus sumentes scutum fidei,* que est fundamentum omnium virtutum; *sine qua,* ut dicit Augustinus[34], *omnis virtus sicut ramus sine virtute radicis arescit,* et ut dicit Paulus[35]: *Impossibile est Deo placere sine fide,* sed ea habita veniunt nobis omnia bona pariter cum illa. Unde dicit Dominus[36]: *Habete fidem Dei; amen dico vobis, quicunque dixerit huic monti: Tollere et mittere in mare, et non hesitaverit in corde suo, sed crediderit, quia, quodcunque dixerit, fiat, fiet ei.* Ecce quanta vis fidei. Hoc est scutum inexpugnabile, quo Iosaphath rex Iuda populum trepidantem consolatus est dicens[37]: *Confidite in Domino Deo nostro et securi eritis et cuncta evenient vobis prospera,* unde factum est, quod [37]*filii Amon et Moab versi in semetipsos concidere mutuis vulneribus, ut non superesset quisquam, qui necem posset evadere*[37]. Magne fidei verbum fuit, cum David pugnaturus contra Golyam diceret[38]: *Tu venis ad me in gladio et hasta et clipeo, ego venio ad te in nomine Domini, et tradidit eum Dominus in manus suas.* O quanta fides fuit in Ionatha et Iuda Machabeo, cum dicerent[39]: *Non est difficile Domino salvare*

---

[28] Vgl. Macrobius, Commentarii in Somnium Scipionis 1,8.
[29] Vgl. Boethius, De consol. philos. I pr. 2.
[30] Vgl. die Einleitung.
[31] Vgl. 2 Chr 9,15f.
[32] Vgl. Sir 29,18.

den, „anlegen", die allein, wie Macrobius sagt, den Menschen selig machen[28] und mit Stärke ihren Besitzer schützen. Mit den Waffen der Tugenden sollen wir uns auch vor den Feinden bewahren, wie Boethius sagt[29]: „Solche Waffen haben wir dir gegeben, daß sie dich mit unbesiegbarer Festigkeit geschützt hätten, wenn du sie nicht vorher fortgeworfen hättest." Daher soll hier von den einzelnen Waffen, fleischlichen und geistlichen, die einander sinnbildlich entsprechen und die die Heilige Schrift erwähnt, die Rede sein; mit ihnen soll der neue Kampf des Herrn geführt werden[30].

Vom Langschild

Vom Schild steht geschrieben[31], daß „Salomo 200 Speere und 300 Schilde machen ließ"; und Jesus Sirach sagt[32], daß [der Glauben] „besser als der Schild eines Starken gegen den Feind streiten wird". Unter dem Schild mußt du den Glauben verstehen; von ihm sagt Paulus[33]: „Ergreift in allem den Schild des Glaubens", der die Grundlage aller Tugenden ist; „ohne ihn", sagt Augustinus[34], „vertrocknet alle Tugend wie der Ast ohne die Kraft der Wurzel"; und Paulus[35]: „Es ist unmöglich, Gott zu gefallen ohne Glauben"; aber mit ihm kommen uns alle Güter. Daher spricht der Herr[36]: „Habt Glauben an Gott; wahrlich, ich sage euch: Wer zu diesem Berg spräche: Erhebe dich und stürze dich ins Meer, und nicht zweifelte in seinem Herzen, sondern glaubte, daß geschehen würde, was er sagte, dem wird es geschehen." Siehe, welche Macht des Glaubens! Das ist der unbezwingliche Schild, mit dem König Josaphat das verzagte Volk Juda ermutigte[37]: „Vertraut auf den Herrn, unsern Gott, und ihr werdet sicher sein und alles wird glücklich für euch ausgehen"; und so geschah es, daß [37]die Kinder Ammon und Moab sich gegeneinander wandten und durch die Wunden fielen, die sie einander beibrachten, so daß niemand dem Tod entging[37]. Ein großes Glaubenswort sprach David, als er in den Kampf gegen Goliath ging[38]: „Du kommst zu mir mit Schwert, Speer und Schild, ich aber komme zu dir im Namen des Herrn; und der Herr gab ihn in seine Hand." O welchen Glauben bewiesen Jonathan und Judas Makkabäus, als sie sagten[39]: „Es ist dem Herrn nicht schwer, gegen viele oder wenige zu

---

[33] Eph 6,16.
[34] Vgl. vielmehr Gregor, Briefe lib. IV ep. 38.
[35] Vgl. Hebr 11,6.
[36] Vgl. Mk 11,22f.
[37–37] Vgl. 2 Chr 20,20. 23f.
[38] Vgl. 1 Sam 17,45f.
[39] Vgl. 1 Sam 14,6.

in multitudine vel in paucis. Ibi [40]per Ionatham et armigerum eius XX viri in media parte iugeri sunt percussi et nacio Philistinorum conturbata est[40]. Hic per Iudam [41]Seron et exercitus eius est contritus[41]. Hec est victoria, que vincit mundum: [42]Quis est autem, qui vincit mundum, nisi qui credit, quoniam Iesus est filius Dei[42], qui dicit[43]: *Qui credit in me, etsi mortuus fuerit, vivet.* Volve ergo et revolve omnem evangelice historie textum, quasi in omni salvacione corporum et animarum reperies Dominum conclusisse[44]: *Fides tua te salvum fecit.*

De gladio

De gladio dicitur [45]Ieremias extendisse dexteram et dedisse Iude gladium dicens: „Accipe gladium sanctum munus a Deo, quo deicies adversarios populi mei Israel."[45] Iste est gladius, quo Iudas castra filiorum Israel protegebat. Hic gladius, o fortissimi milites Cristi, sicut [46]gladius Saulis nunquam revertatur inanis[46], ita quod impleatur de inimicis crucis Cristi[47]: *Foris vastabit eos gladius et intus pavor, iuvenem simul ac virginem, lactentem cum homine sene,* ut quocienscunque aliquid adversitatis occurrit eis, semper dicant[48]: *Non est aliud nisi gladius Gedeonis* i. e. milicie Cristiane. Pro gladio accipe bona opera, quia [49]fides sine operibus mortua est[49]. Quedam arma defendunt corpus ab impetu hostium, gladius se extendit ad opus, quo deicitur adversarius, et sicut ex utraque parte est acutus, ita bona opera ex una parte actorem suum defendunt a pena infernali, ex alia ad eterna gaudia introducunt.

[40–40] Vgl. 1 Sam 14,14 f.
[41–41] Vgl. 1 Makk 3,23.
[42–42] Vgl. 1 Jo 5,5.
[43] Vgl. Jo 11,25.
[44] Mt 9,22; Mk 5,34; 10,52; Lk 7,50; 8,48; 17,19; 18,42.

helfen". So [40]wurden durch Jonathan und seinen Waffenträger 20 Männer über ein halbes Joch Landes hin erschlagen, und das Volk der Philister fiel in Schrecken[40]. Durch Judas aber [41]wurden Seron und sein Heer vernichtet[41]. Dies ist der Sieg, der die Welt bezwingt: [42]Wer aber könnte die Welt überwinden, wenn nicht der da glaubt, daß Jesus Gottes Sohn ist[42], welcher spricht[43]: „Wer an mich glaubt, wird leben, wenn er auch stürbe"? Du magst also das Evangelium von Anfang bis Ende lesen, überall, bei Heilungen des Leibes und der Seele, wirst du auf die Worte des Herrn stoßen[44]: „Dein Glaube hat dir geholfen".

Vom Schwert

Vom Schwert heißt es, [45]Jeremias habe die rechte Hand ausgestreckt und Judas ein Schwert gegeben mit den Worten: „Nimm das heilige Schwert als Geschenk von Gott; damit wirst du die Feinde meines Volkes Israel niederwerfen"[45]. Dies ist das Schwert, mit dem Judas das Lager der Kinder Israel beschützte. Dies Schwert, o tapfere Ritter Christi, soll wie [46]das Schwert Sauls nie unbenutzt zurückkehren[46], damit an den Feinden des Kreuzes Christi das Wort erfüllt werde[47]: „Äußerlich wird sie das Schwert verheeren und innerlich die Furcht, den jungen Mann wie das Mädchen, den Säugling und den Greis", auf daß sie immer sagen, wenn ihnen etwas Widriges zustößt[48]: „Das ist nichts Anderes als das Schwert Gideons", das ist der christlichen Ritterschaft. Das Schwert bedeutet die guten Werke, weil [49]der Glaube ohne Werke tot ist[49]. Gewisse Waffen schützen den Leib vor feindlichem Angriff; das Schwert aber bedeutet das Werk, durch welches der Feind fällt, und, wie es auf beiden Seiten scharf ist, so schützen die guten Werke einesteils den, der sie tut, vor der Höllenstrafe, andererseits aber führen sie ihn zur ewigen Freude.

[45–45] Vgl. 2 Makk 15, 15f.
[46–46] Vgl. 2 Sam 1,22.
[47] Dt 32,25.
[48] Vgl. Ri 7,14.
[49–49] Jak 2,20.

De lancea

De lancea dicitur, quod [50]Ioiada sacerdos lanceas dedit centurionibus, qui custodias domus Domini observabant[50]. Hee sunt lancee, quas Ioab princeps milicie [51]fixit in corde Absolonis[51], qui patrem suum David persequebatur. Pro lancea, que recta est, accipe rectam intencionem et secundum doctrinam apostoli[52]: *Quodcunque facitis in verbo et opere, in nomine Domini facite*, et[53]: *Sive manducatis sive bibitis sive quid aliud facitis, omnia in gloriam Dei facite*. Ex hac lancea meritum et demeritum cuiuslibet operis procedit, quia nunquam format mala intencio bonum opus et e converso.

De clipeo

De clipeo hortatur Ysaias[54]: *Surgite, principes, arripite clipeum*. Et[55]: *Ad Iosue dixit Dominus: „Leva clipeum, qui in manu tua est, contra urbem Hay, quam tradam tibi"*, et sequitur ibidem[56]: *Iosue vero non retraxit manum, quam in sublime porrexerat, tenens clipeum, donec interficerentur omnes habitatores Hay*. Sic faciant preelecti bellatores, non ut Saul, de quo legitur[57], quod *abiectus est clipeus forcium, clipeus Saul, quasi non esset unctus oleo*. Pro clipeo accipe sermonem Domini, quo ad omnia bona opera informemur, de quo dicitur[58]: *Sermo Domini clipeus ignitus est omnibus sperantibus in se*. Qui ideo ignitus dicitur, quia ab omnibus telis igneis dyaboli defendit. De hoc Iudas Machabeus dicitur [59]singulos suorum armasse, non clipei nec haste municione, sed sermonibus optimis[59]. Sed ideo optimi dicuntur, quia [60]verbum Dei, quecunque voluit, facit et prosperabitur in illis, ad que missum est[60]. Si non proficit in uno, prodest in altero; [60]nunquam vacuum revertetur[60].

[50—50] Vgl. 2 Chr 23,6. 9.
[51—51] Vgl. 2 Sam 18,14.
[52] Vgl. Kol 3,17.
[53] Vgl. 1 Kor 10,31.
[54] Is 21,5.

Vom Speer

Vom Speer wird gesagt: [50]Der Priester Jojada gab Speere den Hauptleuten, welche die Wachen des Hauses des Herrn beaufsichtigten[50]. [51]Speere stieß Joab, der Führer des Heeres, dem Absalom ins Herz[51], der seinen Vater David verfolgte. Der gute Speer bedeutet den rechten Vorsatz nach der Lehre des Apostels[52]: „Alles, was ihr tut mit Worten und Werken, das tut im Namen des Herrn", und[53]: „Ob ihr eßt, trinkt oder etwas anderes tut, alles tut zur Ehre Gottes." Dieser Speer bestimmt Wert oder Unwert eines jeden Werkes, weil aus einem bösen Vorsatz niemals ein gutes Werk hervorgeht und umgekehrt.

Vom Rundschild

Vom Schild spricht Isaias anfeuernd[54]: „Auf, ihr Fürsten, ergreift den Schild!" Und[55]: „zu Josua sprach der Herr: ‚Erhebe den Schild, den du in deiner Hand trägst, gegen die Stadt Ai, denn ich will sie dir ausliefern'"; und weiter steht dort[56]: „Josua aber ließ die emporgereckte Hand, die den Schild hielt, nicht eher sinken, als bis alle Einwohner von Ai getötet waren." So sollen die auserwählten Kämpfer handeln, nicht wie Saul, von dem zu lesen ist[57]: „Fortgeworfen ist der Schild der Starken, der Schild Sauls, als wäre er nicht mit Öl gesalbt." Der Schild bedeutet das Wort des Herrn, das uns zu allen guten Werken anhält; von ihm heißt es[58]: „Das Wort des Herrn ist ein feuriger Schild allen, die darauf hoffen." Er wird deshalb feurig genannt, weil er vor den feurigen Geschossen des Teufels schützt. Mit ihm soll Judas Makkabäus [59]jeden der Seinen gewappnet haben, nicht mit Schild oder Spieß, sondern mit den besten Worten[59]. Sie heißen aber deshalb die besten, weil [60]das Wort Gottes tut, was immer es will, und gedeihen wird, wohin es gesandt ist[60]. Richtet es bei dem einen nichts aus, so nützt es beim anderen; [60]nie wird es leer zurückkehren[60].

---

[55] Vgl. Jos 8,18.
[56] Vgl. Jos 8,26.
[57] 2 Sam 1,21.
[58] Vgl. Spr. 30,5.
[59-59] Vgl. 2 Makk 15,11.
[60-60] Vgl. Is 55,11.

De lorica

De lorica dicitur, quod Iudas Machabeus [61]induit se lorica tanquam gigas et protegebat castra sua[61]. Pro lorica accipe iusticiam[q], de qua apostolus dicit[62]: *Induite loricam iusticie.* Hec iusticia reddit unicuique, quod suum est, Deo humilitatem subiectionis, de qua dicit Dominus[63]: *Sic decet nos implere omnem iusticiam;* proximo compassionem, unde Gregorius[64]: *Vera iusticia compassionem habet, falsa indignacionem;* sibi carnis subiugacionem, quia iustum est, quod caro tanquam ancilla sub iugo sit anime, unde dicit Ecclesiasticus[65]: *Fili, accedens ad servitutem Dei, sta in iusticia;* et interpositis quibusdam sequitur[66]: *Pro iusticia agonizare pro anima tua et usque ad mortem certa pro iusticia et Deus expugnabit pro te inimicos tuos.* Et tunc implebitur illud psalmiste[67]: *Iusticia et pax osculate sunt;* aliter non erit pax, sed [68]caro semper concupiscet adversus spiritum, spiritus vero adversus carnem[68].

De arcu et pharetra

De arcu et pharetra dixit Isaac filio suo Esau[69]: *Sume arma tua, pharetram et arcum.*

De sagitta

De sagitta dicit Ysaias[r,70]: *Suscitavit Dominus regem Medorum contra Babilonem, sagittis implete pharetras,* ut impleatur verbum Domini in hostibus crucis Cristi[71]: *Congregabo super eos mala et sagittas meas complebo in eis.* Per hec tria intellige [72]illa tria, que sunt de substancia cuiuslibet religionis, scilicet obedienciam,

[q] Der Schluß dieses Abschnittes fehlt bis auf wenige Worte T.
[r] So Codd. statt Jeremias.

[61–61] Vgl. 1 Makk 3,3.
[62] Vgl. Eph 6,14.
[63] Vgl. Mt 3,15.
[64] Vgl. Gregor, In evangelia lib. II hom. 34 c. 2.
[65] Sir 2,1.

Vom Panzer

Vom Panzer heißt es: Judas Makkabäus [61]legte den Panzer als ein Held an und beschützte sein Lager[61]. Unter dem Panzer sollst du die Gerechtigkeit verstehen, von der der Apostel sagt[62]: „Zieht an den Harnisch der Gerechtigkeit." Die Gerechtigkeit gibt einem jeden das Seine, Gott demütige Unterwerfung, von der der Herr sagt[63]: „So gebührt es uns, alle Gerechtigkeit zu erfüllen"; dem Nächsten Mitleid, worüber Gregor sagt[64]: „Die wahre Gerechtigkeit hat Mitleid, die falsche Verachtung"; und sich selbst die Unterwerfung des Fleisches, denn es ist gerecht, daß das Fleisch wie eine Magd unter dem Joch der Seele stehe. Daher sagt Jesus Sirach[65]: „Mein Sohn, willst du in den Dienst Gottes treten, so halte auf Gerechtigkeit"; und ein wenig weiter heißt es dort[66]: „Streite für die Gerechtigkeit um deiner Seele willen, und kämpfe für die Gerechtigkeit bis in den Tod, dann wird Gott deine Feinde für dich überwinden." So wird denn das Wort des Psalmisten erfüllt werden[67]: „Gerechtigkeit und Frieden haben sich geküßt"; anders wird Friede nicht sein, denn [68]das Fleisch wird immer gegen den Geist aufbegehren, der Geist aber gegen das Fleisch[68].

Von Bogen und Köcher

Von Bogen und Köcher sagte Isaak zu seinem Sohne Esau[69]: „Nimm deine Waffen, Köcher und Bogen."

Vom Pfeil

Vom Pfeil spricht Isaias[70]: „Der Herr hat den König der Meder gegen Babylon erregt; füllt die Köcher mit Pfeilen", damit das Wort des Herrn an den Feinden des Kreuzes Christi erfüllt werde[71]: „Ich will alle Übel auf sie häufen und sie mit meinen Pfeilen spicken." Diese drei Gegenstände, Bogen, Köcher und Pfeil, stehen für [72]die drei Eigenschaften, die zum Wesen allen geistlichen Lebens gehören, nämlich Gehorsam, Keuschheit

---

[66] Sir 4,33.
[67] Ps 84,11.
[68-68] Vgl. Gal 5,17.
[69] Gn 27,3.
[70] Vgl. vielmehr Jr 51,11.
[71] Dt 32,23.
[72-72] Vgl. c. 1 der Ordensregel (Perlbach, Statuten S. 29).

castitatem et paupertatem[72]. Per arcum obediencia designatur, quia sicut incurvatur, flectitur et reflectitur sine fractura, ita religiosus inter prospera et adversa equo animo sine murmure debet incurvari per obedienciam et reflecti. De qua incurvacione obediencie Ysaac benedicens filium suum Iacob ait[73]: *Esto dominus fratrum tuorum et incurventur ante te filii matris tue;* ut possit dicere obediens cum Ysaya[r.74]: *Tetendit arcum suum Dominus et posuit me quasi signum ad sagittam.* O quam dure tenditur ibi arcus iste obediencie, ubi religiosus in bello videns sibi mortis periculum imminere non audet retrocedere. Ibi [75]melior est obediencia quam victima[75], quia, ut dicit Gregorius, [76]*per victimam aliena, per obedienciam caro propria mactatur.* Per sagittam castitas notatur, quia sicut sagitta dicitur a sagio sagis, quod est ingeniose agere vel divinare, ita oportet hominem, ut possit caste vivere, ingeniose agere secundum anime sue vim naturalem contra sensus carnis, qui semper [77]proni sunt in malum[77], et oportet et ipsum divinare i. e. [78]Deo plenum[78] esse, quia nemo potest esse castus, nisi Deus dederit. Item sagitta fertur duabus pennis ad modum avis, ut hostem celeriter interficiat, sic castitas, ut antiquum castitatis inimicum deiciat, utitur duabus pennis, que sunt renovacio vite veteris et renovacionis utilitas. De hiis duabus pennis loquitur Ysaias[79]: *Qui sperant in Domino, mutabunt fortitudinem,* scilicet corporalem in spiritualem, *assument pennas ut aquile,* que, cum se vult renovare, veteres pennas deponit et novas accipit. Ad quod nos hortatur apostolus dicens[80]: *Deponite vos secundum pristinam conversacionem veterem hominem, qui corrumpitur secundum desideria erroris, et induite novum hominem, qui secundum Deum creatus est.* Et sic [81]*renovabitur ut aquile iuventus tua*[81] et volabis in virtute castitatis et non deficies, quia [82]*sagitta Ionathe nunquam abiit retrorsum*[82]. Potest ergo dicere caro casti hominis cum Iob[83]: *Sagitte Domini in me sunt, quarum indignacio ebibit spiritum meum* scilicet luxurie. Quanta sit indignacio castitatis contra luxuriam et quomodo, nemo novit, nisi qui expertus est. De reno-

---

[73] Gn 27,29.
[74] Vgl. Klgl 3,12.

und Armut[72]. Durch den Bogen wird der Gehorsam bezeichnet; denn wie er sich krümmt und hin- und herbiegt, ohne zu brechen, so soll auch der Ordensmann sich in Glück und Unglück gleichmütig ohne Widerspruch im Gehorsam beugen und unterwerfen. Vom Sichbeugen im Gehorsam sprach Isaak, als er seinen Sohn Jakob segnete[73]: „Sei der Herr deiner Brüder, und die Söhne deiner Mutter sollen sich vor dir verneigen." So mag der Gehorsame mit Isaias sprechen[74]: „Der Herr hat seinen Bogen gespannt und mich dem Pfeil zum Ziel gesetzt." O wie hart spannt sich der Bogen dieses Gehorsams gerade dann, wenn der geistliche Mann im Kampfe, den Tod vor Augen, nicht zurückweichen darf. Dann [75]ist der Gehorsam besser als das Opfer[75]; denn — wie Gregor sagt[76] — „tötet das Opfer fremdes, der Gehorsam aber das eigene Fleisch ab". Der Pfeil versinnbildlicht die Keuschheit; denn wie „sagitta" von „sagio, sagis" abgeleitet ist, was „scharfsinnig handeln" oder „voraussehen, prophezeien" bedeutet, so muß der Mensch, um keusch leben zu können, scharfsinnig handeln gemäß der natürlichen Kraft seiner Seele gegen die Sinne des Fleisches, die immer [77]dem Bösen zuneigen[77]; er muß auch „divinare", das ist „[78]Gottes voll[78] sein", weil niemand ohne die Gnade Gottes keusch sein kann. Wie ferner der Pfeil mit zwei Federn fliegt wie ein Vogel und dem Feind schnellen Tod bringt, so gebraucht auch die Keuschheit zwei Federn, um ihren alten Feind zu überwinden, nämlich die Erneuerung des alten Lebens und den Nutzen der Erneuerung. Von diesen beiden Federn spricht Isaias[79]: „Die auf den Herrn hoffen, werden ihre leibliche Kraft in geistige verwandeln, sie werden Federn bekommen wie der Adler"; wenn der sich erneuern will, dann legt er die alten Federn ab und bekommt neue. Dazu ermahnt uns auch der Apostel[80]: „Legt ab den alten Menschen mit dem vorigen Wandel, der verdorben wird durch trügerische Lüste, und zieht den neuen Menschen an, der nach Gott geschaffen ist." Und so [81]wirst du wieder jung werden wie der Adler[81], du wirst fliegen in der Tugend der Keuschheit und nicht müde werden, denn [82]der Pfeil Jonathans kehrte nie zurück[82]. Das Fleisch des keuschen Menschen kann also mit Job sagen[83]: „Die Pfeile des Herrn stecken in mir; ihr Zorn trinkt meinen unkeuschen Geist aus." Wie groß und welcher Art der Zorn der Keuschheit gegen die Ausschweifung sei, weiß niemand, der ihn

---

[75-75] Vgl. 1 Sam 15,22.
[76] Vgl. Gregor, Moralia in Job lib. xxxv c. 28.
[77-77] Vgl. Ex 32,22.
[78-78] Vgl. Isidor, Etymologiarum lib. 8 c. 9,14.
[79] Vgl. Is 40,31.
[80] Vgl. Eph 4,22. 24.
[81-81] Ps 102,5.
[82-82] Vgl. 2 Sam 1,22.
[83] Job 6,4.

vacionis utilitate dicit Bernardus[84]: *Quid castitate decorius, que mundum de immundo conceptum semine, de hoste domesticum, angelum denique de homine facit?* Iudith eciam viriliter egit et Holofernem occidit populumque Domini a periculis liberavit, eo quod castitatem amavit. [85]*O quam pulcra et utilis est casta generacio*[85]. Per pharetram, que a ferendo iacula dicitur, denotatur paupertas, quia sicut in pharetra sagitta, sic castitas in paupertate absconditur et conservatur, quia [86]vidua in deliciis vivens mortua est[86]. Unde potest castitas dicere illud Ysaie[87]: *Posuit me Dominus quasi sagittam electam et in pharetra sua abscondit me.* Nec sufficit illa paupertas in religiosis, de qua Bernardus ait[88]: *Volunt esse pauperes eo pacto, quod nihil eis desit, et sic diligunt paupertatem, ut nullam inopiam paciantur,* sed illa voluntaria et cum defectu paupertas, de qua dicit Dominus[89]: *Beati pauperes spiritu,* que secundum Bernardum[90] *est cum intencione et desiderio spirituali propter solum beneplacitum Dei et salutem animarum.* Hee sunt [91]pharetre servorum Adadezer[91], qui interpretatur precipuus separator, quia paupertas a diviciis separat. Quas [91]pharetras David[91], vultu desiderabilis, Cristus, in quem et angeli desiderant prospicere, tulit[91] i. e. pertulit in hoc mundo et attulit eas in Ierusalem, ubi nudus pependit in cruce, ut paupertatis eius vestigia imitemur. Hec paupertas medicinalis est, *quia,* ut dicit Gregorius[92], *quos morum infirmitas vulnerat, paupertatis medicina sanat:* Paupertas enim superbiam occidit et duas sanguisugas infernales avariciam et luxuriam suffocat.

De funda

De funda dicitur in Zacharia[93]: *Dominus exercituum proteget eos et devorabunt et subicient eos lapidibus funde.* Legitur et in libro regum[94], quod *anima inimicorum David rotabitur, quasi in impetu*

[84] Vgl. Bernhard, Tract. de moribus et officio episcoporum III § 8.
[85—85] Vgl. Weish 4,1.
[86—86] Vgl. 1 Tim 5,5f.
[87] Vgl. Is 49,2.
[88] Vgl. Bernhard, In adventu Domini sermo IV,5.
[89] Mt 5,3.

nicht erfahren hat. Vom Nutzen der Erneuerung sagt Bernhard[84]: „Was ist schöner als die Keuschheit, die den unrein empfangenen Menschen rein, den Feind zum Vertrauten, den Menschen sogar zum Engel machen kann?" Auch Judith handelte mannhaft, tötete Holofernes und befreite so das Volk des Herrn aus der Gefahr, weil sie die Keuschheit liebte. [85]O wie schön und nützlich ist ein keusches Geschlecht[85]! Der Köcher, der so heißt, weil er die Geschosse trägt, bezeichnet die Armut; denn wie im Köcher der Pfeil, so ist die Keuschheit in der Armut verborgen und bewahrt. Deshalb [86]ist eine Witwe, die in irdischem Genusse lebt, lebendig tot[86]. Daher kann die Keuschheit das Wort des Isaias sprechen[87]: „Der Herr hat mich wie einen auserlesenen Pfeil gemacht, und in seinem Köcher hat er mich verborgen." Für Ordensleute reicht jedoch die Art Armut nicht aus, von der Bernhard sagt[88]: „Sie wollen auf diese Weise arm sein, daß ihnen nichts fehlt, und die Armut lieben sie so, daß sie keine Not leiden"; sondern vielmehr jene freiwillige, mit echtem Mangel verbundene Armut, von welcher der Herr spricht[89]: „Selig sind die Armen im Geiste", also jene Armut, die sich nach Bernhard[90] „mit Bedacht und geistlichem Verlangen allein darauf richtet, Gott zu gefallen und das Seelenheil zu erwerben". Das sind [91]die Köcher der Knechte Adadezers[91], dessen Name „hervorragender Trenner" bedeutet, weil die Armut vom Reichtum trennt. [91]Diese Köcher trug David[91] und war doch von angenehmem Äußeren, und auch Christus, den sogar die Engel anzuschauen begehren, trug, d. h. ertrug sie in dieser Welt und trug sie bis nach Jerusalem, wo er nackt am Kreuz hing, damit wir dem Vorbild seiner Armut folgen. Diese Armut ist heilsam; „denn" so sagt Gregor[92], „die Arznei der Armut heilt die, welche die Krankheit der Sitten verletzt": Armut tötet nämlich den Hochmut und erstickt die beiden höllischen Blutsauger Habgier und Unkeuschheit.

Von der Schleuder

Von der Schleuder heißt es bei Zacharias[93]: „Der Herr der Heerscharen wird sie beschützen, und sie werden die Feinde vertilgen und mit Schleudersteinen bezwingen." Und im Buch der Könige steht geschrieben[94], daß „die Seele der Feinde Davids umhergeschleudert werden wird wie durch

---

[90] Vgl. Bernhard, In festo omnium sanctorum sermo I,8.
[91–91] Vgl. 1 Chr 18,7.
[92] Das Zitat stammt nicht von Gregor. Herkunft unermittelt.
[93] Vgl. Zach 9,15.
[94] Vgl. 1 Sam 25,29.

et in circulo funde. Hec est [95]funda, cum qua David iecit et percussit Philisteum in fronte, et infixus est lapis in fronte eius et cecidit in faciem suam in terram prevaluitque David adversus Philisteum in funda et lapide percussumque Philisteum interfecit[95].

De baculo

De baculo dicit Dominus per Ysaiam[96]: *Ve Assur, virga furoris mei et baculus,* et interpositis quibusdam sequitur[97]: *Virga percuciet te et baculum levabit super te in via Egipti.* De spirituali significacione baculi et funde legitur, quod David pugnaturus contra Golyam, [98] tulit baculum, quem semper habebat secum, et elegit quinque lapides limpidissimos, quos posuit in peram pastoralem, et fundam manu tulit[98] et [s]occidit Philisteum armatum. Per[s] Philisteum armatum intellige dyabolum paratum ad temptandum. Sis ergo tu David manu fortis[99], penitens, et semper tecum habeas baculum sancte crucis eligasque quinque lapides i. e. quinque vulnera Cristi et pone in peram pastoralem i. e. in animam tuam et circumduc manu fundam i. e. rememoracionem omnium horum et occides eum nec tibi in temptacione aliqua prevalebit. Immo si solum iste baculus[100] sancte crucis [s]ad consilium[s] Helisei prophete [100]ponatur super faciem pueri[100] i. e. pueriliter viventis mortui, reviviscet.

De galea

De galea dicitur[101], quod Saul induit David vestimentis suis et posuit galeam eream super caput eius. Dixit et Dominus per Ieremiam[1]: *Procedite ad bellum, iungite equos et ascendite, equites, et state in galeis.* Per galeam significatur salus, quam homo consequitur a Deo de hiis armis virtutum. De qua dicit aposto-

---

[s—s] Fehlt K.
[95—95] Vgl. 1 Sam 17,49f.
[96] Is 10,5.
[97] Vgl. Is 10,24.

die rasche Kreisbewegung der Schleuder". [95]Mit einer solchen Schleuder warf David und durchbohrte dem Philister die Stirn, und der Stein blieb in seiner Stirn stecken, und er fiel nieder auf sein Gesicht, und David siegte über den Philister mit Schleuder und Stein und tötete den getroffenen Philister[95].

Vom Stab

Vom Stab spricht der Herr durch Isaias[96]: „Weh, Assur, du Rute und Stab meines Zorns!" Und bald darauf heißt es[97]: „Er wird dich mit der Rute schlagen und den Stab über dich erheben, wie er es in Ägypten tat." Über den geistlichen Sinn von Stab und Schleuder steht zu lesen, daß David, als er in den Kampf gegen Goliath ging, [98]den Stab trug, den er immer bei sich hatte, und sich fünf sehr glatte Steine auswählte, die er in seine Hirtentasche steckte; in der Hand hielt er die Schleuder[98], und er tötete den gewappneten Philister. Unter dem gewappneten Philister sollen wir den Teufel verstehen, der darauf aus ist, uns zu versuchen. Sei du also ein David mit starker Hand[99], Büßer, trage immer den Stab des heiligen Kreuzes bei dir, wähle dir fünf Steine, d.h. die fünf Wunden Christi, lege sie in deine Hirtentasche, d.h. in deine Seele, und schwinge in der Hand die Schleuder, d.h. die andächtige Betrachtung des Gesagten; dann wirst du den Teufel töten, und er wird dich durch keinerlei Anfechtung besiegen. Ja wenn der Stab[100] des heiligen Kreuzes nur, wie er Prophet Elisäus riet, [100]auf das Gesicht des toten Kindes[100], d.h. des kindisch in Sünden Lebenden, [100]gelegt wird[100], so wird es wieder zum Leben erweckt werden.

Vom Helm

Vom Helm heißt es[101]: „Saul zog seine Kleider David an und setzte ihm seinen ehernen Helm auf das Haupt." Und der Herr sprach durch Jeremias[1]: „Zieht in den Kampf, spannt die Pferde an, sitzt auf, ihr Reiter, und steht in euren Helmen bereit!" Der Helm bedeutet das Heil, das der Mensch durch diese Waffen der Tugenden von Gott erlangt. Von ihm sagt

---

[98–98] Vgl. 1 Sam 17,40.
[99] Vgl. Hieronymus, Commentarii in Osee I, III, 4.5 und dens., Liber interpr. Hebr. nom. I Reg. D.
[100–100] Vgl. 2 Kg 4,29.
[101] Vgl. 1 Sam 17,38.
[1] Vgl. Jr 46,3f.

lus[2]: *Galeam salutis assumite,* et Ysaias[3]: *Indutus iusticia ut lorica et galea salutis in capite eius.* O quam securus stabis in bello, si hiis armis fueris circumcinctus, et erit tibi Dominus Deus salutis tue [4]salus tua usque ad extremum terre[4]. Hec sunt arma, quibus [5]Iacob patriarcha partem illam tulit de manu Amorrei in gladio et arcu, quam dedit filio suo Ioseph[5], quibus et filii Israel terram sanctam exterminatis possessoribus possederunt et David hostes regni sui devicit et Machabei civitatem sanctam Ierusalem destructam reparaverunt et templum Domini sordibus gencium pollutum interfectis hostibus mundaverunt. O fortissimi milites et bellatores incliti, induite hec arma et vindicate iniuriam crucifixi Domini et[6]terram sanctam Cristianis debitam recuperate ab infidelibus occupatam[6]. [7]Confortamini et non dissolvantur manus vestre in bello. Erit enim merces operi vestro[7], merces illa, de qua Dominus ad Abraam dixit[8]: *Ego ero merces tua magna nimis.* Si labor vos terret, videte mercedem scientes, quod, sicut vicia nunquam sunt sine pena, ita virtutes sine premio et premium virtutis erit ipse, qui virtutem dedit.

9. De usu armorum carnalium et spiritualium

Sex sunt cause, propter quas utimur armis carnalibus et spiritualibus. Prima est propter exercicium, ut exercitemur in bellis secundum voluntatem Dei, qui multas gentes dimisit inter filios Israel, [9]ut Israelem et omnes, qui non noverunt bella Chananeorum, erudiret in eis et postea discerent filii eorum certare cum hostibus et habere consuetudinem preliandi[9]. Quid valeret aliquis in prelio, nisi exercitatus esset in armis? Unde tempore pacis fiunt torneamenta et ludi alii militares propter exercicium, ne instante bello, cum hostes sunt in foribus, aliquis non habens consuetudinem armorum dicat cum David[10]: *Non possum sic armatus incedere,* et ita

[2] Eph 6,17.
[3] Vgl. Is 59,17.
[4—4] Vgl. Is 49,6.
[5—5] Vgl. Gn 48,22.

der Apostel[2]: „Nehmt den Helm des Heils!" und Isaias[3]: „Bekleidet mit der Gerechtigkeit wie mit einem Panzer und mit dem Helm des Heils auf dem Haupte". O wie sicher wirst du im Kampfe stehen, wenn du mit diesen Waffen umgürtet bist, und der Herr, der Gott deines Heils, wird [4]dein Heil sein bis ans Ende der Erde[4]. Mit diesen Waffen [5]nahm der Patriarch Jakob den Amoritern ihr Land mit Schwert und Bogen und gab es seinem Sohn Joseph[5]; mit ihnen vertilgten die Kinder Israel die Bewohner des Heiligen Landes und nahmen es in Besitz; mit ihnen besiegte David die Feinde seines Reiches; die Makkabäer bauten mit ihnen die zerstörte heilige Stadt Jerusalem wieder auf und reinigten den Tempel des Herrn nach dem Tod der Feinde vom Schmutz der Heiden. O heldenmütige Ritter und auserlesene Kämpfer, legt diese Waffen an und rächt das Unrecht des gekreuzigten Herrn und [6]gewinnt das Heilige Land zurück, das die Ungläubigen besetzt halten, denn es steht den Christen zu[6]. [7]Faßt Mut, und eure Hände sollen nicht müde werden im Kampfe! Denn es wird euch Lohn zuteil werden für eure Arbeit[7], jener Lohn, den der Herr Abraham verhieß[8]: „Ich werde dein überreicher Lohn sein!" Wenn die Mühsal euch schreckt, dann blickt auf den Lohn und wißt, daß, wie die Sünden nie ohne Strafe, so auch die Tugenden niemals ohne Lohn bleiben. Der Lohn der Tugend aber wird er selbst sein, der die Tugenden gegeben hat.

9. Vom Gebrauch der fleischlichen und der geistlichen Waffen

Sechs Gründe sind es, wegen derer wir die fleischlichen und die geistlichen Waffen gebrauchen. Erstens um der Übung willen: Wir sollen uns im Kampf üben nach dem Willen Gottes, der viele Heiden unter den Kindern Israel wohnen ließ, [9]um Israel und alle, die ihn nicht kannten, den Kampf nach Art der Chanaaniter zu lehren, und damit ihre Söhne später lernten, mit den Feinden zu fechten und mit dem Kampf vertraut zu sein[9]. Denn was ist der wert in der Schlacht, der in den Waffen ungeübt ist? Daher hält man in Friedenszeiten Turniere und andere ritterliche Spiele um der Übung willen, damit niemand, wenn Krieg droht und die Feinde vor den Toren stehen, mit den Waffen unvertraut ist und wie David spricht[10]: „So gerüstet kann ich nicht gehen", und deshalb den Fein-

---

[6-6] Vgl. c. 3 des Prologs zur Ordensregel (Perlbach, Statuten S. 24).
[7-7] Vgl. 2 Chr 15,7.
[8] Vgl. Gn 15,1.
[9-9] Vgl. Ri 3,1 f.
[10] Vgl. 1 Sam 17,39.

inermis non possit hostibus obviare. Sed quia [11]milicia est hominis vita super terram[11], ita, quam cito venit homo in mundum, intrat campum pugnaturus contra aereas potestates, et [12]arma milicie nostre non sunt carnalia, sed potencia a Deo[12]. Ideo secundum doctrinam apostoli[13] debemus *induere armaturam Dei* i. e. virtutes, que a solo Deo sunt, qui dat virtutem et fortitudinem plebi sue et exercitari in illis, ut sciamus et [14]possimus resistere in die malo[14] tentacionis et ut et in nobis virtutes augeantur per exercicium, ut dicit Crisostomus[15]: *Sicut omne artificium corporali exercitacione servatur, augetur et additur, ita omnis virtus per exercicium augetur, per desidiam minoratur.* — Secunda causa, propter quam utimur armis carnalibus, est propter hostium insidias. Unde filii Israel timentes insidias hostium, [16]assumentes arma bellica sederunt per loca angusta itineris et custodiebant tota die et nocte[16]. Legitur et de Iuda Machabeo[17], quod *precepit filiis Israel armatos esse in locis oportunis, ne forte ab hostibus repente mali aliquid oriretur.* Ad idem utimur armis spiritualibus, ut dicit apostolus[18]: *Confortamini in Domino et in potencia virtutis eius et induite vos armaturam Dei, ut possitis stare contra insidias dyaboli,* qui [19]insidiatur nobis quasi leo in spelunca sua[19]. Hic est ille [20]leo adversarius noster dyabolus, qui circuit querens, quem devoret, cui resistere debemus in virtute fidei[20]. — Tercia causa, propter quam utimur armis carnalibus, est propter hostium apertam impugnacionem. Unde dicitur in libro Machabeorum[21], quod, cum Lisias *confidens in multitudine bellatorum, nunquam recogitans potestatem Dei, sed mente effrenatus,* vellet civitatem sanctam Ierusalem et templum Dei destruere et iam *presidium expugnasset, Machabeus sumptis armis et, qui cum eo erant, hoc cognito cum fletu et lacrimis rogabant Dominum, ut eis bonum angelum mitteret ad salutem. Convaluerunt animo et viribus et irruentes impetu in eos prostraverunt XI milia peditum ex eis et equites mille et sexcentos universosque in fugam verterunt; plures ex eis vulnerati nudi evaserunt, sed et ipse Lisias turpiter fugiens evasit.* Hec est causa, prop-

[11-11] Job 7,1.
[12-12] Vgl. 2 Kor 10,4.
[13] Vgl. Eph 6,11.
[14-14] Vgl. Eph 6,13.

den nicht entgegentreten kann, da er ja wehrlos ist. Aber weil [11]des Menschen Leben auf Erden Kampf ist[11], tritt er, sobald er auf die Welt kommt, gegen die höllischen Mächte der Luft an; [12]die Waffen aber in unserem Kampf sind nicht fleischlich, sondern Kraft von Gott[12]. Daher sollen wir nach der Lehre des Apostels[13] „die Rüstung Gottes", d.h. die Tugenden, „anlegen", die von Gott allein sind, der seinem Volk Tugend und Stärke verleiht, und wir sollen uns in ihnen üben, [14]damit wir zu widerstehen wissen und vermögen am bösen Tage[14] der Versuchung, damit auch die Tugenden in uns durch Übung wachsen, wie Chrysostomus sagt[15]: „Wie jegliche Kunstfertigkeit durch Übung des Körpers bewahrt wird, wächst und zunimmt, so wächst auch alle Tugend durch Übung, durch Trägheit aber wird sie geringer." — Zweitens gebrauchen wir die fleischlichen Waffen wegen der Nachstellungen der Feinde. Deshalb [16]legten die Kinder Israel, da sie Anschläge der Feinde befürchteten, ihre Kriegswaffen an, besetzten enge Stellen des Marschweges und wachten Tag und Nacht[16]. Auch steht von Judas Makkabäus zu lesen[17], „er habe den Kindern Israel vorgeschrieben, sie sollten in Waffen an günstigen Orten stehen, damit die Feinde ihnen nicht plötzlich Schaden zufügten". Zum selben Zweck benutzen wir die geistlichen Waffen, wie der Apostel sagt[18]: „Seid stark im Herrn und in der Macht seiner Kraft und legt den Harnisch Gottes an, damit ihr bestehen könnt gegen die Anschläge des Teufels", der [19]uns nachstellt wie ein Löwe in seiner Höhle[19]. [20]Der Löwe ist hier unser Widersacher, der Teufel, der umhergeht und sucht, wen er verschlingen könnte; ihm sollen wir uns entgegenstellen in der Tugend des Glaubens[20]. — Zum dritten gebrauchen wir die fleischlichen Waffen gegen den offenen Angriff der Feinde. So heißt es im Buch der Makkabäer[21]: Als Lysias „im Vertrauen auf die Menge seiner Krieger und unter ständiger Mißachtung der Macht Gottes mit zügellosem Sinn" die heilige Stadt Jerusalem und den Tempel Gottes zerstören wollte und schon „den Vorposten erobert hatte, da griff der Makkabäer zu den Waffen und betete mit den Seinigen bei diesem Anblick unter Tränen zum Herrn, ihnen einen guten Engel zur Rettung zu schicken. Da erstarkten sie an Mut und Kräften, sie stürzten sich mit Macht auf die Feinde und streckten 11000 Fußsoldaten und 1600 Reiter von ihnen nieder und schlugen das ganze Heer in die Flucht; viele von ihnen entrannen verwundet und nackt; auch Lysias selbst entkam durch schimpfliche Flucht." Aus demselben Grunde

---

[15] Das Zitat stammt wohl nicht von Chrysostomus. Herkunft nicht ermittelt.
[16–16] Vgl. Jdt 7,5.
[17] Vgl. 2 Makk 14,22.
[18] Vgl. Eph 6,10f.
[19–19] Vgl. Ps 10,9.
[20–20] Vgl. 1 Petr 5,8f.
[21] Vgl. 2 Makk 11,4—12.

ter quam fratres domus Theutonice ab introitu terre Prussie usque ad presentem diem utuntur gladiis continue, ut in promptu habeant, quo se defendant, si contra eos ab hostibus insurgeret aperta impugnacio vel occulta. Eodem modo utimur armis virtutum contra apertas impugnaciones dyaboli. Unde dicit apostolus[22]: *In carne ambulantes non secundum carnem militemus, nam arma milicie nostre non sunt carnalia,* glossa i. e. debilia, *sed potencia* i. e. forcia, *a Deo* i. e. per Deum, *ad destructionem municionum* i. e. calliditatum demonum, *destruentes consilia* scilicet mala demonum *et omnem altitudinem* i. e. profunditatem intellectus *extollentem se adversus Dei scienciam* i. e. fidem. Semper ergo sis paratus in armis virtutum contra impugnacionem dyaboli, quia secundum Paulinum episcopum ad Augustinum[23] *hostis ille noster mille nocendi habet artes, qui tam variis expugnandus est armis, quam impugnat insidiis.* Si te aperte impugnaverit vel occulte vicio superbie, obicias in defensione tua virtutem humilitatis, et fugiet a te. Sicque facies in omni peccato. Si armis virtutis opposite in defensione tua uteris, victor eris. — Quarta causa, propter quam utimur armis carnalibus, est propter pacem, ut possimus [24]bona nostra in pace possidere[24]. Unde dicit Dominus[24]: *Cum fortis armatus custodit atrium suum, in pace sunt omnia, que possidet.* Sic solum, cum utimur armis virtutum, pacem habemus, quia [25]non est pax impiis[25]. Unde Ecclesiasticus[26]: *Homines divites in virtute, pulcritudinis studium habentes, pacificantes in domibus suis, omnes isti in generacione gentis sue gloriam sunt adepti.* Unde dicit Baruch[27]: *Si in via Dei ambulasses, habitasses in pace sempiterna.* Quare quoque dicit Salomon[28]: *Cum placuerit Domino via hominis, inimicos eius convertet ad pacem.* — Quinta causa est, ut bona perdita recuperemus. Sic filii Israel armis armati in terram promissionis ascenderunt, quam Deus dederat patribus eorum, et occupatam de manibus hostium recuperaverunt. Ita per virtutum arma [29]regnum celorum[29], quod per peccata amisimus, [29]vim patitur et violenti rapiunt illud[29] et possident in eternum. Glossa ibi-

---

[22] Vgl. 2 Kor 10,3—5. Vgl. dazu die Glosse von Petrus Lombardus, Collectanea in epistolas S. Pauli c. 10.
[23] Vgl. Paulinus von Nola, Ep. 4 ad Augustinum.
[24—24] Vgl. Lk 11,21.

tragen die Brüder des Deutschen Hauses seit ihrer Ankunft im Preußenland bis auf den gegenwärtigen Tag ständig das Schwert, um nämlich bereit zu sein zur Verteidigung, wenn ein offener oder ein verborgener Angriff der Feinde sich gegen sie erhebt. Ebenso benutzen wir die Waffen der Tugenden gegen die offenen Angriffe des Teufels. Daher sagt der Apostel[22]: „Wenn wir auch im Fleisch wandeln, so streiten wir doch nicht nach der Gewohnheit des Fleisches, denn die Waffen unseres Streits sind nicht fleischlich" (Glosse: d. h. vergänglich), „sondern mächtig" (d. h. stark) „von Gott" (d. h. durch Gott), „um die Befestigungen" (d. h. die List der Teufel) „zu zerstören; wir vernichten die" üblen „Anschläge" der Teufel, „und alle Höhe" (d. h. Tiefe) des Verstandes, „die sich gegen die Erkenntnis Gottes" (d. h. den Glauben) „erhebt". Sei also immer bereit in den Waffen der Tugenden gegen die Anfechtung des Teufels; denn, wie der Bischof Paulinus an Augustinus schreibt[23], „unser Widersacher kennt tausend Listen, um uns zu schaden; wir müssen ihn mit Waffen bekämpfen, die ebenso vielfältig sind wie die Nachstellungen, mit denen er uns verfolgt". Wenn er dich offen oder verborgen mit dem Laster des Hochmuts angreift, so halte ihm zu deiner Verteidigung die Tugend der Demut entgegen, und er wird vor dir fliehen. So handele gegen alle Sünden. Wenn du die Waffen der Gegentugend zu deinem Schutz gebrauchst, wirst du siegen. — Viertens benutzen wir die fleischlichen Waffen um des Friedens willen, damit wir [24]unser Gut in Frieden besitzen[24] können. Daher spricht der Herr[24]: „Wenn ein starker Gewappneter sein Haus beschützt, so bleibt alles im Frieden, was er besitzt." Nur dann haben wir Frieden, wenn wir die Waffen der Tugenden gebrauchen; denn [25]für die Sündhaften gibt es keinen Frieden[25]. Deshalb sagt Jesus Sirach[26]: „Sie waren Männer, reich an Tugend, voll Eifer für das Schöne, und lebten friedlich in ihren Häusern; alle diese erlangten Ruhm bei den Geschlechtern ihres Volkes." Und Baruch sagt[27]: „Wärest du auf Gottes Wegen gegangen, dann hättest du in ewigem Frieden gewohnt." Auch Salomo sagt deshalb[28]: „Wenn dem Herrn der Weg eines Menschen gefällt, schafft er ihm Frieden mit seinen Feinden." — Fünftens: Um verlorenes Gut zurückzugewinnen. So zogen die Kinder Israel bewaffnet in das verheißene Land, das Gott ihren Vätern gegeben hatte, nahmen es in Besitz und gewannen es aus der Hand ihrer Feinde zurück. Und so [29]leidet das Himmelreich[29], das wir durch unsere Sünden verloren haben, Gewalt[29] durch die Waffen der Tugenden, [29]und die Gewalt tun, die reißen es an sich[29] und besitzen es in Ewigkeit. Die Glosse sagt

[25-25] Is 48,22; 57,21.
[26] Vgl. Sir 44,6f.
[27] Vgl. Bar 3,13.
[28] Vgl. Spr 16,7.
[29-29] Mt 11,12.

dem³⁰: *Grandis violencia est in terra nasci et celum rapere et habere per virtutem, quod per naturam habere non possumus.* — Sexta causa est propter ostentacionem, ut hostes visis armis terreantur, ut dixit Iudith Holoferne iam interfecto³¹: *Cum exierit sol, arripiet unusquisque arma sua, exite cum impetu non ut descendatis deorsum, sed quasi impetum facientes, ut exploratores Holofernis hoc audiant et ipsum excitantes inveniant in suo sanguine volutatum, et sic irruet super eos timor et fugient.* Hoc modo utimur armis virtutum, ut ostendamus nos esse de ministerio illius, qui est ³²rex regum et dominus dominancium³². Ad quod nos monet apostolus dicens³³: *In omnibus exhibeamus nos sicut Dei ministros in multa paciencia etc. per arma iusticie, virtutis Dei.* Arma virtutis Dei sunt iusticia, que docet nos unicuique reddere, quod suum est, mundum scilicet et omne, quod in mundo est, relinquere et adherere Deo, qui in suo vexillo, quod nobis deferendum reliquit, posuit signum, de quo dixit nato Domino angelus ad pastores³⁴: *Hoc signum: Invenietis infantem pannis involutum et positum in presepio.* In quo notantur tres virtutes scilicet humilitas in infancia contra superbiam, paupertas in pannis contra avariciam et austeritas presepii contra carnis lasciviam. Erigas hoc vexillum et ostenta dyabolo et irruet super eum timor et fugiet.

10. De primo castro fratrum domus Theutonice, quod dicebatur Vogelsanckᵗ

Determinatis armis, que ad bellum sunt necessaria, revertendum est ad materiam preiacentem. Postquam predicti fratres domus Theutonice videlicet frater Conradus³⁵ et socius ipsius in terra Prussie iam pridem eis a dicto duce Polonie collata³⁶ ³⁷non haberent, ubi sua capita reclinarent³⁷, cogitaverunt a longe accedere, ut inter se et dictos Pruthenos fluvium Wiseleᵘ haberent medium ad

ᵗ Wugelsanc, Wogelsanck, Vugelsanck, Vogelsanck Codd.
ᵘ Wisele, Wissele, Wysele, Wisle Codd.

³⁰ Vgl. Anselm von Laon, Glossa ordinaria zu Mt 11,12.
³¹ Vgl. Jdt 14,2—5.
³²⁻³² 1 Tim 6,15; Apk 19,16.

hier[30]: „Eine großartige Gewalt ist es, auf Erden geboren zu werden und doch den Himmel an sich zu reißen und durch die Tugend zu besitzen, den wir von Natur her nicht erlangen können." — Sechstens: Um Eindruck zu machen, damit die Feinde erschrecken, wenn sie die Waffen sehen. So sprach Judith, als sie Holofernes getötet hatte[31]: „Sobald die Sonne aufgeht, greife ein jeder zu seinen Waffen; kommt mit Ungestüm heraus, nicht als ob ihr herabsteigen wolltet, sondern wie zum Angriff, so daß die Späher des Holofernes es hören und, wenn sie ihn wecken wollen, ihn finden, wie er sich in seinem Blute wälzt; dann wird Furcht sie befallen, und sie werden fliehen." Auf diese Weise tragen wir die Waffen der Tugenden, um nämlich sichtbar zu machen, daß wir im Dienste dessen stehen, der [32]der König der Könige und der Herr der Herrscher[32] ist. Dazu ermahnt uns der Apostel[33]: „In allem sollen wir uns als Gottes Diener beweisen in großer Geduld usw. durch die Waffen der Gerechtigkeit, der Tugend Gottes." Die Waffen der Tugend Gottes sind Gerechtigkeit, die uns lehrt, jedem das Seinige zu geben, die Welt und alles, was in ihr ist, zu verlassen und Gott nachzufolgen, der auf seine Fahne, die er uns zu tragen geheißen hat, das Zeichen gesetzt hat, von dem der Engel bei der Geburt des Herrn zu den Hirten sprach[34]: „Das nehmt zum Zeichen: Ihr werdet das Kind in Windeln gewickelt finden und in einer Krippe liegen." Damit sind drei Tugenden bezeichnet, nämlich durch die Kindheit die Demut als Feindin des Hochmuts, durch die Windeln die Armut, die die Habgier bekämpft, und durch die Krippe die Strenge gegen die Ausschweifung des Fleisches. Erhebe diese Fahne und zeige sie dem Teufel, und Furcht wird ihn befallen, und er wird fliehen.

10. Von der ersten Burg der Brüder des Deutschen Hauses namens Vogelsang

Nachdem nun die Waffen, die zum Kampfe nötig sind, besprochen sind, wollen wir zum begonnenen Gegenstand zurückkehren. Da die schon erwähnten Brüder des Deutschen Hauses, nämlich Bruder Konrad[35] und sein Gefährte, im Preußenland, das ihnen ja schon vor langem vom Polenherzog übertragen war[36], [37]nicht hatten, wo sie ihr Haupt niederlegen sollten[37], gedachten sie schon von fern, so vorzugehen, daß sie den Weichselfluß mitten zwischen sich und den Prußen zum Schutz hatten. Sie baten

---

[33] Vgl. 2 Kor 6,4. 7.
[34] Vgl. Lk 2,12.
[35] Von Landsberg.
[36] Vgl. II,5.
[37-37] Vgl. Mt 8,20; Lk 9,58.

cautelam. Rogaverunt dictum ducem, ut eis unum castrum edificaret, qui tanquam vir totus Deo devotus et fidei zelator attendens illud poeticum[38]: *Dimidium facti, qui bene cepit, habet,* congregavit populum suum et ex opposito nunc civitatis Thorunensis edificavit eis in quodam monte castrum dictum Vogelsanck, quod dicitur Latine cantus avium, ubi fratres cum paucis armigeris opponentes se infinite multitudini gencium cantabant canticum tristicie et meroris. Reliquerant enim dulce solum natalis patrie sue et intraverant terram alienam, in qua futurum erat, ut affligerentur multis annis, nec spes erat tunc, quod in quarta vel sexta generacione reverterentur illuc. Exierunt eciam terram fructiferam, pacificam et quietam et intraverunt [39]terram horroris et vaste solitudinis[39] et bello durissimo plenam. Postposita ergo, ut totum concludam, omnium rerum huius mundi affluencia, libertatis, commodi et honoris se sitis et famis inediam et humilitatis omnimode vilitatem amplectentes humiliter infinitis incommodis, defectibus et periculis implicabant. Poterant dicere cum Petro[40]: *Ecce nos reliquimus omnia et secuti sumus te, Criste; quid ergo erit nobis?* Qua corona glorie tue in celis, o bone Iesu, qui es corona sanctorum omnium, coronari merentur a te, qui pro te talia paciuntur? Certe in eis complebitur, quod Deus per Ysaiam dicit[41]: *Consolabitur Dominus Syon et consolabitur omnes ruinas eius et ponet desertum eius quasi delicias et solitudinem eius quasi ortum Domini. Gaudium et leticia invenietur in ea, graciarum actio et vox laudis.*

11. De adventu plurium fratrum domus Theutonice
et de edificacione castri Nessovie

Edificato hoc castro frater Conradus[42] predictus misit nuncios ad reverendum virum et religiosum fratrem Hermannum de Salcza magistrum generalem domus Theutonice nuncians ei omnia, que gesta fuerunt circa negocium sibi commissum, petens humiliter et supplicans, ut plures fratres et armigeros mitteret ei. Qui

---

[38] Vgl. Horaz, Epist. I 2 v. 40; Alanus ab Insulis, Liber parabolarum V v. 46.
[39-39] Vgl. Dt 32,10.

den Herzog, ihnen eine Burg zu erbauen. Dieser, ein Gott gänzlich ergebener Mann und ein Eiferer für den Glauben, handelte nach dem Dichterwort[38]: „Eine gut begonnene Sache ist schon halb getan", versammelte sein Volk und ließ den Brüdern gegenüber der heutigen Stadt Thorn auf einem Berg eine Burg namens Vogelsang, lateinisch „cantus avium", bauen. Dort widerstanden die Brüder mit wenigen Bewaffneten der unermeßlichen Zahl der Heiden und sangen das Lied der Trauer und Schwermut. Denn sie hatten ja den geliebten Boden ihres Heimatlandes verlassen und waren in ein fremdes Land gegangen, wo sie viele Jahre leiden sollten, und es gab damals keine Hoffnung, daß sie in der vierten oder sechsten Generation dorthin würden zurückkehren können. Aus einem fruchtbaren, friedlichen und ruhigen Land kamen sie in [39]ein Land des Schreckens und der wüsten Einöde[39], voll des härtesten Kampfes. Um es kurz zu sagen, sie ließen allen Überfluß dieser Welt hinter sich, Freiheit, Bequemlichkeit und Ehre; Durst, Hunger und Niedrigkeit aller Art nahmen sie demütig an und setzten sich unendlichen Widerwärtigkeiten, Nöten und Gefahren aus. Sie konnten mit Petrus sagen[40]: „Siehe, wir haben alles verlassen und sind dir nachgefolgt, Christus; was wird uns denn dafür?" Welche Krone deiner Herrlichkeit im Himmel, o guter Jesus, der du die Krone aller Heiligen bist, verdienen die von dir, die für dich solches leiden? Sicherlich wird an ihnen erfüllt werden, was Gott durch Isaias sagt[41]: „Der Herr wird Sion trösten und alle seine Trümmer wird er trösten und seine Wüste wird er wie einen Lustgarten machen und seine Einöde wie den Garten des Herrn. Freude und Wonne wird man darin finden, Danksagung und Lobgesang."

11. Von der Ankunft weiterer Brüder des Deutschen Hauses und der Erbauung der Burg Nessau

Nach der Errichtung der Burg [Vogelsang] sandte Bruder Konrad[42] Boten an den ehrwürdigen Mann und frommen Bruder Hermann von Salza, den Hochmeister des Deutschen Hauses, meldete ihm alles, was in der ihm anvertrauten Sache geschehen war, und bat ihn demütig und flehentlich, ihm mehr Brüder und Bewaffnete zu schicken. Der Hochmeister

---

[40] Mt 19,27.
[41] Vgl. Is 51,3.
[42] Von Landsberg.

⁴³acquiescens precibus ipsius⁴³ misit ei fratrem Hermannum dictum Balke in magistrum⁴⁴ dicens ad eum, sicut Dominus ad Iosue⁴⁵: *Confortare et esto robustus, tu enim introduces filios Israel* i. e. fratres tuos *in terram, quam pollicitus est eis Dominus, et Deus erit tecum*. Item fratrem Theodericum de Bernheim in marscalcum, fratrem Conradum de Tutele quondam camerarium beate Elizabeth, fratrem Henricum de Berge Thuringum et fratrem Henricum de Cicze* de villa Wittekendorph cum armigeris et equis pluribus in coadiutores dedit ei. Qui cum venissent ad castrum Vogelsanck, edificaverunt castrum Nessoviam in descensu Wisele. In quo castro dum fratres habitarent, Prutheni intraverunt Poloniam hostiliter, et dum viderent fratres in armis sequentes eos, ammirati sunt ultra modum, unde essent et ad quod venissent. Quibus responsum fuit a quodam Polono, qui captus ab eis ducebatur, quod essent viri religiosi et strenui milites in armis, de Alemania per dominum papam missi ad bellandum contra eos, quousque duram eorum cervicem et indomitam sacrosancte Romane ecclesie subiugarent. Quo audito subridentes recesserunt.

12. De fratre Hermanno
primo magistro terre Prussie ordinis domus Theutonice

Frater Hermannus dictus Balke hospitalis sancte Marie domus Theutonicorum Ierosolimitani magister primus in terra Prussie prefuit annis XII. Hic eciam fuit primus magister terre Lyvonie, ubi cum prefuisset ferme VI annis⁴⁶ et utramque terram ad bonum statum deduxisset ⁴⁷et bene prosperatum fuisset bellum in manu sua⁴⁷, ut inferius aparebit, gravatus senio et labore reversus fuit in Alemaniam ibique mortuus⁴⁸ et sepultus. Quam gloriosus iste fuerit in omnibus factis suis, testantur magnifica facta eius.

ᵛ Kutze K.

⁴³⁻⁴³ Vgl. Ri 11,17; 13,15; 2 Sam 13,14; 2 Chr 10,15; Spr 6,35.
⁴⁴ 1230.

[43]entsprach seiner Bitte[43] und sandte ihm den Bruder Hermann genannt Balk als Meister[44]; zu diesem sprach er wie der Herr zu Josua[45]: „Sei getrost und stark, denn du sollst die Kinder Israel", das sind deine Brüder, „in das Land führen, das ihnen der Herr verheißen hat, und Gott wird mit dir sein." Dazu gab er ihm den Bruder Dietrich von Bernheim als Marschall, den Bruder Konrad von Teutleben, der Kämmerer der heiligen Elisabeth gewesen war, den Bruder Heinrich von Berge aus Thüringen und den Bruder Heinrich von Zeitz aus dem Dorf Wittekendorph mit vielen Bewaffneten und Pferden als Helfer. Diese bauten nach ihrer Ankunft auf der Burg Vogelsang weichselabwärts die Burg Nessau. Als die Brüder schon hier wohnten, machten die Prußen einen feindlichen Einfall nach Polen; und als sie sahen, daß die Brüder ihnen in Waffen folgten, wunderten sie sich über die Maßen, woher und weshalb sie gekommen waren. Ein Pole, den sie gefangen mit sich führten, antwortete ihnen, jene seien Ordensleute und waffentüchtige Streiter, sie seien aus Deutschland vom Herrn Papst geschickt, um sie, die Prußen, zu bekämpfen, bis sie ihren harten und unbezwungenen Nacken unter das Joch der hochheiligen römischen Kirche gebeugt hätten. Als die Prußen das hörten, lachten sie höhnisch und zogen ab.

12. Von Bruder Hermann,
dem ersten Meister des Ordens vom Deutschen Hause im Preußenland

Bruder Hermann genannt Balk, der erste Meister des Hospitals Sankt Marien vom Hause der Deutschen zu Jerusalem im Preußenland, amtierte 12 Jahre lang. Er war auch der erste Meister in Livland; als er dies Amt etwa 6 Jahre innegehabt[46] und beide Länder in guten Stand gesetzt hatte, auch [47]der Kampf durch seine Hand gut vorangekommen war[47], wie weiter unten deutlich werden wird, da kehrte er, beschwert von Alter und Mühsal, nach Deutschland zurück; dort starb er[48] und wurde er begraben. Wie ruhmreich er in allem war, was er unternahm, bezeugen seine großartigen Taten.

---

[45] Vgl. Dt 31,23.
[46] Landmeister in Preußen vielmehr von 1230—1239, in Livland von 1237—1239.
[47—47] Vgl. 1 Makk 2,47; 16,2.
[48] Nach dem Altenbiesener Nekrolog am 3. März, wahrscheinlich 1239.

13. De cruce et indulgencia crucesignatorum terre Prussie et Lyvonie

Frater Hermannus de Salcza magister generalis, vir providus et in omnibus circumspectus, medio tempore, quo supradicta agerentur, accessit ad dominum papam et inter alias peticiones petivit et obtinuit crucem predicari in regnis et provinciis a sede apostolica tunc deputatis in subsidium terre Prussie[49] deditque idem papa et postea Innocencius papa IIII peregrinis Prussiam et Lyvoniam visitantibus privilegia et indulgencias, sicut euntibus Ierosolimam conceduntur.

EXPLICIT SECUNDA PARS LIBRI. INCIPIT TERCIA PARS

DE BELLIS FRATRUM DOMUS THEUTONICE
CONTRA PRUTHENOS

1. Et primo de bello contra habitatores terre Colmensis

Frater Hermannus Balke magister Prussie aspirans ad negocium fidei prosequendum assumpto sibi duce predicto et virtute exercitus sui transivit Wiselam ad terram Colmensem et in littore in descensu fluminis edificavit anno Domini MCCXXXI castrum Thorun. Hec edificacio facta fuit in quadam arbore quercina, in qua propugnacula et menia fuerant ordinata ad defensionem; undique indaginibus se vallabant; non patebat nisi unus aditus ad castrum. Continue hii septem fratres habebant naves circa se propter impetum Pruthenorum, ut possent navigio redire Nessoviam, si necessitatis articulus hoc suaderet. In successu vero temporis instituerunt circa dictum castrum civitatem, que postea[50] manente castro translata fuit propter continuam aquarum inundanciam ad eum locum, ubi nunc sita sunt et castrum et civitas Thorunensis.

13. Von Kreuzpredigt und Ablaß für die Kreuzfahrer nach Preußen und Livland

Bruder Hermann von Salza, der Hochmeister, ein vorausschauender und in allem umsichtiger Mann, reiste inzwischen zum Herrn Papst und erbat unter anderem und erlangte, daß das Kreuz in den Reichen und Kirchenprovinzen gepredigt wurde, die der apostolische Stuhl zur Unterstützung des Preußenlandes bestimmt hatte[49]; dieser Papst und später Papst Innozenz IV. gewährten den Kreuzfahrern, die Preußen und Livland besuchten, Privilegien und Ablässe wie den Jerusalempilgern.

HIER ENDET DER ZWEITE TEIL DES BUCHES. ES BEGINNT DER DRITTE TEIL

ÜBER DIE KÄMPFE DER BRÜDER DES DEUTSCHEN HAUSES
GEGEN DIE PRUSSEN

1. Und zuerst vom Kampf gegen die Bewohner des Kulmerlandes

Bruder Hermann Balk, der Meister Preußens, setzte in der Absicht, die Sache des Glaubens voranzutreiben, mit dem erwähnten Herzog und dessen Heeresmacht über die Weichsel in das Kulmerland und erbaute flußabwärts am Ufer im Jahre des Herrn 1231 die Burg Thorn. Sie wurde auf einem Eichbaum errichtet, auf dem Schutzwehren und Befestigungen zur Verteidigung angebracht wurden; durch Verhaue sicherten sie sich nach allen Seiten; nur ein Zugang zur Burg blieb offen. Die sieben Brüder hatten ständig Boote bei sich wegen des Angriffs der Prußen, so daß sie zu Wasser nach Nessau zurückgelangen konnten, wenn es notwendig sein sollte. Nach einiger Zeit aber begründeten sie bei der Burg eine Stadt, die späterhin[50], während die Burg an ihrer Stelle verblieb, wegen der ständigen Überschwemmungen an den Ort verlegt wurde, wo Burg und Stadt Thorn sich jetzt befinden.

---

[49] Nach den Bullen Gregors IX. vom 13. und 17. September 1230 und vom 23. Januar 1232 (PUB 1,1 Nr. 81, 87) in den Kirchenprovinzen Bremen und Magdeburg, ferner in Polen, Pommern, Mähren, Sorbenland, Holstein, Gotland und Böhmen.

[50] 1236.

2. Descriptio terre Prussie

Terra Prussie pro terminis suis, infra quos constituta est, habet Wiselam, Mare Salsum, Memelam, terram Russie, ducatum Masovie et ducatum Dobrinensem. Wisela est aqua fluens de Cracovia in terram Pomeranie, circa castrum Danczke intrans mare, dividens Poloniam et Pomeraniam a Prussia. Memela eciam est fluens aqua descendens de regno Russie circa castrum et civitatem Memelburgk intrans mare, ipsam Russiam, Lethowiam et Curoniam dividens eciam a Prussia.

3. De diversitate et potencia Pruthenorum

Terra Prussie in XI partes[51] dividitur. Prima fuit Colmensis et Lubovia, que ante introitum fratrum domus Theutonice quasi fuerat desolata. Secunda Pomesania, in qua Pomesani. Tercia Pogesania, in qua Pogesani. Quarta Warmia, in qua Warmienses. Quinta Nattangia, in qua Nattangi. Sexta Sambia, in qua Sambite. Septima Nadrowia, in qua Nadrowite. Octava Scalowia, in qua Scalowite. Nona Sudowia, in qua Sudowite. Decima Galindia, in qua Galindite. Undecima Bartha et Plicka Bartha, que nunc maior et minor Bartha dicitur, in qua Barthi vel Barthenses habitabant. Vix aliqua istarum nacionum fuit, que non haberet ad bellum duo milia virorum equitum et multa milia pugnatorum. Sambia opulenta et populosa potuit habere IIII milia equitum et XL milia pugnatorum. Sudowite generosi, sicut nobilitate morum alios precedebant, ita diviciis et potencia excedebant. Habebant enim sex milia equitum et quasi innumerabilem multitudinem aliorum pugnatorum. Quelibet istarum gencium habebat multa castra et firma, de quibus tediosum esset per singula enarrare. Vide ergo [52]signa Dei magna et mirabilia forcia[52]: Septem fratres domus Theutonice cum paucis armigeris edificando propugnaculum in terra Colmensi supra quercum unam, ut dictum est, primo ausi sunt aggredi tam copiosam et innumerabilem multitudinem gencium et in processu temporis infra LIII annos[53] exterminaverunt eas sic, quod unus non

2. Beschreibung des Preußenlandes

Das Preußenland hat als Grenzen, innerhalb derer es gelegen ist, die Weichsel, das Salzmeer, die Memel, Rußland, das Herzogtum Masowien und das Herzogtum Dobrin. Die Weichsel ist ein Fluß, der von Krakau in das Land Pommerellen fließt und bei der Burg Danzig ins Meer mündet; er trennt Polen und Pommerellen von Preußen. Die Memel ist ebenfalls ein Fluß, der aus dem Reich Rußland herabkommt und bei Burg und Stadt Memelburg ins Meer mündet; er trennt Rußland, Litauen und Kurland gleichfalls von Preußen.

3. Von der Verschiedenheit und der Macht der Prußen

Das Preußenland zerfällt in 11 Teile[51]. Der erste war das Kulmerland und die Löbau; er lag vor der Ankunft der Brüder vom Deutschen Hause gleichsam wüst. Der zweite Pomesanien, wo die Pomesanier wohnten. Der dritte Pogesanien, wo die Pogesanier lebten. Der vierte Warmien, wo die Warmier wohnten. Der fünfte Natangen, wo die Natanger wohnten. Der sechste Samland, wo die Samländer wohnten. Der siebte Nadrauen, wo die Nadrauer lebten. Der achte Schalauen, wo die Schalauer lebten. Der neunte Sudauen, wo die Sudauer wohnten. Der zehnte Galinden, wo die Galinder wohnten. Der elfte Barten und Plicka Bartha, der jetzt Groß- und Klein-Barten heißt, wo die Barter wohnten. Es gab kaum eine dieser Völkerschaften, die nicht 2000 Reiter und viele tausend Fußkämpfer zum Kampfe bereitstellen konnte. Das reiche und wohlbevölkerte Samland konnte 4000 Reiter und 40000 Fußkämpfer aufbieten. Die edlen Sudauer übertrafen die anderen nicht nur durch den Adel ihrer Sitten, sondern auch an Reichtum und Macht. Sie besaßen nämlich 6000 Reiter und eine beinahe zahllose Menge anderer Kämpfer. Jedes dieser Völker hatte viele und feste Burgen, von denen im einzelnen zu berichten langweilig wäre. Erkenne daran [52]die großen Zeichen Gottes und seine starken Wunderwerke[52]: Sieben Brüder des Deutschen Hauses bauten mit wenigen Bewaffneten im Kulmerland eine Schutzwehr auf einer Eiche, wie schon erwähnt, und wagten zuerst den Angriff auf eine so wohlbegüterte und unzählbare Menge Heiden; und danach bezwangen sie diese im Laufe von 53 Jahren[53], so

---

[51] Vielmehr in 10 Teile, denn das Kulmerland gehörte bei Ankunft des Ordens nicht zu den prußischen Landschaften.
[52-52] Vgl. Dn 3,99f.
[53] 1231 — 1283.

remansit, qui [54]iugo fidei non subiceret collum suum[54], auxiliante Domino Iesu Cristo, qui est benedictus in secula seculorum, amen.

4. De desolacione terre Galindie

Galindite [55]creverunt et quasi germinantes multiplicati sunt et roborati nimis et inpleverunt terram suam[55], sic quod [56]eos non potuit ammodo sustinere[56]. Unde sicut Pharao ad opprimendum populum Israeliticum dixit obstetricibus[57]: *Si masculus natus fuerit, interficite ipsum, si femina, reservate*, ita ergo istis videbatur consultum, quod, quicquid nasceretur sexus feminini, occideretur et masculi ad bellum servarentur. Et dum hoc edicto non proficerent, quia mulieres videntes eleganciam nascencium conservabant occulte eas, idcirco de communi consilio et consensu, ut omnis materia nutriendi pueros tolleretur, omnium uxorum suarum ubera preciderunt. Super quo contemptu et detestabili facto mulieres indignate accesserunt ad quandam dominam, que secundum ritum ipsorum sacra et prophetissa reputabatur, ad cuius imperium huius terre facta singula regebantur, petentes sibi super hoc negocio salubriter provideri. Que compaciens sexui suo convocatis ad se pocioribus tocius terre ait ad eos: „Dii vestri volunt, ut omnes sine armis et ferro vel aliquo defensionis amminiculo contra Cristianos bellum moveatis." Quo audito statim obediunt et omnes, qui ad bellum habiles fuerant, ad viciniorem Cristianorum terram leto animo sunt profecti. Ubi preter alia mala, que fecerant, predam hominum et iumentorum innumerabilem abduxerunt. In reditu quidam de captivis occulte fugientes reversi ad fideles nunciaverunt eis, quod in toto infidelium exercitu non essent aliqua arma nec aliud aliquid, quo se possent defendere, consulentes bona fide, ut ad impugnandum eos viriliter sequerentur. De quibus verbis animati Cristiani cum magna turba secuti irruerunt in eos et omnes sine defensione aliqua occiderunt, quo percepto Sudowite et alie naciones vicine intraverunt terram Galindie predictam et mulieres et parvulos et alios, qui relicti fuerant, in servitutem perpetuam deduxerunt sicque terra illa usque in presentem diem remanet desolata.

daß nicht einer übrigblieb, der ⁵⁴seinen Hals nicht unter das Joch des Glaubens gebeugt hätte⁵⁴, mit der Hilfe des Herrn Jesus Christus, der gelobt ist von Ewigkeit zu Ewigkeit, amen.

4. Von der Verwüstung des Landes Galinden

Die Galinder ⁵⁵wuchsen und vermehrten sich, als ob sie aus der Erde hervorkämen, sie wurden allzu zahlreich und erfüllten ihr Land⁵⁵, so daß ⁵⁶es sie nicht mehr ernähren konnte⁵⁶. Wie also Pharao den Ammen befahl, um das Volk der Israeliten zu unterdrücken⁵⁷: „Wenn ein männliches Kind geboren ist, dann tötet es, ein weibliches aber laßt am Leben", so schien es ihnen deshalb ratsam, alle weiblichen Säuglinge umzubringen und die männlichen für den Krieg aufzusparen. Als dies Gesetz jedoch wirkungslos blieb, weil die Frauen die Neugeborenen, wenn sie deren Schönheit sahen, heimlich am Leben ließen, da schnitten die Galinder auf gemeinsamen Ratschlag und Beschluß allen ihren Frauen die Brüste ab, damit kein Kind mehr genährt werden könne. Voll Zorn über solche Mißachtung und Abscheulichkeit gingen die Weiber zu einer Frau, die nach ihrem Brauch als heilig und als Prophetin galt und nach deren Gebot alle Angelegenheiten des Landes geregelt wurden, und baten sie, ihnen in dieser Sache tatkräftig beizustehen. Die Frau hatte Mitleid mit ihren Geschlechtsgenossinnen; sie rief die Mächtigen des ganzen Landes zu sich und sagte zu ihnen: „Eure Götter wollen, daß ihr ohne Wehr und Waffen gegen die Christen in den Krieg zieht." Sie gehorchten ihr sofort, und alle, die zum Kampfe tauglich waren, brachen frohen Mutes in das benachbarte Land der Christen auf. Dort schleppten sie außer den anderen Übeltaten, die sie begingen, eine unzählbare Beute an Menschen und Vieh fort. Auf dem Rückmarsch konnten einige von den Gefangenen heimlich fliehen; sie kehrten zu den Christen zurück und meldeten ihnen, das ganze Heer der Ungläubigen besäße keine Waffe und nichts, womit es sich verteidigen könne, und rieten ihnen nach bestem Wissen, sie sollten die Feinde mannhaft verfolgen, um sie zum Kampf zu stellen. Bei diesen Worten faßten die Christen Mut, folgten den Galindern mit einer großen Schar, fielen über sie her und töteten sie alle ohne Gegenwehr. Als die Sudauer und die anderen benachbarten Völkerschaften das erfahren hatten, drangen sie in das Land Galinden ein und führten Weiber, Kinder und alle, die sonst übriggeblieben waren, in dauernde Knechtschaft mit sich fort; daher liegt das Land bis auf den heutigen Tag wüst.

⁵⁴⁻⁵⁴ Vgl. Sir 51,34.
⁵⁵⁻⁵⁵ Vgl. Ex 1,7.
⁵⁶⁻⁵⁶ Vgl. Gn 36,7.
⁵⁷ Vgl. Ex 1,16.

5. De ydolatria et ritu et moribus Pruthenorum

Prutheni noticiam Dei non habuerunt. Quia simplices fuerunt, cum ratione comprehendere non potuerunt, ʷet quia literas non habueruntʷ, ymmo in scripturis ipsum speculari non poterant. Mirabantur ultra modum in primitivo, quod quis absenti intencionem suam potuit per literas explicare. Et quia sic Deum non cognoverunt, ideo contigit, quod errando omnem creaturam pro deo coluerunt scilicet solem, lunam et stellas, tonitrua, volatilia, quadrupedia eciam usque ad bufonem. Habuerunt eciam lucos, campos et aquas sacras, sic quod secare aut agros colere vel piscari ausi non fuerant in eisdem. Fuit autem in medio nacionis huius perverse scilicet in Nadrowia locus quidam dictus Romow trahens nomen suum a Roma[58], in quo habitabat quidam dictus Criwe, quem colebant pro papa, quia, sicut dominus papa regit universalem ecclesiam fidelium, ita ad istius nutum seu mandatum non solum gentes predicte, sed et Lethowini et alie naciones Lyvonie terre regebantur. Tante fuit auctoritatis, quod non solum ipse vel aliquis de sanguine suo, verum eciam nuncius cum baculo suo vel alio signo noto transiens terminos infidelium predictorum a regibus[59] et nobilibus et communi populo in magna reverencia haberetur. Fovebat eciam prout in lege veteri iugem ignem. Prutheni resurrectionem carnis credebant, non tamen, ut debebant. Credebant enim, si nobilis vel ignobilis, dives vel pauper, potens vel impotens esset in hac vita, ita post resurrectionem in vita futura. Unde contingebat, quod cum nobilibus mortuis arma, equi, servi et ancille, vestes, canes venatici et aves rapaces et alia, que spectant ad miliciam, urerentur. Cum ignobilibus comburebatur id, quod ad officium suum spectabat. Credebant, quod res exuste cum eis resurgerent et servirent sicut prius. Circa istos mortuos talis fuit illusio dyaboli, quod, cum parentes defuncti ad dictum Criwe papam venirent querentes, utrum tali die vel nocte vidisset aliquem domum suam transire, ille Criwe et disposicionem mortui in vestibus, armis, equis et familia sine hesitacione aliqua ostendebat et ad maiorem certitudinem ait, quod in superliminari domus sue talem fixuram cum lancea vel in-

ʷ⁻ʷ Fehlt K.

5. Von der Abgötterei, den Bräuchen und Sitten der Prußen

Die Prußen hatten keine Kenntnis von Gott. Weil sie einfältig waren, konnten sie ihn mit dem Verstand nicht begreifen, und da sie die Buchstaben nicht kannten, konnten sie ihn auch durch die Schrift nicht erkennen. Sie wunderten sich anfänglich über die Maßen darüber, daß man einem Abwesenden seine Meinung durch einen Brief darlegen könne. Weil sie also Gott nicht kannten, deshalb verehrten sie in ihrem Irrtum jegliche Kreatur als göttlich, nämlich Sonne, Mond und Sterne, Donner, Vögel, auch vierfüßige Tiere, ja sogar die Kröte. Sie hatten auch Wälder, Felder und Gewässer, die sie so heilig hielten, daß sie in ihnen weder Holz zu hauen noch Äcker zu bestellen oder zu fischen wagten. Ferner lag mitten im Gebiet dieses ungläubigen Volks, nämlich in Nadrauen, ein Ort namens Romow, der seinen Namen von Rom herleitete[58]; hier wohnte einer, der Criwe hieß und den sie als Papst verehrten; wie nämlich der Herr Papst die gesamte Kirche der Gläubigen regiert, so lenkte jener mit Wink oder Befehl nicht nur die Prußen, sondern auch die Litauer und die anderen Völker Livlands. Er besaß solches Ansehen, daß nicht allein er selbst oder jemand aus seinem Geschlecht, sondern auch ein Bote mit seinem Stab oder mit einem anderen bekannten Zeichen, wenn er das Gebiet der Ungläubigen durchzog, von den Königen[59], den Adligen und vom gemeinen Volk große Verehrung erfuhr. Auch hegte er — wie im Alten Testament — das ewige Feuer. Die Prußen glaubten an die Auferstehung des Fleisches, allerdings nicht so, wie sie es hätten tun sollen. Sie glaubten nämlich, wenn man vornehm oder gering, reich oder arm, mächtig oder machtlos in diesem Leben sei, so werde man es auch nach der Auferstehung im künftigen Leben sein. Daher wurden mit den verstorbenen Adligen Waffen, Pferde, Knechte und Mägde, Kleider, Jagdhunde, Beizvögel und andere Dinge, die zu einem adligen Leben gehören, verbrannt. Mit den Nichtadligen verbrannte man die Gegenstände, die mit ihrem Dienst zu tun hatten. Die Prußen glaubten, die verbrannten Dinge würden mit ihnen wiedererstehen und ihnen dienen wie vor dem Tode. Über ihre Toten hielten sie folgenden Teufelstrug für wahr: Wenn die Verwandten des Verstorbenen zum Papst Criwe kamen und ihn fragten, ob er an einem bestimmten Tag oder in einer bestimmten Nacht jemanden an seinem Hause habe vorbeigehen sehen, dann pflegte Criwe ihnen ohne Zögern den Aufzug des Toten, seine Kleider, Waffen, Pferde und Dienerschaft zu beschreiben und als sicheren Beweis die Spur einer Lanze oder eines anderen Geräts im Türbalken seines Hauses vorzuzeigen, die der Tote hinterlassen habe.

---

[58] Der Name Romow ist bisher nicht zufriedenstellend erklärt.
[59] Inhaber von Burgherrschaften. Die dreiteilige Sozialordnung der Prußen ist auch anderweitig überliefert bzw. erschließbar.

strumento alio dereliquit. Post victoriam diis suis victimam offerunt et omnium eorum, que racione victorie consequuti sunt, terciam partem dicto Criwe presentarunt, qui combussit talia. Nunc autem Lethowini et alii illarum parcium infideles dictam victimam in aliquo loco sacro secundum eorum ritum comburrunt, sed antequam equi comburrerentur, cursu fatigantur in tantum, quod vix possunt stare supra pedes suos. Prutheni raro aliquod factum notabile inchoabant, nisi prius missa sorte secundum ritum ipsorum a diis suis, utrum bene vel male debeat eis succedere, sciscitentur. Vestes superfluas aut preciosas non curabant nec adhuc curant; sicut hodie ipsas exuit, ita cras induit non attendens, si sint transverse. Molli stratu et cibo delicato non utuntur. Pro potu habent simplicem aquam et mellicratum seu medonem et lac equarum, quod lac quondam non biberunt, nisi prius sanctificaretur. Alium potum antiquis temporibus non noverunt. Hospitibus suis omnem humanitatem, quam possunt, ostendunt nec sunt in domo sua esculenta vel potulenta, que non communicent eis illa vice. Non videtur ipsis, quod hospites bene procuraverunt, si non usque ad ebrietatem sumpserint potum suum. Habent in consuetudine, quod in potacionibus suis ad equales et immoderatos haustus se obligant, unde contingit, quod singuli domestici hospiti suo certam mensuram potus offerunt sub hiis pactis, quod, postquam ipsi ebiberunt, et ipse hospes tantundem evacuet ebibendo, et talis oblacio potus tociens reiteratur, quousque hospes cum domesticis, uxor cum marito, filius cum filia omnes inebriantur. Secundum antiquam consuetudinem hoc habent Prutheni adhuc in usu, quod uxores suas emunt pro certa summa pecunie. Unde servat eam sicut ancillam nec cum eo comedit in mensa et singulis diebus domesticorum et hospitum lavat pedes. Nullus inter eos permittitur mendicare, libere vadit egenus inter eos de domo ad domum et sine verecundia comedit, quando placet. Si homicidium committitur inter eos, nulla potest composicio intervenire, nisi prius ille homicida vel propinquus eius ab occisi parentibus occidatur. Quando ex inopinato rerum eventu aliquam immoderatam incurrerunt turbacionem, se ipsos occidere consueverunt. Distinctionem dierum non habuerunt aut discrecionem. Unde contingit, quando inter se vel ipsi cum alienis aliquod placitum vel parlamentum volunt servare, datur certus

Nach dem Sieg brachten sie ihren Göttern ein Opfer dar; von allem, was sie durch den Sieg erlangt hatten, gaben sie den dritten Teil dem Criwe, der es verbrannte. Jetzt aber verbrennen noch die Litauer und andere Ungläubige jener Gegenden ihr Opfer an einem heiligen Ort nach ihrem Brauch; bevor die Pferde aber verbrannt werden, läßt man sie so lange laufen, bis sie vor Müdigkeit kaum noch auf den Beinen stehen können. Die Prußen begannen selten etwas Wichtiges, ohne vorher nach ihrem Brauche durch das Los von den Göttern erfragt zu haben, ob es gut oder schlecht für sie ausgehen werde. Aus überflüssigen oder kostbaren Kleidern machten sie sich nichts, und auch heute noch achten sie sie gering; wie man die Kleider heute ablegt, so zieht man sie morgen wieder an, ohne sich darum zu kümmern, ob man sie verkehrt trägt. Ein weiches Lager und feine Speisen kennen sie nicht. Als Getränk haben sie einfaches Wasser, ein Honiggetränk oder Met und Stutenmilch; diese tranken sie früher aber nur, wenn sie vorher geweiht worden war. Ein anderes Getränk kannten sie in den alten Zeiten nicht. Ihren Gästen erweisen sie soviel Freundlichkeit, wie sie nur können; und es gibt nichts an Eß- und Trinkbarem im Hause, das sie nicht mit jenen teilen. Sie glauben, nicht gut für ihre Gäste zu sorgen, wenn die ihren Getränken nicht bis zur Trunkenheit zusprechen. Sie haben die Gewohnheit, sich bei ihren Trinkgelagen zu gleichem, maßlosem Trinken gegenseitig zu verpflichten; so geschieht es, daß die einzelnen Hausgenossen ihrem Gast ein gewisses Maß unter der Bedingung anbieten, daß, wenn sie selbst ausgetrunken haben, der Gast dieselbe Menge trinkt; dieses Darbieten des Getränks wiederholt sich so lange, bis Gast und Gastgeber, Frau und Mann, Sohn und Tochter, alle betrunken sind. Nach einer alten Sitte kaufen die Prußen auch heute noch ihre Frauen für eine gewisse Summe Geldes. Daher hält der Mann seine Frau wie eine Magd; sie ißt nicht mit ihm am Tisch und muß den Hausgenossen und den Gästen täglich die Füße waschen. Niemand darf bei den Prußen betteln; ungehindert geht der Arme bei ihnen von Haus zu Haus und ißt ohne Scheu mit, wann er will. Geschieht ein Totschlag bei ihnen, dann gibt es keine Aussöhnung, bevor nicht der Totschläger oder einer seiner Verwandten von den Verwandten des Erschlagenen getötet worden ist. Wenn sie durch ein unerwartetes Ereignis in eine übergroße Verwirrung gerieten, pflegten sie sich selbst zu töten. Die einzelnen Tage konnten sie nicht unterscheiden. Wenn sie daher untereinander oder mit Fremden eine Versammlung oder Verhandlung halten wollen, dann wird

numerus dierum, quo facto quilibet eorum prima die facit unum signum in aliquo ligno vel nodum in corrigia aut zona. Secunda die addit iterum secundum signum et sic de singulis, quousque perveniat ad illum diem, quo tractatus huiusmodi est habendus. Aliqui omni die balneis utebantur ob reverenciam deorum suorum, aliqui balnea penitus detestabantur. Mulieres et viri solebant nere, aliqui linea, alii lanea, prout credebant diis suis complacere. Aliqui equos nigros, quidam albos vel alterius coloris propter deos suos non audebant aliqualiter equitare.

6. De miraculo quodam

Fuit quidam Pruthenus in terra Sambie in territorio Scoken dictus Dorge, qui equos albos detestabatur, a quo errore dum frater Theodoricus advocatus Sambie ipsum vellet cohercere, emit ei equum album, qui dum eo invito stetisset in stabulo suo per unam noctem, mane facto invenit dictum equum iugulatum et omnia pecora sua mortua. Quod fuit in tribus vicibus attemptatum et tociens eundem exitum habebat. Quarta vice idem advocatus quartum album equum emit ei asserens, quod hoc vellet iterare tot vicibus, quousque eum ab errore huiusmodi revocaret. Sic tandem cum equus quartus a dyabolo non suffocaretur sicut alii tres priores, idem Dorge credidit et errorem suum humiliter est confessus factusque est magnus fidei zelator et fidelium et fervens in devocione Dei et sanctorum multorumque corda errancium neophitorum in fide confortavit.

7. De destructione duorum castrorum et morte Pippini

Referunt quidam, quod dum fratres habitabant in dicta arbore, Prutheni habebant supra Thorun in littore Wisele castrum dictum Rogow et infra in descensu aliud circa locum illum, ubi nunc situm est Castrum Antiquum. Fuit eciam in medio horum quidam nobilis de Pomesania Pippinus, qui circa stagnum, quod a nomine suo dicitur stagnum Pippini, habitabat in quodam propugnaculo cum mul-

die Zahl der Tage bis dahin angegeben; danach macht jeder am ersten Tag ein Zeichen auf ein Stück Holz oder einen Knoten in einen Riemen oder einen Gürtel. Am nächsten Tag fügt er ein zweites Zeichen hinzu, und so weiter, bis der Tag da ist, an dem die bewußte Beratung gehalten werden soll. Einige badeten täglich zur Ehre ihrer Götter, andere wiederum verabscheuten Bäder gänzlich. Männer und Frauen pflegten zu spinnen, die einen Leinen, die anderen Wolle, je nachdem wie sie ihren Göttern zu gefallen glaubten. Manche wagten schwarze Pferde, andere weiße oder andersfarbige aus Furcht vor ihren Göttern nicht zu reiten.

6. Von einem Wunder

Im Samland im Gebiet Schaaken lebte ein Pruße namens Dorge, der weiße Pferde verabscheute; Bruder Dietrich, der Vogt des Samlandes, wollte ihn von diesem Wahn heilen und kaufte ihm ein weißes Pferd; als das gegen Dorges Willen eine Nacht in seinem Stall gestanden hatte, fand er es morgens erwürgt und sein ganzes Vieh tot. Noch dreimal wurde derselbe Versuch gemacht, immer mit demselben Ergebnis. Da kaufte der Vogt dem Prußen zum vierten Mal ein weißes Pferd und versicherte, er wolle das so oft wiederholen, bis er ihn von seiner Verblendung abgebracht habe. Jetzt endlich, als das vierte Pferd nicht vom Teufel erwürgt wurde wie die drei andern, fand Dorge den Glauben und bekannte demütig seinen Irrtum; er wurde ein großer Eiferer für den Glauben und die Gläubigen und ein glühender Verehrer Gottes und der Heiligen und stärkte viele Neubekehrte, die in die Irre gingen, im Glauben.

7. Von der Zerstörung zweier Burgen und vom Tode Pippins

Als die Brüder auf dem Eichbaum wohnten, so berichten einige, da hatten die Prußen oberhalb Thorns am Ufer der Weichsel eine Burg namens Rogow und flußabwärts eine andere an der Stelle, wo jetzt Alt-Thorn liegt. Mitten zwischen diesen beiden wohnte ein Adliger aus Pomesanien, Pippin, an einem See, der nach ihm Pippins See heißt, in einer Befestigung

tis infidelibus latrocinia exercens; nullus Cristianus poterat exire castrum, quin caperetur vel occideretur ab eo. Illi supra, isti infra, hic in medio eos impugnabat. Tandem fratres cum castrensibus de Rogow in bello convenerunt et, sicut Deo placuit, plures ex eis occiderunt et capitaneum captum deduxerunt, qui capitaneus, ut mortem evaderet, obtulit eis castrum suum et in processu temporis, dum castrenses de alio castro inebriati in quadam potacione iacerent, duxit illuc fratres cum exercitu, qui potenter intrantes occisis omnibus ˣet captisˣ castrum in cinerem redegerunt. Non longe postea Pippinum sororium suum tradidit in manus fratrum, qui eum ligatum ad caudam equi traxerunt usque Thorun et ad arborem suspenderunt. Hic Pippinus fuit pater illius nobilis viri de Pomesania, qui dicebatur Mattoʸ, et quantum pater fidei et fidelibus nocuit persequendo, tantum filius profuit zelando fidem Cristi et Cristifideles, quia stetit intrepidus usque ad mortem suam pro defensione fidei Cristiane.

8. De peregrinis et de edificacione castri et civitatis Colmensis

Cum ergo sonus predicacionis crucis Cristi exiret in omnem terram regni Alemanie et preconizaretur [60]novum bellum, quod elegit Dominus[60] in terra Prussie, et novi belli indulgencia et libertas, commoti sunt illi, [61]quorum Deus tetigerat corda[61], electi scilicet et incliti bellatores Alemanie, et affigentes crucem humeris suis preparant se ad arma, ut vindicent iniuriam Domini crucifixi removentes a se, quicquid eorum sanctum propositum poterat retardare. Attendentes ad illud Ieronimi[62] salutifere verbum exhortacionis, ubi dicit: „Si pater tuus in limine steterit et frater tuus in collo tuo se suspenderit et mater tua ubera, que te lactaverunt, ostenderit, per calcatum perge patrem, per calcatam perge matrem et ad vexillum crucis evola." Cum hiis peregrinis, dum venirent Thorun, frater Hermannus magister edificavit castrum et civitatem Colmensem anno Domini MCCXXXII in eum locum, ubi nunc situm est castrum antiquum.

ˣ⁻ˣ Fehlt K.
ʸ Macce Codd.; vgl. aber III, 84.

und führte mit vielen Ungläubigen seine Raubzüge aus; kein Christ konnte die Burg verlassen, ohne von ihm gefangen oder getötet zu werden. Die einen saßen oberhalb, die anderen unterhalb, Pippin mitten zwischen ihnen bekämpfte sie. Endlich aber trafen die Brüder im Kampf auf die Burgleute von Rogow, und es gefiel Gott, daß sie mehrere von ihnen töteten und ihren Anführer gefangen fortführten; dieser lieferte ihnen, um dem Tod zu entgehen, seine Burg aus und führte einige Zeit danach, als die Besatzung der anderen Burg betrunken beim Gelage war, die Brüder mit ihrer Mannschaft dorthin; sie drangen machtvoll ein, töteten alle oder nahmen sie gefangen und legten die Burg in Asche. Kurz darauf lieferte er seinen Schwager Pippin in die Hände der Brüder, die ihn an den Schwanz eines Pferdes banden, bis nach Thorn schleiften und ihn an einem Baum aufhängten. Dieser Pippin war der Vater jenes adligen Pomesaniers namens Matto, und soviel Schaden der Vater dem Glauben und den Gläubigen durch seine Verfolgungen zugefügt hatte, soviel Gutes tat der Sohn durch seinen Eifer für den Glauben an Christus und für die Christgläubigen, denn er stand unerschrocken bis zu seinem Tode für die Verteidigung des christlichen Glaubens ein.

8. Von Kreuzfahrern und der Erbauung von Burg und Stadt Kulm

Als nun also das Kreuz Christi im ganzen deutschen Reich gepredigt und [60]der neue Krieg, den der Herr im Preußenland erwählt hatte[60], und Ablaß und Freiheit für diesen neuen Krieg verkündet wurden, da gerieten die in Unruhe, [61]deren Herz Gott angerührt hatte[61], nämlich auserwählte und berühmte deutsche Krieger; sie hefteten das Kreuz an ihre Schultern, bereiteten sich für den Kampf vor, um das dem gekreuzigten Herrn angetane Unrecht zu rächen, und wiesen alles von sich ab, was ihren heiligen Vorsatz hätte verzögern können. Sie hielten sich an das heilbringende Mahnwort des Hieronymus[62], welches sagt: „Selbst wenn dein Vater auf der Türschwelle steht und dein Bruder dir am Halse hängt und deine Mutter die Brüste entblößt, die dich genährt haben, so tritt auf Vater und Mutter, schreite über sie hinweg und eile zur Kreuzesfahne!" Als diese Kreuzfahrer nach Thorn gekommen waren, baute der Meister Bruder Hermann mit ihnen Burg und Stadt Kulm im Jahre des Herrn 1232 an der Stelle, wo jetzt die alte Burg liegt.

[60-60] Vgl. Ri 5,8.
[61-61] Vgl. 1 Sam 10,26.
[62] Es handelt sich nicht um ein Zitat des Hieronymus. Herkunft nicht ermittelt.

9. De bello fratrum contra Pomesanos et de edificacione castri Insule sancte Marie

Postquam hec castra per Dei graciam essent edificata et [63]vetus fermentum malicie et nequicie[63] infidelium esset a terre Colmensis finibus expurgatum[63], ut prosperum iter faceret nobis Deus salutarium nostrorum ad terras gencium vicinarum, ut aliqui estimant pro certo, magister et fratres preparatis eis, que ad edificacionem castrorum sunt necessaria, secrete venerunt navigio ad insulam de Quidino quasi ex opposito nunc Insule sancte Marie et ibi[64] anno Domini MCCXXXIII erexerunt in quodam tumulo castrum vocantes illud Insulam sancte Marie. Sed dum vir ille nobilis et miles strenuus in armis de Saxonia burgrabius de Megdeburgk dictus cum parva manu[65] multa stipatus milicia et armigeris veniret ad castrum Colmen, infra annum, quo ibidem mansit, ivit cum magistro et fratribus et castrum Insule sancte Marie predictum transtulit de insula Quidini ad locum, ubi nunc est situm, in territorio Pomesanie dicto Rysen[z] mutantes locum et non nomen.

10. De edificacione civitatis Insule sancte Marie

Burgrabio de Megdeburgk adhuc existente in Colmine, quia necdum compleverat desiderium voti sui, supervenerunt multi principes videlicet de Polonia dux Conradus[66], dux Cuyavie[67], dux Cracovie et de Wratislavia dux Henricus, quem Tartari postea occiderunt[68], item Odowis dux Gnisnensis[69] et multi alii nobiles viri et potentes, qui habitabant a flumine Odore usque ad fluvium Wisele et a fluvio Bobare usque ad fluvium Nicze, item Swantepolcus[a] dux Pomeranie cum fratre suo Samborio. Hii cum multitudine copiosa

---

[z] Rysen, Risen, Reysen, Resen Codd.

[a] Swantepolcus die gewöhnliche Form, sonst auch Swantepoltus, Swantopolcus etc. Codd.

[63–63] Vgl. 1 Kor 5,7f.

9. Vom Kampf der Brüder gegen die Pomesanier und von der Erbauung der Burg Marienwerder

Nachdem die genannte Burg durch die Gnade Gottes erbaut und [63]der alte Sauerteig der heidnischen Bosheit und Verworfenheit aus dem Kulmerland hinausgekehrt war[63], — wie manche fest glauben, damit der Gott unseres Heils uns einen günstigen Weg ebnete zu den Ländern der benachbarten Heiden —, da bereiteten der Meister und die Brüder das zum Burgenbau Notwendige vor, fuhren heimlich zu Schiff zur Insel Queden etwa gegenüber dem heutigen Marienwerder und errichteten dort[64] im Jahre des Herrn 1233 auf einem Hügel eine Burg, die sie Marienwerder nannten. Als aber der vornehme Mann und waffentüchtige Ritter aus Sachsen, der Burggraf von Magdeburg mit Zunamen „mit der kleinen Hand"[65], umgeben von vielen Rittern und Knappen zur Burg Kulm gekommen war, zog er in dem einen Jahr, das er dort verweilte, mit dem Meister und den Brüdern zur Burg Marienwerder und verlegte sie von der Insel Queden an ihre jetzige Stelle im pomesanischen Gebiet Reisen; man änderte also ihren Platz, nicht ihren Namen.

10. Von der Erbauung der Stadt Marienwerder

Während der Burggraf von Magdeburg noch in Kulm war, weil er sein Gelübde noch nicht, wie er es wünschte, erfüllt hatte, kamen viele Fürsten aus Polen an: der Herzog Konrad[66], der Herzog von Kujawien[67], der Herzog von Krakau, aus Breslau der Herzog Heinrich, den die Tataren später töteten[68], auch Odonicz, der Herzog von Gnesen[69], und viele andere adlige und mächtige Männer, die von der Oder bis an die Weichsel, vom Bober bis an die Netze wohnten, dabei auch Swantopolk, der Herzog von Pommerellen, mit seinem Bruder Sambor. Sie kamen mit so vielen Rittern und

---

[64] Vielmehr auf dem den Werder Queden beherrschenden sog. Schloßberg am Ostufer der Alten Nogat nördlich der späteren Stadt Marienwerder, nicht auf dem Werder selbst.
[65] Burchard IV. von Querfurt.
[66] Von Masowien.
[67] Kasimir, Sohn Konrads von Masowien.
[68] Wahrscheinlich Heinrich I. der Bärtige, zugleich Herzog von Krakau. Nicht er, sondern sein Sohn Heinrich II. fiel 1241 gegen die Mongolen.
[69] Wladyslaw Odonicz von Gnesen.

milicie et armatorum, que nunquam tanta visa fuit in Prussia, intraverunt et civitatem Insule sancte Marie construentes castrum prius factum firmaverunt.

11. De victoria Cristianorum, ubi quinque milia Pruthenorum sunt occisa

Quo facto frater Hermannus magister et alii fratres tempore hyemali, cum omnia essent gelu intensissimo indurata, assumptis peregrinis predictis, quorum desiderium accensum fuit ad reprimendam audaciam Pruthenorum, accesserunt ad territorium Reysen et occisis ibi et captis plurimis hominibus processerunt ad fluvium Sirgune, ubi hoc, quod diu optaverant, sunt experti. Invenerunt enim Pruthenorum magnum exercitum congregatum in armis et paratum iam ad prelium. Quos dum viriliter aggrederentur, conversi sunt in fugam. Sed dux Pomeranie et Samborius frater eius magis experti in bello Pruthenorum vias circa indagines cum suis armigeris occupaverunt, ne quis posset evadere, et extunc [70]percusserunt peccatores in ira sua[70]. Ibi [71]gladius milicie Cristiane vibratus carnes infidelium devoravit[71], hic [72]lancea non casso perlata est vulnere, quia Prutheni nec huc nec illuc poterant declinare a facie persequentis[72], et facta fuit magna strages in populo Pruthenorum, quia ceciderunt illo die ultra quinque milia interfecti. Hoc facto peregrini omnes cum gaudio ad propria sunt reversi laudantes clemenciam salvatoris.

12. De edificacione castri de Redino et visione mirabili cuiusdam fratris ibidem

Anno Domini MCCXXXIIII frater Hermannus magister Pruthenis iam eliminatis a terra Colmensi congregato exercitu fratrum et armigerorum edificavit castrum de Redino ante solitudinem, que fuit inter terram Pomesanie et Colmensem, in illo loco,

---

[70—70] 1 Makk 2,44.

Bewaffneten, wie man sie nie zuvor in Preußen gesehen hatte, erbauten die Stadt Marienwerder und verstärkten die schon vorher errichtete Burg.

11. Von einem Sieg der Christen, bei dem 5000 Prußen getötet wurden

Darauf zogen der Meister Bruder Hermann und andere Brüder zur Winterszeit, als durch die strenge Kälte alles gefroren war, mit den erwähnten Kreuzfahrern, in denen der Wunsch entbrannt war, die Kühnheit der Prußen zu dämpfen, in das Gebiet Reisen; sie töteten und fingen dort sehr viele Menschen und rückten dann an den Fluß Sorge vor, wo sie das erlebten, was sie schon lange gewünscht hatten. Sie trafen nämlich auf ein großes Prußenheer, das sich in Waffen versammelt hatte und schon zum Kampfe bereit stand. Als sie es mannhaft angriffen, wandte es sich zur Flucht. Aber der Herzog von Pommerellen und sein Bruder Sambor, die erfahrener im Kampf mit den Prußen waren, besetzten mit ihren Bewaffneten die Wege um die Verhaue, damit niemand entkommen könne, und [70]erschlugen dann die Sünder in ihrem Zorn[70]. Dort [71]verschlang das geschwungene Schwert der christlichen Ritterschaft das Fleisch der Ungläubigen[71], hier [72]schlug ihr Speer blutige Wunden, denn die Prußen konnten weder hierhin noch dorthin vor ihren Verfolgern entweichen[72], und so wurde ein großes Blutbad unter dem Volk der Prußen angerichtet; an diesem Tage fielen nämlich über 5000. Darauf kehrten die Kreuzfahrer alle freudig heim und lobten die Gnade des Erlösers.

12. Von der Erbauung der Burg Rehden
und der wunderbaren Erscheinung, die ein Bruder dort hatte

Im Jahre des Herrn 1234, als die Prußen schon aus dem Kulmerland vertrieben waren, sammelte der Meister Bruder Hermann ein Heer aus Brüdern und Bewaffneten und erbaute die Burg Rehden am Rande der Wildnis, die zwischen dem Land Pomesanien und dem Kulmerland lag, an

[71–71] Vgl. Dt 32,42.
[72–72] Vgl. 1 Sam 19,10; Ps 43,17.

ubi continuus insultus fuerat Pruthenorum et introitus ad terram Colmensem. In hoc castro fuit quidam frater, qui illusus fraude dyaboli estimabat veraciter, quod in ordine domus Theutonice non posset animam suam salvare, proponens in animo suo, quod vellet ingredi ordinem strictiorem. Quo facto vidit in somnis beatos Bernardum, Dominicum, Franciscum, Augustinum cum suis fratribus precedere, quos cum lacrimis rogans petivit, ut eum in confratrem assumerent, at illi singuli denegabant. Postremo venit beata virgo Maria cum fratribus domus Theutonice pluribus, quam ipse cepit humiliter implorare rogans, ut eum saltem in consorcio fratrum suorum permitteret remanere. Cui virgo beata: „Non expedit, quia tibi videtur, quod ordo tuus sit adeo laxus, quod nihil sit in eo, in quo secundum desiderium tuum possis pati." Et elevans singulorum fratrum palia ostendit vulnera et plagas, quibus fuerant ab infidelibus interfecti pro defensione fidei, et ait: „Num videtur tibi, quod isti fratres tui sint aliquid passi pro nomine Iesu Christi?" Et hoc dicto disparuit visio. Et ille frater evigilans reversus ad se processit ad capitulum, ubi fratres fuerant congregati, et quod prius temere de proposito suo illis denudavit, hoc modo tanquam sapiens et expertus humiliter revocans tanquam erroneum visionem, quam viderat, omnibus publicavit. Qui frater in Dei servicio perseverans non longe postea ab infidelibus est occisus.

13. De adventu marchionis Misnensis

Hoc tempore nobilis et illustris ille Deo devotus princeps Henricus marchio Misnensis cum quingentis viris nobilibus et in armis expeditis multoque diviciarum apparatu venit ad terram Prussie. Huius viri animus et totus conatus ad destructionem infidelium et ad Cristianorum terminos dilatandos fuerat inclinatus.

der Stelle, wo die Prußen ständig angriffen und der Zugang zum Kulmerland war. In dieser Burg lebte ein Bruder, der, getäuscht durch Teufelstrug, wahrhaftig glaubte, er könne im Orden vom Deutschen Hause nicht seine Seele erretten, und sich deshalb vornahm, in einen strengeren Orden einzutreten. Da sah er im Schlafe die Heiligen Bernhard, Dominikus, Franziskus und Augustinus mit ihren Brüdern vorbeigehen; er bat sie unter Tränen, ihn zum Mitbruder anzunehmen; sie aber wiesen ihn alle ab. Zuletzt kam die heilige Jungfrau Maria mit vielen Brüdern vom Deutschen Hause; er begann, sie demütig anzuflehen, sie möge ihn wenigstens in der Gemeinschaft seiner Brüder bleiben lassen. Darauf sagte die heilige Jungfrau: „Das kann nicht gut sein, denn du glaubst ja, dein Orden sei so lässig, daß du in ihm nicht leiden kannst, wie du begehrst." Und sie zog die Mäntel der einzelnen Brüder beiseite und zeigte ihm die Wunden und Schläge, durch die sie von den Ungläubigen bei der Verteidigung des Glaubens getötet worden waren, und sprach: „Glaubst du jetzt, daß diese deine Brüder für den Namen Jesu Christi gelitten haben?" Und darauf verschwand die Vision. Als der Bruder erwachte und wieder zu sich kam, ging er ins Kapitel, wo die Brüder versammelt waren; er widerrief demütig, durch sein Erlebnis weise und erfahren geworden, seinen unbedachten Vorsatz, den er den Brüdern früher eröffnet hatte, als Irrtum und teilte ihnen allen seine Vision mit. Dieser Bruder wurde im Dienste Gottes nicht lange danach von den Ungläubigen erschlagen.

13. Von der Ankunft des Markgrafen von Meißen

Zu dieser Zeit kam der edle und erlauchte, gottergebene Fürst Heinrich, Markgraf von Meißen, mit 500 adligen und waffengeübten Männern und reicher Ausrüstung ins Preußenland. Sinn und ganzes Bemühen dieses Mannes waren darauf gerichtet, die Ungläubigen zu vernichten und die Grenzen der Christen zu erweitern.

14. De destructione plurium castrorum et subiugacione Pomesanorum

In terra Pomesanie fuit quoddam territorium dictum Reysen, in quo viri famosi et bellatores strenui morabantur, quos dictus princeps [73]mittens manum ad aratrum et non respiciens retro[73] viriliter est aggressus rapina et incendio et multa sanguinis infidelium effusione sepius devastando. Castrum ipsorum situm circa fluvium Mockeram et omnia propugnacula, que habebant in illo loco, qui dicitur Stumo, circa Postelin, circa Rysenburgk et Rysenkirchen, circa stagnum Drusine et Wildenbergk occisis et captis infidelibus potenter expugnavit et in cinerem redigendo terre alteri coequavit. Sed quam potenter quamque viriliter prefatus marchio tanquam [74]leo, qui ad nullius pavet occursum[74], dictas gentes impugnavit, nemo posset verbis aut calamo singulariter explicare. Tamque infestus fuit eis in bello, quod se fidei et fratribus subdiderunt. Et secundum pacta et libertates, que ipsis tunc dabantur, alii neophiti postea regebantur.

15. De quibusdam navibus bellicis et recessu marchionis

Sapiens semper sapienter agit et multis periculis precavet in futurum. Unde idem dominus marchio tanquam vir providus et prudens mandavit sibi parari duas naves bellicas, quarum minor dicebatur Pilgerim, maior Vridelant vocabatur, quod sonat in Latino: Peregrine, pacifica terram. Et vere nomen habebant a re. Fecerunt enim multa bona pacis fidelibus terre Prussie. Per dictas naves duo castra Elbingus et Balga edificata fuerunt et Recens Mare purgatum fuit ab insultu infidelium, quod in eo nullus audebat de cetero comparere. Hee naves post multos annos in stagnum Drusine sunt submerse. Completo itaque peregrinacionis sue voto idem princeps relinquens in Prussia multam miliciam pro edificacione castri de Elbingo ad propria est reversus.

14. Von der Zerstörung vieler Burgen und der Unterwerfung der Pomesanier

Im Lande Pomesanien lag ein Gebiet namens Reisen, in dem berühmte Männer und tüchtige Krieger lebten; die griff der erwähnte Fürst, [73]indem er die Hand an den Pflug legte und nicht zurückblickte[73], mannhaft an und verwüstete ihr Land des öfteren mit Raub, Brand und viel Blutvergießen der Ungläubigen. Ihre am Fluß Mocker gelegene Burg und alle Befestigungen, die sie in Stuhm, bei Pestlin, bei Riesenburg und Riesenkirch, am Drausensee und bei Willenberg hatten, eroberte er mit starker Hand, äscherte sie ein und machte sie dem Erdboden gleich, wobei er die Ungläubigen tötete oder fing. Aber wie machtvoll und mannhaft der Markgraf die Heiden wie [74]ein Löwe bekämpfte, der niemandem aus dem Wege geht[74], das kann keiner mit Wort oder Feder im einzelnen darlegen. Er war ihnen im Kampf ein so gefährlicher Gegner, daß sie sich dem Glauben und den Brüdern unterwarfen. Nach den Verträgen und Freiheiten, die sie damals erhielten, wurden später auch die anderen Neubekehrten regiert.

15. Von einigen Kriegsschiffen und der Heimkehr des Markgrafen

Der Weise handelt immer weise und verhütet viele Gefahren im voraus. Daher ließ der Herr Markgraf als ein vorausschauender und kluger Mann sich zwei Kriegsschiffe bauen, von denen das kleinere „Pilger", das größere „Friedland" genannt wurde; das heißt auf lateinisch: Peregrine, pacifica terram (Pilger, befriede das Land). Und sie trugen in der Tat treffende Namen. Denn sie verrichteten viele gute Friedenstaten für die Gläubigen des Preußenlandes. Mit diesen Schiffen wurden die beiden Burgen Elbing und Balga erbaut und das Frische Haff von den Angriffen der Ungläubigen gesäubert, so daß danach keiner mehr auf ihm zu erscheinen wagte. Die beiden Schiffe wurden nach vielen Jahren im Drausensee versenkt. Da der Markgraf nun sein Pilgergelübde erfüllt hatte, kehrte er heim, ließ jedoch viel Ritterschaft in Preußen zur Erbauung der Burg Elbing zurück.

[73-73] Vgl. Lk 9,62.
[74-74] Vgl. Spr 30,30.

16. De bello Pogesanorum et edificacione castri de Elbingo

Subiugatis per Dei graciam Pomesanis magister et fratres contra Pogesanos bellandi acies direxerunt. Unde magister cum fratribus et peregrinis, quos dominus marchio Misnensis reliquerat, precedentibus navibus illis cum hiis, que ad edificacionem fuerant necessaria, venit ad terram Pogesanie ad insulam illam, ut quidam dicunt, que est in medio fluminis Elbingi in illo loco, ubi Elbingus intrat Recens Mare, et erexit ibi castrum, quod a nomine fluminis Elbingum appellavit, anno Dominice incarnacionis MCCXXXVII. Aliqui referunt, quod idem castrum postea ab infidelibus fuerit expugnatum et tunc ad eum locum, ubi nunc situm est, translatum et circa ipsum civitas collocata.

17. De quodam miraculo

Multa bella gloriose gesta sunt contra Pogesanos per fratres de Elbingo, que nullus posset ad plenum scribere vel dictare. Unum tamen ponam factum notabile. Quadam die fratres de Elbingo cum paucis armigeris secuti fuerunt magnum exercitum Pruthenorum, qui predam receperat in districtu ipsorum, et dum iam convenire debebant ad prelium, Prutheni effugerunt omnes preter unum, quem captum abduxerunt. Qui cum videret tam paucos debellatores in exercitu fratrum, quesivit, ubi plures essent. Responsum fuit ei, quod non fuissent plures. At ille: „Certe nos vidimus totum campum plenum viris armatis, in vestitu omnino similes fratribus et in armis, et propter hoc exercitus noster in fugam fuit conversus." Hoc idem Pogesani, qui in hoc exercitu fuerunt, post conversionem suam ad fidem Cristi publice sunt confessi. Pogesani ergo, quantumcunque graves fuerunt fratribus in bello, videntes hoc miraculum non valentes eciam impugnacionem fratrum continuam sustinere datis obsidibus duram cervicem suam et colla indomita fidei et fratribus submiserunt.

16. Vom Kampf gegen die Pogesanier und von der Erbauung der Burg Elbing

Als die Pomesanier durch Gottes Gnade unterworfen waren, führten der Meister und die Brüder ihre Kriegsscharen gegen die Pogesanier. Der Meister kam also, während die beiden Schiffe mit allem zum Burgenbau Notwendigen vorausfuhren, mit den Brüdern und den Kreuzfahrern, die der Herr Markgraf von Meißen zurückgelassen hatte, ins Land Pogesanien zu einem Werder — wie manche sagen —, der mitten im Elbingfluß an der Stelle liegt, wo er ins Frische Haff mündet; dort errichtete der Meister im Jahre der Fleischwerdung des Herrn 1237 eine Burg, die er nach dem Fluß Elbing nannte. Einige berichten, daß diese Burg später von den Ungläubigen erobert und danach an ihren heutigen Platz verlegt wurde; bei der Burg wurde eine Stadt angelegt.

17. Von einem Wunder

Viele Kämpfe haben die Elbinger Brüder ruhmreich gegen die Pogesanier bestanden; niemand könnte sie vollständig beschreiben oder bedichten. Ein bemerkenswertes Ereignis will ich jedoch erzählen. Eines Tages verfolgten die Elbinger Brüder mit wenigen Bewaffneten ein großes Prußenheer, das Beute in ihrem Gebiet gemacht hatte; als es gerade zum Kampf kommen sollte, ergriffen die Prußen alle die Flucht außer einem, den die Brüder gefangen abführten. Als dieser so wenige Kämpfer in der Mannschaft der Brüder sah, fragte er, wo denn die übrigen seien. Er erhielt die Antwort, es seien nicht mehr gewesen. Darauf sagte er: „Aber wir haben doch das ganze Feld voll bewaffneter Männer gesehen, die in Kleidung und Waffen den Brüdern ganz und gar ähnlich waren, und deshalb ist unser Heer geflohen." Dasselbe haben Pogesanier, die in diesem Heer gewesen waren, nach ihrer Bekehrung zum Glauben an Christus öffentlich bekannt. Zwar hatten die Pogesanier den Brüdern im Kampfe viele Mühen bereitet; als sie aber dies Wunder sahen und dazu die ständigen Angriffe der Brüder nicht länger aushalten konnten, stellten sie Geiseln und unterwarfen ihre harten Nacken und ungebeugten Hälse dem Glauben und den Brüdern.

18. De bello fratrum contra Warmienses, Barthos et Nattangos et morte plurium fratrum et Cristianorum

Nullus posset perfecte perorare, quot incommodis, quot periculis et quot angustiis se magister et fratres continue exponebant, ut per eos fides Cristi debitum posset sumere incrementum et Cristianorum termini dilatari. Unde accidit, quod, postquam Deo auctore, sine quo nihil boni agitur, Pomesani et Pogesani se fidei et fratribus subdidissent, idem magister et fratres contra Warmienses, Nattangos et Barthenses arma paraverunt. De mandato ergo magistri quidam fratres et armigeri cum navibus predictis transiverunt Mare Recens ad videndum, ubi possent contra dictos Pruthenos castrum instaurare. Qui cum venirent ad litus terre Warmiensis, exierunt et circa illum locum, ubi nunc situm est castrum Balga, viderunt castrum quoddam Pruthenorum, quod tamen propter paucitatem suorum impugnare non audebant. Sed ut vacua manu non redirent, invaserunt villas circumiacentes vastantes incendio et rapina. Quod videntes Prutheni irruerunt in eos et omnes fratres et armigeros occiderunt preter eos, qui ad custodiam navium fuerant deputati. Qui videntes interitum suorum velociter recesserunt magistro, que gesta fuerant, nunciantes.

19. De castro Balga

Audita hac lugubri legacione magister ultra id, quod credi potest, fuerat perturbatus, sed proposito sibi exemplo David, qui principem milicie sue Ioab nimis dolentem de morte suorum [b]quasi increpans[b] ait[75]: *Non te moveat res ista, varius est eventus belli, nunc istum, nunc illum occidit gladius. Conforta bellatores tuos et exhortare eos, ut destruant regni invasores*, tandem consolatus misit exercitum magnum navigio ad vindicandam iniuriam occisorum, qui venientes ad litus Balge exierunt et positis sagittariis ad loca competencia scalisque applicatis ad menia dictum castrum Pruthenorum viriliter sunt aggressi et cooperante ipsis Codruno

[b–b] Fehlt B.

18. Vom Krieg der Brüder gegen die Warmier, Barter und Natanger und vom Tode vieler Brüder und Christen

Niemand kann vollständig darlegen, wieviel Ungemach, welche Gefahren und Nöte der Meister und die Brüder ständig auf sich nahmen, um den Glauben an Christus gehörig wachsen zu lassen und das Land der Christen zu erweitern. Nachdem also die Pomesanier und die Pogesanier sich mit Gottes Hilfe, ohne den nichts Gutes geschieht, dem Glauben und den Brüdern unterworfen hatten, trafen der Meister und die Brüder ihre Vorkehrungen für den Kampf gegen die Warmier, die Natanger und die Barter. Auf Befehl des Meisters fuhren daher einige Brüder und Bewaffnete mit den beiden erwähnten Schiffen über das Frische Haff, um zu erkunden, wo man eine Burg gegen diese Prußen anlegen könne. Als sie an die Küste des Landes Warmien kamen, verließen sie die Schiffe und sahen etwa an der Stelle, wo jetzt die Burg Balga liegt, eine Prußenburg, die sie jedoch wegen ihrer geringen Zahl nicht anzugreifen wagten. Um aber nicht mit leeren Händen zurückzukehren, überfielen sie die umliegenden Dörfer und verheerten sie mit Brand und Raub. Sobald die Prußen das sahen, stürzten sie sich auf sie und töteten alle Brüder und Bewaffneten außer denen, die zur Bewachung der Schiffe abgestellt worden waren. Als die den Untergang der Ihren sahen, zogen sie sich schnell zurück und meldeten dem Meister, was geschehen war.

19. Von der Burg Balga

Diese Trauerbotschaft bestürzte den Meister mehr, als man glauben möchte; er nahm sich jedoch ein Beispiel an David, der seinen Kriegshauptmann Joab, als der allzu betrübt über den Tod seiner Leute war, mit den Worten schalt[75]: „Laß dich nicht durch diese Sache erschüttern, wechselhaft ist der Ausgang des Kampfes, das Schwert tötet bald diesen, bald jenen. Ermutige deine Krieger und ermahne sie, die Angreifer auf das Reich zu vernichten", tröstete sich endlich und schickte ein großes Heer zu Schiff aus, um die Erschlagenen zu rächen; als die Brüder an die Küste bei Balga kamen, gingen sie an Land, stellten Bogenschützen an günstigen Plätzen auf, legten Leitern an die Wälle und griffen die Prußenburg mannhaft an und nahmen sie mit Hilfe Codrunus', des Anführers der

---

[75] Vgl. 2 Sam 11,25.

capitaneo obsessorum violenter expugnaverunt partim hominibus captis, aliis trucidatis. Quo facto fratres Deo gracias referentes dictum castrum anno Domini MCCXXXIX cum suis armigeris inhabitabant et ibi contra dictos Pruthenos [76]prelia Domini Dei exercituum gloriosius preliabantur[76].

20. De obsidione castri de Balga

Quod cum ad aures Pruthenorum deveniret, Pyopso quidam Pruthenus capitaneus Warmiensium congregata omni potencia exercitus sui dictum castrum Balgam obsedit, et quia caput fuit aliorum, ipse velut dux belli pre aliis in prelio se voluit ostentare et appropinquans castro cuiusdam fratris telo percussus in terram decidens expiravit, de quo facto alii perterriti infecto negocio recesserunt.

21. De edificacione molendini et destructione eiusdem

Hoc tempore plures nobiles et potentes viri de Warmia videntes Deum pro fratribus pugnare compuncti sunt et cum omni domo et familia sua se ad fratres de Balga transtulerunt, de quorum adventu fratres confortati edificaverunt molendinum extra pontem paludis iuxta stratam nunc publicam super quodam flumine et firmantes illud ad modum castri reliquerunt ibi duos fratres et multos armigeros pro custodia ipsius. Quod castrum postea Prutheni cum valido exercitu obsidentes expugnaverunt et occisis fratribus et armigeris in cinerem redegerunt.

22. De religiosa vita fratrum de Balga

Qualis vite puritas quantaque virtus abstinencie et quantus rigor regularis fuerit discipline inter fratres de Balga et de aliis

Belagerten, gewaltsam ein; einen Teil der Besatzung fingen, die übrigen töteten sie. Darauf sagten die Brüder Gott Dank, nahmen die Burg im Jahre des Herrn 1239 mit ihren Mannen in Besitz und [76]führten dort ruhmreich den Kampf des Herrn, des Gottes der Heerscharen[76], gegen die Prußen.

20. Von der Belagerung der Burg Balga

Als das den Prußen zu Ohren kam, sammelte der Pruße Pyopso, Häuptling der Warmier, seine ganze Heeresmacht und belagerte die Burg Balga, und da er das Haupt der übrigen war, wollte er sich auch als Anführer im Kriege vor den anderen kämpfend hervortun; als er sich der Burg näherte, wurde er von dem Geschoß eines Bruders durchbohrt, fiel zu Boden und starb; das versetzte die anderen in Schrecken, und sie zogen unverrichteterdinge wieder ab.

21. Von der Erbauung einer Mühle und ihrer Zerstörung

Zu dieser Zeit wurden viele adlige und mächtige Männer aus Warmien von Reue ergriffen, denn sie sahen, daß Gott für die Brüder stritt, und sie gingen mit ihrem ganzen Haus und Gesinde zu den Brüdern von Balga über; ihre Ankunft flößte den Brüdern neuen Mut ein: sie bauten an der Brücke über den Sumpf neben der heutigen Heerstraße an einem Fluß eine Mühle, befestigten sie wie eine Burg und ließen in ihr zwei Brüder und viele Bewaffnete als Bewachung zurück. Diese Burg belagerten die Prußen später mit einem starken Heer, eroberten sie und brannten sie nieder, wobei die Brüder und die bewaffnete Mannschaft getötet wurden.

22. Vom heiligmäßigen Leben der Brüder zu Balga

Wie sehr lautere Lebensführung, Tugend und Enthaltsamkeit und Strenge klösterlicher Zucht die Brüder in Balga und in den anderen Bur-

[76–76] Vgl. 1 Sam 25,28.

castris predictis, nemo novit, nisi ille, [77]cui omne cor patet et quem nullum latet secretum[77]. Oratoria nunquam vel raro fuerunt sine oratore nec erat angulus in dictis castris, in quo post completorium et matutinas non lateret frater aliquis, qui virgis affligeret corpus suum. Ad castrum Engelsbergk venerunt quidam religiosi viri, qui dum viderent statum et conversacionem fratrum ibidem, quesiverunt, quod esset nomen castri. Quibus cum diceretur, quod Engelsbergk i. e. mons angelorum vocaretur, responderunt: „Vere nomen habet a re, quia habitantes in eo angelicam ducunt vitam."

23. De edificacione castri Partegal et propugnaculi Scrandonis

In terra Warmiensi fuerunt quidam viri prepotentes dicti Gobotini valde infesti fratribus, qui congregata multitudine pugnatorum unum castrum dictum Partegal in campo sic nominato et aliud propugnaculum in monte Scrandonis edificaverunt munientes ea diversis armigeris. Hii cotidie fratres de Balga impugnaverunt, sic quod extra castrum non audebat aliquis de cetero comparere.

24. De edificacione castri Snickenbergk

Campum illum, in quo castrum de Balga situm est, ambiunt paludes, sic quod tempore estivali nullus potest transire nisi per pontem, ante quem pontem in quodam tumulo fratres edificaverunt castrum dictum Snickenbergk locantes in eo plures fratres et quendam virum nobilem Hertwigum patrem Hertwigi de Pokarwis et multos alios viros bellicosos, qui ingressum infidelibus prohibebant.

gen lenkten, weiß nur er, [77]der in alle Herzen blickt und dem nichts verborgen bleibt[77]. Die Kapellen waren nie oder selten ohne Beter, und es gab keinen Winkel in den Burgen, wohin sich nicht nach Komplet und Matutin ein Bruder zurückgezogen hatte, um seinen Leib mit Ruten zu kasteien. Zur Burg Engelsburg kamen Ordensmänner, die angesichts des Zustandes und Lebenswandels der dortigen Brüder fragten, welches der Name der Burg sei. Als sie erfuhren, daß sie Engelsburg hieße, antworteten sie: „Sie hat wahrlich einen treffenden Namen, denn ihre Bewohner führen ein engelhaftes Leben."

23. Von der Erbauung der Burg Partegal und der Befestigung des Scrando

Im Lande Warmien lebten sehr mächtige Männer namens Gobotiner, die den Brüdern sehr feindlich gesinnt waren; diese erbauten mit einer Menge Bewaffneter eine Burg mit Namen Partegal auf dem gleichnamigen Feld und eine zweite Befestigung auf dem Berge Scrandos und bemannten sie mit zahlreichen Bewaffneten. Die griffen die Brüder von Balga tagtäglich an, so daß niemand mehr außerhalb der Burg zu erscheinen wagte.

24. Von der Erbauung der Burg Schneckenberg

Das Feld, auf dem die Burg Balga liegt, ist von Sümpfen umgeben, die man zur Sommerzeit nur auf einer Brücke überschreiten kann; vor dieser Brücke erbauten die Brüder auf einem Hügel eine Burg mit Namen Schneckenberg und besetzten sie mit vielen Brüdern, dem Adligen Hartwig, dem Vater des Hartwig von Pokarben, und vielen anderen streitbaren Männern, die den Ungläubigen den Zugang verwehrten.

[77–77] Vgl. Missale Romanum, Praep. ad missam, or. 2; Missa ad postul. gratiam Spiritus S., or.

25. De adventu ducis de Brunswich

Hoc tempore sicut [78]aqua frigida sicienti et bonus nuncius de terra longinqua[78], ita nobilis ille Deo devotus Otto illustris princeps et dux de Brunswich, qui eciam de Luneburgk dicebatur, venit cum multitudine copiosa peregrinorum ad terram Prussie in subsidium fratribus in gravi necessitatis articulo constitutis.

26. De strage infidelium et destructione castri Partegal[c] et propugnaculi

De castris Pruthenorum predictis cotidie tot armati processerunt ad bellum, quod preclusa fuit fratribus via adeundi hostes et sublata omnis materia impugnandi eos. Super quo fratres perturbati convenerunt sepius querentes in tractatibus suis remedium oportunum. Tandem ipse Cristus, qui devotos suos in tribulacionibus constitutos non desinit misericorditer consolari, provocavit gracia sui spiritus quendam dictum Pomandam virum nobilem, qui inter Pruthenos quondam fuerat magne reputacionis, noviter autem conversus ad fidem Cristi et ad fratres, ut sibi negocium fidei et fidelium assumeret in hunc modum: Idem Pomanda de castro Balga rediit ad suos compatriotas Pruthenos simulans se hostem fidei et fidelium, quo viso Prutheni gavisi sunt gaudio magno, quia sperabant omnem virtutem fratrum per huius viri industriam enervare. De consilio itaque huius Pomande omnes pociores Warmie, Nattangie et Barthe et alii ad bellum apti convenerunt castraque metati sunt in obsidione Balge, sed fratres, qui huiusmodi factum et ordinacionem diu ante presciverant, iam cum dicti principis de Brunswich et aliorum peregrinorum comitiva congregati in armis exierunt ad eos in prelium et occiderunt ipsos usque ad internecionem, ita quod [79]unus ex eis non remansit, qui eventum talem posteris nunciaret[79]. Hoc facto processerunt idem dux et fratres cum exercitu suo ad castrum Partegal et ad propugnaculum et expugnaverunt ea captis et occisis omnibus utrumque in cinerem red-

[c] Partegal, Partigal K, D; Portegal B.

25. Von der Ankunft des Herzogs von Braunschweig

Zu dieser Zeit kam wie [78]kühles Wasser für den Durstigen und als ein guter Bote aus fernem Land[78] der edle, gottergebene Otto, der berühmte Fürst und Herzog von Braunschweig, der sich auch nach Lüneburg nannte, mit einer großen Menge Kreuzfahrer ins Preußenland den Brüdern zu Hilfe, die sich in schwerer Not befanden.

26. Von einer Niederlage der Ungläubigen und der Zerstörung der Burg Partegal und einer Befestigung

Von den beiden erwähnten Prußenburgen rückten Tag für Tag so viele Bewaffnete zum Kampf aus, daß den Brüdern die Gelegenheit, gegen sie vorzugehen, verschlossen und jede Möglichkeit genommen war, sie zu bekämpfen. Darüber bestürzt, kamen die Brüder mehrfach zusammen und suchten bei ihren Beratungen ein geeignetes Mittel dagegen. Schließlich aber bewegte Christus, der die ihm Ergebenen in ihren Nöten barmherzig zu trösten pflegt, durch die Gnade seines Geistes einen Adligen namens Pomanda, der bei den Prußen früher großes Ansehen genossen, sich vor kurzem jedoch zum Glauben an Christus und zu den Brüdern bekehrt hatte, sich der Sache des Glaubens und der Gläubigen auf die folgende Weise anzunehmen: Pomanda kehrte von der Burg Balga zu seinen Landsleuten, den Prußen, zurück und gab vor, ein Feind des Glaubens und der Gläubigen zu sein; darüber freuten sich die Prußen sehr, denn sie hofften, die ganze Macht der Brüder durch die Tüchtigkeit dieses Mannes zugrunde richten zu können. Auf Pomandas Rat kamen also alle die besten Männer Warmiens, Natangens und Bartens und andere zum Kriege Taugliche zusammen und schlugen ein Lager auf, um Balga zu belagern; die Brüder indessen, die diesen Vorgang und Plan lange vorher erfahren und sich bereits mit der Begleitmannschaft des Fürsten von Braunschweig und der anderen Kreuzfahrer vereinigt hatten, zogen in Waffen aus der Burg in die Schlacht gegen die Prußen und vernichteten sie vollständig, so daß [79]keiner von ihnen übrigblieb, der dieses Ende den Nachfahren hätte melden können[79]. Danach rückten der Herzog und die Brüder mit ihrem Heer vor die Burg Partegal und die Befestigung [des Scrando], eroberten sie und äscherten sie beide ein; die Besatzungen wurden

---

[78–78] Vgl. Spr 25,25.
[79–79] Vgl. Jdt 5,13.

igentes. Multa alia idem princeps bella gessit per spacium unius anni, quo stetit in dicto castro de Balga, et tociens vexabat Pruthenos, quod non poterant respirare. Completoque anno et voto peregrinacionis sue cum gaudio ad propria est reversus.

27. De subiectione Warmiensium, Nattangorum et Barthorum et edificacione plurium castrorum

Prutheni ergo de Warmia, Nattangia et Bartha Dei ordinacione per fratres et dictum ducem debilitati cum non possent amplius resistere, [80]fecerunt de necessitate virtutem[80] et datis obsidibus se fidei et fratrum imperio subdiderunt. Ut ergo fratres futura pericula precaverent et recidivandi materiam tollerent a Pruthenis, edificaverunt[d,81] in terra Nattangie circa fluvium dictum Caustere Crucebergk, in terra Barthensi tria castra Barthenstein, Wisenburgk[e] et Resel. Quidam dicunt, quod in terra Warmie Brunsbergk et Helisbergk[f] et in terra Galindie civitatem quandam successivis temporibus construxerunt pro defensione ipsorum plures fratres in eis et armigeros collocantes. Plura alia castra edificaverant nobiles et feodatarii, qui de partibus Alemanie cum omni domo et familia et cognacione venerunt in subsidium dicte terre, quorum Deus nomina solus novit. Extunc cepit turba fidelium in terra Prussie dilatari, cultus divinus augeri ad laudem et gloriam Iesu Cristi.

28. Quomodo terra Lyvonie devenit ad fratres domus Theutonice

Hoc tempore frater Volquinus magister secundus de ordine militum Cristi in terra Lyvonie[82] iam sex annis per solemnes nuncios laboravit circa fratrem Hermannum de Salcza magistrum generalem domus Theutonice, ut ordo suus ordini ipsius incorporaretur. Pro quo negocio frater Hermannus magister predictus cum fratre

[d] So Toeppen, fehlt Codd.
[e] Wisenburgk K, D; Wissenburgk B.
[f] So K, B; Heilsberg D.

gefangen und getötet. Viele andere Kämpfe bestand der Fürst noch während des einen Jahres, das er in der Burg Balga verbrachte; er suchte die Prußen so oft heim, daß sie nicht zu Atem kommen konnten. Als das Jahr vergangen und sein Pilgergelübde erfüllt war, kehrte er voller Freude in die Heimat zurück.

27. Von der Unterwerfung der Warmier, Natanger und Barter und von der Erbauung vieler Burgen

Da die Prußen Warmiens, Natangens und Bartens also, nach Gottes Willen durch die Brüder und den Herzog stark geschwächt, nicht länger widerstehen konnten, [80]machten sie aus der Not eine Tugend[80], stellten Geiseln und unterwarfen sich dem Glauben und der Herrschaft der Brüder. Um aber künftige Gefahren zu verhüten und den Prußen keinen Anlaß zum Abfall zu geben, erbauten die Brüder[81] im Lande Natangen Kreuzburg an einem Fluß namens Keyster und im Lande Barten die drei Burgen Bartenstein, Wiesenburg und Rößel. Einige sagen, daß sie in der folgenden Zeit im Lande Warmien Braunsberg und Heilsberg und im Lande Galinden eine Stadt errichteten und diese Orte zur Verteidigung mit vielen Brüdern und Bewaffneten besetzten. Viele andere Burgen hatten die Adligen und Lehnsleute erbaut, die aus Deutschland mit ihrer ganzen Familie, mit Gesinde und Verwandtschaft dem Preußenland zu Hilfe kamen; ihre Namen weiß Gott allein. Von da an begann die Schar der Gläubigen sich im Preußenlande auszubreiten und der Gottesdienst sich zu mehren zum Lobe und zum Ruhm Jesu Christi.

28. Wie Livland an die Brüder vom Deutschen Hause kam

Zu dieser Zeit bemühte sich Bruder Volkwin, der zweite Meister des Ordens der Ritter Christi in Livland[82], schon seit sechs Jahren durch eine feierliche Gesandtschaft bei Bruder Hermann von Salza, dem Hochmeister des Deutschen Hauses, darum, daß sein Orden dem Deutschen Orden einverleibt würde. In dieser Angelegenheit reiste der Meister Bruder

---

[80-80] Vgl. Hieronymus, Contra Rufinum 3,2 und Ep. 54,6.
[81] 1240/41 und danach.
[82] Im allgemeinen Schwertbrüderorden genannt.

Ioanne de Medeborgk nuncio dicti fratris Volquini accessit ad dominum papam. Medio tempore supervenit frater Gerlacus Rufus de Lyvonia nuncians, quod magister Volquinus cum fratribus et de peregrinis et populo Dei plures cecidissent in prelio interfecti[83]. Quo audito dominus papa dictum negocium terminavit et fratrem Gerlacum et fratrem Iohannem predictos ad ordinem hospitalis sancte Marie domus Theutonicorum investivit dans eis album pallium cum nigra cruce iniungens eis et aliis fratribus eiusdem ordinis militum Cristi in Lyvonia existentibus in remissionem omnium peccatorum, ut ordinis domus Theutonice susciperent habitum regularem[84]. Hoc facto frater Hermannus magister generalis misit fratrem Hermannum dictum Balke magistrum terre Prussie cum XL fratribus et pluribus armigeris ad terram Lyvonie, ubi, ut dictum est superius, cum dictus frater Hermannus Balke prefuisset fere sex annis, rediens in Alemaniam in pace quievit[85].

29. De fratre Poppone secundo magistro terre Prussie

Frater Poppo de Osterna magister terre Prussie secundus prefuit VII annis[86] et resignans officium suum ad partes Theutonie est reversus et non longe post in magistrum generalem electus.

30. De vario defectu fratrum et Cristifidelium in Prussia

In primitivo fratres et alii Cristifideles in terra Prussie multiplicem et incredibilem defectum passi sunt in cibo, potu et vestitu et aliis vite humane necessariis. Si ipsi forte aliquos agros colere volebant, hoc fieri non potuit nisi noctis tempore, et quod ipsi [87]seminaverunt cum magno periculo et labore, alii introeuntes labores ipsorum metebant[87]. Et ecce mira gracia Dei fuit in eis: Ipsi enim

---

[83] Bei Schaulen, wo am 22. September 1236 etwa 50 Schwertbrüder von den Litauern getötet wurden.

[84] Das geschah am 14. Mai 1237 in Viterbo durch Gregor IX.

Hermann mit Bruder Johann von Magdeburg, dem Gesandten des Bruders Volkwin, zum Herrn Papst. Währenddessen kam Bruder Gerlach der Rote aus Livland mit der Botschaft, Meister Volkwin mit seinen Brüdern und viele von den Kreuzfahrern und vom Volke Gottes seien in der Schlacht gefallen[83]. Daraufhin vollendete der Herr Papst die Angelegenheit, kleidete den Bruder Gerlach und den Bruder Johannes zum Orden des Hospitals Sankt Marien vom Hause der Deutschen ein, indem er ihnen den weißen Mantel mit dem schwarzen Kreuz übergab, und erlegte ihnen und den anderen Brüdern des Ordens der Ritter Christi in Livland zur Vergebung aller ihrer Sünden auf, den Habit des Deutschen Ordens anzulegen[84]. Danach sandte Bruder Hermann, der Hochmeister, den Bruder Hermann genannt Balk, den Meister des Preußenlandes, mit 40 Brüdern und vielen Bewaffneten nach Livland; dort leitete der Bruder Hermann Balk den Orden — wie oben berichtet — etwa sechs Jahre lang, kehrte dann nach Deutschland zurück und verstarb in Frieden[85].

29. Von Bruder Poppo, dem zweiten Meister des Preußenlandes

Bruder Poppo von Osternohe, der zweite Meister des Preußenlandes, amtierte sieben Jahre lang[86]; er verzichtete auf sein Amt und kehrte nach Deutschland zurück. Nicht lange danach wurde er zum Hochmeister gewählt.

30. Von mannigfacher Not der Brüder und der Christgläubigen in Preußen

Anfänglich litten die Brüder und die anderen Christgläubigen im Preußenland vielfältigen und unglaublichen Mangel an Speise, Trank, Kleidung und den anderen, zum menschlichen Leben nötigen Dingen. Wenn sie etwa Felder bebauen wollten, so konnten sie das nur zur Nachtzeit tun, und [87]was sie unter großer Gefahr und Mühsal gesät hatten, das ernteten andere, die sich die Frucht ihrer Mühen aneigneten[87]. Aber siehe, wie wunderbar die Gnade Gottes in ihnen wirkte: Es war ihnen eine Lust

---

[85] Vgl. II, 12.
[86] Poppo war 1241 und von 1244—1247 Landmeister.
[87-87] Vgl. Lk 19,21f.; Jo 4,38.

ducebant pro deliciis, cum talia pro Cristi nomine paterentur aut eciam, si biberent calicem salutifere passionis.

31. De apostasia prima Pruthenorum.
De bello Swantepolci contra fratres domus Theutonice
anno Domini MCCXLII
et primo de invidia dyaboli contra prosperitatem fidei

Longum et supra ingenii mei parvitatem esset singulariter enarrare, quam potenter et magnifice, quam eleganter et strenue magister et fratres predicti tanquam alteri Machabei [88]in ampliando fines Cristianorum et dilatando[88], in impugnando hostes, in expugnando municiones ingesserint manus suas, quorum prelia et triumphos usque ad finem seculi narrabit omnis ecclesia sanctorum. Postquam ergo Deo propicio omnia predicta castra essent ad laudem et gloriam Cristi edificata et vicine gentes in circuitu durissime cervicis colla fidei et fratribus submisissent, non tamen sine ipsarum gencium strage maxima multaque Cristiani sanguinis effusione, et fides Cristi in eis maxime profecisset, [89]serpens antiquus, draco venenosus[89], humani generis inimicus tantam prosperitatem fidei et fidelium diu sustinere non valens, ecclesiam scilicet sanctam in Prussie partibus dilatari, cultum divinum ampliari, infideles confundi, exaltari Cristianos, [90]innovari signa, inmutari mirabilia[90], quasi letali vulnere malicie sue interius sauciatus cepit mille modis cogitare et variis machinacionibus procurare, qualiter venenum suum posset latenter infundere, [91]vineam Domini[91] demoliri et in agro Domini [92]zizaniam superseminare[92]. Tandem excitavit contra fidem et fidelium turbam persecucionem durissimam in hunc modum:

[88—88] Ähnlich häufig im Brevier.
[89—89] Vgl. Apk 12,9; 20,2.

und Freude, solches für Christi Namen leiden oder auch den Kelch des heilbringenden Martyriums trinken zu dürfen.

31. Vom ersten Abfall der Prußen vom Glauben. Vom Kriege Swantopolks gegen die Brüder vom Deutschen Hause im Jahre des Herrn 1242 und zuerst vom Neid des Teufels auf das Gedeihen des Glaubens

Es würde zu lange dauern und über meine geringe Begabung gehen, wenn ich im einzelnen darlegen wollte, wie machtvoll und großartig, wie geschickt und tüchtig der Meister und die Brüder, gleich neuen Makkabäern, Hand anlegten, [88]das Land der Christen zu erweitern und zu vergrößern[88], die Feinde zu bekämpfen und deren Festen zu erobern; über ihre Schlachten und Siege wird die ganze Kirche der Heiligen bis zum Ende der Welt sprechen. Als also alle die erwähnten Burgen durch die Gnade Gottes zu Lob und Ehre Christi erbaut waren und die benachbarten Völker ringsum ihre überaus starren Nacken dem Glauben und den Brüdern unterworfen hatten — dies jedoch nicht ohne den Tod sehr vieler Heiden und viel Vergießen christlichen Blutes —, und als der Glaube an Christus bei den Heiden schon große Fortschritte gemacht hatte, da konnte [89]die alte Schlange, der giftige Drache[89], der Feind des Menschengeschlechts ein solches Gedeihen des Glaubens und der Gläubigen nicht lange ertragen, daß nämlich die heilige Kirche im Preußenland wuchs, der Gottesdienst sich verbreitete, die Heiden verwirrt, die Christen erhöht wurden und [90]immer neue Zeichen und Wunder geschahen[90]; gleichsam tief innen verletzt durch die tödliche Wunde seiner Bosheit, begann er auf tausend Arten zu überlegen und mit verschiedenen Listen Sorge zu tragen, wie er sein Gift heimlich einträufeln, [91]den Weinberg des Herrn[91] verwüsten und auf dem Acker des Herrn [92]Unkraut säen[92] könne. Endlich erregte er die härteste Verfolgung gegen den Glauben und die Schar der Gläubigen, und zwar auf die folgende Weise:

[90-90] Vgl. Sir 36,6.
[91-91] Vgl. Mt 20,1.
[92-92] Vgl. Mt 13,25.

32. De persecucione Swantepolci contra fidem et fideles in Prussia

Fuit in terra Pomeranie dux quidam nomine Swantepolcus [93]filius iniquitatis et filius perdicionis[93], ut scriptura impleatur, habens [94]cor plenum omni dolo et fallacia[94], qui cepit cum Pruthenorum gente iam noviter conversa ad fidem Cristi habere verba pacifica in dolo confederans se cum ipsis sub hoc pacto, quod ipsi fratres domus Theutonice et alios Cristifideles a terminis Prussie eicerent violenter, [95]bonusque visus est sermo in oculis eorum[95] et abierunt multi et quasi omnes consenserunt ei. Hoc facto idem dux firmavit castra sua circa litus Wysele sita[96] et [97]posuit in eis gentem peccatricem, viros iniquos et sceleratos, qui facti sunt fratribus in laqueum magnum[97]. Exierunt enim de dictis castris et, quoscunque fratrum subditos viderant navigio preterire, irruerunt super eos repente et [98]percusserunt eos plaga magna[98] deducentesque spolia multa alios ceperunt, quosdam miserabiliter occiderunt sicque Cristianorum [99]sanguinem per circuitum effuderunt[99], et tociens hoc factum fuit, quod nullus de cetero negocia fratrum agere aut victualia fratribus de Elbingo et Balga et de locis aliis in summa necessitate constitutis ducere presumebat. Hec omnia fratres cum omni mansuetudine et paciencia voluerunt pocius sustinere quam defendendo se [1]mittere in cristum Domini manus suas[1].

33. De legato sedis apostolice

Hoc tempore fuit Innocencius papa IIII, qui pontificatus sui anno primo, anno scilicet Domini MCCXLIII, intelligens ex clamosa insinuacione fratris Hermanni de Salcza[2] generalis magistri ordinis domus Theutonice novellam plantacionem fidei in terra Prussie notabiliter deficere per tyrannidem Swantepolci ducis predicti, misit ad dictas terras legatum Wilhelmum quondam Mutinensem

[93—93] Vgl. etwa 2 Sam 3,34; 1 Chr 17,9; Os 10,9; 2 Thess 2,3.
[94—94] Vgl. Sir 1,40; Apg 13,10.
[95—95] Vgl. 1 Makk 1,13.
[96] Die Burgen Sartowitz, Zantir und Schwetz werden im folgenden erwähnt.

32. Von der Verfolgung Swantopolks gegen den Glauben und die Gläubigen in Preußen

Es lebte im Lande Pommerellen ein Herzog namens Swantopolk, [93]ein Sohn der Missetat und der Verderbnis[93], wie es in der Schrift heißt, der [94]das Herz voll von allerlei List und Trug[94] hatte; der begann mit dem erst kürzlich zum christlichen Glauben bekehrten Volk der Prußen scheinbar friedfertige Verhandlungen zu führen, verband sich aber mit ihnen unter der Bedingung, sie sollten die Brüder vom Deutschen Hause und die anderen Christgläubigen mit Gewalt aus dem Preußenland vertreiben; den Prußen [95]gefiel diese Rede wohl[95], viele fielen ab und beinahe alle stimmten zu. Darauf befestigte der Herzog seine Burgen am Ufer der Weichsel[96] und [97]besetzte sie mit sündhaftem Volk, mit schlechten und verbrecherischen Leuten, die den Brüdern zu einem großen Fallstrick wurden[97]. Sie kamen nämlich aus den erwähnten Burgen und fielen plötzlich über die Untergebenen der Brüder her, wenn sie sie zu Schiff vorbeifahren sahen, [98]plagten sie sehr[98], führten viel Raub weg, nahmen die einen gefangen, töteten andere jämmerlich und [99]vergossen so ringsumher viel christliches Blut[99]; und das kam so oft vor, daß niemand die Geschäfte der Brüder mehr zu besorgen oder den Brüdern in Elbing und Balga und an anderen Orten, die in größter Not waren, Lebensmittel zu bringen wagte. All das wollten die Brüder lieber mit aller Sanftmut und Geduld ertragen als sich verteidigen und so [1]die Hand an einen Gesalbten des Herrn legen[1].

33. Von einem Legaten des päpstlichen Stuhls

Zu dieser Zeit war Innozenz IV. Papst; als er im ersten Jahr seines Pontifikats, nämlich im Jahre des Herrn 1243, durch die Klage des Bruders Hermann von Salza[2], des Hochmeisters des Ordens vom Deutschen Hause, erfuhr, daß die neue Glaubenspflanzung im Preußenland sehr unter der Tyrannei des Herzogs Swantopolk leide, schickte er dorthin den Legaten

---

[97–97] Vgl. 1 Makk 1,36f.
[98–98] Vgl. etwa 1 Sam 19,8; 23,5; 1 Kg 20,21; 2 Chr 21,14; 1 Makk 1,32; 5,3; 5,34; 8,4.
[99–99] Vgl. 1 Makk 1,39.
[1–1] Vgl. 1 Sam 24,11; 26,9.
[2] In diesem Jahr war vielmehr Gerhard von Malberg Hochmeister.

episcopum, qui postea fuit papa Alexander IIII[3], ut dictas terras in episcopatus quatuor limitaret[4], et si qua inveniret correctione digna, corrigeret et in statum debitum reformaret. Qui legatus scripsit et mandavit auctoritate apostolica dicto duci, ut a persecucione fidei et fidelium cessaret. At ille immemor salutis sue pertinaci animo induratus ut lignum tortuosum, quod flecti non potest, paternis monitis, que vere ex radice caritatis processerant, factus inobediens magis ac magis convalescebat in malo et confundebat Cristifideles nunc per terram, nunc per aquam, et simpliciter, ubicunque poterat, alios spoliavit rebus suis, quosdam captivavit, ceteros trucidavit. Videns ergo legatus, quod in ipso duce signa correctionis non apparerent nec aliquo modo ad gremium sancte matris ecclesie vellet redire[5], monicione sufficienti premissa, ut crescente contumacia merito cresceret et pena, ad refrenandam dicti tyranni et suorum complicum maliciam iussit in regnis et provinciis ad hoc deputatis crucem auctoritate apostolica predicari[6] precipiens crucesignatis et fratribus domus Theutonice in virtute sancte obediencie ac in remissionem peccaminum iniungens, ut fidem Cristi et fidelium ecclesiam in Prussie partibus collocatam a tam crudeli et iniusta dicti ducis persecucione pro viribus suis amodo defensarent.

34. De vastacione parcium inferiorum terre Prussie

Hiis itaque sic peractis Swantepolcus Dei timore postposito addens mala peiora prioribus vicium persecucionis, quod ante quasi occultum fuit, in publicam formam redegit. Ordinavit enim, quod neophiti, qui de facili in errores pristinos relabuntur, uno die de omnibus finibus terre Prussie spreta et abiecta religione fidei fratribus movendo bellum rebellarent. Congregati ergo Prutheni omnes quasi vir unus, idem Swantepolcus factus fuit dux et capita-

---

[3] Wilhelm, von 1222—1234 Bischof von Modena, seit 1244 Kardinalbischof von Sabina, weilte zuletzt von 1239—1242 in Preußen. Nicht er, sondern Rainald von Segni wurde als Alexander IV. Papst.

[4] Die Einteilung Preußens in die Bistümer Kulm, Pomesanien, Ermland und Samland nahm Wilhelm vielmehr in Anagni am 29. Juli 1243 vor (PUB 1,1 Nr. 143).

Wilhelm, den ehemaligen Bischof von Modena, der später als Alexander IV. Papst wurde³, um das Preußenland in vier Bistümer einzuteilen⁴ und, was er verbesserungsbedürftig fände, zurechtzurücken und in die gehörige Ordnung zu bringen. Der Legat schrieb dem Herzog und befahl ihm kraft apostolischer Machtbefugnis, von der Verfolgung des Glaubens und der Gläubigen abzulassen. Der aber dachte nicht an sein Heil und gehorchte, in seinem starren Sinn verhärtet wie ein knorriges Holz, das sich nicht biegen läßt, nicht den väterlichen Mahnungen, die doch wahrhaft aus tiefster Liebe kamen; er wuchs immer mehr im Übel und bedrängte die Christgläubigen bald zu Lande, bald zu Wasser; kurz, wo immer er konnte, raubte er den einen ihren Besitz, fing und ermordete er andere. Der Legat sah also, daß der Herzog keine Zeichen der Besserung zeigte und keineswegs in den Schoß der heiligen Mutter Kirche zurückkehren wollte⁵; daher ließ er nach hinreichender vorheriger Ermahnung, daß nämlich mit zunehmender Widerspenstigkeit auch die Strafe verdientermaßen wüchse, zur Zügelung der Bosheit dieses Tyrannen und seiner Genossen in den dazu bestimmten Reichen und Gebieten kraft päpstlicher Machtbefugnis das Kreuz predigen⁶ und befahl den Kreuzfahrern und den Brüdern vom Deutschen Hause, in der Tugend des heiligen Gehorsams und zur Vergebung der Sünden den christlichen Glauben und die Kirche der Gläubigen im Preußenland vor der so grausamen und ungerechten Verfolgung durch den Herzog zukünftig nach Kräften zu schützen.

34. Von der Verwüstung der unteren Landschaften des Preußenlandes

Hierauf fügte Swantopolk, Gottesfurcht außer acht lassend, seinen früheren Übeltaten noch schlimmere hinzu und ließ die lästerliche Verfolgung, die vorher gleichsam verborgen gewesen war, offenbar werden. Er befahl nämlich, alle Neubekehrten, die ja leicht in ihre früheren Irrtümer zurückfallen, sollten an ein und demselben Tag in allen Teilen des Preußenlandes den Glauben verlassen und von sich werfen, sich gegen die Brüder erheben und in den Krieg gegen sie ziehen. Die Prußen sammelten sich also alle wie ein Mann, machten Swantopolk zu ihrem Führer und

---

⁵ Nach Bullen Innozenz' IV. vom 1. Februar 1245 befand Swantopolk sich zu diesem Zeitpunkt bereits seit 8 Jahren im Kirchenbann (PUB 1,1 Nr. 160 f.)

⁶ Gemeint sind offenbar die Kreuzzugsaufrufe Innozenz' IV. vom Herbst 1243 (PUB 1,1 Nr. 146, 150 f.).

neus eorum, et ⁷armata manu et brachio extenso⁷ intraverunt dicte terre partes inferiores et omnes veteres Cristianos, qui de Alemania venerant in subsidium terre Prussie, miserabiliter occiderunt mulieres et parvulos in captivitatem perpetuam deducentes. Interfecerunt eciam fratrem Conradum de Tremonia virum devotum et in rebus bellicis circumspectum cum omni familia sua et omnia castra preter Balgam et Elbingum expugnantes occisis fratribus et Cristifidelibus funditus everterunt.

35. De vastacione parcium superiorum terre Prussie

Non longe postea idem Swantepolcus filius dyaboli congregavit iterum dictos neophitos apostatas, et ingredientes armata manu hostiliter partes superiores scilicet terram Pomesanie et Colmensem rapina et incendio devastabant expugnantes et penitus destruentes omnia castra et municiones preter tria scilicet Thorun, Colmen et Redinum. De populo eciam Dei ad laudem et gloriam eius ibi habitante trucidaverunt IIII milia, sic quod tota terra Prussie videbatur Cristianorum sanguine rubricata.

36. De expugnacione castri Sardewicz[g]
et invencione capitis beate Barbare virginis et martiris

Nullus sane mentis cogitare vel audire posset, quod fidei negocium in predictis partibus sub innumeris expensis et angustiis ad Dei gloriam tam magnifice promotum sic per unius tyranni maliciam ad talem interitum deveniret, quin ad gravem cordis perturbacionem et compassionem debitam moveretur. Unde fratres hiis visis consternati mente elegerunt ⁸pocius mori in bello quam videre tot mala gentis sue et sanctorum⁸. Ex quibus unus scilicet frater Theodericus de Bernheim antiquus marscalcus totus magnanimus (erat enim Ulixes in pectore nec manu minor Hectore) et fratres IIII et armigeri XXIIII noctis tempore in vigilia beate Barbare

[g] Auch Sardewicze, Sardowicze Codd.

Hauptmann und brachen [7]mit bewaffneter Hand und erhobenem Arm[7] in die unteren Landschaften des Landes ein; alle Altchristen, die dem Preußenland aus Deutschland zu Hilfe gekommen waren, brachten sie jämmerlich um, Frauen und Kinder führten sie in dauernde Gefangenschaft fort. Sie töteten auch den Bruder Konrad von Dortmund, einen gottergebenen und kriegserfahrenen Mann, mit seinem ganzen Gesinde; alle Burgen außer Balga und Elbing eroberten sie, zerstörten sie von Grund auf und machten die Brüder und die Christgläubigen nieder.

35. Von der Verwüstung des preußischen Oberlandes

Nicht lange danach versammelte Swantopolk, der Sohn des Teufels, die abtrünnigen Neubekehrten wiederum; mit bewaffneter Hand fielen sie feindlich in das Oberland, nämlich in das Land Pomesanien und ins Kulmerland, ein und verheerten es mit Raub und Brand; alle Burgen und Befestigungen ausgenommen drei, nämlich Thorn, Kulm und Rehden, eroberten sie und zerstörten sie gründlich. Vom Volke Gottes, das zu seinem Lob und Ruhm dort wohnte, machten sie 4000 nieder, so daß das ganze Preußenland von Christenblut rot zu sein schien.

36. Von der Eroberung der Burg Sartowitz und der Auffindung des Hauptes der heiligen Jungfrau und Märtyrerin Barbara

Niemand kann wohl bei klarem Verstande bedenken oder hören, daß die im Preußenlande unter unermeßlichen Kosten und Nöten zur Ehre Gottes schon so großartig beförderte Sache des Glaubens derart durch eines einzigen Tyrannen Bosheit ins Verderben gestürzt wurde, ohne heftige Herzensbewegung und gebührendes Mitleid zu empfinden. Erschüttert über diese Ereignisse, faßten die Brüder also den Vorsatz, [8]lieber im Kampf zu fallen, als so viele Übeltaten gegen ihr Volk und die Heiligen zu erleben[8]. Einer von ihnen, Bruder Dietrich von Bernheim, der frühere Marschall, ein ganz großartiger Mann — er war nämlich ein Odysseus an Klugheit und in seinen Taten nicht geringer als Hektor —, sowie vier Brüder und 24 Bewaffnete rückten in der Nacht vor dem Fest der heiligen Jungfrau

[7-7] Vgl. Dt 5,15; 26,8.
[8-8] Vgl. 1 Makk 3,59.

virginis et martiris[9] accesserunt ad castrum Sardewicz Swantepolci et applicantes scalas ad menia intrantesque secrete invenerunt quinquaginta viros ad eius custodiam deputatos, viros utique robore fortes et in armis exercitatos, quos fratres cum suis XXIIII armigeris viriliter sunt aggressi. Illi ex opposito hostiliter se opponentes fortiter defenderunt. Nunc istis, nunc illis repressionem sustinentibus bellum durissimum inter eos est exortum et duravit ab ortu diei usque ad horam terciam[10]. Tandem ipse Deus, qui sperantes in se non derelinquit, fratribus opem et victoriam de celo misit, ut occisis omnibus preter paucos, qui fugientes evaserunt, mulieres CL ibi captas cum parvulis ligaverunt. Quo facto invenerunt in quodam celario cistam seu archam et pixidem argenteam in ea et in pixide caput beate Barbare virginis et martiris, quo viso proni ceciderunt in terram collaudantes Deum de tam gloriosi muneris invencione. Elevantes ergo has sanctas reliquias cum magno gaudio celarium exierunt. Quod cum videret quedam matrona antiqua, que cum aliis stetit ligata, ait ad fratres: „Bene potestis gaudere et iuste debetis, quia meritis beate Barbare habetis, quicquid honoris estis hodie consecuti." Ad quam fratres: „Quis tibi hoc indicavit?" aut „Quomodo potes hoc scire?" Que respondit: „Ego speciali devocione semper dilexi sanctam Barbaram, unde hac nocte apparuit mihi tribus vicibus succinctis vestibus, ac si parata esset ad ambulandum in via, et ego dixi ad eam: ‚Quo vadis, sancta virgo?' Que respondit: ‚Ego volo ire ad civitatem Colmensem et audire ibi missam'; et dum tercio appareret mihi et diceret ad me: ‚Valeas, dilecta mea', ego cecidi de stratu meo et secuta fui ipsam usque ad ostium domus, ubi cum ipsa disparuisset, vidi vos armatos in castro. Ex istis scio indubitanter, quod meritis et precibus eius traditum est vobis hoc castrum, ut reliquias ipsius vobiscum ducatis in terram Prussie, ubi in maiori quam hic reverencia habeantur." Post hec frater Theodericus quibusdam fratribus et armigeris ad dicti castri custodiam ordinatis cum paucis reversus has sanctas reliquias versus Colmen duxit, ubi clerus et populus cum solenni processione occurrens eas ad ecclesiam portaverunt et ad Castrum Antiquum posuerunt, ubi usque in presentem diem propter crebra miracula, que per eam Dominus operatur, in veneracione assidua requiescunt.

und Märtyrerin Barbara[9] zu Swantopolks Burg Sartowitz, legten Leitern an die Wälle und drangen heimlich ein; sie fanden eine fünfzigköpfige Besatzung vor, besonders starke und waffengeübte Männer, die die Brüder mit ihren 24 Kriegern mannhaft angriffen. Jene anderseits stellten sich den Brüdern feindlich entgegen und verteidigten sich tapfer. Der härteste Kampf entbrannte zwischen ihnen, wobei bald die einen, bald die anderen den Ansturm der Gegenseite aushielten; er dauerte von Tagesanbruch bis zur dritten Stunde[10]. Endlich sandte Gott selbst, der die auf ihn Hoffenden nicht verläßt, den Brüdern Hilfe und Sieg vom Himmel herab, so daß sie alle Feinde erschlugen außer wenigen, die durch die Flucht entkamen; 150 Frauen mit ihren Kindern nahmen sie dort gefangen und banden sie. Danach fanden sie in einem Keller eine Kiste oder Truhe und in ihr eine silberne Büchse, in dieser aber das Haupt der heiligen Jungfrau und Märtyrerin Barbara. Als sie es sahen, fielen sie demütig zur Erde nieder und priesen Gott für die Auffindung eines so herrlichen Geschenks. Sie erhoben also die heiligen Reliquien und gingen mit großer Freude wieder aus dem Keller heraus. Als das eine alte Frau sah, die dort mit den anderen gebunden stand, sagte sie zu den Brüdern: „Ihr könnt wohl froh sein, und ihr müßt es auch zu Recht, denn was ihr heute an Ehre erlangt habt, das verdankt ihr den Verdiensten der heiligen Barbara." Als die Brüder sie fragten: „Wer hat dir das angezeigt?" oder: „Wie kannst du das wissen?", antwortete sie: „Ich habe die heilige Barbara immer besonders verehrt und geliebt; daher erschien sie mir heute Nacht dreimal mit geschürzten Kleidern, als ob sie sich zu einer Reise vorbereitet hätte; ich sagte zu ihr: ‚Wohin willst du, heilige Jungfrau?' Sie antwortete: ‚Ich will in die Stadt Kulm gehen und dort die Messe hören'; und als sie mir zum dritten Mal erschien und zu mir sagte: ‚Leb wohl, meine Liebe', da fiel ich aus meinem Bett und folgte ihr bis zur Tür des Hauses, und als sie dort verschwand, sah ich euch bewaffnet in der Burg. Deshalb weiß ich ganz gewiß, daß euch diese Burg wegen ihrer Verdienste und auf ihre Bitten in die Hand gegeben ist, damit ihr ihre Reliquien mit euch ins Preußenland nehmt, auf daß sie dort höhere Verehrung erfahren als hier." Darauf stellte Bruder Dietrich einige Brüder und Bewaffnete zur Bewachung der Burg ab, kehrte mit wenigen zurück und brachte die heiligen Reliquien nach Kulm; dort kamen ihnen Klerus und Volk in feierlicher Prozession entgegen, trugen die Reliquien zur Kirche und legten sie dann in Althausen nieder, wo sie bis auf den heutigen Tag ruhen und wegen der vielen Wunder, die der Herr durch sie wirkt, eifrig verehrt werden.

---

[9] Also in der Nacht vom 3. zum 4. Dezember (1242).
[10] Bis etwa 10 Uhr morgens.

37. De obsidione castri Sardewicz
et occisione nongentorum Pomeranorum

Cum autem hec ad aures dicti ducis devenirent, ultra modum perturbatus fuit et totum conatum suum in virus vindicte convertens convocavit omnes neophitos apostatas terre Prussie et dictum castrum Sardewicz obsedit et cum instrumentis bellicis, sagittis et aliis modis, quibus potuit, quinque septimanis fortissime impugnavit, quibus fratres et alii obsessi viriliter restiterunt. Sed quia idem dux omni [11]dolo plenus fuit, semper dolose egit[11]. [12]Ut tandem iniquitas eius Dei odium inveniret[12], assumpsit maiorem partem exercitus sui relicta in obsidione parte altera, secrete noctis tempore transiit glaciem Wisele et terram Colmensem multipliciter depredavit. Cui frater Theodericus marscalcus cum paucis occurrit confidens de Dei misericordia, cui [13]facile est concludere in paucis aut in multis[13], et inito certamine [14]percussit eos plaga non modica[14]. Occidit enim nongentos viros aliis in fugam conversis et preter alia spolia, que multa fuerunt, CCCC equos hostium conservavit. Dux autem confusus cum paucis rediit ad aliam partem exercitus sui, quam reliquerat in obsidione, tam occulte, quod obsessi in castro non poterant considerare, quod actum fuerat in conflictu. Unde miserunt quendam fratrem ad marscalcum, qui experiri posset de eventu huiusmodi veritatem, qui marscalcus ipsum instructum remisit precipiens, ut quando ipse cum dicto exercitu Swantepolci inciperet bellum, ipsi de castro descenderent et iuvarent, addens, et castrum possideat postea, qui hic victoriam obtinebit. Marscalcus itaque dum exercitum ducis vellet invadere iterum in prelio, Swantepolcus ex prima strage habens certa indicia et signa evidencia Deum sibi terribiliter offensum et [15]divine protectionis clipeum[15] a se recessisse non dubitans meticulosus factus fuit et adeo [16]emarcuit cor eius[16], quod ipse cum multis paucos non audebat aliqualiter expectare, sed in fugam conversus cum suis turpiter recedebat. Marscalcus hoc videns paulatim cum suis processit et hostium tentoria conbussit. Timens dicti ducis fraudulentam

[11—11] Vgl. Sir 1,40; 19,23; Jr 5,27; Apg 13,10; Ps 35,3.
[12—12] Vgl. Ps 35,3.

37. Von der Belagerung der Burg Sartowitz und dem Tod von 900 Pommerellern

Als dies aber dem Herzog [Swantopolk] zu Ohren kam, geriet er außer sich und richtete sein ganzes Bemühen auf giftige Rache; er rief alle abgefallenen Neubekehrten des Preußenlandes zusammen und belagerte die Burg Sartowitz, und mit Kriegsmaschinen, Pfeilen und wie er es sonst noch vermochte, griff er sie fünf Wochen lang auf das heftigste an; die Brüder und die anderen Belagerten leisteten tapferen Widerstand. Weil der Herzog aber [11]voller Hinterlist war, handelte er auch immer trügerisch[11]. [12]Auf daß er aber endlich wegen seiner Sünden den Haß Gottes erführe[12], ging er mit dem größeren Teil seines Heeres, während der Rest zur Belagerung zurückblieb, heimlich des Nachts über das Eis der Weichsel und plünderte das Kulmerland auf vielfältige Art aus. Der Marschall Bruder Dietrich trat ihm mit wenigen Leuten im Vertrauen auf Gottes Barmherzigkeit, dem es [13]ein leichtes ist, durch wenige oder viele ein Ende zu machen[13], entgegen, ging in den Kampf und [14]brachte den Feinden eine schwere Niederlage bei[14]. Er tötete nämlich 900 Mann, schlug die übrigen in die Flucht und gewann außer der übrigen reichen Beute 400 Pferde der Feinde. Der Herzog aber zog sich in Verwirrung mit wenigen Männern zum anderen Teil seines Heeres zurück, den er zur Belagerung zurückgelassen hatte, und zwar so heimlich, daß die Belagerten in der Burg nicht erkennen konnten, was bei dem Treffen vorgefallen war. Sie schickten deshalb einen Bruder, der die Wahrheit über den Ausgang erkunden sollte, zum Marschall. Dieser unterrichtete ihn und schickte ihn mit dem Befehl zurück, sie sollten, wenn er mit dem Heer Swantopolks den Kampf begänne, einen Ausfall machen und ihm helfen; und er fügte hinzu, die Burg werde hinterher der besitzen, der hier den Sieg behaupten werde. Als der Marschall nun das Heer des Herzogs wiederum angreifen wollte, hatte Swantopolk in der ersten Niederlage ja schon einen sicheren Beweis und ein deutliches Zeichen dafür, daß Gott ihm furchtbar zürne, und zweifelte nicht, daß [15]der Schild des göttlichen Schutzes[15] von ihm gezogen sei; er wurde von Furcht befallen und [16]der Mut sank ihm[16] derart, daß er mit seinen vielen Leuten nicht die wenigen Gegner zu erwarten wagte, sondern sich zur Flucht wandte und mit den Seinen schändlich entwich. Als der Marschall das sah, rückte er mit seinem Heer allmählich vor und verbrannte die Zelte der Feinde. Er fürchtete des Herzogs betrü-

---

[13–13] Vgl. 1 Makk 3,18.
[14–14] Vgl. etwa 1 Sam 19,8; 23,5; 1 Kg 20,21; 2 Chr 21,14; 1 Makk 1,32; 5,3; 5,34; 8,4.
[15–15] Vgl. Pontificale Romanum, or. ben. virg.
[16–16] Vgl. Is 21,4.

maliciam tamque dolose vulpis astuciam, que sepe fallit ingenium venatoris, non audebat sequi fugientes, sed per totam diem conservavit exercitum suum adunatum firmans rupturas castri per impugnaciones factas. Tandem in vespere relictis ibi pluribus armigeris recessit.

38. De tradicione castri Nakel et depredacione terre Pomeranie

Legatus sedis apostolice[17], qui continuis curis et sollicitudinibus urgebatur circa fidei negocium, ut proficeret et inimicus fidei dux Pomeranie deficeret, videns, quod bellum inciperet aliqualiter [18]prosperari in manu fratrum[18], vocatis ad se de Polonia duce Casimiro[19] et duce de Calis[20] et fratribus consuluit eis, ut cum exercitu procederent contra Swantepolcum. Qui mandatis eius parentes secesserunt cum magno exercitu versus castrum ipsius Nakel figentes ibi tentoria sua et castris ibi secundum militarem disciplinam collocatis et erectis ibi machinis et instrumentis aliis bellicis et preparatis omnibus, que ad impugnacionem urbium necessaria sunt, castrenses perterriti sub hiis condicionibus, ut salvis rebus et personis possent exire, castrum fratribus tradiderunt. Qui locantes in eo fratres et armigeros pro custodia cum alia parte exercitus intraverunt terram Pomeranie [21]attingentes a fine usque ad finem fortiter, sed non suaviter omnia disponentes[21]; imo quicquid igne consumi potuit, combusserunt, occisis plurimis et mulieribus captis et parvulis cum preda maxima redierunt.

39. De reformacione pacis inter Swantepolcum et fratres

Hiis itaque sic dispositis et a Deo misericorditer ordinatis Swantepolco duci, qui pridie tam dure cervicis fuit et obstinatus in perfidia, quod nec prece nec precio nec minis flecti potuit, quod vellet

---

[17] Wilhelm von Modena, den Dusburg hier anscheinend meint, war zu dieser Zeit nicht mehr in Preußen (vgl. III,33, Anm. 3).
[18—18] Vgl. 1 Makk 2,47; 14,36; 16,2.
[19] Mit Herzog Kasimir von Kujawien und Swantopolks Brüdern Sambor und

gerische Bosheit wie die Schlauheit des listigen Fuchses, der den Scharfsinn des Jägers oftmals täuscht, und wagte die Flüchtigen nicht zu verfolgen, sondern hielt sein Heer während des ganzen Tages zusammen und beseitigte die Schäden, die die Burg durch die Angriffe erlitten hatte. Am Abend zog er sich schließlich zurück, nachdem er viele Knechte dort zurückgelassen hatte.

38. Von der Übergabe der Burg Nakel und der Plünderung des Landes Pommerellen

Der Legat des päpstlichen Stuhls[17], der sich mit unablässiger Sorge und Mühe darum kümmerte, daß die Sache des Glaubens gedeihe und der Feind des Glaubens, der Herzog von Pommerellen, verdürbe, sah, daß der Krieg [18]in der Hand der Brüder günstig zu verlaufen begann[18]; er rief daher aus Polen den Herzog Kasimir[19] und den Herzog von Kalisch[20] und die Brüder zu sich und gab ihnen den Rat, mit einem Heer gegen Swantopolk vorzugehen. Sie gehorchten seinem Gebot, zogen mit einem großen Heer zu des Herzogs Burg Nakel und schlugen dort ihre Zelte auf. Als sie nach militärischem Brauch ihr Lager errichtet, Maschinen und anderes Kriegsgerät aufgestellt und alles vorbereitet hatten, was zur Bestürmung befestigter Orte notwendig ist, übergab die Besatzung voller Schrecken die Burg unter der Bedingung freien Abzugs für sich und ihre Habe den Brüdern. Diese legten in sie Brüder und Bewaffnete als Wachmannschaft; mit dem anderen Teil des Heeres drangen die Brüder in das Land Pommerellen ein, [21]durchzogen es von einem Ende zum anderen und verfuhren mannhaft, aber auch hart[21]; was das Feuer verzehren konnte, brannten sie nieder, sie schlugen sehr viele tot, nahmen Frauen und Kinder gefangen und kehrten mit riesiger Beute zurück.

39. Von der Wiederherstellung des Friedens zwischen Swantopolk und den Brüdern

Als dies also geschehen und von Gott barmherzig eingerichtet war, kam Herzog Swantopolk, der vorher so hartnäckig und verhärtet in seiner Treulosigkeit gewesen war, daß er weder durch Bitten noch durch Beloh-

---

Ratibor schloß der Orden am 28. August 1243 ein Bündnis gegen den Pommerellerherzog (PUB 1,1 Nr. 145).
[20] Boleslaw der Fromme.
[21-21] Vgl. Weish 8,1.

redire ad sancte matris ecclesie gremium[22], modo hec [23]vexacio dedit intellectum[23] et videns, quod fratribus amodo non posset resistere, venit ad legatum[24] et fratres et humiliatus coram eis recognovit se [25]perperam egisse[25] contra fidem et fideles supplicans, ut sui misererentur et cum eo agerent graciose, exhibens se et sua fratribus in emendam. Legatus hiis auditis diversos habuit tractatus cum fratribus super hac re dicens, quod difficile esset ei credere, qui sepe pacis federa rupit. Ex adverso consideravit, quod petenti veniam [26]sinus misericordie[26] non est precludendus, ex his eligens, quod melius novit scilicet pacem, quia nonnisi in tempore pacis colitur [27]autor pacis[27]. [h]Unde de consilio fratrum recepit ipsum ad graciam ecclesie sub hiis pactis[h]: Swantepolcus, ut firma esset inter eum et fratres composicio, castrum suum Sardewicz dedit fratribus in pignus et filium suum primogenitum Mestowinum, Wimarum[i] burgravium et Woyac ducem exercitus sui in obsides iuravitque ad sancta Dei evangelia per eum corporaliter tacta, quod deberet fratres iuvare contra infideles, quociens necessitas hoc exposceret, et quod non deberet amodo contra fidem et fideles tam detestabilia facta, qualia prius fecerat, attemptare, et dedit literas suas fratribus sigillo suo sigillatas in testimonium premissorum. Hoc facto fratres ei omnes captivos, qui poterant reperiri, inter quos fuerunt LXX matrone nobiles et honeste preter alias mulieres, viros et parvulos reddiderunt dictamque pacem[28] fratres tam firmiter observabant, quod preter alia, que ad pacis observanciam sunt necessaria, nullum bellum contra infideles ulterius movere sine dicti ducis consilio voluerunt.

40. De novo bello Swantepolci et conflictu in Rensen

Sed quia [29]sensus humani semper proni sunt in malum[29] et [30]a via, quam homo ab adolescencia sua consuevit, cum senuerit, de fa-

[h−h] Fehlt K, T.
[i] Winarum K.

[22] Vgl. III,33, Anm. 5.
[23−23] Vgl. Is 28,19.
[24] Vgl. Anm. 17 S. 144.

nung oder Drohungen zu bewegen war, in den Schoß der heiligen Mutter Kirche zurückzukehren[22], durch diese [23]Bedrängnis alsbald zu Verstand[23]; da er er kannte, daß er den Brüdern nicht mehr länger würde widerstehen können, kam er zum Legaten[24] und zu den Brüdern, demütigte sich vor ihnen und bekannte, er habe [25]treulos gegen den Glauben und die Gläubigen gehandelt[25]; er bat sie, sich seiner zu erbarmen und gnädig mit ihm zu verfahren, und bot sich und seinen Besitz den Brüdern als Genugtuung an. Daraufhin beriet sich der Legat verschiedentlich mit den Brüdern über diese Sache und sagte, es sei schwer, dem zu glauben, der schon oft Friedensverträge gebrochen habe. Andererseits bedachte er, daß man dem, der um Vergebung bittet, nicht [26]die barmherzige Brust[26] verschließen darf; aus beidem wählte er aus, was ihm besser erschien, nämlich den Frieden, denn nur in Friedenszeiten ehrt man [27]den Urheber des Friedens[27]. Daher nahm er den Herzog auf den Rat der Brüder wieder in die Gnade der Kirche auf, und zwar unter den folgenden Bedingungen: Swantopolk gab, zur Sicherheit für die Einigung zwischen ihm und den Brüdern, seine Burg Sartowitz den Brüdern zum Pfand und stellte seinen ältesten Sohn Mestwin, den Burggrafen Wimar und seinen Kriegshauptmann Woyac als Geiseln; er schwor bei den heiligen Evangelien Gottes, die er mit der Hand berührte, den Brüdern gegen die Ungläubigen zu helfen, wann immer es nötig sein werde, und in Zukunft nicht wieder solche Scheußlichkeiten gegen den Glauben und die Gläubigen zu begehen wie vorher; dazu gab er den Brüdern eine mit seinem Siegel versehene Urkunde zum Zeugnis des Gesagten. Darauf gaben die Brüder ihm alle Gefangenen zurück, die aufgefunden werden konnten, unter ihnen 70 adlige und ehrbare Frauen außer den anderen Weibern, Männer und Kinder. Diesen Frieden[28] beachteten die Brüder so streng, daß sie neben anderem, das zur Einhaltung eines Friedens notwendig ist, keinen Krieg gegen die Ungläubigen mehr ohne den Rat des Herzogs führen wollten.

40. Vom neuen Kriege Swantopolks und vom Kampf am Rensen

Aber weil [29]der menschliche Sinn immer zum Bösen bereit ist[29] und [30]der Mensch von dem Weg, den er von Jugend auf gewohnt ist, nicht

---

[25-25] Vgl. 1 Kor 13,4.
[26-26] Vgl. Missale Romanum, 18. jul., postc.
[27-27] Vgl. Missale Romanum, 12. jun., or.; 3. jul., postc.; Missa pro pace, postc.
[28] Geschlossen wohl im Frühjahr 1243.
[29-29] Vgl. Gn 8,21.
[30-30] Vgl. Spr 22,6.

cili non recedit[30], ideo perversus ille dux Pomeranie plenus iniquitate innatam sibi maliciam, quam a iuventute sua solitus fuit exercere, non diu potuit occultare, sed post contractam pacem revoluto anno[31] immemor salutis sue et sacramenti, quo firmaverat dictam pacem, immemorque sanguinis sui scilicet filii et aliorum obsidum, quos dedit in pignus, rupto federe pacis cum neophitis apostatis terre Prussie et Sudowitis collegit exercitum grandem nimis, qui preter alia mala in captivis et occisis et infinita preda totam terram Colmensem exceptis tribus castris Thorun, Colmine et Redino in solitudinem redegerunt. Quo facto cum exercitu suo venerunt ante castrum et civitatem Colmen et ibi steterunt usque ad vesperam [32]in superbia et abusione[32]. Postea secesserunt usque ad paludem, que dicitur Rensen[33], et ibi per noctem quieverunt. Quo percepto fratres de Colmine cum CCCC viris secuti sunt eos, et dum media pars exercitus infidelium paludem predictam transivisset, frater Theodericus[34] antiquus marscalcus voluit posteriorem partem invadere asserens, quod antequam alii redirent, isti essent occisi. Cui consilio contradixit frater Berlwinus[35] novus marscalcus, et licet seniores fratres invite facerent, quia videbatur eis, quod invadendo eos ante cogerent ipsos ad defensionem, tamen secuti fuerunt consilium eius et aggressi sunt eos viriliter in anteriori parte, et statim conversi sunt in fugam. Quos Cristiani sequentes plures occiderunt, et disperso exercitu Cristianorum marscalcus cum XXIIII armigeris venit circa montem quendam, in quo invenit IIII milia infidelium contra se parata ad bellum. Sed dum Prutheni viderent tam paucos circa vexilum fratrum, resumptis viribus et audacia irruerunt repente in eos et marscalcum et fratres omnes cum CCCC viris occiderunt preter X, qui fugientes salvati sunt. Tandem venerunt fratres de Thorun cum CC viris ad locum et horam eis deputatam a marscalco, et dum viderent fratres occisos, fugerunt. Quos Prutheni sequentes plures occiderunt, alii evaserunt. Collecta igitur preda, que magna fuit nimis, multas mulieres et parvulos cum magno gaudio deduxerunt. Inter quos fuit Martinus de Golin cum sorore sua impregnata, que dum propter gravedinem partus non posset sequi exercitum accelerantem, is, qui eam

[31] Vielmehr wohl noch im Sommer desselben Jahres.

leicht abgeht, wenn er alt geworden ist[30], konnte auch jener verdorbene Herzog von Pommerellen in seiner ganzen Schlechtigkeit die ihm angeborene Bosheit, die er von Jugend an zu üben pflegte, nicht lange verbergen; ein Jahr nach dem Friedensschluß[31] vergaß er sein Heil und den Eid, mit dem er den Frieden bekräftigt hatte, er vergaß auch sein eigenes Blut, nämlich seinen Sohn, und die anderen Geiseln, die er zum Pfand gesetzt hatte, brach den Frieden und sammelte mit den abtrünnigen Neubekehrten des Preußenlandes und den Sudauern ein riesiges Heer, das außer den Übeltaten, die es durch Gefangennahme, Totschlag und den Gewinn einer unermeßlichen Beute verübte, das ganze Kulmerland mit Ausnahme der drei Burgen Thorn, Kulm und Rehden wüst machte. Danach kamen sie mit ihrem Heer vor Burg und Stadt Kulm und hielten dort bis zum Abend [32]in Hochmut und Anmaßung[32]. Später rückten sie zu einem Sumpf ab, der Rensen[33] heißt, und blieben dort die Nacht über. Auf diese Nachricht hin folgten die Kulmer Brüder ihnen mit 400 Mann, und als das halbe Heer der Ungläubigen den Sumpf überschritten hatte, wollte Bruder Dietrich[34], der frühere Marschall, die Nachhut angreifen, weil er meinte, die wäre niedergemacht, bevor die anderen zurückkehren könnten. Diesem Rat widersprach Bruder Berlwin[35], der neue Marschall, und obwohl die älteren Brüder es ungern taten — sie glaubten nämlich, man würde den Feind zum Widerstand zwingen, wenn man ihn von vorn angreife —, so folgten sie doch Berlwins Rat und griffen mannhaft die Vorhut an, die sich sofort zur Flucht wandte. Die Christen verfolgten die Feinde und töteten viele. Als das christliche Heer sich zerstreut hatte, kam der Marschall mit 24 Mann an eine Anhöhe, auf der er 4000 kampfbereite Ungläubige vorfand. Als die Prußen aber sahen, daß nur noch so wenige bei der Fahne der Brüder standen, gewannen sie Kraft und Kühnheit zurück, warfen sich plötzlich auf sie und töteten den Marschall, alle Brüder und die 400 Mann außer 10, die sich durch die Flucht retten konnten. Endlich kamen auch die Thorner Brüder mit 200 Mann zur festgesetzten Stunde an den Ort, den ihnen der Marschall angegeben hatte; als sie die Brüder erschlagen sahen, ergriffen sie die Flucht. Die Prußen setzten ihnen nach und töteten viele, die übrigen entkamen. Danach sammelten sie übergroße Beute ein und führten viele Frauen und Kinder mit großer Freude davon. Dabei waren auch Martin von Golin und seine schwangere Schwester; als diese wegen des Gewichts ihrer Leibesfrucht dem eiligen Marsch des Heeres nicht folgen konnte, öffnete der Pruße, welcher sie als Gefangene mit

[32–32] Vgl. Ps 30,19.
[33] Wohl das spätere Rondsen. Die im folgenden berichtete Schlacht fand nach erzählenden Quellen am 15. Juni, nach einem Nekrologeintrag am 21. September statt.
[34] Von Bernheim.
[35] Von Freiberg.

captivam duxit, cum gladio ventrem eius aperuit et infans vivus
cecidit in arenam et ipsa expiravit. Quod factum detestabile idem
Martinus in tantum abhorruit et tantam concepit inde invidiam
contra infideles, quod postquam liberatus fuisset ab eis, percussit
ipsos sepius plaga magna, prout inferius apparebit. Post recessum
ipsorum, dum fratres [36]viderent mala, que fecerant in populo, dixerunt invicem: „Ve nobis, ut quid nati sumus videre contricionem
populi nostri et contricionem terre nostre et sedere illic, cum detur
in manus inimicorum? Trucidati sunt senes eius, iuvenes eius ceciderunt in gladio inimicorum. Que prius erat libera, facta est ancilla. Ecce sancta nostra et pulcritudo nostra et claritas nostra desolata est et coinquinaverunt gentes. Quid ergo nobis adhuc vivere?"
Sciderunt igitur vestimenta sua et cooperuerunt se ciliciis[36] et cum
eis gravi timore perterritus omnis populus, qui superstes fuerat,
planxit.

41. De quodam miraculo

Quedam mulier dum post conflictum cum aliis civibus de Colmine
iret ad locum certaminis ad sepeliendum corpora interfectorum et
maritum suum semivivum vellet ad civitatem ducere, ille restitit, et
dum quereret, quare ibi lubencius moreretur, respondit, quod beata
virgo Maria eodem die cum turibulo precedentibus duabus virginibus
cum candelis ardentibus omnes occisos turificasset, et dum veniret
ad eum et sensisset cum adhuc vivum, ait: „Tercia die morieris, et
gaude, quia anima tua sicut cetere anime occisorum ad eterna gaudia
evolabit", ductusque sic cum aliis in civitatem Colmensem tercia die
mortuus est, ut predixit, et credidit omnis populus verbis eius.

42. De altercacione duarum viduarum pro uno viro

Post hunc conflictum dum episcopus Colmensis videret civitatem Colmensem desolatam viris, omnes enim occisi fuerunt in conflictu predicto, iniunxit viduis in remissionem omnium peccatorum, ut famulos suos ducerent in maritos, ne negocium fidei ibidem

sich führte, ihr den Leib mit dem Schwert; das Kind fiel lebendig in den Sand, sie selbst aber starb. Diese abscheuliche Tat flößte Martin solches Entsetzen und solchen Haß auf die Ungläubigen ein, daß er ihnen nach seiner Befreiung oftmals große Plage bereitete, wie unten berichtet werden wird. Als die Brüder nach dem Abzug der Prußen [36]die Übel sahen, die diese dem Volk zugefügt hatten, sprachen sie zueinander: „Weh uns, warum sind wir geboren, um das Verderben unseres Volkes und das Verderben unseres Landes zu sehen und dort zu wohnen, während es in die Hände der Feinde gegeben wird? Erschlagen sind seine Greise, und seine jungen Männer sind gefallen durch das Schwert der Feinde. Vorher war es frei, jetzt ist es Magd geworden. Siehe, unsere Heiligtümer, unsere Schönheit und unsere Herrlichkeit sind verwüstet, und die Heiden haben sie befleckt. Wozu sollen wir noch leben?" Und sie zerrissen ihre Kleider und zogen Trauerkleider an[36], und mit ihnen trauerte in großer Furcht das ganze Volk, das übriggeblieben war.

41. Von einem Wunder

Nach dem Kampf ging eine Frau mit anderen Kulmer Bürgern zum Schlachtfeld, um die Leichen der Gefallenen zu begraben; als sie ihren noch lebenden Mann zur Stadt bringen wollte, weigerte der sich, und auf die Frage, warum er lieber hier sterben wolle, anwortete er, die heilige Jungfrau Maria habe am selben Tag mit zwei Jungfrauen, die ihr mit brennenden Kerzen voranschritten, alle Toten mit einem Weihrauchfaß inzensiert, und als sie zu ihm gekommen sei und bemerkt habe, daß er noch lebe, habe sie gesagt: „In drei Tagen wirst du sterben; freue dich, denn deine Seele wird wie die Seelen der übrigen Toten zur ewigen Freude emporfliegen!" Er wurde mit anderen in die Stadt Kulm gebracht; am dritten Tag aber starb er, wie er vorausgesagt hatte, und das ganze Volk glaubte seinen Worten.

42. Vom Streit zweier Witwen um denselben Mann

Als der Bischof von Kulm nach der Schlacht sah, daß die Stadt Kulm ganz ohne Männer war — sie waren nämlich alle im Kampf gefallen —, da befahl er den Witwen zur Vergebung aller Sünden, ihre Knechte zu heiraten, damit die Sache des Glaubens nicht gänzlich in Gefahr gerate. Nun

---

[36—36] Vgl. 1 Makk 2, 6—14.

omnino periclitaretur. Unde accidit, quod due mulieres, dum ad ecclesiam irent, viderunt inter alios in foro ludentes ad talos quendam famulum fortem et pulcrum aspectu, licet non bene vestitum, quarum una secrete dixit ancille sue, ut illum duceret ad domum suam. Alia vero hoc considerans precepit ancille sue occulte, ut eum deduceret ad hospicium suum nec eum dimitteret, quousque reverteretur. Quo facto ipsa eum vestivit honeste et contraxit cum eo matrimonium in facie ecclesie. Prima mulier hoc intelligens diu fuit ingrata alteri mulieri. Hic famulus natus fuit de Hallis et adeo honestus et sapiens fuit, quod in Prussia parem in virtutibus non habebat.

43. De tribulacione fratrum post conflictum

Propter hanc stragem[37] fratrum Swantepolcus gavisus est gaudio magno valde et apponens iniquitatem super iniquitatem suam [38]addensque dolorem super dolorem[38] vulnerum fratrum nitebatur modis, quibus potuit, qualiter populum eis subiectum in summa necessitate constitutum ab ipsis averteret et ad voluntatem suam perfidam precibus et muneribus inclinaret. Et licet aliqui ab eo corrupti essent et ad ipsius beneplacitum occulte inclinati, tamen Dei providencia et fratrum discrecione provisum fuit, quod nullus audebat talia publice ostentare. Et sic eius machinacionibus in nihilum redactis, in malo suo proposito non profecit.

44.[39]

Swantepolcus dux Pomeranie predictus cum in hac callida temptacione non proficeret, invenit aliam graviorem estimans indubitanter tunc tempus aptum et diu desideratum advenisse, in quo posset sine alicuius resistencia illam modicam scintillam Cristifidelium, que residua mansit post ultimum conflictum, extinguere pe-

---

[37] Dusburg schließt an III,40 an.

[38–38] Vgl. Jr 45,3.

[39] Dies Kapitel paßt nicht recht in den Zusammenhang. III,45 schließt sich sinngemäß natürlicher an III,43 als an III,44 an, das in den Handschriften K und T mit

geschah es, daß zwei Frauen beim Kirchgang einen kräftigen und hübschen, allerdings schlecht gekleideten Knecht auf dem Markt mit anderen beim Würfelspiel sahen und die eine der beiden heimlich zu ihrer Magd sagte, sie solle ihn in ihr Haus führen. Die andere aber bemerkte das und gebot ihrer Magd insgeheim, sie solle ihn mit nach Hause nehmen und ihn nicht fortlassen, bis sie selbst zurückkäme. Darauf stattete sie ihn mit reichen Kleidern aus und ließ sich mit ihm in der Kirche trauen. Als die erste Frau das durchschaut hatte, war ihr die andere lange Zeit verhaßt. Der Knecht war gebürtig aus Halle und so ehrbar und weise, daß er in Preußen an Tugend seinesgleichen nicht hatte.

43. Von der Bedrängnis der Brüder nach dem Kampf

Über diese Niederlage[37] der Brüder empfand Swantopolk große Freude; er häufte Missetat auf Missetat, [38]fügte den Brüdern immer neue schmerzhafte Wunden zu[38] und bemühte sich auf jede Weise, ihnen ihr von höchster Not bedrücktes Volk abspenstig und seinem verbrecherischen Willen durch Bitten und Geschenke willfährig zu machen. Aber wenn auch einige sich von ihm bestechen ließen und ihm heimlich gewogen waren, so sorgten doch Gottes Vorsehung und die Vorsicht der Brüder dafür, daß niemand solches öffentlich zu zeigen wagte. So wurden seine Machenschaften zunichte, und er erreichte sein übles Ziel nicht.

44.[39]

Als Herzog Swantopolk von Pommerellen mit dieser listigen Versuchung keinen Erfolg hatte, erfand er eine andere schwerere; er zweifelte nämlich nicht daran, daß jetzt die geeignete und lang ersehnte Zeit da sei, um den schwachen Glaubensfunken, der nach dem letzten Kampf noch übrig war, ohne jeden Widerstand gänzlich auszulöschen und zu vernichten.

III,45 die gemeinsame Überschrift De pace iterum reformata et destructa etc. hat, während es in der Handschrift B überhaupt fehlt. Jeroschin hat die wenigstens teilweise zutreffende Überschrift Diz ist, wî Swantepolc Colmerlant herte und wî sîn her vortranc.

nitus et delere. Et congregavit duo milia virorum preelectorum in armis et transiens Wyselam navigio intravit terram Colmensem duobusque diebus et duabus noctibus sustulit, quicquid relictum fuit, aliud convertit in cinerem et favillam. Medio tempore, quo hec agerentur, fratres de Colmine cum nobilibus et civibus suis de civitate Colmensi congregati videntes mala, que fecerat Swantepolcus cum exercitu suo, ingemuerunt et tundentes pectora sua cum lacrimis rogaverunt Deum dicentes[40]: „Parce, Domine, parce populo tuo, et ne des hereditatem tuam in perdicionem." Fratres attendebant, quod si iterum invaderent exercitum illum et perderent victoriam, sine spe recuperacionis amitterent terram Prussie et fides Cristi ibi per consequens deleretur. Nobiles vero et cives de Colmine dicebant, quod pocius vellent honeste mori in bello, quam sic vivendo miserabiliter deficere de die in diem. [41]Et irruit spiritus Domini in fratres[41] et omnes, qui aderant, et licet essent nimis pauci respectu inimicorum, confisi tamen in Domino aggressi sunt hostes hostiliter et audacter ante civitatem Colmensem et factum est prelium magnum inter eos pluribus cadentibus ex utraque parte. Tandem [42]pater misericordiarum et Deus tocius consolacionis, qui suos in omni tribulacione consolatur[42], confortavit fratres in tantum, quod Swantepolcus de hoc perterritus cum omni populo suo fugit et inclinavit se versus locum, ubi naves reliquerat, sperans per easdem evadere. [43]Sed non sic, impii, non sic, sed tanquam pulvis, quem proiecit ventus a facie terre[43]! Sic venit ventus validus et omnes naves illas longe a litore removit, et factum fuit eis cum istis navibus, sicut accidit Paligano[k] regi Sarracenorum perdita victoria a facie Karoli fugienti[44]. Et cum non invenirent naves, intraverunt Wyselam, et submersi sunt preter Swantepolcum et paucos, qui cum eo recesserant, omnes, qui prius gladium evaserant. Sicque [45]consolatus est Dominus populum suum[45] in necessitate maxima constitutum.

[k] So K; pagano T, Toeppen.

Er sammelte 2000 waffenerprobte Männer, überschritt die Weichsel zu Schiff und drang ins Kulmerland ein; zwei Tage und Nächte lang raubte er, was noch da war, alles andere legte er in Schutt und Asche. Inzwischen kamen die Kulmer Brüder mit den Adligen und ihren Bürgern aus der Stadt Kulm zusammen; als sie die Übel sahen, die Swantopolk mit seinem Heer angerichtet hatte, da seufzten sie, schlugen sich unter Tränen an die Brust, baten Gott und sprachen[40]: „Schone, Herr, schone dein Volk, gib dein Eigentum nicht dem Verderben preis!" Die Brüder wußten wohl, daß sie, wenn sie das feindliche Heer wiederum angriffen und geschlagen würden, das Preußenland verlieren würden ohne Hoffnung, es zurückzugewinnen, und der christliche Glaube dort in Zukunft ausgelöscht werden würde. Die Adligen und die Kulmer Bürger aber sagten, sie wollten lieber ehrenhaft im Kampf fallen als so jämmerlich weiterleben und von Tag zu Tag schwächer werden. [41]Und der Geist des Herrn kam über die Brüder[41] und alle, die anwesend waren; obwohl sie sehr wenige waren verglichen mit den Feinden, griffen sie diese doch im Vertrauen auf den Herrn feindlich und kühn vor der Stadt Kulm an. Es entbrannte eine große Schlacht zwischen ihnen, bei der viele auf beiden Seiten fielen. Endlich aber stärkte [42]der Vater der Barmherzigkeit und der Gott allen Trostes, der die Seinen in jeder Drangsal ermutigt[42], die Brüder so sehr, daß Swantopolk voller Schrecken darüber mit seinem ganzen Volk floh und sich zu der Stelle wandte, wo er seine Schiffe zurückgelassen hatte, in der Hoffnung, auf ihnen entrinnen zu können. [43]Aber nicht so sollten die Gottlosen davonkommen, nicht so, sondern wie Staub, den der Wind vom Antlitz der Erde fortweht[43]! So kam ein mächtiger Wind auf und trieb alle Schiffe weit vom Ufer fort, und es geschah ihnen mit ihren Schiffen, was dem Sarazenenkönig Baligan zustieß, der nach seiner Niederlage vor dem Angesichte Karls floh[44]. Als sie ihre Schiffe nicht vorfanden, stürzten sie sich in die Weichsel, und alle ertranken, die vorher dem Schwert entgangen waren, außer Swantopolk und wenigen anderen, die mit ihm zurückkehrten. So [45]tröstete der Herr sein[45] in höchster Not befindliches [45]Volk[45].

---

[40] Vgl. Joel 2,17.
[41-41] Vgl. etwa Nm 24,2; Ri 14,19; 15,14; Ez 11,5.
[42-42] Vgl. 2 Kor 1,3f.
[43-43] Vgl. Ps 1,4.
[44] Vgl. La Chanson de Roland v. 2461−2474; Das Rolandslied des Pfaffen Konrad v. 7044−7064, 8571−8594.
[45-45] Is 49,13.

45. De pace iterum reformata et destructa et de edificacione castri Santirii

Fratres [46]sic undique angustiis angustiati[46], inter multa consilia hinc inde quesita tandem fratris dicti Rawe de Redino viri prudentis et in arduis negociis circumspecti consilium hoc fuit, ut Mestowinum filium Swantepolci obsidem mitterent duci Austrie[47] et demandarent ad partes Alemanie, Bohemie, Cracovie et Polonie statum terre Prussie et fratrum, attendentes, quod negocium fidei et fidelium breviter ibi periret, nisi per divine virtutis auxilium et ipsorum celeriter sucurreretur. Quod cum factum fuisset, venit frater Poppo[48] magister cum IIII fratribus et de Marchia, Misna et Thuringia sex fratres. Dux etiam Austrie misit sub expensis suis XXX sagitarios equites in subsidium dicte terre. De quorum adventu fratres multum gavisi sunt, Swantepolcus autem econtra perturbatus et meticulosus factus in tantum, quod pre timore graciam querens iterum a fratribus obtinuit et vetus pax innovatur[49]. Tamen innata eius malicia a persecucione fratrum et suorum fraudulenta et clandestina non cessavit, et quando super hoc argueretur a fratribus, non curavit. Tandem ut occulta eius malicia detegeretur, congregato exercitu valido intravit hostiliter Cuyaviam terram ducis Casimiri eam incendiis et rapinis multipliciter devastando captisque ibi multis Cristianis et occisis cum aliarum rerum rediit preda magna. Super quo dum iterum reprehenderetur, ait, quod nec propter papam nec propter imperatorem nec aliquem viventem vellet desinere persequi hostes suos, et addidit: „Reddatis mihi filium meum, si vultis habere pacem mecum". Cum ergo fratres non redderent ei filium suum, incepit eos publice persequi sicut prius. Edificavit enim circa confluenciam fluminum scilicet Wysele et Nogadi castrum dictum Santirium, in quo locavit viros iniquos, qui fratrum subditos nec pacifice ascendere aut descendere navigio permiserunt, quin spoliarent eos rebus suis vel caperent aut mactarent.

45. Vom erneuten Abschluß und Bruch des Friedens und von der Erbauung der Burg Zantir

So waren die Brüder [46]allenthalben von Schwierigkeiten geplagt[46] und suchten überall Rat, als endlich der Rehdener Bruder Rabe, ein kluger und in verwickelten Angelegenheiten umsichtiger Mann, den Vorschlag machte, sie sollten Mestwin, Swantopolks Sohn, den sie ja als Geisel bei sich hatten, zum Herzog von Österreich[47] schicken, in Deutschland, Böhmen, Krakau und Polen die Lage des Preußenlandes und ihre eigene bekanntmachen und darauf hinweisen lassen, daß die Sache des Glaubens und der Gläubigen hier in kurzem zugrunde gehen werde, wenn die Kraft Gottes und sie selbst nicht schnelle Hilfe brächten. Als das geschehen war, kam Bruder Poppo[48], der Meister, mit vier Brüdern, und aus der Mark, aus Meißen und Thüringen trafen sechs Brüder ein. Dazu sandte der Herzog von Österreich dem Preußenland auf eigene Kosten 30 berittene Schützen zu Hilfe. Über ihrer aller Ankunft freuten sich die Brüder sehr; Swantopolk dagegen wurde so verwirrt und ängstlich, daß er vor Furcht um Gnade bat, die er von den Brüdern wiederum erlangte, und so wurde der vorige Friede erneuert[49]. Trotzdem ließ er in seiner angeborenen Bosheit nicht davon ab, die Brüder und die Ihren hinterlistig und heimlich zu verfolgen, und wenn die Brüder ihn dessen beschuldigten, dann kümmerte er sich nicht darum. Damit aber seine verborgene Bosheit endlich offenbar würde, fiel er mit einem starken Heer feindlich nach Kujawien, das Land des Herzogs Kasimir, ein, verwüstete es vielfältig mit Brand und Raub, fing und tötete dort viele Christen und kehrte mit einer großen Beute an Dingen zurück. Als man ihn deshalb wiederum zurechtwies, sagte er, er wolle weder dem Papst noch dem Kaiser oder einem anderen lebendigen Menschen zuliebe aufhören, seine Feinde zu verfolgen, und fügte hinzu: „Gebt mir meinen Sohn wieder, wenn ihr Frieden mit mir haben wollt!" Als die Brüder ihm aber seinen Sohn nicht zurückgaben, begann er sie in aller Offenheit zu verfolgen wie vorher. Er baute nämlich am Zusammenfluß der Weichsel und der Nogat eine Burg namens Zantir und bemannte sie mit sündhaften Menschen, die die Untergebenen der Brüder weder flußaufwärts noch flußabwärts in Frieden fahren ließen, sondern sie beraubten, gefangennahmen oder umbrachten.

[46—46] Vgl. Dn 13,22.
[47] Friedrich der Streitbare.
[48] Vgl. III, 29.
[49] Der Bericht Heinrichs von Hohenlohe spricht nur von Verhandlungen Swantopolks mit dem Orden (c. 12).

46. De edificacione castri Swecze et impugnacione ipsius

Fratres itaque videntes sibi nova bella imminere castrum Sardowicz fideli suo Samborio filio Swantepolci resignantes cum omnibus attinenciis commiserunt[50]. Ecce mira res et ultra modum stupenda, filii opposuerunt se patri propter severitatem, quam in fidei et fidelium ignominiam exercebat. Hoc facto fratres miserunt nuncios legato sedis apostolice[51] et magistro generali nunciantes eis novum bellum et statum terre Prussie. Quo audito legatus personaliter crucem contra dictum tyrannum predicavit et mandavit in diversis regnis et provinciis auctoritate apostolica predicari. Sed quia perversa malicia et maliciosa perversitas reproborum [52]letatur, cum malefecerit, et exultat in rebus pessimis[52], ideo iste gavisus valde de castro Santirio, quod in grave construxit preiudicium fidei et Cristifidelium, incepit edificare aliud castrum ex opposito quasi civitatis nunc Colmensis, quod dicitur Swecza, ut omnino in fluvio Wisele tam supra quam infra transitus navigio necessarius valde fratribus non pateret. Quod cum ad aures magistri deveniret, mandavit fratribus de Colmine, ut cum suis navigio descenderent, ipse autem cum fratribus de Thorun et duce Casimiro ad dictum locum intenderet cum exercitu equitare. Volebat enim dicti castri edificacionem impedire. Swantepolcus videns naves fratrum ad litus applicari sublatis tentoriis pontem, per quem aditus ad castrum patuit, deiecit et fugit. Tandem retrospiciens vidensque, quod fratres equites cum suo exercitu non possent convenire ad eos, qui de Colmine navigio descenderant, propter profunditatem fluminis[53], quod fuit medium inter eos, resumpta audacia cum suis rediit, et dum videret magistrum se ad impugnacionem castri inclinare, refecto celeriter ponte misit CCC viros ad castrum, ut defenderent. Aggressi ergo fratres cum duce Casimiro castrum fortissime impugnaverunt et tam durum fuit inter eos bellum, quod utriusque partis plures homines fuerunt letaliter vulnerati et de castro multi mortui ceciderunt, sed quia castrum adeo firmatum

---

[50] Im Bündnisvertrag von Inowraclaw vom 28. August 1243 hatte der Orden Sambor, der ein Bruder, nicht ein Sohn Swantopolks war, die Überlassung der Burg Sartowitz für den Fall versprochen, daß Sambor den offenen Kampf gegen den Pommerellerherzog aufnehmen würde (PUB 1,1 Nr. 145, Pommerell. UB Nr. 79).

46. Von der Erbauung der Burg Schwetz und von ihrer Bestürmung

Da die Brüder sahen, daß ihnen neue Kämpfe drohten, vertrauten sie die Burg Sartowitz mit allem Zubehör dem ihnen treuen Sambor, einem Sohn Swantopolks, an[50]. Es ist eine wunderbare und höchst erstaunliche Sache, daß sich die Söhne gegen den Vater wandten wegen der Härte, mit der er dem Glauben und den Gläubigen Schaden zufügte. Darauf sandten die Brüder Boten zum Legaten des apostolischen Stuhls[51] und zum Hochmeister, um sie vom neuen Krieg und vom Zustand des Preußenlandes zu unterrichten. Auf diese Nachricht hin predigte der Legat in eigener Person das Kreuz gegen den Tyrannen und ließ in verschiedenen Reichen und Kirchenprovinzen mit päpstlicher Autorität zum Kreuzzug aufrufen. Weil aber die verkehrte Bosheit und die böse Verkehrtheit schlechter Menschen [52]sich freut, wenn sie Übles angerichtet hat, und über die schlimmsten Dinge jubelt[52], deshalb freute sich auch Swantopolk sehr über die Burg Zantir, die er zum schweren Nachteil des Glaubens und der Christgläubigen errichtet hatte, und begann, noch eine andere Burg namens Schwetz etwa der heutigen Stadt Kulm gegenüber zu erbauen, um die Durchfahrt auf der Weichsel flußauf- und -abwärts, die für die Brüder sehr notwendig war, ganz und gar zu sperren. Als das dem Meister zu Ohren kam, befahl er den Kulmer Brüdern, mit ihren Leuten den Fluß hinabzufahren; er selbst aber wollte mit den Thorner Brüdern und dem Herzog Kasimir mit einem Heer zum genannten Ort reiten. Er hatte nämlich vor, den Bau der Burg zu verhindern. Als Swantopolk die Schiffe der Brüder am Ufer landen sah, brach er seine Zelte ab, zerstörte die Brücke, über die man in die Burg gelangte, und ergriff die Flucht. Endlich blickte er zurück und merkte, daß die berittenen Brüder mit ihrem Heer wegen der Tiefe des Flusses[53], der zwischen ihnen lag, nicht mit denen zusammenkommen konnten, die zu Schiff von Kulm herabgefahren waren; da gewann er seine Kühnheit wieder und kehrte mit den Seinen zurück, und weil er sah, daß der Meister die Burg zu stürmen beabsichtigte, stellte er die Brücke schnell wieder her und warf 300 Mann zur Verteidigung in die Burg. Die Brüder griffen also mit dem Herzog Kasimir die Burg auf das tapferste an, und so hart war der Kampf zwischen ihnen, daß auf beiden Seiten viele Männer zu Tode verwundet wurden und viele tot von der Burg herabfielen; weil aber die Burg so fest war, daß sie nicht leicht

---

[51] Wilhelm von Modena, dessen Reise nach Preußen in Bullen Innozenz' IV. vom 15. und 21. Juli 1244 angekündigt wurde (PUB 1,1 Nr. 157f.). Statt seiner wurde am 1. Februar 1245 sein Kaplan Heinrich als Legat nach Livland und Preußen gesandt (PUB 1,1 Nr. 165).
[52-52] Vgl. Spr 2,14.
[53] Gemeint ist die bei Schwetz in die Weichsel mündende Schwarzwasser.

fuit, quod de facili non potuit expugnari, fratribus infecto negocio recedentibus Swantepolcus reversus ipsum castrum melius confirmavit.

47. De edificacione castri Potterbergk

Frater Poppo magister considerans dicti ducis astuciam in hoc, quod se castris undique firmaret, precavens periculis in futurum in monte sito inter civitatem nunc Colmensem et Antiquum Castrum edificavit castrum, quod a nomine montis Potterbergk[54] nuncupavit, locans ibi XII fratres cum multis armigeris. Hec edificacio facta fuit, ne Swantepolcus dictum montem edificiis occuparet et factus fuisset [55]error novissimus peior priore[55].

48. De impugnacione castri et civitatis Elbingensis

Swantepolcus dux Pomeranie intelligens absenciam fratrum et civium de Elbingo congregato magno exercitu ad impugnandum castrum et civitatem ibidem processit. Quo viso mulieres deposito ornatu muliebri mentem virum induerunt et [56]femur cingentes gladio[56] menia ascenderunt tam viriliter se ad defensionem disponentes, quod nusquam ibi sexus fragilitas apparebat. Unde dux estimans exercitum fratrum et civium reversum cum verecundia recessit. Nec credas hoc solum hic factum, sed pluries in aliis locis, ubi in absencia virorum municiones fuissent periclitate, si non restitisset audacia mulierum.

49. De quodam milite Swantepolci

Fuit quidam miles de familia Swantepolci, qui fratres domus Theutonice adeo formidabat, quod viscera eius contremuerint, dum audiret eorum nomina recitari. Unde accidit hoc tempore,

---

[54] Später abgebrochen. Ihre Baumaterialien wurden bei der Errichtung der Burg Mewe verwandt.

erobert werden konnte, mußten sich die Brüder unverrichteterdinge wieder zurückziehen, und Swantopolk befestigte die Burg nach seiner Rückkunft noch besser.

47. Von der Erbauung der Burg Potterberg

Der Meister Bruder Poppo bedachte die Schlauheit des Herzogs, sich überall in Burgen festzusetzen; er wollte zukünftigen Gefahren vorbeugen und erbaute deshalb auf einem Berg zwischen der heutigen Stadt Kulm und Althausen eine Burg, die er nach dem Berg Potterberg[54] nannte und mit zwölf Brüdern und vielen Bewaffneten bemannte. Dieser Bau wurde errichtet, damit Swantopolk den Berg nicht mit eigenen Gebäuden besetzen könnte und so [55]eine neuerliche Sünde, schlimmer als die vorige[55], entstünde.

48. Vom Angriff auf Burg und Stadt Elbing

Herzog Swantopolk von Pommerellen erfuhr von der Abwesenheit der Brüder und der Bürger von Elbing und rückte daher mit einem großen Heer an, um Burg und Stadt anzugreifen. Als die Frauen das sahen, legten sie ihre Frauenkleidung ab und wappneten sich mit männlichem Sinn; [56]sie gürteten das Schwert an die Hüfte[56], bestiegen die Mauern und bereiteten sich so mannhaft auf die Verteidigung vor, daß nirgends die Schwäche ihres Geschlechts zum Vorschein kam. Daher glaubte der Herzog, das Heer der Brüder und Bürger sei zurückgekommen, und zog zu seiner Schande ab. Das geschah nicht nur hier, wie man glauben könnte, sondern mehrfach auch an anderen Orten, wo in Abwesenheit der Männer die Befestigungen ohne den kühnen Widerstand der Frauen nicht hätten gehalten werden können.

49. Von einem Ritter Swantopolks

Ein Ritter aus der Dienstmannschaft Swantopolks fürchtete die Brüder des Deutschen Hauses so sehr, daß er im Innersten erzitterte, wenn er nur ihren Namen aussprechen hörte. Nun geschah es zu dieser Zeit, daß der

---

[55–55] Vgl. Mt 27,64.
[56–56] Vgl. Ps 44,4.

quod idem dux causa solacii secessit ad quandam villam et ad maiorem gaudii excitacionem vocavit quosdam alios milites ad se et ait: „Mittamus unum famulum ad campos, qui post primum ferculum festinus revertatur et referat fratres cum exercitu advenire, et videamus, quomodo iste miles timidus se disponat." Quod cum eis multum placeret, missus fuit nuncius ac huiusmodi negocium peragendum. Fratres autem, quibus hoc proditum fuit, cum venissent non longe a dicta villa, nuncius iam exierat et videns fratres cum armigeris venientes stupefactus et pre nimio timore pallidus effectus cum planctu magno et extracto gladio reversus ad Swantepolcum ait: „Cito surgite et recedite, quia revera fratres cum exercitu veniunt!" Illi, qui hoc preordinaverant, riserunt, sed miles ille timidus audiens nomen fratrum statim saliit ultra mensam et recessit. Sed nuncius ingeminans verba priora seriose et cum iuramento confirmans dixit fratres cum exercitu iam esse in vicino. Unde dux aliis ridentibus recessit cum uno famulo, quem quidam frater, qui ad hoc fuerat deputatus, sequens in quodam flumine, dum ducem non posset comprehendere, famulum interfecit, alii fratres ceperunt et occiderunt, quidquid ibi de familia sua mansit.

50. De bello navali

Frater Poppo magister sollicitus de salute fidelium misit fratrem Conradum dictum Bremer[1] cum multis armigeris, ut tres naves oneratas victualibus duceret in Elbingum, qui cum veniret prope Santirium, invenit Swantepolcum et multos de populo suo cum XX navibus expectantes. Quos cum frater Conradus videret, non tanquam meticulosus expavescens, sed velut magnanimus in Domino confisus navibus suis virtute remigancium velociter currentibus cum magno impetu ipsos viriliter est aggressus, sic quod pluribus de navibus ducis submersis alie fuerunt confracte. Unde hostes videntes eos vicinos litori accesserunt cum lapidibus proicientes. Fratri Conrado unum dentem eruerunt et plures alios leserunt, alii salvi in Elbingum pervenerunt.

[1] So D, Jeroschin; Brenner K, B.

Herzog des Vergnügens halber auf ein Dorf zog, zu größerer Kurzweil einige andere Ritter zu sich rief und sprach: „Wir wollen einen Knecht auf die Felder schicken; der soll nach dem ersten Gang des Mahls eilends zurückkehren und melden, daß die Brüder sich mit einem Heer nähern; dann wollen wir sehen, was der Feigling anstellt!" Das gefiel ihnen sehr, und so wurde ein Bote zu diesem Zweck ausgesandt. Den Brüdern aber war dieses verraten worden; als sie in die Nähe des Dorfes gekommen waren, sah der Bote, der schon auf dem Felde war, die Brüder mit ihrer Mannschaft herannahen, erschrak, wurde vor übergroßer Furcht blaß, kehrte mit großem Geschrei und blankem Schwert zu Swantopolk zurück und rief: „Schnell auf und weg, denn die Brüder kommen tatsächlich mit einem Heer!" Die das vorher befohlen hatten, lachten, der furchtsame Ritter aber sprang, als er den Namen der Brüder hörte, über den Tisch und floh. Der Bote jedoch wiederholte ernsthaft seine Worte, bekräftigte sie mit seinem Eid und sagte, die Brüder seien mit ihrem Heer schon nahebei. Darauf machte sich der Herzog unter dem Gelächter der anderen mit einem Knecht davon; ein Bruder, der ihn verfolgen sollte, erschlug den Knecht in einem Flusse, während er den Herzog nicht mehr fassen konnte, und die anderen Brüder fingen und töteten den ganzen Anhang des Herzogs, der im Dorf zurückgeblieben war.

50. Von einem Schiffskampf

Der Meister Bruder Poppo schickte voller Besorgnis für das Heil der Gläubigen den Bruder Konrad Bremer mit vielen Bewaffneten aus, um drei mit Lebensmitteln beladene Schiffe nach Elbing zu bringen; als dieser in die Nähe von Zantir kam, fand er Swantopolk und viele aus dessen Volk vor, die ihn mit 20 Schiffen erwarteten. Über ihren Anblick geriet Bruder Konrad nicht in Furcht, sondern griff, voller Mut auf den Herrn vertrauend, mit seinen durch die Kraft der Ruderer schnell angetriebenen Schiffen die Feinde mit großem Schwung mannhaft an, so daß viele von den Schiffen des Herzogs versenkt, andere stark beschädigt wurden. Als die Feinde sie nun nahe am Ufer fahren sahen, kamen sie und warfen mit Steinen. Dem Bruder schlugen sie so einen Zahn aus und verletzten viele andere; die übrigen kamen heil nach Elbing.

51. Item de eodem

Fratres de Elbingo, qui adventum istarum navium diu cum magno tedio et defectu expectaverant, instructi de statu terre Colmensis naves cum suis nunciis remiserunt. Que dum venirent circa castrum Sweczam, Swantepolcus cum multis armigeris et X navibus iterum invasit eos. Capitaneus vero dicti ducis fratrem Fridericum de Wida, qui aliis prefuit, est aggressus et maxillam eius lancea perforavit, sed frater Fridericus ex adverso se opponens ipsum interfecit. In navi civium de Elbingo, que cum impetu veniens stetit immobilis super arena, occisi fuerunt duo fratres, sed frater Fridericus superveniens alios liberavit et in suam navem locavit, sic quod duobus fratribus et III viris et de parte adversa XX interfectis alii evaserunt.

52. De quodam nobili viro, qui receptus fuit ad ordinem domus Theutonice

Non longe postea deficientibus victualibus in castris fratres cum familia sua iam pene inedia consumpti clamaverunt pro auxilio ad Dominum, qui pia semper gestat viscera super afflictos. Unde cuiusdam nobilis viri de Cracovia ad religionis ingressum animum inclinavit, qui tres magnas naves vino et medone seu melicrato et aliis, que ad victum sunt necessaria, replens et CCC boves et vaccas et alia multa iumenta premisit ad castrum Thorun sequutusque cum magna reverencia est receptus et ordinis domus Theutonice suscepit habitum regularem et fratres de magnis angustiis liberavit.

53. De victoria, in qua fratres mille et quingentos Pomeranos occiderunt

Frater Poppo magister premissis exploratoribus, qui diligencius respicerent, quid ageret Swantepolcus, cum suo et ducis Casemiri exercitu convenit iuxta castrum Wischerot ibique castra metati sunt. Exploratores reversi dixerunt, quod Swantepolcus cum mag-

51. Noch über denselben Gegenstand

Die Elbinger Brüder hatten die Ankunft der Schiffe schon lange unter großem Verdruß und Mangel erwartet; als sie von der Lage des Kulmerlandes erfahren hatten, schickten sie die Schiffe mit ihren Boten zurück. Sobald diese in die Nähe der Burg Schwetz kamen, griff Swantopolk sie mit vielen Bewaffneten und zehn Schiffen nochmals an. Der Hauptmann des Herzogs drang auf Bruder Friedrich von Weida, den Anführer, ein und durchstach ihm die Wange mit dem Speer, doch Bruder Friedrich widerstand ihm und tötete ihn. Im Schiff der Elbinger Bürger, das in schneller Fahrt auf Sand gelaufen war und festsaß, wurden zwei Brüder getötet, aber Bruder Friedrich kam hinzu, befreite die anderen und nahm sie in sein Schiff. So wurden zwei Brüder und drei Mann und auf der Gegenseite zwanzig getötet; die übrigen entkamen.

52. Von einem adligen Mann, der in den Orden vom Deutschen Hause aufgenommen wurde

Als es nicht lange danach an Lebensmitteln in den Burgen mangelte, riefen die Brüder und ihr Gesinde, die vor Hunger beinahe umgekommen waren, um Hilfe zum Herrn, der den Bedrängten immer seine väterliche Liebe zuteil werden läßt. Er bewog also einen adligen Mann aus Krakau zum Eintritt in den Orden, der drei große Schiffe mit Wein, Met oder Honigtrank und anderen lebensnotwendigen Dingen füllte und 300 Ochsen, Kühe und viel anderes Vieh zur Burg Thorn voraussandte. Als er selbst ankam, wurde er mit großen Ehren empfangen, legte den Habit des Ordens vom Deutschen Hause an und befreite die Brüder aus großen Nöten.

53. Von einem Sieg, bei dem die Brüder 1500 Pommereller erschlugen

Der Meister Bruder Poppo schickte Späher aus, die eingehender erkunden sollten, was Swantopolk tat; dann vereinigte er sein Heer mit dem des Herzogs Kasimir bei der Burg Wyszegrod, und dort schlug man das Lager auf. Die Kundschafter kehrten zurück und berichteten, Swantopolk stünde

na potencia exercitus sui staret circa castrum Sweczam et firmaret illud. Consultum ergo videbatur omnibus, ut invaderent eum ibi, premissique sunt de Colmine X viri equites, qui exercitum inimicorum inquietarent, qui de XX viris ex parte adversa occurrentibus unum militem occiderunt, alii XIX viso vexillo fratrum fugerunt et ipsis cum fuga venientibus ad exercitum Swantepolci omnes terga verterunt, quorum pauci ad castrum venientes salvati sunt, alii omnes aut submersi sunt vel in ore gladii ceciderunt. Sicque de populo Pomeranorum mille et quingenti viri in illo die a fratribus sunt occisi. De qua victoria fratres Deo grates referentes cum maxima preda hostium exultantes in Domino sunt reversi.

54. De quodam miraculo

Hoc tempore quidam de Misna crucesignatus, dum completo peregrinacionis sue voto stetisset per annum in terra Prussie, in reditu versus patriam suam mortuus est in via. Cuius filius sollicitus de diuturna patris absencia querens patrem in Prussia non invenit, sed, dum rediret, venit ad quandam villam, ubi episcopus cimiterium consecravit. In qua consecracione dum episcopus aquam benedictam aspergeret super tumulos defunctorum, cuiusdam mortui corpus de sepulcro exiliens appodiavit se ad parietem ecclesie, quod primo solus episcopus vidit, sed tandem oracione impetravit, quod totus populus, qui consecracioni interfuit, vidit manifeste. Coniuravit itaque episcopus illum mortuum, ut diceret, quis esset et quare de sepulcro exilisset. Qui respondit, quod fuisset in terra Prussie peregrinus per annum et in reditu mortuus et ibi sepultus et propter unum agrum, quem vicino suo, dum vixerat, iniuste abstulit, damnatus fuisset, sed propter votum peregrinacionis ipse Cristus, cuius iniuriam vindicavit, penam eternam in temporalem commutavit, ut scilicet in purgatorio puniretur, quousque aliquis de propinquis suis redderet dictum agrum. Quo facto episcopus quesivit, si aliquis noticiam haberet eius. Cui respondit filius, quod ille mortuus esset pater eius et promitteret bona fide dictum agrum se redditurum. Quo dicto episcopus iussit dictum mortuum redire ad sepulcrum, quod et ipse fecit. Ecce quantam graciam

mit einem starken Heer bei der Burg Schwetz und befestige sie. Es schien also allen ratsam zu sein, ihn dort anzugreifen; von Kulm wurden 10 Berittene vorausgeschickt, die das feindliche Heer beunruhigen sollten und mit 20 Mann von der Gegenseite zusammentrafen und einen ihrer Krieger töteten; die übrigen 19 erblickten die Fahne der Brüder und suchten das Weite; und als sie auf der Flucht zu Swantopolks Heer kamen, flohen alle; nur wenige konnten sich in die Burg retten, die anderen ertranken alle oder fielen durch das Schwert. So wurden 1500 Mann vom pommerellischen Kriegsvolk an diesem Tag von den Brüdern erschlagen. Die Brüder sagten Gott für den Sieg Dank und kehrten mit reicher Beute voller Freude im Herrn zurück.

54. Von einem Wunder

Zu dieser Zeit starb ein Kreuzfahrer aus Meißen, der zur Erfüllung seines Gelübdes ein Jahr im Preußenland geblieben war, auf dem Rückweg in die Heimat. Sein Sohn, der, beunruhigt über die lange Abwesenheit des Vaters, ihn in Preußen suchte, fand ihn nicht, kam aber auf dem Heimweg in ein Dorf, wo ein Bischof den Friedhof weihte. Als der Bischof bei der heiligen Handlung das Weihwasser über die Gräber der Verstorbenen sprengte, kam plötzlich eine Leiche aus dem Grab hervor und lehnte sich an die Wand der Kirche, was zuerst nur der Bischof sah; schließlich erlangte er aber durch das Gebet, daß das ganze Volk, das der Weihe beiwohnte, den Vorgang deutlich erblickte. Nun beschwor der Bischof den Toten zu sagen, wer er sei und weshalb er aus dem Grab herausgesprungen sei. Dieser antwortete, er sei ein Jahr lang als Pilger im Preußenland gewesen, auf dem Rückweg gestorben und hier begraben worden; wegen eines Ackers, den er seinem Nachbarn zu Lebzeiten zu Unrecht abgenommen habe, sei er verdammt worden; aber wegen seines Pilgergelübdes habe Christus selbst, dessen Beleidigung er ja gerächt habe, die ewige Strafe in eine zeitliche umgewandelt, so daß er im Fegfeuer bestraft werde, bis einer seiner Verwandten den Acker zurückgebe. Darauf fragte der Bischof, ob jemand den Toten kenne. Der Sohn antwortete, es sei sein Vater und er verspreche ehrlich, er werde den Acker zurückgeben. Danach befahl der Bischof dem Toten, in sein Grab zurückzukehren, das tat dieser auch. Siehe, wie große Gnade Christus den lebenden Pilgern und auch den

confert ipse Cristus et vivis et mortuis peregrinis, [57]qui vicem eius dolent in opprobrio sue crucis et ecclesiam sanctam ab oppressione infidelium exponendo res et corpora defendere non formidant[57].

55. Item de victoria fratrum, in qua iterum MD de Pomerania sunt occisi

Postquam legatus sedis apostolice[58] crucem in propria persona predicavit et iussit per alios in regnis et provinciis ad hoc deputatis predicari[59], commoti sunt principes et nobiles de Alemania super contricione terre Prussie misitque dux Austrie[60] in subsidium Drusigerum[m.61] dapiferum suum cum multa milicia et viris exercitatis in bello, venit eciam Henricus de Lichtenstein miles et cum eo plures peregrini. Cum hiis et duce Casimiro magister et fratres cum suis intraverunt terram Pomeranie et potenter et hostiliter pertranseundo IX diebus et noctibus vastaverunt, sic quod non erat in ea angulus aliquis, quem non rapina et incendio visitassent. Medio tempore, quo hec agerentur, Swantepolcus cum suis subditis et neophitis terre Prussie congregavit [62]exercitum grandem nimis[62] et fratres cum suo exercitu recedentes sequens singulis noctibus mansit in eo loco, in quo fratres fixerant tentoria sua, ligans dextrarios suos, ubi fratrum equi erant prius locati, et sic notans numerum tentoriorum et viarum diversitatem consideravit, quod exercitus suus in duplo fratrum exercitu maior esset, et [63]gavisus est gaudio magno valde[63] et confortans suos consolatus est in hec verba: „Crastina die faciemus, quod Pomerani et Prutheni a iugo Theutonicorum in perpetuum absolventur." Mane facto dum fratres recederent, quidam de exercitu Swantepolci invaserunt spolium, quod multum fuit nimis, occupavit enim duas leucas, et de viris, qui ordinati fuerunt ad custodiam eius, XXX occiderunt. Sed Drusigerus missus a magistro [n]eis in auxilium videns iam plures interfectos fugit tanquam meticulosus[n]. Quod considerans domi-

[m] Auch Drugiser K.
[n–n] Fehlt K.

[57–57] Vgl. den lateinischen Prolog zur Ordensregel c. 3 (Perlbach, Statuten S. 24).

toten schenkt, [57]die für ihn Schmerz empfinden über die Schande seines Kreuzes und die sich nicht scheuen, die heilige Kirche vor der Bedrängnis durch die Ungläubigen zu verteidigen, indem sie Leib und Gut einsetzen[57].

55. Nochmals von einem Sieg der Brüder, bei dem wiederum 1500 aus Pommerellen getötet wurden

Als der Legat des apostolischen Stuhls[58] das Kreuz in eigener Person gepredigt und durch andere in den dazu bestimmten Reichen und Kirchenprovinzen hatte predigen lassen[59], waren Fürsten und Adel Deutschlands bewegt über die Not des Preußenlandes, und der Herzog von Österreich[60] sandte seinen Truchseß Drusigerus[61] mit viel Ritterschaft und kriegsgeübten Männern zu Hilfe, ebenso kam der Ritter Heinrich von Lichtenstein und mit ihm viele Kreuzfahrer. Mit ihnen und dem Herzog Kasimir drangen der Meister und die Brüder mit ihren Leuten nach Pommerellen ein, durchzogen es machtvoll und feindselig neun Tage und Nächte lang und verwüsteten es, so daß es dort keinen Winkel gab, den sie nicht mit Raub und Brand heimgesucht hätten. Währenddessen brachte Swantopolk mit seinen Untergebenen und den Neubekehrten des Preußenlandes [62]ein riesiges Heer[62] zusammen und folgte den Brüdern, die mit ihrem Heer heimwärts zogen; nachts blieb er jeweils an der Stelle, wo die Brüder zuvor ihre Zelte aufgeschlagen hatten, band seine Streitrosse dort an, wo die Pferde der Brüder gestanden hatten, schloß so aus der Zahl der Zelte und der Verschiedenheit der Spuren, daß sein Heer doppelt so stark sei wie das der Brüder, [63]freute sich sehr[63] darüber, ermutigte die Seinen und tröstete sie mit den Worten: „Morgen werden wir es vollbringen, daß Pommereller und Prußen das Joch der Deutschen auf ewig loswerden." Als die Brüder am Morgen weiterzogen, griffen einige aus dem Heer Swantopolks den Beutetroß an, der sehr lang war — er nahm nämlich zwei Meilen ein —, und töteten 30 Mann von der Bewachung. Der Meister sandte ihnen Drusigerus zu Hilfe, der aber voller Furcht floh, als er schon viele erschlagen sah. Das bemerkte Herr Heinrich von Lichtenstein, stürzte

---

[58] Nicht Wilhelm von Modena, wie Dusburg anscheinend immer noch meint, sondern der Abt Opizo von Mezzano, der im Oktober 1245 vom Papst nach Preußen gesandt wurde (PUB 1,1 Nr. 170—175).
[59] Gemeint sind wohl die Kreuzzugsaufrufe Innozenz' IV. vom Mai, August und September 1245 (PUB 1,1 Nr. 167—169).
[60] Friedrich der Streitbare.
[61] Wohl der 1245 in der Umgebung Friedrichs urkundlich bezeugte Trauslieb.
[62—62] Vgl. Ez 37,10.
[63—63] Vgl. Mt 2,10.

nus Henricus de Lichtenstein repente irruit in hostes et predam, quam abstulerant, restituit in locum suum. Quo percepto Swantepolcus cum tribus turmis venit in auxilium suis, quos videntes Poloni perterriti omnes fugerunt preter quendam militem Martinum de Cruczewicz vexilliferum et ducem Casimirum, ad cuius consilium statim missum fuit pro domino Henrico de Lichtenstein. Medio tempore fratres ordinaverunt se ad pugnam. Sed Swantepolcus considerans, quod fratres nollent fugere, mandavit mille viris pocioribus de exercitu suo, ut de equis descenderent, informans eos, ut cum magno strepitu et clamore fratres invaderent et stantes retro occultati clipeis cum lanceis suis equos Cristianorum transfigerent, dicens: „Gravibus onerati sunt armis et pedestres bellare non possunt." Post ordinacionem utriusque exercitus ad prelium dominus Henricus reversus fuit et intuens hostes ait ad fratres: „[64]Periculum est in mora[64], accedamus ad eos!" Et [65]irruerunt cum impetu in hostes[65] factusque est conflictus horribilis inter eos et de exercitu Swantepolci in loco certaminis mille quingenti viri mortui ceciderunt, de Cristianis nullus fuit letaliter vulneratus preter X dextrarios eorum, qui transfixi lanceis hostium occubuerunt. Sicque fratres et peregrini cum mille sexcentis dextrariis adversariorum et preda alia multa nimis et gloriosa victoria redierunt cooperante Domino nostro Iesu Cristo, qui est benedictus in secula seculorum, amen. Drusigerus dapifer, qui prius tanquam formidolosus a bello cum suis recesserat, nunciavit in civitate Thorun fratres et peregrinos et totum exercitum Cristianorum in prelio cecidisse, et [66]factus fuit tantus planctus[66] in terra Colmensi et Polonie a Cristifidelibus, quantus a seculo [non]°est auditus. Sed crastina die circa horam vesperarum[67], dum fratres cum suo exercitu victoriose redirent, [68]facta est leticia magna in populo[68] Cristiano et tanta, quod eciam hesterne diei mesticiam excedebat.

° Fehlt bei Toeppen, ist jedoch sinngemäß zu ergänzen.

sich plötzlich auf die Feinde und brachte die Beute, die sie weggenommen hatten, wieder an ihren Platz zurück. Daraufhin kam Swantopolk den Seinen mit drei Heerhaufen zu Hilfe, bei deren Anblick die Polen voller Schrecken alle die Flucht ergriffen außer dem Ritter Martin von Kruschwitz, dem Bannerträger, und dem Herzog Kasimir, auf dessen Rat man sofort nach Herrn Heinrich von Lichtenstein schickte. Inzwischen stellten die Brüder sich zur Schlacht auf. Als Swantopolk aber bemerkte, daß die Brüder nicht fliehen wollten, befahl er den tausend besten Männern seines Heeres, von ihren Pferden abzusteigen, und trug ihnen auf, die Brüder unter großem Lärm und Geschrei anzugreifen und, gedeckt durch ihre Schilde, die Pferde der Christen mit den Speeren zu erstechen; dabei sagte er: „Sie sind mit schweren Waffen beladen und können nicht zu Fuß kämpfen." Als beide Heere zur Schlacht aufgestellt waren, kam Herr Heinrich zurück, betrachtete die Feinde und sagte zu den Brüdern: „[64]Gefahr ist im Verzuge[64], wir wollen auf sie losgehen!" [65]Sie warfen sich mit Ungestüm auf die Feinde[65], es entstand ein furchtbarer Kampf unter ihnen und von Swantopolks Heer blieben 1500 Mann tot auf dem Schlachtfeld, von den Christen aber wurde niemand tödlich verwundet; sie verloren nur 10 Streitrosse, die durch die Speerstiche der Feinde umkamen. So kehrten die Brüder und die Kreuzfahrer mit 1600 Pferden der Feinde, anderer übergroßer Beute und einem ruhmreichen Sieg heim, den sie mit der Hilfe unseres Herrn Jesus Christus errungen hatten, der gelobt ist in Ewigkeit, amen. Der Truchseß Drusigerus aber, der vorher mit seinen Männern vor dem Kampf furchtsam geflohen war, meldete in der Stadt Thorn, die Brüder, die Pilger und das ganze Heer der Christen seien in der Schlacht gefallen, und [66]es erhob sich solches Wehklagen[66] bei den Christgläubigen im Kulmerland und in Polen, wie es die Welt noch nicht gehört hat. Als die Brüder aber am folgenden Tag um die Vesperstunde[67] mit ihrem Heer siegreich heimkehrten, [68]gab es große Freude beim christlichen Volk[68], so groß, daß sie sogar des vorigen Tages Trauer übertraf.

[64–64] Vgl. Livius, Ab urbe condita 38,25,13.
[65–65] Vgl. 2 Makk 11,11.
[66–66] Vgl. 1 Makk 1,26.
[67] Am frühen Nachmittag.
[68–68] Vgl. 1 Makk 4,58.

56. De reformacione pacis inter Swantepolcum et fratres

Cum sic terra Pomeranie iusto Dei iudicio esset depopulata, Swantepolcus dux, qui ante [69]tanquam leo rugiens erecta cervice circuit querens[69], quomodo fratres et novellam fidem cum magna et multa Cristiani sanguinis effusione plantatam in terra Prussie destrueret, nunc [70] quasi agnus mansuetus[70] [71]demisso vultu[71] [72]inclinato capite[72] humiliter supplicavit fratribus, ut eum ad solite benignitatis sue graciam recipere dignarentur. Fratres attendentes, quod ipse in angustia positus semper sub simplici et agnina pelle cor vulpinum omni dolo et astucia plenum gereret, quod rei exitus approbavit, quia iam tercia vice sub sacramento suo firmata federa pacis rupit, timebant ab eo iterum defraudari. Sed quia bonum pacis semper amplectendum est propter eum, qui est [73]auctor pacis[73] et amator, qui est Cristus Iesus, idcirco post varios tractatus veterem inter se et dictum ducem habitam pacem secundum formam pristinam cum crucesignatorum consilio reformabant.

57. De fratre Henrico magistro III. MCCXLVII

Frater Henricus de Wida magister terre Prussie tercius prefuit VIII annis[74]. Hic nobilem virum dominum de Wida consanguineum suum cum quinquaginta viris expertissimis in bello (adeo viriles fuerunt, quod fama publica de ipsis testabatur, quod [75]hasta eorum nunquam fuerit aversa[75] nec [76]sagitta ipsorum abiit retrorsum[76]) et multos nobiles de Alemania peregrinos ad terram Prussie secum duxit. Hic frater Henricus de licencia uxoris sue habitum fratrum domus Theutonice suscepit et ipsa claustrum sanctimonialium in Cronswicz[p] intravit, quod claustrum ipse instituit et fundavit et donis magnificis dotavit. In quo eciam ipse post multa bella, que gloriose in dicto officio gessit, ut inferius apparebit, vocatus

---

[p] Tronswicz Codd.

[69—69] Vgl. 1 Petr 5,8.
[70—70] Jr 11,19.

56. Vom Friedensschluß zwischen Swantopolk und den Brüdern

So war das Land Pommerellen durch ein gerechtes Gottesgericht verwüstet worden, und Herzog Swantopolk, der [69]vorher brüllend wie ein Löwe mit erhobenem Haupt umherging und suchte[69], wie er die Brüder und den Glauben, bei dessen Neupflanzung im Preußenland viel christliches Blut vergossen worden war, verderben könnte, bat jetzt, [70]zahm wie ein Lamm[70], [71]mit bescheidenem Blick[71] und [72]gesenktem Kopf[72], die Brüder demütig, sie möchten geruhen, ihn in ihrer gewohnten Güte in Gnaden wieder anzunehmen. Die Brüder bedachten, daß er, in die Enge getrieben, sein Fuchsherz voller List und Verschlagenheit immer unter einem schlichten Schafspelz verbarg, und fürchteten, von ihm wiederum betrogen zu werden, wie es am Ende ja auch kam, denn er brach die mit seinem Eid bekräftigten Friedensverträge ein drittes Mal. Aber weil man das Gut des Friedens immer annehmen soll um dessen willen, [73]der den Frieden schafft[73] und liebt, Jesus Christus, deshalb richteten die Brüder nach mancherlei Beratungen den früheren Frieden mit dem Herzog in der bisherigen Form mit Rat der Kreuzfahrer wieder auf.

57. Von Bruder Heinrich, dem dritten Meister. 1247

Bruder Heinrich von Weida, der dritte Landmeister in Preußen, amtierte 8 Jahre lang[74]. Er brachte einen edlen Mann, den Herrn von Weida, seinen Verwandten, mit fünfzig sehr kriegserfahrenen Männern — sie waren so tapfer, daß das Gerücht von ihnen ging, [75]ihre Lanzen seien nie abgewandt worden[75] und [76]ihre Geschosse niemals zurückgewichen[76] — und dazu viele adlige Pilger aus Deutschland mit sich ins Preußenland. Dieser Bruder Heinrich legte mit Erlaubnis seiner Gattin das Kleid der Brüder vom Deutschen Hause an, sie aber trat in das Nonnenkloster in Cronschwitz ein, das er eingerichtet, gegründet und mit großartigen Schenkungen dotiert hatte. Nach vielen Kämpfen, die er im Meisteramt ruhmreich führte, wie unten berichtet werden wird, wurde er vom Hoch-

---

[71–71] Vgl. Is 49,23.
[72–72] Jdt 15,2.
[73–73] Vgl. Missale Romanum, 12. jun., or.; 3. jul., postc.; Missa pro pace, postc.
[74] Er ist vielmehr nur von 1242–1244 als Landmeister nachweisbar.
[75–75] Vgl. 2 Sam 2,23.
[76–76] Vgl. 2 Sam 1,22.

a magistro generali ad capitulum in itinere infirmatus mortuus est et sepultus.

58. De expugnacione cuiusdam castri et de castro Cristburgk

Hic frater Henricus magister postquam instructus fuisset a fratribus, quot mala Swantepolcus et sui complices neophiti apostate terre Prussie fidei et fidelibus intulissent, incepit toto cordis desiderio ad ipsorum destructionem et exaltacionem fidei laborare. Congregatis ergo fratribus et peregrinis profectus est ad bellum et in vigilia nativitatis Dominice noctis medio quiescentibus hominibus venit ad castrum Pomesanorum, quod situm tunc fuit in loco, qui nunc dicitur Cristburgk Antiquum, et applicatis scalis ad menia occulte intraverunt captisque et occisis omnibus expugnaverunt ponentes ibi fratres et armigeros multos pro custodia dicti castri. Huius eciam nomen, quia in ipsa nocte nativitatis Cristi fuit a fidelibus expugnatum, vocatum est Cristburgk, quod interpretatur castrum Cristi, quod vocatum est ab angelo testamenti, priusquam in mente magistri aut aliorum fratrum conciperetur[77].

59. De translacione civitatis Colmensis

Hoc tempore nobilis ille et illustris princeps de Anlant[q,78] cum multa milicia venit ad terram Prussie et preter multa bona, que ibidem gessit ad corroboracionem fidei et fidelium, civitatem Colmensem de Castro Antiquo transtulit ad clivum montis, in quo nunc sita est[79], per quam translacionem terra Colmensis salvata fuit.

---

[q] Anlant B, D; Antlant K, T.

meister zum Kapitel gerufen, erkrankte auf der Reise, starb in Cronschwitz und wurde hier begraben.

58. Von der Eroberung einer Burg und von der Burg Christburg

Als der Meister Bruder Heinrich von den Brüdern erfahren hatte, wieviele Übeltaten Swantopolk und seine Genossen, die abtrünnigen Neubekehrten des Preußenlandes, dem Glauben und den Gläubigen zugefügt hatten, begann sein ganzes Herzensbegehren sich auf deren Vernichtung und auf die Erhöhung des Glaubens zu richten. Er sammelte also die Brüder und Pilger, zog in den Kampf und kam mitten in der Christnacht, während die Menschen ruhten, zu einer pomesanischen Burg, die an der Stelle des heutigen Alt-Christburg lag; sie legten Leitern an die Mauern, drangen heimlich ein und eroberten die Burg, die Einwohner wurden alle gefangen und getötet, dann wurden viele Brüder und Bewaffnete als Besatzung in die Burg gelegt. Sie erhielt, weil sie ja in der Christnacht von den Gläubigen erobert worden war, den Namen Christburg, das ist: die Burg Christi, den ihr der Künder des Bundes gegeben hatte, bevor er dem Meister und den anderen Brüdern in den Sinn gekommen war[77].

59. Von der Verlegung der Stadt Kulm

Zu dieser Zeit kam der edle und berühmte Fürst von Anhalt[78] mit vieler Ritterschaft ins Preußenland, und neben vielem Guten, das er dort zur Stärkung des Glaubens und der Gläubigen vollbrachte, verlegte er die Stadt Kulm von Althausen auf den Berghang, wo sie jetzt liegt[79]; durch diese Verlegung wurde das Kulmerland gerettet.

---

[77] Der Name kommt vielmehr schon in einer Urkunde von 1239 (Voigt, Cod. dipl. Pruss. I 50) in der Form Kirsberg vor.
[78] Wohl ein Mitglied des askanischen Hauses; Herzog Albrecht von Sachsen?
[79] Nach dem Thorner Annalisten fand diese Verlegung erst 1253 statt (vgl. SS rer. Pruss. 3 S. 60).

60. De diversis tractatibus et parlamentis Swantepolci

Swantepolcus audiens adventum magistri[80] rogavit eum, ut dominum Henricum de Lichtenstein sibi mitteret, qui cum ad eum venisset, post multas querelas, quas de fratribus coram eo proposuit, ait: „Paratus sum ad omnem iusticiam me obligare et facere, quidquid preceperint fratres, si filius meus mihi restituitur, quem dedi eis in obsidem." Dominus Henricus attendens, quod [81]in veritate dirigendus est quilibet et docendus[81], dixit ad eum: „Filium vestrum nullo modo rehabere potestis, quia pacem, pro cuius securitate ipsum fratribus in obsidem tradidistis, non semel, sed pluries irritastis adherendo apostatis et infidelibus, cum quorum exercitu terram Cristianorum et fratrum rapina et incendio devastastis et negocium fidei infinitis angustiis Cristianorum magnifice promotum per vestram maliciam destruxistis Cristifidelibus quibusdam miserabiliter trucidatis, aliis in servitutem perpetuam deductis, unde non iusticiam, sed graciam requiratis." Sed quia veritas odium parit et a perversis continue [82]detrahitur sermonibus veritatis[82], ideo iste perfidus Swantepolcus [83]tanquam aspis surda obturans aures suas[83] [84]a veritate auditum avertit[84] et talia verba ab ipso audire contemnens dictum dominum Henricum salvum remisit in civitatem Colmensem, ubi magistro et fratribus, que audiverat, recitavit. Non longe postea idem dux magistrum induxit, quod cum eo convenerat in quadam insula Wisele, ubi post multos variosque tractatus habitos inter se sine fine amicabili sunt divisi[85].

61. De resignacione pacis et vastacione terre Cuyavie

Elapso modico temporis spacio Swantepolcus iterum ingratus beneficio et multipharie gracie, quam eidem in summa necessitate constituto fratres sepius exhibuerant, occulte homines fratrum

---

[80] Gemeint ist hier der Hochmeister Heinrich von Hohenlohe, der im April 1246 urkundlich in Preußen nachweisbar ist.
[81—81] Vgl. Ps 24,5.
[82—82] Vgl. Job 6,25.

60. Von mancherlei Verhandlungen und Beredungen mit Swantopolk

Swantopolk hörte von der Ankunft des Meisters[80] und bat ihn, Herrn Heinrich von Lichtenstein zu ihm zu schicken; als dieser zu ihm gekommen war, sprach er nach vielen Klagen über die Brüder zu ihm: „Ich bin bereit, mich zu allem, was Recht ist, zu verpflichten und zu tun, was die Brüder wollen, wenn ich meinen Sohn zurückerhalte, den ich ihnen als Geisel gegeben habe." Herr Heinrich aber achtete wohl darauf, daß [81]man jedermann in der Wahrheit anleiten und belehren soll[81], und sagte zu ihm: „Euren Sohn könnt ihr keinesfalls zurückhaben, weil ihr den Frieden, zu dessen Sicherheit ihr ihn den Brüdern als Geisel gegeben habt, nicht nur einmal, sondern mehrfach gebrochen habt, denn ihr hinget den Abtrünnigen und Ungläubigen an, mit deren Heer ihr das Land der Christen und der Brüder mit Raub und Brand verwüstet und die Sache des Glaubens, die die Christen unter unendlichen Nöten großartig befördert hatten, durch eure Bosheit vernichtet, manchen Christgläubigen jämmerlich getötet, andere in langdauernde Knechtschaft weggeführt habt; deshalb solltet ihr nicht Recht, sondern Gnade suchen." Aber weil die Wahrheit Haß erzeugt und schlechte Menschen [82]die wahre Rede immer wieder schmähen[82], deshalb wandte der verworfene Swantopolk, [83]taub wie eine Schlange, die ihre Ohren verschließt[83], [84]das Gehör von der Wahrheit ab[84]; er wollte solche Worte von Herrn Heinrich nicht hören und schickte ihn wohlbehalten zur Stadt Kulm zurück, wo er dem Meister und den Brüdern berichtete, was er gehört hatte. Nicht lange danach veranlaßte der Herzog den Meister, mit ihm auf einer Weichselinsel zusammenzutreffen; sie hatten dort viele und verschiedenartige Beratungen miteinander, schieden aber ohne gütliche Einigung.[85]

61. Von der Aufsagung des Friedens und der Verwüstung des Landes Kujawien

Nach einiger Zeit zeigte sich Swantopolk wiederum undankbar für die Wohltat und mannigfache Gnade, die die Brüder ihm, als er sich in höchster Not befand, öfter gewährt hatten; heimlich beraubte er die Leute der

---

[83-83] Vgl. Ps 57,5.

[84-84] Vgl. 2 Tim 4,4.

[85] Diese Verhandlungen Swantopolks mit dem Landmeister sind zeitlich vor dem am 25. Oktober 1247 auf der Schmiedsinsel in der Weichsel bei Kulm abgeschlossenen Schiedsvertrag (PUB 1,1 Nr. 194) anzusetzen.

spoliavit, ʳquosdam occidit, alios captivavitʳ et modis variis perturbavit. Tandem resignans publice pacem incepit Cristianos hostiliter persequi sicut prius et congregato exercitu valido Cuyaviam terram ducis Casimiri intravit improvise et vastavit eam incendio et rapina et occisis multis Cristianis mulieres et parvulos cum aliarum rerum magno spolio secum duxit.

62. De expugnacione castri Cristburgk

Necdum idem Swantepolcus saciatus sanguine Cristiano [86]apposuit adhuc peccare, ut in iram Deum excelsum denuo provocaret[86]. Invidebat enim felicitati fratrum in eo, quod castrum Pomesanorum nuper expugnaverant, et cogitavit, quomodo vindicaret. Congregavit igitur omnem potenciam exercitus sui et neophitorum Prussie et, ut premissum est, quia omni [87]dolo plenus fuit, semper dolose egit[87]: Unde divisit exercitum suum in duas partes, ut una castrum ante invaderet, altera retro. Processit itaque ipse cum una parte dicti exercitus ad anteriorem partem et infirmiorem et adeo infestus fuit in impugnando, quod fratres vix poterant defendere illam partem. Unde factum est, quod alia pars exercitus in posteriori parte sine aliquo defensionis obstaculo castrum subintravit. Sicque isti ante, illi retro ipsos impugnaverunt, ita ut breviter concludendo omnes fratres cum eorum familia in ore gladii trucidarent.

63. De reedificacione castri Cristburgk

Ex hoc lamentabili eventu fratres et magister graviter perturbati consideraverunt, quod indomita colla istarum gencium non possent fidei subiugari, nisi [88]in medio nacionis eius perverse[88] haberent castrum, de quo ipsas quottidie impugnarent. Convocata iterum multitudine peregrinorum, que continue de partibus Alemanie per predicacionem sancte crucis confluebat, preparatis om-

ʳ⁻ʳ Fehlt K.

[86—86] Vgl. Ps 77,17.

Brüder, tötete einige, fing andere und beunruhigte sie auf mancherlei Weise. Endlich aber sagte er den Frieden öffentlich auf und begann die Christen wie früher feindlich zu verfolgen; mit einem starken Heer drang er unvermutet in das Land des Herzogs Kasimir, Kujawien, ein, verwüstete es mit Brand und Raub, tötete viele Christen und führte Frauen, Kinder und große Beute an anderen Dingen mit sich weg.

62. Von der Eroberung der Burg Christburg

Swantopolk, noch nicht an christlichem Blut gesättigt, [86]fuhr fort zu sündigen, auf daß er den höchsten Gott aufs neue erzürnte[86]. Er neidete den Brüdern nämlich das Glück, mit dem sie die Burg der Pomesanier neulich erobert hatten, und überlegte, wie er das rächen könnte. Er sammelte daher seine gesamte Heeresmacht und die der Neubekehrten Preußens, und da er, wie gesagt, immer [87]voller Listen steckte, handelte er auch stets listig[87]: Er teilte also sein Heer in zwei Teile, von denen der eine die Burg von vorn, der andere auf der Rückseite angreifen sollte. Er rückte also selbst mit dem einen Heerhaufen vor die vordere und schwächere Seite der Burg und griff sie so heftig an, daß die Brüder diesen Teil kaum verteidigen konnten. So kam es, daß der andere Teil des Heeres auf der Rückseite ohne Gegenwehr in die Burg eindringen konnte. Sie stürmten nun also von vorn und von hinten auf die Brüder ein, so daß sie diese — um es kurz zu berichten — alle mitsamt ihrem Gesinde durch das Schwert umbrachten.

63. Von der Neuerbauung der Burg Christburg

Über dieses beklagenswerte Ereignis waren die Brüder und der Meister sehr beunruhigt; denn sie bedachten, daß sie die ungezähmten Nakken der dortigen Heiden dem Glauben nur dann würden unterwerfen können, wenn sie [88]mitten in dem sündhaften Volk[88] eine Burg besäßen, von der aus sie sie tagtäglich angreifen könnten. Sie riefen wiederum eine Menge Pilger zusammen, die ständig aus deutschen Landen auf die Predigt des heiligen Kreuzes hin herbeiströmten, bereiteten alles zum Bur-

---

[87–87] Vgl. Sir 1,40; 19,23; Jr 5,27; Apg 13,10; Ps 35,3.
[88–88] Vgl. Phil 2,15.

nibus, que ad edificacionem castrorum fuerunt necessaria, processerunt ad terram Pomesanie. Immutantes locum et non nomen edificaverunt castrum Cristburgk[89] in eo loco, in quo permanet usque in presentem diem, ad laudem et gloriam Iesu Cristi munientes ipsum omnibus, que ad custodiam castrorum fuerunt necessaria, relinquentes eciam ibi magnam potenciam armatorum. Postea in successu temporis locaverunt ibi circa castrum civitatem, ad quam inhabitandam confluebat multitudo fidelium, qui pro defensione fidei Cristiane quottidie intrepide res et corpora exponebant.

64. De devota vita fratrum de Cristburgk

In hoc castro Cristburgk fuerunt Deo devoti et mire abstinencie regularisque observancie sectatores et cum hoc strenui milites in bello, ita ut vere posset de ipsis dici, quod in domo monachalem et in campo vitam ducerent militarem. Inter hos fratres fuit quidam dictus de Glisbergk[s], qui tante fuit sanctitatis, quod in die parasceves, dum divinum officium in ecclesia ageretur et more solito geniculando se inclinaret ad crucem osculandam, imago crucifixi lignea elevans se extendit brachia sua volens eum circumdando brachiis amplecti. Quo se idem frater indignum estimans ait: „Non decet te, Domine, quod tam vilem peccatorem amplectaris." Fuit eciam quidam alius frater, qui circa cutem suam nudam catena grossa et ferrea continue usque ad mortem suam pro nocturnali cingulo utebatur.

65. De morte Pomeranorum plurium et Pruthenorum

Edificato castro Cristburgk [90]turbati sunt insipientes corde[90] neophiti et Swantepolcus et cogitaverunt unanimiter, quomodo ipsum deicerent et delerent impugnacionem modis variis attemptantes. Tandem fecerunt inter se mutuam conspiracionem, ut simul obsiderent castrum Cristburgk nec recederent ab obsidione, quousque terre alteri coequarent. Congregati igitur Prutheni cum

[s] Glisburgk B.

genbau Notwendige vor und rückten in das Land Pomesanien. Sie erbauten die Burg Christburg[89], indem sie den Platz, jedoch nicht den Namen änderten, an der Stelle, wo sie bis auf den heutigen Tag steht, zum Lobe und zur Ehre Jesu Christi, versahen sie mit allen zum Schutz von Burgen notwendigen Befestigungen und ließen auch eine große Schar Bewaffneter in ihr zurück. Danach legten sie dort im Laufe der Zeit bei der Burg eine Stadt an, die zu bewohnen viele Gläubige zusammenströmten, die zur Verteidigung des christlichen Glaubens täglich unerschrocken Leib und Gut aufs Spiel setzten.

64. Vom frommen Leben der Brüder zu Christburg

In dieser Burg Christburg lebten Brüder, die, Gott ergeben und von wunderbarer Enthaltsamkeit, für die Befolgung der Regel eiferten, dazu tüchtige Kämpfer im Kriege waren, so daß man mit Recht von ihnen sagen konnte, daß sie zu Hause ein mönchisches, im Felde jedoch ein ritterliches Leben führten. Unter diesen Brüdern war einer von Gleißberg, der so heiligmäßig lebte, daß am Karfreitag, als der Gottesdienst in der Kirche gefeiert wurde und er sich in der gewohnten Weise kniend neigte, um das Kreuz zu küssen, das hölzerne Bild des Gekreuzigten sich erhob, seine Arme ausbreitete und ihn mit den Armen umfangen und umarmen wollte. Der Bruder aber hielt sich dessen für unwürdig und sprach: „Es ziemt sich nicht, Herr, daß du einen so niedrigen Sünder umarmst." Es gab auch noch einen anderen Bruder, der bis zu seinem Tode des Nachts ständig eine dicke Eisenkette wie einen Gürtel auf der bloßen Haut trug.

65. Vom Tode vieler Pommereller und Prußen

Die Erbauung der Burg Christburg [90]versetzte die Törichten[90], die Neubekehrten und Swantopolk, [90]in Unruhe[90]; sie überlegten einmütig, wie sie sie niederwerfen und zerstören könnten, und unternahmen verschiedenartige Angriffe. Endlich verschworen sie sich miteinander, gemeinsam die Burg Christburg zu belagern und nicht von der Belagerung abzulassen, bis sie sie dem Boden gleichgemacht hätten. Die Prußen

[89] 1248.
[90-90] Vgl. Ps 75,6.

magno exercitu premiserunt multos armigeros, qui currus et quadrigas ducentes victualia et arma custodirent. Quos premissos invaserunt fratres in prelio et omnes occiderunt currus et quadrigas ad castrum suum deducentes. Quo percepto Prutheni indignati ad propria redierunt. Sed Swantepolcus cum exercitu suo venit ad castrum Santirium ibique castra metatus est et premisit multos milites et armigeros, qui, utrum castrum Cristburgk obsessum esset, diligencius explorarent. Quos milites invaserunt eciam fratres de Cristburgk et occisis pluribus ex eis alii fugientes cum clamore valido venerunt ad exercitum domini sui Swantepolci. De quo idem exercitus Pomeranorum tantum territus fuit, quod omnes terga verterunt. Quo viso fratres sequebantur eos et quosdam occiderunt, aliquos ceperunt, ᵗreliqui se in Wisela submerseruntᵗ, sed dux cum paucis navigio vix evasit. Sicque Swantepolcus devictus, quia tota virtus exercitus sui fuit enervata, ammodo conquievit[91].

66. De conflictu in Nattangia, ubi LIIII fratres cum multis Cristianis fuerunt occisi

Postquam [92]maledictionis iste filius[92] Swantepolcus opposuit se fratribus et neophitos terre Prussie ad apostasiam fidei incitasset, non patebat via secura nec per terram nec per aquas ad partes inferiores nec e converso nisi in gravi multitudine pugnatorum. Unde magister multos fratres et armigeros misit, qui fratres de Elbingo et Balga sibi assumpserunt et armata manu intrantes terram Nattangie per incendium et rapinam vastaverunt, factaque magna strage hominum dum recedere vellent, invenerunt omnes vias per hostes occupatas et potenter exitum prohibentes, sic quod coacti fratres retrocesserunt ad villam, que dicitur Crucke. Quod videntes Prutheni obsederunt eos, ita quod nec isti audebant intrare ad eos nec illi ad istos exire ad pugnam. Tandem crescente turba Pruthenorum coacti sunt fratres subire hec pacta: Dederunt enim fratrem Henricum dictum Botel marscalcum et tres alios

---

ᵗ⁻ᵗ Fehlt K.

versammelten also ein großes Heer und schickten viele Krieger voraus, die Wagen und Gespanne mit Lebensmitteln und Waffen bewachen sollten. Die Brüder griffen diese in einem Gefecht an, töteten sie alle und führten Wagen und Gespanne mit sich auf ihre Burg. Daraufhin kehrten die Prußen voller Zorn heim. Swantopolk aber kam mit seinem Heer zur Burg Zantir, schlug dort ein Lager auf und schickte viele Ritter und Bewaffnete voraus, die sorgfältig erkunden sollten, ob die Burg Christburg bereits belagert sei. Die Christburger Brüder griffen auch diese Ritter an und erschlugen viele von ihnen, die anderen flohen und kamen mit großem Geschrei zum Heer ihres Herrn Swantopolk. Dadurch geriet das pommerellische Heer derart in Schrecken, daß alle sich zur Flucht wandten. Als die Brüder das sahen, folgten sie ihnen, töteten einige und fingen andere; die übrigen ertranken in der Weichsel, der Herzog aber entkam mit Mühe in Begleitung weniger Männer zu Schiff. So war Swantopolk also gründlich besiegt, und da seine Heeresmacht gänzlich geschwächt war, verhielt er sich in Zukunft ruhig[91].

66. Von einem Kampf in Natangen, bei dem 54 Brüder und viele Christen getötet wurden

Als jener [92]Sohn der Lästerung[92], Swantopolk, sich gegen die Brüder gewandt und die Neubekehrten des Preußenlandes zum Abfall vom Glauben verführt hatte, gab es weder zu Lande noch zu Wasser einen sicheren Weg in die unteren Landschaften und auch nicht zurück, es sei denn mit einer großen Zahl Reisiger. Daher sandte der Meister viele Brüder und Bewaffnete, die sich mit den Brüdern von Elbing und Balga vereinigten, mit bewaffneter Hand in das Land Natangen einfielen und es mit Brand und Raub verheerten, aber als sie, nachdem sie viele Menschen getötet hatten, wieder abziehen wollten, fanden sie alle Wege von den Feinden besetzt, die ihnen mit Macht den Rückweg verlegten, so daß die Brüder gezwungen waren, auf ein Dorf namens Krücken zurückzuweichen. Daraufhin schlossen die Prußen sie ein, jedoch so, daß die einen nicht in das Dorf einzudringen, die anderen nicht zum Kampf herauszukommen wagten. Endlich waren die Brüder, da die Schar der Prußen immer größer wurde, gezwungen, den folgenden Vertrag einzugehen: Sie stellten nämlich den Marschall Bruder Heinrich genannt Botel und drei weitere Brü-

---

[91] Friedensschluß mit dem Orden am 24. November 1248 unter Vermittlung des päpstlichen Nuntius, des Archidiakons Jakob von Lüttich (PUB 1,1 Nr. 213).
[92-92] Vgl. 2 Petr 2,14.

fratres in obsides, sicut Prutheni petebant, ut alii capti, salvi tamen in corpore, permanerent. Hec pacta solum illi Deo dilecto fratri Ioanni vicecommendatori de Balga displicuerunt, qui consuluit bona fide, ut fratres confisi in Domino intrepide exirent ad pugnam. Prevalente ergo consilio aliorum et datis obsidibus, ut dictum est, Prutheni rupto federe pacti irruerunt in alios et LIIII fratres et omnes alios occiderunt anno Domini MCCXLIX. Post hanc cedem quidam vir de Nattangia caput fratris Ioannis vicecommendatoris predicti fixit in lanceam et elevans in altum ait: „Si tuo sano consilio acquievissent fratres tui, occisi utique non fuissent." Inter istos quidam frater sic martirium fuit passus: Prutheni ligaverunt eum vivum per manus ad arborem et excisum umbilicum ventris sui, cui adherebat viscus, affixerunt arbori, quo facto plagis multis compulerunt eum, ut circuiret arborem, quousque omnia viscera ipsius arbori adheserunt, et sic in confessione vere fidei reddens Deo spiritum expiravit. Volve et revolve omnia scripta martirologii, non occurret tibi tale genus martirii. [93]Nec Tarquinius superbus primus inventor omnium tormentorum genus huiusmodi invenit[93]. Unde patet, quod fuit insolitum et [94]a seculo inauditum[94]. Ecce quomodo [95]conclusit Dominus in gladio populum suum[95], [96]effuderunt enim gentes sanguinem ipsorum tanquam aquam in circuitu terre et non erat, qui sepiliret, sed carnes eorum terre bestiis reliquerunt. Usque quo, Domine, irasceris in finem? Miserere nostri, Domine, miserere nostri, ut ulcio sanguinis servorum tuorum, qui effusus est, introeat in conspectu tuo. Effunde iram tuam in gentes, que te non noverunt, et in regna, que nomen tuum non invocaverunt, et propter gloriam nominis tui propicius esto nobis, ne forte dicant gentes: „Ubi est Deus eorum?"[96]

67. De peregrinis et pace reddita terre Prussie

Hec [97]plaga magna Dei facta in fratribus et populo[97] ad aures principum Alemanie pervenit et commovit eos ad compassionem.

[93—93] Vgl. Martin S. 403.
[94—94] Vgl. Jo 9,32.

der als Geiseln, wie die Prußen es verlangten, damit die übrigen heil an Leib und Leben blieben, wenn sie auch in Gefangenschaft gerieten. Diese Übereinkunft mißfiel allein dem Gott wohlgefälligen Bruder Johann, dem Vizekomtur von Balga, der nach bestem Wissen riet, die Brüder sollten im Vertrauen auf den Herrn furchtlos zum Kampf hinausgehen. Die Meinung der anderen überwog jedoch, und es wurden die Geiseln gestellt, wie gesagt; die Prußen aber brachen den Vertrag, stürzten sich auf die übrigen und töteten 54 Brüder und alle anderen; das war im Jahr des Herrn 1249. Nach diesem Gemetzel steckte ein Mann aus Natangen das Haupt des Vizekomturs Bruder Johann auf einen Speer, hob es hoch und sagte: „Wenn deine Brüder auf deinen vernünftigen Rat gehört hätten, dann hätten sie bestimmt nicht sterben müssen!" Einer der Brüder erlitt das Martyrium auf folgende Weise: die Prußen banden ihn lebend mit den Händen an einen Baum, schnitten ihm den Nabel heraus, an dem sein Gedärm hing, und hefteten diesen an den Baum, darauf zwangen sie ihn unter vielen Schlägen, um den Baum zu laufen, bis alle seine Gedärme daran klebten, und so gab er mit dem Bekenntnis des wahren Glaubens Gott seinen Geist zurück und starb. Du magst alle Schriften des Martyrologiums durchblättern, sooft du willst, eine solche Art des Martyriums wird dir nicht begegnen. [93]Auch Tarquinius Superbus, der erste Erfinder aller Foltern, hat eine solche Qual nicht erdacht[93]. Es ist also offensichtlich, daß sie ungewöhnlich und [94]in der Welt unerhört[94] war. Siehe, wie [95]der Herr sein Volk dem Schwert preisgab[95], [96]die Heiden vergossen nämlich sein Blut wie Wasser auf dem Erdkreis, und es war niemand, der sie hätte begraben können, sondern ihr Fleisch blieb liegen für die Tiere der Erde. Wie lange, Herr, wirst du noch zürnen ganz und gar? Erbarme dich unser, Herr, erbarme dich unser, damit die Rache für das Blut deiner Knechte, das vergossen ist, vor dein Antlitz trete! Gieße deinen Zorn über die Heiden aus, die dich nicht kennen, und über die Reiche, die deinen Namen noch nicht angerufen haben, und sei uns gnädig um der Ehre deines Namens willen, damit die Heiden nicht etwa sagen: „Wo ist denn ihr Gott?[96]"

67. Von Kreuzfahrern und wie das Preußenland wieder Frieden erhielt

Diese [97]große Heimsuchung der Brüder und des Volkes durch Gott [97] kam den Fürsten Deutschlands zu Ohren und bewog sie zum Mitleid. So

---

[95—95] Vgl. Ps 77,62.
[96—96] Vgl. Ps 78,2f. 5f. 9—11.
[97—97] Vgl. 2 Sam 17,9; 1 Makk 7,22; 15,35.

Unde factum est, quod ipse Cristus, qui [98]percutit et sanat[98], [99]tetigit gracia sui spiritus quorundam principum corda[99] videlicet marchionis de Brandenburgk[1], qui anno Domini MCCLI, et episcopi de Mersburgk[2] et comitis Henrici de Schwarzburgk[3], qui anno eiusdem sequenti intraverunt terram Prussie cum multitudine armatorum, quorum singuli terminos dictorum apostatarum potenter pertransiverunt incendio et rapina destruendo, occidendo et rapiendo, [4]quousque omnino deficerent[4] nec ultra possent aliqualiter respirare. Extunc Pomesani, Pogesani, Warmienses, Nattangi et Barthi ordinante Domino Iesu Cristo, in cuius manu sunt omnes potestates et omnium iura regnorum, reversi sunt ad fidem et fratrum imperio datis obsidibus se iterum subdiderunt[5]. Eodem tempore et eadem causa Swantepolcus dux Pomeranie fatigatus laboribus et expensis nec valens ultra resistere fratribus composicionem, quam fecit Iacobus archidiaconus Leodiensis, qui postea fuit Urbanus papa IIII, inter eum et fratres, servavit ratam usque in finem vite sue. Sicque a die, qua incepit, bellum Swantepolci fuit anno undecimo terminatum et terra Prussie in pace quievit[6].

68. De bello fratrum contra Sambitas[u].
De vastacione territorii Girmow

Multa bella gesta sunt contra gentem Sambitarum, que singulariter enumerare nimis longum esset; tamen aliqua sunt ponenda. Frater Henricus dictus Stango commendator de Cristburgk cum exercitu magno de magistri mandato processit ad bellum contra Sambiam et intravit circa locum, ubi nunc situm est castrum Lochstete, tempore hyemali vastando per incendium et rapinam ex utraque parte usque ad villam Girmow occisis et captis multis hominibus, ubi occurrerunt eis Sambite armata manu. Quibus se op-

[u] So Index K; sonst De bello Sambitarum.

[98—98] Vgl. Dt 32,39.
[99—99] Vgl. 1 Sam 10,26.
[1] Vielleicht Otto III., der wahrscheinlich schon im Januar 1249 in Preußen gewesen war.
[2] Heinrich von Warin.

geschah es, daß Christus selbst, der [98]schlägt und heilt[98], mit der Gnade seines Geistes [99]die Herzen einiger Fürsten anrührte[99], nämlich des Markgrafen von Brandenburg[1], der im Jahr des Herrn 1251, des Bischofs von Merseburg[2] und des Grafen Heinrich von Schwarzburg[3], die im folgenden Jahr mit einer Menge Bewaffneter in das Preußenland kamen, und jeder von ihnen durchzog machtvoll das Gebiet der Abtrünnigen, zerstörte es mit Brand und Raub, tötete und raubte, [4]bis die Prußen gänzlich am Ende waren[4] und nicht mehr Atem holen konnten. So kehrten die Pomesanier, Pogesanier, Warmier, Natanger und Barter nach dem Gebot des Herrn Jesus Christus, in dessen Hand alle Macht und das Recht aller Reiche liegt, zum Glauben zurück, gaben Geiseln und unterwarfen sich wieder der Herrschaft der Brüder[5]. Zur selben Zeit und aus demselben Grunde schloß Herzog Swantopolk von Pommerellen, der durch Mühen und Kosten erschöpft war und den Brüdern nicht länger widerstehen konnte, einen durch Jakob, Archidiakon von Lüttich, der später als Urban IV. Papst wurde, vermittelten Frieden mit den Brüdern, den er bis an sein Lebensende hielt. So war der Krieg gegen Swantopolk im elften Jahr nach seinem Beginn beendet, und das Preußenland lebte in Frieden[6].

68. Vom Kampf der Brüder gegen die Samländer. Von der Verwüstung des Gebiets Germau

Viele Kriege sind gegen das Volk der Samländer geführt worden, die im einzelnen aufzuzählen zu lange dauern würde; dennoch soll einiges hier berichtet werden. Bruder Heinrich Stange, der Komtur von Christburg, rückte auf Befehl des Meisters mit einem großen Heer zum Kampf gegen das Samland aus, betrat es zur Winterszeit an der Stelle, wo jetzt die Burg Lochstädt liegt, verwüstete das Land beiderseits seines Weges mit Brand und Raub bis zum Dorf Germau, wobei viele Menschen getötet und gefangen wurden; hier aber traten ihm die Samländer mit bewaffneter Hand

---

[3] Heinrich III.
[4-4] Vgl. Jos 3,16.
[5] 1253.
[6] Der durch Jakob von Lüttich vermittelte Frieden war vielmehr schon am 24. November 1248 geschlossen worden (vgl. III, 65 Anm. 91). 1252/53 nochmals einsetzende Feindseligkeiten wurden durch den Vertrag vom 30. Juli 1253 endgültig beigelegt (PUB 1,1 Nr. 271). Der Krieg Swantopolks mit dem Orden dauerte also tatsächlich 11 Jahre (1242 – 1253).

posuit idem commendator quasi leo intrepidus, et ut retardaret
eos, quousque exercitus suus posset recedere ad tutum locum, lanceis suis plures vulneravit. Tandem circumvenerunt eum Prutheni
dolose et plagis pluribus impositis de equo deiecerunt. Quod videns
frater Hermannus germanus dicti commendatoris [7]commota fuerunt viscera eius super fratre suo[7]. Non valens tam iniuriosam
mortem ipsius sustinere accessit ad bellum et post longam defensionem, in qua plures letaliter vulneravit, ambo mortui ceciderunt;
alii fratres cum exercitu suo evaserunt.

69. De quodam miraculo

De isto fratre Henrico Stangone commendatore de Cristburgk
refertur indubitanter, quod, dum ipse in capella flexis genibus ante
altare rogaret Deum, ut ostenderet ei aliquo signo, si eius graciam
meruisset, crucifixus ligneus, coram quo oravit, extendit brachium
suum et cruce signando ipsum benedixit, quo signo viso contentus
recessit. Hoc vidit et publicavit frater Heindricus[v] eiusdem castri
sacerdos, qui tunc orando in quodam capelle angulo latitabat.

70. De prenosticacione eventus belli Sambitarum

Sambite post edificacionem castri de Balga curiosius exquirentes fratrum condicionem et statum volentes plenius experiri miserunt unum de senioribus suis versus Balgam, quem fratres cognita
causa itineris sui gratanter susceperunt omnia facta sua in refectorio, dormitorio et ecclesia ei ostendentes. Qui cum haberet plenam de statu fratrum noticiam, reversus ad Sambitas ait: ,,Scitote,
quod fratres sunt homines sicut et nos; habent laxos et molles
ventres, sicut nos videtis habere; in armis, cibis et aliis satis conveniunt nobiscum, sed in hoc differunt a nobis: Habent enim unum
opus in consuetudine, quod sine dubio destruet nos. Ipsi singulis
noctibus surgunt de stratu suo et conveniunt in oratorio et in die

[v] Heindricus K; Henricus B; Helmricus T.

entgegen. Der Komtur widerstand ihnen furchtlos wie ein Löwe; um sie aufzuhalten, bis sein Heer sich an einen sicheren Ort zurückgezogen hätte, verwundete er viele mit seinen Speeren. Endlich aber umringten ihn die Prußen listigerweise und warfen ihn mit vielen Hieben vom Pferd. Als Bruder Hermann, der leibliche Bruder des Komturs, das sah, [7]war er im Innersten bewegt durch die Not seines Bruders[7]. Er konnte dessen so ungerechten Tod nicht ertragen und griff selbst in den Kampf ein, und nach langer Gegenwehr, bei der er viele tödlich verwundete, fielen sie beide; die übrigen Brüder entkamen mit ihrem Heer.

69. Von einem Wunder

Von diesem Bruder Heinrich Stange, dem Komtur von Christburg, wird unbezweifelbar berichtet: Als er einmal in der Kapelle vor dem Altar kniete und Gott bat, ihm durch ein Zeichen zu bedeuten, ob er seiner Gnade würdig sei, da streckte der hölzerne Gekreuzigte, vor dem er betete, seinen Arm aus und segnete ihn mit dem Kreuzzeichen. Darauf ging der Komtur zufrieden davon. Das sah und berichtete Bruder Heinrich, der Priester der Burg, der damals versteckt in einem Winkel der Kapelle gebetet hatte.

70. Von einer Prophezeiung über den Ausgang des Krieges gegen die Samländer

Nach der Erbauung der Burg Balga wollten die Samländer Leben und Treiben der Brüder sorgfältiger erforschen und vollständiger erfahren und schickten daher einen von ihren Ältesten nach Balga, den die Brüder, als sie den Grund seiner Reise kennengelernt hatten, gern aufnahmen; in Remter, Schlafhaus und Kirche zeigten sie ihm alles, was sie taten. Als er nun vollständige Kunde vom Leben der Brüder hatte, kehrte er zu den Samländern zurück und sagte: „Die Brüder sind Menschen wie wir, das sollt ihr wissen; sie haben geschmeidige und weiche Leiber, wie ihr sie bei uns auch seht; in ihren Waffen, Speisen und anderen Dingen sind sie uns ziemlich gleich, aber in einem unterscheiden sie sich von uns: Sie haben nämlich eine Gewohnheit, die uns ohne Zweifel verderben wird. Sie stehen jede Nacht von ihrem Lager auf, kommen in der Kapelle zusammen — am

[7–7] Vgl. Gn 43,30.

pluries et exhibent reverenciam Deo suo, quod nos non facimus.
Unde in bello nos sine hesitacione aliqua superabunt." Et quia iste
vidit fratres comedentes caules, quibus Prutheni non utebantur,
credidit esse germina, unde addidit: „Et ipsi eciam comedunt gramina sicut equus et mulus; quis posset talibus resistere, qui in solitudine sine labore inveniunt cibum suum?"

71. De subiugacione Sambitarum

Reversis ad [8]fidei unitatem[8] gentibus supradictis restabant adhuc Sambite, ad quorum subiugacionem Cristus anno incarnacionis sue MCCLIIII misit Othacarum regem Bohemie[9] virum utique
Deo devotum et exercitatum in armis, Ottonem marchionem de
Brandenburgk[10], qui in itinere huius peregrinacionis marscalcus
eius fuit, ducem Austrie[9], marchionem Moravie[9], Henricum episcopum Colmensem, Anselmum[w] episcopum Warmiensem et episcopum Olmacensem[11] cum ingenti multitudine peregrinorum et de
Saxonia, Thuringia, Misna, Austria et Reno et aliis Alemanie partibus barones, milites et nobiles, quorum animus accensus fuit ad
vindicandam iniuriam Domini crucifixi. Tanta fuit multitudo huius
exercitus, quod excedebat numerum LX milium pugnatorum; curruum et quadrigarum ducencium arma et victualia numerum non
audivi. Venit itaque exercitus iste tempore hyemali in Elbingum,
et negocium fidei, quod Deus in sui providencia disposuit ad salutem, inimicus humani generis diabolus voluit impedire; ordinavit
enim, quod inter unum virum de Saxonia et alterum de Austria in
quodam molendino tanta fuit orta altercacio, quis eorum primus
deberet molere, [x]quod non solum militares et communis populus[x],
verum eciam rex et alii principes arma ad pugnandum induissent,
sed vir Dei Olmacensis episcopus pacis amator huiusmodi dissensionis materiam amputavit et pacem pristinam reformavit. Facta
ergo concordia rex Bohemie precessit exercitum suum usque ad
castrum Balge, ubi ex ordinacione fratrum invenit quendam se-

[w] Anfangsbuchstabe A in K, D, nicht B; Anshelmus Jeroschin.
[x-x] Fehlt K.

Tage tun sie das mehrmals — und erweisen ihrem Gott die Ehre, und das tun wir nicht. Daher werden sie uns im Kampfe ohne Zögern überwinden." Und weil er gesehen hatte, wie die Brüder Kohl aßen, den die Prußen nicht verzehrten, und glaubte, es seien Knospen, setzte er hinzu: „Sie essen auch Grünzeug wie das Pferd und das Maultier; wer kann Männern widerstehen, die in der Wildnis ohne Mühe ihre Nahrung finden?"

71. Von der Unterwerfung der Samländer

Als die obenerwähnten Völker zur [8]Einheit des Glaubens[8] zurückgekehrt waren, blieben noch die Samländer übrig, zu deren Unterwerfung Christus im Jahr seiner Menschwerdung 1254 den König Ottokar von Böhmen sandte[9], einen Gott ganz und gar ergebenen und waffengeübten Mann, den Markgrafen Otto von Brandenburg[10], der auf dieser Pilgerreise des Königs Marschall war, den Herzog von Österreich, den Markgrafen von Mähren, den Bischof Heidenrich von Kulm, den Bischof Anselm von Ermland und den Bischof von Olmütz[11], zusammen mit einer ungeheuren Menge Pilger, und aus Sachsen, Thüringen, Meißen, Österreich, vom Rhein und aus anderen Teilen Deutschlands Herren, Ritter und Adlige, deren Sinn entbrannt war, das dem gekreuzigten Herrn getane Unrecht zu rächen. Das Heer war so groß, daß es mehr als 60000 Kämpfer zählte; die Zahl der Wagen und Gespanne mit Waffen und Lebensmitteln habe ich nicht erfahren. Dies Heer kam also zur Winterszeit nach Elbing, aber der Feind des Menschengeschlechts, der Teufel, wollte die Sache des Glaubens behindern, die Gott in seiner Fürsorge zum Heil bestimmt hatte; auf sein Anstiften hin entstand nämlich zwischen einem Mann aus Sachsen und einem aus Österreich in einer Mühle ein solcher Streit darüber, wer von ihnen als erster mahlen dürfe, daß nicht nur Ritter und gemeines Volk, sondern auch der König und andere Fürsten die Waffen zum Kampfe anlegten, doch der Bischof von Olmütz, ein den Frieden liebender Gottesmann, beseitigte den Zwist und stellte den früheren Frieden wieder her. Da also wieder Eintracht herrschte, ritt der König von Böhmen seinem Heer bis zur Burg Balga voraus; die Brüder hatten es so eingerichtet, daß

[8-8] Eph 4,13.
[9] Přemysl Ottokar II. war im Januar 1255 in Preußen. Er war — was Dusburg nicht weiß — bereits seit 1247 Markgraf von Mähren und seit 1251 Herzog von Österreich.
[10] Otto III.
[11] Bruno von Schaumburg.

nem virum dictum Gedune patrem Wissegaudi de Medenow de gente illorum, qui dicuntur Candeym, qui omnem virtutem bellatorum de Sambia plene novit. A quo dum rex quereret visa prima parte exercitus modica, utrum cum tot armatis aliquid posset agere, respondit, quod non. Deinde supervenit exercitus duplo maior, quo viso respondit ut prius; tercio venit exercitus in triplo maior nec adhuc suffecit ei; tandem supervenit tota residua pars exercitus, qui operuit glaciem, sicut locuste operiunt terram, et dum rex quereret, utrum aliquid posset agere in terra Sambie cum tanto exercitu, respondit: „Sufficit, vade, quocunque tibi placet, et quod volueris, impetrabis." Hoc facto rex dedit ei vexilla sua, ut figeret ea super predia et habitaciones suas et parentum suorum et viso signo regis nullus eum molestaret. Ipse vero nimis tardabat nesciens, quam impetuosi essent Theutonici in bello, unde dum rediret ad propria, invenit suam et suorum habitaciones exustas, familias suas et suorum et fratrem suum dictum Ringelum et omnes de suo sanguine interfectos. Intravit itaque rex Sambiam cum exercitu suo circa territorium dictum Medenow et exustis omnibus, que igne consumi poterant, captisque et occisis multis hominibus ibidem pernoctavit. Sequenti die venit ad territorium Rudowie et castrum ibidem potenter expugnavit tantaque facta fuit ibi strages in populo Sambitarum, ut nobiles obferrent regi obsides supplicantes, ut eos ad graciam suscipere dignaretur et totum populum non deleret. Posthec venit ad territoria Quedenow, Waldow, Caym et Tapiow, et ne tantam stragem faceret in eis sicut in aliis, optulerunt singuli filios suos in obsides obligantes se sub pena capitum suorum mandatis fidei et fratrum humiliter obedire. Hiis omnibus rite peractis rex obsides predictos fratribus assignavit procedens usque ad montem, in quo nunc situm est castrum Kunigsbergk[y], consulens fratribus, ut ibi castrum pro defensione fidei instaurarent, relinquens ipsis magnifica et regia dona in subsidium edificii eius. Consummato ergo peregrinacionis sue labore reversus est rex ad regnum suum sine magno preiudicio gentis sue.

[y] Kunigs-, Kuniges-, Kunnigsbergk, auch -pergk Codd.

er dort einen alten Mann namens Gedune antraf — den Vater des Wissegaudus von Medenau, aus dem Geschlecht derer, die Candeym heißen —, der die ganze Heeresmacht der samländischen Krieger genau kannte. Ihn fragte der König, als erst eine schwache Vorhut des Heeres zu sehen war, ob er mit so vielen Bewaffneten etwas würde erreichen können; Gedune antwortete: „Nein." Darauf kam ein zweimal stärkerer Heerhaufen dazu; als Gedune ihn sah, antwortete er wie zuvor; zum dritten kam ein um das Dreifache größerer Teil des Heeres und auch das reichte ihm noch nicht; schließlich aber kam das ganze übrige Heer hinzu, welches das Eis bedeckte wie Heuschrecken die Erde, und als der König ihn jetzt fragte, ob er mit einem solchen Heer im Samland etwas würde erreichen können, da antwortete er: „Das genügt, ziehe, wohin es dir gefällt; du wirst erlangen, was du willst." Darauf übergab ihm der König seine Banner, damit er sie an seinen Gütern und Behausungen und an denen seiner Verwandten befestige, so daß ihn niemand belästigen würde, wenn er nämlich das Zeichen des Königs sähe. Gedune säumte jedoch zu lange, denn er wußte nicht, wie ungestüm die Deutschen im Kampfe waren; als er daher heimkam, fand er sein Haus und die Häuser der Seinen verbrannt, sein Gesinde und das der Seinen, seinen Bruder Ringelus und seine ganze Sippe erschlagen. Der König drang also im Gebiet Medenau mit seinem Heer ins Samland ein, verbrannte alles, was das Feuer zu verzehren vermochte, fing und tötete viele Menschen und blieb dort über Nacht. Am nächsten Tag kam er in das Gebiet Rudau und eroberte dort machtvoll eine Burg und richtete hier ein solches Blutbad unter dem Volk der Samländer an, daß die Adligen dem König Geiseln stellten und ihn anflehten, er möge geruhen, sie in Gnaden aufzunehmen, und nicht das ganze Volk vernichten. Danach kam er in die Gebiete Quednau, Waldau, Kaimen und Tapiau, und damit er hier nicht ebensolche Verwüstungen anrichtete wie in den anderen Gebieten, übergaben ihm die einzelnen Samländer ihre Söhne als Geiseln und verpflichteten sich bei Todesstrafe, den Geboten des Glaubens und der Brüder demütig zu gehorchen. Nachdem dies alles in gehöriger Weise geschehen war, lieferte der König die Geiseln den Brüdern aus und rückte bis zu dem Berg vor, auf dem jetzt die Burg Königsberg liegt. Er riet den Brüdern, dort eine Burg zur Verteidigung des Glaubens zu bauen, und überließ ihnen großartige und königliche Geschenke zur Unterstützung des Baus. Da er nun die Mühsal seiner Kreuzfahrt überstanden hatte, kehrte der König, ohne daß sein Kriegsvolk großen Schaden gelitten hätte, in sein Reich zurück.

72. De edificacione castri Kunigsbergk vel Tuwangste[z]

Post recessum domini regis de Bohemia magister et fratres preparabant ea successive, que ad edificacionem fuerunt necessaria, et assumptis sibi fidelibus suis Pruthenis cum magno exercitu venerunt anno Domini MCCLV et in eo loco, qui nunc dicitur castrum antiquum, edificaverunt castrum Kunigsbergk vocantes illud ob reverenciam regis de Bohemia castrum regis (apud Pruthenos dicitur Tuwangste a nomine silve, que fuit in dicto loco) relinquentes ibi fratrem Burgardum de Hornhusen pro commendatore cum multis fratribus et armigeris. Postea translatum fuit hoc castrum ad eum locum, ubi nunc est situm, in eodem monte et duobus muris et IX turribus lapideis est vallatum.

73. De vastacione terre Sambie et edificacione castri Wilow[a]

Eodem anno, quo Kunigsbergk fuit edificatum, Nadrowite, Scalowite et Sudowite gentes vicine indignate ex hoc, quod Sambite se fidei et fratribus subdidissent; timebant enim, quod ipsi per eos deberent eciam fidei subiugari, sicut rei eventus postea comprobavit; unde congregata magna exercitus sui potencia terram Sambie rapina et incendio transiverunt captis hominibus pluribus et occisis, et dum recederent, placuit eis, ut castrum Wilow edificarent, ne improvisus et facilis aditus in terram Nadrowie pateret amodo fratribus et Sambitis. Unde edificato castro predicto relictisque ibi Tirskone et filio suo Maudelo[b] cum multis armigeris ad propria sunt reversi. Sed ecce mira Dei providencia, que in sui disposicione non fallitur, ordinavit, quod ea, que Nadrowite tunc sibi fecerant in presidium, postea fuerunt eis [12]facta in magnum laqueum et ruinam[12]. [13]Tetigerat enim Deus corda[13] dictorum Tirskonis capitanei dicti castri et virorum, qui cum eo fuerunt, ut relicta ydolatria se ad Cristi fidem converterent et fratres, et facti sunt strenui pugiles fidei Cristiane.

[z] So K, B; Tuwangeste D.
[a] Auch Wilaw Codd.
[b] So B; Maydelo K; Maudele Jeroschin.

72. Von der Erbauung der Burg Königsberg oder Tuwangste

Nach der Abreise des Herrn Königs von Böhmen bereiteten der Meister und die Brüder nacheinander die zum Bau notwendigen Dinge vor; sie sammelten die ihnen treuen Prußen, kamen mit einem großen Heer im Jahre des Herrn 1255 und erbauten an der Stelle, die jetzt die alte Burg heißt, die Burg Königsberg, nannten sie dem König von Böhmen zu Ehren „Burg des Königs" (bei den Prußen heißt sie Tuwangste nach dem Wald, der sich an dieser Stelle befand) und ließen in ihr den Bruder Burchard von Hornhausen als Komtur mit vielen Brüdern und Bewaffneten zurück. Später wurde die Burg an den Platz auf derselben Anhöhe verlegt, wo sie heute liegt, und mit zwei Mauern und neun Steintürmen umgeben.

73. Von der Verwüstung des Samlandes und der Erbauung der Burg Wehlau

Im selben Jahr, in dem Königsberg erbaut wurde, gerieten die benachbarten Völker der Nadrauer, Schalauer und Sudauer in Zorn darüber, daß die Samländer sich dem Glauben und den Brüdern ergeben hatten; sie befürchteten nämlich, dadurch selbst dem Glauben ebenfalls unterworfen zu werden, wie es später ja auch kam; daher durchzogen sie mit großer Heeresmacht raubend und brennend das Samland und fingen und töteten viele Menschen, und als sie abrückten, beschlossen sie, die Burg Wehlau zu erbauen, damit die Brüder und die Samländer in Zukunft keinen unüberwachten und leichten Zugang zum Land Nadrauen mehr hätten. Sie bauten also die Burg, ließen dort den Tirsko und seinen Sohn Maudelus mit vielen Kriegern zurück und zogen in die Heimat ab. Aber siehe, die wunderbare Vorsehung Gottes, die sich in ihren Plänen nicht täuschen läßt, bestimmte, daß das, was die Nadrauer zu ihrem Schutze getan hatten, ihnen später [12]zum großen Fallstrick und Verderben wurde[12]. [13]Gott hatte nämlich die Herzen[13] des Burghauptmanns Tirsko und der ihm beigegebenen Männer [13]angerührt[13], so daß sie die Abgötterei verließen und sich zum Glauben an Christus und zu den Brüdern bekehrten, und sie wurden tüchtige Streiter für den christlichen Glauben.

[12–12] Vgl. Is 8,14; 1 Makk 1,37.
[13–13] Vgl. 1 Sam 10,26.

74. De bello contra terram de Wohenstorph et expugnacione castri Capostete

Et quia idem Tirsko plenam habuit noticiam vie ad terras vicinas, idcirco commendator de Kunigsbergk cum exercitu Sambitarum dicto Tirskone ductore intravit terram Wohenstorph improvise et applicatis scalis ad menia ordinatisque modo debito, que ad impugnacionem sunt necessaria, castrum Capostete violenter expugnavit et in cinerem redegit captis et occisis in dicto castro et territorio ipsius pluribus hominibus totoque territorio rapina et incendio devastato.

75. De expugnacione aliorum castrorum et subiectione terre Wohenstorph

Sequenti anno idem commendator de Kunigsbergk validum exercitum iterum congregavit et ad dictam terram Wohenstorph est profectus castraque metati sunt in obsidione castri Ochtolite et modo supradicto ipsum expugnantes captis ibi pluribus hominibus et in ipsius territorio et occisis funditus combusserunt. Castrenses autem de tribus aliis castris scilicet Unsatrapis, Gundow et Angetete videntes, quod Dominus pugnaret pro fratribus et non possent eis amplius in bello resistere, dederunt obsides et [14]colla sua fidei Cristiane et fratribus humiliter subiecerunt[14].

76. De vastacione cuiusdam partis Nattangie

Cum hiis viris de Wohenstorph et aliis, quos habere poterat idem commendator, congregavit exercitum et intravit quoddam confinium terre Nattangie, quod cum aliis pacem ultimo factam noluit acceptare[15], et per rapinam et incendium vastavit. Capitaneum dicti confinii dictum Goducke cum duobus filiis et multis aliis occidit, uxorem eius et totam familiam cum mulieribus et parvulis cum preda alia deduxit.

74. Vom Kampf gegen das Land Wohnsdorf und von der Eroberung der Burg Capostete

Weil Tirsko die Wege in die benachbarten Länder sehr gut kannte, drang der Komtur von Königsberg unter Führung Tirskos mit einem samländischen Heer unvermutet in das Land Wohnsdorf ein; nachdem Leitern an die Wälle gelegt und alles zur Bestürmung Notwendige in gehöriger Weise geordnet war, eroberte er die Burg Capostete gewaltsam und legte sie in Asche; viele Menschen wurden in der Burg und ihrem Gebiet gefangen und erschlagen und das ganze Gebiet mit Raub und Brand verheert.

75. Von der Eroberung weiterer Burgen und der Unterwerfung des Landes Wohnsdorf

Im folgenden Jahr sammelte derselbe Komtur von Königsberg wiederum ein starkes Heer und marschierte in das Land Wohnsdorf; man schlug ein Lager zur Belagerung der Burg Ochtolite auf, erstürmte sie in der oben beschriebenen Weise, fing und tötete viele Menschen in der Burg und in ihrem Gebiet und brannte sie bis auf den Grund nieder. Als aber die Besatzungen von drei anderen Burgen, nämlich Unsatrapis, Gundow und Angetete sahen, daß der Herr für die Brüder stritt und sie ihnen im Kampf nicht mehr widerstehen konnten, gaben sie Geiseln und [14]unterwarfen ihre Nacken demütig dem christlichen Glauben und den Brüdern[14].

76. Von der Verwüstung eines Teils von Natangen

Aus diesen Männern von Wohnsdorf und anderen, die er heranziehen konnte, stellte derselbe Komtur ein Heer zusammen, drang in ein Grenzgebiet des Landes Natangen ein, das den mit den anderen zuletzt geschlossenen Frieden nicht annehmen wollte[15], und verwüstete es durch Raub und Brand. Den Häuptling des Gebietes namens Goducke mit zwei Söhnen und vielen anderen tötete er, dessen Frau und ganzes Gesinde samt Frauen und Kindern führte er mit der übrigen Beute fort.

[14–14] Vgl. Sir 51,34; Jr 27,12.
[15] Vgl. III, 67.

77. De adventu marchionis Brandenburgensis

Hoc anno scilicet Domini MCCLV[16] dominus Ioannes marchio Brandenburgensis vir in armis exercicio et experiencia sufficienter instructus cum multa milicia et armatorum apparatu venit ad terram Prussie tempore hyemali, sed quia hyems fuit tepida, ad hostes fidei vicinos transire non potuit. Sunt enim intermedie paludes et alia viarum discrimina, que non nisi in intensissimo gelu indurantur, et eis sic non induratis non patet transitus ad eos. Unde necessitate cogente rediit ad patriam et pro voluntate meritum facti recepit, licet opus volitum non complevit.

78. De fratre Gerardo magistro Prussie

Frater Gerardus de Hirczbergk magister terre Prussie IIII prefuit II annis. Hic post multa, que fecit bona in terra Prussie, reversus in Alemaniam factusque magister terre Theutonie ibique mortuus est et sepultus.

79. De laudabili vita cuiusdam fratris de Kunigsbergk

Hoc tempore in conventu fratrum de castro Kunigsbergk fuit frater Hermannus dictus Sarracenus natus de Swevia, qui, cum adhuc esset secularis, tantum dilexit beatam virginem Mariam, ut nulli petenti in nomine ipsius aliquid denegaret. Unde accidit, quod, dum quidam miles captus ab eo in bello artaretur, ut aut certam summam pecunie, quam solvere non poterat, daret aut capitalem sentenciam subiret, instructus per quendam rogavit eum dictus miles, ut ob reverenciam beate virginis Marie parceret ei, qua prece audita statim sine omni exactione absolvit eum.

77. Von der Ankunft des Markgrafen von Brandenburg

In diesem Jahr des Herrn 1255[16] kam Herr Johann, der Markgraf von Brandenburg, ein im Waffenhandwerk hinreichend geübter und erfahrener Mann, mit vielen Rittern und Kriegsausrüstung zur Winterszeit in das Preußenland, aber da der Winter mild war, konnte er nicht zu den benachbarten Feinden des Glaubens gelangen. Es gibt nämlich Sümpfe dazwischen und noch andere schwierige Stellen auf den Wegen, die nur bei der härtesten Kälte gefrieren, wenn sie aber nicht auf diese Weise fest werden, gibt es keinen Durchgang zu den Feinden. Daher kehrte der Markgraf notgedrungen in die Heimat zurück und empfing für seinen guten Willen den Lohn der Tat, wenn er auch das erstrebte Werk nicht vollenden konnte.

78. Von Bruder Gerhard, dem Meister Preußens

Bruder Gerhard von Hirschberg, der vierte Meister des Preußenlandes, amtierte zwei Jahre lang. Er tat viel Gutes im Preußenland, kehrte darauf nach Deutschland zurück und wurde Deutschmeister; dort starb er und wurde er begraben.

79. Vom löblichen Leben eines Königsberger Bruders

Zu dieser Zeit lebte im Brüderkonvent der Burg Königsberg der Bruder Hermann genannt Saracenus, gebürtig aus Schwaben; als er noch weltlich war, liebte er die heilige Jungfrau Maria so sehr, daß er niemandem etwas abschlagen konnte, was er in ihrem Namen erbat. Nun geschah es, daß er einen von ihm im Kampf gefangengenommenen Ritter bedrohte, entweder eine gewisse Summe Geldes, die jener nicht zahlen konnte, herzugeben oder die Todesstrafe zu erleiden; durch irgend jemand unterrichtet, bat der Ritter ihn, aus Verehrung für die heilige Jungfrau Maria ihn zu verschonen. Als Hermann diese Bitte vernahm, ließ er ihn sofort ohne jegliches Lösegeld frei.

---

[16] Rückgriff Dusburgs, nachdem er zuvor schon Ereignisse des Jahres 1256 berichtet hatte.

80. Idem de eodem

Hic frater Hermannus cum iam receptus esset ad ordinem domus Theutonice et iret ad locum, ubi vestiendus fuit, invenit in quodam campo multam miliciam in hastiludio congregatam, quorum unus iam paratus in equo et armis preconizari iussit, si aliquis esset, qui eum invadere auderet pro equo et armis et reverencia virginis sue. Quo audito frater Hermannus de virgine sua Maria, cui se serviturum promisit, confisus accessit ad ipsum et in primo congressu deiecit ad terram et equum et arma pauperibus erogavit.

81. Item de eodem

Cum isto fratre Hermanno iam professo in ordine et proficiente mirabiliter de virtute in virtutem beata virgo Maria sepius secrete et familiariter loquebatur, et accidit quodam tempore, dum beata virgo ei turbato vultu appareret et ipse tristicie causam diligencius investigaret, ipsa respondit: „Hoc movet me ad turbacionem, quod dilecti filii mei fratres tui de domo Theutonica non referebant quondam in collacionibus suis nisi de filio meo et me et de gestis sanctorum; modo non referunt nisi de factis regum et principum et seculi vanitate, ita quod filius meus et ego et sanctorum vita raro vel nunquam recitatur."

82. De fratre Hartmanno magistro Prussie

Frater Hartmannus[17] de Grunbach magister terre Prussie V prefuit III annis. Hic nomen habuit a re, quia durissime fuit cervicis. Interpretatur Hartman durus vir. Iste dictus fuit Watmal ab illo panno laneo dicto watmal, quem instituit fratribus deferendum. Ipse eciam duos fratres ordinis sui, qui conspiracionem fecerant cum Pruthenis in apostasia post conflictum in Curonia, de quo infra dicetur, iussit in Elbingo comburi in conspectu multitudinis populi circumstantis. De quo facto dominus papa tantum commotus fuit, quod ipsum magistrum mandavit deponi de officio suo et

80. Nochmals von demselben

Als dieser Bruder Hermann schon in den Orden vom Deutschen Hause aufgenommen war und an den Ort reiste, wo er eingekleidet werden sollte, fand er auf einem Felde viele Ritter beim Lanzenstechen versammelt; einer von ihnen hielt gerade gewappnet auf seinem Pferd und ließ durch den Herold fragen, ob einer da sei, der mit ihm um Pferd und Waffen und zur Ehre seiner Herrin zu kämpfen wage. Als Bruder Hermann das hörte, ritt er im Vertrauen auf seine Herrin, Maria, der zukünftig zu dienen er gelobt hatte, auf den anderen los und warf ihn beim ersten Zusammenstoß zu Boden; Pferd und Waffen schenkte er den Armen.

81. Weiter von demselben

Mit diesem Bruder Hermann sprach die heilige Jungfrau Maria, als er bereits die Ordensgelübde abgelegt hatte und wunderbar von Tugend zu Tugend fortschritt, des öfteren heimlich und vertraut; und als die heilige Jungfrau ihm einmal mit betrübter Miene erschien und er den Grund ihrer Traurigkeit sorgfältig zu erforschen suchte, antwortete sie: „Es betrübt mich, daß meine geliebten Söhne, deine Brüder vom Deutschen Hause, früher in den Lesungen bei Tisch nur von meinem Sohn, von mir und den Taten der Heiligen vorlasen; jetzt aber wird nur von den Taten der Könige und Fürsten und weltlicher Nichtigkeit vorgetragen, so daß über meinen Sohn und mich und das Leben der Heiligen nur noch selten oder nie mehr berichtet wird."

82. Von Bruder Hartmann, dem Meister Preußens

Bruder Hartmann[17] von Grumbach, der fünfte Meister des Preußenlandes, amtierte drei Jahre lang. Er trug seinen Namen zu Recht, denn er war ein sehr harter Mann: „Hartmann" läßt sich mit „durus vir" übersetzen. Er wurde Watmal geheißen nach dem so benannten Wolltuch, das er den Brüdern zu tragen befahl. Auch ließ er zwei Brüder seines Ordens, die sich während des Abfalls nach dem Kampf in Kurland mit den Prußen verschworen hatten — davon wird unten die Rede sein —, in Elbing vor den Augen einer Menge Volks verbrennen. Darüber war der Herr Papst so zornig, daß er befahl, den Meister von seinem Amt abzusetzen und ihn

[17] Richtig: Hartmud.

eum et omnes, quorum consilio hoc actum fuit, puniri penitencia annuali[18].

83. De edificacione castri in monte sancti Georgii in Carsovia

Hoc tempore fuit in partibus Lyvonie magister frater Burgardus de Hornhusen, qui assumptus de terra Prussie datus fuit fratribus Lyvonie in magistrum. Hic quia noticiam plenam habuit utriusque terre et tanquam homo affabilis [19]in omnium oculis fuerat graciosus[19], ordinavit, quod sub equalibus expensis et laboribus fratrum de Lyvonia et Prussia edificabatur anno Domini MCCLIX castrum in terra Carsovie in monte sancti Georgii, quod tunc fuit summe necessarium ad incrementum fidei Cristiane. Quo edificato relicti fuerunt ibi viri legales et experti in armis fratres et armigeri de Prussia et Lyvonia pro custodia dicti castri.

84. De conflictu in terra Curonie, ubi CL fratres et multi de populo Cristiano interfecti ceciderunt

Anno Domini MCCLX fratres de Lyvonia et Prussia cum validis exercitibus ad deferenda victualia fratribus de castro sancti Georgii convenerunt, et dum appropinquarent huic castro, venit nuncius, qui dixit, quod IIII milia Lethovinorum vastassent quandam partem terre Curonie per incendium et rapinam et effusionem multi sanguinis Cristiani et mulieres et parvulos captos cum multa alia preda deducerent. Quo audito, dum fratres et totus exercitus se prepararent ad pugnam, ut animas Cristi sanguine redemptas de manibus hostium liberarent, quidam de Pomesania nobilis dictus Matto[c] filius Pipini, dum ab eo frater Henricus marscalcus quereret, quomodo aggrediendi essent hostes, ait: „Relinquamus equos nostros longe a nobis, ut non sit nobis spes redeundi ad eos, et accedamus pedestres ad ipsos sicque populus destitutus auxilio equorum manebit in prelio, aliter in fugam sine dubio converte-

[c] So B, D; Macto K.

sowie alle, auf deren Rat das geschehen war, mit einer Jahrbuße zu bestrafen[18].

83. Von der Erbauung einer Burg auf dem St. Georgenberg in Karschauen

Zu dieser Zeit war Bruder Burchard von Hornhausen Meister in Livland; aus dem Preußenland übernommen, war er den livländischen Brüdern zum Meister gegeben worden. Da er beide Länder gründlich kannte und als ein freundlicher Mann [19]bei allen beliebt war[19], brachte er zuwege, daß die Brüder Livlands und Preußens mit gleichmäßig verteilten Kosten und Arbeiten im Jahre des Herrn 1259 im Lande Karschauen auf dem St. Georgenberg eine Burg erbauten, die damals höchst notwendig zur Ausbreitung des christlichen Glaubens war. Darauf ließ man dort treue und waffenkundige Männer, Brüder und Bewaffnete aus Preußen und Livland als Burgmannschaft zurück.

84. Von einem Kampf in Kurland, bei dem 150 Brüder und viel christliches Volk erschlagen wurden

Im Jahr des Herrn 1260 kamen die Brüder Livlands und Preußens mit starken Heeren zusammen, um den Brüdern von St. Georgenberg Lebensmittel zuzuführen; als sie sich dieser Burg näherten, kam ein Bote und meldete, 4000 Litauer hätten einen Teil Kurlands verheert, gebrannt, geraubt und viel Christenblut vergossen und führten Frauen und Kinder gefangen mit viel anderer Beute davon. Als sich die Brüder und das ganze Heer daraufhin zur Schlacht vorbereiteten, um die durch Christi Blut erlösten Seelen aus den Händen der Feinde zu befreien, sagte ein adliger Pomesanier namens Matto, Sohn des Pipin, auf die Frage des Marschalls Bruder Heinrich, wie man die Feinde angreifen solle: „Wir wollen unsere Pferde weit zurücklassen, so daß uns keine Aussicht bleibt, zu ihnen zurückzukehren, und wollen zu Fuß angreifen; dann wird das Volk, ohne die Hilfe der Pferde, in der Schlacht standhalten, sonst aber ohne Zweifel

---

[18] Die Bulle Alexanders IV. vom 26. Januar 1261 (PUB I,2 Nr. 130) erteilte Hartmud vielmehr die päpstliche Absolution, ohne Absetzung und Jahrbuße zu erwähnen.
[19-19] Vgl. Est 2,15.

tur." Cui consilio milicia regis Dacie de Revalia[20] et plures alii contradixerunt asserentes, quod propter gravedinem armorum non possent durare in bello sine equis. Quo facto venerunt Curonienses petentes humiliter, quod si Deus daret Cristianis victoriam, extunc eis mulieres et parvuli liberi redderentur. Quorum precibus licet fratres satis fuerant inclinati, communis tamen populus Prussie et Lyvonie contradixit asserens, quod de captivis eorum fieret secundum consuetudinem in bello hactenus observatam. Ex qua re Curonienses tantam conceperunt indignacionem contra fidem et fidelium turbam, quod dum fratres inciperent Lethowinos impugnare, ipsi tanquam apostate a tergo Cristianos hostiliter invaserunt, et percucientibus Lethowinis ante, Curoniensibus retro totus quasi populus utriusque terre derelictis ibi fratribus et eorum fidelibus recessit. Extunc quidam nobiles de Prussia fideliter fratribus adheserunt, quorum unus de Quedenow Sambita Sclodo pater Nalubi convocans suos consanguineos et amicos ait: „Hodie reducite ad memoriam venustatem vestium, que vobis per fratres sepius sunt oblate, et pro ameno ipsarum colore permittatis hodie vestem corporis vestri sanguine vulnerum rubricari et pro dulcedine medonis seu mellicrati, quem de manu ipsorum sepius sumpsistis, bibite hodie amaritudinem dire mortis in confessione vere fidei eterne trinitatis." Hoc facto intraverunt viriliter conflictum et tanquam alteri Machabei pugnaverunt factumque est ibi grande bellum ex utraque parte pluribus cadentibus. Tandem post longam altercacionem habitam inter eos fratres permittente Domino victoriam perdiderunt, quia tota virtus exercitus sui per fugam communis populi fuerat enervata, cecideruntque in illo conflictu in die beate Margarethe[21] in terra Curoniensi in campo iuxta fluvium Durbin frater Burgardus magister Lyvonie et frater Henricus Botel marscalcus Prussie et cum eis CL fratres et de populo Dei tanta multitudo, quod eorum numerum non audivi. Post hanc stragem hostes secuti sunt populum fugientem, qui adeo meticulosus factus fuit, quod tres vel quatuor hostes centum Cristianos occiderent aut cum magna verecundia fugarent. Ecce quomodo confortati sunt inimici nostri in multitudine spoliorum, equorum et armorum, que de manibus tot milium occisorum rapuerunt, et [22]nunc gloriantur in virtute sua[22]. Contere ergo, Deus, fortitudinem illorum et di-

die Flucht ergreifen." Diesem Rat widersprachen die Ritter des Dänenkönigs aus Reval[20] und viele andere mit dem Hinweis, sie könnten wegen des Gewichts der Waffen ohne Pferde nicht lange im Kampf aushalten. Danach kamen die Kuren und baten demütig, man möge ihnen Frauen und Kinder frei zurückgeben, wenn Gott den Christen den Sieg schenken sollte. Die Brüder waren zwar geneigt, ihren Bitten zu willfahren, das gemeine Volk aus Preußen und Livland aber widersprach und bestand darauf, mit seinen Gefangenen nach dem bisher eingeführten Kriegsrecht zu verfahren. Deswegen gerieten die Kuren derart in Zorn wider den Glauben und die Schar der Gläubigen, daß sie bei Beginn des Angriffs der Brüder auf die Litauer abtrünnig wurden und die Christen feindlich im Rücken anfielen; unter dem Ansturm der Litauer von vorn und der Kuren von hinten ließ fast das ganze Kriegsvolk der beiden Länder die Brüder und ihre Getreuen im Stich und wich zurück. Doch blieben einige Adlige aus Preußen den Brüdern treu, und einer von ihnen, der Samländer Sclodo aus Quednau, der Vater des Nalub, rief seine Verwandten und Freunde zusammen und sagte: „Heute sollt ihr euch an die schönen Kleider erinnern, die ihr von den Brüdern öfters erhalten habt, und statt ihrer schönen Farbe laßt heute das Kleid auf eurem Leibe vom Blut der Wunden rot werden, anstelle des süßen Mets oder Honigtranks, den ihr öfters aus ihrer Hand empfangen habt, trinkt heute die Bitternis des grausigen Todes zum Bekenntnis des wahren Glaubens an die ewige Dreieinigkeit!" Danach gingen sie mannhaft in den Kampf und stritten wie neue Makkabäer, und es entbrannte ein gewaltiges Ringen, bei dem auf beiden Seiten viele fielen. Endlich ließ der Herr zu, daß die Brüder nach langem Kampf den Sieg verloren, denn ihre ganze Heeresmacht war durch die Flucht des gemeinen Kriegsvolks sehr geschwächt, und es fielen in dieser Schlacht am Tag der heiligen Margaretha[21] in Kurland auf einem Feld am Flusse Durbe Bruder Burchard, der Meister Livlands, Bruder Heinrich Botel, der Marschall Preußens, und mit ihnen 150 Brüder und vom Volk Gottes eine solche Zahl, daß ich sie nicht habe erfahren können. Nach dieser Niederlage verfolgten die Feinde das fliehende Kriegsvolk, das so furchtsam geworden war, daß drei oder vier Feinde hundert Christen erschlagen oder schändlichst verjagen konnten. Siehe, wie sehr sind unsere Feinde gestärkt worden durch die Menge der Beute, Pferde und Waffen, die sie aus den Händen so vieler Tausende von Erschlagenen geraubt haben, und [22]nun rühmen sie sich ihrer Stärke[22]. Darum vernichte ihre Kraft, o Gott,

---

[20] Gemeint ist Herzog Karl von Schweden.
[21] Am 13. Juli. Diese Niederlage des Ordens löste den zweiten großen Prußenaufstand aus (vgl. III, 89).
[22–22] Vgl. Ps 48,7.

sperge illos, ut cognoscant, quia non est alius, qui pugnet pro nobis nisi tu Deus noster.

85. De prenosticacione huius belli

Frater Hermannus dictus Sarracenus dum de castro Kunigsbergk cum aliis fratribus ad bellum Curonie predictum deberet procedere, beata virgo Maria apparens ei dixit: „Hermanne, ego ad convivium filii mei te invito." Unde idem frater Hermannus, dum recederet, dixit quibusdam fratribus: „Valete, amodo me non videbitis, quia virgo Dei genitrix me ad eterna gaudia invitavit."

86. Ad idem

Fuit in partibus Alemanie Deo devota mulier in quodam inclusorio, que fuit soror fratris Conradi de Wucgwangen[d], qui postea fuit magister generalis domus Theutonice, cui Dominus apparens ostendit ei hanc stragem in quadam visione. Vidit enim fratres et eorum armigeros cum infidelibus bellare et occidi et eorum animas in celum ab angelis deportari.

87. Item de eodem

Eandem omnino similem visionem vidit quidam rusticus triturator [23]vir simplex et rectus ac timens Deum[23] in terra Prussie. Dum staret ante fores domus sue, vidit manifeste in aere fratres cum Lethowinis bellantes et vocavit ad se familiam suam et ait: „Nonne videtis, quomodo domini nostri fratres pugnant cum infidelibus? Modo fugiunt tam Prutheni quam Lyvonienses; modo fratres et pauci cum eis stant in bello se viriliter defendentes, undique vallati hostibus; heu modo occiduntur, nunc video beatam virginem Mariam et sanctas virgines et angelos Dei cum animabus ipsorum as-

---

[d] Auch Wutzwangen, Wugwangen Codd.

und zerstreue sie, damit sie erkennen, daß niemand anders für uns kämpft als du selbst, unser Gott!

85. Von einer Vorhersage dieses Kampfes

Als Bruder Hermann genannt Saracenus von der Burg Königsberg mit anderen Brüdern zum Kampf in Kurland ausrücken sollte, erschien ihm die heilige Jungfrau Maria und sprach: „Hermann, ich lade dich zum Mahl meines Sohnes!" Daher sagte Bruder Hermann, als er fortritt, zu einigen Brüdern: „Lebt wohl, ihr werdet mich nicht wiedersehen, denn die Jungfrau, die Gottesmutter, hat mich zu den ewigen Freuden geladen!"

86. Ebenfalls davon

In Deutschland lebte in einer Klause eine gottergebene Frau, eine Schwester des Bruders Konrad von Feuchtwangen, der später Hochmeister des Deutschen Ordens wurde; ihr erschien der Herr und zeigte ihr das Blutbad in einer Vision. Sie sah nämlich, wie die Brüder und ihre Mannschaft mit den Ungläubigen kämpften und fielen und wie ihre Seelen von Engeln in den Himmel getragen wurden.

87. Nochmals davon

Eine ganz ähnliche Vision hatte im Preußenland ein bäuerlicher Drescher, [23]ein einfacher, rechtschaffener und gottesfürchtiger Mann[23]. Als er vor der Tür seines Hauses stand, sah er deutlich in der Luft, wie die Brüder mit den Litauern kämpften, rief sein Gesinde zu sich und sagte: „Seht ihr denn nicht, wie unsere Herren, die Brüder, mit den Ungläubigen fechten? Jetzt fliehen die Prußen und die Livländer! Jetzt stehen die Brüder und nur wenige mit ihnen im Kampfe und wehren sich tapfer, von Feinden rings umgeben! O weh, jetzt fallen sie, nun sehe ich die heilige Jungfrau Maria, heilige Jungfrauen und Gottes Engel mit ihren Seelen in

---

[23–23] Vgl. Job 1,1; 1,8; 2,3.

cendere in celum." Inter has animas, ut uterque vidit, due fuerunt eminenciores aliis, que fuerunt anime fratris Hermanni dicti Sarraceni et cuiusdam fratris dicti de Glisbergk, de cuius statu in edificacione castri Cristburgk superius est premissum. Concordabant eciam ambo in hoc, quod omnes anime, quarum corpora in hoc conflictu Curonie ceciderunt, salvate fuerunt preter unam. Que fuerat causa damnacionis sue, nescio, Deus scit. Ex hoc colligendum est et indubitanter credendum, quod ipse Cristus, per quem nihil in terra fit sine causa, hanc plagam preteritam et futuram apostasie in populo suo fieri permisit, ut hii interfecti mercedem promeritam reciperent in celis, superstites autem in periculis constituti magis ac magis convalescerent in fide et confunderent non credentes, quia virtus fidei in securitate periclitatur et in periculis est secura, et intelligas in operibus bonis idem.

88. De combustione castri Lencenbergk[e] et plurium Pruthenorum

Eo tempore, quo Prutheni suspecti fuerunt de apostasia, frater Volradus advocatus Nattangie et Warmie, qui dicebatur Volradus Mirabilis et vere ita erat, sedit in collacione cum nobilibus dicte terre in castro Lencenbergk et post modicum tempus quidam extinxit lumen et invasit fratrem Volradum et utique occidisset eum, si non fuisset armatus. Reverso posthoc lumine ostendit vestes laceratas et quesivit a nobilibus, quid talis homicida meruisset. Responderunt omnes, quod dignus esset comburi. Alia vice idem frater Volradus plures prioribus ad idem castrum invitavit, et dum inebriati murmurare inciperent de morte ipsius, exiit et clauso hostio dictos nobiles et totum castrum redegit in favillam.

[e] So K; Leucenbergh B.

den Himmel emporsteigen!" Unter diesen Seelen waren, wie beide, die Klausnerin und der Bauer, sahen, zwei erhabener als die anderen, nämlich die des Bruders Hermann genannt Saracenus und die eines Bruders genannt von Gleißberg, von dessen heiligem Leben oben anläßlich der Erbauung der Burg Christburg die Rede war. Beide stimmten auch darin überein, daß die Seelen aller, die in der Schlacht in Kurland gefallen waren, gerettet wurden außer einer. Aus welchem Grunde sie verdammt worden war, weiß ich nicht; Gott freilich weiß es. Daraus ist zu schließen und unbezweifelbar zu glauben, daß Christus selbst, durch den nichts auf Erden ohne Grund geschieht, dies vergangene Unglück und das zukünftige, den Abfall vom Glauben, an seinem Volke geschehen ließ, damit diese Erschlagenen den verdienten Lohn im Himmel empfingen, die Überlebenden aber durch Gefahren mehr und mehr im Glauben gestärkt würden und die vernichteten, welche nicht glauben, denn die Kraft des Glaubens gerät in der Sicherheit in Gefahr, in Gefahren aber ist sie sicher; und dasselbe kann man bei den guten Werken beobachten.

88. Von der Verbrennung der Burg Lenzenburg und vieler Prußen

Zur Zeit, als die Prußen schon des Abfalls verdächtig waren, saß Bruder Volrad, der Vogt von Natangen und Ermland, der Volrad der Bewundernswerte genannt wurde — und so war er in der Tat —, einmal mit Adligen des Landes in der Burg Lenzenburg beim Mahl; nach einiger Zeit löschte jemand das Licht, griff Bruder Volrad an und hätte ihn gewiß getötet, wenn dieser nicht gewappnet gewesen wäre. Als das Licht wieder angezündet war, wies er seine zerrissenen Kleider vor und fragte die Adligen, was ein solcher Mörder wohl verdiente. Sie antworteten alle, er sei wert, verbrannt zu werden. Ein anderes Mal lud Bruder Volrad noch mehr als vorher in die Burg ein, und als sie in der Trunkenheit leise von seinem Tod zu reden begannen, ging er hinaus, verschloß die Tür und verbrannte die Adligen und die ganze Burg zu Asche.

89. De apostasia Pruthenorum secunda, que duravit XV annis[24]

Eodem anno in vigilia beati Mathei apostoli et evangeliste[25] Prutheni videntes fratres debilitatos in hoc bello in fratribus, armigeris, equis, armis et aliis, que ad prelium sunt necessaria, [26]addentes mala malis et dolorem super dolorem[26] apostataverunt a fide et fidelibus iterum et in errores pristinos sunt relapsi et Sambite quendam dictum Glande, Nattangi Henricum Monte, Warmienses Glappum, Pogesani Auttume[f], Barthi Diwanum in capitaneos et duces sui exercitus elegerunt.

90. De multa Cristiani sanguinis effusione

Hii capitanei et duces exercituum statuerunt diem certum ad hoc, ut omnes convenientes in armis quoscunque fidei Cristiane professores occiderent et [27]usque ad internecionem delerent[27]. Quod et perfecerunt, quia omnes Cristianos, quos extra municiones in terra Prussie invenerunt, quosdam miserabiliter trucidantes, alios captivantes in perpetuam servitutem deduxerunt; ecclesias, capellas et oratoria Dei comburentes, sacramenta ecclesie irreverenter tractantes, vestes sacras et vasa ad illicitos usus pertrahentes sacerdotes et ministros alios ecclesie miserabiliter trucidabant. Sambite quendam sacerdotem fratrem domus Theutonice, qui ad baptizandum eos missus fuerat, comprehenderunt et collum eius sub duobus asseribus compresserunt, quousque deficiens expiraret, asserentes, quod tale genus martirii competeret viris sanctis, quorum sanguinem fundere non auderent.

---

[f] So B, D; Auctume K.

89. Vom zweiten Abfall der Prußen, der 15 Jahre dauerte[24]

Im selben Jahre fügten[26] die Prußen am Tag vor dem Fest des heiligen Apostels und Evangelisten Matthäus[25], da sie sahen, daß die Brüder in diesem Krieg große Verluste an Brüdern, wehrfähigen Männern, Pferden, Waffen und anderen kriegsnotwendigen Dingen erlitten hatten, [26]den Übeltaten neues Übel und Schmerz über Schmerz hinzu[26]: Sie fielen wiederum vom Glauben und den Gläubigen ab und kehrten zu ihren früheren Irrtümern zurück, und die Samländer wählten einen namens Glande, die Natanger den Heinrich Monte, die Warmier den Glappus, die Pogesanier den Auttume und die Barter den Diwan zu Befehlshabern und Führern ihres Heeres.

90. Von großem Blutvergießen unter den Christen

Diese Befehlshaber und Heerführer setzten einen bestimmten Tag fest, an dem alle in Waffen zusammenkommen und die Bekenner des Christglaubens ausnahmslos töten und [27]bis zum völligen Untergang vertilgen sollten[27]. So geschah es auch; denn sie brachten alle Christen, die sie außerhalb der Befestigungen im Preußenland antrafen, teils jämmerlich um, teils nahmen sie sie gefangen und führten sie in dauernde Knechtschaft fort, Kirchen, Kapellen und Bethäuser Gottes verbrannten sie, die Sakramente der Kirche behandelten sie unehrerbietig, heilige Kleider und Gefäße schleppten sie zu unerlaubtem Gebrauche fort, Priester und andere Diener der Kirche ermordeten sie elendig. Die Samländer ergriffen einen Priesterbruder des Deutschen Hauses, der zu ihnen gesandt war, um sie zu taufen, preßten seinen Hals mit zwei Hölzern zusammen, bis er erstickte, und versicherten, diese Art des Martertodes stünde heiligen Männern zu, deren Blut sie nicht zu vergießen wagten.

---

[24] 1260 – 1274.
[25] Am 20. September, also etwa zwei Monate nach der Schlacht bei Durben (vgl. III, 84).
[26–26] Vgl. Jr 45,3.
[27–27] Vgl. Nm 17,13.

91. De conflictu in Pocarwis, ubi multi Cristiani sunt occisi

Anno Domini MCCLXI volante fama persecucionis huiusmodi per Alemaniam commoti sunt principes et barones. Unde dominus de Reyder et multi nobiles de aliis Theutonie partibus compacientes fidei et fidelibus, quod novella plantacio ecclesie in partibus Prussie per multorum fidelium sanguinis effusionem erecta deberet tam miserabiliter interire, venerunt dicte terre in subsidium. Cum quibus fratres et eorum armigeri intraverunt terram Nattangie et devastata ipsa incendio et rapina, captis et occisis multis redierunt ad eum locum, ubi nunc situm est castrum Brandenburgk, ibique castra metati sunt. Placuitque fratribus et peregrinis, ut aliqua pars exercitus rediret ad dictam terram iterum depopulandam relicta parte alia in dicto loco. Quo facto Nattangi considerantes, quod pauci non auderent ipsorum terram depredari, congregati invaserunt residuam partem exercitus in Pocarwis[28] peregrinis et fratribus ex adverso viriliter se opponentibus, et precipue quidam miles de Westfalia dictus Stenckel de Bintheym, qui audierat in quodam sermone episcopi, quod anime fidelium interfectorum in Prussia deberent ad celum sine omni purgatorio evolare, hic perurgens dextrarium suum calcaribus applicataque lancea more militari pertransiit hostium cuneos [29]interficiens impios a dextris et a sinistris et cadebant ab eo huc et illuc[29]. Sed in reditu, dum venisset ad medium ipsorum, occisus est ortumque est inter eos grave bellum ex utraque parte pluribus vulneratis letaliter et occisis. Tandem sicut Deo placuit, ita factum est, quod ipse dominus de Reyder cum magna parte exercitus et fratribus, qui cum eo fuerant, est occisus, quidam capti, in fugam ceteri sunt conversi. Dum hec agerentur, fratres cum alia parte exercitus, dum appropinquantes loco certaminis viderent exercitum Cristianorum confusum nec possent pre multitudine hostium liberare, per viam aliam ad propria sunt reversi. Post hanc cedem Nattangi volentes victimam diis offerre miserunt sortem inter Theutonicos ibi captos ceciditque duabus vicibus super quendam burgensem de Megdenburgk nobilem et divitem dictum Hirtzhals, qui sic [30]in angustia constitutus[30] Henricum Monte rogavit, ut ad memoriam reduceret beneficia, que ipsi in civitate Megdenburgk sepius exhibuit, et eum ab hac mi-

91. Vom Kampf in Pokarben, bei dem viele Christen getötet wurden

Im Jahre des Herrn 1261 flog die Kunde von dieser Verfolgung durch Deutschland und erregte Fürsten und Herren. Daher fühlten der Herr von Reyder und viele Adlige aus anderen Teilen Deutschlands Mitleid mit dem Glauben und den Gläubigen, weil die neue Pflanzung der Kirche in Preußen, für deren Einrichtung viele Gläubige ihr Blut vergossen hatten, so jammervoll zugrunde gehen sollte, und kamen dem Land zu Hilfe. Mit ihnen drangen die Brüder und ihre bewaffnete Mannschaft ins Land Natangen ein und verheerten es, brannten und raubten, fingen und töteten viele, zogen sich dann an den Ort zurück, wo jetzt die Burg Brandenburg liegt, und schlugen dort ihr Lager auf. Nun schien es den Brüdern und den Pilgern günstig, daß ein Teil des Heeres nach Natangen zurückkehrte, um es nochmals zu verwüsten, während der andere Teil am genannten Orte bleiben sollte. Daraufhin dachten die Natanger, daß so wenige nicht wagen würden, ihr Land auszuplündern, und griffen vereint den Rest des Heeres in Pokarben an[28]; die Pilger und die Brüder wehrten sich tapfer, besonders ein Ritter aus Westfalen namens Stenckel von Bentheim, der in der Predigt eines Bischofs gehört hatte, daß die Seelen der in Preußen gefallenen Gläubigen ohne jegliches Fegfeuer in den Himmel emporfliegen würden, und er gab seinem Streitroß die Sporen, brach nach Ritterart mit eingelegter Lanze durch die Scharen der Feinde und [29]tötete die Gottlosen zur Rechten und zur Linken und sie fielen durch ihn hier und dort[29]. Als er aber auf dem Rückweg bis mitten unter die Feinde gekommen war, wurde er erschlagen, und nun erhob sich ein schwerer Kampf, und auf beiden Seiten wurden viele tödlich verwundet und getötet. Endlich geschah es nach Gottes Willen, daß der Herr von Reyder selbst mit einem großen Teil des Heeres und den Brüdern, die bei ihm gewesen waren, den Tod fand, einige wurden gefangen, die übrigen ergriffen die Flucht. Als sich währenddessen die Brüder mit dem anderen Teil des Heeres dem Schlachtfeld näherten, die Verwirrung des Christenheeres erkannten und sahen, daß sie es wegen der Übermacht der Feinde nicht würden befreien können, kehrten sie auf einem anderen Weg nach Hause zurück. Nach diesem Gemetzel wollten die Natanger ihren Göttern ein Opfer bringen und warfen deshalb das Los unter den dort gefangenen Deutschen; zweimal fiel es auf einen vornehmen und reichen Magdeburger Bürger namens Hirtzhals, der [30]in seiner Not[30] den Heinrich Monte bat, er möge sich an die Wohltaten erinnern, die er ihm in der Stadt Magdeburg des öfteren erwiesen habe, und ihn aus diesem Unglück befreien. Als Heinrich das

---

[28] Am 22. Januar (vgl. III, 98).
[29–29] Vgl. 1 Makk 6,45.
[30–30] Vgl. 1 Sam 22,2.

seria liberaret. Quo audito Henricus eidem compaciens ipsum duabus vicibus liberavit. Sed cum tercio missa sors caderet iterum super eum, noluit redimi, sed sponte offerens se in bona confessione hostiam Deo ligatus super equum suum est crematus. Nota hic, quod idem Henricus et plures alii sub iuramento suo postea affirmabant, quod, cum idem burgensis in equo crematus emitteret spiritum, viderunt ex ore ipsius columbam albissimam evolantem.

92. De prenosticis huius belli

Fuit in partibus Alemanie quedam vite sancte mulier in quodam reclusorio, que audiens demonum multitudinem cum magno strepitu et fragore precedere cellam suam adiurans ipsos quesivit, quo tenderent. Qui dixerunt: „Versus Prussiam; ibi cras erit grande bellum." Respondit ipsa: „Dum redieritis, renunciate mihi, quid ibi sit actum". Qui reversi dixerunt, quod Cristiani perdidissent victoriam et quod omnes anime, quarum corpora ibi occisa fuerant, essent salvate preter tres, que non devocionis causa, sed exercendi miliciam suam venerant ad hoc bellum.

93. De morte plurium peregrinorum

Eodem anno comes de Barbige[g,31] venit Prussiam cum multa milicia et intravit terram Sambie. Post cuius depopulacionem Sambite congregati invaserunt eum in die beate Agnetis virginis[32] et vulnerantes ipsum graviter, aliqui in fugam conversi sunt, alii capti vel occisi.

94. De desolacione castri Helisbergk

Non longe postea Prutheni cum tribus exercitibus et tribus machinis et instrumentis aliis bellicis castrum Helisbergk episcopi Warmiensis obsederunt. In quo obsessi fame cogente CCL equos

---

[g] So B, D; Barbie K.

hörte, fühlte er Mitleid und ließ ihn zweimal frei, aber als das Los auch zum dritten Mal wieder auf ihn fiel, wollte er sich nicht mehr retten lassen, sondern bot sich freiwillig zum wahren Bekenntnis seines Glaubens Gott als Opfer dar, wurde auf sein Pferd gebunden und verbrannt. Merke hier wohl, daß Heinrich und viele andere später unter Eid versicherten, sie hätten aus dem Munde dieses Bürgers eine schneeweiße Taube emporfliegen sehen, als er, auf seinem Pferd verbrannt, seinen Geist aufgab.

92. Von Vorzeichen dieses Kampfes

In Deutschland lebte in einer Klause eine Frau von heiligem Lebenswandel; als sie einmal eine Menge Geister mit großem Lärm und Getöse an ihrer Zelle vorbeiziehen hörte, beschwor sie diese und fragte sie, wohin sie wollten. Sie sagten: „Nach Preußen; dort wird morgen ein gewaltiger Kampf sein." Sie antwortete: „Wenn ihr zurückkommt, dann berichtet mir, was dort vorgegangen ist." Als sie zurück waren, erzählten sie, die Christen hätten den Sieg verloren und die Seelen aller dort Gefallenen seien erlöst, ausgenommen drei, die nicht aus Frömmigkeit, sondern ritterlichen Treibens wegen in diesen Kampf gegangen waren.

93. Vom Tode vieler Kreuzfahrer

Im selben Jahr kam der Graf von Barby[31] mit vielen Rittern nach Preußen und fiel in das Samland ein. Als er es verheert hatte, sammelten sich die Samländer, griffen ihn am Tage der heiligen Jungfrau Agnes[32] an und verwundeten ihn schwer, einige der Kreuzfahrer wurden in die Flucht geschlagen, andere gefangen oder getötet.

94. Wie die Burg Heilsberg verlassen wurde

Nicht lange darauf schlossen die Prußen mit drei Heeren, drei Belagerungsmaschinen und anderem Kriegsgerät die Burg Heilsberg des Bischofs von Ermland ein. Vor Hunger verzehrten die Belagerten 250 Pferde

---

[31] Wahrscheinlich Walther IV.
[32] Am 21. Januar.

et eorum cutes comederunt. Tandem deficientibus omnino victualibus relicto castro secrete recesserunt usque ad civitatem Elbingensem, ubi obsidum XII Pruthenorum, quos secum duxerant, omnium eruerunt oculos et ad parentes suos remiserunt.

95. De obsidione castrorum Kunigsbergk, Cruceburgk et Barthenstein

Filii ergo Belial videntes, quod omnia succederent eis ad votum, [33] cogitaverunt et locuti sunt nequiciam[33]. [34]Iniquitatem in excelso locuti sunt super populum tuum, Domine; cogitaverunt consilium adversus sanctos tuos, dixerunt: „Venite, disperdamus eos de gente et non memoretur Israel ultra."[34] Ut ergo populum Domini [35]usque ad internecionem delerent[35], convenerunt et castra Kunigsbergk, Cruceburgk et Barthenstein obsederunt. In circuitu cuiuslibet tria propugnacula firma et vallata plurimis armigeris, viris bellicosis et in armis strenuis, construxerunt, ita quod non patebat aliqua via intrandi aut exeundi obsessis. Quot autem impugnaciones, quot pericula, quot inedias, quot defectus intolerabiles obsessi fratres et alii in dictis castris sustinuerunt, nullus ad plenum sufficeret enarrare. Compulsi enim fuerunt, postquam oves et boves, porcos et vaccas et equos plures non haberent, comedere pelles eorum summa necessitate ipsos ad talia perurgente. Tanta fuit in hoc cibo inconsueto pellium duricia, ut multi fratres et alii comedentes eas dentibus sunt privati.

96. De fratre Helmerico magistro terre Prussie. MCCLXII

Frater Helmericus[36] terre Prussie magister VI prefuit III[h] annis et sepultus est in ecclesia Colmensi. Hoc tempore fuit marscalcus terre Prussie frater Theodoricus vir in armis strenuus et in Christo devotus.

[h] So K, D, Jeroschin; quatuor (undeutlich) B.

[33-33] Ps 72,8.

und deren Häute. Als ihnen schließlich die Lebensmittel ganz ausgingen, verließen sie die Burg und zogen sich heimlich in die Stadt Elbing zurück. Dort stachen sie 12 prußischen Geiseln, die sie mit sich geführt hatten, die Augen aus und sandten sie zu ihren Verwandten zurück.

95. Von der Belagerung der Burgen Königsberg, Kreuzburg und Bartenstein

Als die Söhne Belials also sahen, daß ihnen alles nach Wunsch gelang, [33]dachten und redeten sie Bosheit[33]. [34]Schlechtigkeit sprachen sie in ihrem Hochmut über dein Volk, Herr; sie ratschlagten wider deine Heiligen und sprachen: „Kommt, wir wollen sie aus den Völkern vertilgen, Israels soll nicht mehr gedacht werden!"[34] Um also das Volk des Herrn [35]bis zum völligen Untergang zu vernichten[35], kamen sie zusammen und schlossen die Burgen Königsberg, Kreuzburg und Bartenstein ein. Um jede legten sie drei feste Belagerungswerke ringsumher an und besetzten sie mit sehr vielen Kriegern, streitbaren und waffentüchtigen Männern, so daß die Belagerten weder heraus noch hinein konnten. Wie viele Anstürme und Gefahren, welchen Hunger und unerträglichen Mangel aber die belagerten Brüder und die anderen Menschen in den Burgen aushalten mußten, kann niemand vollständig berichten. So waren sie nämlich gezwungen, als sie keine Schafe und Ochsen, Schweine, Kühe und Pferde mehr hatten, deren Häute zu essen, wozu sie höchste Not veranlaßte. Diese ungewohnte Speise war so hart, daß viele Brüder und auch andere durch sie ihre Zähne verloren.

96. Von Bruder Helmerich, dem Meister des Preußenlandes. 1262

Bruder Helmerich[36], der sechste Meister des Preußenlandes, amtierte drei Jahre lang; er wurde in der Kirche zu Kulm beerdigt. Zu dieser Zeit war Bruder Dietrich Marschall des Preußenlandes, ein waffentüchtiger und Christus ergebener Mann.

[34—34] Vgl. Ps 82,4f.
[35—35] Vgl. Nm 17,13.
[36] Von Würzburg.

97. De desolacione castri Resela

Fratres de castro Resela audientes, quod castra Kunigsbergk, Cruceburgk et Barthenstein essent a Pruthenis obsessa, timuerunt valde et post multa consilia variosque tractatus habitos castrum in cinerem redigentes per occultas vias solitudinis recesserunt.

98. De victoria, in qua de Iuliaco et Marcha comites Sambitarum tria milia occiderunt

Hiis variis tribulacionibus concussi fratres et Cristifideles terre Prussie iam pene deficientes consternati mente [37]planxerunt planctu magno[37], [38]quousque deficerent in eis lacrime[38], nec poterat alter alterum consolari, quia timebant sibi Deum nimis offensum. Iam duobus annis pugnaverant et eis semper deficientibus hostes fidei profecerunt. Unde humili et contrito corde elevatis oculis in celum cum lacrimis clamaverunt pro auxilio ad Dominum et exaudivit eos. Misit enim de Iuliaco[39] et de Marcha Engelbertum[40] comites cum magna potencia pugnatorum, qui anno Domini MCCLXII in vigilia beati Vincencii circa horam vesperarum[41] venerunt ad castrum Kunigsbergk. Et volebant eodem die propugnacula Sambitarum, quibus castrum Kunigsbergk obsessum fuerat, expugnare; sed fratres, quia modicum supererat diei ad tam grande bellum, dissuaserunt. Mane facto dum exercitus Cristianorum ad impugnandum propugnacula vellet accedere, unus de Sambitis non remansit relictis propugnaculis et recesserant et viam occupaverant peregrinis. De quo comes Iuliacensis commotus recessit cum exercitu suo nesciens insidias sibi positas in via. Premisit ergo de consilio fratrum nuncios, qui viarum discrimina previderent, quorum unus scilicet Stanteko, qui cum custodibus Sambitarum convenerat, vulneratus graviter cum extracto gladio et cruentato prodidit insidias. Unde peregrini preparaverunt se ad bellum, et comes de Marcha equites, alii pedites invaserunt hostiliter, sic quod divino protecti adiutorio gloriose de hostibus triumphabant aliis gladio

97. Wie die Burg Rößel verlassen wurde

Als die Brüder der Burg Rößel hörten, daß die Burgen Königsberg, Kreuzburg und Bartenstein von den Prußen belagert würden, gerieten sie in große Furcht, brannten nach vielen Beratungen und verschiedenen Überlegungen die Burg nieder und zogen sich auf geheimen Wegen durch die Wildnis zurück.

98. Von einem Sieg, bei dem die Grafen von Jülich und von der Mark 3000 Samländer töteten

Durch so vielfältige Nöte erschüttert, waren die Brüder und die Christgläubigen des Preußenlandes beinahe am Ende. In ihrer Bestürzung [37]erhoben sie große Wehklage[37], [38]bis sie keine Tränen mehr hatten[38], und keiner konnte den anderen trösten, denn sie fürchteten, Gott zürne ihnen allzusehr. Schon zwei Jahre lang hatten sie gekämpft, und während sie stets erfolglos blieben, machten die Glaubensfeinde Fortschritte. Daher erhoben sie mit demütigen und reuevollen Herzen ihre Augen zum Himmel und riefen unter Tränen zum Herrn um Hilfe, und er erhörte sie. Er sandte nämlich den Grafen von Jülich[39] und den Grafen Engelbert von der Mark[40] mit einer großen Menge Bewaffneter, die im Jahre des Herrn 1262 am Tage vor dem Fest des heiligen Vinzenz um die Vesperstunde[41] zur Burg Königsberg kamen. Sie wollten noch am selben Tage die Belagerungswerke der Samländer erstürmen, durch die die Burg Königsberg eingeschlossen war, doch die Brüder rieten ab, weil der Tag für einen so schweren Kampf nicht lang genug war. Als das Christenheer aber am nächsten Morgen die Belagerungswerke angreifen wollte, war nicht ein einziger von den Samländern mehr da, sie hatten die Werke verlassen, waren entwichen und hatten den Pilgern den Weg verlegt. Darüber erzürnt zog sich der Graf von Jülich mit seinem Heer zurück, wußte aber nicht, daß die Samländer am Weg im Hinterhalt lagen. Auf den Rat der Brüder schickte er Boten voraus, die Gefahren auf den Wegen erkunden sollten, und einer von ihnen, Stanteko, der auf die Wachen der Samländer gestoßen war, kam schwer verwundet mit gezogenem, blutigem Schwert zurück und verriet den Hinterhalt. Darauf ordneten sich die Pilger zum Kampf, und der Graf von der Mark griff die Reiter an, die anderen gingen auf die Fußkämpfer los, so daß sie mit Gottes Hilfe ruhmvoll über die Feinde triumphier-

---
[37–37] 1 Makk 4,39.
[38–38] Vgl. 1 Sam 30,4.
[39] Wahrscheinlich Wilhelm V.
[40] Engelbert I.
[41] Also am frühen Nachmittag des 21. Januar.

trucidatis, aliquibus terga vertentibus, quibusdam cedentibus ad villam, que quondam Calige, modo Sclunien[i] dicitur, de qua cum maxima difficultate fuerant expugnati. Oportuit enim omnes fratres et eorum armigeros de Kunigsbergk advocari. Hii viriliter eos fuerunt aggressi et post longum bellum, in quo ex utraque parte plures vulnerati et mortui ceciderunt, omnes interfecerunt. Sicque Deo propicio die illa Sambitarum et aliorum Pruthenorum ultra tria milia sunt occisa, eodem die revoluto anno, quo conflictus fuit in Pocarwis[42].

99. De prenosticacione huius victorie

Hanc stragem Sambitarum predixit quidam Pruthenus et sic affirmative confirmabat ipsam futuram, quod ausus fuit dicere sub pena capitis sui, nescio quo spiritu, ad fratres de Kunigsbergk: „In die beati Vincencii[43] Sambite occidentur." Sed cum exercitus peregrinorum eodem die recederet, improperatum fuit ei mendacium, qui adhuc firmus stans in primo proposito ait: „Adhuc hodie Sambite occidentur vel [44]terra aperiet os suum et sicut Dathan et Abiron deglutiet eos vivos[44]." Et sicut predixerat, factum est.

100. De fidelibus Sambitis, qui fratribus de Kunigsbergk adheserunt

Nec adhuc [45]vexacio ista dabat intellectum[45] Sambitis redeundi ad sancte matris ecclesie gremium, sed erecta cervice contra Domini flagella [46]in iracundiam concitati sunt[46] et contra fratres ad bellum durissimum provocati preter paucos viros preclaros genere et nobiles, qui relicta domo paterna venerunt successive ad castrum Kunigsbergk cum omni familia sua et fratribus fideliter adheserunt[47].

---

[i] So D; Sclumen B, K; Sclunyen Jeroschin.

[42] Vgl. III, 91.
[43] 22. Januar.

ten, die teils erschlagen wurden, teils die Flucht ergriffen, während einige in ein Dorf entkamen, das vormals Kalgen, jetzt aber Sclunien heißt, wo sie nur unter größten Schwierigkeiten überwunden werden konnten. Man mußte dazu nämlich alle Brüder und ihre Mannschaft aus Königsberg herbeiholen. Diese griffen sie tapfer an, und nach langem Kampf, in dem es auf beiden Seiten viele Verwundete und Tote gab, töteten sie alle. So wurden durch Gottes Gnade an diesem Tage über 3000 Samländer und andere Prußen erschlagen; es war der Jahrestag des Kampfes in Pokarben⁴².

99. Von einer Weissagung des Sieges

Ein Pruße sagte diese Niederlage der Samländer voraus und behauptete so fest, sie werde eintreten, daß er sogar seinen Kopf dafür einzusetzen und zu den Königsberger Brüdern – ich weiß nicht, von welchem Geist getrieben – zu sagen wagte: „Am Tag des heiligen Vinzenz⁴³ werden die Samländer umkommen." Als das Heer der Pilger sich aber am selben Tag zurückzog, zieh man ihn der Lüge, er blieb jedoch weiterhin fest bei dem, was er anfangs gesagt hatte: „Noch heute werden die Samländer getötet werden, oder ⁴⁴die Erde wird ihren Schlund öffnen und sie lebendig verschlingen wie Dathan und Abiron⁴⁴!" Und wie er vorhergesagt hatte, so geschah es.

100. Von treuen Samländern, die zu den Brüdern von Königsberg hielten

Diese ⁴⁵Heimsuchung brachte die Samländer aber noch nicht zu der Einsicht⁴⁵, in den Schoß der heiligen Mutter Kirche zurückzukehren, vielmehr erhoben sie ihr Haupt ⁴⁶voller Jähzorn⁴⁶ gegen die Strafen des Herrn und ließen sich zum härtesten Kampf gegen die Brüder aufreizen mit Ausnahme weniger adliger Männer aus berühmtem Geschlecht, die ihr väterliches Haus verließen, nach und nach mit ihrem ganzen Gesinde in die Burg Königsberg kamen und den Brüdern treu ergeben blieben⁴⁷.

⁴⁴⁻⁴⁴ Vgl. Nm 16,31f.; Ps 105,17.
⁴⁵⁻⁴⁵ Vgl. Is 28,19.
⁴⁶⁻⁴⁶ Vgl. Dt 32,19.
⁴⁷ In einer Reihe von aus dieser Zeit datierenden Besitzverleihungen des Ordens an Samländer werden ausdrücklich deren treue Dienste während des Abfalls erwähnt.

101. De bello fratrum de Kunigsbergk contra Sambitas ᵏin secunda apostasiaᵏ et primo contra territorium Quedenow

Nalubo filius Sclodonis de Quedenow vir ferocis animi et indomiti cordis tanquam presumptuosus estimans verecundum, si tam cito fratribus subderet collum suum, noluit sequi parentes suos. Unde fratres commoti dum vellent cum exercitu procedere contra ipsum, germanus eius scilicet Wargullo ⁴⁸miserans temeritatem adolescentie sue⁴⁸ de fratrum licencia precessit et dixit ad eum: „Nalubo maledicte, nunc surgas et sis ⁴⁹vagus et profugus de terra tua⁴⁹, ⁵⁰quia non obedisti voci mee⁵⁰ et parentum tuorum; alioquin fratres et armigeri eorum, qui iam veniunt, te occident." Qui fugiens secessit ad territorium Scoken vicinum et evasit ipse solus, sed tota familia domus sue et substancia fuit a fratribus dissipata. Tandem idem Nalubo fatigatus crebris impugnacionibus se fidei subiecit et factus fuit vir fide et conversacione laudabilis.

102. De difficultate deferendi victualia ad castrum Kunigsbergk

Prutheni in malicia sua obstinati cogitaverunt, quomodo castrum Kunigsbergk destruerent, locum scilicet illum, quem ⁵¹Dominus ad laudem et gloriam nominis sui⁵¹ preelegit⁵², unde ⁵³ulciscens in omnes adinvenciones eorum⁵³ machinaciones, quascunque attemptaverunt, in nihilum redegit. Considerantes itaque Prutheni, quod castrum Kunigsbergk violenter non possent expugnare, tanquam viri experti et subtiles in bello ordinaverunt multas naves, quibus naves fratrum ducentes victualia ad dictum castrum destruerent et delerent, ut deficientibus sic victualibus et ipsi fratres deficerent. De quo commendator et fratres turbati miserunt occulte quendam virum, qui dictas naves terebro perforavit et hoc tociens iteravit, quod fatigati laboribus et expensis ab impugnacione navium fratrum, quarum multas destruxerant captis hominibus et occisis, desistere sunt coacti.

ᵏ⁻ᵏ So im Index K; fehlt in den Codd.

⁴⁸⁻⁴⁸ Vgl. Jr 2,2.

101. Vom Kampf der Brüder von Königsberg gegen die Samländer
bei deren zweitem Abfall; zunächst gegen das Gebiet Quednau

Nalubo, Sohn des Sclodo von Quednau, ein wilder und unbezähmbarer Mann, hielt es in seiner Vermessenheit für eine Schande, sich den Brüdern so schnell zu unterwerfen, und wollte seinen Verwandten nicht folgen. Als die Brüder voller Zorn darüber mit einem Heer gegen ihn vorgehen wollten, zog sein Bruder Wargullo [48]aus Mitleid mit seiner jugendlichen Unbesonnenheit[48] mit Erlaubnis der Brüder voraus und sagte zu ihm: „Nalubo, Verfluchter, auf nun, [49]geh fort und fliehe von deinem Land[49], [50]weil du nicht auf meine Worte[50] und die deiner Verwandten [50]gehört hast[50]; sonst werden die Brüder und ihre Bewaffneten, die schon kommen, dich töten!" Nalubo floh also und machte sich in das benachbarte Gebiet Schaaken davon und entkam als einziger, das ganze Gesinde seines Hauses aber und sein Besitz wurden von den Brüdern verteilt. Endlich unterwarf Nalubo, erschöpft durch viele Angriffe, sich dem Glauben und wurde ein im Glauben und in seinem Lebenswandel lobeswürdiger Mann.

102. Von der Schwierigkeit, Lebensmittel in die Burg Königsberg
zu schaffen

Verhärtet in ihrer Bosheit, überlegten die Prußen, wie sie die Burg Königsberg zerstören könnten, jenen Ort, den [51]der Herr zu Lob und Ruhm seines Namens[51] vor andern erwählt hatte[52]; deswegen [53]vereitelte er alle ihre Anschläge[53] und machte alle Listen, die sie versuchten, zunichte. Als die Prußen daher erkannten, daß sie die Burg Königsberg mit Gewalt nicht in die Hand bekommen könnten, beschafften sie sich als im Krieg erfahrene und scharfsinnige Leute viele Schiffe; mit ihnen wollten sie die Schiffe der Brüder, die Nachschub zur genannten Burg bringen sollten, vernichten, so daß die Brüder aus Mangel an Lebensmitteln würden aufgeben müssen. Darüber waren der Komtur und die Brüder bestürzt und sandten heimlich einen Mann aus, der die erwähnten Schiffe anbohrte und das so oft wiederholte, bis die Prußen, erschöpft durch Mühen und Kosten, von den Angriffen auf die Schiffe der Brüder, von denen sie viele zerstört und dabei Menschen gefangen und getötet hatten, abzulassen gezwungen waren.

[49–49] Vgl. Gn 4,12. 14.
[50–50] Vgl. Jr 22,18.
[51–51] Ordo missae, „Suscipiat".
[52] Der Sinn dieser Andeutung Dusburgs ist nicht klar.
[53–53] Ps 98,8.

103. De destructione pontis, quem Prutheni fecerant in flumine Prigore

Cum autem Prutheni per hunc modum non proficerent, convenerunt iterum et excogitatis variis modis, quibus inceptam maliciam perficerent, tandem omnium sentencia convenit in hoc, quod fieret pons super aquam Prigore et in quolibet fine pontis unum propugnaculum firmum ad modum turris et sic tolleretur omnis materia veniendi navigio ad castrum Kunigsbergk. Quod cum fratres in dicto castro iam pene consumpti inedia considerarent, eligentes [54]pocius mori in bello[54] quam fame sic miserabiliter interire venerunt armata manu navigio, et dum appropinquarent ponti fixis anchoris, venit ventus validus et duxit eos violenter ad pontem, quod factum fuit Dei providencia, et ascendentes pontem invenerunt multos viros armatos in ipso et in propugnaculis [1]super capita ipsorum; isti in ponte, illi in propugnaculis[1] eis viriliter resistentes; ortumque fuit inter ipsos tam durum bellum, quale unquam visum fuit in hoc seculo inter paucos bellatores. Tandem misit eis Deus opem et auxilium de celis, ut indubitanter creditur, quia humane virtuti quasi impossibile fuit eis — tante multitudini — resistere, ut fugatis hostibus pontem et propugnacula fratres funditus destruerent et delerent. In hac pugna quidam frater Gevehardus natus de Saxonia quosdam Pruthenos fugientes secutus cuidam ex eis uno ictu caput amputavit cum gladio, de qua plaga idem vulneratus statim non cecidit ad terram, sed sine capite via, qua ceperat, cum aliis per spacium modicum ambulavit et cecidit. De qua re fratres et alii, qui viderant, ammirati fuerunt ultra modum asserentes nunquam talia se vidisse.

104. De impugnacione castri Kunigsbergk

Non longe post hec Henricus Monte Nattangorum capitaneus congregato magno exercitu venit ad campum Kunigsbergk, ut impugnaret castrum. Cui fratres cum suis armigeris occurrerunt ex

[1-1] Fehlt K.

103. Von der Zerstörung einer Brücke, die die Prußen über den Pregelfluß gebaut hatten

Als die Prußen aber auf diesem Wege nicht zum Ziel kamen, trafen sie wiederum zusammen und überlegten verschiedenes, wie sie die begonnene Bosheit vollenden könnten; endlich stimmten sie alle darin überein, man solle eine Brücke über den Fluß Pregel schlagen und an beiden Enden der Brücke ein festes Bollwerk in der Art eines Turms errichten, so werde jeder Weg verschlossen, zu Schiff zur Burg Königsberg zu gelangen. Als die Brüder in der Burg, die vor Hunger schon fast umgekommen waren, das erkannten, wollten sie ⁵⁴lieber im Kampf fallen⁵⁴ als jämmerlich verhungern und gingen in Waffen auf die Schiffe, und als sie sich der Brücke näherten und Anker geworfen hatten, erhob sich ein gewaltiger Wind und trieb sie mit Macht zur Brücke — das geschah durch Gottes Vorsehung —; sie erstiegen die Brücke und fanden viele Bewaffnete auf ihr und auf den Türmen über ihren Köpfen vor; die auf der Brücke und den Türmen leisteten ihnen tapferen Widerstand, und es erhob sich unter ihnen ein so harter Kampf, wie ihn diese Welt nur bei wenigen Kriegern jemals gesehen hat. Endlich sandte Gott den Brüdern Stärke und Hilfe vom Himmel, wie man ohne Zweifel glauben muß; denn menschlicher Kraft wäre es unmöglich gewesen, den Prußen — einer solchen Menge — zu widerstehen, so daß die Brüder die Feinde in die Flucht schlugen und die Brücke und die Türme von Grund auf zerstörten. In diesem Kampfe verfolgte Bruder Gebhard, gebürtig aus Sachsen, einige flüchtige Prußen; mit einem Hieb schlug er einem von ihnen mit dem Schwert den Kopf herunter, aber der Verwundete fiel durch diesen Schlag nicht sogleich zu Boden, sondern lief ohne Kopf noch eine kurze Strecke mit den anderen weiter und fiel erst dann nieder. Darüber wunderten sich die Brüder und die anderen, die es gesehen hatten, über die Maßen und versicherten, solches hätten sie noch nie gesehen.

104. Von einem Sturm auf die Burg Königsberg

Nicht lange darauf kam Heinrich Monte, der Anführer der Natanger, mit einem großen Heer auf das Feld Königsberg, um die Burg zu bestürmen. Die Brüder zogen ihm mit ihrer Mannschaft entgegen und stellten sich ihm

---

⁵⁴⁻⁵⁴ Vgl. 1 Makk 3,59.

adverso se viriliter opponentes. Sed Henricus Monte predictus videns a longe fratrem Henricum Ulenbusch tendentem balistam accessit festinus ad eum dicens: „Hodie te mittam in celum", et transfixit eum lancea sua graviter vulnerando, licet de hoc vulnere postea sanaretur. Hoc videns quidam famulus cum modica lancea dictum Henricum vulneravit et sic ei reddidit talionem. De quo vulnere debilitatus cum exercitu suo infecto negocio retrocessit.

105. Item de eodem et quodam mirabili facto cuiusdam baliste

Nullus sufficeret ad plenum perorare, quot modis et quam variis et subtilibus Sambite et alii Prutheni castrum Kunigsbergk sepius impugnabant, sic quod ex utraque parte plures occisi fuerunt et letaliter vulnerati. Unde accidit una vice, quod Sambite cum exercitu impugnantes dictum castrum adeo infesti fuerunt in hac pugna, quod quidam frater inter alios, qui se ad defensionem opposuerant, coactus fuit relinquere balistam tensam et effugiens vix evasit. Quam balistam quidam Sambita tollens suspendit ad collum suum. Alii circumstantes ammirati fuerunt ultra modum, quid esset, quia prius talia non viderunt, et in diversis locis manibus attrectantes tandem quidam per depressionem resoluta clave corda baliste collum eius prescidit, ita quod post tempus modicum expiraret. De quo facto Prutheni balistas valde de cetero timuerunt.

106. De destructione oppidi Kunigsbergk
siti in monte sancti Nicolai

Circa ecclesiam parochialem sancti Nicolai in monte iuxta castrum Kunigsbergk fratres locaverunt quoddam oppidum, et quia non bene fuit firmatum, supervenerunt Sambite improvise et captis et occisis pluribus hominibus ipsum penitus destruxerunt. Unde postea translatum fuit in vallem inter Prigoram et castrum in eum locum, in quo usque in diem permanet hodiernum[55].

tapfer entgegen. Als Heinrich Monte aber von fern den Bruder Heinrich Ulenbusch sah, wie er die Armbrust spannte, eilte er schnell zu ihm, durchstach ihn mit den Worten: „Heute werde ich dich in den Himmel schicken!" mit dem Speer und verwundete ihn schwer; allerdings genas der Bruder später von dieser Wunde. Das sah ein Knecht, verwundete Heinrich Monte mit seinem kurzen Speer und zahlte es ihm so heim. Durch diese Wunde geschwächt, zog Monte unverrichteterdinge mit seinem Heer wieder ab.

105. Nochmals davon und von einem verwunderlichen Vorfall mit einer Armbrust

Niemand kann vollständig berichten, auf wie viele verschiedenartige und scharfsinnige Weisen die Samländer und die anderen Prußen die Burg Königsberg des öfteren angriffen, so daß auf beiden Seiten viele erschlagen und tödlich verwundet wurden. Einmal geschah es, daß die Samländer bei einem Angriff ihres Heeres auf die Burg derart erbittert fochten, daß ein Bruder, der sich mit anderen den Feinden zur Verteidigung entgegengestellt hatte, seine gespannte Armbrust zurücklassen mußte und nur mit Mühe durch die Flucht entkam. Ein Samländer hob die Armbrust auf und hängte sie sich um den Hals. Andere umstanden ihn und wunderten sich über die Maßen darüber, was das wohl sei, denn vorher hatten sie so etwas noch nie gesehen; sie betasteten die Waffe an verschiedenen Stellen, endlich aber löste einer mit seinem Finger den Drücker aus, und die Sehne der Armbrust schnitt den Hals des Samländers vorn durch, so daß er nach kurzer Zeit starb. Deswegen fürchteten die Prußen Armbrüste seitdem sehr.

106. Von der Zerstörung der Stadt Königsberg, die auf dem Berg des heiligen Nikolaus lag

Bei der Pfarrkirche St. Nikolai auf einer Anhöhe neben der Burg Königsberg legten die Brüder eine Stadt an; weil sie aber nicht gut befestigt war, kamen die Samländer unvermutet, zerstörten sie völlig und fingen und töteten viele Menschen. Daher wurde sie später in das Tal zwischen Pregel und Burg an den Platz verlegt, wo sie sich bis auf den heutigen Tag befindet[55].

[55] Die Gründungsurkunde der hier gemeinten Königsberger Altstadt datiert von 1286 (PUB 1,2 Nr. 483).

107. De vastacione ville Dramenow et morte plurium Sambitarum

Nemo posset conscribere et, si scriberet, vix crederetur, quam solliciti fuerunt fratres in impugnacione Sambitarum, ut eos iterum subicerent fidei Cristiane. Unde debilitatis et effugatis hiis, qui in territoriis Waldow, Quedenow et Wargen et vicinis locis aliis habitabant, fratres cum exercitu contra territorium Pubeten processerunt et depopulata quadam villa dicta Dramenow captis pluribus et occisis, dum cum magno spolio recederent, hostes insecuti eos invaserunt et quasi in fugam converterunt. Sed frater Henricus Ulenbusch vir totus animosus ipsis restitit et adeo viriliter se opposuit, quod alii resumptis viribus et audacia reversi ad prelium predictorum Sambitarum occiderunt multitudinem copiosam.

108. De victoria fratrum contra Sambitas in territorio Bethen

In terra Sambie est quoddam territorium dictum Bethen, in quo homines feroces habitabant et adeo potentes, quod de una villa quingenti viri ad bellum habiles poterant procedere, quos fratres de Kunigsbergk soli invadere non audebant. Unde rogaverunt magistrum de Lyvonia, ut de partibus suis aliquos fratres et armigeros ipsis in subsidium destinaret, assignantes diem et locum, ubi debebant ad prelium convenire. Venientes itaque fratres de Kunigsbergk cum suo exercitu in termino prefixo ad locum deputatum inceperunt dictum territorium rapina et incendio devastare Lyvoniensibus adhuc non comparentibus. Unde Sambite commoti convenientes exercitum fratrum hostiliter invaserunt, et dum iam vellent in fugam converti compellente ipsos nimia hostium potencia, exercitus fratrum Lyvoniensium cum multis et magnis dextrariis supervenit sicque simul invadentes inimicos totum illum exercitum Sambitarum in ore gladii deleverunt captis mulieribus et parvulis. Habitaciones huius territorii et circumiacencium in cinerem redegerunt.

107. Von der Verwüstung des Dorfes Drebnau und vom Tod vieler Samländer

Niemand kann beschreiben — und wenn jemand es täte, würde man ihm kaum glauben —, wie sehr die Brüder beim Kampf gegen die Samländer darauf aus waren, sie wieder dem Christenglauben zu unterwerfen. Als sie die Bewohner der Gebiete Waldau, Quednau und Wargen und anderer benachbarter Orte geschwächt und vertrieben hatten, rückten die Brüder mit einem Heer gegen das Gebiet Pobethen vor und verheerten ein Dorf namens Drebnau, wobei sie viele fingen und töteten; als sie sich mit großer Beute zurückzogen, folgten die Feinde ihnen, griffen sie an und schlugen sie fast in die Flucht. Bruder Heinrich Ulenbusch aber, ein sehr mutiger Mann, widerstand ihnen und wehrte sich so tapfer, daß die anderen Kräfte und Mut wiedergewannen, in den Kampf zurückkehrten und eine große Menge Samländer erschlugen.

108. Von einem Sieg der Brüder über die Samländer im Gebiet Bethen

Im Samland liegt ein Gebiet namens Bethen, in dem wilde Menschen lebten und dazu so mächtige, daß aus einem Dorf 500 kriegstüchtige Männer aufgeboten werden konnten, welche die Königsberger Brüder allein nicht anzugreifen wagten. Sie baten daher den Meister von Livland, ihnen aus seinem Gebiet einige Brüder und Bewaffnete zu Hilfe zu schicken, und sagten Tag und Ort an, wo sie zum Kampf zusammentreffen wollten. Die Königsberger Brüder kamen also mit ihrem Heer zur festgesetzten Zeit an den ausgemachten Ort und begannen, das genannte Gebiet mit Raub und Brand zu verwüsten, obwohl die Livländer noch nicht da waren. Voll Zorn darüber sammelten sich die Samländer und griffen das Heer der Brüder feindlich an, und als diese sich unter dem Druck der feindlichen Übermacht schon zur Flucht wenden wollten, erschien das Heer der livländischen Brüder mit vielen und großen Streitrossen; nun gingen sie gemeinsam auf die Feinde los und vertilgten das gesamte Heer der Samländer durch das Schwert, Frauen und Kinder nahmen sie gefangen. Die Behausungen in diesem und in den umliegenden Gebieten legten sie in Schutt und Asche.

109. De reformacione pacis inter fratres et Sambitas

Hiis et variis afflictionibus castigati Sambite a Domino per manus fratrum et aliorum Cristifidelium non valentes amplius resistere presentatis filiis suis in obsides subdiderunt se iterum fidei Cristiane.

110. De recidivacione Sambitarum de territorio Rinow

Sed inimicus humani generis dyabolus, qui paci fidelium semper invidet et quieti, suggessit hiis hominibus Sambie, qui in territorio Rinow fuerant constituti, quod in apostasie vicium iterum sunt relapsi. Unde ipsi congregati cum exercitu castrum Vischusen episcopi Sambiensis impugnaverunt, in quo nisi duo viri scilicet unus frater et famulus eius fuerunt illa vice. Et ecce mira res: Percussi acrisia, [56]excecavit eos malicia ipsorum[56], ut zonam seu corrigiam pendentem ante oculos ipsorum non viderunt, quam si cum minimo digito manus sue traxissent, dicti castri hostium aperuissent et ipsum per consequens funditus destruxissent. Et sic post impugnacionem aliqualem infecto negocio recesserunt.

111. De destructione territorii Rinow et morte habitancium in eo

Quod cum ad aures fratrum de Kunigsbergk deveniret, indignati ex hoc congregaverunt cum aliis Sambitis exercitum et intrantes dictum territorium Rinow omnes viros interfecerunt mulieres et parvulos cum omni ipsorum substancia deducentes sicque iterato quievit in pace terra Sambie sicut prius.

109. Vom Friedensschluß zwischen den Brüdern und den Samländern

Durch diese und vielfältige Heimsuchungen vom Herrn durch die Hand der Brüder und der anderen Christgläubigen gezüchtigt, konnten die Samländer nicht länger Widerstand leisten, stellten ihre Söhne als Geiseln und unterwarfen sich wieder dem christlichen Glauben.

110. Vom erneuten Abfall der Samländer des Gebietes Rinau

Aber der Feind des Menschengeschlechts, der Teufel, der den Gläubigen Ruhe und Frieden stets neidet, gab den im Gebiet Rinau lebenden Samländern ein, wiederum in das Laster der Abtrünnigkeit zu verfallen. Sie sammelten sich also und griffen mit einem Heer die Burg Fischhausen des Bischofs von Samland an, in der sich damals nur zwei Männer aufhielten, ein Bruder und sein Diener. Aber siehe, wie wunderbar: [56]Ihre eigene Bosheit schlug sie mit Blindheit[56], so daß sie nicht den vor ihren Augen hängenden Riemen oder Gurt sahen, mit dem sie das Burgtor hätten öffnen können; wenn sie nur mit dem kleinen Finger daran gezogen hätten, dann hätten sie die Burg ganz und gar zerstört. So aber zogen sie nach einigen Feindseligkeiten ohne Erfolg wieder ab.

111. Von der Zerstörung des Gebietes Rinau und dem Tod seiner Bewohner

Als das den Königsberger Brüdern zu Ohren kam, brachten sie voll Zorn mit den übrigen Samländern ein Heer zusammen, drangen in das Gebiet Rinau ein, töteten alle Männer und führten Frauen und Kinder mit ihrem ganzen Besitz weg, und so herrschte wieder Frieden im Samland wie vorher.

[56–56] Vgl. Weish 2,21.

112. De edificacione castrorum Tapiow et Locstete in terra Sambie

Infra apostasiam secundam castrum Tapiow[57], quod Prutheni nominant Surgurbi, et in successu temporis castrum Wiclantsort[m], quod dicitur nunc Locstete[58] a nomine cuiusdam Sambite dicti Laucstiete[n], qui ibidem morabatur, edificarunt munientes ea, ut facilius compescerent maliciam Sambitarum.

113. De desolacione castri Girdawie

Hoc tempore quidam dictus Girdaw, cuius progenies adhuc dicitur Rendalia[o], zelator fidei et fidelium habuit in terra Barthensi castrum dictum a nomine suo Girdaw. Hic post multa bella et impugnaciones, quas a compatriotis suis apostatis sustinuit, dum omnino deficeret ei victus, combusto castro cum omni domo et familia sua ad fratres de Kunigsbergk repedavit.

114. De morte VI fratrum et plurium Cristianorum in castro Waistotepila

In eadem terra Barthensi, ut quidam referunt, fratres habebant castrum dictum Waistotepilam situm in littore fluvii Gobrionis[p]. Qui fratres quodam die exercitum Pruthenorum, qui duas villas ibi depredaverat, sunt sequuti. Sed Prutheni erumpentes de insidiis, quas statuerant, sex fratres et plures Cristianos occiderunt.

115. De desolacione castri Waistotepile

Necdum saciati Prutheni incommodo fratrum collegerunt magnum exercitum et obsidentes castrum Waistotepilam tota die us-

---

[m] So K, B; Wiclansort D.
[n] So K; Laustiete B, Jeroschin.
[o] Reudalia B.
[p] So B, D; Gobonis K.

112. Von der Erbauung der Burgen Tapiau und Lochstädt im Samland

Während des zweiten Abfalls erbauten die Brüder die Burg Tapiau[57], die die Prußen Surgurbi nennen, und danach die Burg Witlandsort, die jetzt nach einem Samländer namens Laucstiete, der dort wohnte, Lochstädt heißt[58], und befestigten sie, um die Bosheit der Samländer leichter im Zaum halten zu können.

113. Wie die Burg Girdaw verlassen wurde

Zu dieser Zeit hatte einer namens Girdaw, dessen Geschlecht noch jetzt Rendalia heißt, ein Eiferer für den Glauben und die Gläubigen, im Lande Barten eine nach ihm genannte Burg Girdaw. Als diesem Mann nach vielen Kämpfen und Angriffen seiner abtrünnigen Landsleute, die er auszuhalten hatte, die Lebensmittel gänzlich ausgingen, verbrannte er seine Burg und kam mit seinem ganzen Haus und Gesinde zu den Königsberger Brüdern.

114. Vom Tod von sechs Brüdern und vielen Christen in der Burg Waistotepila

Einige berichten, daß die Brüder im selben Lande Barten eine Burg namens Waistotepila hatten, die am Fluß Guber lag. Eines Tages folgten die Brüder einem Prußenheer, das dort zwei Dörfer ausgeplündert hatte. Die Prußen aber brachen aus einem Hinterhalt, den sie gelegt hatten, hervor und töteten sechs Brüder und viele Christen.

115. Wie die Burg Waistotepila aufgegeben wurde

Noch nicht zufrieden mit dem Schaden, den sie den Brüdern zugefügt hatten, sammelten die Prußen ein großes Heer, belagerten die Burg Waistotepila und bestürmten sie heftig einen ganzen Tag lang bis zur Dämme-

---

[57] 1265.
[58] 1270.

que ad crepusculum fortiter impugnaverunt fratribus ex opposito viriliter se defendentibus. Sed cum Prutheni infecto negocio recessissent, fratres considerantes infirmitatem castri, et quod non possent tam graves impugnaciones ammodo sine magno periculo sustinere, combusto castro secrete recesserunt.

116. De castro Wisenburgk et morte XX fratrum et plurium Cristianorum

Castrum Wisenburgk, quod a Pruthenis Walewona dicitur, situm fuit in terra Barthensi in littore fluminis Gobrionis, ad quod de Sudowia et aliarum nacionum partibus venit exercitus et depredato territorio circumiacente recessit. Quo facto quidam de familia fratrum consuluit eis, ut sequerentur sine omni timore. Cui fratres consencientes cum suo exercitu velociter sunt secuti, sed dum statim eos non invenirent, volebant redire. Quod ille traditor prohibuit promittens bona fide, quod circa flumen, quod dicitur Wangrapia[q], eos sine dubio invenirent. Cui loco dum appropinquarent, sicut preordinatum fuerat, inimici repente insilierunt in eos. Quod videntes fratres ascenderunt quendam montem vicinum et de illo se longo tempore viriliter defenderunt cadebantque ex utraque parte plurimi interfecti. Tandem permittente Domino Prutheni prevalentes XX fratres et totum exercitum ipsorum occiderunt.

117. De desolacione castri Wisenburgk

Hoc castrum Wisenburgk a Pruthenis fere tribus annis fuit obsessum et erexerant tres machinas, cum quibus quotidie castrum impugnaverunt. Tandem fratres unam violenter rapientes duxerunt ad castrum et cum ea se multo tempore defenderunt. Non longe postea deficientibus omnino victualibus fratres cum suis armigeris relicto castro secrete anno Domini MCCLXIII recesserunt dirigentes viam suam versus ducatum Masovie. Quo intellecto

---

[q] Wangiapia K, B.

rung, während die Brüder sich mannhaft dagegen verteidigten. Als die Prußen aber unverrichteterdinge abgezogen waren, bedachten die Brüder die Schwäche der Burg und daß sie in Zukunft so schwere Angriffe nicht ohne große Gefahr würden aushalten können, verbrannten die Burg und zogen heimlich ab.

116. Von der Burg Wiesenburg und dem Tod von 20 Brüdern und vielen Christen

Die Burg Wiesenburg, von den Prußen Walewona genannt, lag im Lande Barten am Flusse Guber; hierhin kam ein Heer aus Sudauen und den Gebieten anderer Völkerschaften, plünderte das umliegende Land und zog dann ab. Darauf riet einer aus ihrem Gesinde den Brüdern, sie sollten die Feinde ohne jede Furcht verfolgen. Die Brüder waren damit einverstanden und zogen mit ihrem Heer schnell hinterher, aber als sie den Feind nicht sofort finden konnten, wollten sie umkehren. Das verhinderte jener Verräter, indem er glaubwürdig versprach, sie würden an dem Angerapp genannten Fluß ohne Zweifel auf den Gegner stoßen. Als sie sich dieser Stelle näherten, fielen die Feinde, wie es vorher abgemacht war, plötzlich über sie her. Daraufhin stiegen die Brüder auf eine benachbarte Anhöhe und verteidigten sich auf ihr tapfer für eine lange Zeit, und auf beiden Seiten wurden sehr viele erschlagen. Endlich aber behielten die Prußen nach dem Willen des Herrn die Oberhand und töteten 20 Brüder und ihr ganzes Heer.

117. Wie die Burg Wiesenburg aufgegeben wurde

Diese Burg Wiesenburg wurde von den Prußen beinahe drei Jahre lang belagert, und sie hatten drei Kriegsmaschinen aufgestellt, mit denen sie die Burg Tag für Tag angriffen. Schließlich nahmen ihnen die Brüder eine davon gewaltsam weg, brachten sie in die Burg und verteidigten sich lange Zeit mit ihr. Als ihnen nicht lange danach die Lebensmittel völlig ausgingen, verließen die Brüder im Jahre des Herrn 1263 mit ihrer Mannschaft heimlich die Burg und machten sich auf den Weg nach dem Herzogtum Ma-

dum Dywanus tunc Barthorum capitaneus cum multis armigeris eos sequens non posset comprehendere, quia iam equi ipsorum lassi substiterunt, ipse assumens sibi XIII viros in velocioribus equis precessit alios, et dum appropinquaret, invenit fratres iam fame deficientes et pre lassitudine non valentes ad bellum et invasit eos viriliter et in primo congressu occidit tres. Alii ad defensionem se opponentes dictum Dywanum graviter vulnerarunt, et extunc cessavit a bello, et fratres cum suis in pace recesserunt.

118. De destructione castri Cruceburgk

Anno Domini eodem scilicet MCCLXIII dum castrum Cruceburgk a Nattangis fuisset tribus annis tribus machinis et tribus propugnaculis obsessum, fratres cum familia sua post multa bella gloriosa ibidem gesta deficientibus omnino victualibus secrete noctis tempore de castro recesserunt. Quod cum perciperent Prutheni, sequuti sunt eos et omnes preter duos fratres in ore gladii occiderunt.

119. De impugnacione castri Barthenstein

In castro Barthenstein fuerunt fratres et alii armigeri CCCC tempore obsidionis fecerantque Prutheni tria propugnacula in circuitu castri, in quibus continue fuerunt MCCC viri in armis expediti. Habebant eciam tres machinas, quibus ipsum impugnaverunt. Sed antequam desolaretur, preter mirifica facta plura per fratres ibidem gesta erat quidam vir dictus Miligedo in dicto castro Barthenstein, qui adeo virilis fuit, quod per mortem ipsius Prutheni estimabant se occidisse partem mediam obsessorum. Unde collegerunt concilium, quomodo ipsum dolo traderent et occiderent, et excogitatis variis tradicionum fraudibus tandem inceperunt per hunc modum. Ordinatis primo insidiis miserunt quendam virum in armis strenuum, qui sicut Golias [59]agmina filiorum Israel obsessorum miliciam exprobraret[59]. Clamans alta voce dixit: „Si est quisquam in castro, qui audeat me aggredi in prelio singulari, egrediatur ad me foras." Quo audito Miligedo petita licencia fratrum et

sowien. Als Diwan, damals Anführer der Barter, das erkannte, folgte er ihnen mit vielen Kriegern, konnte sie aber nicht erreichen, weil seine Pferde schon vor Müdigkeit stehen blieben; da nahm er 13 Mann auf schnelleren Pferden mit sich und ritt den anderen voran, und als er sich näherte, fand er die Brüder vom Hunger schon entkräftet und vor Erschöpfung unfähig zum Kampf vor, griff sie mannhaft an und tötete beim ersten Zusammenstoß drei von ihnen. Die anderen jedoch wehrten sich und verwundeten Diwan schwer, der daraufhin vom Kampfe abließ, und die Brüder zogen mit den Ihren in Frieden ab.

118. Von der Zerstörung der Burg Kreuzburg

Im selben Jahr des Herrn, nämlich 1263, zogen die Brüder, nachdem die Burg Kreuzburg von den Natangern drei Jahre lang mit drei Kriegsmaschinen und drei Belagerungswerken belagert worden war, mit ihrem Gesinde nach vielen ruhmreichen Kämpfen, die sie dort bestanden hatten, wegen gänzlichen Mangels an Lebensmitteln heimlich zur Nachtzeit aus der Burg ab. Als die Prußen das merkten, folgten sie ihnen und töteten alle außer zwei Brüdern durch das Schwert.

119. Von der Bestürmung der Burg Bartenstein

In der Burg Bartenstein hielten sich zur Zeit der Belagerung 400 Brüder und andere Kämpfer auf, und die Prußen hatten drei Belagerungswerke rings um die Burg angelegt, in denen stets 1300 kampfbereite Männer standen. Sie hatten auch drei Maschinen, mit denen sie die Burg beschossen. Aber bevor die Burg aufgegeben wurde, war außer den Brüdern, die viele wunderbare Taten vollbrachten, ein so tapferer Mann namens Miligedo in Bartenstein, daß die Prußen meinten, sie hätten die Hälfte der Belagerten getötet, wenn sie den einen umgebracht hätten. Daher hielten sie Rat, wie sie ihn überlisten und töten könnten, und erdachten mancherlei Betrug und Verrat und fingen es endlich auf diese Weise an: Sie legten zunächst einen Hinterhalt und schickten dann einen kampferprobten Mann vor, der [59]die Streitmacht der Belagerten schmähen sollte wie Goliath die Scharen der Kinder Israel[59]. Er schrie mit lauter Stimme: „Wenn einer in der Burg ist, der mich im Einzelkampf anzugreifen wagt, dann soll er zu mir herauskommen!" Als Miligedo das hörte, erbat und erhielt er die Erlaubnis der Brüder, ging aus der Burg und folgte

[59—59] Vgl. 1 Sam 17,10.

obtenta egressus est et illum fugientem sequutus. Sed dum ruptis insidiis hostes cum magna turba videret venientes, ipse occiso illo fugit ad silvam et per occultas vias ad castrum Barthenstein est reversus. Hiis et aliis modis eum tociens temptaverunt, quod in fine ipsum decipientes occiderunt. Eodem modo quidam vir dictus Troppo totus magnanimus et fidei zelator ab eis occisus fuit. De quorum morte [60]facta est leticia magna in populo Pruthenorum et tribulacio nimia fratribus[60] e converso. Sed ut fratres [61]gaudium ipsorum in luctum converterent[61] et dolorem, suspenderunt in patibulo facto ante portam castri XXX obsides Pruthenorum, quos captivos tenebant. Ex quo accidit, quod, cum Prutheni viderent filios et consanguineos suos suspensos, [62]planxerunt et ipsi similiter planctu magno[62].

120. De destructione trium propugnaculorum et occisione mille et plurium Pruthenorum

Post hec surrexit quedam altercacio inter familiam fratrum et Pruthenos existentes in obsidione pro quodam caldario, qui debebat deferri de uno propugnaculo ad aliud, in quo Prutheni consecrata secundum ritum ipsorum decoquere consueverunt. Ad hanc pugnam venerunt fratres cum CL viris, et factum fuit inter eos bellum magnum. Tandem fratres volente Domino caldarium violenter optinuerunt et procedentes ulterius illa tria propugnacula penitus destruxerunt, ita quod de MCCC viris, qui ad defensionem ipsorum fuerant ordinati, vix aliquis mortem evasit, et de parte fratrum solus marscalcus[63] cecidit interfectus.

121. De desolacione castri Barthenstein

Reedificatis denuo propugnaculis dum in quarto anno scilicet Domini MCCLXIIII fratres deficientibus victualibus non possent amodo resistere Pruthenis, deceperunt eos tribus vicibus in hunc

---

[60—60] Vgl. 1 Makk 4,58; 9,27.
[61—61] Vgl. Est 13,17.

dem anderen, als der floh. Aber sobald er sah, daß die Feinde aus dem Hinterhalt hervorbrachen und mit einem großen Haufen auf ihn losgingen, tötete er den Gegner, floh in den Wald und kam auf verborgenen Wegen in die Burg Bartenstein zurück. Auf diese und andere Weise versuchten sie ihn so oft, bis sie ihn am Ende täuschten und erschlugen. Ebenso wurde einer namens Troppo, ein sehr mutiger Mann und Eiferer für den Glauben, von ihnen getötet. Über beider Tod [60]entstand große Freude beim Prußenvolk und umgekehrt tiefe Betrübnis bei den Brüdern[60]. Um aber [61]die Freude der Prußen in Trauer und Schmerz zu verwandeln[61], hängten die Brüder an einem Galgen vor dem Burgtor 30 prußische Geiseln auf, die sie gefangengehalten hatten. So geschah es, daß die Prußen, als sie ihre Söhne und Verwandten aufgehängt sahen, [62]eine ähnlich große Trauerklage erhoben[62].

120. Von der Zerstörung der drei Belagerungswerke und der Tötung von 1000 und mehr Prußen

Danach entstanden Feindseligkeiten zwischen dem Gesinde der Brüder und den die Burg belagernden Prußen wegen eines Kessels, der von einem der Belagerungswerke zu einem anderen getragen werden sollte und in dem die Prußen nach ihrem Ritus Opferspeisen zu kochen pflegten. Zu diesem Kampf kamen die Brüder mit 150 Mann, und es entstand ein großes Handgemenge. Endlich eroberten die Brüder den Kessel nach dem Willen Gottes, gingen noch weiter vor und zerstörten die drei Belagerungswerke von Grund auf, so daß von den 1300 Mann, die sie hatten verteidigen sollen, kaum einer dem Tode entrann; auf seiten der Brüder aber fiel allein der Marschall[63].

121. Wie die Burg Bartenstein aufgegeben wurde

Als die Brüder nach Wiedererrichtung der Belagerungswerke im vierten Jahr ihrer Einschließung, nämlich im Jahre des Herrn 1264, aus Nahrungsmangel den Prußen nicht mehr widerstehen konnten, überlisteten sie diese dreimal auf folgende Weise: Die Brüder verbargen sich mit

[62-62] Vgl. 1 Makk 2,70; 4,39; 13,26.
[63] Vgl. III, 123 Anm. 67.

modum: Fratres cum tota familia sua se in meniis castri sub silencio a mane usque ad horam nonam[64] occultaverunt, et dum Prutheni viderent, quod nullus in castro compareret, putabant obsessos effugisse et viriliter accedentes impugnaverunt castrum. Sed fratres exeuntes de insidiis ipsos represserunt multos sagittis et ictibus occidentes et letaliter vulnerantes. Tandem post infinita pericula et bella quidam frater devotus rogavit Deum, ut ostenderet ei, quid in hac necessitate tucius esset agendum. Cui vox celitus missa respondit: „[65]Iudea et Ierusalem, nolite timere; cras egrediemini et Dominus erit vobiscum; constantes estote; videbitis auxilium Domini super vos[65]." Qua audita sequenti die fratres dividentes se et suam familiam in duas partes, quarum una venit ad castrum Kunigsbergk, altera in Elbingum, assumptisque reliquiis sanctorum relictoque in castro quodam fratre sene decrepito et ceco, qui ipsos sequi non poterat, recesserunt. Idem tamen frater, qui mansit in castro, ad singulas horas canonicas signum dedit more solito cum campana. Tandem cum diucius occultari non posset, accesserunt successive hostes ad castrum, et dum viderent eis neminem resistere, intraverunt et occiso fratre castrum ad usus suos conservantes multa de ipso contra fratres prelia exercebant.

122. De impugnacione castri Wilow

Hoc tempore Pruthenorum, Sudowitarum et Lethowinorum exercitus validus intravit terram Sambiensem et ordinatis Lethowinis cum una machina ad unam partem et aliis cum altera ad aliam castrum Wilow obsederunt per octo dies quotidie impugnantes. Tandem uno die dum omnes ad pugnam accederent, sagittarii cum telis, machine cum lapidibus, alii cum lignis et straminibus ad combustionem castri et reliqui diversis modis obsessos inquietarent, Henricus Tupadel, qui postea factus fuit frater ordinis domus Theutonice, vir strenuus in armis et arte balistariorum plenius edoctus populum obsessum animavit ad defensionem et cum eis ignem sepius appositum ad comburendum castrum extinxit. In hac durissima pugna plures infideles fuerunt occisi et letaliter vulnera-

ihrem ganzen Gesinde unter Stillschweigen vom Morgen bis zur neunten Stunde[64] auf den Wällen der Burg, und als die Prußen sahen, daß niemand in der Burg erschien, glaubten sie, die Belagerten seien entflohen, rückten tapfer heran und griffen die Burg an. Die Brüder aber kamen aus ihren Verstecken hervor, warfen sie zurück und töteten viele mit ihren Pfeilen und Hieben und verwundeten sie zu Tode. Schließlich nach unendlichen Gefahren und Kämpfen bat ein frommer Bruder Gott, ihm zu zeigen, was in dieser Not am sichersten zu tun sei. Eine Stimme antwortete ihm vom Himmel: „[65]Judäa und Jerusalem, fürchtet euch nicht; morgen werdet ihr entkommen, und der Herr wird mit euch sein; seid standhaft, ihr werdet die Hilfe des Herrn über euch sehen[65]!" Daraufhin teilten die Brüder am folgenden Tag sich und ihr Gesinde in zwei Gruppen auf, von denen die eine zur Burg Königsberg, die andere nach Elbing gelangte, nahmen die Reliquien der Heiligen mit sich und zogen ab; in der Burg ließen sie nur einen altersschwachen und blinden Bruder zurück, der nicht mit ihnen zu gehen vermochte. Dieser in der Burg verbliebene Bruder gab zu allen kanonischen Stunden in der gewohnten Weise das Zeichen mit der Glocke. Als am Ende die List nicht länger verborgen bleiben konnte, kamen die Feinde nach und nach an die Burg heran, und sobald sie merkten, daß niemand es ihnen verwehrte, drangen sie ein; sie töteten den Bruder, verwandten die Burg zu ihrem eigenen Gebrauch und lieferten von hier aus den Brüdern viele Kämpfe.

122. Von der Bestürmung der Burg Wehlau

Zu dieser Zeit fiel ein starkes Heer der Prußen, Sudauer und Litauer in das Samland ein, belagerte acht Tage lang die Burg Wehlau, wobei die Litauer eine Kriegsmaschine auf der einen Seite, die übrigen eine weitere auf der anderen Seite aufstellten, und griff die Burg täglich an. Als sie eines Tages schließlich alle in den Kampf gingen und die Pfeilschützen mit ihren Geschossen, die Maschinen mit ihren Steinen, andere mit Holz und Stroh, um die Burg anzuzünden, und die übrigen auf verschiedene Weise die Belagerten behelligten, da ermutigte Heinrich von Taupadel, der später Deutschordensbruder wurde, ein waffentüchtiger und in der Schießkunst wohlbewanderter Mann, das belagerte Volk zur Verteidigung und löschte mit ihm das Feuer, das des öfteren angelegt worden war, um die Burg zu verbrennen. In diesem überaus harten Kampf wurden viele Ungläubige erschlagen und tödlich verwundet, der genannte Heinrich aber

[64] Um Mittag.
[65-65] Vgl. 2 Chr 20,17.

ti; sed Henricus predictus quendam virum nobilem et potentem capitaneum Lethowinorum cum balista sagittans telo tetigit et occidit et ex alia parte quendam magistrum, qui ad reparacionem machine ascendit summitatem eius, sagittavit et cum telo affixit manum eius ad machinam, quo viso infideles territi ab obsessione recesserunt.

123. De morte fratris Helmerici magistri et XL fratrum et plurium Cristianorum

Eodem anno Henricus Monte capitaneus Nattangorum cum valido exercitu intravit terram Colmensem et preter populum multum et aliarum rerum predam inestimabilem, quam secum duxit, omnia edificia extra municiones sita combussit et terram illam Cristianorum sanguine rubricavit. Quod cum ad aures fratris Helmerici magistri deveniret, convocavit omnem virtutem exercitus sui et secutus est eos usque ad terram Lubovie et ordinato exercitu suo ad prelium eos viriliter est aggressus. Prutheni autem vallati indaginibus fortiter in primo restiterunt, sed tandem fugerunt et Cristiani sequentes eos dispersi fuerunt, et licet in hac fuga plures occidissent, tamen Prutheni, cum viderent paucos viros circa vexillum, coadunati redierunt ad indagines et incipientes novum bellum, quod diu duravit, ultimo permittente Domino, [66]cuius incomprehensibilia sunt iudicia[66], magistrum et fratrem Theodoricum marscalcum et XL fratres et totum exercitum Cristianorum interfecerunt[67] [68]factaque fuit tanta plaga in populo[68] Dei, ut estimaretur maior quam illa, que precessit in conflictu Curoniensi[69], quia licet hic tot non essent occisi sicut ibi, tamen quasi omnes electi et preelecti viri, quorum sapientia et industria et terra Prussie et bellum regebatur, sunt extincti. In hoc loco certaminis postea quidam heremita habitans vidit noctis tempore candelas ardentes pluribus vicibus, que interfectos ibi iam coronam martirii apud regem martirum [r]adeptos esse[r] manifestius declarabant.

[r–r] Fehlt Codd.; Konjektur Toeppen.

[66–66] Vgl. Röm 11,33.

traf einen adligen und mächtigen Mann, einen Anführer der Litauer, mit der Armbrust und tötete ihn, und anderswo erreichte sein Pfeil einen Meister, der oben auf seine Schleudermaschine gestiegen war, um sie auszubessern, und heftete dessen Hand an die Maschine; als die Ungläubigen das sahen, erschraken sie und zogen sich von der Belagerung zurück.

123. Vom Tod des Meisters Helmerich, dem von 40 Brüdern und vieler Christen

Im selben Jahre drang Heinrich Monte, der Anführer der Natanger, mit einem starken Heer in das Kulmerland ein; außer daß er viel Volk und andere unschätzbare Beute mit sich fortführte, brannte er alle Gebäude außerhalb der Befestigungen nieder und rötete das Land mit dem Blut der Christen. Als das dem Meister Bruder Helmerich zu Ohren kam, rief er seine ganze Heeresmacht zusammen, folgte den Feinden bis in das Land Löbau und griff sie tapfer an, nachdem er sein Heer zur Schlacht aufgestellt hatte. Die Prußen dagegen schützten sich durch Verhaue und wehrten sich anfangs tapfer, ergriffen schließlich aber doch die Flucht; bei ihrer Verfolgung zerstreuten sich die Christen und, obwohl sie dabei viele töteten, sammelten sich die Prußen wieder, als sie sahen, daß nur noch wenige Männer bei der Fahne standen, kehrten zu den Verhauen zurück und begannen den Kampf von neuem; der dauerte lange, und am Ende töteten sie nach dem Willen des Herrn, [66]dessen Gericht unbegreiflich ist[66], den Meister, den Marschall Bruder Dietrich, 40 Brüder und das ganze christliche Heer[67], [68]und solches Unglück kam über das Volk[68] Gottes, daß man es für größer erachtete als jenes, das vorher bei dem Kampf in Kurland[69] geschehen war, denn obwohl hier nicht so viele getötet wurden wie dort, so fielen doch beinahe alle vorzüglichen und auserlesenen Männer, durch deren Weisheit und Tüchtigkeit das Preußenland gelenkt und der Krieg geführt wurde. Auf diesem Schlachtfeld sah ein Einsiedler, der dort wohnte, späterhin oftmals des Nachts brennende Kerzen, die ganz deutlich erwiesen, daß die Erschlagenen dort sogleich die Märtyrerkrone vom König der Märtyrer erlangt hatten.

[67] Diese Schlacht muß vor dem 6. Juni 1263 stattgefunden haben, denn an diesem Tag urkundet bereits Helmerichs Nachfolger Johann von Wegeleben (PUB 1,2 Nr. 204), übrigens in Gegenwart des Marschalls Dietrich, der demnach nicht gemeinsam mit Helmerich, sondern in den Kämpfen um Bartenstein gefallen ist (vgl. III, 120). Diese sind zeitlich also nach dem 6. Juni 1263 anzusetzen.
[68-68] Vgl. 2 Sam 17,9.
[69] Vgl. III, 84.

124. De fratre Lodovico magistro terre Prussie VII

Frater Lodovicus de Baldensheym magister Prussie VII prefuit annis VI anno Domini MCCLXV[70]. Hoc tempore frater Fridericus de Holdenstete fuit marscalcus[71].

125. De adventu multorum peregrinorum

Volante fama destructionis castrorum omnium, que predicta sunt, per Alemanie partes commoti sunt reges et principes, et ut ecclesia Dei in Prussie partibus per multam Cristiani sanguinis effusionem complantata omnino non deficeret, sed per ipsorum iucundum adventum sumeret debitum incrementum, ideo anno Domini MCCLXV dux de Brunswich[72] et lantgravius de Thuringia[73], anno eiusdem MCCLXVI Otto marchio Brandenburgensis et filius eius et frater carnalis[74], anno eiusdem MCCLXVIII Ottackarus rex Bohemie multis stipati militibus et potencia armatorum venerunt Prussiam in subsidium dicte terre, ut videlicet rebellionem compescerent Pruthenorum. Sed quia necdum venit hora, in qua Deus vellet misereri populo suo, sed amplius castigari, desideratum desiderium dicti principes propter molliciem hyemis non poterant deducere ad effectum, sed derelictis Cristifidelibus terre Prussie in magnis periculis ad propria sunt reversi.

126. De fratre Ulrico et morte L Pruthenorum

Hoc tempore fuit frater Ulricus de Megdeburgk in conventu Kunigsbergk, qui adeo fortis erat in corpore, quod plurium virorum vires excederet. Accepit enim duos armigeros quemlibet cum uno digito per cingulum in dorso et eos in sublime ipsis renitentibus elevavit. Hic ordinatus fuit cum quibusdam fratribus et armigeris ad custodiam navium Cristianorum, que per mare venerant

---

[70] Vielmehr schon von Februar 1264 bis Juni 1269, also etwas über 5 Jahre, als Landmeister urkundlich nachweisbar.

[71] 1266 — 1270 urkundlich als Marschall nachweisbar.

124. Von Bruder Ludwig, dem siebten Meister des Preußenlandes

Bruder Ludwig von Baldersheim wurde im Jahre des Herrn 1265 der siebte Meister Preußens und amtierte sechs Jahre lang[70]. In dieser Zeit war Bruder Friedrich von Holdenstedt Marschall[71].

125. Von der Ankunft vieler Kreuzfahrer

Die Kunde von der Zerstörung aller der obengenannten Burgen flog durch Deutschland und bewegte Könige und Fürsten, und damit die Kirche Gottes in Preußen, für deren Pflanzung viel christliches Blut vergossen worden war, nicht gänzlich unterginge, sondern durch ihre willkommene Ankunft den gebührenden Aufschwung nähme, kamen im Jahre des Herrn 1265 der Herzog von Braunschweig[72] und der Landgraf von Thüringen[73], im Jahr 1266 der Markgraf Otto von Brandenburg, sein Sohn und sein leiblicher Bruder[74], im Jahre 1268 König Ottokar von Böhmen, alle begleitet von vielen Rittern und bewaffneter Mannschaft nach Preußen dem Lande zu Hilfe, nämlich um den Aufstand der Prußen zu unterdrücken. Aber weil die Stunde noch nicht da war, in der Gott sich seines Volkes erbarmen wollte, sondern weil er es noch länger züchtigen wollte, konnten die Fürsten ihren sehnlichen Wunsch wegen des gelinden Winters nicht ausführen, sondern mußten die Christgläubigen des Preußenlandes in großen Gefahren zurücklassen und heimkehren.

126. Von Bruder Ulrich und dem Tod von 50 Prußen

Zu dieser Zeit lebte im Königsberger Konvent Bruder Ulrich von Magdeburg, der eine solche Körperkraft besaß, daß er viele Männer übertraf. Er konnte nämlich zwei Bewaffnete, jeden mit einem Finger, hinten am Gürtel fassen und in die Höhe heben, auch wenn sie sich dagegen wehrten. Dieser wurde mit einigen Brüdern und Mannen zur Bewachung der Christenschiffe abgestellt, die über das Meer zum Preußenland gekommen

[72] Albrecht I.
[73] Albrecht der Entartete.
[74] Otto III. und sein Bruder Johann I. Welcher der Söhne Ottos in Preußen war, ist unbekannt.

ad terram Prussie, quas Prutheni antea sepius destruxerant. Unde accidit, quod cum ipse cum paucis circa naves predictas remansisset, venerunt Prutheni armati cum V navibus, et dum ad destruendas naves suas appropinquarent, frater Ulricus accepit malum de navi sua et illorum naves percuciendo tot submersit, quod L Prutheni cum navibus suis sunt submersi. Alii hoc videntes perterriti recesserunt.

127. De edificacione castri Brandenburgk

Anno Domini MCCLXVI marchio Brandenburgensis, ut premissum est, cum multitudine pugnatorum venit ad terram Prussie, et cum aliud agere non posset, de consilio magistri et fratrum edificavit castrum Brandenburgk et a nomine marchionatus sui ad perpetuam memoriam sic voluit appellari.

128. De morte Swantepolci ducis Pomeranie et rebellione Mestowini filii sui contra fratres

Hoc anno Swantepolcus dux Pomeranie [75]decidit in lectum, et ut cognovit, quod moreretur, vocavit ad se filios suos[75] et pro [76]testamento ultimo, quod morte confirmavit[76], dedit eis hanc doctrinam dicens: „Postquam inter me ex una parte et fratres domus Theutonice ex altera bellum crevit, ego semper decrevi; per fas et per nefas et modis variis impugnavi eos et non profeci, quia Deus cum eis est et pugnat pro eis. Unde consulo, quod nunquam vos eis opponatis, sed cum omni reverencia honorate." Huic doctrine non adhesit Mestowinus primogenitus eius. Sed mortuo patre[77], dum esset dux Pomeranie, temerario quodam ausu sequens sinistra patris sui prima vestigia induxit Pruthenos, quod cum exercitu terram Colmensem et episcopatum Pomesaniensem ex opposito castri sui Nuwenburgk destruerent incendio et rapina, et XV naves fratrum oneratas rebus necessariis ad defensionem fidei et fidelium Prutheni ex una parte Wisele et castrenses de Nuwenburgk ex altera fortiter

---

[75–75] Vgl. 1 Makk 1,6f.

waren und welche die Prußen früher des öfteren zerstört hatten. Als er mit nur wenigen Männern bei den Pilgerschiffen zurückgeblieben war, geschah es nun, daß die Prußen bewaffnet mit fünf Schiffen kamen; als sie sich näherten, um seine Schiffe zu zerstören, ergriff Bruder Ulrich den Mastbaum seines Schiffes, zerschlug die Prußenschiffe und versenkte so viele, daß 50 Prußen mit ihren Schiffen untergingen. Bei diesem Anblick machten sich die übrigen voller Schrecken davon.

127. Von der Erbauung der Burg Brandenburg

Im Jahre des Herrn 1266 kam der Markgraf von Brandenburg, wie erwähnt, mit einer Menge Kämpfer in das Preußenland, und da er nichts anderes ausrichten konnte, erbaute er auf den Rat des Meisters und der Brüder die Burg Brandenburg, die er nach seiner Markgrafschaft zum ewigen Gedächtnis so genannt wissen wollte.

128. Vom Tode Herzog Swantopolks von Pommerellen und dem Aufstand seines Sohnes Mestwin gegen die Brüder

In diesem Jahr [75]erkrankte Herzog Swantopolk von Pommerellen, und als er erkannte, daß er sterben müsse, rief er seine Söhne zu sich[75] und erteilte ihnen als seinen [76]letzten Willen, den er durch seinen Tod bekräftigte[76], diese Lehre: „Als zwischen mir auf der einen Seite und den Brüdern des Deutschen Hauses andererseits der Krieg zunahm, wurde ich immer schwächer; durch rechtes und durch sündhaftes Tun und auf vielfältige Weise habe ich sie bekämpft, aber es ging nicht gut für mich aus, denn Gott ist mit ihnen und streitet für sie. Daher rate ich euch, ihnen nie feindlich zu begegnen, sondern ihnen alle Ehre zu erweisen." Mestwin, sein Erstgeborener, aber gehorchte dieser Lehre nicht. Als er nach dem Tode seines Vaters[77] Herzog von Pommerellen war, folgte er in seiner leichtfertigen Verwegenheit den bösen Wegen, die sein Vater anfangs gegangen war, und veranlaßte die Prußen, mit einem Heer das Kulmerland und das Bistum Pomesanien gegenüber seiner Burg Neuenburg durch Brand und Raub zu zerstören; 15 Schiffe der Brüder, die mit zur Verteidigung des Glaubens und der Gläubigen notwendigen Dingen beladen waren, griffen die Prußen vom einen Ufer der Weichsel, die Burgleute

---

[76–76] Vgl. Hebr 9,17.
[77] Am 10. Januar 1266.

impugnaverunt, quousque naute coacti, cum aliter evadere non possent, eiectis de navibus rebus omnibus evaserunt.

129. De vindicta huius rebellionis

Quo percepto magister et fratres collecto magno exercitu intravit in die beatorum Petri et Pauli apostolorum[78] terram Pomeranie circa castrum Nuwenburgk et post in autumno sequenti circa civitatem et castrum Dersowiam et utriusque castri territoria circumiacencia captis multis hominibus et pecoribus incendio devastavit. Quo facto Mestowinus dux Pomeranie, qui prius tanquam leo seviit in fratres et eorum subditos, modo ex vexacione huiusmodi mitigatus cum multis precibus humiliando se optinuit a magistro, quod inter eum et magistrum et fratres fuit pax pristina reformata[79].

130. De destructione castri Brandenburgk

Frater Fridericus de Holdenstete commendator de Brandenburgk cum fratribus et armigeris suis profectus fuit ad territorium Nattangie, quod dicitur Solidow circa castrum Cruceburgk, et per incendium et rapinam occisis et captis plurimis devastavit. In reditu occurrit ei nuncius, qui dixit, quod castrum Brandenburgk esset destructum per hunc modum: Quedam mulier Pruthena servilis[s] condicionis [80]filia Belial[80] recessit de dicto castro et Glapponi capitaneo Warmiensium fratrum absenciam recitavit, qui cum multis armigeris veniens ipsum expugnavit. Quo audito commendator turbatus ivit cum suis versus Kunigsbergk et reversus navigio Brandenburgk fratres et aliquos de familia sua, qui se in turri lignea dicti castri defenderunt, ab impetu et impugnacione Pruthenorum salvos secum duxit.

---

[s] Konjektur Toeppen; similis B, K, T.

von Neuenburg von der anderen Seite her heftig an, bis die Schiffer, weil sie anders nicht entrinnen konnten, alles aus den Schiffen warfen und so entkamen.

129. Von der Rache für diese Auflehnung

Als der Meister und die Brüder das erfahren hatten, sammelten sie ein großes Heer und drangen am Tag der heiligen Apostel Petrus und Paulus[78] bei der Burg Neuenburg und danach im folgenden Herbst bei der Stadt und Burg Dirschau in das Land Pommerellen ein, verheerten durch Brand die Gebiete um die beiden Burgen und fingen Menschen und Vieh in großer Zahl. Durch diese Plage wurde der Herzog Mestwin von Pommerellen, der vorher wie ein Löwe gegen die Brüder und ihre Untergebenen gewütet hatte, alsbald zahm, und er demütigte sich unter vielen Bitten und erlangte vom Meister, daß der vorherige Friede zwischen ihm und dem Meister und den Brüdern wiederhergestellt wurde[79].

130. Von der Zerstörung der Burg Brandenburg

Bruder Friedrich von Holdenstedt, der Komtur von Brandenburg, war mit seinen Brüdern und Bewaffneten in ein Gebiet Natangens namens Solidow bei der Burg Kreuzburg gezogen, verwüstete es mit Brand und Raub und tötete und fing sehr viele. Auf dem Rückweg kam ihm ein Bote mit der Meldung entgegen, die Burg Brandenburg sei auf die folgende Weise zerstört worden: Eine prußische Frau unfreien Standes, [80]eine Tochter Belials[80], war aus der Burg weggelaufen und hatte Glappo, dem Anführer der Warmier, die Abwesenheit der Brüder mitgeteilt, der mit vielen Kriegern kam und die Burg eroberte. Als der Komtur das hörte, zog er bestürzt mit den Seinen nach Königsberg, kehrte zu Schiff nach Brandenburg zurück und nahm die Brüder und einige von ihrem Gesinde, die sich in einem Holzturm der Burg verteidigt hatten und unversehrt bei den Angriffen der Prußen geblieben waren, mit sich fort.

---

[78] Am 29. Juni.
[79] Friedensschluß am 3. Januar 1268, nachdem Mestwins Bruder Wartislaw sich schon am 1. August 1267 mit dem Orden geeinigt hatte (Pommerell. UB Nr. 222, 225).
[80-80] Vgl. 1 Sam 1,16.

131. De reedificacione castri Brandenburgk et laudabili vita cuiusdam fratris ibidem

Marchio de Brandenburgk intelligens, quod castrum per eum edificatum esset a Pruthenis destructum, turbatus est et collecto iterum magno exercitu rediit Prussiam[81] et de magistri et fratrum consilio ad eundem locum castrum aliud eiusdem nominis instauravit. In hoc castro fuit quidam frater Hermannus de Lichtenburgk nobilis, qui preter alias castigaciones et abstinencias, quibus se afflixit, continue circa corpus suum nudum lorica pro camisia utebatur. Unde accidit, quod superindutis aliis armis, dum ad bellum proficiscens impetuose se haberet, sicut in tali negocio est consuetum, in tantum caro eius corrosa fuit, ac si fuisset scorpionibus cesa. Pro quo dum frater Petrus sacerdos confessor ipsius eum redargueret asserens, quod tempore belli deberet loricam deponere propter armorum gravedinem aliorum, respondit, quod nulla necessitas ad hoc eum posset artare, quod vivus eam deponeret. Sed in ipsa nocte sequenti apparuit ei beata virgo Maria, que tactu placide manus sue ipsum sanavit, sic quod, dum eum frater Petrus predictus iterum videret, nulla corrupcionis alicuius in cute ipsius macula comparebat.

132. De fratre Theodorico magistro Prussie VIII

Frater Theodoricus de Gatirslebe magister terre Prussie VIII prefuit VI annis anno Domini MCCLXXI[82]. Hoc tempore fuit eciam marscalcus frater Conradus de Tirbergk senior[83].

---

[81] Dieser erneute Preußenzug Ottos III. fand im Sommer 1266 oder 1267 statt.
[82] Nur 1271 als Landmeister urkundlich nachweisbar (vgl. III, 134).

131. Von der Wiedererrichtung der Burg Brandenburg
und dem löblichen Leben eines Bruders ebendort

Als der Markgraf von Brandenburg erfuhr, daß die von ihm erbaute Burg von den Prußen zerstört worden war, kehrte er bestürzt mit einem großen Heer nach Preußen zurück[81] und errichtete nach dem Rat des Meisters und der Brüder an derselben Stelle eine neue Burg desselben Namens. In dieser Burg lebte ein Bruder von adliger Herkunft, Hermann von Lichtenburg, der, außer daß er sich mit anderen Kasteiungen und Enthaltsamkeitsübungen peinigte, ständig einen Panzer anstatt eines Hemdes auf dem bloßen Leib trug. Als er sich nun auf einer Kriegsreise mit den zusätzlich angelegten Waffen ungestüm bewegte, wie man es in einem solchen Falle zu tun pflegt, wurde sein Körper derart zugerichtet, als sei er von Skorpionen gestochen worden. Als der Priesterbruder Peter, sein Beichtiger, ihn deshalb tadelte und ihm sagte, in Kriegszeiten solle er seinen Panzer wegen des Gewichts der anderen Waffen ablegen, antwortete er, keine Not könne ihn dazu zwingen, ihn bei Lebzeiten abzulegen. Aber in der folgenden Nacht erschien ihm die heilige Jungfrau Maria und heilte ihn durch die sanfte Berührung ihrer Hand, so daß seine Haut, als Bruder Peter ihn wiedersah, keine Spur einer Entstellung mehr zeigte.

132. Von Bruder Dietrich, dem achten Meister des Preußenlandes

Bruder Dietrich von Gatersleben wurde im Jahr des Herrn 1271 der achte Meister des Preußenlandes und amtierte 6 Jahre lang[82]. Ebenfalls zu dieser Zeit war Bruder Konrad von Tierberg der Ältere Marschall[83].

---

[83] Vielmehr Konrad d. J., als Marschall von 1273 — 1283 urkundlich nachweisbar.

133. De vastacione terre Nattangie per dominum Theodoricum marchionem Misnensem

Anno Domini MCCLXXII dum [84]videns videret Dominus afflictionem populi sui[84] in Prussia et iam [85]venisset plenitudo temporis, in quo sui voluit misereri[85], dominus Theodoricus marchio Misnensis[86] filius illustris principis domini Henrici, de quo in bello Pomesanorum superius est premissum[87], venit ad terram Prussie cum multitudine pugnatorum, et dum assumptis sibi magistro et fratribus hostes vellet aggredi, invenit propugnaculum in introitu terre Nattangie firmatum multis armigeris, qui ingressum dicto principi prohibebant. Sed fratres Theodoricus et Guntherus germani de Regenstein assumptis sibi fratribus et armigeris dictum propugnaculum occisis et captis omnibus destruxerunt. Hoc facto dictus princeps sequens sacra patris sui vestigia tanquam [88]leo intrepidus, qui ad nullius pavet occursum[88], cum exercitu suo processit intrans terram Nattangie usque ad forum, quod dicitur Gerkin, ubi mansit tribus diebus et noctibus singulis diebus perlustrans Nattangiam incendio et rapina. Tantamque fecit in eis stragem, quod sequenti anno se fidei et fratribus iterum subdiderunt. Hiis itaque sic gestis idem dominus marchio rediit ad partes suas, non tamen sine suorum discrimine, quia de populo suo in prima impugnacione propugnaculi CL et in vastacione terre Nattangie L viri a Pruthenis ceciderunt interfecti. Hic Deo devotus princeps preter multa alia beneficia, que pro statu terre Prussie fratribus impendebat, XXIIII viros nobiles et in armis strenuos de familia sua vestiri fecit in ordinem domus Theutonice et providens eis habundanter in omnibus, que ad religionem et miliciam fuerant necessaria, reliquit in terra Prussie.

[84–84] Vgl. Ex 3,7; Apg 7,34.
[85–85] Vgl. Gal 4,4f.

133. Von der Verwüstung des Landes Natangen durch den Herrn Markgrafen Dietrich von Meißen

Im Jahre des Herrn 1272, als [84]der Herr die Leiden seines Volkes in Preußen ansah[84] und [85]die Zeit bereits erfüllt war, in der er sich seiner erbarmen wollte[85], kam der Herr Markgraf Dietrich von Meißen[86], Sohn des erlauchten Fürsten, des Herrn Heinrich, von dem oben beim Krieg gegen die Pomesanier berichtet wurde[87], mit vielen Kämpfern in das Preußenland, und als er gemeinsam mit dem Meister und den Brüdern die Feinde angreifen wollte, fand er am Eingang zum Land Natangen eine mit vielen Kriegern besetzte Befestigung vor, die den Fürsten am Einmarsch hinderten. Aber die Brüder Dietrich und Günther, Gebrüder von Regenstein, zerstörten mit Brüdern und Mannen die Befestigung und töteten und fingen alle Feinde. Danach folgte der Fürst den heiligen Spuren seines Vaters, rückte [88]furchtlos wie ein Löwe, der die Begegnung mit niemandem scheut[88], mit seinem Heer vor und drang bis zum Marktflekken Görken in das Land Natangen ein, verweilte dort drei Tage und Nächte und durchzog tagsüber Natangen mit Brand und Raub. Solche Verheerung richtete er bei den Natangern an, daß sie sich im folgenden Jahr dem Glauben und den Brüdern wieder unterwarfen. Danach reiste der Herr Markgraf in seine Heimat zurück, allerdings nicht ohne Verluste unter seinen Leuten; denn von seinem Kriegsvolk wurden bei der ersten Bestürmung der Befestigung 150 und bei der Verwüstung des Landes Natangen 50 Mann von den Prußen erschlagen. Dieser gottergebene Fürst ließ außer vielen anderen Wohltaten, die er den Brüdern zum Nutzen für das Preußenland zuwandte, 24 adlige und waffentüchtige Männer aus seiner Dienstmannschaft in den Orden vom Deutschen Hause eintreten, versorgte sie im Überfluß mit allem zum geistlichen Leben und zum Kriegsdienst Notwendigen und ließ sie im Preußenland zurück.

---

[86] Markgraf Dietrich von Landsberg.
[87] Vgl. III, 13—15.
[88—88] Vgl. Spr 30,30.

134. De fratre Conrado magistro Prussie IX

Frater Conradus de Tirbergk senior magister terre Prussie IX prefuit VI annis anno Domini MCCLXXIII[89]. Hic a magistro generali vocatus ad capitulum mortuus est in via.

135. De morte Henrici Monte capitanei Nattangorum

Post huius principis recessum Nattangi inceperunt [90]trepidare timore, ubi aliquando non erat timor[90]. Nusquam fuit locus adeo occultus, ubi non timerent sibi periculum imminere. Unde accidit, quod Henricus Monte capitaneus ipsorum cum quibusdam suis complicibus secessit in desertum, et dum solus sederet in tentorio suo sociis suis in venacione existentibus, supervenerunt ex inopinato rerum eventu fratres Henricus de Sconenbergk[91] commendator de Cristburgk et frater Helwicus de Goltbach cum quibusdam armigeris et viso Henrico gavisi sunt valde et rapientes eum ad arborem suspenderunt et suspensum gladio transfixerunt.

136. De morte Glapponis capitanei Warmiensium et subiectione Warmiensium et Nattangorum

Glappo capitaneus Warmiensium habuit quendam virum sibi subiectum dictum Steynow, quem tenerrime dilexit. Sepius eum a mortis periculo liberavit. Sed ille immemor beneficii sibi ab eo prestiti [92]retribuebat mala pro bonis et odium pro dilectione[92]. Cogitavit enim, qualiter ipsum [93]in mortem traderet[93], et ut hoc posset deducere ad effectum, invitavit ipsum ad expugnandum castrum quoddam situm in terra Sambie circa litus Maris Recentis fere ex opposito castri Brandenburgk assignans ei diem, quando cum suo deberet exercitu advenire. Medio tempore venit iste Steynow ad commendatorem de Kunigsbergk et factum huiusmodi prodidit consulens ei, ut cum exercitu suo secum iret. Qui annuens consilio

---

[89] Als Landmeister von 1273 — 1276 urkundlich nachweisbar.

134. Von Bruder Konrad, dem neunten Meister von Preußen

Bruder Konrad von Tierberg der Ältere wurde im Jahre des Herrn 1273 der neunte Meister des Preußenlandes und amtierte 6 Jahre[89]. Vom Hochmeister zum Kapitel gerufen, starb er auf der Reise dorthin.

135. Vom Tode des Heinrich Monte, des Anführers der Natanger

Nach dem Abzug dieses Fürsten begannen die Natanger [90]vor Furcht zu zittern, die doch einst keine Angst gehabt hatten[90]. Es gab keinen noch so verborgenen Ort, wo sie nicht eine drohende Gefahr befürchtet hätten. Deshalb zog Heinrich Monte, ihr Anführer, sich mit einigen Gefährten in die Wildnis zurück, und als er einmal allein in seinem Zelt saß, während seine Genossen auf Jagd waren, kamen unerwartet die Brüder Heinrich von Schönburg[91], der Komtur von Christburg, und Helwig von Goldbach mit einigen Mannen vorbei; bei Heinrichs Anblick freuten sie sich sehr, fingen ihn, hängten ihn an einen Baum und durchbohrten ihn mit dem Schwert.

136. Vom Tode des Glappo, des Anführers der Warmier, und von der Unterwerfung der Warmier und der Natanger

Glappo, der Anführer der Warmier, hatte einen ihm untergebenen Mann namens Steynow, den er zärtlich liebte. Öfters errettete er ihn aus Todesgefahr. Jener aber dachte nicht an die ihm erwiesene Wohltat, sondern [92]vergalt Gutes mit Schlimmem, Liebe mit Haß[92]. Er überlegte nämlich, wie er Glappo [93]zu Tode bringen könnte[93], und um das zu vollbringen, lud er ihn zur Belagerung einer Burg ein, die im Samland an der Küste des Frischen Haffs etwa gegenüber der Burg Brandenburg lag, und sagte ihm den Tag an, an dem er mit seinem Heer dorthin kommen sollte. Inzwischen ging jener Steynow zum Komtur von Königsberg, verriet ihm, was er getan hatte, und riet ihm, samt seinem Heer mit ihm zu kommen. Der

---

[90—90] Vgl. Ps 13,5; 52,6.
[91] Vielmehr Hermann von Schönburg.
[92—92] Vgl. Ps 34,12; 37,21; 108,5.
[93—93] Vgl. etwa Job 30,23; Ps 117,18; Mt 10,21; 27,1; Mk 13,12; 14,55.

suo assumptis sibi pluribus fratribus et armigeris venit et Glapponem cum exercitu suo in obsidione dicti castri invenit et irruens repente in ipsos omnes occidit. Sed Glapponem secum duxit Kunigsbergk et in monte, qui a nomine suo usque in presentem diem dicitur mons Glapponis[94], suspendit. Occisis ergo capitaneis et aliis,
per quos bellum regebatur, Nattangi et Warmienses se fidei et fratribus iterum submiserunt.

137. De bello singulari omnium castrorum et civitatum terre Prussie in secunda apostasia, primo de Balga

Premisso in generali de bello secunde apostasie descendendum
est ad singulare prelium cuiuslibet castri et territorii terre Prussie. Unde non moveat lectorem, si aliqua bella infra secundam
apostasiam iam posita vel ponenda non inveniat eo ordine, quo
sunt digesta, quia iam transiverunt a memoria hominum nunc vi-
ventium, quod nullus de ipsis posset se modo debito expedire. Factum quidem pro maiori parte ponitur, sed tempus debitum non servatur. Unde per anticipacionem multa reperies hic posita et de-
scripta. Postquam Warmienses, Nattangi et Barthi anno Domini
MCCLX apostatassent a fide et fidelibus, circuierunt terras suas
armata manu, et quotquot invenerunt Cristianos, occiderunt, mulieres et parvulos captos deduxerunt. Posthec processerunt versus
Balgam et equos fratrum et pecora spoliaverunt, quod non una,
sed pluribus vicibus factum fuit.

138. De occisione III fratrum et XL virorum

Non longe postea duo nobiles et potentes Scumo[t] et Stucze cum
magno exercitu venerunt ante Balgam. Fratres cum suis occur-
rentes eis duos Pruthenos nobiles occiderunt. Hac die fuit tanta
nebula, quod nullus alium a longe videre potuit. Unde factum fuit,
quod dum fratres Pruthenos recedentes vellent invadere, quia me-

[t] So B, D, Jeroschin; Stumo K.

Komtur stimmte dem Rat zu und zog mit vielen Brüdern und Bewaffneten dorthin. Er traf Glappo und dessen Heer bei der Belagerung der Burg an, warf sich plötzlich auf die Feinde und tötete sie alle. Glappo aber führte er mit sich nach Königsberg und hängte ihn auf der Anhöhe auf, die nach ihm bis auf den heutigen Tag Glappenberg heißt[94]. Da nun die Anführer und die anderen, die den Kampf geleitet hatten, tot waren, unterwarfen sich die Natanger und die Warmier wieder dem Glauben und den Brüdern.

137. Vom Kampf, den alle die Burgen und Städte des Preußenlandes während des zweiten Abfalls im einzelnen führten; zunächst von Balga

Nachdem vom Kampf während des zweiten Abfalls im allgemeinen gehandelt worden ist, will ich zu berichten beginnen, wie alle die Burgen und Gebiete des Preußenlandes im einzelnen kämpften. Daher möge es den Leser nicht stören, wenn er bereits dargestellte oder noch darzustellende Kämpfe während des zweiten Abfalls nicht in der Zeitabfolge, wie hier beschrieben, ansieht; denn sie sind aus dem Gedächtnis der jetzt lebenden Menschen schon entschwunden, so daß niemand sie in der gebührenden Weise erzählen könnte. Das Geschehnis wird zwar größtenteils berichtet, die zugehörige Zeitangabe jedoch nicht gemacht. Vieles wird man deshalb im Vorgriff hier dargelegt und beschrieben finden. — Nachdem die Warmier, Natanger und Barter im Jahre des Herrn 1260 vom Glauben und den Gläubigen abgefallen waren, zogen sie mit bewaffneter Hand durch ihre Länder, töteten alle Christen, die sie finden konnten, und führten Frauen und Kinder gefangen weg. Danach rückten sie nach Balga vor und raubten Pferde und Vieh der Brüder. Das taten sie nicht nur einmal, sondern viele Male.

138. Von der Tötung von drei Brüdern und 40 Mann

Nicht lange darauf erschienen zwei adlige und mächtige Prußen, nämlich Scumo und Stucze, mit einem großen Heer vor Balga. Die Brüder traten ihnen mit den Ihren entgegen und töteten zwei adlige Prußen. An diesem Tag herrschte ein solcher Nebel, daß keiner den andern von fern erkennen konnte. Als daher die Brüder die weichenden Prußen angreifen

---

[94] Der spätere Oberrollberg. Der Name ist vielmehr vom prußischen Wort glawo (Kopf oder Hügel) abgeleitet.

dia pars exercitus ipsorum transivit paludem, illi, qui in insidiis latitabant, eruperunt et tres fratres cum XL viris interfecerunt.

139. De morte quorundam Pruthenorum

A principio fundacionis sui in castro de Balga fuerunt fratres et armigeri adeo magnanimi et audaces, quod vix aliquis exercitus hostium poterat ab eis recedere sine damno. Unde contigit, quod cum Pobrawo cum Nattangis et Warmiensibus exercitu congregato premitteret noctis tempore multos pedites ad campum de Balga et ipse mane sequens cum equitibus pecora fratrum recepisset occisis tribus viris, qui custodiebant ea, frater Gerhardus de Reno et plures alii fratres cum armigeris sequentes eos dictum Pobrawe et sex viros occiderunt et predam de ipsorum manibus eruerunt.

140. De bello civium de Brunsbergk infra secundam apostasiam et capcione castri et civitatis

Dominus et frater Anselmus ordinis domus Theutonice episcopus Warmiensis edificavit castrum et civitatem Brunsbergk in illa insula in descensu fluvii Sergie[u] vix ad duos iactus lapidis a loco, ubi nunc sunt site, quas Prutheni cum magno exercitu in primo anno secunde apostasie obsederunt per unum diem fortiter impugnantes. Quibus cives et castrenses se opponentes viriliter restiterunt loca illa castri et civitatis, ubi aditus poterat patere hostibus, curribus et quadrigis et lignis aliis precludentes. In hac impugnacione ex utraque parte multi vulnerati et quidam mortui ceciderunt. Tandem cum non proficerent, recesserunt. Postea cogente necessitate XL viri de dictis castro et civitate pro feno et lignis deferendis exierunt, qui omnes ab inimicis fuerant interfecti. De quo cives et castrenses territi desperabant, quod non possent amodo resistere, si insurgeret nova impugnacio. Combustis igitur castro et civitate recesserunt cum omni familia sua nihil de omnibus re-

[u] Serigie B.

wollten, weil deren Heer zur Hälfte einen Sumpf überschritt, brachen jene, welche in einem Hinterhalt versteckt waren, hervor und töteten drei Brüder mit 40 Mann.

139. Vom Tod einiger Prußen

Schon von der Gründung der Burg Balga an lebten dort Brüder und eine Mannschaft, die so mutig und verwegen waren, daß sie kaum ein feindliches Heer ohne Schaden davonkommen ließen. So geschah es einmal, daß Pobrawo aus Natangern und Warmiern ein Heer bildete und des Nachts viel Fußvolk auf das Feld von Balga voraussandte; er selbst folgte am Morgen mit den Reitern nach, trieb das Vieh der Brüder weg und tötete drei Männer, die es bewachten; Bruder Gerhard van den Rijn aber und viele andere Brüder und Bewaffnete verfolgten die Feinde, erschlugen Pobrawe und sechs Mann und entrissen ihnen die Beute.

140. Vom Kampf der Bürger von Braunsberg während des zweiten Abfalls und von der Einnahme der Burg und der Stadt

Der Herr und Bruder des Ordens vom Deutschen Hause Anselm, Bischof von Ermland, erbaute Burg und Stadt Braunsberg auf einer Insel der Passarge kaum zwei Steinwürfe flußabwärts von der Stelle, wo sie jetzt liegen; im ersten Jahr des zweiten Abfalls belagterten die Prußen Burg und Stadt mit einem großen Heer und griffen sie einen Tag lang heftig an. Bürger und Burgmannschaft leisteten ihnen tapferen Widerstand und versperrten die Stellen der Burg und der Stadt, wo die Feinde eindringen konnten, mit Wagen, Fuhrwerken und anderem Holzwerk. Bei dieser Bestürmung wurden auf beiden Seiten viele verwundet, einige fielen. Als die Prußen nichts erreichten, zogen sie schließlich ab. Danach erforderte es die Notlage, daß 40 Mann Burg und Stadt verließen, um Heu und Holz zu holen, die alle von den Feinden getötet wurden. Voller Schrecken darüber gaben Bürger und Burgbesatzung die Hoffnung auf, bei einem neuerlichen Angriff widerstehen zu können. Sie brannten also Burg und Stadt nieder und zogen mit ihrem ganzen Gesinde ab, wobei sie

bus et utensilibus suis secum deferentes, nisi quantum poterant in humeris deportare. Quibus recendentibus occurrerunt in via LX viri Cristiani, quos fratres de Elbingo miserant eis in auxilium. Sed dum audirent, quod castrum et civitas essent exuste, processerunt omnes pariter in Elbingum. Deinde anno Domini MCCLXXIX dominus Henricus episcopus Warmiensis civitatem et castrum Brunsbergk in eum locum, ubi nunc site sunt, collocavit[95]. Hic episcopus dum primo post consecracionem suam intraret episcopatum suum, non invenit nisi singulis annis de quodam molendino in reditibus tocius diocesis unam marcam.

141. De bello fratrum de Cristburgk in secunda apostasia et de quodam miraculo et de occisione multorum Pruthenorum

Frater Theodoricus dictus Rode commendator de Cristburgk infra secundam apostasiam exiit cum fratribus et peregrinis numero centum et post depredacionem terre Pogesanie secuta fuit eos innumera multitudo Pruthenorum, quos dum sine conflictu evadere non posset, confisus de misericordia Dei [96]vertit faciem suam ad eos, et dum viriliter aggrederetur in bello, conversi sunt in fugam[96] et fratres et peregrini sequentes ipsos tot occiderunt, quod nunquam a paucis hominibus uno die tot fuerunt homines interfecti. Captivi autem, qui ligati ducebantur a fratribus, dixerunt, quod vidissent in actu bellandi unam pulcherrimam virginem vexillum fratrum in aere ducentem, de qua visione tam meticulosi facti fuerunt et [97]emarcuit cor eorum[97], quod nullus ad defensionem ponere se audebat.

142. De expugnacione cuiusdam propugnaculi

Congregati Pogesani rursum bella movere volunt et procedentes usque Cristburgk quoddam castrum situm iuxta ipsum, in quo fideles Pomesani habitabant, fortiter impugnantes tandem intra-

---

[95] Handfeste des Bischofs Heinrich Fleming vom 1. April 1284 (PUB 1,2 Nr. 436).

von all ihrem Besitz und Gerät nur das mit sich nahmen, was sie auf ihren Schultern tragen konnten. Auf ihrem Rückzug kamen ihnen unterwegs 60 Christen entgegen, welche die Elbinger Brüder ihnen zu Hilfe gesandt hatten. Als diese hörten, daß Burg und Stadt verbrannt seien, zogen alle miteinander nach Elbing. Danach legte im Jahr des Herrn 1279 Herr Heinrich, Bischof von Ermland, Stadt und Burg Braunsberg an der Stelle an[95], wo sie jetzt liegen. Als dieser Bischof erstmals nach seiner Weihe in sein Bistum kam, fand er dort an jährlichen Einkünften aus seiner ganzen Diözese nur eine Mark aus einer Mühle vor.

141. Vom Kampf der Brüder von Christburg während des zweiten Abfalls, von einem Wunder und von der Tötung vieler Prußen

Bruder Dietrich genannt Rode, der Komtur von Christburg, zog während des zweiten Abfalls mit Brüdern und Pilgern, insgesamt 100, aus; als sie das Land Pogesanien ausgeplündert hatten, folgte ihnen eine unzählige Menge Prußen, und da der Komtur ihnen ohne Kampf nicht entgehen konnte, [96]wandte er sich im Vertrauen auf Gottes Barmherzigkeit gegen sie; als er sie beherzt angriff, flohen sie[96], und die Brüder und Pilger töteten bei der Verfolgung so viele, wie nie zuvor an einem Tag von wenigen Männern erschlagen wurden. Die Gefangenen aber, welche die Brüder gebunden mit sich führten, sagten, sie hätten beim Kampfe eine sehr schöne Jungfrau in der Luft gesehen, die die Fahne der Brüder trug. Diese Vision machte sie so ängstlich und [97]nahm ihnen derart den Mut[97], daß niemand sich zur Gegenwehr zu stellen wagte.

142. Von der Eroberung einer Befestigung

Die Pogesanier kamen zusammen und wollten wiederum Krieg führen; so rückten sie bis Christburg vor und griffen heftig eine in der Nähe gelegene Befestigung an, in der treue Pomesanier wohnten, und drangen

---

[96—96] Vgl. Ri 20,41.
[97—97] Vgl. Is 21,4.

verunt potenter et captis et occisis hominibus preter eos, qui ad castrum Cristburgk confugere poterant, dictum propugnaculum funditus destruxerunt.

143. De morte duodecim fratrum et quingentorum virorum et de destructione civitatis Cristburgk, castri Pomesanorum et suburbii fratrum et occisione plurium Cristianorum

Diwanus dictus Clekine[v] capitaneus Barthorum et Linko[w] Pogesanus cum magno exercitu intraverunt terram Colmensem, et dum ad clamorem huius exercitus fratres de Cristburgk et alii convenissent ad terram Colmensem, Pogesani, ut Diwanus preordinaverat, cum valido exercitu equitum et peditum venerunt ad castrum dictum Tranpere[x] situm infra Cristburgk et Mergenburgk, in cuius obsidione reliquerunt pedites et quendam dictum Colte ipsis capitaneum prefecerunt. Sed equites transiverunt usque ad territorium dictum Algent, in quo nunc situm est castrum Mergenburgk, et usque ad Insulam sancte Marie occidendo, capiendo et cremando, quicquid in via eis occurrit. Quo intellecto fratres de castris Pusilia et Vischovia cum suis armigeris venerunt fratribus et civibus de Cristburgk iam in armis paratis in auxilium. Et dum fratres procedentes appropinquarent castro obsesso, Prutheni cessantes ab impugnacione conversi sunt in fugam. In hac fuga et impugnacione castri multi Prutheni occisi fuerunt et letaliter vulnerati et Colte capitaneus eorum eciam cecidit gladio interfectus sicque pedites fugientes occurrerunt equitibus. De quo territi congregaverunt se et equites et pedites et in litore Sirgune castra metati sunt fratribus ex opposito se locantibus cum suo exercitu. Prutheni videntes, quod sine bello evadere non possent, considerata opportunitate, dum Cristiani quasi nihil timentes sine custodia debita essent, imo eciam sellas de equis posuissent, mediam partem exercitus sui occulte permiserunt transire fluvium, qui Cristianos re-

[v] Cleckine B; Dekine T.
[w] Lincko B.
[x] Trampere T.

schließlich machtvoll in sie ein, fingen und töteten die Bewohner mit Ausnahme der zur Burg Christburg Geflüchteten und zerstörten die Befestigung gründlich.

143. Vom Tod von 12 Brüdern und 500 Mann und von der Zerstörung der Stadt Christburg, der Burg der Pomesanier und der Vorburg der Brüder sowie von der Tötung vieler Christen

Diwan, genannt Clekine, der Heerführer der Barter, und der Pogesanier Linko drangen mit einem großen Heer in das Kulmerland ein; als auf das Kriegsgeschrei dieses Heeres hin die Brüder von Christburg und andere ins Kulmerland gekommen waren, erschienen die Pogesanier entsprechend der vorherigen Anordnung des Diwan mit einer starken Streitmacht von Reitern und Fußtruppen bei der zwischen Christburg und Marienburg gelegenen Burg Tranpere, zu deren Belagerung sie die Fußtruppen zurückließen, denen man einen Anführer namens Colte gab. Die Reiterei hingegen rückte bis in das Algent genannte Gebiet vor, in dem heutzutage die Burg Marienburg liegt, und weiter bis Marienwerder, tötete, raubte und verbrannte, was sich auf ihrem Weg vorfand. Sobald die Brüder davon Nachricht erhielten, kamen sie von den Burgen Posilge und Fischau mit ihrer bewaffneten Mannschaft den schon unter Waffen stehenden Brüdern und Bürgern von Christburg zu Hilfe. Als die Brüder nun vorrückten und sich der belagerten Burg näherten, ließen die Prußen von der Belagerung ab und wandten sich zur Flucht. Bei dieser Flucht und bei der Bestürmung wurden viele Prußen getötet und tödlich verwundet, ihr Anführer Colte fiel gleichfalls durch das Schwert, und in diesem Zustand kamen die flüchtenden Fußtruppen der Reiterei entgegen. Voller Schrecken vereinigten sich Reiterei und Fußtruppen und bezogen am Ufer der Sorge ein Lager; die Brüder lagerten mit ihrem Heer gegenüber. Als die Prußen sahen, daß sie ohne Kampf nicht davonkommen konnten, ließen sie bei günstiger Gelegenheit, als nämlich die Christen fast sorglos ohne die notwendigen Wachen waren, ja sogar den Pferden die Sättel abgenommen hatten, die Hälfte ihres Heeres heimlich den Fluß überqueren;

tro, alii ante bello durissimo invaserunt, et antequam Cristiani se possent preparare ad defensionem, occisi fuerunt XII fratres et quingenti viri circa villam Poganste. Reliquos fugientes ad civitatem secuti sunt et post modicam impugnacionem potenter intraverunt et civitatem et castrum Pomesanorum et fratrum suburbium penitus destruxerunt captis et occisis omnibus preter illos, qui ad castrum fratrum confugere potuerunt. Hoc tempore non remanserunt in castro Cristburgk nisi tres fratres et tres famuli et quidam Pomesanus dictus Sirenes, qui propter quedam delicta, que commiserat, fuit vinculis mancipatus. Hic fractis compedibus cum gladio et lanceis tanquam leo intrepidus stetit in ponte castri fratrum et prohibuit introitum hostibus, quousque porta clauderetur. Quo facto quidam frater telo occidit quendam Pruthenum, cui XL pueri Cristiani capti et ligati simul commissi fuerant custodiendi, et pueri currentes ad castrum evaserunt perpetuam servitutem.

144. De morte plurium Pruthenorum

Diwanus predictus iterum seviens in sanguinem Cristianum congregato exercitu valido territoria circa Cristburgk et Mergenburgk denuo depredavit putans, quod nunc deberet ei ad votum succedere sicut prius. Iam enim tot fratres et alios Cristianos interfecit et captivavit, quod non credidit aliquos superesse, qui resistere possent ei. Unde premisso exercitu suo cum spolio ipse cum paucis sequebatur. Sed fratres de Cristburgk et Elbingo cum modico exercitu confisi in eum, cuius virtute [98]unus persequebatur mille et duo fugaverant decem millia[98], venerunt ad [99]fluvium Chobar[99]. Ibi Diwanum viriliter sunt aggressi et quendam consanguineum ipsius dictum Dabore[y] et totum populum occiderunt. Sed Diwanus cum paucis non sine magna verecundia fugiens sic evasit. Reducentes ergo fratres predam, quam de manu ipsorum eruerant, cum graciarum actione ad propria sunt reversi.

[y] Dobore B.

sie griff die Christen in äußerst ungestümem Kampf von hinten an, die andere Hälfte von vorn, und bevor sich die Christen zur Gegenwehr ordnen konnten, fanden 12 Brüder und 500 Mann beim Dorf Poganste den Tod. Den flüchtenden Rest verfolgten die Prußen bis zur Stadt; nach mäßigem Angriff drangen sie mit Gewalt in sie ein, zerstörten die Stadt, die Burg der Pomesanier und die Vorburg der Brüder vollständig und fingen und töteten alle außer jenen, die in der Burg der Brüder ihre Zuflucht nehmen konnten. Damals blieben in der Burg Christburg nur drei Brüder, drei Diener und ein Pomesanier namens Sirenes übrig, der wegen gewisser von ihm verübter Vergehen in Fesseln lag. Dieser stand nach Befreiung von seinen Fesseln mit Schwert und Lanzen wie ein unerschrockener Löwe auf der Brücke zur Burg der Brüder und verwehrte den Feinden den Zugang, bis das Tor geschlossen wurde. Danach tötete ein Bruder durch einen Schuß einen Prußen, dem 40 Christenknaben gefangen und gefesselt auf einmal zur Bewachung anvertraut worden waren; die Jungen rannten zur Burg und entkamen der dauernden Knechtschaft.

144. Vom Tod vieler Prußen

Der besagte Diwan wütete ein zweites Mal gegen christliches Blut, brachte ein starkes Heer zusammen und verwüstete erneut die um Christburg und Marienburg gelegenen Gebiete, im Glauben, es müsse ihm auch jetzt wie zuvor alles nach Wunsch verlaufen. Er hatte nämlich schon so viele Brüder und andere Christen getötet und gefangen, daß er nicht glaubte, es gäbe noch welche, die ihm Widerstand leisten könnten. Daher schickte er sein Heer mit der Beute voraus und folgte selbst mit wenigen nach. Aber die Brüder von Christburg und Elbing vertrauten auf den, mit dessen Beistand [98]ein einziger 1000 verfolgte und zwei 10000 in die Flucht schlugen[98], und zogen zum [99]Fluß Chobar[99]. Dort griffen sie den Diwan tapfer an, töteten dessen Verwandten Dabore und das ganze Kriegsvolk. Diwan jedoch entfloh mit wenigen nicht ohne große Schande und entkam so. Die Brüder hingegen führten die Beute, die sie den Händen der Feinde entrissen hatten, zurück und kehrten unter Dankesbezeugungen heim.

[98-98] Dt 32,30.
[99-99] Vgl. Ez 1,1.3 u. ö.

145. De difficultate
ducendi victualia ad castrum Cristburgk

Vallatis fratribus de Cristburgk undique potencia hostium raro absque magno periculo et labore necessaria ipsis duci poterant de Elbingo. Unde accidit tribus vicibus, quod, dum per fluvium Sirgune talia ducerentur, et fratres et famuli rebus et vita sunt privati, de quo tanta fames orta fuit in castro Cristburgk, quod, nisi Namile[z] quidam nobilis de Pomesania pater Tussini[zz] existens cum adversariis, occulte tamen diligens fidem et fratres non subvenisset, castrum fuisset hominibus vacuatum. Quod cum Prutheni perciperent, indignati dictum Namile ceperunt et aquam bulientem in os eius fuderunt et nudum ad ignem positum assantes, quousque semivivus vix posset respirare, et sic eum fratribus transmiserunt, qui infirmus multo tempore supervixit. Tandem iterum prevaluit fames in dicto castro in tantum, quod fratres necessitate famis coacti fidelibus suis Pomesanis, qui adheserunt eis, dixerunt et suaserunt, ut recederent ab eis ad alia loca salvo iure et libertate ipsorum, ut possent sustentari, ne ibidem fame morerentur. Unde paucis remanentibus alii recesserunt. Ecce mira Dei et exuberans gracia, que fratres istos et alios Cristifideles non solum in isto castro, verum eciam in tota terra Prussie misericorditer adimplevit, ut tales defectus quasi intolerabiles et humane vite necessitati omnino contrarios in tanta paciencia et mansuetudine tolerarent, quod non sicut [100]tristes, sed quasi semper gaudentes[100] credebant se [101]paradisi deliciis[101] interesse.

146. De fratre Engelkone viro laudabilis vite de Cristburgk

Hoc tempore in dicto castro Cristburgk fuit frater Engelko natus de Westfalia vir mire devocionis et abstinencie totus Deo consecratus, qui preter alia virtutum opera hoc insigne habuit in se, quod circa nudam carnem suam lorica ferrea utebatur pro camisia,

---

[z] So B, D, K, T; Samile Jeroschin.
[zz] tussutu ohne pater K.

145. Von der Schwierigkeit, der Burg Christburg Lebensmittel zuzuführen

Als die Brüder von Christburg auf allen Seiten von Feindesmacht eingeschlossen waren, konnte ihnen kaum ohne große Gefahr und Mühe das fürs Leben Notwendige aus Elbing zugeführt werden. Daher passierte es dreimal, daß Brüder und ihre Diener bei Versorgungslieferungen, die über den Fluß Sorge erfolgten, Verluste an Gütern wie an Leib und Leben erlitten; infolgedessen entstand in der Burg Christburg eine solche Hungersnot, daß die Burg entvölkert worden wäre, wenn nicht ein gewisser Namile, Vater des Tussinus und Adeliger aus Pomesanien, der bei den Feinden stand, heimlich jedoch den Christenglauben und die Brüder schätzte, Hilfe geleistet hätte. Als die Prußen dieses bemerkten, ergriffen sie Namile voller Entrüstung, gossen ihm kochendes Wasser in den Mund, brieten den nackt dem Feuer Ausgesetzten, bis er halbtot kaum zu atmen vermochte und schickten ihn in diesem Zustand den Brüdern, bei denen er nach langer Krankheit schließlich überlebte. Am Ende wurde die Hungersnot in Christburg wieder so stark, daß die Brüder unter dem Zwang des Hungers den ihnen treu anhängenden Pomesaniern dringend rieten, sich von ihnen auf andere Plätze zurückzuziehen — unbeschadet ihrer Rechte und Freiheiten —, damit sie sich am Leben erhalten könnten und hier nicht den Hungertod erlitten. Daraufhin blieben wenige zurück, die anderen zogen ab. Siehe da, wie wunderbar und überströmend ist doch die Gnade Gottes, die die Brüder und andere Christgläubige nicht nur in dieser Burg, sondern sogar im gesamten Preußenland barmherzig erfüllte, daß sie solche fast unerträglichen und den Notwendigkeiten des menschlichen Lebens gänzlich widersprechenden Mängel mit derart ergebener Geduld ertrugen, daß sie nicht [100]in Trauer, sondern in dauernder Freude[100] glaubten, der [101]Wonnen des Paradieses[101] teilhaftig zu sein.

146. Von Bruder Engelko von Christburg und seinem lobenswerten Leben

Zu dieser Zeit lebte in der Burg Christburg der Bruder Engelko, gebürtig aus Westfalen, ein Mann von wunderbarer Frömmigkeit, Zucht und Gottergebenheit; er zeichnete sich außer durch manch tugendhaftes Werk dadurch aus, daß er auf nackter Haut die eiserne Rüstung statt eines

---

[100–100] Vgl. 2 Kor 6,10.
[101–101] Vgl. Ez 28,13.

et ante mortem suam quatuor tales loricas attritas vetustate et rubigine sic consumpsit.

147. De bello civitatis Insule sancte Marie et destructione eius infra secundam apostasiam

Prutheni necdum [102]saciati sanguine[102] Cristiano iterum parant arma ad occidendum et flagellandum et crucifigendum Cristifideles, ut sic [1]veniret super eos omnis sanguis iustus, qui effusus est in terra[1] Prussie pro defensione fidei Cristiane. Congregati ergo cum multitudine copiosa bellatorum infra secundam apostasiam processerunt contra civitatem Insule sancte Marie et ordinatis insidiis ad locum competentem pauci comparuerunt. Quos fratres et cives cum armigeris suis sequentes in campo, qui est inter civitatem et molendinum, hostiliter invaserunt plures occidentes et letaliter vulnerantes, et cum iam sperarent eos [2]delere usque ad internecionem[2], Prutheni, qui ad insidias locati fuerant, eruperunt et omnes fratres et cives interfecerunt preter paucos, qui confugerant ad civitatem. Quos hostiliter sequebantur et post modicam impugnacionem civitatem expugnaverunt et partim captis, aliis trucidatis, reliqui ad castrum fugerunt et salvati sunt. Destructa igitur civitate funditus incendio cum preda maxima recesserunt.

148. De secunda dicte civitatis Insule sancte Marie destructione

Reedificata civitate Insule sancte Marie per fratres cum magnis laboribus et expensis accidit, quod Prutheni cum immenso exercitu depopulata terra Colmensi processerunt ad castrum Belichow cuiusdam nobilis de Pomesania dicti Ionis filii Sargini situm supra Ossam. De quo castro exiit frater Conradus Swevus de Elbingo cum multis armigeris et habuit contra ipsos hastiludium, in quo plures ex utraque parte fuerant vulnerati. Quo facto accesserunt ad civitatem Insule sancte Marie et post longam et duram impug-

[102–102] Vgl. Sir 12,16.

Hemds trug, und bis zu seinem Tode verbrauchte er vier derartige, von Alter und Rost zermürbte Rüstungen.

147. Vom Kampf gegen die Stadt Marienwerder und von ihrer Zerstörung im zweiten Aufstand

Die Prußen, noch nicht [102]gesättigt von Christenblut[102], erhoben nochmals die Waffen, um die Christgläubigen zu töten, zu geißeln und zu kreuzigen, damit so [1]über sie alles gerechte Blut komme, das vergossen wurde im Preußenland[1] zur Verteidigung des christlichen Glaubens. Sie versammelten sich also und rückten mit zahlreichen Kriegern während des zweiten Abfalls gegen die Stadt Marienwerder und errichteten Hinterhalte an einem geeigneten Platz; darauf zeigten sich einige wenige von ihnen. Brüder und Bürger verfolgten sie mit ihrer bewaffneten Mannschaft und griffen sie auf dem zwischen der Stadt und der Mühle gelegenen Feld feindselig an; viele töteten und verwundeten sie tödlich, und als sie schon Hoffnung hegten, den Gegner [2]bis zur Vernichtung zu schlagen[2], da brachen die an den Hinterhalten versteckten Prußen hervor und töteten alle Brüder und Bürger mit Ausnahme von wenigen, die in die Stadt flüchteten. Diesen folgten die Prußen, die die Stadt nach mäßigem Angriff eroberten. Die Einwohnerschaft wurde teils gefangen, teils niedergemacht, ihre Reste flüchteten sich auf die Burg und wurden gerettet. Nachdem sodann die Stadt durch Brandschatzung gründlich zerstört worden war, zogen sich die Prußen mit reicher Beute zurück.

148. Von der zweiten Zerstörung der Stadt Marienwerder

Nach dem von den Brüdern unter großen Mühen und mit viel Aufwand erreichten Wiederaufbau Marienwerders rückten die Prußen mit sehr großer Streitmacht nach Verwüstung des Kulmerlandes zur Burg Belchau vor, die an der Ossa lag und dem Jonis, einem Adeligen aus Pomesanien, Sohn des Sarginus, gehörte. Von dieser Burg aus zog Bruder Konrad Schwab aus Elbing ihnen mit zahlreichen Bewaffneten entgegen und verwickelte sie in ein Lanzenstechen, das auf beiden Seiten viele Verwundete forderte. Danach zogen die Prußen bis vor die Stadt Marienwerder und zerstörten sie nach langer und harter Belagerung ein zweites Mal von

[1—1] Vgl. Mt 23,35.
[2—2] Vgl. Nm 17,13.

nacionem iterum ipsam penitus destruxerunt; quibusdam fugientibus ad castrum alii in quodam propugnaculo civitatis se defendentes salvati sunt, ceteri capti sunt vel occisi. In duabus hiis pugnis Pruthenorum magna facta fuit verecundia imaginibus sanctorum ab iis, vestibus sacris et aliis ad cultum Dei dicatis et ecclesie sacramentis.

149. De edificacione castri Starkenbergk et morte plurium Cristianorum

Hoc tempore frater Anno magister generalis ordinis domus Theutonice mandavit magistro et fratribus de Prussia, ut castrum in terminis Colmensis et Pomesaniensis diocesium super Ossam edificarent, ipse enim castrensibus vellet abundanter in necessariis providere. Ad cuius edificacionem magister multum populum convocavit, et dum quilibet ibi in officio sibi iniuncto laboraret, supervenit exercitus Pruthenorum improvise et totam illam multitudinem interfecit. Sed longe postea iterum magister populum convocavit et tunc edificacionem dicti castri per Dei graciam consummavit vocans ipsum Starkenbergk, quod Latine dicitur fortis mons, et multos fratres et armigeros ad eius custodiam deputavit.

150. De expugnacione castri Starkenbergk et morte plurium fratrum et Cristianorum

Prutheni audientes dicti castri edificacionem [3]indignati sunt[3] et cum valido exercitu obsederunt. Sed frater Conradus de Blindenburgk[a] exiens ad eos in prelium vulneratus fuit quinque vulneribus ad modum quinque vulnerum Cristi et occisus, pro quo ipse Domino sepius cum lacrimis supplicavit. Deinde Prutheni vallantes undique castrum ad impugnacionem hostiliter processerunt. Fratres ex adverso se opponentes multos sagittis occiderunt et letaliter vulnerabant. Tandem Prutheni provocati in iram [4]elegerunt pocius omnes mori[4] quam infecto negocio ab obsidione recedere et

---

[a] Blindenberg D.

Grund auf; einige flüchteten sich in die Burg, andere verteidigten sich in einem Befestigungswerk der Stadt und wurden gerettet, alle übrigen wurden gefangengenommen oder getötet. In diesen beiden Kämpfen mit den Prußen schändeten diese gröblich Heiligenbilder, heilige Gewänder und andere für den Gottesdienst geweihte Geräte sowie Heiligtümer der Kirche.

149. Vom Bau der Burg Starkenberg und vom Tod vieler Christen

Damals befahl Bruder Anno, Hochmeister des Ordens vom Deutschen Hause, dem Meister und den Brüdern in Preußen, im Grenzgebiet der Diözesen von Kulm und Pomesanien an der Ossa eine Burg zu errichten; er selbst wolle die Burgbesatzung reichlich mit dem Notwendigen versorgen. Zum Bau der Burg rief der Meister eine Menge Leute zusammen, und während nun jeder mit der ihm zugewiesenen Aufgabe beschäftigt war, tauchte unversehens ein Heer von Prußen auf und tötete alle. Lange Zeit später brachte der Meister nochmals eine Menge Volk zusammen, und nunmehr vollendete er den Bau der Burg mit Gottes Gnade; er nannte sie Starkenberg, lateinisch fortis mons, und stellte viele Brüder und Bewaffnete zu ihrem Schutz ab.

150. Von der Eroberung der Burg Starkenberg und vom Tod vieler Brüder und Christen

Als die Prußen von der Errichtung der genannten Burg hörten, [3]entrüsteten sie sich[3] und belagerten sie mit einem starken Heer. Bruder Konrad von Blindenburg trat ihnen im Kampf entgegen, wurde fünfmal verwundet nach Art der fünf Wunden Christi und starb daran; um diesen Tod hatte er unter Tränen den Herrn öfters angefleht. Darauf umringten die Prußen die Burg von allen Seiten und rückten voller Feindschaft zum Angriff vor. Die Brüder leisteten ihnen Gegenwehr, und durch Pfeilschüsse töteten oder verwundeten sie viele tödlich. Schließlich entbrannten die Prußen vor Zorn und [4]beschlossen, lieber alle zu sterben[4], als die Belagerung ohne Erfolg abzubrechen; so kämpften sie sich näher heran, und

[3-3] Vgl. Mt 20,24.
[4-4] Vgl. 1 Makk 1,65.

accedentes propius post multorum utriusque partis occisionem dictum castrum expugnaverunt et occisis fratribus cum omnibus habitatoribus suis ipsum [5]in favillam redegerunt[5]. Post multos annos postea dictum castrum translatum fuit supra Ossam in diocesim Colmensem et ibi usque in diem permanet hodiernum.

151. De desolacione castri Spittenbergk in secunda apostosia

In terra Pomesanie fuit quoddam castrum dictum Spittenbergk, in quo fratres habitabant. Sed cum in secunda apostasia tociens a Pruthenis vexarentur nec possent eis amodo resistere propter defectum necessariorum, combusto castro cum suis armigeris recesserunt et sic adhuc remanet desolatum.

152. De bello terre Colmensis in secunda apostasia et primo de fratre Hedenrico Colmensi episcopo

Frater Hedenricus ordinis Predicatorum fuit infra secundam apostasiam episcopus Colmensis. De quo refertur indubitanter, quod beata virgo Maria cuidam pauperi viro apparuit dans ei literam dicto episcopo deferendam, quam literam dum episcopus legeret, invenit totam vitam suam in ea descriptam et additum, quod Cristiani in terra Prussie deberent a Pruthenis vexari adhuc multis tribulacionibus et pressuris.

153. De obsidione civitatis Colmense

Posthec venit exercitus Pruthenorum et civitatem Colmense obsedit. De quo episcopus turbatus vocavit ad se nobiles et feodatarios iniungens eis pro peccatis, ut exirent et diligencius explorarent numerum exercitus et valorem. Quibus euntibus occurrerunt quidam Prutheni, cum quibus convenerunt in bello, et unum ex eis virum longissimum, qui plus quam ab humero et sursum omnes

nachdem auf beiden Seiten viele getötet worden waren, erstürmten sie die Burg, und nach Tötung der Brüder und aller ihrer dort wohnenden Leute legten sie die Burg ⁵in Schutt und Asche⁵. Viele Jahre später wurde die Burg über die Ossa hinweg verlegt in die Kulmer Diözese, und dort steht sie bis zum heutigen Tag.

151. Von der Aufgabe der Burg Spittenberg während des zweiten Abfalls

Im Land Pomesanien befand sich die Burg Spittenberg, die die Brüder in Besitz hielten. Als diese in der Zeit des zweiten Abfalls sehr oft von den Prußen heimgesucht wurden und sie sich ihrer in keiner Weise mehr erwehren konnten wegen des Mangels an Lebensmitteln, setzten sie die Burg in Brand und zogen mit ihrer bewaffneten Mannschaft ab; in diesem verödeten Zustand befindet sich die Burg heute noch.

152. Vom Krieg im Kulmerland während des zweiten Abfalls und zuerst vom Bruder Heidenreich, Bischof von Kulm

Bruder Heidenreich vom Predigerorden war während des zweiten Abfalls Bischof von Kulm. Über ihn wird zweifelsfrei berichtet, daß die heilige Jungfrau Maria einem Armen erschien und ihm einen Brief übergab, den er dem Bischof aushändigen sollte; als der Bischof den Brief las, fand er darin sein ganzes Leben beschrieben mit dem Zusatz, daß die Christen im Preußenland von den Prußen künftig noch durch viele Plagen und Drangsal heimgesucht werden würden.

153. Von der Belagerung der Stadt Kulmsee

Danach erschien ein Heer der Prußen und belagerte die Stadt Kulmsee. Deshalb beunruhigt, rief der Bischof Adelige und Lehnsleute zusammen und erlegte ihnen als Sündenstrafe auf, auszurücken und die Heeresstärke und Kampfkraft der Prußen eingehender auszuspähen. Bei diesem Unternehmen stießen sie auf einige Prußen, mit denen sie sich in Kämpfe verwickelten; einen dieser Prußen, einen besonders hochgewachsenen

⁵⁻⁵ Vgl. Ez 15,4; Dn 2,35.

alios in longitudine excedebat, vulneraverunt secum ad civitatem semivivum deducentes. Pro cuius capcione capitaneus Pruthenorum turbatus ultra modum promisit recedere ab obsidione et nulli Cristiano homini nocere, ut ei dictus vir sic vulneratus redderetur, et hoc ex utraque parte factum fuit.

154. De morte plurium civium de Colmense

Tempore messium venit exercitus Pruthenorum et XIII diebus occultavit se in nemore circa locum, qui dicitur Vogelsanck, ita tamen, quod singulis diebus pauci comparuerunt in campo et cives de messibus fugaverunt. Tandem cum segetes essent mature nec amplius sine damno possent stare, cives credentes exercitum recessisse, exierunt omnes ad messem. Quo viso Prutheni cum magno et horribili insultu irruentes in eos occiderunt viros et mulieres et parvulos in captivitatem perpetuam deduxerunt.

155. De bello fratrum de Redino et destructione civitatis ibidem

Nullus posset ad plenum scribere vel dictare, quanta fratres et burgienses de Redino infra secundam apostasiam passi sunt pro defensione fidei Cristiane a Pruthenis, quia per illum locum quasi continue fuit [6]introitus et exitus[6] ipsorum ad terram Colmensem. Referunt quidam, quod civitas de Redino duabus vicibus fuerit expugnata captique et occisi, quotquot reperti fuerant homines ibidem.

156. De morte quorundam infidelium

De Redino quidam frater et Martinus de Golin equitantes in solitudine ad videndum, si aliquid a casu occurreret eis, inceperunt [7]in via errare[7] et in illo errore de tribus viris Pruthenis occurrentibus

---

[6-6] Ps 120,8.

Mann, der alle an Körpergröße von seinen Schultern an übertraf, verwundeten sie und brachten ihn halbtot in die Stadt. Wegen dessen Gefangennahme war der Anführer der Prußen überaus beunruhigt und versprach, von der Belagerung abzustehen und keinem Christenmenschen Schaden zuzufügen, falls ihm der derartig Verwundete zurückgegeben würde; so geschah es auch von beiden Seiten.

154. Vom Tod vieler Bürger von Kulmsee

Zur Erntezeit rückte ein Prußenheer heran und verbarg sich dreizehn Tage lang in einem Wald in der Nähe des Ortes Vogelsang, und zwar so, daß sich an allen Tagen wenige Prußen in der Feldflur zeigten und die Stadtbewohner von der Erntearbeit vertrieben. Als endlich das Getreide reif war und nicht länger ohne Schaden stehenbleiben konnte, zogen die Bürger — im Glauben, das Prußenheer habe sich zurückgezogen — zur Ernte aus. Als die Prußen dies sahen, fielen sie in großer Zahl über jene mit schrecklichem Angriff her, töteten die Männer und verschleppten Frauen und Kinder in dauernde Gefangenschaft.

155. Vom Kampf der Brüder von Rehden und von der Zerstörung der dortigen Stadt

Niemand vermag vollständig zu schreiben oder zur Niederschrift zu geben, wieviel die Brüder und die Bewohner von Rehden während des zweiten Abfalls für die Verteidigung des christlichen Glaubens von den Prußen erlitten, weil über diesen Ort geradezu beständig [6]der Einzug der Prußen ins Kulmerland und der Abzug[6] erfolgten. So wird berichtet, daß die Stadt Rehden zweimal erobert worden ist und die dort vorgefundenen Menschen in die Gefangenschaft abgeführt oder getötet wurden.

156. Von der Tötung Ungläubiger

Ein Bruder aus Rehden und Martin von Golin [7]kamen vom rechten Wege ab[7], als sie in der Wildnis zu Pferd unterwegs waren, um zu sehen, ob ihnen irgend etwas zufällig begegnete; während sie umherirrten, trafen sie auf drei Prußen, von denen sie zwei töteten, während sie den dritten

---

[7–7] Vgl. Is 47,15.

eis duos occiderunt tercium, ut eos [8]ad viam rectam duceret[8], conservantes, qui duxit eos in terram inimicorum. Cuius dolum dum viderent, occiderunt eum et cum festinacione recedentes a quinque Pruthenis equitibus ipsos sequentibus comprehensi sunt et ligati commissique custodie duorum. Sed tres Prutheni alii equum illius fratris, qui effugerat, sunt secuti. Quo facto, dum isti duo Martinum ligatum vellent evaginato gladio decollare, ipse suasit eis, ut prius ei vestes exuerent, ne sanguine macularentur. Cui consencientes, dum brachia Martini solvissent, ipse erepto gladio ambos interfecit et soluto fratre illo a vinculis ambo processerunt contra tres alios et eos eciam peremerunt et extunc ad castrum de Redino sine deviacione aliqua sunt reversi.

157. Item de Martino de Golin et bello ipsius mirabili

Hoc eciam tempore XX Prutheni Poloniam depredati sunt. De mandato fratrum de Redino Martinus de Golin predictus cum XVII sociis sequebatur. Qui Prutheni reversi de Polonia invenerunt custodes Martini dormientes et occiso uno alium, postquam numerum sociorum eius et locum, ubi essent, indicasset, ad arborem ligaverunt. Quo facto irruerunt in eos hostiliter; Martino et sociis suis viriliter se defendentibus ex adverso multi sunt ex utraque parte graviter vulnerati. Quod cum videret quidam socius Martini, qui nudus fluvium vicinum ad capiendum cancros transnatavit, reversus arripuit gladium et clipeum cuiusdam interfecti, nudus intravit pugnam. Qui horribiliter sectus et vulneratus fuit ab eis, ita quod in pluribus locis magna frusta carnis de suo corpore dependebant. Adeo durum fuit inter eos bellum, quod fatigati utraque parte voluntarie consenciente tribus vicibus quieverunt et tociens novam pugnam resumptis viribus sunt aggressi. Tandem cum iam omnes Cristiani et Prutheni essent mortui, ille custos, qui ligatus fuit ad arborem, solutus a vinculis venit ad locum certaminis et solum Martinum semivivum invenit, quem positum super vehiculum, equos, arma et res alias Pruthenorum secum duxit in Redinum.

leben ließen, damit er ihnen ᵃden rechten Weg weiseᵃ, doch führte er sie ins Gebiet der Feinde. Als sie dessen List erkannten, töteten sie ihn und wurden bei ihrem eiligen Rückzug von fünf ihnen nachfolgenden prußischen Reitern gefaßt, gebunden und zwei Prußen zur Überwachung anvertraut. Aber die anderen drei Prußen verfolgten das Pferd jenes Bruders, das das Weite gesucht hatte. Als nun die zwei Prußen den gefesselten Martin mit gezücktem Schwert enthaupten wollten, riet ihnen dieser, sie sollten ihm vorher seine Kleidung ausziehen, damit sie nicht befleckt werde. Diesem stimmten sie zu, und als sie Martins Arme von den Fesseln lösten, entriß er ihnen das Schwert, tötete beide und nahm jenem Bruder die Fesseln ab; beide machten sich dann gegen die drei anderen Prußen auf und töteten sie ebenfalls. Danach sind sie ohne Umweg zur Burg Rehden zurückgekehrt.

157. Nochmals von Martin von Golin und seinem wunderbaren Kampf

Zu eben dieser Zeit unternahmen 20 Prußen einen Plünderungszug nach Polen. Im Auftrag der Brüder von Rehden folgte ihnen Martin von Golin mit 17 Genossen. Die aus Polen zurückkehrenden Prußen fanden die Wachen des Martin schlafend, töteten davon einen und fesselten den zweiten Wächter an einen Baum, nachdem dieser ihnen die Zahl seiner Gefährten und ihren Standort angegeben hatte. Sodann fielen sie über jene feindselig her, und während Martin und seine Genossen mannhaft Gegenwehr leisteten, wurden viele auf beiden Seiten schwer verwundet. Als das einer der Gefährten Martins sah, der gerade zum Krebsfang einen nahen Fluß ohne Kleidung durchschwamm, kehrte er um, ergriff Schwert und Schild eines Gefallenen und nahm nackt den Kampf auf. Schrecklich getroffen und verwundet wurde er von den Prußen, so daß von seinem Leib an vielen Stellen große Teile seines Muskelfleisches heruntergingen. So hart wurde der Kampf zwischen ihnen geführt, daß die Erschöpften mit bereitwilligem Einverständnis beider Parteien dreimal Ruhepausen einlegten und ebenso oft mit neuen Kräften aufeinander losgingen. Als schließlich schon alle Christen und Prußen getötet waren, gelangte jener Wächter, der an den Baum gefesselt worden war, nach Abstreifen der Fesseln an die Kampfstätte und fand nur noch Martin halblebendig vor; er hob ihn auf einen Wagen und brachte Pferde, Waffen und andere Habseligkeiten der Prußen mit nach Rehden.

ᵃ⁻ᵃ Vgl. Ps 106,7.

158. De bello fratrum in castro Wartenbergk et morte plurium Cristianorum

Fuit castrum quoddam in terra Colmensi in quodam monte dicto Wartenbergk sito in medio stagni trahens nomen suum ab eodem monte, in quo fratres cum multis armigeris habitabant. Et accidit quadam die dominica, quando populus de vicinis villis esset in solacio et choreis; supervenit quidam exercitus de Sudowia improvise et totum illum populum interfecit mulieres et parvulos secum ducens.

159. De expugnacione castri Wartenbergk

Quocienscunque et quantumcunque gentes iste de Cristiano sanguine funderent, non tamen a persecucione cessabant. Nitebantur enim totis viribus, ut eos usque ad internecionem delerent. Unde Sudowite congregato iterum exercitu maiori venerunt ad castrum Wartenbergk et post multas impugnaciones et duras fratribus eis pro sua possibilitate resistentibus tandem ipsum cremando funditus destruxerunt duos fratres cum tota familia occidentes et sic dictum castrum usque in presens remanet desolatum.

160. De destructione castri Birgelow

Trinota filius regis Lethowinorum[9] assumptis sibi pluribus aliis gentibus usque ad XXX milia virorum ad prelium congregavit, et dum appropinquaret terre Prussie, divisit exercitum suum in tres turmas, quarum unam misit contra Masoviam, aliam contra Pomesaniam et utramque terram rapina et incendio devastavit. Reliqui intraverunt terram Colmensem et preter alia mala, que ibidem fecerunt, castrum Birgelow expugnaverunt pecora et omnem suppellectilem fratrum et eorum, qui ad dictum castrum confugerant, deducentes. Fratres et alii homines in quadam turri se defendentes sunt salvati.

158. Vom Kampf der Brüder von der Burg Wartenberg und vom Tod vieler Christen

Im Kulmerland gab es eine Burg, die, mitten in einem See auf einer Anhöhe namens Wartenberg gelegen, ihren Namen von dieser Erhebung her trug, auf welcher die Brüder mit viel bewaffneter Mannschaft ihren Standort hatten. An einem Sonntag, als sich das Volk aus den Dörfern der Umgebung bei Vergnügung und Tanz befand, tauchte unversehens ein Heer aus Sudauen auf, tötete jene Leute und führte Frauen und Kinder mit sich fort.

159. Von der Eroberung der Burg Wartenberg

Wie oft und wie viel christliches Blut diese Heiden auch vergossen haben, sie ließen dennoch nicht ab von der Verfolgung der Christen. So wandten sie alle Kräfte auf, um die Christen bis zum völligen Untergang zu vernichten. Deswegen kamen die Sudauer nochmals mit nunmehr verstärktem Heer zur Burg Wartenberg; nach vielen harten Angriffen, denen die Brüder, so gut sie konnten, Widerstand entgegensetzten, zerstörten sie diese schließlich durch Brand von Grund auf, wobei zwei Brüder mit ihrem ganzen Gesinde fielen; daher liegt diese Burg bis auf den heutigen Tag verödet da.

160. Von der Zerstörung der Burg Birglau

Trinota, Sohn des Litauerkönigs[9], sammelte fast 30000 Mann zum Kampfe, die er unter Beiziehung vieler anderer Völkerschaften zusammenbrachte; bei seinem Anmarsch auf das Preußenland teilte er seine Streitmacht in drei Haufen: Einen davon setzte er gegen Masowien in Bewegung, den zweiten gegen Pomesanien, wobei er beide Länder mit Raub und Brand verheeren ließ. Die restlichen Krieger rückten ins Kulmerland ein, eroberten dort, außer daß sie andere Übeltaten verübten, die Burg Birglau und führten das Vieh und alle Habe der Brüder und der in die Burg Geflüchteten mit sich fort. Die Brüder und andere Leute, die sich in einem Turm verteidigten, wurden gerettet.

---

[9] Troinat war vielmehr ein Sohn des Schemaitenfürsten Wykint, dessen Geschlecht freilich mit dem Litauerkönig Mindowe († 1263) verschwägert war.

161. De bello tocius Colmensis terre in secunda apostasia. De morte plurium Cristianorum

Frater Hedenricus episcopus Colmensis dum capellam hospitalis infirmorum de Thorun extra muros sitam consecrasset, Prutheni, qui huius consecracionis preconizacionem intellexerant, congregato exercitu populum post consecracionem recedentem hostiliter invaserunt et interfectis viris mulieres captivas et parvulos deduxerunt.

162. De combustione hospitalis Thoruniensis et impugnacione civitatis Colmensis et destructione castri et civitatis Lubovie

Hoc eciam tempore Sudowite cum maiori exercitu, quam unquam visus fuit in Prussia, intraverunt terram Lubovie et castrum et civitatem eiusdem nominis funditus destruxerunt. Deinde circa castrum Straisbergk intrantes terram Colmensem diviso exercitu preoccupaverunt plura castra, ut populum ad ea confugientem occiderent et captivarent. Posthec venerunt Thorun et hospitale et quicquid fuit extra muros, quod igne consumi potuit, cremaverunt. Tandem venientes ad civitatem Colmensem ipsam per diem et noctem fortissime impugnaverunt, licet nihil proficerent civibus se viriliter defendentibus ex adverso. Sic dum dictam terram per dies quatuor devastassent, cum inestimabili spolio hominum, equorum, pecorum et aliarum rerum recesserunt. De hoc exercitu quidam vir fortis de Sudowia mulierem Cristianam, que hoc tempore confugerat ad paludem, secutus fuit, et dum eam vellet occidere, illa fragilitate sexus sui oblita viriliter restitit. De quo ipse indignatus pollicem ei cum dentibus precidit, illa econtra provocata in iram cum luto os eius et aures implens penitus suffocavit.

161. Vom Krieg des gesamten Kulmerlands in der Zeit des zweiten Abfalls. Vom Tod vieler Christen

Als Bruder Heidenreich, Bischof von Kulm, die Kapelle des außerhalb der Stadtmauern gelegenen Siechenspitals in Thorn weihte, versammelten die Prußen, die von der Ankündigung der Weihe gehört hatten, ein Heer und griffen das nach der Weihe auseinandergehende Volk an; die Männer töteten sie, die Frauen und Kinder führten sie gefangen ab.

162. Von der Verbrennung des Thorner Spitals, vom Angriff auf die Stadt Kulm und von der Zerstörung von Burg und Stadt Löbau

Zu dieser Zeit rückten die Sudauer mit einer größeren Streitmacht, als je in Preußen gesehen, in das Land Löbau ein und zerstörten Burg und Stadt gleichen Namens gründlich. Dann betraten sie in der Gegend der Burg Strasburg das Kulmerland mit geteilter Heeresmacht und brachten vorweg mehrere Burgen in ihre Hand, um die dort Zuflucht suchenden Menschen zu töten und gefangenzunehmen. Danach wandten sie sich nach Thorn, setzten dort das Spital in Brand und alles, was außerhalb der Mauern durch Feuer vernichtet werden konnte. Schließlich gelangten sie bis zur Stadt Kulm und griffen sie einen Tag und eine Nacht sehr heftig an, jedoch erreichten sie nichts, zumal sich die Bürger mannhaft gegen sie zur Wehr setzten. Als sie das Kulmerland so vier Tage verheert hatten, zogen sie sich mit unschätzbarer Beute an Menschen, Pferden, Vieh und anderen Dingen wieder zurück. Aus diesem Heer war ein Krieger aus Sudauen einer damals in einen Sumpf geflohenen Christin nachgefolgt; als er sie töten wollte, vergaß sie ihre weibliche Schwäche und wehrte sich wie ein Mann. Darüber geriet er in Zorn und biß ihr einen Daumen ab; das stachelte ihre Wut an, und so drückte sie ihm Moorerde in Mund und Ohren und erstickte ihn völlig.

163. De morte plurium Pruthenorum

Non longe postea exercitus Pruthenorum intrans terram Colmensem ipsam incendio et rapina et multa strage hominum Cristianorum vexavit. Tandem venerunt ad civitatem Colmensem, ubi eis cives occurrerunt armata manu, et inito certamine capitaneum ipsorum et multos alios interfecerunt et sic redemptus fuit captus ab eis omnis populus Cristianus.

164. De vastacione terre Colmensis et occisione quorundam fratrum et armigerorum

Post hec Scumandus cum Sudowitis intrans terram Colmensem divisit exercitum suum in duas partes, quarum una processit contra Thorun, alia contra Colmensem civitatem occidentes, capientes et comburentes, quicquid in via occurrit eis. Sed circa horam vesperarum[10] convenerunt apud castrum Birgelow ibique castra metati sunt. In ipsa nocte fratres dicti castri cum suis armigeris exierunt et exercitum dormientem inquietantes occisis pluribus et letaliter vulneratis [11]factus fuit clamor magnus[11], quo audito custodes, qui [12]vigilias noctis servabant super[12] dictum exercitum, iam parati in armis supervenerunt et duos fratres cum dimidio[13] et plures armigeros occiderunt.

165. De impugnacione castri Schonense et morte Diwani capitanei Barthorum

Demum Diwanus capitaneus Barthorum cum octingentis viris obsedit castrum Schonense et iuravit per potenciam deorum suorum, quod nisi cito traderent castrum in manus suas, ipse tam fratres quam armigeros suspenderet ante portam castri. In hoc castro non fuerunt nisi tres fratres et pauci armigeri, quibus armigeris in-

---

[10] Nachmittags.
[11-11] Vgl. Ex 12,30.

163. Vom Tod vieler Prußen

Bald danach erschien ein Heer von Prußen im Kulmerland und suchte es mit Brand und Raub und großem Morden von Christen heim. Die Prußen zogen am Ende bis zur Stadt Kulm, wo ihnen die Bürger mit bewaffneter Streitmacht entgegentraten, im Kampf ihren Heerführer töteten und viele andere dazu, und so wurde das ganze von ihnen gefangene Christenvolk freigekämpft.

164. Von der Verwüstung des Kulmerlands und der Tötung einiger Brüder und Krieger

Sodann erschien Scumand mit Sudauern im Kulmerland. Er teilte sein Heer in zwei Haufen, deren einer gegen Thorn vorrückte, der andere gegen die Stadt Kulm; beide Teile töteten, plünderten und verbrannten alles, was sie unterwegs fanden. Etwa um die Vesperstunde[10] trafen sie bei der Burg Birglau wieder zusammen, wo sie Feldlager bezogen. In der folgenden Nacht kamen die Brüder dieser Burg mit ihrer bewaffneten Mannschaft heraus und beunruhigten das schlafende Heer; nachdem sie viele Sudauer getötet und tödlich verwundet hatten, [11]erhob sich großes Geschrei[11]; als [12]die zur Nacht eingeteilten Feldwachen[12] das hörten, eilten sie mit bereitgehaltenen Waffen herbei und töteten zwei Brüder und einen Halbbruder[13] sowie mehrere Bewaffnete.

165. Von der Bestürmung der Burg Schönsee und vom Tod des Diwan, des Anführers der Barter

Dann belagerte Diwan, Anführer der Barter, mit 800 Mann die Burg Schönsee und schwor bei der Macht seiner Götter, daß er Brüder wie Knappen vor dem Tor der Burg selbst aufknüpfen werde, wenn sie ihm die Burg nicht schnell übergäben. In dieser Burg befanden sich indes nur drei Brüder und ein paar Bewaffnete, denen die Brüder ihre Mäntel und

---

[12–12] Vgl. Lk 2,8.
[13] Dimidius, Halbbruder = dienender Bruder im Deutschen Orden.

duerunt fratres pallia sua et parmas ad terrorem obsidencium, ut fratres plures apparerent. Quo facto dum ordinatis ex utraque parte, que ad impugnacionem castrorum sunt necessaria, ad impugnacionem accederent vulneratis de hostibus pluribus et occisis, frater Arnoldus Crop sagittans cum balista dictum Diwanum per collum transfixit. Quo mortuo alii infecto negocio recesserunt. Isti Diwano blasphemo accidit sicut Heliodoro, qui cum vellet in templo Domini erarium depredari, occisus a Deo [14]concidit in terram et qui cum multis cursoribus et satellitibus ingressus fuit, nullo sibi auxilium ferente in sella gestatoria portabatur[14].

166. De expugnacione duorum castrorum
quorundam feodatariorum terre Colmensis,
scilicet Hemsot et alterius

Postremo Scumandus Sudowitarum capitaneus cum maximo exercitu Sudowitarum et Ruthenorum terram Colmensem IX diebus rapina et incendio vexavit. Infra quos IX dies dum appropinquare cepit civitati Colmense, quidam miles de Polonia dictus Nineric predictam civitatem intravit, quam ipse miles promisit se ad manus dicti Scumandi traditurum. Unde dum visis hostibus cives menia ascenderent, ascendit et iste et, sicut idem traditor dedit eis signum, sic una et altera vice sufflavit cornu suum. Quo audito cives perterriti dictum militem ceperunt et comperto, quod voluit eos tradere, ipsum et filium suum cum uno famulo ante portam civitatis suspenderunt. Scumandus videns se deceptum processit ad castrum Hemsot[b] et ipsum potenter expugnavit et XL viros, qui ad custodiam eius deputati fuerant, interfecit. Deinde castrum alterius feodatarii militis dicti Cippel potenter et hostiliter intravit et occisis et captis omnibus inibi existentibus utrumque castrum in cineres est conversum.

[b] Hemsoth K.

Schilde übergaben, damit zur Einschüchterung der Belagerer mehr Brüder zu sehen wären. Während darauf nach Erledigung der auf beiden Seiten nötigen Angriffsvorbereitungen der Kampf aufgenommen wurde, bei dem viele der Feinde verwundet und getötet wurden, durchbohrte Bruder Arnold Kropf mit einem Pfeil von seiner Armbrust den genannten Diwan. Nach dessen Tod zogen sich die anderen unverrichteterdinge zurück. Diesem Gotteslästerer Diwan erging es wie dem Heliodor, der, als er im Tempel des Herrn den Schatz plündern wollte, von Gott getötet [14]zur Erde niederfiel; mit vielen Anhängern und Spießgesellen war er in den Tempel eingezogen, und doch brachte ihm niemand Hilfe, vielmehr wurde er im Tragsessel hinausgetragen[14].

166. Von der Eroberung zweier Burgen, nämlich Hemsot und einer anderen, die Lehnsleuten des Kulmerlands gehörten

Schließlich überzog Scumand, der Anführer der Sudauer, mit einem sehr großen Heer von Sudauern und Russen das Kulmerland neun Tage lang mit Raub und Brand. Als er in diesen neun Tagen den Anmarsch auf die Stadt Kulmsee begann, betrat ein Ritter aus Polen mit Namen Nineric die Stadt, welche dieser Ritter dem Scumand zu verraten versprochen hatte. Als nun beim Anblick der Feinde die Bürger die Mauern bestiegen, stieg auch jener hinauf; und so wie es der Verräter den Feinden als Zeichen geben wollte, blies er ein-, zweimal in sein Horn. Daraufhin ergriffen die aufgeschreckten Bürger den besagten Ritter und hängten ihn mit seinem Sohn und einem Knecht vor dem Stadttor auf, nachdem sie herausgebracht hatten, daß er sie verraten wollte. Als Scumand bemerkte, daß er hintergangen war, zog er vor die Burg Hemsot, erstürmte sie mit Macht und tötete 40 zur Bewachung abgestellte Männer. Sodann drang er in die Burg eines weiteren ritterlichen Lehnsmannes namens Cippel feindselig ein. Nach Tötung und Gefangennahme aller dort Wohnenden wurde jede der beiden Burgen in Asche gelegt.

[14–14] Vgl. 2 Makk 3,27.28.

167. De malicia Pruthenorum sciencium linguam Theutonicam

Henricus Monte capitaneus Nattangorum et multi alii Prutheni, qui a puericia nutriti fuerant circa fratres, multa mala fecerunt tempore persecucionis huius populo Cristiano, quia sepissime hoc accidit, quod, quando exercitus infidelium pertransiit terminos fratrum, populus Cristianus, qui ad castra confugere non poterat, in silvis, rubetis et paludibus se occultavit. Quod senciens Henricus predictus assumptis sibi pluribus armigeris accessit ad ea loca, ubi talia presumebat, et habens ¹⁵verba pacifica in dolo¹⁵ ait voce Theutonica: „Si quis latitat hic, exeat sine timore, quia exercitus infidelium iam recessit." Cuius verbis dum fidem adhibendo exirent, ipse cum suis irruens in ipsos omnes ceperat vel occidit.

168. De bello fratrum et civium de Elbingo infra secundam apostasiam et de quibusdam fidelibus Pogesanis, qui fratribus adheserunt

Dum surgeret secunde apostasie persecucio, quidam de Pogesania nobiles, licet pauci, non ingrati beneficiis sibi a magistro et fratribus exhibitis relicta hereditate paterna cum omni domo et familia venientes Elbingum fratribus fideliter adheserunt.

169. De destructione castri Weclitze[c] et alterius propugnaculi

Pogesani cum Sudowitis et aliis gentibus de Prussia congregato exercitu valido circumiverunt Pogesaniam et Pomesaniam in principio secunde apostasie, et quotquot ibi Cristianos invenerunt, captis mulieribus et parvulis occiderunt. Deinde procedentes castrum Elbingense impugnaverunt et adeo infesti fuerunt, quod utique suburbium expugnassent, si non quidam dictus Wirtel capitaneum

---

[c] Wecritze oder Wetritze K, B; Wecricze D.

167. Von der Bosheit der der deutschen Sprache mächtigen Prußen

Heinrich Monte, der Anführer der Natanger, und viele andere Prußen, die von Jugend auf bei den Brüdern erzogen worden waren, fügten dem Christenvolk in der Zeit dieser Verfolgung viele Übeltaten zu; so kam es sehr häufig vor, daß, sobald ein heidnisches Heer durch das Gebiet der Brüder streifte, das Christenvolk sich in Wäldern, Strauchhecken und Sümpfen verbarg, soweit es nicht in Burgen Zuflucht fand. Das bemerkte auch jener Heinrich Monte, der sich mit mehreren Bewaffneten an jene Stellen begab, von denen er solches mutmaßte; indem er [15]bei seiner List friedfertige Worte[15] verwandte, rief er in deutscher Sprache: „Wenn sich hier jemand verbirgt, soll er doch ohne Furcht herauskommen, weil sich das heidnische Heer gerade zurückgezogen hat." Sobald die Leute im Vertrauen auf seine Worte aus dem Versteck hervorkamen, drang er mit seinen Mannen auf sie ein, nahm alle gefangen oder tötete sie.

168. Vom Kampf der Brüder und Bürger von Elbing während des zweiten Abfalls und von treuen Pogesaniern, die den Brüdern anhingen

Während im zweiten Abfall die Christenverfolgung einsetzte, erschienen Adelige aus Pogesanien, freilich wenige, die voller Dankbarkeit die ihnen vom Meister und von den Brüdern erwiesenen Wohltaten bedachten, nach Aufgabe des ererbten Besitzes mit ihrem gesamten Haus und Gesinde in Elbing; sie waren hinfort treue Anhänger der Brüder.

169. Von der Zerstörung der Burg Weclitze und einer zweiten Befestigung

Die Pogesanier, die mit den Sudauern und anderen prußischen Völkerschaften ein starkes Heer zusammengebracht hatten, durchstreiften zu Beginn des zweiten Abfalls Pogesanien und Pomesanien; was sie dort an Christen antrafen, töteten sie, Frauen und Kinder nahmen sie gefangen. Bei ihrem Vormarsch griffen sie danach die Burg Elbing an; dabei gingen sie so stürmisch vor, daß sie die Vorstadt gewiß erobert hätten, wenn nicht ein gewisser Wirtel ihren Anführer mit der Lanze durchbohrt hätte.

[15-15] Vgl. 1 Makk 7,10.

ipsorum cum lancea transfixisset. Quo mortuo turbati recesserunt usque ad propugnaculum quoddam situm inter fluvium Rogow et Wesecam[d] flumen in eo loco, ubi Weseca intrat stagnum Drusine, et post modicam impugnacionem incendio destruxerunt captis omnibus et occisis preter eos, qui navigio per Drusinam evaserunt. Posthec cum viderent sibi omnia ad votum succedere, accedentes ad castrum Weclitze situm supra Rogow fluvium ipsum post longam et duram impugnacionem et obsessorum virilem defensionem tandem in cinerem redegerunt captis omnibus et occisis.

170. De expugnacione molendini Liefardi et morte plurium civium de Elbingo

Anno Domini MCCLXXIII cum iam Sambite, Nattangi, Barthi et Warmienses fatigati laboribus et expensis se fidei et fratribus subdidissent, Pogesani adhuc in pertinacia sua permanentes congregatum exercitum suum circa Elbingum in quoddam nemus locaverunt, de quo pauci equites exeuntes ante civitatem Elbingensem se ostentaverunt, quos cives de Elbingo, qui continue circa se habebant arma reposita, sequentes aliquos interfecerunt. Sed dum se cives sic sequendo nimis elongassent a civitate, Pogesani, qui in insidiis latitabant, exeuntes viam redeundi ad civitatem occupabant. Quo facto cives angustiati non valentes tante multitudini in campo resistere ascenderunt molendinum Liefardi, quod ad modum castri aliqualiter firmatum fuit. Accurrentes itaque Pogesani dictum molendinum acriter impugnaverunt. Sed cum cives adhuc minus fatigati fortiter se defenderent pluribus ex utraque parte lesis, illi desistentes a pugna per tempus modicum quieverunt. Cum secundo vellent accedere ad pugnam Pogesani, hortabantur Cristianos, ut castrum et se traderent in manus suas, alioquin omnes occiderent et delerent. Tandem intervenerunt hec pacta, ut cives XXV inter se pociores eis traderent, ut sic salvi alii permanerent. Quod cum factum esset, Pogesani rupto federe pacis ad impugnacionem iterum accesserunt, et quia iam cives non habebant, quo se

[d] Weseta B.

Nach dessen Tod zogen sie sich verwirrt zu einer zwischen den Bächen Rogau und Weeske gelegenen Befestigung zurück, die am Weeske-Einfluß in den Drausen-See liegt; diese Befestigung zerstörten sie nach leichtem Angriff durch Brandschatzung, wobei außer den über den Drausen-See Entkommenen alle gefangen und getötet wurden. Als sie nunmehr sahen, daß ihnen alles nach Wunsch gelang, rückten sie zur Burg Weclitze vor, die oberhalb der Rogau lag; nach langem und hartem Kampf sowie mannhafter Gegenwehr der Belagerten legten sie die Burg schließlich in Asche, nachdem alle gefangengenommen und getötet worden waren.

170. Von der Erstürmung der Mühle des Liefardus und vom Tod vieler Bürger von Elbing

Als im Jahre 1273 die Samländer, Natanger, Barter und Warmier, erschöpft von den Anstrengungen und Mühen, sich dem Glauben und den Brüdern schon ergeben hatten, versammelten die in ihrer Halsstarrigkeit verweilenden Pogesanier ein Heer und legten es nahe Elbing in einen Wald; aus ihm kamen einige Reiter hervor und zeigten sich vor der Stadt Elbing, einige von ihnen wurden von den Bürgern von Elbing, die stets die Waffen bei sich trugen, nach Verfolgung getötet. Doch während die Bürger nachsetzten und sich dabei zu weit von der Stadt entfernten, kamen die in den Verstecken lauernden Pogesanier hervor und schnitten ihnen den Rückzug zur Stadt ab. So in die Enge getrieben, konnten die Bürger im offenen Feld einer solchen Übermacht nicht widerstehen; sie warfen sich in die Mühle des Liefardus, die nach Art einer Burg einigermaßen befestigt war. Die nachsetzenden Pogesanier griffen die Mühle heftig an. Aber als die bis dahin wenig ermüdeten Bürger sich energisch wehrten, wobei es auf beiden Seiten viele Verwundete gab, ließen jene vom Kampf ab, so daß sie sich eine kurze Zeit lang erholen konnten. Als dann die Pogesanier erneut den Kampf aufnehmen wollten, forderten sie die Christen auf, die befestigte Mühle und sich selbst zu übergeben, andernfalls würden alle getötet und ausgelöscht. Schließlich gelangte man zu folgender Übereinkunft, daß nämlich die Bürger 25 ihrer führenden Männer ihnen übergeben sollten, damit so die anderen gerettet würden. Als das geschehen war, nahmen die Pogesanier unter Bruch der Abmachung erneut den Kampf auf; weil aber die Bürger nichts zu ihrer Ver-

defenderent, illi apposito igne castrum cremaverunt, quo viso quidam, periculum ignis dum vellent evadere, occisi sunt, alii saltantes de igne in plures lanceas erectas per Pruthenos ceciderunt, reliqui sunt cremati. Tantus ibi sanguis Cristianorum fusus fuit, quod fluvius vicinus amisso colore naturali sanguineus apparebat. Refertur a pluribus fide dignis et indubitanter debet credi, quod dum hec agerentur, quidam in meniis civitatis Elbingensis stantes ad spectaculum [16]viderunt celum apertum[16] et ab angelis introduci animas occisorum.

171. De subiectione Pogesanorum et strage maxima eorundem et de pace reddita Cristianis

Perturbati ergo magister et fratres de huiusmodi lamentabili eventu ad ulciscendam iniuriam interfectorum congregaverunt omnem potenciam exercitus sui et intrantes terram Pogesanie [17]a fine usque ad finem[17] rapina et incendio vastantes interfecerunt viros et mulieres et parvulos captos deduxerunt. Insuper et castrum Helsbergk, quod tunc fuit in manu Pogesanorum, expugnaverunt captis omnibus et occisis et extunc terra Prussie quievit in pace.

172. De continuo insultu hostium et variis tribulacionibus Cristianorum Prussie infra secundam apostasiam

Quot incommoda, quot pericula quotque angustias fratres et alii Cristifideles in hac persecucione, que ultra XV annos[18] duravit, ab hostibus in singulis civitatibus, castris et aliis locis perpessi sunt, in sola Dei cognicione ita subsistunt, quod nullus hominum nunc vivencium posset ea plenius explicare. Vix fuit aliqua hora, in qua possent [19]panem in saturitate comedere[19], nisi una vel duabus vel pluribus vicibus surgerent ad pugnam ab hostibus propulsati. Et ut verum fatear, in eis fuit impletum, quod de Iudeis volentibus civitatem sanctam Ierusalem reedificare gentibus ex adverso re-

---

[16-16] Vgl. Jo 1,51; Apg 7,56 und 10,11.

teidigung besaßen, legten jene die Befestigung durch Brand in Asche; angesichts dessen wollten einige der Feuergefahr entweichen, fanden jedoch den Tod, andere, die aus dem Feuer sprangen, fielen in die vielen von den Prußen aufgerichteten Lanzen, die übrigen verbrannten. So viel Christenblut wurde hier vergossen, daß der benachbarte Bach seine Naturfarbe verlor und blutig erschien. Glaubwürdig wird von vielen berichtet, und diesem darf man unzweifelhaft Glauben schenken, daß während dieser Vorgänge etliche auf den Mauern der Stadt Elbing standen und wie bei einem Schauspiel [16]den Himmel geöffnet sahen[16] und erlebten, daß die Seelen der Getöteten von Engeln hineingeleitet wurden.

171. Von der Unterwerfung der Pogesanier und von deren großer Niederlage sowie vom Frieden, der den Christen zurückgegeben wurde

Bestürzt über dieses beklagenswerte Ereignis, boten der Meister und die Brüder zur Vergeltung des Unrechts an den Gefallenen ihre gesamte Streitmacht auf, fielen in das Land Pogesanien ein und verwüsteten es [17]von Grenze zu Grenze[17] mit Raub und Brand, töteten die Männer und führten Frauen und Kinder gefangen ab. Darüber hinaus eroberten sie auch die Burg Heilsberg, die sich damals in der Hand der Pogesanier befand, nahmen alle gefangen und töteten sie. Fortan herrschte Frieden im Preußenland.

172. Vom fortdauernden Angriff der Feinde und von verschiedenen Heimsuchungen der Christen in Preußen in der Zeit des zweiten Abfalls

Wie viele Beschwerden, wie viele Gefahren, wie viele Not die Brüder und die anderen Christgläubigen in dieser über 15 Jahre[18] andauernden Verfolgung von den Feinden in den einzelnen Städten, Burgen und Orten erlitten, das weiß nur Gott allein, so daß kein Mensch unter den heute Lebenden es eingehender ausführen könnte. Es gab kaum eine Stunde, in der sie ihr [19]Brot bis zur Sättigung essen[19] konnten, ohne daß sie nicht ein-, zwei- oder dreimal vom Feind herausgefordert in den Kampf gezogen wären. Hiermit sage ich die Wahrheit: An ihnen erfüllte sich, was von den Juden gesagt wurde, als sie die heilige Stadt Jerusalem wiederaufbauen

[17–17] Weish 8,1.
[18] 1260 – 1274, vgl. III, 89.175.
[19–19] Vgl. Ex 16,3; Lv 26,5.

nitentibus dicitur, quod [20]media pars eorum faciebat opus[20] [21]et altera tenebat lanceas ab ascensu aurore, donec egrederentur astra[21]; [22]una manu faciebant opus et altera tenebant gladium[22]. Sed hii [23]Dei ministri[23], ut docet apostolus, [23]in hiis omnibus tribulacionibus, necessitatibus, angustiis, plagis, carceribus, sedicionibus, laboribus, vigiliis et ieiuniis in multa paciencia[23], [24]quasi morientes vixerunt; quasi tristes, semper autem gaudentes fuerunt[24]. [25]Obsecro ergo eos, qui hunc librum lecturi sunt, ne abhorrescant propter diversos casus, sed reputent ea, que acciderunt, non ad interitum, sed ad correctionem generis esse nostri. Etenim multo tempore non sinere peccatoribus ex sentencia agere, sed statim ulciones adhibere magni beneficii est indicium. Non enim sicut in aliis nacionibus Dominus pacienter expectat, ut eas, cum dies iudicii advenerit, in plenitudine peccatorum puniat; ita non in nobis statuit, ut peccatis nostris in finem devolutis ita deinde vindicet, propter quod nunquam a nobis misericordiam suam amovet; corripiens vero in adversis populum suum non derelinquit[25].

173. De secunda castri Barthenstein destructione

Sudowite audientes, quod Barthi, Warmienses et alii Prutheni se fidei et fratribus iterum subiecissent, [26]indignati sunt[26] et convenientes cum magno exercitu improvise obsederunt castrum Barthenstein, quod post recessum fratrum Barthi sibi ad usus suos reservaverant, destruxerunt, captis et occisis omnibus eciam [27]in cinerem redegerunt[27].

[20-20] Vgl. Neh 4,16.
[21-21] Vgl. Neh 4,21.
[22-22] Vgl. Neh 4,17.
[23-23] Vgl. 2 Kor 6,4.5.

wollten und ihnen alle Völker widerstanden, daß nämlich [20]die eine Hälfte ans Werk ging[20] [21]und die andere die Lanzen trug vom frühen Morgen bis zum Erscheinen der Sterne[21]. [22]Mit einer Hand arbeiteten sie, mit der anderen hielten sie das Schwert[22]. Diese [23]Diener Gottes[23] waren indessen, wie es der Apostel lehrt, [23]in all diesen Bedrängnissen, Nöten und Ängsten, bei Schlägen, im Kerker und in Aufständen, unter Mühen, bei Wachen und Fasten in großer Ergebenheit[23], [24]Sterbende, und doch lebten sie; und wenn sie auch bekümmert waren, so waren sie doch immer frohen Muts[24]. [25]Ich beschwöre daher alle Leser dieses Werkes, daß sie nicht zurückschrecken wegen verschiedener Unglücksfälle, vielmehr sollen sie die Geschehnisse so bewerten, daß sie nicht zum Untergang, sondern zur Bekehrung unseres Geschlechts bestimmt sind. Das ist doch ein Zeichen großer Gnade, Sünder nicht lange Zeit nach Belieben verfahren zu lassen, sondern ihnen sofort Vergeltung zu erteilen. Denn keineswegs übt sich Gott der Herr wie bei anderen Völkerschaften in Geduld, bis er diese am Tag des Gerichts für die Vielzahl ihrer Sünden straft. So hat es Gott für uns nicht bestimmt, daß er unsere bis zum Ende fortwährenden Sünden erst dann straft, weil er nämlich niemals sein Mitleid von uns gewendet hat; wenn er sein Volk auch in großes Unglück stürzt, läßt er es doch nicht im Stich[25].

173. Von der zweiten Zerstörung der Burg Bartenstein

Als die Sudauer hörten, daß die Barter, Warmier und andere Prußen sich dem Glauben und den Brüdern erneut gebeugt hatten, [26]erhob sich ihr Unwille[26]. Mit großem Heer belagerten sie unversehens die Burg Bartenstein, die sich die Barter nach dem Rückzug der Brüder für ihre Zwecke vorbehalten hatten. Sie zerstörten die Burg, und nach Gefangennahme und Tötung aller [27]legten sie sie auch in Asche[27].

[24–24] Vgl. 2 Kor 6,9.10.
[25–25] Vgl. 2 Makk 6,12—16.
[26–26] Vgl. Mt 20,24.
[27–27] Vgl. 2 Petr 2,6.

174. De obsidione castri Beselede et morte duorum milium Sudowitarum

Sequenti anno Sudowite, Nadrowite et Scalowite cum maximo exercitu venientes castrum Beseledam situm in silva dicta Kertene iuxta Barthenstein obsederunt fortissime impugnantes. Quod cum videret Nameda mater Posdraupoti de genere Monteminorum ait ad filios suos: „Doleo, quod vos unquam genui, ex quo non vultis vitam et gentem vestram ab hostibus defendere." De quibus verbis filii eius et alii castrenses provocati exierunt ad bellum et de exercitu infidelium ultra duo milia occiderunt. Post hec fratres reedificaverunt castrum Barthenstein et habitabant ibi usque in presentem diem.

175. De bello Nadrowitarum et conversione plurium de dicta terra

Anno Domini MCCLXXIIII reversis ad sancte matris ecclesie unitatem Pogesanis, Warmiensibus, Nattangis, Barthis et Sambitis factaque caucione debita per obsides, quod nequaquam de cetero tam detestabilia attemptarent, sed fidei et fratrum imperio humiliter obedirent, magister et fratres soliciti ad dilatandum terminos Cristianorum contra gentem Nadrowitarum arma bellica paraverunt. Postquam igitur Tirsko pater Maudelonis[e] castellanus de Wilow, de quo superius est premissum[28], se cum omnibus sibi adherentibus fidei et fratribus subdidisset, plures de Nadrowia viri potentes et nobiles venerunt ad fratres successivis temporibus cum omni familia sua et renati fonte baptismatis relictis ydolis servierunt Deo vivo Iesu Cristo.

176. De expugnacione duorum castrorum terre Nadrowie in territorio Rethowis[f]

Frater Conradus de Tirbergk magister considerans prudenciam et fidelitatem istorum Nadrowitarum, et quod per eorum reces-

---

[e] Maudolonis K, B.
[f] Lethowis K.

174. Von der Belagerung der Burg Beseleda und vom Tod von zweitausend Sudauern

Im folgenden Jahr belagerten die mit sehr starkem Heer anrückenden Sudauer, Nadrauer und Schalauer die im Wald Kertene bei Bartenstein gelegene Burg Beseleda und berannten sie aufs heftigste. Als das die Nameda, Mutter des Posdraupotus aus dem Geschlecht der Monteminores sah, sagte sie zu ihren Söhnen: „Ich beklage, daß ich euch je geboren habe, weil ihr nicht euer Leben und eure Familie vor den Feinden verteidigen wollt." Aufgerüttelt durch diese Worte, gingen ihre Söhne und andere Burgleute in den Kampf und töteten vom Heer der Heiden mehr als zweitausend. Danach bauten die Brüder die Burg Bartenstein wieder auf, und sie sitzen dort bis zum heutigen Tag.

175. Vom Krieg gegen die Nadrauer und von der Bekehrung vieler Heiden in diesem Land

Als im Jahre 1274 die Pogesanier, Warmier, Natanger, Barter und Samländer zur Einheit der heiligen Mutter Kirche zurückgekehrt waren und sie die schuldige Bürgschaft in Gestalt von Geiseln gestellt hatten, damit sie zukünftig niemals mehr solche Abscheulichkeiten verübten, sondern vielmehr dem Glauben und der Herrschaft der Brüder demütig gehorchten, bereiteten der Meister und die Brüder, bedacht auf die Ausweitung der christlichen Gebiete, einen Feldzug gegen den Stamm der Nadrauer vor. Nachdem sich nun Tirsko, Vater des Maudelo und Kastellan von Wehlau, von dem oben schon die Rede war[28], mit seinem gesamten Anhang dem Glauben und den Brüdern unterworfen hatte, kamen in der nachfolgenden Zeit etliche hochgestellte und adelige Männer aus Nadrauen mit ihrem gesamten Gesinde zu den Brüdern. Wiedergeboren durch das Taufwasser und losgesagt von ihren heidnischen Göttern, dienten sie dem lebendigen Gott Jesus Christus.

176. Von der Eroberung zweier Burgen im Land Nadrauen im Gebiet Rethowis

Meister Bruder Konrad von Tierberg zog die Klugheit und die Treue jener Nadrauer in Betracht und ferner, daß durch ihre Abwanderung das

---

[28] Vgl. III, 73.

sum terra Nadrowie multum esset debilitata, misit fratrem Theodoricum advocatum terre Sambiensis et exercitum cum eis ad dictam terram Nadrowie. Qui ingressi territorium Rethowi[g] rapina et incendio vastaverunt et procedentes ultra ad duo castra dicti territorii post longum bellum inter eos habitum tandem divino freti auxilio utrumque expugnaverunt et occisis et captis multis hominibus ipsa cum suis suburbiis ignis incendio consumpserunt tantaque preda in equis, pecudibus et aliis rebus recepta fuit, quod vix eam deducere potuerunt.

177. De expugnacione castri Otholichie

Non longe postea idem frater Theodoricus advocatus de mandato magistri assumptis sibi pluribus fratribus et CL equitibus cum multis peditibus navigio procedentibus venit ad territorium Nadrowie dictum Catthow[h] et ordinatis sagittariis ad loca debita applicatisque scalis ad menia aggressi sunt ad impugnandum castrum Otholichiam. Sed quia castrenses audierant, quod fratres antea tam potenter alia duo castra expugnaverant, desperati tamquam meticulosi non poterant diu resistere, sed post modicam impugnacionem pluribus de castro letaliter vulneratis aliis cedentibus fratres violenter intraverunt et occisis viris captisque mulieribus et parvulis ipsum funditus combusserunt.

178. De expugnacione castri Cameniswike

Deinde magister cum magno exercitu pertransiit terram Nadrowie cum incendio et rapina, et cum pervenisset ad castrum Cameniswikam situm supra fluvium Arse ordinatis modo debito, que ad impugnacionem sunt necessaria, aggressi sunt castrum et vulneratis pluribus ex utraque parte, quia in castro predicto erant CC viri in armis strenui, tandem post longum bellum cum magna difficul-

[g] Lethowi T.
[h] Cathow B.

Land Nadrauen sehr geschwächt worden war; so schickte er den Bruder Dietrich, den Vogt des Samlands, mit einem Heer und jenen Nadrauern in das Land Nadrauen. Nach ihrem Einmarsch verwüsteten sie das Gebiet Rethowis durch Raub und Brand; weiter vorrückend gelangten sie zu zwei Burgen dieses Gebietes, die sie beide nach langem Kampf schließlich mit Gottes Hilfe eroberten, und nach Tötung und Gefangennahme vieler Menschen zerstörten sie die Burgen mit ihren Vorburgen durch Brandlegung; die Beute an Pferden, Vieh und anderen Dingen war so groß, daß sie sie kaum davonführen konnten.

177. Von der Eroberung der Burg Otholichia

Nicht lange danach zog derselbe Vogt Bruder Dietrich im Auftrag des Meisters mit vielen Brüdern und 150 Reitern sowie viel Fußvolk, das zu Schiff vorrückte, nach Nadrauen in das Gebiet Catthow, und nach sachgerechter Aufstellung der Pfeilschützen und unter Anlegen von Leitern an die Wälle wurde die Belagerung der Burg Otholichia begonnen. Weil aber die Burgbesatzung gehört hatte, daß die Brüder vorher so stürmisch zwei andere Burgen erobert hatten, verzweifelte sie und konnte voller Furcht nicht lange Widerstand leisten; so drangen die Brüder nach leichter Bestürmung, bei der viele von der Burgbesatzung tödlich verwundet wurden und andere zurückwichen, ungestüm in die Burg ein, die sie nach Tötung der Männer und Gefangennahme von Frauen und Kindern gründlich durch Brand zerstörten.

178. Von der Eroberung der Burg Cameniswika

Danach durchzog der Landmeister mit einem großen Heer das Land Nadrauen mit Brand und Raub, und als er zur Burg Cameniswika gelangt war, die über dem Fluß Angerapp liegt, griff er nach den üblichen und zur Bestürmung notwendigen Vorbereitungen die Burg an; es gab viele Verwundete auf beiden Seiten, zumal in der Burg 200 waffengeübte Männer lagen, und nach langem und ziemlich schwierigem Kampf drangen die

tate habitum inter eos fratres violenter intraverunt et occisis viris omnibus supradictis, captis mulieribus et parvulis cum inestimabili preda ipsum castrum penitus cremaverunt.

179. De desolacione terre Nadrowie

Multa bella contra hanc terram Nadrowie gesta sunt gloriose, que non sunt scripta in hoc libro, quia nimis tediosum esset singulariter omnia enarrare. Unde Nadrowite licet adhuc haberent magnam potenciam armatorum et plures municiones, tamen deposita omni ferocitate se fidei et fratribus subdiderunt preter paucos, qui terram Lethowie intraverunt, sicque terra Nadrowie predicta usque in presentem diem remanet desolata.

180. De bello Scalowitarum. De anticipacione belli

Expugnatis per Dei graciam Nadrowitis fratres contra Scalowitas pugnandi acies direxerunt estimantes se nihil egisse, cum adhuc aliquid superesset agendum; et nota, quod aliqua, que sequuntur, gesta fuerunt infra bellum Nadrowitarum, quia navigio poterat haberi aditus ad Scalowitas, quem Nadrowite commorantes longe a fluvio Memele non poterant prohibere.

181. De obsidione cuiusdam castri diuturna et quodam facto mirabili

Scalowite habebant unum castrum circa Raganitam[i] in quodam monte, in cuius obsidione Rutheni cum maximo exercitu fuerunt IX annis ante ingressum fratrum domus Theutonice in terram Prussie[29]. Tandem Rutheni fatigati laboribus et expensis quesiverunt ab obsessis, de quo cibo viverent. Qui responderunt: „De piscibus." Habebant enim in medio castri piscinam habentem in longi-

[i] Raganictam B.

Brüder schließlich mit Gewalt in die Burg ein; alle 200 Männer wurden getötet, Frauen und Kinder gefangengenommen, dazu unermeßliche Beute gemacht; die Burg verbrannten sie vollständig.

179. Von der Verödung des Landes Nadrauen

Viele Kriegszüge gegen das Land Nadrauen wurden glorreich geführt und dennoch nicht in diesem Werk niedergeschrieben, weil es zu verdrießlich wäre, im einzelnen alles zu berichten. Wenn auch die Nadrauer bis dahin eine große Heeresmacht und viele Befestigungen besaßen, so unterwarfen sie sich doch nach Ablegen aller ihrer Wildheit dem Glauben und den Brüdern, wenige ausgenommen, welche sich nach Litauen wandten; und so liegt das Land Nadrauen bis zum heutigen Tag verlassen da.

180. Vom Krieg gegen die Schalauer. Vorbemerkung über den Krieg

Nachdem die Nadrauer durch die Gnade Gottes besiegt waren, sandten die Brüder ihre Kampfscharen gegen die Schalauer, in der Meinung, sie hätten nichts vollbracht, da ja noch etwas zu tun übriggeblieben sei; wohlgemerkt ereigneten sich einige der folgenden geschilderten Vorgänge während des Kampfes gegen die Nadrauer, weil nämlich der Zugang zu den Schalauern zu Schiff genommen werden konnte, den die weit ab vom Fluß Memel ansässigen Nadrauer nicht zu behindern vermochten.

181. Von der langwierigen Belagerung einer Burg und von einer erstaunlichen Tatsache

Die Schalauer besaßen in der Nähe von Ragnit eine auf einer Anhöhe gelegene Burg, deren Belagerung die Russen mit sehr starker Heeresmacht neun Jahre vor Eintreffen der Deutschordensbrüder im Preußenland[29] betrieben. Als die Russen schließlich von den Mühen und dem Aufwand erschöpft waren, fragten sie die Belagerten, wovon sie sich ernährten. Die Antwort war: „Von Fischen." Sie hatten nämlich in der Mitte der

---

[29] Also wohl 1221/22.

tudine XX passus et totidem fere in latitudinem, que tunc habundabat piscibus, qui sufficiebant obsessis omnibus ad vescendum. Quo audito Rutheni ab obsidione recesserunt. Ecce mira res, tunc habundabat piscibus, cum essent Scalowite infideles; nunc autem fovet ranas, cum sunt Cristiani; nec habet dicta piscina tantum de aqua, que sufficeret piscibus ad manendum. Cur hoc sit, nescio; Deus scit, cuius [30]incomprehensibilia sunt iudicia et investigabiles vie[30].

182. De expugnacione castri Raganite

Frater Theodoricus advocatus Sambiensis de mandato magistri ducens secum plures fratres et mille viros, qui in impugnacionibus municionum fuerunt plenius exercitati, venit navigio ad terram Scalowitarum, que sita est in utroque littore Memele, et accedens improvise ad castrum situm tunc in eo loco, ubi nunc est castrum Raganita, incepit ipsum impugnare. Quidam scalis positis ad menia nitebantur ascendere. Sed cum Scalowite ex adverso se opponere vellent, sagittarii fratrum per crebra iacula ipsos repulerunt. Violenter igitur illis intrantibus per menia, aliis per portam castri totam illam multitudinem infidelium, qui plures fuerunt in castro, quam fratrum exercitus continebat, in ore gladii extinxerunt mulieres et parvulos cum maxima preda rerum aliarum secum ducentes. Hoc facto castrum et suburbium eius et alia edificia, que in vicino fuerant, combusserunt.

183. De expugnacione castri Ramige

Ardua et quasi impossibilia humane nature homo confisus in Domino audet aggredi, quando ex certis indiciis et signis evidentibus sentit sibi Deum propicium. Unde frater Theodoricus predictus cum exercitu suo ad littus Memele oppositum accedens castrum Ramige[k] eodem modo impugnavit, et licet in dicta impugnacione aliqui de suis vulnerati fuerant et occisi, tamen eodem die ipsum violenter obtinuit et destruxit partim hominibus captis, aliis occisis.

[k] Ranige B.

Burg einen Fischteich von 20 Schritt Länge und etwa derselben Breite, der damals reich an Fischen war, die allen Belagerten zur Nahrung ausreichten. Als die Russen davon hörten, ließen sie von der Belagerung ab. Das Wunderbare an der Sache ist dieses: Damals, als die Schalauer Heiden waren, war der Teich reich an Fischen, nun aber, wo sie Christen sind, birgt er Frösche und hat nicht einmal so viel Wasser, daß darin Fische leben könnten. Warum das so ist, weiß ich nicht. Gott freilich weiß es, dessen [30]Ratschlüsse unbegreiflich und Wege unergründlich sind[30].

182. Von der Eroberung der Burg Ragnit

Bruder Dietrich, der Vogt des Samlands, der im Auftrag des Meisters viele Brüder und tausend in der Bestürmung von Befestigungen besonders erfahrene Männer mit sich führte, gelangte zu Schiff in das Land der Schalauer, das beiderseits der Memel gelegen ist; unvermutet rückte er bis zu einer Burg vor, die damals an der Stelle der heutigen Burg Ragnit lag, und griff sie an. Etliche benutzten an die Wälle angelehnte Leitern zur Besteigung. Als jedoch die Schalauer sich zur Wehr setzen wollten, trieben die Bogenschützen der Brüder sie durch dichte Pfeilschüsse zurück. Ungestüm drangen sie sodann teils über die Wälle, teils durch das Burgtor ein und töteten mit dem Schwert die Gesamtheit der Heiden, von denen sich in der Burg mehr befanden als das Heer der Brüder zählte; Frauen und Kinder führten sie zusammen mit reicher Beute an anderen Dingen mit sich fort. Danach verbrannten sie die Burg samt ihrer Vorburg und alle in der Umgebung liegenden Gebäude vollständig.

183. Von der Eroberung der Burg Ramige

Schwieriges und der menschlichen Natur fast Unerreichbares wagt der Mensch in seinem Vertrauen auf Gott zu unternehmen, wenn er aus sicheren Anzeichen und augenscheinlichen Merkmalen herausliest, daß Gott ihm gnädig ist. Deshalb rückte der erwähnte Bruder Dietrich mit seinem Heer auf das gegenüberliegende Memelufer vor und griff in derselben Weise die Burg Ramige an, und wenn auch bei diesem Angriff einige seiner Leute verwundet und getötet wurden, so nahm er doch an demselben Tag die Burg in heftigem Kampf und zerstörte sie, wobei die Menschen teils gefangen, teils getötet wurden.

[30–30] Vgl. Röm 11,33.

184. De destructione castri Labegow

Cum autem hec ad aures Scalowitarum devenirent, ³¹conturbata sunt omnia ossa³¹ eorum et convenientes seniores populi concilium fecerunt in unum¹, quomodo se possent vindicare. Ordinaveruntque concorditer CCCC viros preelectos ad bellum, qui navigio venientes ad castrum fratrum Labegowe improvise in ortu diei quiescentibus adhuc hominibus in stratu suo ipsum expugnaverunt occidentes in eo, quicquid masculini sexus fuit, preter mulieres et parvulos, quos exusto prius castro secum cum preda maxima deduxerunt.

185. De vastacione terre Scalowie

Sed quia facilitas venie incentivum tribuit delinquendi, necesse fuit, quod Scalowite de delicto huiusmodi presumpcionis gravem subirent penitenciam, ne talia de cetero attemptarent. Congregavit igitur magister et fratres validum exercitum in ulcionem premissorum, qui cum venirent in terram Scalowie, ipsam per incendium et rapinam pertransierunt ³²a fine usque ad finem³² in illa parte, que tangit terram Prussie, factaque strage magna hominum mulieres et parvulos vinctos deduxerunt. Medio tempore, quo hec agerentur, Stinegota[m] capitaneus Scalowitarum cum magno exercitu sequutus est eos, quod considerantes magister et fratres positis occulte insidiis exercitum Scalowitarum procedentem invaserunt et pluribus ex eis occisis alios in fugam converterunt.

186. De quadam tradicione facta contra fratres

Fuit quidam vir potens, cui nomen Sarecka[n] Scalowita, castellanus in castro Sarecka a nomine suo sic dicto de illa parte Scalowie, que tangit terram Lethowie. Qui non habens virtutem armatorum, que posset fratres offendere, excogitata quadam fraude tradicio-

---

¹ in unum wohl hinter convenientes zu setzen.
[m] Stinegote D.
[n] Sarrecka K.

184. Von der Zerstörung der Burg Labiau

Als dieses den Schalauern zu Ohren kam, [31]fuhr ihnen der Schreck in die Glieder[31]; die Ältesten des Stammes kamen zusammen und hielten eine Versammlung darüber ab, wie sie sich rächen könnten. Einmütig bestimmten sie 400 auserlesene Männer zum Kampf, die zu Schiff die Burg der Brüder Labiau erreichten und sie im Morgengrauen, als alle Leute noch in den Betten waren, unversehens eroberten; sie töteten alle ihre männlichen Bewohner, nicht jedoch Frauen und Kinder, die sie samt reicher Beute mit sich fortführten, nachdem die Burg zuvor verbrannt worden war.

185. Von der Verwüstung des Landes Schalauen

Weil aber leicht gewährte Vergebung die Sünde entfacht, war es nötig, daß die Schalauer wegen eines Vergehens von solcher Verwegenheit schwere Buße erlitten, damit sie derartiges kein zweites Mal unternähmen. Deshalb versammelten der Meister und die Brüder ein schlagkräftiges Heer, um das Vorerwähnte zu rächen; nachdem sie im Land Schalauen angekommen waren, durchzogen sie es unter Brennen und Plündern [32]von Grenze zu Grenze[32] und töteten in dem an das Preußenland angrenzenden Teil eine große Anzahl von Männern und führten Frauen und Kinder gefesselt ab. Während dies geschah, folgte ihnen Stinegota, der Anführer der Schalauer, mit einem großen Heer; dieses bemerkten der Meister und die Brüder; heimlich legten sie einen Hinterhalt und überfielen die vorrückenden Schalauer, von denen viele getötet, die anderen in die Flucht geschlagen wurden.

186. Von einem Verrat an den Brüdern

Es lebte ein mächtiger Schalauer namens Sarecka, Kastellan in der Burg Sarecka, die nach ihm ihren Namen trug, in jenem Teil Schalauens, der an Litauen angrenzt. Er besaß keine Mannschaft von Kriegern, die die Brüder hätte angreifen können; so dachte er sich einen schurkischen

---

[31–31] Vgl. Ps 6,3; 30,11.
[32–32] Weish 8,1.

nis voluit sub simulata specie boni eos decipere. Misit enim nuncios suos ad commendatorem de Memelburgk petens ab eo humiliter et devote, ut cum armigeris suis veniret et eum, qui cum tota domo et familia vellet relicta ydolatria baptismi graciam percipere, deduceret violenter, quia nonnisi [33]in manu potenti[33] evadere infidelium manus posset. Commendator audita hac legacione [34]gavisus est gaudio magno valde[34], et licet non posset habere plenam certitudinem huius facti, voluit tamen sub spe lucri tot animarum aggredi rem periculosam et dubiam propter Deum. Assumptis ergo sibi fratribus quibusdam et armigeris processit et in via occurrit ei quidam vir, qui ipsum de tradicione huiusmodi premunivit asserens, quod dictus Sarecka cum multis armatis, ut eum et fratres occideret, in itinere expectaret. Hoc audito commendator non volens, quod idem Sarecka de tanta iniquitate commodum reportaret, circumveniens eum improvise irruit in ipsum et aliis pre timore in fugam conversis ipsum cum octo pocioribus de parte ipsius capiens deduxit. In prima vero nocte dum fratres quiescerent in tentoriis suis, idem Sarecka, quia [35]fortis erat robore[35], solvit se a vinculis, quibus ligatus stetit ad arborem, et arrepto gladio unum fratrem et tres armigeros interfecit et alteri brachium amputavit, in qua pugna et ipse eciam est occisus.

187. De expugnacione castri Sassowie

Frater Conradus de Tirbergk magister hoc intellecto commotus est et congregato exercitu mille quingentorum equitum aliis cum XV navibus procedentibus circa castrum Scalowitarum Sassowiam⁰ convenerunt et ad impugnacionem eius viriliter accedentes ipsum post longam altercacionem potenter expugnaverunt et partim captis hostibus, aliis gladio trucidatis [36]in cinerem redegerunt[36].

⁰ Sassoniam B.

Verrat aus, indem er sie unter dem heuchlerischen Schein einer guten Tat zu täuschen gedachte. Er schickte nämlich seine Boten zum Komtur von Memelburg und bat diesen ergeben und demütig, mit seiner bewaffneten Mannschaft zu kommen und ihm, der er mit seinem ganzen Haus und Gesinde nach Ablegen des Heidenglaubens die Gnade der Taufe empfangen wolle, tatkräftig das Geleit zu geben, weil er höchstens [33]mit kräftigem Beistand[33] den Händen der Heiden zu entkommen vermöchte. Als der Komtur von dieser Gesandtschaft hörte, [34]empfand er außerordentliche Freude[34], und obgleich er volle Gewißheit über den Vorgang nicht haben konnte, wollte er dennoch für Gott die gefährliche und zweifelhafte Angelegenheit beginnen in der Hoffnung auf den Gewinn so vieler Seelen. So rückte er mit etlichen aufgebotenen Brüdern und Bewaffneten vor. Unterwegs traf er auf einen Mann, der ihn vor diesem Verrat warnte, indem er ihm versicherte, daß der besagte Sarecka mit vielen Bewaffneten auf dem Wege auf der Lauer liege, um ihn und die Brüder zu töten. Nach dieser Nachricht umzingelte der Komtur ihn, weil er nicht wollte, daß jener Sarecka von solcher Missetat einen Vorteil zöge, und griff ihn unversehens an; während die anderen vor Furcht die Flucht ergriffen, nahm er ihn selbst zusammen mit acht mächtigen Männern seiner Mannschaft gefangen und führte ihn ab. Als in der ersten Nacht die Brüder in ihren Zelten schliefen, löste [35]der mit großen Kräften ausgestattete[35] Sarecka sich aus den Fesseln, mit denen er stehend an einen Baum gebunden war; er riß ein Schwert an sich und tötete einen Bruder und drei Krieger und schlug einem zweiten den Arm ab und wurde in diesem Kampf auch selbst getötet.

187. Von der Eroberung der Burg Sassowia

Der Meister Bruder Konrad von Tierberg erregte sich, als er davon erfuhr, brachte ein Heer von 1500 Reitern zusammen und ließ andere Truppen auf 15 Schiffen vorrücken; in der Nähe der Schalauerburg Sassowia vereinigten sie sich und stießen energisch zum Angriff auf sie vor; nach langem Hin und Her eroberten sie die Burg mit allen Kräften, nahmen die Feinde zum Teil gefangen, erledigten die anderen mit dem Schwert und [36]legten die Burg in Asche[36].

[33–33] Vgl. Ps 135,12.
[34–34] Vgl. Mt 2,10.
[35–35] Vgl. 1 Kg 9,1.
[36–36] Vgl. 2 Petr 2,6.

188. De desolacione terre Scalowie

Multa bella alia sunt gesta per fratres contra Scalowitas, que tediosum esset scribere. Postquam ergo pociores terre huius domini scilicet Surbancz[p], Swisdeta et Surdeta[q] viderunt sibi Deum terribiliter offensum et fratribus miro modo propicium, non audentes ultra divine potencie resistere ad Cristianos relicta paterna hereditate successive cum omni domo et familia sua secesserunt. Communis autem populus audiens, quod duces exercitus sui, per quos bellum gerebatur, recessissent, subiecit eciam se fidei Cristiane. Sicque terra illa fuit sine habitatore multis annis.

189. De apostasia III Pruthenorum et captivitate commendatorum de Cristburgk et Elbingo cum familia eorum

Cum igitur sub innumeris expensis et laboribus infinitisque angustiis ferocem illam gentem et indomitam Pruthenorum non sine maxima strage fidelium fratres iugo fidei vice altera subiecissent et crederent, quod esset [37]pax et securitas, repentinus supervenit interitus[37]. Nam inimicus humani generis, hostis fidei, pacis emulus dyabolus [38]intrans in corda ipsorum[38] provocacit eos, ut iterum rebellionis calcaneum erigerent ac [39]contra stimulum indurata nequicia calcitrarent[39]. Cuius consilio acquiescentes omnes preter fideles Pomesanos[r] facta conspiracione apostasie vicium committere intendebant. Nullus tamen publice audebat se fratribus opponere preter Pogesanos, qui commendatorem de Elbingo et Helwicum de Goltbach commendatorem de Cristburgk et eorum socios armata manu invadentes captos deduxerunt. Sed quidam dictus Powida statim ipsos liberavit. Capellanum ipsorum sacerdotem per gulam ad arborem suspenderunt et quendam famulum ipsorum interfecerunt, reliqua pars familie in fugam conversa vix evasit.

---

[p] Surbantz K, D.
[q] Surdeca B, D; Suedeta K.
[r] Pomezanios B.

188. Von der Verödung des Landes Schalauen

Viele andere Feldzüge sind von den Brüdern gegen die Schalauer unternommen worden, die zu beschreiben Überdruß erregen würde. Nachdem nun die adeligen Herren dieses Landes, nämlich Surbancz, Swisdeta und Surdeta, erkannten, daß Gott ihnen furchtbar zürnte und den Brüdern wunderbarerweise gnädig gesinnt war, wagten sie nicht länger, der göttlichen Allgewalt zu widerstehen, und zogen unter Aufgabe des ererbten Besitzes nach und nach mit ihrem ganzen Haus und Gesinde zu den Christen. Als das gemeine Volk davon hörte, daß die Führer des Heeres, die den Kampf geleitet hatten, sich davongemacht hatten, unterwarf es sich ebenfalls dem Christenglauben. So lag dieses Land viele Jahre lang ohne Bewohner da.

189. Vom dritten Abfall der Prußen vom Glauben und von der Gefangennahme der Komture von Christburg und Elbing samt ihrem Gesinde

Als die Brüder nunmehr unter zahllosen Mühen und Opfern und endlosen Entbehrungen jene wilde und ungezähmte Völkerschaft der Prußen nicht ohne sehr große Verluste an Christen dem Joch des Glaubens zum zweiten Mal unterworfen hatten und glaubten, [37]daß Friede und Sicherheit herrschen würden, kam der plötzliche Untergang[37]. Denn der Widersacher des Menschengeschlechts, der Feind des Glaubens, der Nebenbuhler des Friedens, der Teufel, [38]senkte sich in die Herzen jener[38] und rief sie dazu auf, wiederum die Ferse des Aufstands zu erheben und [39]mit verhärteter Schlechtigkeit gegen den Stachel zu löcken[39]. Seinem Rat stimmten alle zu außer den treuen Pomesaniern, und nach erfolgter Verschwörung schickten sie sich an, das Laster des Abfalls vom Glauben zu begehen. Niemand wagte freilich öffentlich, sich den Brüdern entgegenzustellen, außer den Pogesaniern, die den Komtur von Elbing und Helwig von Goldbach, den Komtur von Christburg, und deren Genossen mit bewaffneter Streitmacht angriffen und sie gefangen fortführten. Aber einer namens Powida befreite sie sofort. Deren Kaplan, einen Priester, hängten sie am Hals an einem Baum auf, einen ihrer Knechte töteten sie, der Rest des Gesindes flüchtete und entkam nur knapp.

[37-37] Vgl. 1 Thess 5,3.
[38-38] Vgl. Ps 36,15.
[39-39] Vgl. Apg 9,5.

190. De occisione multorum Pogesanorum

Hoc tempore frater Theodoricus de Lidelow advocatus Sambiensis de Alemania reversus Sambitas, qui ipsum tenerrime dilexerunt, ab errore huiusmodi revocavit. Quod cum Nattangi et Warmienses perciperent, et ipsi a concepta malicia destiterunt promittentes bona fide fratribus fideliter adherere. Congregato itaque magno exercitu frater Conradus de Tirbergk magister et fratres intraverunt terram Pogesanie et viris sine numero interfectis vastataque terra incendio et rapina mulieres et parvulos captos deduxerunt. Dum autem hec agerentur, tam viri quam mulieres maledixerunt cuidam Sambite dicto Bonse[s] camerario de territorio Pubeten asserentes, quod ipse huius nefandi criminis auctor fuisset, motivum primum et origo. Hic Bonse voluit habere manifeste duas uxores, et quia fratres hoc prohibuerunt, provocatus in iram omnes quasi Pruthenos ad apostasiam incitavit. Unde exigentibus eius demeritis morte, quam meruit, est damnatus.

191. Ad idem

Eodem anno tempore autumni fratres iterum armata manu intraverunt predictam terram Pogesanie et vastata iterum incendio et rapina, captis et occisis omnibus preter paucos, qui cum familia sua versus Lethowiam ad territorium castri Garthe secesserunt, ipsam in solitudinem redegerunt.

192. De vastacione terre Colmensis et territoriorum castrorum Grudencz, Insule sancte Marie, Santirii, Cristburgk et destructione castri Clementis

Hoc tempore fuit in terra Colmensi quidam frater Bertoldus de Northusen provincialis commendator, qui, licet esset providus dispensator in cura domestica, tamen ad bellum minus fuit valens —

---

[s] Bouse K, B.

190. Von der Tötung vieler Pogesanier

Damals hat der aus Deutschland zurückgekehrte Bruder Dietrich von Lödla, der samländische Vogt, die Samländer, die ihm anhingen, von einem derartigen Irregehen abgebracht. Als das die Natanger und Warmier bemerkten, ließen sie gleichfalls von der schon geplanten Bosheit ab und versprachen, den Brüdern in Treue und aufrichtig anzuhängen. Nun brachten der Meister Bruder Konrad von Tierberg und die Brüder ein großes Heer auf und zogen nach Pogesanien. Hier töteten sie zahllose Männer, verwüsteten das Land mit Brand und Plünderung und führten Frauen und Kinder gefangen mit sich fort. Währenddessen verfluchten Männer wie Frauen einen gewissen Samländer namens Bonse, den Kämmerer des Gebiets Pobethen, indem sie versicherten, daß jener der Anstifter dieser gottlosen Schandtat, ihr erster Beweggrund und Ursprung gewesen sei. Dieser Bonse wollte in aller Öffentlichkeit zwei Ehefrauen haben, und weil die Brüder dieses verboten, stachelte der Zornentbrannte fast alle Prußen zum Abfall vom Glauben an. Deshalb ist er zum verdienten Tod verurteilt worden, wie seine Schuld es erforderte.

191. Nochmals davon

In demselben Jahr drangen die Brüder zur Herbstzeit wiederum mit einer bewaffneten Schar in das erwähnte Land Pogesanien ein, verwüsteten es erneut durch Brand und Raub, nahmen alle gefangen und töteten sie mit Ausnahme von wenigen, die sich samt ihrem Gesinde nach Litauen in das Gebiet der Burg Garthen davonmachten. So wurde Pogesanien der Verödung ausgesetzt.

192. Von der Verwüstung des Kulmerlands und der Gebiete der Burgen Graudenz, Marienwerder, Zantir und Christburg sowie von der Zerstörung der Burg Clementis

Damals war im Kulmerland Bruder Bertold von Northusen Landkomtur, der zwar ein umsichtiger Verwalter der inneren Geschäfte war, doch weniger zum Kampf taugte (weil der Sinn für einzelnes geringer entwik-

quia minor est ad singula sensus —, quare non obstitit insultacioni infidelium, ut debebat. Unde Sudowite sepius intraverunt terram Colmensem et facta magna strage in populo Dei vastataque terra incendio et rapina recesserunt, et cum sentirent, quod nullus resisteret eis, ausi fuerunt cum modico exercitu dictam terram Colmensem hostiliter subintrare. Tandem magister fratrem Hermannum de Sconenbergk virum in bellis exercitatum constituit in commendatorem provincialem dicte terre, qui eis viriliter restitit, quia quocienscunque Sudowite cum parvo exercitu intrarent terram Colmensem, ipse cum armigeris suis audacter occurrit eis et aggrediens eos in bello vicit et occisis plurimis alios in fugam convertit et hoc tociens reiteratum fuit ab eo totque occisi fuerunt, quod Sudowite amplius venire sine magno exercitu non audebant. Provocati ergo de tanta strage suorum et tam variis damnis, que incurrerant in terra Colmensi, Scumandus capitaneus Sudowitarum cum IIII milibus gentis sue et virtute exercitus Lethowinorum potenter intraverunt terram Colmensem in die XI milium virginum[40] et mortem suorum multipliciter vindicabant. In primo ingressu castrum cuiusdam feodatarii dictum Plowist situm supra fluvium Osse graviter impugnaverunt et utique destruxissent, sed tandem hec pacta intervenerunt, ut castrenses duos viros expertos concederent, qui exercitum infidelium ducerent et reducerent per terminos Cristianorum et sic salvi permanerent. Quo facto processerunt ante castra scilicet Redinum, Lipam[t], deinde ad castrum Welsais, cuius suburbium funditus cremaverunt. Posthec castrum dictum Turnitz cuiusdam feodatarii durissime impugnaverunt castrensibus e contra se opponentibus, et licet illa die nihil proficerent impugnando, manserunt tamen illa nocte in obsidione eius. Sed crastina die dum sentirent castrum firmatum pluribus armigeris quam ante, sine impugnacione altera recesserunt. Post hec venerunt ad castrum Clementis, quod fuit cuiusdam feodatarii, et undique vallantes impugnaverunt; tandem igne apposito penitus combusserunt et centum homines Cristiani fuerunt in eo extincti preter mulieres et parvulos, quos captos deduxerunt. Ultimo processerunt contra hec castra et civitates, scilicet Grudentz, Insulam

[t] Lipani K, B, D.

kelt ist), weshalb er nicht wie notwendig der mutwilligen Herausforderung der Heiden entgegentrat. So kam es, daß die Sudauer häufiger das Kulmerland betraten und nach großem Morden im Volke Gottes und nach Verwüstung des Landes durch Brennen und Plündern wieder abzogen, und als sie herausfanden, daß sich ihnen niemand entgegenstellte, wagten sie sogar mit geringem Heer das Kulmerland feindselig aufzusuchen. Schließlich ernannte der Meister den Bruder Hermann von Schönburg, einen kriegserfahrenen Mann, zum Provinzialkomtur dieses Landes, der ihnen tapferen Widerstand leistete, weil er, sooft die Sudauer mit kleinem Heer das Kulmerland betraten, ihnen mit seinen Kriegern mutig entgegentrat, sie angriff und im Kampfe schlug, sehr viele tötete und andere zur Flucht brachte; dieses wiederholte er so viele Male und es wurden so viele getötet, daß die Sudauer nicht den Mut hatten, weiterhin ohne großes Heer zu kommen. Herausgefordert durch einen so großen Verlust an Kriegern und so verschiedenartige Einbußen, die sie im Kulmerland erlitten hatten, fiel Scumand, der Anführer der Sudauer, mit 4000 Männern seines Stammes und der Mannschaft eines Litauerheeres am Tag der 11 000 Jungfrauen[40] gewalttätig ins Kulmerland ein, und sie rächten ihre Toten vielfach. Beim ersten Ansturm griffen sie die am Fluß Ossa gelegene Burg Plowist eines Lehnsmannes heftig an und hätten sie sicher zerstört, trafen jedoch dann die Abmachung, daß die Burgbewohner ihnen zwei erfahrene Männer auslieferten, die das Heidenheer in das Gebiet der Christen und wieder zurück führen sollten; auf diese Weise sollten sie dann verschont bleiben. So geschah es, und die Sudauer zogen vor die Burgen Rehden und Leipe, danach zur Burg Welsas, deren Vorburg sie gänzlich niederbrannten. Darauf griffen sie die Burg Turnitz eines Lehnsmannes sehr heftig an; die Burgleute setzten sich gegen sie zur Wehr, und obwohl sie an jenem Tag mit ihrer Bestürmung nichts ausrichteten, hielten sie die Belagerung noch die Nacht über aufrecht. Aber am nächsten Tag zogen sie sich ohne weiteren Angriff zurück, weil sie dachten, die Burg sei durch mehr Bewaffnete gesichert als vorher. Sodann gelangten sie zur Burg Clementis, die einem Lehnsmann gehörte und von ihnen nach Umzingelung angegriffen wurde; durch Brandlegen vernichteten sie die Burg vollständig, und 100 Christen fanden in ihr den Tod außer den Frauen und Kindern, welche sie gefangen fortführten. Schließlich rückten sie gegen folgende Burgen und Städte vor: Graudenz, Marienwerder, Zantir und

---

[40] 21. Oktober (1277).

sancte Marie et Santirium et Cristburgk, et quicquid occurrit eis in via, vel occiderunt aut ceperunt vel [41]in cinerem redegerunt[41]. Deinde cum inestimabili preda hominum Cristianorum et aliarum rerum recesserunt. Quanta mala et quam magnam stragem in populo Dei et quantam verecundiam fecerit iste exercitus sacramentis ecclesie et ministris, nullus sane mentis posset sine lacrimis cogitare.

193. De bello Sudowitarum et de bello finali terre Prussie

Expugnatis favente Domino Iesu Cristo cunctis gentibus terre Prussie restabat adhuc una et ultima, scilicet Sudowitarum, et potencior inter omnes, quam fratres non in humana virtute nec in pugnatorum multitudine, sed in divine protectionis auxilio confisi viriliter sunt aggressi attendentes, quod non solum caput et alia pars corporis, sed eciam cauda hostie secundum preceptum Domini in sacrificio iubetur offerri. Ut ergo fratres hostie sue [42]finem consumacionis[42] apponerent, inceperunt bellum contra terram Sudowie in hunc modum.

194. De vastacione territorii Kymenow terre Sudowie

Frater Conradus de Tirbergk magister et plures fratres cum mille et quingentis equitibus intraverunt terram Sudowie et territorium, quod dicitur Kymenow, depopulati sunt et preter occisos, quorum multi fuerunt, mille captivos homines cum spolio aliarum rerum fere innumerabili deduxerunt. Sequenti die dum exercitus fratrum redeundo venisset ad silvam, que dicitur Winse, Sudowite cum tribus milibus virorum electorum secuti sunt eos, quos fratres cum suis viriliter invadentes occisis multis et letaliter vulneratis usque ad terre ipsorum introitum fugaverunt. In hac pugna de exercitu fratrum nisi sex viri ceciderunt interfecti, alii salvi sunt reversi.

Christburg: Was sich ihnen unterwegs entgegenstellte, wurde von ihnen getötet, gefangengenommen oder ⁴¹in Asche gelegt⁴¹. Dann zogen sie sich mit unermeßlicher Beute an Christen und anderen Dingen zurück. Wieviel Unglück und welche Vernichtung im Volke Gottes, wieviel Schande dieses Heer den Heiligtümern der Kirche und ihren Dienern zufügte, kann sich niemand von gesundem Verstand vorstellen, ohne daß ihm die Tränen kommen.

193. Vom Krieg gegen die Sudauer und vom letzten Kampf im Preußenland

Nachdem mit der Gnade des Herrn Jesus Christus alle Völkerschaften des Preußenlandes besiegt waren, blieb nur noch eine einzige als die letzte übrig, nämlich die Sudauer, mächtiger als alle anderen; die Brüder griffen diese nicht im Vertrauen auf menschliche Tapferkeit, auf die Vielzahl von Kämpfern, sondern allein im Vertrauen auf göttlichen Beistand tapfer an; dabei achteten sie darauf, daß nicht nur der Kopf und der restliche Körper, sondern auch der Schwanz des Schlachtopfers gemäß der Vorschrift des Herrn beim Opfer dargebracht werden soll. Damit die Brüder ihrem Schlachtopfer nun wirklich das Ende⁴² bereiteten, eröffneten sie den Krieg gegen das Land Sudauen folgendermaßen.

194. Von der Verwüstung des Gebiets Kymenow im Land Sudauen

Der Meister Bruder Konrad von Tierberg und viele Brüder sowie 1500 Reiter fielen in das Land Sudauen ein und verwüsteten das Gebiet namens Kymenow; außer daß es eine Vielzahl von Toten gab, führten sie 1000 Menschen zusammen mit unzähliger Beute an anderen Dingen mit sich fort. Während am folgenden Tag das Heer der Brüder auf dem Rückmarsch bei einem Wald namens Winse anlangte, folgten ihnen die Sudauer mit 3000 ausgewählten Männern; die Brüder griffen sie mit ihren Leuten tapfer an, töteten und verletzten viele tödlich und schlugen sie bis an die Grenzen ihres Landes in die Flucht. Bei diesem Kampf fielen vom Heer der Brüder nur sechs Mann, alle anderen kehrten unversehrt zurück.

---

⁴¹⁻⁴¹ Vgl. 2 Petr 2,6.
⁴²⁻⁴² Vgl. Ps 118,96.

195. De depredacione terre Polonie

Hoc tempore Lethowinorum exercitus validus intravit Poloniam et vastatis Briscensi, Luncensi et Dobrinensi confiniis per incendium et rapinam tantam stragem fecit in populo Cristiano occidendo et captivando, quod numerum eorum nemo potuit veraciter estimare.

196. Ad idem; de morte octingentorum Lethowinorum

Non longe postea octingenti viri equites de Lethowia destruxerunt in parte terre Polonie, que dicitur Kersow, X villas et occisis multis Cristianis cum magno spolio recesserunt. Medio tempore, quo hec agerentur, vir Deo devotus Lestekinus dux Cracoviensis congregatis multis milibus virorum ascendit in montem quendam et ait: „Quicunque formidolosus non est, ascendat ad me, ut hodie vindicemus iniuriam crucifixi." Et ut breviter concludam, ipse sicut Gideon de multis militibus non nisi [43]CCC viros obtinuit, cum quibus certamini se dedit[43] et hostes de Dei misericordia, [44]qui neminem deserit sperantem in se[44], viriliter est aggressus et captivis Cristianis primo liberatis [45]inimicos fidei percussit plaga magna[45], sic quod de octingentis viris vix decem fuge presidio evaserunt.

197. De destructione territorii Sudowie Meruniske

Frater Conradus magister [46]semper sollicitus[46] circa destructionem infidelium congregata magna potencia exercitus equitum et peditum intravit Sudowie territorium dictum Meruniskam cum equitibus aliis relictis ante introitum terre predicte et occidit dominos huius territorii famosos XVIII. De alio populo promiscui sexus interfecit sexcentos et captivavit et dictum territorium vastavit per incendium et rapinam.

195. Von der Ausplünderung Polens

Damals fiel ein starkes Heer von Litauern in Polen ein, verwüstete die Gebiete von Brest, Lentschütz und Dobrin durch Brennen und Rauben und richtete durch Töten und Gefangennehmen eine solche Vernichtung im Christenvolk an, daß die Zahl der Opfer von niemandem wirklich geschätzt werden konnte.

196. Von demselben und vom Tod von 800 Litauern

Nicht viel später zerstörten 800 Reiter aus Litauen in dem Teil Polens, der Kersow genannt wird, zehn Dörfer, töteten viele Christen und kehrten mit großer Beute um. Während dieses geschah, bestieg der gottergebene Herzog Leszek von Krakau, nachdem er viele tausend Männer zusammengezogen hatte, einen Berg und sprach: „Wer immer ohne Furcht ist, der möge zu mir hochsteigen, damit wir heute das dem Gekreuzigten zugefügte Unrecht rächen." Kurz und gut: wie Gideon erhielt er von den vielen Kriegern nur [43]300 Mann, mit denen er sich in den Kampf warf[43]. Die Feinde griff er mannhaft mit Gottes Gnade an, [44]der den nicht verläßt, welcher seine Hoffnung auf ihn setzt[44]. Zuerst befreite er die gefangenen Christen, und dann setzte er [45]den Glaubensfeinden mit solchen Schlägen zu[45], daß von den 800 Männern kaum zehn durch die Flucht entkamen.

197. Von der Zerstörung des Gebietes Meruniska in Sudauen

Der Meister Bruder Konrad, [46]der immer darauf bedacht war[46], die Heiden niederzuwerfen, fiel nach Aufbietung einer starken Streitmacht von Reitern und Fußtruppen in das sudauische Gebiet namens Meruniska mit der Reiterei ein, wobei er den Rest vor Betreten des Landes Sudauen zurückließ. Er tötete 18 adelige Herren dieses Gebietes. Vom übrigen Volk tötete und fing er 600 beiderlei Geschlechts. Das besagte Gebiet verwüstete er durch Brennen und Plündern.

[43-43] Vgl. Ri 7,7.8.
[44-44] Vgl. Jdt 13,17.
[45-45] Vgl. Est 9,5.
[46-46] Vgl. Kol 4,12.

198. De latrunculis

Mira et insolita gesta sunt per latrunculos Cristianos, scilicet per Martinum de Golin, Conradum dictum Dywel[u] et quendam dictum Stovemel et Kudare de Sudowia et Nakam de Pogesania et plures alios, que nullus posset ad plenum perorare. Iste Martinus cum IIII viris Theutonicis et XI Pruthenis quandam villam in terra Sudowie expugnavit captis hominibus et occisis. Et cum longe in reditu pervenisset ad talem locum, ubi omni timore postposito sedens in mensa cum sociis suis refectionem sumeret post laborem, irruerunt repente in eum hostes et occisis IIII sociis eius Theutonicis alii evaserunt relictis ibi omnibus, que de armis et victualibus habebant. Hoc facto Sudowite [47]gavisi sunt valde[47]. Martinus autem turbatus circuivit in silva, quousque socios suos superstites convocavit, et quia omnia arma fuerant eis ablata, ipse secrete dormientibus hostibus successive furatus fuit eis clipeos, gladios et lanceas, quibus habitis accessit cum suis occulte et omnes in stratu suo occidit preter unum, quem Martinus preoccupans viam, qua effugere voluit, interfecit sicque cum spolio primo et dictorum infidelium armis et rebus aliis est reversus.

199. Ad idem

Idem Martinus et pauci alii iterum intraverunt terre Sudowie quandam villam, et in crepusculo cum aliqui essent in balneo, alii in cena, reliqui in diversis officiis, invaserunt eos et occiderunt eos omnes. Martinus autem X viros in balneo interfecit sicque equos et pecudes et cetera cum mulieribus et parvulis deduxerunt.

200. De fuga Sudowitarum

Eodem tempore Sudowite volentes vindictam sumere de premissis cum modico exercitu intraverunt terram Nattangie et depopulata quadam parte ipsius modica recesserunt. Quos fratres cum

[u] Duvel B.

198. Von Freibeutern

Erstaunliches und Ungewöhnliches vollbrachten christliche Freibeuter, nämlich Martin von Golin, Konrad Dywel, ein gewisser Stovemel, Kudare von Sudauen, Naka von Pogesanien und einige andere. Deren Taten kann niemand vollständig beschreiben. Jener Martin eroberte mit vier deutschen Männern und elf Prußen ein Dorf in Sudauen, nahm die Bewohner gefangen und tötete sie. Als er fernab auf dem Rückweg an eine Stelle gelangt war, an der er ohne jegliche Gefahr zu Tische sitzend mit seinen Gefährten nach der Anstrengung eine Mahlzeit zu sich nahm, fielen plötzlich Feinde über ihn her; diese töteten seine vier deutschen Gefährten, die anderen flüchteten, ließen jedoch dort alle Waffen und Lebensmittel zurück. Die [47]Sudauer freuten sich darüber sehr[47], Martin jedoch streifte erschreckt im Wald umher, bis er seine übriggebliebenen Gefährten herbeigerufen hatte, und da ihnen alle Waffen abhanden gekommen waren, stahl er selbst den schlafenden Feinden nach und nach Schilde, Schwerter und Lanzen heimlich weg; nach Gewinn dieser Waffen schlich er sich mit seinen Leuten im geheimen heran und tötete alle auf ihrer Lagerstatt, einen ausgenommen, den Martin niederstreckte, nachdem er dessen Fluchtweg besetzt hatte; so kehrte er mit seiner früheren Beute, den Waffen und anderen Beutestücken dieser Heiden zurück.

199. Von demselben

Dieser Martin und ein paar andere drangen in der Dämmerung in ein Dorf im Land Sudauen ein, als die Bewohner zum Teil im Bad, zum Teil beim Essen, die übrigen bei anderen Beschäftigungen waren; sie griffen sie an und töteten alle. Martin erschlug zehn Männer im Bad; so konnten sie Pferde, Vieh und anderes zusammen mit Frauen und Kindern mit sich fortführen.

200. Über die Flucht von Sudauern

Zu derselben Zeit wollten Sudauer für die geschilderten Vorfälle Rache nehmen und fielen daher mit kleinem Heer in das Land Natangen ein; nach mäßiger Verwüstung eines Landesteils zogen sie sich zurück. Diesen

---

[47-47] Vgl. Mt 2,10.

suis armigeris violenter insequentes occisis plurimis et letaliter vulneratis alii cum verecundia effugerunt.

201. De fratre Conrado magistro terre Prussie anno Domini MCCLXXIX

Frater Conradus de Wugwangen magister Prussie X prefuit I anno[48]. Hic mortuo fratre Conrado de Tirbergk magistro terre Prussie et fratre Ornesto[v] magistro terre Lyvonie ab infidelibus occiso nunciis utriusque terre a magistro generali petentibus datus fuit et Prussie et Lyvonie fratribus in magistrum anno Domini MCCLXXIX. Sed elapso uno anno cum sentiret, quod non sufficeret ad utriusque terre regimen, resignato officio suo in Prussia magister solius terre Lyvonie remansit.

202. De vastacione territorii Pokime terre Sudowie

Hoc tempore de mandato magistri frater Conradus de Tirbergk iunior marscalcus terre Prussie congregata omni potencia exercitus sui intravit terre Sudowie territorium dictum Pokimam[w] et facta destructione magna per incendium et rapinam captis et occisis multis hominibus, dum rediret, transiit cum exercitu suo post horam vesperarum glaciem illius stagni, quod dicitur Nogothin. Mane autem facto dissoluta fuit glacies, sic quod convectionis[x] eius vestigium non patebat.

203. De fratre Manegoldo magistro Prussie anno Domini MCCLXXX

Frater Manegoldus magister Prussie XI fuit II annis[49]. Hic fuit prius commendator in castro Kunigsbergk, ubi multa bona gessit, et factus magister terre Prussie, cum iam fere duobus annis prefu-

---

[v] Ernesto D.
[w] Pokimiam K; Pokiniam D.
[x] So K; connectionis B, D.

setzten die Brüder mit ihren Bewaffneten tatkräftig nach, töteten und verletzten die meisten tödlich; der Rest entkam durch schändliche Flucht.

201. Von Bruder Konrad, dem Meister des Preußenlands im Jahre des Herrn 1279

Bruder Konrad von Feuchtwangen, zehnter Meister von Preußen, amtierte ein Jahr lang[48]. Als Bruder Konrad von Tierberg, Meister des Preußenlandes, verstorben und Bruder Ernst, der Meister Livlands, von den Heiden getötet worden war, wurde er sowohl den Brüdern in Preußen wie in Livland im Jahre des Herrn 1279 zum Meister gegeben, nachdem zuvor Boten beider Länder beim Hochmeister entsprechend nachgesucht hatten. Aber als er nach einem Jahr bemerkte, daß er der Leitung beider Länder nicht genügend nachkommen konnte, legte er sein Amt in Preußen nieder und blieb allein Landmeister Livlands.

202. Von der Verwüstung des Gebietes Pokima im Land Sudauen

In dieser Zeit stellte auf Befehl des Meisters Bruder Konrad von Tierberg der Jüngere, der Marschall des Preußenlands, seine gesamte Heeresmacht auf, zog damit in das Gebiet Pokima im Lande Sudauen, richtete große Zerstörung an durch Brennen und Plündern und fing und tötete viele Leute; auf dem Rückweg überquerte er mit seinem Heer gegen Abend das Eis eines Sees namens Nogothin. Am anderen Morgen hatte sich das Eis aufgelöst, so daß die Spur ihres Marsches nicht mehr zu sehen war.

203. Von Bruder Mangold, dem Meister Preußens im Jahre des Herrn 1280

Bruder Mangold amtierte als elfter Meister Preußens zwei Jahre[49]. Zuvor war er Komtur in der Ordensburg Königsberg, wo er viel Gutes wirkte; nach fast zwei Jahren Amtszeit als Meister des Preußenlands

---

[48] Urkundlich nachweisbar zwischen 1279 August 10 und 1280 Juli 26.
[49] Urkundlich nachweisbar zwischen 1280 August 1 und 1282 Dezember 17; vorher Komtur in Königsberg (urkundlich zwischen 1276 März 29 und 1279 August 10).

isset, vocatus ad capitulum post electionem celebratam de fratre Burgardo de Swanden in magistrum generalem ordinis domus Theutonice in reditu mortuus est in via.

204. De vastacione terre Sambiensis

Tempore huius magistri fratris Manegoldi Sudowite ex premissis et variis afflictionibus castigati per fratres ultra modum turbati sunt et concepta contra ipsos indignacione nimia concilium fecerunt, quomodo possent oppressionem huiusmodi vindicare, et quia per se non poterant, adiuncto sibi auxilio Lethowinorum intraverunt potenter terram Sambie. Fratres longo tempore de hoc fuerunt premuniti. Unde nihil aliud facere poterant, nisi quod X diebus pertransierunt terminos dicte terre et habitaciones et alia, que extra castra et municiones sita fuerant, cremaverunt et sic occisis de exercitu suo V viris recesserunt.

205. De impugnacione terre Sudowie et captivitate et morte plurium Sudowitarum

Medio tempore, quo iste exercitus infidelium fuit in terra Sambie, frater Ulricus Bauwarus[y] commendator de Tapiow cum XII fratribus et CCL viris equitibus intravit Sudowiam et preter alia damna, quibus afflixit eam incendio et rapina, CL homines cepit et occidit, uxores nobilium, filios et filias et familiam captivavit, sic quod Sudowite hic plus perdiderunt, quam in Sambia sunt lucrati.

206. De bello fratris Ulrici contra Sudowitas

Hic frater Ulricus totus fuit magnanimus. Audebat enim aggredi ardua facta, que meticulosus inspicere formidabat. Multa et infinita damna intulit Sudowitis. Tociens contra eos bellum movit,

---

[y] Bawarus D.

wurde er zum Kapitel gerufen und verstarb nach der Wahl des Bruders Burchard von Schwanden zum Hochmeister des Ordens vom Deutschen Hause auf dem Rückweg.

204. Von der Verwüstung des Samlands

Als die Sudauer zur Zeit dieses Meisters Mangold durch die oben geschilderten Maßnahmen und durch weitere vielfältige Bedrängung gezüchtigt wurden und von den Brüdern übermäßig beunruhigt und gegen diese mit heftigem Unwillen erfüllt waren, hielten sie eine Versammlung ab und berieten, wie sie diese Bedrückung vergelten könnten, und weil sie allein auf sich gestellt nichts vermochten, holten sie Unterstützung bei Litauern und fielen mit Gewalt in das Samland ein. Die Brüder waren jedoch schon lange Zeit vorgewarnt. Daher konnten sie nichts anderes ausrichten, als dieses Land zehn Tage lang zu durchstreifen und Ansiedlungen sowie alles andere außerhalb von Burgen und Befestigungen Gelegene zu verbrennen, wobei fünf Männer aus ihrem Heer getötet wurden; dann zogen sie sich zurück.

205. Von einem Feldzug in das Land Sudauen und von der Gefangennahme und Tötung vieler Sudauer

Während sich dieses Heer der Heiden im Land Sudauen aufhielt, fiel Bruder Ulrich Bauwarus, der Komtur von Tapiau, mit 12 Brüdern und 250 Reitern in Sudauen ein; außer daß er dort durch Brand und Plünderung Schaden anrichtete, fing und tötete er 150 Menschen und nahm die Frauen von Adeligen, Söhne und Töchter sowie das Gesinde gefangen, so daß die Sudauer hier mehr verloren, als sie im Samland gewonnen hatten.

206. Vom Kampf des Bruders Ulrich gegen die Sudauer

Dieser Bruder Ulrich war außerordentlich unerschrocken. Er wagte Schwierigkeiten in Angriff zu nehmen, bei deren bloßem Anblick ein furchtsamer Mensch in Schrecken fiel. Viele ungezählte Schläge teilte er den Sudauern aus. So viele Kämpfe focht er mit ihnen aus, daß der Mei-

quod magister timens ex hoc sibi aliquid notabile periculum evenire, prohibuit eum, ne de cetero ipsos impugnaret sine sua licencia speciali. Et cum quereretur ab eo, quare sic infestus esset ipsis, respondit: „Non curarem, quid agerem, ut possem vulnerari ab eis V vulneribus, sicut Cristus pro me fuerat vulneratus." Et sic factum fuit ei, quia Sudowite tandem ipsum in bello vulnerantes V vulneribus occiderunt.

207. De conversione cuiusdam Sudowite et mirabili facto

Hoc tempore quidam nobilis de Sudowia dictus Russigenus cum omni domo et familia venit ad commendatorem de Balga, et cum vellet interesse divinis, prohibitus fuit. Cuius prohibicionis causa cognita baptizatus fuit cum omni familia sua et statim post baptisma incepit infirmari positusque ad lectum misit pro quodam fratre sacerdote de Balga, qui ipsum baptizaverat, petens ab eo humiliter, ut ipsum in fide Cristi informaret. Quod ipse sacerdos cum omni diligencia adimplevit et circumspiciens vidit de lignis factum ad pedes ipsius signum crucis, quod ipse Sudowita sibi iusserat preparari. De quo sacerdos admirans, quod talis eodem die baptizatus tantam ad fidem Cristi graciam haberet, cepit inquirere, utrum ante susceptam fidem aliquid boni egisset. Respondit, quod multos Cristianos interfecisset, de aliquo bono facto nihil sciret preter hoc solum, quod dum ipse cum magno exercitu intrasset Poloniam, quidam Sudowita imaginem beate virginis Marie cum filio in gremio gerentem deportavit, et in reditu dum cum lanceis suis ad dictam imaginem sagittarent, ipse de hoc dolens violenter rapuit et cuidam Cristiano dedit dicens: „Accipe imaginem istam Dei tui et reporta ad locum, ubi in reverencia debita habeatur"; quo facto apparuit ei beata virgo in specie et habitu pulcherrimo in somnis et dixit: „Hoc obsequium, quod mihi fecisti in imagine mea, tibi in regno filii mei refundetur." Quod cum ipse Sudowita sacerdoti retulisset, statim quasi eodem die in Domino feliciter obdormivit.

ster, der sich sorgte, daß für ihn daraus irgendeine echte Gefahr erwachsen könne, ihm verbot, fernerhin ohne seine besondere Genehmigung die Sudauer zu bekämpfen. Als er ihn danach fragte, warum er ihnen so feindlich gesinnt sei, antwortete er: „Ich würde mich nicht so einsetzen, wenn ich nur anzustellen wüßte, von ihnen mit fünf Wunden verletzt zu werden, wie Christus für mich verwundet worden ist." So widerfuhr es ihm auch, denn die Sudauer fügten ihm schließlich im Kampf fünf Wunden zu und töteten ihn so.

207. Von der Bekehrung eines Sudauers und einem wunderbaren Ereignis

Damals kam ein Adeliger aus Sudauen namens Russigenus mit seinem ganzen Haus und Gesinde zum Komtur von Balga; als er dem Gottesdienst beiwohnen wollte, wurde ihm dies verboten. Nachdem er den Grund zur Ablehnung erfahren hatte, wurde er mitsamt seinem Gesinde getauft; sofort nach der Taufe wurde er krank, und auf dem Krankenbett liegend schickte er nach dem Priesterbruder von Balga, der ihn getauft hatte, und bat ihn inständig, er möge ihn im Christenglauben unterweisen. Das tat der Priester mit großer Sorgfalt; als er um sich blickte, bemerkte er in der Nähe der Füße des Sudauers ein aus Holz gemachtes Kreuz, das jener sich hatte anfertigen lassen. Der Priester wunderte sich, daß der eben an diesem Tage Getaufte dem Christenglauben eine solche Gunst erwies, und er begann zu fragen, ob er etwa vor Empfang der Taufe eine gute Tat vollbracht habe. Er antwortete, daß er viele Christen getötet habe und von einer guten Tat nichts wisse, ausgenommen folgende: Als er mit großem Heer einen Einfall nach Polen unternahm, führte ein Sudauer ein Bild der heiligen Jungfrau Maria mit dem Christuskind im Schoß mit sich fort, und als sie nun auf dem Rückweg Lanzenwürfe auf das Bild veranstalteten, habe er selbst in seinem Bedauern darüber das Bild gewaltsam an sich gerissen und es einem Christen mit den Worten übergeben: „Nimm hier das Bild deines Gottes und bring es an den Ort, an dem es mit der schuldigen Ehrfurcht behandelt wird"; nachdem er so gehandelt hatte, erschien ihm die Gestalt der heiligen Jungfrau in überaus schönem Gewand im Traum und sprach zu ihm: „Der Dienst, den du mir und meinem Bild erwiesen hast, wird dir im Reiche meines Sohnes vergolten werden." Nachdem der Sudauer dem Priester so berichtet hatte, entschlief er selig im Herrn kurz danach an demselben Tag.

208. De edificacione castri Mergenburgk

Anno MCCLXXX castrum Santirii mutato nomine et loco translatum fuit ad eum locum, ubi nunc situm est, et vocatum nomen eius Mergenburgk id est castrum sancte Marie, ad cuius laudem et gloriam hec translacio facta fuit[50].

209. De destructione territorii Sudowie dicti Crasime

Frater Manegoldus magister, ut bellum Sudowitarum per predecessores suos viriliter inceptum non tepesceret tempore suo, sed proficeret [51]de die in diem[51], congregavit omnem virtutem exercitus sui et in die purificacionis beate virginis Marie[52] intravit territorium Sudowie dictum Crasimam vastando per incendium et rapinam. Habitacionem eciam illius potentis viri Scumandi capitanei dicti territorii [53]redegit in favillam[53] et captis et occisis CL hominibus cum preda maxima est reversus. Iste exercitus dum dictum territorium intrare vellet, erravit et in illo errore ex Dei providencia facto, qui [54]nihil solet agere sine causa[54], dispersus fuit et sic intrans totum territorium occupavit et destruxit. In hoc bello frater Ulricus Bauwarus commendator de Tapiow et IIII viri ceciderunt interfecti et frater Lodewicus de Libencele captus fuit.

210. De captivitate prima fratris Lodewici de Libencele

Frater Lodewicus de Libencele vir nobilis et in rebus bellicis ab adolescencia exercitatus mira gesta fecit in vita sua, que inferius apparebunt. Hic dum captus esset, presentatus fuit Scumando, qui, quia similis ei fuit in audacia, multum dilexit eum, unde accidit, quod ipsum adhuc in captivitate positum duxit secum ad locum, ubi pociores terre Sudowie convenerant ad potandum. In hac potacione quidam vir nobilis et potens fratrem Lodewicum contumeliis et

---

[50] Die Handfeste für Marienburg datiert von 1276 April 27 (PUB 1,2 Nr. 348).
[51–51] Vgl. Ps 60,9.

208. Vom Bau der Burg Marienburg

Im Jahre 1280 wurde die Burg Zantir, indem ihr Name und ihr Standort geändert wurden, an jene Stelle verlegt, an der sie heutzutage sich erhebt, und erhielt den Namen Marienburg, d. h. Burg der heiligen Maria, zu deren Lob und Ehre diese Verlegung vorgenommen wurde[50].

209. Von der Zerstörung des Gebietes Crasima in Sudauen

Damit er den von seinen Vorgängern gegen die Sudauer tapfer begonnenen Kampf zu seiner Zeit ja nicht lauer werden lasse, sondern [51]von Tag zu Tag[51] weiter voranbringe, sammelte der Meister Bruder Mangold alle Kampfkraft seines Heeres und fiel am Tage der Reinigung der heiligen Jungfrau Maria[52] in das Crasima genannte Gebiet Sudauens ein und verwüstete es durch Brennen und Plündern. Auch das Anwesen des mächtigen Adeligen Scumand, des Häuptlings dieses Gebietes, [53]legte er in Asche[53]; nach Gefangennahme und Tötung von 150 Menschen kehrte er mit sehr großer Beute zurück. Als jenes Heer das besagte Gebiet betreten wollte, verlor es den richtigen Weg und zersplitterte sich dabei nach der Vorsehung Gottes, [54]der nichts ohne Grund geschehen läßt[54]; so vollzog sich der Einfall, und man besetzte das gesamte Gebiet und verwüstete es. Bei diesem Kampf verloren Bruder Ulrich Bauwarus, der Komtur von Tapiau, und vier Männer ihr Leben, und Bruder Ludwig von Liebenzell geriet in Gefangenschaft.

210. Von der ersten Gefangenschaft des Bruders Ludwig von Liebenzell

Bruder Ludwig von Liebenzell, von adeliger Herkunft und seit seiner Jugend kampferprobt, vollbrachte viel Denkwürdiges in seinem Leben, das später berichtet werden wird. Nachdem er gefangengenommen worden war, wurde er dem Scumand vorgeführt, der ihn sehr schätzte wegen der ihm ähnlichen kühnen Haltung; so geschah es, daß er den noch in Gefangenschaft Gehaltenen mit sich an jenen Ort nahm, an dem die Führer des Landes Sudauen zum Trinkgelage zusammengekommen waren. Bei diesem Trinkgelage reizte ein mächtiger Adeliger den Bruder Ludwig

[52] 2. Februar.
[53–53] Vgl. Ez 15,4; Dn 2,35.
[54–54] Vgl. Job 5,6.

iurgiis ad turbacionem animi provocavit. Unde ait ad Scumandum: „Duxisti me huc, ut iste cor meum iniuriosis affligeret verbis suis?" Cui respondit Scumandus: „Doleo de turbacione tua, et si audes, vindica iniuriam tibi factam, ego te iuvabo." Hoc audito frater Lodewicus animatus fuit et emulum suum gladio interfecit. Postea frater Lodewicus per quendam famulum dicti Scumandi liberatus fuit a captivitate et ad fratres reductus.

211. De conversione Scumandi capitanei Sudowitarum

Iste Scumandus potens fuit et dives in territorio Sudowie dicto Crasima, et cum impugnaciones continuas fratrum non posset sustinere, cessit de terra sua cum tota familia et amicis ad terram Russie. In qua dum per tempus aliquod habitasset, fatigatus exilio rediit [55]ad terram nativitatis sue[55]. Quod cum perciperent fratres, ipsum in bello iterum invaserunt tot vicibus eum vexantes, quod tandem cum omni domo et familia sua fidei et fratribus se subiecit.

212. De vastacione territorii Sudowie dicti Silie et secunda captivitate fratris Lodewici

Eo tempore, quo frater Manegoldus magister vocatus ad capitulum esset in itinere constitutus, frater Conradus de Tirbergk marscalcus cum multis fratribus et maximo exercitu intravit Sudowie territorium dictum Siliam. Tam copiosus fuit iste exercitus, quod multarum spacium leucarum occupavit. Ubi omnia edificia dicti territorii [56]redegerunt in favillam[56] occidentes quendam nobilem dictum Wadole capitaneum ibidem et plures alios predam inestimabilem deduxerunt. In hoc exercitu frater Lodewicus de Libencele multis vulneribus letaliter vulneratus semivivus in nive fuit derelictus. Quem Sudowite postea invenientes super equum positum, sic quod caput et brachia ex una parte et crura ex altera dependebant, tam inepte deduxerunt, quod sanguis de vulneribus manans iam in corpore coagulatus coactus est violenter effundi et

durch Beschimpfungen und Zänkereien zum Zorn, so daß dieser dem Scumand sagte: „Hast du mich hierher gebracht, daß jener dort mich mit seinen beleidigenden Worten verletzt?" Scumand antwortete: „Ich bin betroffen über die dir zugefügte Kränkung. Wenn du es wagst, das dir angetane Unrecht zu vergelten, werde ich dir beistehen." Als Bruder Ludwig das hörte, gewann er Mut und tötete seinen Feind mit dem Schwert. Später wurde Bruder Ludwig durch einen Knecht des erwähnten Scumand aus der Gefangenschaft befreit und zu den Brüdern zurückgeführt.

211. Von der Bekehrung des Sudauerhäuptlings Scumand

Dieser Scumand war ein mächtiger und reicher Mann im Gebiet Crasima in Sudauen. Als er den dauernden Angriffen der Brüder nicht mehr standhalten konnte, wich er aus seinem Land zusammen mit seinem ganzen Gesinde und seinen Freunden und ging nach Rußland. Als er sich dort eine Zeitlang aufgehalten hatte, kehrte er, ermüdet vom Exil, [55]in das Land seiner Geburt[55] zurück. Nachdem die Brüder dieses in Erfahrung gebracht hatten, griffen sie ihn wiederum an und züchtigten ihn so häufig, daß er sich schließlich mit seinem ganzen Haus und Gesinde dem Glauben und den Brüdern unterwarf.

212. Von der Verwüstung des Gebietes Silia in Sudauen und von der zweiten Gefangenschaft des Bruders Ludwig

Als Meister Bruder Mangold zum Kapitel gerufen wurde und sich auf dem Weg befand, fiel der Marschall Bruder Konrad von Tierberg mit vielen Brüdern und sehr großem Heer in das Land Silia in Sudauen ein. Das Heer war so zahlreich, daß es die Distanz von vielen Meilen deckte. Als sie alle Gebäude dieses Gebietes [56]in Asche gelegt hatten[56], wobei sie einen Adeligen namens Wadole, den dortigen Häuptling, und viele andere töteten, führten sie unschätzbare Beute mit sich fort. In diesem Heer befand sich Bruder Ludwig von Liebenzell, der, durch viele Wunden tödlich verletzt, halbtot im Schnee zurückgelassen wurde. Die Sudauer fanden ihn später und lagerten ihn auf einem Pferd so, daß Kopf und Arme zur einen Seite, die Beine zur anderen Seite herunterhingen; auf diese unmögliche Weise führten sie ihn fort, so daß das Blut aus den Wunden strömte, das im Körper schon geronnen war, und so dazu gebracht wurde, wieder hef-

---

[55–55] Vgl. Gn 31,13.
[56–56] Vgl. Ez 15,4; Dn 2,35.

sic sanatus fuit, ut veraciter estimabat. Hic frater Lodewicus iterum captus presentatus fuit cuidam nobili dicto Cantegerde et eius custodie deputatus.

213. De desolacione castri Potterbergk et edificacione castri Gymewe

Swantepolcus quondam dux Pomeranie, de quo superius est premissum, quatuor habuit filios: Mestowinum primogenitum, quem, ut dictum est, dedit in obsidem, Samborium, Warceslaum et quendam alium[57]. Iste Warceslaus factus fuit frater ordinis domus Theutonice et partem ducatus predicti, que ipsum contingebat, dedit fratribus domus Theutonice in Prussia in elemosinam[58]. Samborius videns, quod de parte sua non posset honeste secundum status sui dignitatem vivere, tradidit eam predictis fratribus, ut ipsi et familie sue in necessariis providerent[59]. Idem fecit quartus frater, et ut hec donacio firma esset et in perpetuum valitura, hii tres renunciaverunt omni actioni iuris vel facti, que ipsis vel eorum successoribus in dicto ducatu competebat, dantes super hoc literas suas fratribus sigillorum suorum munimine roboratas. Mestowinus autem audiens hec violenter has tres partes ducatus Pomeranie occupavit et invitis fratribus detinuit multis annis. Tandem venit dominus Philippus episcopus Firmanius[z] legatus a sede apostolica missus ad terram Polonie, coram quo frater Conradus de Tirbergk magister conquestus fuit de violencia, quam dictus Mestowinus fecit fratribus de Prussia in hiis tribus partibus ducatus predicti, et ad probandum se et fratres habere merum ius in illis, obtulit privilegia memorata. Audita ergo utriusque partis allegacione et resignatis privilegiis predictis a fratribus et quicquid habebant iuris in hiis bonis, idem legatus ordinavit composicionem inter eos hoc modo, quod fratres domus Theutonice haberent territorium dictum Wanceke[a] in dicto ducatu Pomeranie, ubi nunc situm est ca-

---

[z] Firmavius B; Firmanus D.
[a] Wanteke K.

tig zu fließen. So wurde er wieder gesund, wie er wahrheitsgemäß selbst glaubte. Dieser Bruder Ludwig wurde bei seiner zweiten Gefangenschaft einem Adeligen namens Cantegerda übergeben und dessen Gewahrsam anvertraut.

213. Von der Aufgabe der Burg Potterberg und vom Bau der Burg Mewe

Swantopolk, vormals Herzog von Pommerellen, von dem oben die Rede war, hatte vier Söhne: Den erstgeborenen Mestwin, den er — wie berichtet — als Geisel gab, Sambor, Wartislaw und einen vierten[57]. Jener Wartislaw wurde Bruder des Ordens vom Deutschen Hause und überließ den ihm zukommenden Anteil des genannten Herzogtums den Brüdern des Deutschen Hauses in Preußen als Geschenk[58]. Als Sambor merkte, daß er von seinem Anteil entsprechend dem Rang seines Standes nicht vornehm genug leben konnte, übertrug er ihn den Brüdern, damit diese ihn und sein Gesinde in ihren Bedürfnissen versorgten[59]. Ebenso verfuhr der vierte Bruder, und damit diese Schenkung sicher sei und für alle Ewigkeit Bestand habe, verzichteten diese drei Brüder auf allen rechtlichen oder sachlichen Anspruch, der ihnen oder ihren Nachkommen an diesem Herzogtum zukam; darüber stellten sie den Brüdern Urkunden aus, die sie mit dem Zeugnis ihrer Siegel bestätigten. Als Mestwin davon hörte, besetzte er mit Waffengewalt diese drei Teile des Herzogtums Pommerellen und enthielt sie den dagegen angehenden Brüdern viele Jahre lang vor. Schließlich kam der Herr Philipp, Bischof von Fermo, als Legat des päpstlichen Stuhls nach Polen; vor ihm beschwerte sich der Meister Bruder Konrad von Tierberg wegen der Gewalt, die der besagte Mestwin den Brüdern von Preußen in jenen drei Anteilen des genannten Herzogtums antat, und zum Beweis dafür, daß er und die Brüder unverfälschtes Anrecht auf sie besaßen, wies er die erwähnten Privilegien vor. Nachdem der Legat die Ausführungen beider Seiten gehört hatte und nachdem von den Brüdern auf die besagten Privilegien und jeglichen Rechtsanspruch auf diese Besitzungen Verzicht geleistet worden war, vermittelte er zwischen ihnen folgenden Vergleich: Die Brüder des Deutschen Hauses sollten das Gebiet namens Wanceke im Herzogtum Pommerellen erhalten, in dem

---

[57] Herzog Swantopolk von Pommerellen hatte nur zwei Söhne: Mestwin II. und Wartislaw II.

[58] Nicht Wartislaw trat unter Dotation seines Erbteils in den Deutschen Orden ein, sondern Ratibor (vor 1269), ein Bruder Herzog Swantopolks.

[59] Sambor II., ebenfalls ein Bruder Herzog Swantopolks, schenkte dem Deutschen Orden 1276 März 29 das Land Mewe (Pommerell. UB Nr. 278).

strum Gymewa, et sic cessaret omnis discordia inter eos[60]. Unde fratres anno Domini MCCLXXXIII transtulerunt de terra Culmensi castrum Potterbergk et cum edificiis eius castrum Gymewam edificaverunt in eum locum super Wiselam, ubi nunc situm est ad laudem et gloriam Iesu Cristi.

214. De fratre Conrado de Tirbergk magistro Prussie

Frater Conradus de Tirbergk iunior magister Prussie XII prefuit V annis cum dimidio[61]. Hic frater Conradus fuit germanus fratris Conradi de Tirbergk magistri supradicti et erant ambo viri strenui et in armis et in factis omnibus gloriosi [62]prosperatumque fuit bellum contra infideles in manibus ipsorum[62] ita, quod ad votum eis omnia successerunt.

215. De vastacione cuiusdam partis terre Sambie

Anno Domini MCCLXXXIII octingenti viri de Lethowia equites tempore hyemali per Neriam Curoniensem intraverunt Sambiensem terram et duo territoria eius scilicet Abendam et Pubetam per incendium et rapinam vexaverunt occidentes CL homines Cristianos et nullo eis resistente omnes salvi redierunt. Hoc ideo accidisse creditur indubitanter, quia magister et fratres prescientes ipsos Lethowinos venturos expectabant eos cum exercitu per dies aliquot, tandem attediati de longa mora, quam in via ultra solitum contraxerant, dispersi redierunt ad propria. Sequenti autem die Lethowini intraverunt Sambiam et sine aliquo defensionis obstaculo fecerunt, quod superius est premissum.

---

[60] Der von Bischof Philipp von Fermo erreichte Vergleich, bei dem Herzog Mestwin II. das Land Mewe dem Deutschen Orden abtrat, datiert von 1282 Mai 18 (Pommerell. UB Nr. 336).

nun die Burg Mewe gelegen ist, und damit sollte jeglicher Streit zwischen ihnen ein Ende haben[60]. Daher verlegten die Brüder im Jahre des Herrn 1283 die Burg Potterberg aus dem Kulmerland und errichteten aus ihren Baumaterialien die Burg Mewe an jener Stelle an der Weichsel, an der sie sich noch heute zum Lob und zur Ehre Jesu Christi befindet.

214. Von Bruder Konrad von Tierberg, dem Meister von Preußen

Bruder Konrad von Tierberg der Jüngere amtierte als zwölfter Meister von Preußen fünfeinhalb Jahre lang[61]. Dieser Bruder Konrad war ein leiblicher Bruder des vorerwähnten Meisters Bruder Konrad von Tierberg, und beide waren tüchtige Männer, mit der Waffe wie in all ihrem anderen Tun ruhmreich; [62]unter ihrer Führung entwickelte sich der Kampf gegen die Heiden so erfolgreich[62], daß ihnen alles nach Wunsch ausging.

215. Von der Verwüstung eines Teils von Samland

Im Jahre des Herrn 1283 rückten 800 Reiter aus Litauen im Winter über die Kurische Nehrung in das Samland ein und verheerten zwei seiner Landschaften durch Brand und Raub, nämlich Abenda und Pobethen; dabei töteten sie 150 Christen und kehrten ohne jeden Widerstand alle unversehrt zurück. Das soll sich unzweifelhaft so abgespielt haben, weil der Meister und die Brüder, vorinformiert über den Einfall der Litauer, diese mit einem Heer etliche Tage lang erwarteten und sich schließlich, verdrossen über die lange Zeit, die sie ungewöhnlicherweise an dieser Wegstelle zugebracht hatten, auflösten und heimwärts zogen. Am folgenden Tag fielen die Litauer ins Samland ein und verübten ohne jegliche Gegenwehr, wovon schon oben die Rede war.

---

[61] Urkundlich nachweisbar zwischen 1284 März 8 und 1287 August 10.
[62-62] Vgl. 1 Makk 2,47.

216. De edificacione castri novi in terra Sambie
supra litus maris salsi in Neria Curoniensi

Frater Conradus magister, ut vir sapiens et providus considerans, quod per Neriam viam utique occultam possent fratribus et terre Sambie multa damna et pericula ab infidelibus suboriri, edificare fecit in dicta Neria super litus Maris Salsi castrum firmum, quod dicitur Nova Domus, ne Lethowini terram Sambie intrent amodo improvise.

217. De expugnacione castri Kymenovie
et conversione mille et sexcentorum Sudowitarum

Hoc eciam tempore idem frater Conradus magister circa officium sibi iniunctum sollicitus multas noctes insompnes deduxit cogitans, quomodo inimicos fidei Sudowitas ad [63]viam duceret veritatis[63]. Unde ad hoc perficiendum congregata multitudine copiosa fratrum et aliorum pugnatorum dum in via esset versus Sudowiam, occurrit ei frater Lodewicus de Libencele ducens secum Cantegerdam, qui ipsum captivum detinuerat, et mille et sexcentos homines de Sudowia promiscui sexus, quos in captivitate positus ad fidem Cristi convertit. Quibus visis magister gavisus est et iussit eos procedere versus terram Sambiensem. Hoc facto sequenti die magister cum exercitu suo intravit territorium Sudowie dictum Kymenow et castrum eiusdem nominis tam acriter impugnavit, quousque castrenses ipsum sub hiis pactis, ut scilicet salvis rebus et personis exirent, tradiderunt promittentes se fidem Cristi accepturos. Unde dato ipsis ductore iussi sunt, ut ad partes Sambie procederent sine mora. Crastina vero die depopulato territorio Kymenovie predicto, dum redirent fratres cum exercitu suo, compertum fuit, quod dicti castrenses de Kymenovia interfecto ductore suo per viam aliam ad terram Lethowie sunt profecti. Sed frater Lodewicus cum sua comitiva processit ad terram Sambie, ubi omnes fonte baptismatis sunt renati.

216. Vom Bau einer neuen Burg im Samland an der Ostseeküste auf der Kurischen Nehrung

Als einsichtsvoller und vorsorglicher Mann erwog Meister Bruder Konrad, daß den Brüdern und dem Samland über die Nehrung, diesen besonders geheimen Weg, viele Schäden und Gefahren von den Heiden erwachsen könnten; daher ließ er auf der erwähnten Nehrung an der Ostseeküste eine feste Burg mit Namen Neuhaus errichten, damit die Litauer das Samland in Zukunft nicht unversehens beträten.

217. Von der Eroberung der Burg Kymenovia und der Bekehrung von 1600 Sudauern

In dieser Zeit brachte der Meister Bruder Konrad, eifrig bemüht um die ihm übertragene Aufgabe, viele Nächte schlaflos zu und überlegte, wie er die Sudauer, die Feinde des Glaubens, auf den [63]Weg der Wahrheit[63] führen könne. Zur Erreichung dieses Ziels versammelte er eine zahlreiche Menge von Brüdern und anderen Kämpfern, und als er sich unterwegs nach Sudauen befand, kam ihm Bruder Ludwig von Liebenzell entgegen, welcher den Cantegerda mit sich führte, der ihn in Gewahrsam gehalten hatte, und weiterhin 1600 Sudauer beiderlei Geschlechts, die er während seiner Gefangenschaft zum christlichen Glauben bekehrt hatte. Bei deren Anblick freute sich der Meister und befahl, daß sie ins Samland ziehen sollten. Als das geschehen war, drang der Meister am folgenden Tag mit seinem Heer in das Gebiet Kymenow in Sudauen ein und griff die gleichnamige Burg so heftig an, bis die Burgleute die Burg unter der Bedingung übergaben, daß sie unversehrt an Leib und Eigentum herauskommen könnten, wobei sie versprachen, den Glauben Christi anzunehmen. Indem man ihnen sodann einen Führer gab, ließ man sie ohne Verzögerung ins Samland abziehen. Als am nächsten Tag das Gebiet Kymenovia verheert worden war und sich die Brüder mit ihrem Heer auf dem Rückweg befanden, erfuhr man, daß jene Burgleute von Kymenovia nach Tötung ihres Führers auf einem anderen Wege nach Litauen aufgebrochen waren. Aber Bruder Ludwig zog mit den ihn begleitenden Sudauern in das Samland, wo alle durch den Quell der Taufe wiedergeboren wurden.

[63–63] Vgl. Tob 1,2 u. ö.

218. De morte fratris Friderici Holle et XXX virorum

Eodem anno frater Fridericus dictus Holle germanus fratris Marquardi de Revelinge[b] cum C viris equitibus de castro Brandenburgk processit contra Sudowiam, et dum accepto magno spolio in territorio Kirsuovie rediret, hostes sequentes ipsum cum XXX viris interfecerunt. Nec tamen hoc tacendum estimo, quod idem frater Fridericus, antequam occideretur, cuidam viro strenuo in armis, qui occurrit ei in bello, tantam plagam cum gladio ad scapulam dedit et tam dure verberavit, quod ipse non habens virtutem subsistendi cum equo decidit ad terram, licet tamen ex tali plaga nullum vulnus haberet in corpore nec eciam vestigium vulneris appareret, sicut idem sic plagatus et alii Sudowite, qui huic bello interfuerunt et viderunt, postquam ad fidem Cristi conversi fuerant, publice sunt confessi.

219. De conversione cuiusdam nobilis
et mille quingentorum de Sudowia et desolacione dicte terre

Multa et infinita sunt contra Sudowitas bella gesta, que causa brevitatis pertranseo. Postquam ergo Iedetus[c] quidam vir nobilis et genere et moribus potens et dives capitaneus Sudowitarum de Kymenovia non posset tam crebras et duras fratrum impugnaciones amodo sustinere, cum omni domo et familia sua et mille et quingentis hominibus promiscui sexus cessit ad fratres et baptizatus est. Sed Scurdo capitaneus alterius partis Sudowie spreta religione fidei cum suis hominibus versus terram Lethowie est profectus et sic terra Sudowie usque in presentem diem remanet desolata.

[b] Revelinghe K.
[c] Jedecus B, D.

218. Vom Tod des Bruders Friedrich Holle mit 30 Mann

In demselben Jahr zog Bruder Friedrich Holle, leiblicher Bruder des Bruders Marquard von Röblingen, mit 100 Reitern von der Burg Brandenburg aus nach Sudauen. Nachdem er im Gebiet Kirsuovia große Beute gemacht hatte und nun zurückkehrte, folgten ihm die Feinde und töteten ihn samt 30 Mann. Dennoch sollte man nicht mit Schweigen übergehen, daß eben dieser Bruder Friedrich vor seiner Tötung einem ihm im Kampf entgegenstürzenden, waffengeübten Krieger einen solchen Schlag mit dem Schwert auf die Schulter versetzte und so hart traf, daß dieser keine Kraft zum Widerstand mehr besaß und samt Pferd zu Boden ging; daß er indessen von diesem Schlag keine Wunde am Körper empfing und sich auch nicht die Spur einer Verwundung zeigte, das haben der so Getroffene und ebenso die anderen dem Kampf beiwohnenden Sudauer wahrgenommen, und sie bekannten es öffentlich, nachdem sie zum Glauben Christi bekehrt worden waren.

219. Von der Bekehrung eines Adeligen und von 1500 Sudauern und von der Verödung Sudauens

Viele und endlose Kämpfe wurden gegen die Sudauer geführt, die ich aus Gründen der Kürze übergehe. Nachdem Jedetus, ein von Herkunft und Befähigung mächtiger und reicher Adeliger, Häuptling der Sudauer von Kymenovia, den so häufigen und heftigen Angriffen der Brüder nicht mehr standhalten konnte, begab er sich mit seinem ganzen Haus und Gesinde sowie 1500 Sudauern beiderlei Geschlechts zu den Brüdern und wurde getauft. Scurdo hingegen, Häuptling des anderen Teils von Sudauen, verachtete den christlichen Glauben und zog mit seinen Leuten nach Litauen ab, und so liegt das Land Sudauen bis zum heutigen Tage verlassen da.

220. De gracia, que confertur infidelibus, qui ad fidem Cristi convertuntur

Quicunque relicta ydolatria se transfert ad fidem Cristi, fratres agunt cum eo misericorditer in hunc modum: Si est generosus et de nobili sanguine ortus, bona ei libera conferuntur et in tanta quantitate, quod secundum decentem possit vivere statum suum; si vero est ignobilis, servit et ipse fratribus secundum terre Prussie consuetudinem hactenus observatam, nisi meritis vel demeritis eorum exigentibus aliter fiat, verbi gracia ignobiles, qui in apostasia seu aliis necessitatibus fidei fratribus fideliter adheserunt, nunquam preclara ipsorum merita hoc exigunt, quod ignobilitas eorum in nobilitatem transeat generosam et servitus in debitam libertatem? Utique, Domine. Et sane hec intelligas e converso. Unde multi sunt neophiti in terra Prussie, quorum progenitores fuerunt de nobili prosapia exorti, ipsi vero propter suam maliciam, quam contra fidem et Cristifideles exercuerunt, ignobiles estimati sunt; alii vero, quorum parentes erant ignobiles, donati sunt propter fidelia servicia fidei et fratribus exhibita libertati.

221. Explicit bellum Prussie. Incipit bellum Lethowinorum

Anno Domini MCCLXXXIII eo tempore, quo ab incepto bello contra gentem Pruthenorum fluxerant iam LIII anni et omnes naciones in dicta terra expugnate essent et exterminate, ita quod unus non superesset, qui sacrosancte Romane ecclesie non subiceret humiliter collum suum, fratres domus Theutonice predicti contra gentem illam potentem et [64]durissime cervicis[64] exercitatamque in bello, que fuit vicinior terre Prussie ultra flumen Memele in terra Lethowie habitans, inceperunt bellum in hunc modum.

220. Über die Gnade, die den Heiden nach ihrer Bekehrung zum Christenglauben erwiesen wird

Wer auch immer nach Ablegen des heidnischen Götterglaubens sich zum Glauben Christi bekehrt, den behandeln die Brüder in ihrer Barmherzigkeit folgendermaßen: Wenn er von vornehmem und adeligem Geschlecht ist, werden ihm Güter frei übertragen, und zwar in solchem Umfang, daß er dem ihm gemäßen Rang entsprechend sein Leben führen kann; wenn er aber nichtadelig ist, dann dient er den Brüdern gemäß der bisher im Preußenland gepflegten Gewohnheit, sofern nicht aus Rücksicht auf deren Verdienst oder Schuld anders verfahren werden soll; zum Beispiel die Nichtadeligen, die zur Zeit des Abfalls oder in anderen für den Glauben drangvollen Zeitläuften den Brüdern treu angehangen haben: fordern ihre besonderen Verdienste nicht, daß ihr nichtadeliger Stand in ehrwürdigen Adel und ihre Unfreiheit in wohlverdiente Freiheit gewandelt werde? Durchaus, Herr. Und sicherlich wirst du auch das Gegenteil einsehen. Daher gibt es im Preußenland viele Neugetaufte, deren Vorfahren von adeliger Herkunft waren. Sie selbst wurden jedoch wegen ihrer Bosheit, die sie gegen den Glauben und die Christgläubigen übten, als Nichtadelige eingestuft; andere hingegen, deren Eltern nichtadelig waren, wurden wegen ihrer dem Glauben und den Brüdern treu erwiesenen Dienste mit der Freiheit beschenkt.

221. Hier endet der Kampf in Preußen und beginnt der Krieg gegen die Litauer

Als im Jahre 1283 seit Beginn des Krieges gegen das Volk der Prußen schon 53 Jahre verflossen und alle Völkerschaften in diesem Land bezwungen und ausgerottet waren, so daß nur noch eine übriggeblieben war, die der hochheiligen römischen Kirche ihren Nacken noch nicht in Demut gebeugt hatte, eröffneten die Brüder vom Deutschen Hause gegen jenes mächtige, [64]heftigsten Widerstand[64] bietende und kriegsgewohnte Volk, das dem Preußenland nächst benachbart jenseits vom Memelfluß im Lande Litauen wohnt, den Krieg in folgender Weise.

[64–64] Vgl. Dt 9,6.

222. De expugnacione castri Lethowie dicti Bisene

Frater Conradus de Tirbergk magister terre Prussie predictus et multi fratres cum magno exercitu tempore hyemali transierunt glaciem Memele et intrantes terram Lethowie castrum dictum Bisenam a mane usque ad meridiem fortiter impugnaverunt tamque infesti erant in dicta impugnacione, quod occisis multis de castro et letaliter vulneratis tandem potenter intraverunt quibusdam captis, aliis trucidatis, [65]in cinerem redegerunt[65]. Reliqua pars exercitus intravit dicti castri territorium et post magnum incendium cum maximo spolio est reversa. In hac impugnacione plures Cristiani sunt graviter vulnerati et IIII fratres et unus famulus cum equis et armis in Memela submersi propter teneritudinem glaciei.

223. De destructione castri Garthe

Anno Domini MCCLXXXIIII idem magister necdum bello infidelium saciatus congregavit validum exercitum et cum Scumando ductore processit contra castrum Gartham tempore estivo, et dum transivisset Memelam, ordinavit sagittarios ad loca debita applicatisque scalis ad menia tam grande bellum ortum fuit inter eos, quod formidolosi talia inspicere non auderent. Istis viriliter impugnantibus obsessi fortiter restiterunt[d] cadebantque ex utraque parte plurimi vulnerati. Tandem sicut Deo placuit, fratres potenter intraverunt et occisis omnibus et captis per incendium destruxerunt. Hoc facto mille viri et octingenti intraverunt territorium dicti castri vastantes quam plurimum incendio et rapina et captis multis hominibus et occisis cum preda maxima redierunt. In hoc territorio fuit occisus quidam Barthensis, qui fugerat de Pogesania et in ultima apostasia commendatores de Cristburgk et Elbingo cum eorum familia captivavit. Quem sic interfectum canis eius diris morsibus est aggressus et aperiens latus eius sinistrum cor eius, quod tot prodicionum et fraudum conscium fuit, de corpore extraxit et in presencia Cristianorum plurium devoravit.

[d] resisterunt alle Codd.

222. Von der Erstürmung der Burg Bisena in Litauen

Bruder Konrad von Tierberg, der Meister des Preußenlandes, und viele Brüder überquerten im Winter mit großem Heer die vereiste Memel, fielen in Litauen ein und griffen die Burg Bisena von morgens bis zum Mittag tapfer an; sie trugen den Angriff so stürmisch vor, daß sie schließlich nach Tötung und tödlicher Verwundung vieler Burgleute mit Gewalt eindrangen, einige gefangennahmen, andere niedermetzelten und die Burg [65]in Asche legten[65]. Der restliche Teil des Heeres zog in das Gebiet dieser Burg und kehrte nach großer Brandschatzung mit sehr reicher Beute zurück. Bei dieser Bestürmung wurden viele Christen schwer verletzt, vier Brüder und ein Knecht ertranken mit Pferden und Waffen in der Memel infolge zu dünner Eisdecke.

223. Von der Zerstörung der Burg Garthen

Im Jahre des Herrn 1284 brachte derselbe Landmeister, noch nicht befriedigt vom Kampf gegen die Heiden, ein starkes Heer zusammen und rückte mit Scumand als Führer im Sommer gegen die Burg Garthen vor; nach Überschreiten der Memel stellte er die Bogenschützen in den richtigen Stellungen auf, und nach Anlegen von Leitern an die Wälle entbrannte solch ein heftiger Kampf zwischen ihnen, daß Zaghafte nicht einmal zuzuschauen gewagt hätten: Jene griffen mannhaft an, die Belagerten leisteten tapfer Widerstand, auf beiden Seiten fielen sehr viele verwundet. Als schließlich die Brüder nach Gottes Willen mit allen Kräften in die Burg eindrangen, töteten sie alle oder nahmen sie gefangen und brannten die Burg nieder. Danach rückten 1800 Krieger in das Gebiet der Burg ein, verwüsteten möglichst viel durch Brennen und Plündern, fingen und töteten viele Menschen und kehrten mit sehr reicher Beute zurück. In diesem Gebiet wurde ein Barter getötet, der von Pogesanien geflüchtet war und während des letzten Abfalls die Komture von Christburg und Elbing mit deren Gesinde gefangengenommen hatte. Den so zu Tode Gekommenen griff sein eigener Hund mit grausamen Bissen an, und, indem er ihm die linke Körperhälfte aufriß, zog er ihm aus dem Körper das Herz heraus, das Mitwisser von so viel Verrat und Betrug war, und verschlang es in Gegenwart von vielen Christen.

[65–65] Vgl. 2 Petr 2,6.

224. De morte Scumandi

Ecce mirabilis conversio et [66]mutacio dextere excelsi[66], iste Scumandus, qui ultra modum ante persequebatur ecclesiam Dei, modo zelator fidei factus est, dux gloriosus populi Cristiani. Hic dum morti appropinquaret, interrogatus a fratre Conrado sacerdote de Balga, quomodo tantam graciam in fide Cristi a Domino meruisset, ait: „Nunquam aliquid boni feci ante conversionem meam nisi hoc solum, quod, dum infideles imaginem beate virginis Marie et filii sui spoliassent in Polonia et secuissent per medium, ego de terra sustuli et mundavi vestibus meis et ad locum decentem posui"; quo dicto feliciter in Domino obdormivit.

225. De reditu Barthensium et morte plurium Lethowinorum

Antequam fratres impugnarent castrum Gartham predictum, quidam Barthenses, qui ultimo de Pogesania fugerant, cum Lethowinis congregato exercitu processerunt contra Poloniam, ubi preter alia mala, que fecerunt, magnam predam in hominibus et pecudibus deduxerunt. Sed duo Barthenses scilicet Numo et Dersko post huiusmodi depredacionem factam in territorio Garthe secuti fuerunt exercitum et ad peticionem ipsorum omnes Barthenses fratrum graciam invenerunt et uxores ipsorum et liberi sunt eis restituti, quod tamen fratri Theodorico advocato Sambie et multis aliis fratribus displicuit, dum ad ipsorum noticiam devenit, propter futura pericula, que per eos timebant incurrere, sicut rei eventus postea comprobavit. Dicti ergo Numo et Dersko habita gracia fratrum occurrerunt exercitui Lethowinorum predicto, et postquam expediverunt compatriotas suos, quid actum esset de castro et territorio Garthe et quomodo essent fratrum gracie restituti, occiderunt Lethowinos et spolium secum duxerunt in Pogesaniam et habitabant ibi sicut prius.

224. Vom Tod des Scumand

Siehe, wie wunderbar ist doch die Bekehrung und ⁶⁶Verwandlung durch die Rechte des Erhabenen⁶⁶; jener Scumand, der vorher die Kirche Gottes maßlos verfolgt hatte, wurde alsbald zu einem Eiferer für den Glauben, zu einem ruhmreichen Führer des Christenvolkes. Als er dem Tode nahegekommen war, wurde er von Bruder Konrad, dem Priester von Balga, gefragt, warum er so viel Gnade für den Glauben an Christus vom Herrn verdient habe. Er antwortete: „Niemals vor meiner Bekehrung habe ich etwas Gutes vollbracht außer einem einzigen Mal. Als nämlich Heiden in Polen ein Bild der heiligen Jungfrau Maria und ihres Sohnes geraubt und mitten durchgeschnitten hatten, habe ich es von der Erde aufgehoben, mit meinen Kleidern gesäubert und an einen geziemenden Ort gebracht." Nach diesen Worten entschlief er selig im Herrn.

225. Von der Rückkehr von Bartern und vom Tod vieler Litauer

Bevor die Brüder die erwähnte Burg Garthen angriffen, rückten Barter, die zuletzt aus Pogesanien geflüchtet waren, zusammen mit Litauern nach Sammlung eines Heeres gegen Polen vor; außer daß sie dort manch andere Schandtat begingen, machten sie große Beute an Menschen und an Vieh und führten sie mit sich fort. Zwei Barter jedoch, nämlich Numo und Dersko, folgten nach jener im Gebiet Garthen erfolgten Verwüstung dem Heer der Brüder, und auf Fürbitte dieser beiden fanden alle Barter die Gnade der Brüder, ihre Frauen und Kinder wurden ihnen zurückgegeben; das mißfiel jedoch Bruder Dietrich, dem Vogt des Samlands, und vielen anderen Brüdern, als dieses ihnen zu Ohren kam, und zwar wegen zukünftiger Gefahren, in die sie durch jene zu geraten fürchteten, wie der Ausgang der Sache später richtig erweisen sollte. Die erwähnten Numo und Dersko zogen nach erlangter Verzeihung durch die Brüder dem Heer der Litauer entgegen, und nachdem sie ihre Landsleute von den Vorgängen um die Burg und das Gebiet Garthen in Kenntnis gesetzt hatten und ferner davon, wie sie die Gnade der Brüder wiedererlangt hätten, töteten sie die Litauer, führten die Beute mit sich nach Pogesanien fort und lebten dort wie früher.

⁶⁶⁻⁶⁶ Ps 76,11.

226. De tradicione, in qua centum Cristiani interfecti fuerunt

Anno Domini MCCLXXXV quidam Scalowita dictus Girdilo, qui magne reputacionis quondam ante conversionem suam fuerat inter suos, iactavit se, quod grandia posset facere facta contra Lethowinos, si centum viros in armis haberet. Quos cum fratres ei ordinassent, exiit cum eis versus castrum Otekaym et sicut iste traditor preordinaverat, viri de dicto castro congregati irruerunt in eos improvise et omnes preter paucos, qui effugerant, occiderunt.

227. De apostasia quarta et vindicta eius

Anno Domini MCCLXXXVI frater Theodoricus advocatus Sambiensis poterat cum Iob dicere[67]: *Quod verebar, accidit;* quia Barthenses, qui nuper gracie fratrum fuerant restituti, et Pogesani et ceteri de Prussia volentes secundum solite malicie sue consuetudinem iterum fratribus rebellare confederacionem fecerunt cum quibusdam de Prussia, quorum detestabile factum[e] bene hec meruit, quod eorum nomina in publicam redigerentur formam, sed propter status ipsorum reverenciam est obmissum. Convenerunt itaque sub hiis pactis, ut principem Ruyanorum[68] cum valido exercitu invitarent et eiectis fratribus de terra Prussie ipsum regem et dominum suum constituerent. Quod factum detestabile in edificacione castri Raganite detectum fuit et quilibet de Bartha et Pogesania huius nefande conspiracionis reus[f] recepit mercedem debitam pro labore.

228. De latrunculis, qui LXX regulos terre Lethowie occiderunt

Hoc tempore quidam Lethowinus dictus Peluse offensus a domino suo quodam regulo, qui quasi [69]secundus fuit post regem[69] Lethowinorum in regno suo, cessit ad fratres in terram Sambie et ad

[e] detestacio facti B.
[f] conscius D.

[67] Job 3,25.

226. Von einem Verrat, bei dem 100 Christen den Tod fanden

Im Jahre des Herrn 1285 brüstete sich ein Schalauer mit Namen Girdilo, der ehemals vor seiner Bekehrung unter den Seinen in hohem Ansehen stand, daß er großartige Dinge gegen die Litauer vollbringen könne, wenn er nur 100 Mann in Waffen besäße. Als die Brüder ihm diese zur Verfügung stellten, rückte er mit ihnen aus gegen die Burg Otekaym, und wie jener Verräter es vorher ausgemacht hatte, stürzten sich die Krieger jener Burg vereint plötzlich auf sie und töteten alle außer wenigen, die durch Flucht entkamen.

227. Über den vierten Abfall und seine Vergeltung

Im Jahre des Herrn 1286 konnte Bruder Dietrich, Vogt des Samlands, mit Job sagen[67]: „Was ich befürchtete, ist eingetreten"; denn die Barter, die neulich von den Brüdern wieder in Gnaden aufgenommen worden waren, wie auch die Pogesanier und andere Prußen schlossen in der Absicht, erneut gemäß ihrer üblichen, bösartigen Gewohnheit gegen die Brüder Aufruhr zu entfachen, ein Bündnis mit gewissen Männern aus Preußen, deren verabscheuungswürdiges Tun sehr wohl verdiente, daß ihre Namen öffentlich genannt würden, aber aus Rücksicht gegenüber ihrem Rang gehe ich darüber hinweg. Sie einigten sich auf die Abmachung, den Fürsten von Rügen[68] mit einem starken Heer einzuladen und — nach Vertreibung der Brüder aus dem Preußenland — ihn zum König und zu ihrem Herrn zu erheben. Dieser verabscheuungswürdige Vorgang wurde beim Bau der Burg Ragnit aufgedeckt, und jeder an dieser schändlichen Verschwörung mitschuldige Barter und Pogesanier erhielt die verdiente Belohnung für seine Tat.

228. Von Freibeutern, die 70 adelige Herren des Landes Litauen töteten

Damals setzte sich ein Litauer namens Peluse, der von seinem Herrn, einem Kleinfürsten, welcher nach dem Großfürsten der Litauer in dessen Reich gleichsam [69]den zweiten Rang einnahm[69], beleidigt worden war, zu

---

[68] Wohl Wizlaw II. (1261 — 1302), dessen zu 1290 von Dusburg erwähnter Tod (III, 242) entsprechend falscher Berichterstattung zuzuschreiben ist.
[69–69] Vgl. Est 13,3; 16,11.

peticionem suam commendator de Kunigsbergk dedit ei Martinum de Golin, Conradum dictum Dyabolum et quendam dictum Stovemele[g] et alios viros audaces XX, qui in latrociniis fuerunt plenius exercitati, ut cum eo in armis irent ad vindicandam iniuriam sibi factam. Qui cum venissent prope istius reguli habitacionem, invenerunt quasi omnes nobiles vicinos regni Lethowie ad nupcias ibidem invitatos, et dum secundum solitos mores omnes inebriati quiescerent in stratu, irruerunt in eos et preter alios, quorum multi fuerunt, LXX regulos cum hospite occiderunt. Sponsum et sponsam et uxores regulorum cum familia et parvulis et centum equos cum auro et argento et omni domus suppellectili deduxerunt.

229. Ad idem

Idem Martinus cum paucis sociis exiit versus Lethowiam, et dum ter aquarum inundanciam pertransisset, venit ad fluvium, qui dicitur Bucka, in quo vidit navem oneratam mercimoniis descendentem, quam secutus occulte, dum post coenam naute quiescerent dormientes, irruit cum sociis suis in eos et omnes trucidavit et cum gaudio intrantes navem pervenerunt ad civitatem Thorun ibique nave et mercimoniis venditis cesserunt in divisione cuilibet XX marce.

230. De laudabili vita quorundam fratrum in castro Kunigsbergk

A tempore fundacionis sui in castro Kunigsbergk viri virtuosi fratres et in armis strenui milites habitabant. In virtute abstinencie, oracionum, vigiliarum et genuflexionum alios excedebant. Inter quos hoc tempore fuit frater Albertus de Misna commendator dicti castri vir Deo devotus et in omni vita sua laudabilis. Mira facta possent de illo scribi. Refertur et indubitanter debet credi, quod ipse frater Albertus, dum esset in iuventute constitutus, [70]datus ei fuit stimulus carnis angelus Satane, qui ipsum colaphizavit. Prop-

[g] Stovemel D.

den Brüdern ins Samland ab; auf seine Bitte hin gab ihm der Komtur von Königsberg den Martin von Golin, den Konrad Teufel und einen Mann namens Stovemele sowie 20 andere wagemutige Männer, die in Raubzügen reichliche Übung besaßen, damit sie mit ihm in Waffen auszögen und das ihm widerfahrene Unrecht rächten. Als sie in die Nähe des Anwesens jenes Kleinfürsten gelangten, fanden sie fast alle benachbarten Adeligen des litauischen Reiches zur Feier einer Hochzeit dort eingeladen; während sich alle Gäste nach üblicher Sitte betrunken auf ihren Lagern ausruhten, fielen sie über sie her und töteten außer vielen anderen 70 adelige Herren samt dem Gastgeber. Bräutigam und Braut sowie die Frauen der Herren mit Gesinde und Kindern, 100 Pferde mit Gold und Silber und dem gesamten Hausrat führten sie mit sich fort.

229. Von demselben

Derselbe Martin brach mit wenigen Genossen nach Litauen auf, und nachdem er dreimal von Wasser überschwemmte Landstriche durchquert hatte, gelangte er an den Fluß Bug, auf dem er ein mit Kaufwaren beladenes Schiff abwärts fahren sah; diesem folgte er heimlich, und als nach der Mahlzeit die Schiffsleute sich schlafend ausruhten, überfiel er sie mit seinen Genossen und metzelte alle nieder; voller Freude bestiegen sie das Schiff und gelangten bis zur Stadt Thorn, in der sie Schiff und Waren verkauften; bei der Beuteaufteilung entfielen auf jeden 20 Mark.

230. Über das lobenswerte Leben einiger Brüder in der Burg Königsberg

Seit der Erbauung der Burg Königsberg wohnten in ihr Brüder, die tugendhafte Männer und zugleich waffengeübte Kämpfer waren. In der Tugend der Enthaltsamkeit, des Gebetes, des Wachens und der kniefälligen Andacht übertrafen sie die anderen. Unter ihnen lebte damals Bruder Albert von Meißen, der Komtur der Burg, ein gottergebener Mann, dessen gesamter Lebenswandel lobenswert war. Wunderbare Dinge könnte man von ihm schreiben. So sagt man — und dem muß unzweifelhaft Glauben geschenkt werden —, daß dem Bruder Albert in seiner Jugendzeit [70]der Stachel der Fleischeslust eingegeben wurde, der Engel Satans, der

---

[70–70] Vgl. 2 Kor 12,7.8.

ter quod dum non solum ter, sed pluribus vicibus Dominum rogasset, ut auferretur[h] ab eo[70], audivit vocem celitus missam dicentem sibi: „Alberte, si vis evadere graves tentaciones, debes devote singulis diebus dicere hanc oracionem: ‚O summa caritas, da mihi rectum et sincerum desiderium pro te et pro puritate vite et purifica conscienciam meam et libera me a pollucionibus'." Quod dicitur in Theutonico: „O uberste libe, gib uns rechten iamir nach dir und nach einem reinen leben und reinige unse consciencie und behute uns vor bewöllunghe". Quam oracionem dum per tempus aliquod continuasset legendo cum devocione, quasi extinctus fuit in eo fomes peccati, quod nulla vehemens temptacio momordit de cetero mentem eius.

231. Item de eodem

Idem frater Albertus incidit quodam tempore in egritudinem, de qua crines capitis sui et supercilia funditus sunt evulsi. Hoc generavit in eo tantam deformitatem, quod nullus voluit cum eo conversari. Unde turbatus cum lacrymis petivit a Domino, ut de vinculo huius imperii absolveret eum aut certe desuper terram eriperet. In ipsa nocte curatus fuit a Deo et restituti crines sic, quod preterite deformitatis nullum vestigium appareret.

232. Item de eodem

Accidit eciam postea, quod dum idem frater Albertus cum aliis fratribus esset in exercitu contra hostes fidei, eo die, quo fratres et alii religiosi communionem sacram corporis Domini nostri Iesu Cristi sumere consueverunt, elongavit se ab aliis et turbato corde cum lacrimis suspirans ait: „O Domine Iesu Criste, si nunc essem domi, premissis multis oracionibus sumerem corpus tuum." Quo dicto statim apparuit corpus Domini in forma oblate, sicut ministratur in altari, pendens in aere non longe ab ore suo. Quod cum vidisset, expavit et dixit: „Domine Iesu Criste, si oblata hec est

---

[h] aufferetur alle Codd.

ihn mißhandelte. Als er deswegen den Herrn nicht nur dreimal, sondern viele Male bat, daß dieser von ihm genommen werde[70], hörte er eine Stimme vom Himmel her ihm diese Botschaft sagen: „Albert, wenn du den schweren Versuchungen entgehen willst, mußt du an jedem Tag demütig folgendes Gebet sprechen: ‚O, du höchste Barmherzigkeit, gib mir das rechte und aufrichtige Verlangen nach dir und nach der Reinheit des Lebens, läutere mein Gewissen und befreie mich von der Unkeuschheit'." Das heißt auf deutsch: „O uberste libe, gib uns rechten jamir nach dir und nach einem reinen leben und reinige unse consciencie und behute uns vor bewöllunghe." Als er dieses Gebet einige Zeit lang immer wieder gesprochen hatte, indem er es andächtig las, wurde in ihm das Feuer der Sünde gewissermaßen ausgelöscht, so daß keine gewalttätige Versuchung fortan seinen Geist mehr quälte.

231. Nochmals davon

Jener Bruder Albert wurde einmal von einer Krankheit befallen, die ihn seiner Kopfhaare und der Augenbrauen vollständig beraubte. Das gab ihm ein solch entstelltes Aussehen, daß niemand mit ihm Umgang haben wollte. Erschüttert rief er daher unter Tränen Gott an, ihn von der Fessel dieser Heimsuchung zu befreien oder ihn wenigstens von der Erde abzuberufen. Noch in dieser Nacht wurde er von Gott geheilt, und ihm wuchsen die Haare wieder, so daß von der vormaligen Verunstaltung keine Spuren zurückblieben.

232. Nochmals davon

Später geschah noch folgendes: Während sich der Bruder Albert zusammen mit anderen Brüdern auf einem Heerzug gegen die Feinde des Glaubens befand, entfernte er sich von den anderen an dem Tage, an dem die Brüder und andere Geistliche gewöhnlich die heilige Kommunion des Leibes unseres Herrn Jesus Christus nahmen; beunruhigten Herzens und unter Tränen sprach er seufzend: „O mein Herr Jesus Christus, wenn ich nun zu Hause wäre, würde ich nach vielen Gebeten das Abendmahl zu mir nehmen." Sofort nach seinen Worten erschien der Leib des Herrn in Gestalt einer Oblate, wie sie am Altar ausgeteilt wird, und sie schwebte in der Luft nahe bei seinem Mund. Als er das sah, erschrak er und sprach: „Herr Jesus Christus, wenn diese Oblate dein Leib wahrhaftig ist, dann

tuum verum corpus, transeat ad me"; et aperiens os suum intravit et cum inestimabili gaudio sumpsit illud.

233. De vita alterius fratris ibidem

Eodem tempore in dicto castro fuit frater Wolveramus Saxo, qui dum professionem fecisset in ordine domus Theutonice et vellet proficere [71]de virtute in virtutem[71], dyabolus invidens felicitati sue nitebatur modis, quibus poterat, impedire. Unde accidit, quod dum idem frater Wolveramus in prima nocte surgeret ad orandum, dyabolus apparuit ei visibiliter et hoc et iste et ille continuaverunt singulis noctibus per circulum unius anni, sic quod dyabolus in diversis formis apparuit ei et variis machinacionibus ipsum inquietavit, et ille viriliter restitit [72]immobilis in Dei servicio perseverans[72]. Revoluto itaque anno cum dyabolus in illusione hac non proficeret, confusus destitit et comparere amplius non audebat.

234. De fratre Menekone magistro terre Prussie

Frater Meneko de Querenvorde Saxo magister Prussie XIII prefuit XI annis[73]. Quam gloriosus iste fuerit in officio suo, testantur facta magnifica, que sequuntur. Totus fuit magnanimus. Audebat enim aggredi rem arduam, quam alius timuit cogitare. Unde formidabant ipsum omnes adversarii eius, sic quod nec municiones nec locorum distancia ipsos a vindicta sua defendere potuerunt.

235. De edificacione castrorum Raganite et Scalowitarum

Anno Domini MCCLXXXIX idem frater Meneko cupiens summo desiderio Cristianorum fines et terre Prussie angustias dilatare cum omni potencia pugnatorum venit in die beati Georgii martiris[74] ad

[71–71] Vgl. Ps 83,8.
[72–72] Vgl. Tob 2,14.

soll er zu mir kommen." Er öffnete den Mund, [der Leib des Herrn] ging in ihn über, und er genoß ihn mit übergroßer Freude.

233. Vom Leben eines anderen dortigen Bruders

Gleichzeitig lebte in der erwähnten Burg Bruder Wolfram Saxo; als er im Orden des Deutschen Hauses seine Profeß ablegte und [71]von Tugend zu Tugend[71] voranschreiten wollte, trachtete der Teufel, der sein Glück neidisch verfolgte, auf jede mögliche Weise, ihm hinderlich zu sein. So geschah es, daß, als Bruder Wolfram in der ersten Nacht zum Gebet aufstand, ihm der Teufel sichtbar erschien. Dieses wiederholten dieser und jener in allen Nächten innerhalb einer Jahresfrist, so daß der Teufel ihm in verschiedenen Gestalten erschien und ihn mit wechselnden Ränken beunruhigte und er mannhaft Widerstand leistete, [72]indem er unerschütterlich im Dienste Gottes verharrte[72]. Als nach Ablauf eines Jahres der Teufel mit seiner Täuschung nichts ausgerichtet hatte, steckte er verstört auf und wagte hinfort nicht mehr zu erscheinen.

234. Von Bruder Meinhard, dem Meister des Preußenlands

Bruder Meinhard von Querfurt, ein Sachse, amtierte als 13. Meister Preußens elf Jahre lang[73]. Wie ruhmreich er in seinem Amt handelte, bezeugen die nachfolgend berichteten glanzvollen Taten. Er war ein sehr beherzter Mann. Wagte er doch Schwierigkeiten anzupacken, an die ein anderer nicht einmal zu denken wagte. Alle seine Feinde fürchteten ihn besonders deswegen, weil weder Befestigungen noch trennende Zwischenräume sie vor seiner Rache zu schützen vermochten.

235. Vom Bau der Burg Ragnit und der Schalauerburg

Im Jahre des Herrn 1289 rückte jener Bruder Meinhard, dessen heißer Wunsch es war, die Grenzen der Christenheit und die Enge des Preußenlandes auszuweiten, mit der ganzen Streitmacht am Tage des heiligen Märtyrers Georg[74] in das Land der Schalauer vor und erbaute

---

[73] Urkundlich nachweisbar zwischen 1288 Februar 2 und 1298 Dezember 21.
[74] 23. April.

terram Scalowitarum et [75]ad laudem Dei et gloriam[75] in quodam monte supra Memelam edificavit castrum Landeshute[i], quod sonat in Latino custodia terre, sed nunc dicitur communiter Raganita a fluvio vicino, relinquens ibi pro defensione ipsius fratrem Bertoldum de Austria dictum Bruhave commendatorem cum XL fratribus et centum armigeris preelectis. Non longe post edificavit castrum Scalowitarum in descensu Memele, ut Scalowite conversi ad fidem Cristi ibidem habitarent.

236. De fratre Bertoldo dicto Bruhave commendatore de Kunigsbergk et vita eius

Hic frater Bertoldus postquam dicto castro Raganite prefuit modico tempore, fuit in commendatorem fratribus de Kunigsbergk ordinatus. De huius viri vita et virtutum refulgencia mira facta referuntur. Ipse enim cum se Domino inspirante vellet reddere religioni, considerans illa duo, scilicet paupertatem et obedienciam, que ad regularem observanciam requiruntur, esse communia in religionibus et extra, sed tercium, scilicet castitatem, esse unum de arduis, quia nemo potest esse castus, nisi Deus det, voluit examinare, utrum sufficeret ad observanciam castitatis, aggressusque est rem inusitatam et plenam periculo. Assumpsit enim virginem iuvenem, que propter eminenciam pulchritudinis sue parem non habuit in vicinis, iacensque cum ea quasi singulis noctibus in stratu suo nudus cum nuda per annum et amplius, ut ipsa per sacramentum suum postea affirmabat et integritatis sue signa ostendebant, nunquam ipsam carnaliter cognovit. Ecce mira res et stupenda, Samson fortissimus, David sanctissimus, Salomon sapientissimus mulieris victi blandiciis ceciderunt: Hic sponte consorcium eius amplectens vicit et in virtutum culmine est erectus. Numquid ergo forcior Samsone, sanctior Davide, sapiencior Salomone? Si audeam dicere, salva pace ipsorum utique in hoc casu.

[i] Landeshutte K.

[75]zum Lob und zur Ehre Gottes[75] auf einem Berg oberhalb der Memel die Burg Landshut, deren Name im Lateinischen Wache des Landes lautet, die heutzutage jedoch allgemein Ragnit nach dem benachbarten Fluß heißt; zu ihrer Verteidigung ließ er dort den Bruder Bertold Brühaven aus Österreich als Komtur mit 40 Brüdern und 100 ausgewählten Bewaffneten zurück. Kurz darauf erbaute er die Schalauerburg memelabwärts, dafür bestimmt, die zum Christenglauben bekehrten Schalauer aufzunehmen.

236. Von Bruder Bertold Brühaven, dem Komtur von Königsberg, und seinem Leben

Dieser Bruder Bertold wurde, nachdem er einige Zeit der Burg Ragnit vorgestanden hatte, den Brüdern von Königsberg zum Komtur bestimmt. Über das Leben dieses Mannes und die Strahlkraft seiner Tugenden wird Wunderbares berichtet. Als er sich auf Gottes Eingebung hin dem Orden anschließen wollte, bedachte er, daß jene zwei Tugenden, nämlich die Armut und der Gehorsam, deren Beachtung nach der Ordensregel vorgeschrieben ist, in geistlichen Gemeinschaften wie außerhalb befolgt werden, daß freilich die dritte Tugend, nämlich die Keuschheit, zu den Schwierigkeiten gehört, denn niemand kann in Keuschheit leben, wenn es Gott nicht will; daher wollte er herausfinden, ob er der Einhaltung der Keuschheit Genüge tun würde, und begann so eine ungewöhnliche und gefahrvolle Sache. Er nahm ein jungfräuliches Mädchen zu sich, das wegen seiner außerordentlichen Schönheit seinesgleichen im Umkreis nicht hatte, und lag fast jede Nacht auf seinem Lager nackt mit der Nackten, ein Jahr lang und länger, wie sie selbst später durch Eid bekräftigte und es die Zeichen ihrer Unberührtheit erwiesen: niemals hatte er sie fleischlich erkannt. Diese Sache ist wunderbar und erstaunlich, denn der riesenstarke Samson, der sehr heilige David und auch der allerweiseste Salomon fielen den Reizen der Frau zum Opfer: dieser Bruder jedoch suchte freiwillig die Gemeinschaft mit ihr, und er bestand und langte auf dem Gipfel der Tugend an. War er etwa stärker als Samson, heiliger als David, weiser als Salomon? Wenn ich das zu sagen wage, dann in diesem Falle sicher mit ihrer Erlaubnis.

[75-75] Vgl. Phil 1,11.

237. De vastacione terre Sambiensis

Eodem anno in autumno rex Lethowinorum cum octo milibus equitum intravit terram Sambiensem et omnia edificia et segetes cremavit, paucos Cristianos occidit et modicam predam deduxit, quia fratres adventum suum longo tempore presciverunt. Et cum sic pertransivisset dictam terram [76]a fine usque ad finem[76] fere per XIIII dies, iter arripuit redeundi non tamen sine suorum gravi interitu, quia preter alios multos occisos frater Henricus de Dobin cum quibusdam armigeris LXXX Lethowinos interfecit.

238. De impugnacione castri Colayne

Anno Domini MCCLXXXX in die beati Georgii martiris[77] frater Meneko magister cum quingentis equitibus et duobus milibus peditum castrum Colayne acriter impugnavit. In hoc castro fuit Surminus capitaneus et erant cum eo CXX viri bellicosi, qui viriliter fratribus restiterunt. Tandem omnes castrenses preter XII fuerunt letaliter vulnerati, sic quod sanguis de meniis fluxit sicut aqua pluvie inundantis. Et cum esset circa crepusculum, quingenti equites fratrum, qui inter terram Lethowie et dictum castrum erant ad custodiam deputati, fatigati ex longa exspectacione reversi cum magno strepitu et fragore terruerunt communem populum, quod estimans eos esse inimicos fugit ad naves. Fratres autem, licet ad hoc sepius niterentur, non poterant ipsos aliqualiter revocare. Unde a dicta impugnacione cessaverunt. Surminus autem capitaneus non longe postea dictum castrum desolatum reliquit iurans per deorum potenciam, quod nunquam impugnacionem fratrum in aliquo castro de cetero exspectaret.

[76–76] Weish 8,1.

237. Von der Verwüstung des Samlands

In demselben Jahr fiel zur Herbstzeit der Fürst der Litauer mit 8000 Reitern in das Samland ein, verbrannte alle Gebäude und die Saaten, tötete ein paar Christen und führte nur mäßige Beute mit sich fort, weil die Brüder von seinem Eintreffen schon lange vorher wußten. Nachdem er das genannte Land so [76]von Grenze zu Grenze[76] in fast 14 Tagen durchstreift hatte, trat er den Rückzug an, freilich nicht ohne schweren Verlust an Leuten, weil nämlich, abgesehen von anderen tödlichen Verlusten, Bruder Heinrich von Dobin mit einigen Kriegern 80 Litauer tötete.

238. Von der Bestürmung der Burg Colayna

Im Jahre des Herrn 1290 griff der Meister Bruder Meinhard am Tage des heiligen Märtyrers Georg[77] mit 500 Reitern und 2000 Mann zu Fuß die Burg Colayne heftig an. In dieser Burg war Surminus der Anführer, und bei ihm befanden sich 120 Krieger, die den Brüdern mannhaft Widerstand leisteten. Schließlich erlitten alle Burgleute außer 12 tödliche Verletzungen, so daß das Blut von den Mauern floß wie Wasser im strömenden Regen. Zur Dämmerungszeit kehrten die 500 Reiter der Brüder, die zwischen Litauen und dieser Burg zur Bewachung eingesetzt waren, ermüdet von der langen Wartezeit unter großem Lärm und mit Getöse zurück; dabei setzten sie das gemeine Kriegsvolk in Schrecken, das in der Annahme, es handle sich um Feinde, zu den Schiffen flüchtete. Obwohl sich die Brüder öfter darum bemühten, konnten sie die Geflohenen keineswegs zurückrufen. Deshalb ließen sie von der erwähnten Belagerung ab. Surminus, der Anführer, ließ freilich nicht lange danach die Burg verödet zurück und schwor bei der Macht seiner Götter, niemals mehr in irgendeiner Burg den Angriff durch Brüder über sich ergehen zu lassen.

[77] 23. April.

239. De morte fratris Ernekonis commendatoris de Raganita

Eodem anno circa ascensionem Domini[78] frater Erneko commendator de Raganita ad mandatum magistri profectus est navigio versus Lethowiam volens aliquas novitates experiri et erant cum eo frater Ioannes de Wienna et XXV armigeri. Hii cum transirent castrum Colaynam predictum, Surminus castellanus ibidem vocatis ad se castrensibus tractavit cum eis, quomodo posset fratres decipere, et propositis multis decepcionis modis tandem omnium in hoc resedit consilium, ut unus ex eis, qui linguam sciret Polonicam, indutus vestibus muliebribus staret ad litus Memele, dum transirent, et rogaret, ut eum ad navem assumerent et a captivitate infidelium liberarent. Unde quidam Lethowinus Nodam nomine vir in armis strenuus, qui tamen postea conversus ad fidem Cristi in ea feliciter obdormivit, assumptis sibi LX viris ad dictum negocium peragendum veniens ad locum aptum ordinavit, quod ille vestitus veste muliebri sedit in litore, alii latitabant in vicino. Non longe post commendator peracto negocio suo dum appropinquaret, ille miser traditor cepit voce flebili clamare et petere, ut eum ad navem sumerent et animam suam Cristi sanguine redemptam a servitute dyaboli liberarent. Quo audito dum frater Erneko misertus sui accessit ad litus, statim ille rapiens navem firmiter tenuit et vocatis sociis suis irruerunt in eos et omnes occiderunt.

240. De occisione XXV Lethowinorum per fratres de Raganita

Ex hoc eventu Lethowini magnam audaciam sumpserunt, sic quod in die nativitatis beati Ioannis baptiste[79] proximo sequenti de confinio castri Oukaym XXXVI viri egredientes ausi fuerunt contra fratres de Raganita sua latrocinia exercere. Qui dum appropinquarent, mittentes sortem secundum ritum eorum compertum fuit, quod [80]eis prospere succedere[80] non deberet. Unde statim iter redeundi sunt aggressi. Fratres vero de Raganita turbati de interitu suorum futurum periculum precaventes miserunt nun-

239. Vom Tod des Bruders Erneko, des Komturs von Ragnit

In demselben Jahr brach um die Zeit der Himmelfahrt Christi[78] Bruder Erneko, der Komtur von Ragnit, auf Befehl des Meisters zu Schiff nach Litauen auf, um einige Neuigkeiten in Erfahrung zu bringen; in seiner Begleitung befanden sich Bruder Johannes von Wien und 25 Mann. Als sie die Burg Colayna passierten, rief der dortige Kastellan Surminus die Burgleute zu sich und beratschlagte mit ihnen, wie man die Brüder täuschen könne, und nachdem viele Täuschungsmanöver vorgeschlagen worden waren, einigten sich alle auf den Vorschlag, daß einer von ihnen, der die polnische Sprache beherrschte, in Frauenkleidung am Ufer der Memel bei der Vorbeifahrt der Brüder stehen und sie bitten solle, ihn aufs Schiff zu nehmen und aus der Gefangenschaft bei den Heiden zu befreien. So wählte sich ein Litauer mit Namen Nodam, ein kampferprobter Mann, der freilich später zum Christenglauben bekehrt wurde und in ihm selig entschlief, 60 Männer zur Durchführung des Vorhabens aus; an geeigneter Stelle ließ er den mit einem Frauengewand Verkleideten am Ufer niederhocken, die anderen versteckten sich in der Nähe. Als bald danach der Komtur nach Beendigung seiner Aufgabe näherkam, begann jener üble Verräter mit weinerlicher Stimme zu klagen und zu bitten, man möge ihn aufs Schiff nehmen und seine durch Christi Blut erlöste Seele aus der Knechtschaft des Teufels befreien. Als Bruder Erneko dieses hörte und aus Mitleid mit ihm am Ufer anlegte, griff jener sofort nach dem Schiff, hielt es fest und rief nach seinen Genossen, die über sie herfielen und alle töteten.

240. Von der Tötung von 25 Litauern durch die Brüder von Ragnit

Aus diesem Erfolg schöpften die Litauer großen Mut, so daß sie es am nächstfolgenden Tag der Geburt des heiligen Johannes des Täufers[79] wagten, mit 36 Mann aus dem Gebiet der Burg Oukaym vorzurücken und ihre Raubhändel gegen die Brüder von Ragnit aufzunehmen. Als sie bei ihrer Annäherung nach ihrer Gewohnheit das Los warfen, erkannten sie, daß [80]ihnen ein guter Ausgang[80] nicht beschieden sein werde. Daher traten sie sofort den Rückweg an. Die durch den Untergang ihrer Mitbrüder erschreckten Brüder von Ragnit schickten indessen zum Schutz vor

[78] 11. Mai.
[79] 24. Juni.
[80–80] Vgl. 2 Makk 8,8.

cios, qui vias custodirent, quorum unus cum festinacione reversus ait se predictos latrunculos vidisse. Unde frater Lodewicus de Libencele et frater Marquardus de Revelinge cum duobus fratribus et XXVI armigeris sequuti invaserunt eos in quodam campo et XXV ex eis occiderunt.

241. De morte fere quingentorum Lethowinorum

Eodem anno et tempore Iesbuto[k] Lethowinus cum quingentis viris preelectis intravit Poloniam et preter multa mala, que ibidem gessit, duxit secum tam hominum quam aliarum rerum magnam predam. Iste Iesbuto licet esset cum infidelibus, occulte tamen dilexit fratres. Antequam exiret cum isto exercitu, premunivit eos. Unde magister fratrem Henricum Zutswert[l] et XXIX fratres cum MCC viris misit eis in occursum. Qui venientes in solitudinem inter duos fluvios, scilicet Lickam et Naram, per octo dies ipsos cum magno tedio et defectu victualium expectabant. Tandem dum revertentes essent in vicino, primus Lethowinus in acie missa sorte clamavit: „Ve nobis, male ibit negocium nostrum." Quem capitaneus increpavit, ut taceret. Ille autem non cessavit id ipsum clamare, quousque fratres cum suis de insidiis erumpentes insilirent in eos et CCCL ex ipsis occiderent. Alii fugerunt et in solitudine quidam pre tristicia se suspenderunt, reliqui siti et fame attriti moriebantur, sic quod pauci sine mortis periculo evaserunt.

242. De consolacione fratrum et Cristifidelium

Hoc tempore antequam idem exercitus fratrum optenta victoria rediret, frater Meneko magister cum quibusdam preceptoribus sedit sollicitus de exercitu predicto, quia longam moram contraxerat ultra tempus debitum redeundi, turbatusque de morte commendatoris de Raganita et suorum. Et cum sic tristes [81]conferrent ad invicem[81],

---

[k] Sesbuto T.
[l] Zuckswert T.

zukünftiger Gefahr Boten aus, die die Wege überwachen sollten; einer von diesen kehrte eilig zurück und berichtete, er habe die Räuber gesehen. Daher nahmen Bruder Ludwig von Liebenzell und Bruder Marquard von Röblingen mit zwei Brüdern und 26 Mann die Verfolgung auf, überfielen sie auf einem Feld und töteten 25 von ihnen.

241. Vom Tod von fast 500 Litauern

Zeitgleich in demselben Jahr fiel der Litauer Jesbuto mit 500 auserlesenen Männern in Polen ein; außer daß er dort viel Übles tat, führte er eine große Beute an Menschen und anderen Dingen mit sich fort. Obwohl jener Jesbuto unter den Heiden lebte, schätzte er im geheimen dennoch die Brüder. Bevor er mit jenem Heer aufbrach, unterrichtete er die Brüder. Daher sandte der Meister ihnen den Bruder Heinrich Zuckschwert und 29 Brüder mit 1200 Mann entgegen. Diese rückten in die Wildnis zwischen den beiden Flüssen Lyck und Narew vor und erwarteten dort acht Tage lang den Feind in großer Ungeduld und unter Mangel an Proviant. Als die Litauer auf dem Rückweg in die Nähe gelangten, warf der vorderste Litauer das Los und rief: „Wehe, unsere Sache wird für uns übel ausgehen." Diesen Mann schalt der Anführer, daß er schweigen solle. Jener hörte jedoch nicht auf, eben das auszurufen, bis die Brüder mit ihren Leuten aus dem Hinterhalt vorbrachen, sie angriffen und 350 von ihnen töteten. Die anderen flüchteten. Einige erhängten sich vor Niedergeschlagenheit in der Wildnis, der Rest starb, von Hunger und Durst zermürbt, so daß nur wenige ohne Todesgefahr entkamen.

242. Vom Trost für die Brüder und Christgläubigen

Bevor damals dieses Heer der Brüder nach errungenem Sieg zurückkehrte, hielt der Meister Bruder Meinhard mit einigen Ordensoberen Rat, beunruhigt über das besagte Heer, weil viel Zeit über die für die Rückkehr übliche Frist hinaus verstrichen war, und erschüttert über den Tod des Komturs von Ragnit und seiner Leute. Während sie sich so in Trauer [81]miteinander besprachen[81], traf ein Bote ein mit dem Bericht darüber,

---

[81–81] Vgl. Apg 4,15.

venit nuncius, qui dixit, quod fratres de Raganita XXV latrunculos occidissent. Adhuc illo loquente intravit secundus, qui cum victoria redire fratrum exercitum affirmabat. Vix iste verba finierat, et supervenit tercius, qui quendam principem, qui voluit, ut communiter referebatur, sibi Prussie terram eiectis fratribus subiugare, mortuum nunciavit[82]. [83]Gavisi sunt ergo magister et fratres gaudio magno[83] et immensas gracias Deo, [84]qui consolatur suos in omni tribulacione[84], de tot beneficiis referebant. Ecce quomodo iusto Dei iudicio mundus, qui ante gaudebat, turbatur et fratrum [85]tristicia in gaudium est conversa[85].

243. De combustione castri Colayne et depredacione territorii Iunigede

Anno Domini MCCXCI circa purificacionem beate Marie[86] frater Bertoldus Bruhave commendator de Kunigsbergk et plures fratres cum mille et quingentis viris transeuntes castrum Colaynam et invenientes ipsum vacuum combusserunt. Quo facto procedentes territorium Iunigede rapina et incendio molestabant, ita quod preter alia damna septingenti capti sunt homines infidelium et occisi.

244. De edificacione castri Iunigede et destructione castri Mederabe

Eodem anno in festo pasce[87] Lethowini edificaverunt in eodem territorio Iunigede castrum vocantes ipsum eodem nomine. Quod frater Bertoldus predictus intelligens cum mille viris de Sambia accedens dictam edificacionem voluit impedire, sed non valuit pre multitudine infidelium resistente, et ne omnino [88]in vanum laborassent[88], fratres diverterunt iter suum versus castrum Mederabam, de quo Cristifideles multa incommoda passi fuerunt, et expug-

---

[82] Vgl. III,227.
[83–83] Vgl. Mt 2,10.
[84–84] Vgl. 2 Kor 1,4.

daß die Brüder von Ragnit 25 Räuber getötet hätten. Noch während er davon Meldung machte, traf ein zweiter ein, der versicherte, das Heer der Brüder befinde sich nach dem Sieg auf dem Rückweg. Kaum hatte dieser jene Nachricht überbracht, da traf ein dritter ein, der den Tod eines gewissen Fürsten[82] mitteilte, der nach allgemeiner Auffassung sich das Preußenland durch Vertreibung der Brüder unterwerfen wollte. [83]Vor großer Freude brachen da der Meister und die Brüder in Jubel aus[83] und statteten Gott, [84]der den Seinen in aller Not Trost spendet[84], für seine vielen Gnadenbeweise überreichen Dank ab. Sieh an, wie die Welt, die vorher Freude empfand, durch Gottes gerechten Ratschluß in Schrecken versetzt und wie [85]die Trauer der Brüder in Freude gewandelt wurde[85].

243. Von der Brandschatzung der Burg Colayna und der Verwüstung des Gebiets Junigeda

Als im Jahre des Herrn 1291 in der Zeit um Mariä Reinigung[86] Bruder Bertold Brühaven, der Komtur von Königsberg, und mehrere Brüder mit 500 Mann die Burg Colayna passierten und sie leer antrafen, verbrannten sie sie vollständig. Danach rückten sie in das Gebiet Junigeda vor und bedrückten es durch Raub und Brand derartig, daß außer anderen Schädigungen 700 Heiden gefangen und getötet wurden.

244. Vom Bau der Burg Junigeda und der Zerstörung der Burg Mederaba

In demselben Jahr errichteten die Litauer in der Osterzeit[87] in demselben Gebiet Junigeda eine Burg, der sie denselben Namen gaben. Als Bruder Bertold davon erfuhr, rückte er aus dem Samland mit 1000 Mann heran und suchte den Bau zu verhindern, aber er vermochte das infolge der großen Zahl Widerstand leistender Heiden nicht; damit ihr Einsatz aber nicht [88]ganz vergeblich sei[88], lenkten die Brüder ihren Marsch gegen die Burg Mederaba, von der die Christen viel Bedrängnis zu erleiden hatten,

[85-85] Vgl. Jo 16,20.
[86] 2. Februar.
[87] 22. April.
[88-88] Vgl. Ps 126,1.

nantes illud potenter captis et occisis omnibus ignis incendio funditus cremaverunt.

245. De mirabili conversione cuiusdam

Hoc tempore in castro Mergenburgk fuit frater Gerardus, qui cum adhuc esset secularis, erat de familia illustris principis marchionis de Brandenburgk et valde peritus in arte carpentariorum, quantum ad instrumenta bellica facienda. Qui cum talia instrumenta, quibus et castra et civitates destructe fuerunt, multa fecisset, accidit quadam nocte, dum adhuc in lecto iacens vigilaret, quod [89]clausis ianuis[89] venerunt quatuor viri portantes quatuor candelas ardentes accusantes eum in multis criminibus et dicebant, quod, nisi infra certum terminum vitam suam emendaret, sine dubio [90]filius esset mortis[90], et in signum evidens huius facti posuerunt super eum vestem albam, sicut solet poni super funera mortuorum. De quo ille miro modo perterritus venit ad terram Prussie ducens secum vestem illam et facta professione in ordine domus Theutonice vitam sanctam inchoans feliciter consummavit.

246. De depredacione territoriorum Pastovie[m] et Gesovie

Eodem tempore frater Meneko magister necdum saciatus incommodo Lethowinorum cum centum fratribus et magna potencia equitum territoria Gesovie et Pastovie hostiliter est ingressus maximo incendio devastando; paucos homines cepit et interfecit et predam modicam rapuit. In recessu sequuti fuerunt Lethowini et sepius invaserunt fratres. In hac pugna Iesbuto, qui ante fuit amicus nunc hostis, irruit in fratrem Henricum Zutswert et eius dextrarium vulneravit, de quo frater Henricus commotus ipsum lancea perforavit. Sed Iesbuto senciens sibi mortis angustias imminere non valens se vertere, sed retro percuciens cum gladio dicti fratris Henrici digitum amputavit.

[m] Pastonie B.

und erstürmten die Burg mit Gewalt, fingen und töteten alle und zerstörten sie durch Brand bis auf den Grund.

245. Von einer wunderbaren Bekehrung

Damals lebte in der Burg Marienburg Bruder Gerhard, der, solange er noch weltlich lebte, dem Gesinde des berühmten Fürsten und Markgrafen von Brandenburg angehörte und sehr beschlagen in der Zimmermannskunst war, soweit es um die Herstellung von Kriegswerkzeugen ging. Als er von solchen Geräten, mit deren Hilfe Burgen wie auch Städte zerstört wurden, schon viele hergestellt hatte, geschah es in einer Nacht, als er auf seinem Lager liegend noch wach war, daß [89]bei geschlossenen Türen[89] vier Männer mit vier brennenden Kerzen zu ihm kamen und ihn vieler Sünden beschuldigten. Sie sagten, wenn er nicht in einer bestimmten Frist sein Leben bessere, sei er ohne Zweifel [90]ein Kind des Todes[90], und als sichtbares Zeichen dafür legten sie ein weißes Gewand über ihn hin, wie es über die Leichen von Verstorbenen gewöhnlich gebreitet wird. Davon geriet er in einen solch außerordentlichen Schrecken, daß er ins Preußenland kam und mit sich jenes weiße Gewand führte; nachdem er sein Gelübde im Orden des Deutschen Hauses abgelegt hatte, begann er ein heiligmäßiges Leben und endete es selig.

246. Von der Verwüstung der Gebiete Pastovia und Gesovia

Zu derselben Zeit rückte Bruder Meinhard, der Meister, noch nicht mit den Niederlagen der Litauer zufrieden, mit 100 Brüdern und großem Reiteraufgebot als Feind in die Gebiete Gesovia und Pastovia ein und verheerte sie durch Brand sehr; einige Menschen fing und tötete er, an Beute entführte er nur wenig. Auf dem Rückweg folgten ihnen die Litauer und griffen sie öfter an. Bei diesem Kampf stürmte Jesbuto, vorher ein Freund, nunmehr ein Feind, auf den Bruder Heinrich Zuckschwert ein und verletzte dessen Reitpferd; darüber geriet Bruder Heinrich in Zorn und durchstach ihn mit der Lanze. Aber Jesbuto, der fühlte, daß ihm die Not des Todes bevorstehe, und der keine Kraft mehr hatte, sich umzudrehen, schlug seinerseits zurück und hieb mit dem Schwert dem Bruder Heinrich einen Finger ab.

[89-89] Jo 20,26.
[90-90] Vgl. 2 Sam 12,5.

247. De vastacione territorii Oukaym[n]

Circa festum beatorum Petri et Pauli apostolorum[91] eiusdem anni frater Henricus Zutswert predictus commendator de Balga cum XX fratribus et mille quingentis viris equitavit versus castrum Iunigedam[o] et ordinatis insidiis fratres de Raganita cum suis armigeris erecto vexillo processerunt ad dictum castrum, in quo tunc multi hospites fuerunt, qui ex hoc multum indignati armata manu ipsos hostiliter sequebantur; sed fratres magnam stragem fecissent in eis, si nimis mature suas insidias non rupissent. Quo facto fratres cum suo exercitu recedentes in quodam loco per tempus aliquod quieverunt et post multos tractatus habitos placuit omnibus, quod utique manu vacua non redirent. Unde intrantes territorium castri Oukaym devastarunt illud incendio et rapina. Captis ergo et occisis pluribus hominibus cum magno spolio redierunt. Sed quia equites huius territorii pridie iverunt ad clamorem, quem fratres circa castrum Iunigedam excitaverant, solum pedites sequebantur eos occupantes viam in quadam silva, quam fratres celeriter pertranseuntes in quadam campi planicie ipsos invadentes XII occiderunt, alii in fugam conversi non audebant postea comparere.

248. De depredacione terre Polonie

Pucuwerus rex Lethowie eciam hoc anno[92] filium suum Vithenum cum magno exercitu misit versus Poloniam ad terram Bristensem et post multa damna ibidem facta in occisione et capcione hominum, incendio et rapina Casimirus et Lochoto duces Polonie anxii de salute suorum supplicaverunt fratri Menekoni magistro Prussie pro subsidio. Qui cum magno exercitu veniens, dum dictos infideles inciperet impugnare, prefati duces cum omnibus suis Polonis terga verterunt. Quo viso fratres perterriti non habentes potenciam resistendi tante multitudini recesserunt eciam, sed non sine magno periculo suorum, quia multi fratres et alii Cristifideles

---

[n] Oykaim K.
[o] Sumgadum K.

247. Von der Verwüstung des Gebiets Oukaym

Um das Fest der heiligen Apostel Peter und Paul[91] desselben Jahres ritt Bruder Heinrich Zuckschwert, der Komtur von Balga, mit 20 Brüdern und 1500 Mann zur Burg Junigeda; nachdem ein Hinterhalt gelegt worden war, rückten die Brüder von Ragnit mit ihren Kriegern und aufgepflanztem Banner zur Burg vor, in der damals viele Fremde waren, die darüber sehr in Zorn gerieten und jene mit Waffengewalt heftig verfolgten; die Brüder hätten unter ihnen ein großes Gemetzel veranstaltet, wenn sie nicht allzu frühzeitig ihren Hinterhalt aufgegeben hätten. Danach zogen sich die Brüder mit ihrem Heer an eine bestimmte Stelle zurück, ruhten sich einige Zeit aus, und nach langer Beratung einigten sich alle darauf, keinesfalls mit leeren Händen zurückzukehren. Deswegen fielen sie in das Gebiet der Burg Oukaym ein und verwüsteten es mit Brand und Raub. Nachdem sie viele Menschen gefangen und getötet hatten, kehrten sie mit großer Beute um. Weil aber die Reiter dieses Gebiets tags zuvor dem Aufgebot nachgekommen waren, das das Erscheinen der Brüder bei der Burg Junigeda hervorgerufen hatte, folgten ihnen jetzt nur Fußkämpfer, die in einem Wald den Weg besetzten; die Brüder durchquerten diesen Wald rasch, fielen auf ebenem Feld über jene her und töteten 12, die anderen ergriffen die Flucht und wagten es nicht, sich später zu zeigen.

248. Von der Plünderung Polens

Pucuwerus, Fürst von Litauen, schickte in diesem Jahr[92] seinen Sohn Witen mit großem Heer nach Polen in das Land Brest; nachdem dieser dort viel Schaden angerichtet hatte durch Tötung und Gefangennahme von Menschen, durch Brand und Raub, baten die Herzöge Kasimir und Lokietek von Polen in ihrer Sorge um die Rettung ihrer Untertanen Bruder Meinhard, den Meister von Preußen, um Unterstützung. Dieser rückte mit großem Heer heran, und als er die besagten Heiden anzugreifen begann, ergriffen die Herzöge mit all ihren Polen die Flucht. Die Brüder sahen das voller Schrecken, und weil ihnen die Kampfkraft fehlte, einer solch großen Zahl standzuhalten, zogen sie sich gleichfalls zurück, freilich nicht ohne große Gefahr für ihre Leute, denn viele Brüder und andere

[91] 29. Juni.
[92] Vielmehr 1292.

fuerunt graviter vulnerati, antequam honeste possent a dicto certamine declinare.

249. De mirabili liberacione fratrum in quodam exercitu

Anno Domini MCCXCII magister sollicitus circa iniunctum sibi officium et infidelium destructionem congregato magno exercitu fratrum et armatorum venit ad terminos Lethowinorum. Ubi quidam Pruthenus accessit ad fratrem Henricum Zutswert dicens: „Traditus es tu et fratres tui, si intraveritis terram Lethowinorum; ipsi congregati expectant vos nec aliquis ex vobis poterit evadere mortem; si reversi fueritis, vestri in reditu vos occident." Respondit frater Henricus: „Si hec ita se habent, consule nobis, quid tucius sit agendum." Cui ille: „Redite ad partes vestras armati, si forte defensionem vestram timeant et a concepta malicia resipiscant." Hoc facto frater Henricus magistro hec omnia revelavit, qui de consilio fratrum misit exploratores ad terram Lethowie, qui reversi invenerunt premissa omnia vera esse. Unde magister iussit preconizari, ut omnes in reditu armati incederent, et misit occulte et successive pro hiis, qui auctores huius tradicionis fuerant principales, et commisit singulos fratribus, qui ipsos, ne evaderent, custodirent. Sed dum videret communis populus, quod principales huius sceleris essent continue cum fratribus in comitiva, mensa et aliis solaciis, timuit valde et estimans suam maliciam detectam nihil mali audebat in fratres ulterius machinari sicque fratres salvi Dei gracia sunt reversi. Ecce quomodo angustie fratribus erant undique, sed Deus, [93]qui in se sperantes non derelinquit[93], ipsos de huiusmodi internecionibus misericorditer liberavit.

Christen wurden schwer verletzt, bevor sie sich ehrenvoll aus dem Kampf zurückziehen konnten.

249. Von einer wunderbaren Befreiung von Brüdern auf einem Heerzug

Im Jahre des Herrn 1292 zog der Meister, der eifrig auf das ihm übertragene Amt bedacht war und auch auf die Vernichtung der Heiden, mit einem großen Heer von Brüdern und Bewaffneten an die Grenze der Litauer. Dort trat ein Pruße auf den Bruder Heinrich Zuckschwert zu und sprach: „Du bist verraten und deine Mitbrüder auch, wenn ihr in das Gebiet der Litauer hineinzieht. Jene haben sich schon versammelt und erwarten euch, und niemand von euch wird dem Tode entrinnen. Wenn ihr aber kehrtmacht, dann werden euch eure Leute auf dem Rückweg töten." Bruder Heinrich antwortete: „Wenn sich das so verhält, dann rate du uns, was besser zu tun ist." Darauf jener: „Wenn sie eure Gegenwehr überhaupt fürchten und von ihren geplanten Übeltaten absehen sollen, dann zieht in Waffen heimwärts." Bruder Heinrich machte darauf von allem dem Meister Mitteilung, der mit Rat der Brüder Kundschafter in das Litauerland aussandte, die nach ihrer Rückkehr die erhaltenen Angaben als wahr bestätigten. So ließ der Meister verkünden, daß alle auf dem Rückzug unter Waffen gehen würden, und heimlich und nacheinander schickte er nach jenen aus, die die Haupturheber jenes Verrats waren, und vertraute sie einzeln Brüdern an, die sie vor einem Entweichen zu bewachen hatten. Als aber das gemeine Volk sah, daß die Anstifter jenes Verbrechens ständig in Begleitung der Brüder blieben, bei Tisch und anderen Vergnügungen dabei waren, fiel es in Schrecken und merkte, daß seine Übeltat entdeckt war. So wagte es nichts Weiteres gegen die Brüder anzustiften, und diese kehrten mit Gottes Gnade unversehrt zurück. Sieh an, wie sehr auch die Brüder von allen Seiten bedrängt waren, so hat sie doch Gott, [93]der die auf ihn Hoffenden nicht verläßt[93], barmherzig vor solch völliger Vernichtung bewahrt.

[93–93] Vgl. Jdt 13,17.

250. De vastacione intolerabili terre Polonie et nece et captivitate multorum milium Cristianorum

Eodem anno Vithenus filius regis Lethowie cum octingentis viris intravit terram Polonie et in die pentecostes[94], dum in ecclesia Lunczensi[p] canonici et ministri altaris et alii clerici cum solempni ornatu essent in processione, irruit hostiliter in eos et in ecclesia CCCC homines Cristianos trucidavit, clericos et prelatos, quos voluit, captivos secum duxit, omnem ornatum, calices et alia vasa ecclesie ad illicitum usum pertrahebat in contemptum Dei, ecclesiam cum sacramentis [95]redegit in favillam[95] depopulataque terra circum adiacente factaque maxima strage in populo Dei tantam multitudinem deduxit captivam, quod cuilibet Lethowino in divisione cesserunt XX homines Cristiani. Quo facto dum recederent, Casimirus dux Polonie dolens de suorum interitu cum mille et octingentis viris sequutus est eos. Quod dum perciperet Bonislaus dux Masovie, nescio, quo ductus spiritu, treugas inter Cristianos et infideles ad certum terminum ordinavit, infra quas dum Poloni nihil timentes diversis officiis vacarent, Lethowini rupto treugarum federe irruerunt in eos et Casimirum ducem et totum populum peremerunt preter unum militem, qui evasit solus, ut hec aliis nunciaret.

251. De mirabili evasione Cristifidelium de manibus infidelium

Hoc anno circa festum beati Iacobi apostoli[96] frater Conradus Stango commendator de Raganita cum paucis fratribus et armigeris ivit versus castrum Iunigedam premittens nuncium, ut investigaret statum castrensium, qui cum festinacione reversus ait totum campum et castrum cum suburbio pugnatorum potencia plenum esse. Hoc audito fratres et alii consternati mente dixerunt: „Ergo evadere ipsos non possumus; quid ergo faciemus?" Respondit com-

---

[p] Luntzensi K; Lanciciensi D.

250. Von der unerträglichen Verwüstung Polens, vom Tod und von der Gefangenschaft vieler Tausend Christen

In demselben Jahr fiel Witen, Sohn des litauischen Fürsten, mit 800 Mann in Polen ein, und als am Pfingsttage[94] in der Kirche von Lentschütz Kanoniker, Altargeistliche und andere Kleriker in feierlichem Aufzug bei der Prozession einherzogen, fiel er feindselig über sie her; 400 Christenmenschen tötete er in der Kirche, Geistliche und Prälaten, auf die er es abgesehen hatte, führte er gefangen mit sich fort, die gesamte Kirchenausstattung, Kelche und andere kirchliche Gefäße schleppte er zu schändlichem Gebrauch in seiner Gottesverachtung fort, die Kirche und Heiligtümer [95]legte er in Asche[95], das umliegende Land verwüstete er und im Volk Gottes richtete er ein sehr großes Gemetzel an; eine solch große Zahl Gefangener schleppte er fort, daß bei deren Aufteilung einem jeden Litauer 20 Christen zuteil wurden. Als sie sich danach zurückzogen, folgte ihnen Herzog Kasimir von Polen voller Schmerz über den Tod seiner Leute mit 1800 Mann. Als Herzog Boleslaw von Masowien davon erfuhr, brachte er — ich weiß nicht, aus welchen Motiven — zwischen Christen und Heiden bis zu einer bestimmten Frist eine Waffenruhe zustande, innerhalb deren die Litauer, während die Polen nichts fürchtend in ihrer Freizeit verschiedenen Beschäftigungen nachgingen, unter Bruch des Stillstandsvertrages über jene herfielen und Herzog Kasimir und sein gesamtes Aufgebot vernichteten, außer einem Ritter, der als einziger entkam und so den anderen Bericht geben konnte.

251. Über das wunderbare Entkommen von Christen aus den Händen der Heiden

In diesem Jahr zog Bruder Konrad Stange, der Komtur von Ragnit, um das Fest des heiligen Apostels Jakobus[96] mit wenigen Brüdern und Bewaffneten gegen die Burg Junigeda; er schickte einen Kundschafter vorweg, der die Lage der Burgleute ausforschen sollte, und, schnell zurück, teilte dieser mit, daß das ganze Feld und die Burg samt Vorburg voll von einer Menge von Kriegern sei. Als sie das hörten, sagten die Brüder und andere in ihrer Bestürzung: „Also können wir ihnen nicht entkommen. Was sollen wir nur tun?" Ihnen entgegnete der Komtur, indem er sie mit

---

[94] 25. Mai 1292. Das Ereignis gehört in das Jahr 1294, wie die Nachricht vom Tode Herzog Kasimirs ergibt.
[95-95] Vgl. Ez 15,4; Dn 2,35.
[96] 25. Juli.

mendator confortans eos verbis Iude Machabei. Dixit: „[97]Facile est concludere multos in manu paucorum et non est differencia in conspectu Dei celi liberare in multis aut in paucis, quia non in multitudine exercitus victoria, sed de celo fortitudo est[97]; pertranseamus ergo eos viriliter et Dominus liberabit nos." Quod consilium placuit omnibus. Unde signantes se signo sancte crucis transeuntes dictum exercitum Lethowinorum plures interfecerunt, aliquos letaliter vulneraverunt. Ceteris in fugam conversis fratres cum suis sani et incolumes redierunt. Ecce [98]quomodo unus persequebatur mille et duo fugabant decem milia. Nonne ideo, quia deus suus vendidit eos, et Dominus conclusit eos[98]? Utique tu es ergo Deus, [99]qui facis mirabilia magna solus[99], [100]Iesu Criste, qui es benedictus in secula[100] seculorum.

252. De exustione preurbiorum castri Iunigede

Anno Domini MCCXCIII tempore hyemali magister nec sibi nec suis parcens nec laboribus nec expensis, sed semper intentus ad exaltacionem fidei et fidelium congregata omni potencia exercitus sui venit ad castrum Iunigedam et hostiliter impugnavit. Occisis pluribus duo suburbia dicti castri, unum in monte, aliud in valle [101]redegit in favillam[101].

253. De impugnacione castri Scalowitarum

De hoc exercitu fugit occulte quidam armiger de Raganita natus de terra Barthensi [1]filius perdicionis[1], qui veniens ad regem Lethowinorum obligavit se sub pena capitis sui tradere ipsi castrum Scalowitarum. Cuius verbis rex aurem credulam adhibens dedit ei exercitum eadem hyeme. Qui venientes prope dictum castrum fratrem Lodewicum dictum Osse interfecerunt, deinde cum occulte venirent usque ad portam, frater Conradus et frater Albertus

---

[97-97] Vgl. 1 Makk 3,18—19.
[98-98] Dt 32,30.
[99-99] Ps 135,4.

den Worten des Judas Makkabäus ermunterte: „[97]Leicht ist es, viele mit der Hand von wenigen zu besiegen, und es gibt keinen Unterschied beim Gott des Himmels, durch viele oder wenige Rettung zu verleihen, weil nämlich nicht durch die Größe des Heeres schon der Sieg zuteil wird, sondern die Tüchtigkeit vom Himmel kommt[97]. Fallen wir also mannhaft über jene her, und Gott wird uns erretten." Dieser Rat gefiel allen. So bezeichneten sie sich mit dem heiligen Kreuz und gingen gegen das Litauerheer vor, töteten viele und brachten anderen tödliche Verletzungen bei. Als sich der Rest durch Flucht entzog, kehrten die Brüder mit ihren Leuten unverletzt und wohlbehalten zurück. Sieh an, [98]wie ein einziger tausend verfolgte und zwei zehntausend in die Flucht schlugen. Verhält es sich denn nicht so, daß ihr Gott sie preisgegeben und Gott der Herr sie besiegt hat[98]? Denn du bist Gott der Herr, [99]der du als einziger große Wunder vollbringst[99], [100]Jesus Christus, der du gepriesen bist immerdar[100].

252. Von der Brandschatzung der Vorburgen der Burg Junigeda

Im Winter des Jahres 1293 kannte der Meister weder für sich noch für die Seinen Schonung und scheute weder entsagungsvolle Mühen noch sonstigen Aufwand; vielmehr war er stets auf die Erhöhung des Glaubens und der Gläubigen bedacht und brachte so seine gesamte Heeresmacht zusammen, zog zur Burg Junigeda und griff sie feindselig an. Viele wurden getötet und die beiden Vorburgen dieser Burg, eine auf einem Hügel gelegen, die andere im Tal, [101]in Asche gelegt[101].

253. Von der Bestürmung der Schalauerburg

Von diesem Heer setzte sich ein Krieger aus Ragnit heimlich durch Flucht ab, gebürtig aus dem Land Barten, [1]ein Sohn des Verrats[1], der zum Fürsten der Litauer ging und sich bei seinem Kopf verpflichtete, ihm die Schalauerburg durch Verrat zuzubringen. Dessen Worten schenkte der Fürst Glauben und stellte ihm noch in demselben Winter ein Heer zur Verfügung. Als sie in die Nähe der Burg gelangten, töteten sie den Bruder Ludwig Osse; als sie dann heimlich bis zum Burgtor vordrangen, warfen sich ihnen Bruder Konrad und Bruder Albert von Hagen mit ihren weni-

---

[100-100] 2 Kor 11,31.
[101-101] Vgl. Ez 15,4; Dn 2,35.
[1-1] Vgl. Jo 17,12; 2 Thess 2,3.

de Indagine cum suis armigeris, licet paucis, audientes strepitum exercitus opposuerunt se viriliter et habito longo altercacionis bello tandem vix castrum ab impugnacione infidelium defenderunt, non tamen sine lesione plurium utriusque partis. Lethowini autem videntes, quod amplius agere non possent, combusto preurbio recesserunt.

254. De preurbiorum combustione castrorum Iunigede et Piste

Eodem anno in die beati Iacobi apostoli[2] frater Meneko magister nec labore victus nec morte vincendus, qui nec mori timuit nec vivere recusavit, congregata magna potencia equitum ambo castra Lethowinorum, scilicet Iunigedam et Pistam, fortiter impugnavit et occisis et vulneratis aliquibus utriusque partis, cum amplius agere non posset, suburbia utriusque castri funditus concremavit.

255. De vastacione territoriorum Pastovie et Gesovie[q]

Anno Domini MCCXCIIII tempore hyemali magister de salute fidelium sollicitus cum potencia exercitus sui volens invadere territorium Erogel, disuasum fuit ei. Unde divisit exercitum in duas partes, sic quod fratres de Raganita cum Sambitis intraverunt territorium Pastovie, alia pars processit contra territorium Gesovie utrumque molestantes graviter per incendium, sic quod occisis et captis C hominibus cum preda maxima sunt reversi.

256. De eventu mirabili in hoc bello

Notandum, quod, quando movetur bellum, exercitus dividitur in diversas vias, ut possit ordinate et sine pressura procedere. Tamen sepe contingit ex vario eventu, quod pretermissa debita ordinacione conveniunt in glacie centum equites vel CC vel mille ad

[q] Geysovie B.

gen Kriegern mannhaft entgegen, sobald sie den Kriegslärm jenes Heeres gehört hatten, und nach langem Hin und Her im Kampf verteidigten sie die Burg mit Mühe vor der Erstürmung durch die Heiden, freilich nicht ohne viele Verwundete für beide Seiten. Als die Litauer jedoch merkten, daß sie nicht mehr auszurichten vermochten, verbrannten sie die Vorburg und zogen sich zurück.

254. Von der Brandschatzung der Vorburgen der Burgen Junigeda und Pista

In demselben Jahr griff am Tage des heiligen Apostels Jakobus[2] der Meister Bruder Meinhard, der durch keine Beschwerlichkeit bezwungen und selbst durch den Tod nicht besiegt werden konnte, der zu sterben sich nicht fürchtete und zu leben sich nicht weigerte, nach Aufbieten einer großen und starken Reiterschar die beiden Litauerburgen Junigeda und Pista heftig an; es gab Tote und Verwundete auf beiden Seiten, und als er nicht mehr erreichen konnte, zerstörte er die Vorburgen beider Burgen durch Brand von Grund auf.

255. Von der Verwüstung der Gebiete Pastovia und Gesovia

Als im Jahre des Herrn 1294 der auf das Wohl der Christen bedachte Meister im Winter mit einem starken Heer in das Gebiet Erogel einfallen wollte, wurde ihm dies abgeraten. Deswegen teilte er das Heer in zwei Teile, so daß die Brüder von Ragnit mit den Samländern in das Gebiet Pastovia zogen und der andere Teil in das Gebiet Gesovia einmarschierte; beide Gebiete wurden von ihnen schwer durch Brand bedrückt, so daß sie nach Tötung und Gefangennahme von 100 Menschen mit großer Beute zurückkehrten.

256. Von einem wunderbaren Vorgang bei diesem Heerzuge

Wenn jeweils eine Heerfahrt begonnen wird, so ist anzumerken, dann wird das Heer auf verschiedene Marschwege verteilt, damit es geordnet und ohne Bedrängung vorankommen kann. Dennoch geschieht es häufig aus verschiedenem Anlaß, daß nach Aufgabe der angeordneten Marschformation 100 Reiter auf dem Eis zusammenkommen oder 200 oder gar

[2] 25. Juli.

unum locum. Qualiter autem glacies tam grave onus possit sustinere sine fractura, ³nescio, Deus scit³. Unde in multis bellis hyemalibus et maxime in isto, de quo iam dictum est, posset mira res et ⁴ammiracione digna⁴ considerari, si quis vellet diligencius intueri, quia exercitus iste in fine hyemis, quando glacies solis calore superveniente supra et aque fluxu infra consumitur, in media nocte armatus transivit glaciem Memele, et dum transiisset sine omni periculo, dissoluta fuit et confracta, sic quod mane facto non apparebant vestigia glaciei. Quis hec facere poterat nisi ille solus, qui ⁵imperavit mari⁵, ut tanquam ⁶murus staret a dextris et a sinistris⁶ et sicco pede Israeliticus populus pertransiret?

257. De depredacione castrensium de Pista

Hoc eciam tempore frater Theodoricus de Esbech[r], frater Otto de Bergo[s] et frater Otto de Cedelicze cum CCC viris missi ad custodiam castri Raganite assumptis sibi fratribus et armigeris ibidem profecti sunt ante castrum Pistam et totum gregem pecorum receperunt; occisis multis infidelibus LXX homines captos deduxerunt.

258. De subversione castri ducis Masovie, quod dicitur Wisna

Eodem anno Bonislaus dux Masovie Dei timore postposito in contemptum Dei et Cristifidelium preiudicium non modicum et gravamen hostes fidei Lethowinos in castro suo Wisna sepius hospitavit admittens, quod terram Prussie et Polonie depredarent. Nec de hoc desistere voluit, licet pluries salubriter moneretur. Unde frater Meneko magister animadvertens, quod error, cui non resistitur, approbatur et quod non caret occulte societatis scrupulo, qui manifesto facinori desinit obviare, congregata multitudine pugnatorum dictum castrum expugnans funditus extirpavit.

[r] Elsbeck B.
[s] Brigo B.

³⁻³ 2 Kor 12,2.

1000 an einer Stelle zusammentreffen. Wie dann das Eis eine so große Last tragen kann, ohne zu brechen, ³weiß ich nicht, Gott freilich weiß es³. So könnte aus vielen im Winter durchgeführten Kämpfen und besonders aus jenem, von dem gerade die Rede war, Wunderbares und Bewundernswertes⁴ in Betracht gezogen werden, wenn nur jemand den Blick eingehender darauf richten würde: So überquerte jenes Heer mitten in der Nacht in voller Bewaffnung die Memel zu Ende der Winterszeit, wenn das Eis an seiner Oberfläche von der Hitze der Sonne und von unten durch das fließende Wasser schon abgeschmolzen wird, und als es gerade ohne jegliche Gefahr übergesetzt hatte, brach das Eis und zerfiel, so daß bei Tagesanbruch keine Spuren auf dem Eis übrigblieben. Wer schon konnte dieses gemacht haben, wenn nicht jener Einzige, ⁵der dem Meer befahl⁵, wie ⁶eine Mauer zur Linken und Rechten stehenzubleiben⁶, damit das Volk Israel trockenen Fußes hindurchgelangen konnte?

257. Von der Ausplünderung der Burgleute von Pista

Damals zogen die Brüder Dietrich von Esbeck, Otto von Berga und Otto von Zedlitz, die mit 300 Mann zur Bewachung der Burg Ragnit angestellt waren, unter Mitnahme von Brüdern und Bewaffneten aus dieser Burg vor die Burg Pista und schnappten eine ganze Herde Weidevieh weg; sie töteten viele Heiden und führten 70 Gefangene ab.

258. Von der Zerstörung der Burg Wisna des Herzogs von Masowien

In demselben Jahre beherbergte Herzog Boleslaw von Masowien, der Gottesfurcht hintansetzte, zur Verachtung Gottes und zum nicht unbeträchtlichen Schaden und Nachteil der Christen die Feinde des Glaubens, die Litauer, öfter in seiner Burg Wisna und ließ zu, daß sie das Preußenland und Polen ausplünderten. Davon wollte er auch nicht ablassen, obwohl er mehrfach heilsam ermahnt wurde. Weil aber Meister Meinhard der Meinung war, daß man ein solches Fehlverhalten billigt, wenn man ihm nicht entgegentritt, und daß sich gerade derjenige dem Verdacht der heimlichen Gemeinschaft aussetzt, der einem offenkundigen Verbrechen entgegenzutreten unterläßt, versammelte er eine große Zahl von Kriegern, eroberte die erwähnte Burg und machte sie dem Erdboden gleich.

⁴⁻⁴ 2 Makk 7,18.
⁵⁻⁵ Vgl. Mt 8,26; Lk 8,25.
⁶⁻⁶ Vgl. Ex 14, 22. 29.

259. De fratre Lodewico de Libencele et bello ipsius contra Lethowinos

Eodem tempore frater Lodewicus de Libencele fuit commendator de Raganita, qui cum suis fratribus et armigeris multa bella gloriose gessit contra Lethowinos. Navale bellum multiplex habuit, unum versus Austechiam[t] terram regis Lethowie, in qua villam dictam Romene, que secundum ritus eorum sacra fuit, combussit captis omnibus et occisis. Ubi frater Conradus dictus Tuschevelt occisus fuit. Alia bella habuit contra territorium Samethie dictum Pograudam[u], ubi positis insidiis et paucis depredantibus ipsum omnes equites sequentes preter sex interfecit. Et in hoc bello hii de Pograuda adeo debilitati fuerunt, quod multis annis non poterant in equitibus resumere vires primas. Idem processit contra territorium dictum Wayken, ubi eciam per insidias multos nobiles interfecit. Non posset ad plenum scribi, quanta bella gesserit contra eos. Sed ut breviter concludam, adeo infestus fuit eis, quod infra sex annos, quibus dicto castro prefuit, coegit omnes Lethowinos, qui supra litus Memele habitabant, a fluvio Nare usque ad terram Lamotinam[v], ut pacem cum Cristianis haberent sub hiis pactis, ut certum censum annis singulis darent ei. Ecce mira res, quantacunque mala fecit eis, tamen diligebant eum in tantum, ut eciam nobiles, per quos Samethia tunc regebatur, populum communem contra regem Lethowinorum provocarent, sic quod pluribus vicibus convenerunt contra regem ad bellum, ubi aliquando in uno conflictu centum vel CC vel plures ex utraque parte caderent interfecti. Nec unquam temporibus suis rex Lethowie cum Samethis poterat concordare, ut simul in bello procederent contra fratres.

---

[t] Anstechiam K.
[u] Graudam K.
[v] Lamoticam B.

259. Von Bruder Ludwig von Liebenzell und seinem Kampf gegen die Litauer

Zu derselben Zeit war Bruder Ludwig von Liebenzell Komtur von Ragnit; er führte mit seinen Mitbrüdern und Kriegern viele Kämpfe ruhmvoll gegen die Litauer. Vielfach führte er Kämpfe zu Wasser, einen davon gegen das Land Aukstaiten des litauischen Fürsten, in dem er das Dorf Romene, das nach dem Glauben der Heiden heilig war, niederbrannte und alle Bewohner gefangennahm und tötete. Dabei wurde der Bruder Konrad Tuschevelt getötet. Andere Kämpfe trug er gegen das Gebiet Pograuden in Schemaiten aus, das er nach Aufstellung von Hinterhalten durch wenige ausplündern ließ; alle ihn verfolgenden Reiter bis auf sechs tötete er. In diesem Kampf wurden die Leute von Pograuden so geschwächt, daß sie in vielen Jahren ihre frühere Kampfkraft an Reitern nicht wiedergewinnen konnten. Ebenso zog er auch gegen das Gebiet namens Wayken, wo er ebenfalls durch einen Hinterhalt viele Adelige tötete. Es kann nicht vollständig beschrieben werden, wie viele Kämpfe er gegen sie ausfocht. Um es kurz zu machen: Er bedrängte die Litauer so sehr, daß er innerhalb der sechs Jahre, die er der Burg Ragnit vorstand, alle vom Fluß Neris bis zum Land Lamotina jenseits der Memel lebenden Litauer dazu brachte, unter der Bedingung mit den Christen Frieden zu halten, daß sie ihm einen bestimmten Jahreszins entrichteten. Das Wunderbare an der Sache ist, daß sie ihm, wieviel Ungemach er ihnen auch zugefügt hatte, dennoch so sehr zugetan waren, daß selbst die Adligen, die damals das Land Schemaiten beherrschten, das gemeine Volk gegen den Fürsten der Litauer aufbrachten; so versammelten sie sich mehrere Male zum Kampf gegen den Fürsten, und dabei fielen einmal bei einem einzigen Zusammenstoß 100, 200 oder noch mehr Mann auf beiden Seiten. Niemals konnte zu Ludwigs Zeit der Fürst von Litauen mit den Schemaiten darin übereinkommen, zusammen gegen die Brüder in den Kampf zu ziehen.

260. De morte fratris Theodorici de Esbech et trium fratrum et plurium Cristianorum et infidelium

Anno Domini MCCXCV feria VI ante diem pentecostes V fratres et centum quinquaginta viri de Sambia et Nattangia equitaverunt versus castrum Gartham, et dum appropinquarent, placuit eis, ut remissis equis navigio Memelam descenderent, ubi in litore quadam villa Lethowinorum occisis et captis pluribus hominibus depredata iterum processerunt. Sed infideles hoc videntes armata manu occurrerunt eis et inito navali bello frater Theodoricus de Esbech et quidam frater dictus de Veringe mortui ceciderunt. De Lethowinis autem LXX viri in armis strenui sunt occisi. Hoc facto fratres iterum processerunt usque circa castrum Iunigedam, ubi dum naves propter defectum aquarum stantes in arena procedere non valerent, infideles supervenientes fratrem Henemannum[w] dictum Kint et fratrem dictum List et XXV viros interfecerunt. Alii cooperante Domino evaserunt. Iste frater Theodoricus de Esbech mortem suam predixit fratri Conrado Rufo, qui ei voluit dextrarium suum accommodare, dum recederet, dicens: „Sufficit mihi in equo meo, quia vivum me amodo non videbis."

261. De perdicione equorum fratrum de Raganita et exustione preurbiorum dicti castri et Scalowitarum

Eodem anno dominica ante nativitatem Ioannis baptiste[7] Lethowini occulte et improvise venientes ad insulam sub castro Raganita sitam omnes equos fratrum et pecora receperunt. Et post in autumno proximo utriusque castri, scilicet Raganite et Scalowitarum, suburbia destruxerunt.

---

[w] Hermannum D.

260. Vom Tod des Bruders Dietrich von Esbeck, weiterer drei Brüder sowie vieler Christen und Heiden

Am 20. Mai im Jahre des Herrn 1295 ritten fünf Brüder und 150 Mann aus dem Samland und Natangen zur Burg Garthen. Auf dem Anmarsch hielten sie es für gut, unter Zurücklassen der Pferde zu Schiff die Memel aufwärts zu gelangen, von wo sie nach Ausplünderung eines am Ufer gelegenen Litauerdorfs und nach Tötung und Gefangennahme vieler Heiden weiterfuhren. Als die Heiden dieses gewahr wurden, warfen sie sich ihnen bewaffnet entgegen, und bei dem Kampf zu Schiff fanden Bruder Dietrich von Esbeck und ein Bruder mit dem Familiennamen von Veringen den Tod. Von den Litauern wurden 70 kampferprobte Männer getötet. Danach rückten die Brüder nochmals weiter vor bis in die Nähe der Burg Junigeda, wo die wegen Niedrigwasser im Flußsand steckengebliebenen Schiffe nicht weitergebracht werden konnten, die Heiden über sie herfielen, den Bruder Henemann Kint, einen Bruder mit dem Namen List und weitere 25 Mann niedermachten. Die anderen konnten mit Gottes Hilfe entkommen. Jener Bruder Dietrich von Esbeck hatte seinen Tod dem Mitbruder Konrad Rufus vorausgesagt, der ihm sein Reitpferd für den Rückweg überlassen wollte, und erklärt: „Mir ist mein Pferd genug, weil du mich ohnehin lebend nicht wiedersehen wirst."

261. Vom Verlust der Pferde der Brüder von Ragnit und vom Niederbrennen der Vorburgen dieser Burg und der Schalauerburg

Am Sonntag vor dem Geburtsfest Johannes' des Täufers[7] in demselben Jahre erschienen die Litauer heimlich und plötzlich bei der unterhalb der Burg Ragnit gelegenen Insel und nahmen den Brüdern die Pferde und das Weidevieh weg. Danach zerstörten sie im folgenden Herbst die Vorburgen der beiden Burgen Ragnit und Schalauerburg.

[7] 19. Juni.

262. De apostasia quinta et vindicta eius

Hoc anno Bonislaus dux Masowie, de quo dictum est, dolens de subversione castri sui Wisne assumpto sibi Lethowinorum adiutorio reedificavit illud. Quod cum perciperet magister, turbatus ultra modum — timuit enim sibi et suis, fidei et fidelibus iterum nova pericula suboriri — demandavit omnibus sibi subiectis [8]a maiore usque ad minimum[8], ut ad bellum se prepararent, si quo modo posset edificacionem huiusmodi impedire. Sed antequam fratrum exercitus conveniret et dispersus esset in diversis locis, Nattangi dyabolico spiritu instigante consuetam maliciam innovantes in obprobrium Iesu Cristi apostasie vicium iterum commiserunt quendam dictum Sabine in ducem exercitus eligentes. Principales et capitanei huius sceleris fuerunt Gauwina, Stanto, Trinta[x], Missino et plures alii, quorum [9]memoria transeat in oblivionem[9] perpetuam, qui ad perpetrandam huiusmodi maliciam sic se ordinaverunt, quod Stanto predictus cum quibusdam suis complicibus occulte et fraudulenter intravit castrum Barthenstein et fratrem Rudolphum dictum Bodemer et fratrem Fridericum de Libencele cum eorum familia captivavit. Sed Missino cum viris de territorio Sclunien[y] equos fratrum de Kunigsbergk depredavit. Ceteri discurrentes per terram viros Theutonicos occidentes mulieres et parvulos eorum ceperunt ecclesiis et ecclesie sacramentis et ministris magnam verecundiam facientes. Sed Deus, qui in se credentes populos nullis sinit concuti terroribus, sed sua pietate concessa pace Cristianorum fines ab omni hoste facit securos, quorundam in hac apostasia corda divinitus illustravit, qui omnia secreta huius malicie detexerunt. Quo facto commendator de Kunigsbergk cum exercitu rediit festinus de territorio Wohenstorph volens rebellionem Nattangie castigare. Quod cum perciperent viri de territorio Sclunien[z], penitencia ducti retulerunt equos fratrum de Kunigsbergk obligantes se, quod vellent fidei et fratribus fideliter adherere. Alii captivos reddiderunt et sic terra Nattangie in pace quievit. Sed dum commendator de Kunigsbergk cum suo exercitu rediret, ut

[x] Trinca B, D.
[y] Sclumen B.
[z] Sclumen K.

262. Vom fünften Abfall und seiner Vergeltung

In diesem Jahr ließ der obenerwähnte Herzog Boleslaw von Masowien, den die Zerstörung seiner Burg Wisna tief getroffen hatte, diese mit Hilfe von Litauern wieder aufbauen. Als der Meister davon erfuhr, geriet er in außerordentliche Unruhe — fürchtete er doch für sich und die Seinen, für den Glauben und die Christen das Heraufziehen neuer Gefahren — und trug allen seinen Untertanen, [8]vom Höhergestellten bis zum Geringsten[8], auf, sich zum Kampf zu rüsten, falls er auf irgendeine Weise den Wiederaufbau der Burg verhindern könne. Aber bevor das Aufgebot der Brüder zusammenkam und an verschiedenen Stellen bereitgestellt wurde, zeigten die Natanger, angestachelt vom Geist des Teufels, erneut ihre gewohnte Bosheit, begingen noch einmal Christus zur Schande die Sünde des Abfalls vom Glauben und wählten einen gewissen Sabine zum Führer ihres Heeres. Die Haupturheber und Anführer dieses Verbrechens waren Gauwina, Stanto, Trinta, Missino und mehrere andere, [9]deren Andenken der ewigen Vergessenheit anheimfallen möge[9]; diese hatten sich zur Durchführung ihrer Schandtat so verabredet, daß der besagte Stanto mit einigen seiner Komplizen heimlich und unter Täuschungen in die Burg Bartenstein eindrang und die Brüder Rudolf von Bodman und Friedrich von Liebenzell mit deren Gesinde gefangennahm. Missino hingegen jagte mit seinen Männern aus dem Gebiet Sclunien den Brüdern aus Königsberg die Pferde als Beute ab. Der Rest durchstreifte das Land, tötete die deutschen Männer, nahm Frauen und Kinder gefangen und tat Kirchen, Heiligtümern der Kirche und Dienern Gottes große Schande an. Gott jedoch, der die, die an ihn glauben, durch keine Schrecken erschüttern läßt, sondern in seiner Gnade Friede geschenkt hat und die Länder der Christen vor jeglichem Feind bewahrt, erleuchtete während dieses Abfalls durch göttliche Fügung die Herzen einiger Aufständischer, die alle Geheimnisse dieser Schandtat aufdeckten. Danach kehrte der Komtur von Königsberg mit dem Heer eilends aus dem Gebiet Wohnsdorf zurück, um den Aufstand in Natangen zu züchtigen. Als die Männer aus dem Gebiet Sclunien dieses gewahr wurden, wurden sie von Reue gepackt; sie brachten die Pferde der Brüder von Königsberg zurück und verpflichteten sich, dem Glauben und den Brüdern treu anzuhängen. Die anderen brachten die Gefangenen zurück, und so zog in das Land Natangen wieder der Friede ein. Als jedoch der Komtur von Königsberg, wie geschildert,

---

[8–8] Gn 44,12.
[9–9] Vgl. Prd 9,5.

dictum est, Sambite et maxime rustici conspiracionem fecerunt, ut omnes nobiles suos occiderent et postea fratres et Cristifideles invaderent manu forti, eligentes sibi quendam iuvenem dictum Naudiotam[a] filium Iodute[b] in ducem belli, qui illa vice non audens contradicere invitus consensit. Sed post dies XIIII in presencia magistri et fratrum in castro Kunigsbergk omnia secreta huius apostasie et principales auctores nominatim detexit. Unde magister et alii attendentes, quod impunitas scelerum intencionem auget delinquendi, omnes illos, quos huius detestabilis criminis reos invenit, fecit iusto Dei iudicio diversis suppliciis trucidari et sic iterum pax reddita est Cristianis.

263. De quodam fratre

Hoc tempore quidam frater in castro Welsais in infirmitate agonizans [10]reclinatus in sinum[10] fratris Theodorici sacerdotis iacens raptus fuit per longum tempus et vidit mirabilia multa. Tandem reversus ad se ait: „Domine Theodorice, predicite mihi: ‚Iesu Criste, fili Dei'." Quo facto diem et horam mortis sue veraciter predixit.

264. De adventu fratris Conradi magistri generalis

Eo tempore, quo adhuc apostasia Pruthenorum necdum haberet finem, frater Conradus de Wucgwangen magister generalis domus Theutonice venit ad terram Prussie[11] vidensque ipsam innumeris oppressam tribulacionibus fratres verbis et exhortacionibus salutiferis confortans per dona magnifica consolatur.

265. De destructione castri Kymel

Non longe post frater Lodewicus de Libencele cum quibusdam fratribus et CC viris ivit ad impugnandum quoddam castrum, sed

[a] Naudiocam B, D.
[b] Joduce B, D.

mit seinem Heere zurückkehrte, zettelten die Samländer, und zwar besonders die Bauern, eine Verschwörung an, alle ihre Adeligen zu töten und danach die Brüder und die Christgläubigen mit großem Einsatz anzugreifen; zum Führer im Kampf wählten sie sich einen jungen Mann namens Naudiota, den Sohn des Joduta, welcher dieses Mal nicht zu widersprechen wagte und widerwillig zustimmte. Aber 14 Tage später gab er vor dem Meister und den Brüdern in der Burg Königsberg alle geheimen Verabredungen dieses Abfalls und die Haupturheber namentlich preis. Der Meister und die anderen waren der Meinung, daß die Nichtbestrafung der Verbrechen die Absicht fördere, sich weiterhin zu vergehen, und so ließ er alle jene, die er dieses verabscheuungswerten Verbrechens schuldig fand, nach dem gerechten Urteil Gottes durch verschiedene Todesstrafen hinrichten; so wurde den Christen der Friede wiedergegeben.

263. Von einem Bruder

Damals rang ein Bruder, in der Burg Welsas krank daniederliegend, mit dem Tode; [10]zurückgelehnt in den Schoß[10] des Priesterbruders Dietrich wurde entrückt und sah dabei viel Wunderbares. Als er schließlich zu sich kam, sagte er: „Herr Dietrich, sprecht mir vor: ‚Jesus Christus, Gottes Sohn'." Danach sagte er wahrheitsgemäß Tag und Stunde seines Todes voraus.

264. Von der Ankunft des Hochmeisters Bruder Konrad

Als zu derselben Zeit der Abfall der Prußen vom Glauben noch kein Ende gefunden hatte, kam der Hochmeister des Deutschen Hauses Bruder Konrad von Feuchtwangen ins Preußenland[11], das er durch ungezählte Leiden bedrückt sah. Die Brüder ermutigte er durch heilbringende Worte und Ermahnungen und half ihnen mit prächtigen Geschenken.

265. Von der Zerstörung der Burg Kymel

Nicht lange danach rückte Bruder Ludwig von Liebenzell mit einigen Brüdern und 200 Mann zum Angriff auf eine bestimmte Burg aus, aber

---

[10-10] Vgl. Ri 16,19.
[11] Konrads von F. Aufenthalt in Preußen ist urkundlich zwischen 1295 August 4 und 1296 Mai 14 zu belegen.

dux exercitus errans in via pertransiit, et dum in reditu ad rectam viam rediret, intrantes ipsum neminem in eo invenerunt, quia populi, qui in eo habitabant, videntes fratrum exercitum secesserunt ad silvas non valentes nec volentes ipsorum impugnaciones sustinere. Combusto igitur castro fratres turbati recesserunt. Sed Deus nolens omnino frustrari labores eorum, imo ferventi ipsorum desiderio complacere ordinavit, quod non longe viderent castrum firmum dictum Kymel, pro cuius destructione fratres et sumptus et labores per se et per suos sepius iterabant, licet non proficerent. Quod intrantes viriliter occisis habitatoribus ipsum apposito igne funditus cremaverunt.

266. De vastacione territorii et preurbii castri Garthe

Anno Domini MCCXCVI tempore hyemali frater Syfridus de Reibergk commendator de Balga cum multis fratribus et equitibus de Nattangia profectus est versus Lethowiam, et cum venisset circa castrum Gartham, invenit vestigia hominum recencia, quos sequens frater Waltherus dictus Goldin[c] cum paucis armigeris omnes occidit preter unum, qui fugiens venit ad fratrem Henricum de Wedere et ipsum graviter vulneravit non tamen sine defensione, quia frater Henricus ipsum letaliter plagavit. Accepto ergo equo fratris Henrici idem Ruthenus recessit; sed frater Waltherus sequens cruoris, qui de vulneribus eius manavit, vestigia invenit eum et occidit. Sequenti die fratres transiverunt glaciem Memele et intraverunt territorium et preurbium dicti castri Garthe, incendio vexarunt et rapina et preter occisos captivos CC homines deduxerunt.

267. Item de eodem

Eodem anno et [12]tempore, quo reges solent procedere ad bella[12], rex Vithenus cum multitudine copiosa Lethowinorum pugnaturus contra fratres intravit terram Lyvonie. Unde frater Bertol-

[c] Goloni K, B.

der Führer des Heeres verirrte sich und ging fehl; als man auf dem Rückweg den richtigen Weg wiederfand, stießen sie auch auf die Burg, in der sie jedoch niemanden vorfanden, weil deren Einwohner sich beim Anblick des Heeres der Brüder in die Wälder zurückgezogen hatten, da sie deren Angriff weder standhalten konnten noch wollten. Nachdem sie die Burg niedergebrannt hatten, zogen sich die Brüder voller Unruhe zurück. Aber Gott wollte nicht, daß ihre Anstrengungen gänzlich umsonst waren, und um ihrem heißen Wunsch zu willfahren, fügte er es, daß sie bald eine feste Burg namens Kymel zu Gesicht bekamen, für deren Zerstörung die Brüder Einsatz und Anspannung bei sich und ihren Leuten mehrfach aufwandten; dennoch hatten sie keinen Erfolg. Als sie dann doch tapfer in die Burg eindrangen, töteten sie deren Bewohner und verbrannten sie durch Brandlegen vollständig.

266. Von der Verwüstung des Gebiets und der Vorburg der Burg Garthen

Im Jahre des Herrn 1296 brach zur Winterszeit Bruder Siegfried von Rechberg, der Komtur von Balga, mit vielen Brüdern und Reitern von Natangen aus nach Litauen auf; als er in die Nähe der Burg Garthen kam, fand er frische Spuren von Menschen, die Bruder Walter Goldin mit einigen Bewaffneten verfolgte und alle niedermachte außer einem, der bei seiner Flucht auf den Bruder Heinrich von Werderthau stieß und ihn schwer verwundete, sehr wohl aber auf Gegenwehr traf, zumal ihn Bruder Heinrich tödlich schlug. Nachdem er das Pferd des Bruders Heinrich an sich gebracht hatte, zog sich der Russe zurück; aber Bruder Walter folgte den Spuren, die sein aus den Wunden fließendes Blut hinterließ, fand und tötete ihn. Am nächsten Tag überquerten die Brüder die zugefrorene Memel und drangen in das Gebiet und die Vorburg der erwähnten Burg Garthen ein, verwüsteten sie durch Brand und Plündern, töteten Menschen und führten 200 Gefangene ab.

267. Nochmals davon

In demselben Jahr fiel [12]zu der Jahreszeit, in der die Könige zum Kampf auszuziehen pflegen[12], Fürst Witen mit einer großen Menge von Litauern nach Livland ein, um die Brüder zu bekämpfen. Daher stellte Bruder Ber-

---

[12-12] 2 Kg 11,1; 1 Chr 20,1.

dus commendator de Kunigsbergk, qui huiusmodi eventum a multo retroacto tempore summo desiderio optavit, scilicet cum ipse rex terram suam sic exiret, fratrum exercitus subintraret, congregato magno exercitu capitaneum fecit fratrem Henricum Zutswert commendatorem de Balga, ut cum dicto exercitu procederet versus Lethowiam dicti regis terram vastaturus. Qui cum venisset iam non longe a terra regis, nescio, quo ductus spiritu, retrocessit impugnansque castrum Gartham tantam castrensium per crebra iacula invenit resistenciam, quod multis Cristianis graviter vulneratis infecto negocio est reversus.

268. De depredacione quinque villarum

Posthec intravit exercitus Lethowinorum terram Colmensem et circa castrum Golubam quinque villas despoliavit captis et occisis ibi pluribus Cristianis.

269. De discordia civium de Riga contra fratres domus Theutonice in Lyvonia

Anno Domini MCCXCVII orta est immortalis discordia inter cives Rigenses ex una parte et fratres domus Theutonice ex altera, que tantum invaluit, quod infra annum et dimidium fratres necessitate inevitabili cogente novem vicibus cum ipsis conflixerunt. Et quamvis in uno conflictu succumberent, in aliis tamen sunt divine virtutis auxilio prosperati. Anno Domini MCCXCVIII Vithenus rex Lethowinorum ad vocacionem civium Rigensium castrum in Carthusen captis IIII fratribus et eorum familia expugnavit et finibus dicti castri per incendia et rapinas devastatis, dum ad terram suam redire disponeret, frater Bruno magister terre Lyvonie cum exercitu modico sequens ipsum kalendis Iunii in litore maris iuxta fluvium Treyderam invasit et liberatis de manibus hostium fere tribus milibus Cristianorum et occisis de parte infidelium octingentis rex tandem prevaluit et magistrum cum XXII fratribus et MD Cristifidelibus interfecit. Eodem anno frater Godefridus Hoe-

told, der Komtur von Königsberg, der sich schon seit langer Zeit ein solches Ereignis heiß gewünscht hatte, daß nämlich jener Fürst sein Land auf diese Weise verließe und ein Heer der Brüder dann dort einfallen könne, ein großes Heer zusammen und machte zu dessen Anführer den Bruder Heinrich Zuckschwert, den Komtur von Balga; dieser sollte mit jenem Heer nach Litauen ziehen und das Land des Fürsten verwüsten. Als er schon ziemlich in die Nähe jenes Landes gelangt war, kehrte er aus unerfindlichen Gründen um, griff die Burg Garthen an und traf dabei auf solch heftigen Widerstand seitens der Burgleute, die ihn mit Speerwürfen überhäuften, daß er mit vielen schwerverwundeten Christen unverrichteter Sache den Rückzug antrat.

268. Von der Ausplünderung von fünf Dörfern

Danach fiel ein Heer von Litauern in das Kulmerland ein, plünderte in der Nähe der Burg Gollub fünf Dörfer vollständig aus, fing und tötete viele Christen.

269. Vom Streit der Bürger von Riga mit den Brüdern vom Deutschen Hause in Livland

Im Jahre 1297 begann ein nicht enden wollender Kampf zwischen den Bürgern von Riga einerseits und den Brüdern vom Deutschen Hause auf der anderen Seite, der an Stärke so zunahm, daß die Brüder in die unausweichliche Zwangslage gerieten, sich innerhalb von eineinhalb Jahren neunmal mit jenen auseinanderzusetzen. Obgleich sie in einem Treffen unterlagen, blieben sie in den anderen mit göttlichem Beistand erfolgreich. Im Jahre des Herrn 1298 eroberte Witen, der Fürst der Litauer, herbeigerufen durch die Bürger von Riga, die Burg Karkus, nahm vier Brüder und ihr Gesinde gefangen und verwüstete das Gebiet der Burg durch Brand und Raub; als er sich anschickte, in sein Land zurückzukehren, verfolgte ihn Bruder Bruno, der Meister von Livland, mit einem kleinen Heer und fiel über ihn an der Meeresküste in der Nähe des Flusses Treyder Aa am 1. Juni her; nachdem aus den Händen der Feinde fast 3000 Christen befreit und von den Heiden 800 Mann getötet worden waren, behielt der Fürst letztlich die Oberhand und tötete den Meister mit 22 Brüdern sowie 1500 Christen. In demselben Jahr hielt sich Bruder Gottfried

loch magister generalis domus Theutonice fuit in terra Prussie[13], qui fratrem Bertoldum Bruhave commendatorem de Kunigsbergk cum multis fratribus et armigeris misit ad terram Lyvonie fratribus ibidem in auxilium. Hii cum exercitu fratrum de Lyvonia convenientes in die beatorum Petri et Pauli apostolorum[14] de civibus Rigensibus et Lethowinis, qui erant in obsidione castri Molendini Novi, ultra IIII milia occiderunt. In hoc conflictu quidam Pruthenus de Sambia, sicut legitur in libro regum de Achoy, [15]*stetit et percussit inimicos, quousque deficerent manus eius et obrigesceret gladius*[15] in manibus eius. Et ut breviter concludam, nullus posset plene scribere, quanta mala de hac dissensione fidei et fidelibus sunt exorta.

270. De destructione oppidi Straisbergk

Hoc anno scilicet Domini MCCXCVIII de Lethowia CXL viri tam improvise irruerunt in die beati Michaelis[16] in oppidum Straisbergk, quod totum populum et unum sacerdotem occiderunt mulieribus et parvulis captis, et preter verecundiam, quam aliis sacramentis fecerunt, unus purgando alvum baptisterium defedavit. Quos frater Conradus Saccus provincialis terre Colmensis cum multis fratribus et armigeris sequutus usque ad interiora deserti comprehendit et liberatis Cristianis captis omnes interfecit, sic quod unus non evasit, qui talem eventum posset posteris nunciare.

271. De suburbiorum combustione castrorum Iunigede et Piste

Eo tempore, quo exercitus fratrum de Prussia adhuc esset in partibus Lyvonie, frater Cuno commendator de Brandenburgk cum magno exercitu aggressus castra Iunigedam et Pistam eorum suburbia igne funditus destruxit, et dum recederet, supervenit quidam frater de Raganita navigio cum quibusdam armigeris, qui exiens ad pugnam contra castrenses coegit totum exercitum fratrum

---

[13] Gottfried von H. urkundet 1298 Juni 15 in Thorn.
[14] 29. Juni.

von Hohenlohe, der Hochmeister des Deutschen Hauses, im Preußenland auf[13]; er schickte den Bruder Bertold Brühaven, den Komtur von Königsberg, mit vielen Brüdern und Kriegern nach Livland den dortigen Brüdern zur Unterstützung. Diese vereinigten sich mit dem Heer der Brüder von Livland und töteten von den Bürgern von Riga und den Litauern, die die Burg Neuermühlen belagerten, am Tage der heiligen Apostel Peter und Paul[14] mehr als 4000 Mann. Bei diesem Kampf stand ein gewisser Pruße aus dem Samland unerschüttert da, wie es im Buch der Könige über Ahohi nachzulesen ist, [15]und schlug die Feinde nieder, bis ihm die Hände ihre Kraft versagten und das Schwert in seiner Hand erstarrte[15]. Um es kurz zu machen: keiner kann darüber vollständig berichten, wie schwere Übel aus diesem Streit für den Glauben und die Gläubigen erwuchsen.

270. Von der Zerstörung der Stadt Strasburg

In diesem Jahre des Herrn 1298 überfielen 140 Mann aus Litauen so unvermutet am Tage des heiligen Michael[16] die Stadt Strasburg, daß sie die gesamte Einwohnerschaft und einen Priester töten konnten sowie Frauen und Kinder gefangennahmen; außer daß sie andere Heiligtümer schändeten, verunreinigte einer das Taufbecken durch seine Notdurft. Bruder Konrad Sack, der Landkomtur von Kulmerland, verfolgte diese Litauer mit vielen Brüdern und Kriegern bis in das Innere der Wildnis und stellte sie dort, so daß nicht ein einziger entkam, der dieses Ereignis der Nachwelt mitteilen konnte.

271. Vom Niederbrennen der Vorburgen der Burgen Junigeda und Pista

Zu derselben Zeit, zu der sich das Heer der Brüder von Preußen noch in Livland befand, griff Bruder Kuno, der Komtur von Brandenburg, mit großem Heer die Burgen Junigeda und Pista an und zerstörte deren Vorburgen durch Feuersbrunst von Grund auf; als er sich auf dem Rückweg befand, kam ein Bruder aus Ragnit zu Schiff mit einigen Bewaffneten dazu, der durch seinen Angriff auf die Burgleute das gesamte Heer der Brüder zur Umkehr veranlaßte; so wurde der Kampf aufgenommen.

[15–15] Vgl. 2 Sam 23,10.
[16] 29. September.

redire ad prelium initoque certamine unus Lethowinus virilis homo occisus est et plures utriusque partis graviter vulnerati.

272. De fratre Lodewico de Scippe[d] magistro terre Prussie

Frater Lodewicus de Scippe magister terre Prussie XIIII prefuit uno anno[17] et mortuus est sepultusque Colmense in ecclesia cathedrali.

273. De vastacione terre Nattangie et morte CCL Cristianorum

Huius magistri tempore sexcenti viri de Lethowia profecti sunt versus Nattangiam, de quo exercitu frater Cuno commendator de Brandenburgk premunitus congregatis subditis suis, dum eos per dies aliquot expectasset, fatigatus tedio dimisit populum suum. Sequenti die dictus exercitus infidelium intravit Nattangiam et magnam partem eius devastans per incendium et rapinam occidit et cepit CCL homines Cristianos.

274. De fratre Helwico magistro terre Prussie

Frater Helwicus de Goltbach Thuringus magister terre Prussie XV prefuit uno anno[18] et resignato officio reversus fuit in Alemaniam ibique mortuus et sepultus.

275. De LXXII Lethowinis occisis in Nattangia

Huius magistri tempore, anno scilicet Domini MCCC, LXXV Lethowini in autumno territorium Glottovie Warmiensis diocesis im-

[d] Scipe K.

[17] Dusburg übergeht in der Reihe der Landmeister den auf Meinhard von Querfurt folgenden Konrad von Hallstadt (einzig 1299 August 3 urkundlich); Ludwig

Getötet wurde indes ein einziger tapferer litauischer Mann, Schwerverwundete gab es auf beiden Seiten viele.

272. Von Bruder Ludwig von Schüpf, dem Meister des Preußenlands

Bruder Ludwig von Schüpf amtierte als 14. Meister im Preußenland ein Jahr[17]; nach seinem Tod fand er seine letzte Ruhestätte in der Kathedralkirche von Kulmsee.

273. Von der Verwüstung des Landes Natangen und vom Tod von 250 Christen

Zur Amtszeit dieses Meisters rückten 600 Mann aus Litauen nach Natangen vor; von diesem Heerzug war Bruder Kuno, der Komtur von Brandenburg, vorher unterrichtet und bot seine Untertanen auf, aber als er mehrere Tage auf die Litauer gewartet hatte, entließ er voller Überdruß sein Kriegsvolk. Am nächsten Tag fiel das besagte Heidenheer in Natangen ein, verwüstete einen großen Teil des Landes durch Brand und Raub, verübte Totschlag und machte 250 Christen zu Gefangenen.

274. Von Bruder Helwig, dem Meister des Preußenlands

Bruder Helwig von Goldbach, ein Thüringer, amtierte als 15. Meister des Preußenlandes ein Jahr lang[18]; er verzichtete auf sein Amt und kehrte nach Deutschland zurück, wo er verstarb und begraben wurde.

275. Vom Tod von 72 Litauern in Natangen

Zur Amtszeit dieses Meisters, nämlich im Jahre des Herrn 1300, fielen im Herbst 75 Litauer unvermutet in das Gebiet Glottau in der Diözese

---

von Sch. ist als Landmeister 1299 Dezember 2 und 1300 Februar 28 urkundlich nachweisbar.

[18] Helwig von G. ist als Landmeister von 1301 März 26 bis 1302 März 30 urkundlich nachweisbar.

provise intrantes unam villam incendio destruxerunt occidentes et rapientes, quicquid in ea vivum repererunt. Quo intellecto frater Waltherus Goldin[e] socius commendatoris de Brandenburgk cum quibusdam armigeris secutus occupavit viam, quam transire debebant, preter quam via alia propter aquarum inundanciam non restabat, et consurgens adversus eos preter tres omnes trucidavit.

276. De vastacione territorii castri Oukaym

Eodem anno frater Henricus de Dobin et quidam fratres cum CC viris intraverunt territorium castri Oukaym et combustis sex villis captis et occisis hominibus recesserunt. Lethowini insequentes ipsos sepius hostiliter invaserunt, ita quod utriusque partis plures fuerunt graviter vulnerati.

277. De depredacione terre Dobrinensis et occisione LXX Lethowinorum

Hoc anno Wenceslaus rex Bohemie fuit in regnum Polonie coronatus. Et sex milia Lethowinorum ducatum Dobrinensem depopulaverunt occidendo, capiendo et, quod igni aptum fuit, comburendo et omnia equiria et alia, que Poloni propter metum regis predicti ad dictum ducatum duxerant, deferebant. De hoc exercitu centum viri preelecti et presumptuosi fuerunt ausi transire fluvium Driwance et in terra Colmensi duas villas depredare, quos fratres cum exercitu suo sequentes comprehenderunt et LXX ex eis occidentes multos Cristianos captos redemerunt. Alii Lethowini XXX, qui evaserunt, dum fugiendo venirent ad exercitum suum et nunciarent, que facta fuerant eis a fratribus, adeo meticulosi facti sunt et territi, quod nullus alium expectavit, sed cursitando per diem et noctem multi homines et equi perierunt, plures eciam ex eis in fluvio Nare[f] propter pressuram nimiam sunt submersi.

[e] Goldoni K; Goloni B.
[f] Naref D.

Ermland ein, vernichteten ein Dorf durch Brandschatzung und töteten und schleppten mit Gewalt mit sich fort, was sie darin an Lebendigem vorfanden. Als Bruder Walter Goldin, der Kumpan des Komturs von Brandenburg, davon erfuhr, verfolgte er sie mit einigen Kriegern und besetzte den Weg, den sie benutzen mußten, denn außer diesem Weg gab es infolge einer Überschwemmung keinen mehr. So fiel er über sie her und metzelte alle außer drei Mann nieder.

276. Von der Verheerung des Gebiets der Burg Oukaym

In demselben Jahr fielen Bruder Heinrich von Dobin und andere Brüder mit 200 Mann in das Gebiet der Burg Oukaym ein, brannten sechs Dörfer nieder, fingen und töteten Menschen und zogen sich danach zurück. Die Litauer nahmen ihre Verfolgung auf und griffen sie öfters feindselig an, so daß es auf beiden Seiten viele Schwerverwundete gab.

277. Von der Ausplünderung des Landes Dobrin und vom Tod von 70 Litauern

In diesem Jahr wurde Wenzel, der König von Böhmen, zum König von Polen gekrönt. 6000 Litauer verheerten das Herzogtum Dobrin durch Totschlag, Gefangennahme und Niederbrennen alles dessen, was dem Feuer Nahrung gab; Zuchtpferde und alles, was die Polen aus Furcht vor diesem König in dieses Herzogtum verbracht hatten, führten sie mit sich fort. Aus diesem Heer unternahmen es 100 auserlesene und kühne Männer, den Fluß Drewenz zu überqueren und zwei Dörfer im Kulmerland auszuplündern; die Brüder verfolgten sie mit ihrem Heer, stellten sie und töteten 70 von ihnen. Viele gefangene Christen befreiten sie. Als die anderen 30 geflüchteten Litauer auf ihrer Flucht zu ihrem Heer gelangten und dort Meldung darüber machten, wie die Brüder ihnen zugesetzt hatten, wurden alle von solchem Schrecken und solcher Panik erfaßt, daß keiner auf den anderen achtete und viele Männer und Pferde tage- und nächtelang davonrannten und zugrunde gingen. Einige von ihnen ertranken wegen allzu großem Gedränge im Fluß Narew.

278. De mirabili facto

Hoc tempore in castro Mergenburgk fuerunt frater Henemannus et frater Fridericus, qui tantam inter se caritatem habuerunt, quod unus sine alio vivere non voluit neque mori. Tandem frater Henemannus lepra percussus fuit et frater Fridericus non longe post cadens de equo expiravit. Cuius mors dum in crastino fratri Henemanno nunciaretur, ait: „Sic non erant pacta nostra, quod ipse prius et ego postea, sed simul deberemus ad eterna gaudia introduci." Et cum esset sine omni infirmitate preter eam, quam predixi, advocans sacerdotem perceptis ecclesie sacramentis eodem die in Domino feliciter obdormivit.

279. De fratre Conrado magistro Prussie

Frater Conradus Saccus magister Prussie XVI prefuit VI annis[19]. Hic multum fuit homo affabilis et in [20]omnium oculis graciosus[20], ut vere posset de ipso dici, quod [21]dilectus fuit Deo et hominibus[21]. Qui tandem fatigatus laboribus et debilitatus infirmitatibus officium suum resignavit habitansque in castro Goluba, quod ipse comparavit, mortuus est et sepultus fuit in ecclesia cathedrali Colmense.

280. De destructione castri Oukaym prima

Huius magistri tempore anno Domini MCCCI[22] quidam Lethowinus dictus Drayko castrensis de Oukaym dolens se tamdiu fraude diabolica deceptum volensque ydolorum cultura postposita [23]Dei veri et vivi[23] servicio mancipari secrete filium suum Pinnonem misit fratri Volrado commendatori de Raganita supplicans humiliter et devote, ut ipsum a gentilitatis errore et infidelium manibus liberaret. Qui commendator de consilio magistri cum exer-

---

[19] Konrad S. ist als Landmeister in der Zeit von 1302 September bis 1306 März 21 urkundlich nachweisbar.
[20–20] Vgl. Est 2,15.
[21–21] Sir 45,1.

278. Von einem Wunder

Damals lebten in der Burg Marienburg Bruder Henemann und Bruder Friedrich, die so sehr aneinander hingen, daß der eine ohne den anderen nicht leben und auch nicht sterben wollte. Schließlich wurde Bruder Henemann vom Aussatz befallen, und Bruder Friedrich fiel nicht viel später vom Pferd und starb. Als dessen Tod am folgenden Tage dem Bruder Henemann mitgeteilt wurde, sagte er: „So ist unsere Absprache nicht gewesen, daß er früher und ich später, vielmehr daß wir beide gleichzeitig in die himmlischen Freuden eingingen." Obwohl er ohne jegliche Krankheit war, ausgenommen die vorhergenannte, rief er einen Priester herbei und entschlief nach Empfang der kirchlichen Sakramente am selben Tag selig im Herrn.

279. Von Bruder Konrad, dem Meister von Preußen

Bruder Konrad Sack war als 16. Meister von Preußen sechs Jahre im Amt[19]. Er war ein sehr leutseliger Mann und [20]in den Augen aller beliebt[20], so daß man wahrhaftig von ihm sagen kann, daß [21]er Gott und seinen Mitmenschen wohlgefällig war[21]. Am Ende gab er sein Amt, von Mühen geplagt und von Krankheiten entkräftet, auf, lebte in der Burg Gollub, die er selbst errichtet hatte, und starb dort; begraben wurde er in der Kathedralkirche von Kulmsee.

280. Von der ersten Zerstörung der Burg Oukaym

Zur Amtszeit dieses Meisters, im Jahre des Herrn 1301[22], schickte ein Litauer namens Drayko, Burgmann von Oukaym — darüber betrübt, daß er durch Ränkespiel des Teufels so lange hintergangen worden war, und willens, nach Aufgabe des heidnischen Götzendienstes sich dem Dienst [23]des wahren und lebendigen Gottes[23] hinzugeben —, seinen Sohn Pinno heimlich zum Bruder Volrad, dem Komtur von Ragnit, und bat ihn inständig und demütig, ihn von seinem heidnischen Irrglauben und aus der Hand der Heiden zu befreien. Mit Einverständnis des Meisters rückte die-

---

[22] Vgl. zum Zeitpunkt die Anm. 18 u. 19; das wohl richtige Datum 1302 ergibt sich auch aus den Amtsdaten des genannten Komturs von Ragnit Volrad von Lödla, der urkundlich zwischen 1302 September und 1307 Mai 19 erscheint.

[23–23] Vgl. 1 Thess 1,9.

citu processit contra castrum Oukaym, et ecce mirabilis Deus in omnibus operibus suis, cuius providencia hoc summe necessarium ordinavit, quod dum fratres ad impugnandum dictum castrum accederent, ipsa nocte vigilia et custodia castri dicto Draykoni competebat. Unde appropinquante exercitu fratrum portam castri secrete aperuit et fratres intrantes omnes preter unum, scilicet filium Sudargi, graviter tamen vulneratum occiderunt. Captis mulieribus et parvulis castrum cum suburbio funditus cremaverunt dictusque Drayko deductus usque Raganitam cum tota familia est baptizatus.

281. De morte fratris Gundrami et plurium Lethowinorum

Eodem anno[24] frater Gundramus [25]homo statura pusillus[25], totus tamen animosus et virilis, cum IX armigeris sequebatur latrunculos Lethowie, qui decem homines et totidem equos spoliaverunt in districtu castri Cristburgk, et dum eos in deserto invaderet, in primo congressu quidam Lethowinus ipsum cum lancea vulneravit, sic quod viscera ipsius effusa fuerunt, nec tamen destitit ab incepto bello, quousque Lethowini omnes essent interfecti, et tunc cecidit et expiravit. Quem dum mortuum armigeri sui ad castrum Cristburgk deducerent, mulieres, que per eum de manibus infidelium redempte fuerant, asserebant se vidisse duas columbas albas volantes supra corpus eius in aere, que ipso stante stabant et procedente volabant.

282. De depredacione terre Lubowie et LXV Lethowinorum morte

Posthec quidam alii latrunculi de Lethowia V villas in terra Lubowie hostiliter invaserunt et CC Cristianos aliis captis partim occiderunt. Quos fratres de Cristburgk sequentes, dum venissent in solitudinem, consideraverunt in vestigiis eorum, quod divisissent se in duas turmas. Unde et ipsi se et suos in duas partes diviserunt,

ser Komtur mit einem Heer gegen die Burg Oukaym vor, und siehe da, wie wunderbar Gott in allen seinen Werken ist: fügte es doch seine Vorsorge zwingend, daß in der Nacht, als die Brüder sich zum Angriff auf die Burg anschickten, der nächtliche Burgwachdienst eben jenem Drayko zukam. So konnte er, als das Heer der Brüder heranrückte, insgeheim das Burgtor öffnen, und die eindringenden Brüder töteten alle außer einem, dem Sohn des Sudargus, der jedoch schwer verwundet wurde. Frauen und Kinder nahmen sie gefangen, die Burg mit der Vorburg verbrannten sie vollständig, und Drayko wurde bis Ragnit geleitet und dort mit seinem gesamten Gesinde getauft.

281. Vom Tod des Bruders Gundram und vieler Litauer

In demselben Jahr[24] verfolgte Bruder Gundram, [25]ein Mann von kleiner Gestalt[25], doch von großem Mut und männlicher Tapferkeit, mit neun Bewaffneten Freibeuter aus Litauen, die zehn Menschen und ebensoviel Pferde im Bezirk der Burg Christburg erbeutet hatten; als er sie in der Wildnis angriff, verwundete ihn beim ersten Zusammenprall ein Litauer so mit der Lanze, daß ihm die Eingeweide heraustraten; dennoch ließ er vom begonnenen Kampf nicht eher ab, bis alle Litauer den Tod gefunden hatten; dann erst fiel er selbst und starb. Als seine Krieger seinen Leichnam zur Burg Christburg geleiteten, versicherten die Frauen, die von ihm aus den Händen der Heiden befreit worden waren, sie hätten zwei weiße Tauben über ihm in der Luft fliegen sehen, die verhielten, wenn man stehen blieb, und flogen, wenn man vorrückte.

282. Von der Ausplünderung des Landes Löbau und vom Tod von 65 Litauern

Danach drangen andere Freibeuter aus Litauen feindlich in fünf Dörfer im Land Löbau ein, töteten 200 Christen zum Teil, den Rest nahmen sie gefangen. Die Brüder von Christburg machten sich an deren Verfolgung; als sie in die Wildnis gelangten, entnahmen sie ihren Spuren, daß sie sich in zwei Gruppen geteilt hatten. Daraufhin teilten sie sich selbst in zwei

[24] Vgl. Anm. 22.
[25-25] Vgl. Lk 19,3.

quarum una comprehendit turmam unam infidelium et occidit ex ea LXV viros et LXX Cristianos homines liberavit. Alia pars fratrum non invenit nisi quinque pueros Cristianos, quos secum duxit. Postea fratres intellexerunt relacione veridica, quod pauci de istis Lethowinis sani redierunt. Quibusdam enim submersis in via reliquis consumptis inedia ceteri se pre tristicia suspenderunt.

283. De adventu fratris Godefridi magistri generalis et resignacione officii sui et electione fratris Syfridi de Wucgwangen

Anno Domini MCCCII frater Godefridus magister generalis cum L fratribus transiens Prussiam venit ad terram Lyvonie et relictis ibi fratribus in subsidium dicte terre, dum anno sequenti rediret Prussiam, in capitulo Elbingensi suum officium resignavit, licet sibi, dum in Theutoniam reversus esset, denuo temerarie usurparet. Qua resignacione facta electus fuit statim ibidem frater Syfridus de Wucgwangen in magistrum generalem, qui ivit versus Venecias ad domum principalem.

284. De fratre Henrico de Cunce

Hoc tempore in Prussia frater Henricus de Cunce natus de Thuringia mortuus fuit. Qui cum adhuc esset secularis, miram tyrannidem exercuit raptor magnus et homo maleficus. Vidit quadam die in crepusculo venientem ad se quendam virum equo nigerrimo insidentem, qui dixit ei: „Henrice, veni mecum solus, ego [26]te ducam ad locum[26], ubi ditaberis per predam magnam." Henricus acquievit et ascendens equum suum sequutus est eum per multa viarum discrimina. Tandem venit ad locum, ubi equus suus ultra ire non voluit, licet calcaribus sepius perurgeret. Vidit enim equus periculum, quod ipse propter noctis tenebras videre non potuit. Ultimo dixit Henricus ad equum suum stimulans eum fortiter calcaribus: „Procede in nomine Domini". Tunc socius eius, scilicet dyabolus,

Haufen, deren einer eine Gruppe der Heiden stellte, von ihnen 65 Mann tötete und aus ihrer Hand 70 Christen befreite. Der andere Haufe der Brüder fand nur fünf Christenkinder auf, die er mit sich führte. Später haben die Brüder aus glaubwürdigem Bericht erfahren, daß von jenen Litauern nur wenige unversehrt heimgekehrt seien. Einige sind nämlich unterwegs ertrunken, andere vor Hunger umgekommen, die übrigen haben sich vor Niedergeschlagenheit aufgehängt.

283. Von der Ankunft des Hochmeisters Bruder Gottfried und von seinem Amtsverzicht sowie von der Wahl des Bruders Siegfried von Feuchtwangen

Im Jahre des Herrn 1302 durchquerte der Hochmeister Bruder Gottfried mit 50 Brüdern Preußen, ging nach Livland und ließ dort zur Unterstützung des Landes Brüder zurück; als er im folgenden Jahre nach Preußen zurückkehrte, verzichtete er im Kapitel zu Elbing auf sein Amt; als er nach Deutschland zurückgekommen war, brachte er es freilich von neuem in anmaßender Weise an sich. Nach vollzogenem Verzicht wurde ebendort sofort Bruder Siegfried von Feuchtwangen zum Hochmeister gewählt, der nach Venedig zum Haupthaus zog.

284. Von Bruder Heinrich von Cunce

Damals starb in Preußen der aus Thüringen gebürtige Bruder Heinrich von Cunce. Als er noch in weltlichem Stand lebte, hatte er eine außerordentliche Gewaltherrschaft ausgeübt, war ein großer Räuber und Übeltäter gewesen. Eines Tages sah er in der Dämmerung einen auf einem tiefschwarzen Pferd sitzenden Mann auf sich zureiten, der ihm sagte: „Heinrich, komm alleine mit mir, [26]ich werde dich an eine Stelle führen[26], an der du dich durch große Beute bereichern kannst." Heinrich gab seine Zustimmung, bestieg sein Pferd und folgte ihm über viele gefährliche Wege. Schließlich langten sie an einer Stelle an, an der sein Pferd nicht mehr weitergehen wollte, obwohl er ihm öfter mit den Sporen heftig zusetzte. Das Pferd sah nämlich die Gefahr, die er selbst wegen der Dunkelheit der Nacht nicht zu sehen vermochte. Schließlich rief Heinrich seinem Pferd, indem er es heftig anspornte, zu: „Voran in Gottes Namen."

[26–26] Vgl. Nm 23,27.

stans ex adverso ait: „Bene tibi, quia nominasti nomen Dei tui; quia, si hoc non fecisses, iam precipitatus iaceres mortuus in hac valle." Henricus perterritus mansit in eodem loco non audens procedere aut retrocedere usque in diem sequentem, et cum videret rupem altissimam, de qua debebat cadere in vallem profundissimam, si equus modicum processisset, signavit se signo sancte crucis et laudavit nomen Domini, per quod fuerat a tanto periculo liberatus. Unde accidit, quod quadam die in crepusculo vidit quendam iudicem sedentem pro tribunali et multitudinem populi circumstantem, qui ipsum omnes de diversis maliciis accusabant, et adductus ad iudicium, dum iudex quereret, quid ad obiecta responderet, perterritus tacuit. Tandem post multas minas assessores rogabant iudicem, ut ei parceret, ipse enim vitam suam deberet breviter emendare. Et cum idem frater Henricus promisisset se ordinem domus Theutonice intraturum, omnis illa congregacio disparuit et amplius nihil vidit. Reversus itaque pallidus et stupefactus ad castrum suum, uxori sue mulieri nobili, iuveni et delicate cuncta, que viderat, enarravit, que ei petenti divorcium denegavit. Et sic dum quasi dubius in voto complendo per tempus aliquod existeret, dyabolus humani generis inimicus, qui mille modos nocendi habet, volens ipsum a sancto suo proposito retardare apparuit ei in somnis in habitu regio multa stipatus milicia et ait: „Henrice, talem civitatem et tale castrum habeas tibi et sis miles strenuus et servias mihi et amplius tibi dabo." Cum autem ipse cogitaret intra se, quod merito deberet servire tali domino largo, apparuit Iesus Cristus cum quinque vulneribus et ait: „Henrice, ego sum largior illo"; et tacto vulnere lateris dixit: „Hanc civitatem dabo tibi, si servieris mihi, que multo melior est illa, quam tibi seductor ille rex promisit." Et cum hoc iterum uxori sue revelaret, adhuc quasi obstinata ipsi intrandi religionem licenciam denegavit. Unde factum est, quod singulis noctibus audivit horribilem sonum tanquam mallei percucientis ad parietem et vocem dicentem: „Henrice, surge ad orandum, quia iam fratres tui surrexerunt." Tot igitur et tantis mulier terribilibus vexata sonis et mirabilibus territa vocibus non habebat ultra sancto viri sui proposito spiritum resistendi, sed reiecta omni pertinacia dedit ei, quamcunque vellet, assumendi religionem liberam facultatem. Obtenta sic licencia secessit ad partes

Da sagte sein Begleiter, nämlich der Teufel, der ihm gegenüberstand: „Wohl dir, daß du den Namen deines Gottes genannt hast. Wenn du es nicht getan hättest, wärest du schon kopfüber gestürzt und lägest tot in diesem Tal." Heinrich verharrte tief erschreckt auf ein- und derselben Stelle und wagte bis zum folgenden Tage weder vorwärts noch rückwärts zu gehen; als er den überaus hohen Felsen sah, von dem er in das abgrundtiefe Tal hätte fallen müssen, wenn das Pferd nur ein wenig weitergegangen wäre, bekreuzigte er sich und lobte den Namen des Herrn, durch den er aus einer so großen Gefahr befreit worden war. Ferner trug es sich zu, daß er eines Tages in der Dämmerung einen Richter zu Gericht sitzen sah und eine Menge Volks dabei, die ihn gemeinsam der verschiedensten Übeltaten anschuldigten, und als er vor das Gericht gebracht wurde, schwieg er tief erschreckt auf die Frage des Richters, was er zu den Vorwürfen zu sagen habe. Schließlich baten die Beisitzer nach vielen Drohungen den Richter, er möge ihn schonen, denn er werde sein Leben in Kürze bessern. Als Bruder Heinrich eben das versprochen hatte, daß er in den Orden vom Deutschen Hause eintreten werde, verschwand die ganze Versammlung, und er erblickte nichts mehr. Bleich und verstört zu seiner Burg zurückgekehrt, erzählte er alles ihm vor die Augen Gekommene seiner Frau, einer jungen, zarten Frau von adliger Herkunft, die ihm die von ihm erbetene Scheidung verweigerte. Als er nun eine geraume Zeit lang in der Ungewißheit der Erfüllung seines Gelübdes lebte, erschien ihm im Traum der Teufel, der Feind des Menschengeschlechts, dem tausend Möglichkeiten zu schaden zu Gebote stehen, und wollte ihn von seinem heiligen Vorsatz abbringen; in ein Königsgewand gekleidet und begleitet von Rittern, sprach er: „Heinrich, die und die Stadt und die und die Burg sollst du für dich haben, und du wirst ein tapferer Ritter sein und sollst mir dienen. Noch mehr werde ich dir dann geben." Als er aber bei sich bedachte, daß es verdienstlich sein müsse, einem so freigebigen Herrn zu dienen, erschien ihm Jesus Christus mit seinen fünf Wunden und sprach: „Heinrich, ich bin freigebiger als jener." Nach Berührung der Wunde in seiner Seite sagte er: „Diese Stadt werde ich dir geben, wenn du mir dienst. Sie ist viel besser als jene, die jener betrügerische König dir verspricht." Als er dieses erneut seiner Frau mitteilte, verweigerte sie ihm nochmals hartnäckig die Erlaubnis, in den Orden einzutreten. So trug es sich zu, daß sie Nacht für Nacht ein schreckliches Geräusch vernahm, als wenn ein Hammer die Wand durchschlug, und dazu eine Stimme: „Heinrich, steh auf zum Beten, denn deine Mitbrüder sind schon aufgestanden." So oft und durch so viele schreckliche Geräusche wurde die Frau gequält und durch wunderliche Stimmen erschreckt, daß sie nicht die Kraft hatte, weiterhin dem heiligen Gelübde ihres Mannes Widerstand zu leisten. So legte sie alle Widerspenstigkeit ab und erteilte ihm Freiheit und Recht, in jeden beliebigen Orden einzutreten. Nach erhaltener Erlaubnis machte er sich

Prussie et facta professione in ordine domus Theutonice, sicut antea in seculo existens coetaneos suos malicia precedebat, ita nunc in religione fratres ceteros virtutibus excedebat. Hic quodam tempore dum in infirmitate gravi laboraret, vidit unum Iudeum et alium Cristianum in habitu bacchardorum[27] unum a dextris suis, alium a sinistris stantes et disputantes de articulis fidei, et dum Iudeus ipsum vicisset, ait: „Henrice, audisti nunc, quia fides tua te salvum facere non potest, crede ergo fidem Iudeorum." Respondit frater Henricus: „Ego credo in Deum patrem omnipotentem et cetera, que in symbolo apostolico continentur"; et statim disparuerunt.

285. De vastacione terre Carsovie

Hoc anno in hyeme frater Conradus magister cum maximo exercitu intravit terram Carsovie, et quia ductores erraverunt in via, infideles premuniti fugerunt ad tuta loca. Unde preter incendium magnum, quod fecit in edificiis, paucos homines cepit et occidit et fixis tentoriis ibi pernoctavit. Tandem cum transiret cum exercitu glaciem per Stagnum Curoniense, miranda res ibi apparuit. Tante teneritudinis fuit glacies, quod elevabatur et deprimebatur, sicut aqua in tempestate vento valido agitata vadit in altum et in bassum. Unde populus nunc ascendit glaciem quasi montem, postea descendit ut in vallem, ita tamen, quod nullus homo ibi submersus fuit Domino protegente.

286. De vastacione terre Lubowie et morte XV Lethowinorum

Eodem anno quinquaginta viri de Lethowia latrunculi intraverunt terram Lubowie, qui premiserunt virum unum scientem linguam Polonicam, ut statum terre diligencius exploraret, et dum reversus diceret, quod nullus de adventu ipsorum aliquid sciret, depredaverunt multas villas captis et occisis pluribus Cristianis. Dum autem recederent, diviserunt se in duas turmas, ad quarum unam fratres de Cristburgk venientes interfecerunt XV Lethowinos et L homines Cristianos de ipsorum manibus eruerunt. Reliqua turba infidelium evasit.

nach Preußen auf, legte sein Gelübde ab und trat dem Orden vom Deutschen Hause bei. Wie er zuvor als Laie seine Altersgenossen mit seinen Übeltaten übertraf, so überragte er nun im Orden seine anderen Mitbrüder an Tugenden. Als er einmal schwer erkrankt war, erblickte er einen Juden und einen Christen im Gewand der Begarden[27], einen zu seiner Rechten, den anderen zu seiner Linken stehen und ein Streitgespräch über Glaubensartikel führen; als der Jude jenen besiegt hatte, sprach er: „Heinrich, nun hast du gehört, daß dein Glauben dich nicht selig machen kann, vertraue also dem Judenglauben." Bruder Heinrich erwiderte: „Ich glaube an Gott, den allmächtigen Vater, und an das, was im apostolischen Glaubensbekenntnis enthalten ist"; sofort verschwanden die Gestalten.

285. Von der Verwüstung des Landes Karschauen

In diesem Jahr fiel zur Winterszeit der Meister Bruder Konrad mit sehr großem Heer in das Land Karschauen ein; weil aber die Führer sich im Wege irrten, wurden die Heiden vorgewarnt und flüchteten sich an sichere Plätze. Außer daß er viele Gebäude niederbrannte, fing und tötete er daher nur wenige; nach Aufstellen der Zelte brachte er die Nacht dort zu. Als er mit seinem Heer schließlich das zugefrorene Kurische Haff überquerte, geschah dort ein Wunder. So dünn war nämlich das Eis, daß es sich senkte und hob, wie das Wasser im Unwetter durch heftigen Wind bewegt wird und auf und nieder schwillt. Daher stieg das Kriegsvolk bald das Eis hinauf wie auf eine Anhöhe, bald herab wie in eine Senke, so jedoch, daß dort mit Gottes Hilfe nicht ein einziger unterging.

286. Von der Verheerung des Landes Löbau
und vom Tod von 15 Litauern

In demselben Jahr rückten 50 Freibeuter aus Litauen in das Land Löbau ein, die einen der polnischen Sprache mächtigen Mann vorherschickten, die Lage des Landes eingehender auszuforschen; als er bei seiner Rückkehr berichtete, daß niemand etwas von ihrem Einfall wisse, plünderten sie viele Dörfer aus und fingen und töteten viele Christen. Auf ihrem Rückweg teilten sie sich in zwei Haufen. Auf einen der beiden trafen die Brüder von Christburg, töteten 15 Litauer und befreiten 50 Christen aus ihren Händen. Der zweite Haufe der Heiden entkam.

[27] Religiöse, Männern vorbehaltene Laiengemeinschaft mit karitativen Aufgaben.

287. De terre motu in terra Prussie

Hoc eciam anno VI idus Augusti hora quasi tercia fuit terre motus per totam terram Prussiam. Tribus vicibus quaciebatur terra cum edificiis, quod vix aliquis a casu se poterat continere. Quid autem iste terre motus innaturalis significaverit, in sequentibus apparebit.

288. De adventu peregrinorum

Anno Domini MCCCIIII peregrini de Alemania inspirante Domino inceperunt terram Prussie iterum visitare. Et venerunt nobiles viri dominus Wernerus comes de Hoinbergk[g], Adolphus de Winthimel[h] cum fratre suo et Theodoricus de Elner milites cum fratre suo Arnoldo et plures alii nobiles de Reno.

289. De vastacione territorii Pograude et Garthe

Anno eodem tempore hyemali[28] frater Eberardus de Virnenburgk commendator de Kunigsbergk cum duobus milibus equitum versus Lethowiam est profectus. Sed hoc non est sub silencio pretereundum, quod frater Conradus de Lichtenhagen commendator de Brandenburgk cum exercitu magno precesserat ipsum eundo versus castri Garthe territorium, quod vastavit incendio et rapina, licet autem non multum proficeret ibi, cum equites terre Lethowie ad dictum territorium convenerunt. Tercio autem die post hec idem frater Eberardus cum suo exercitu, sicut preordinatum fuit a magistro, improvise intravit territorium Lethowie dictum Pograudam et maiorem partem eius destruxit per incendium et rapinam. Sed vexillum fratrum cum sibi adiunctis stetit a mane usque ad meridiem in monte ex opposito castri Iedemine, ubi dictus comes de Hoinbergk[i] et plures alii nobiles dignitatem milicie susceperunt. Hoc facto dum fratrum exercitus recederet, positis insidiis plures

[g] Hoimb. K, B, D.
[h] Wintmel K.
[i] Hoinb. K, B, D.

287. Von einem Erdbeben im Preußenland

In demselben Jahr ereignete sich am 8. August zur dritten Tagesstunde ein Erdbeben im gesamten Preußenland. Dreimal erzitterte die Erde mit den Gebäuden, so daß kaum einer das Hinstürzen vermeiden konnte. Was indes jenes widernatürliche Erdbeben anzeigt, wird im folgenden deutlich werden.

288. Von der Ankunft von Kreuzfahrern

Im Jahre des Herrn 1304 begannen durch Gottes Eingebung Kreuzfahrer aus Deutschland wieder das Preußenland zu besuchen. So kamen die adligen Herren Graf Werner von Homburg, Adolf von Windhövel mit seinem Bruder, die Ritter Dietrich von Eller und sein Bruder Arnold sowie viele andere Adlige vom Rhein.

289. Von der Verwüstung des Gebiets von Pograuden und jenes von Garthen

In demselben Jahr brach im Winter[28] Bruder Eberhard von Virneburg, der Komtur von Königsberg, mit 2000 Reitern nach Litauen auf. Es darf dabei nicht unerwähnt bleiben, daß Bruder Konrad von Lichtenhain, der Komtur von Brandenburg, ihm mit großem Heer vorauszog und auf das Gebiet der Burg Garthen zumarschierte, das er durch Brand und Raub verwüstete; dort richtete er freilich nicht viel aus, denn Reiter aus Litauen waren in diesem Gebiet zusammengekommen. Am dritten Tage danach fiel der erwähnte Bruder Eberhard mit seinem Heer, wie vom Meister vorher befohlen, in das litauische Gebiet Pograuden unversehens ein und verheerte es größtenteils durch Brennen und Plündern. Es stand das Banner der Brüder mit denen, die sich darum scharten, vom Morgen bis zum Mittag auf dem der Gedimin-Burg gegenüber gelegenen Berg, wo der genannte Graf von Homburg und viele andere Adelige die Ritterwürde empfingen. Danach wurden auf dem Rückzug des Heeres der Brüder

---

[28] Im Winter 1304/05; denn Eberhard von V. amtiert 1304 Dezember 16 letztmalig als Komtur der Marienburg und ist danach von 1305 August 9 bis 1309 Mai 1 als Königsberger Komtur bezeugt.

quam XX Lethowini, qui sequuti fuerant, sunt occisi. In hoc bello preter incendium interfecti fuerunt mille infideles et capti.

290. De secunda destructione Oukaym et vastacione territorii eius

Eodem anno in quadragesima[29] idem frater Eberardus commendator de Kunigsbergk cum maiori exercitu quam prius ivit versus castrum Oukaym, quod quidam castrensis dictus Swirtil fidei et fidelium amicus tradidit fratribus, qui intrantes omne, quod fuit sexus masculini, interfecerunt, mulieres et parvulos captos deduxerunt castrum funditus iterum[30] destruentes. Ipse autem Swirtil et tota familia sequentes fratres baptismi graciam perceperunt. Reliqua pars exercitus intravit territorium dicti castri et captis multis hominibus et occisis rapuit, quicquid in eo reperit, et incendit. In hoc exercitu XXX Cristiani gladio ceciderunt et frater Henricus de Wolpherstorph[k] infra indagines cecidit et totus exercitus transivit eum. Adeo arta fuit via, quod nullus poterat vitare, nisi transiret eum. Clipeus, quem super se posuit, dum se erigere non posset, contritus fuit in minuta frusta. Tandem Deo iuvante post transitum eorum surrexit, et dum non haberet equum, vidit a longe famulum sedentem in equo et ducentem alium equum nigri coloris in manu sua, quem cum precibus aggrederetur, ut ei unum equum accommodaret, ille indignatus cursitans super eum deiecit ad terram, iterum et iterum percalcavit. Inter hec frater Henricus frenum dicti nigri equi rapuit et optinuit et ascendens declinavit ad exercitum fratrum transiensque X vicibus querens, cuius esset equus iste niger, neminem invenit, qui eum cognosceret, et dimisso equo, sicut primo perdidit famulum, ita et equum. Evanuerunt enim ambo, quod nunquam potuit aliquis percipere, quo devenissent.

[k] Wolfesdorph K.

durch einen Hinterhalt mehr als 20 Litauer getötet, die sie verfolgt hatten. Außer daß in diesem Kampf gebrandschatzt wurde, wurden 1000 Heiden niedergemacht und gefangengenommen.

290. Von der zweiten Zerstörung von Oukaym und der Verwüstung des Burggebiets

In demselben Jahr zog derselbe Bruder Eberhard, der Komtur von Königsberg, in der Fastenzeit[29] mit einem größeren Heer als zuvor gegen die Burg Oukaym, die ein Burgmann namens Swirtil, ein Freund des Glaubens und der Christen, den Brüdern übergab; diese besetzten sie und töteten alle männlichen Bewohner, die Frauen und Kinder führten sie gefangen ab, die Burg selbst zerstörten sie wiederum[30] vollständig. Jener Swirtil und sein ganzes Gesinde aber folgten den Brüdern und empfingen die Gnade der Taufe. Der übrige Teil des Heeres brach in das Gebiet dieser Burg ein, fing und tötete viele Menschen, schleppte alles, was zu finden war, mit sich fort und brannte alles nieder. In diesem Heer fielen 30 Christen durch das Schwert, und Bruder Heinrich von Wolfersdorf stürzte mitten in den Verhauen, und das ganze Heer zog über ihn hinweg. Der Weg war so eng, daß keiner vermeiden konnte, über ihn hinwegzusteigen. Der Schild, den er über sich hielt, weil er sich nicht aufrichten konnte, wurde in winzige Stücke zertreten. Schließlich erhob er sich mit Gottes Hilfe, nachdem sie über ihn hinweggestiegen waren, und während er ohne Pferd dastand, sah er von weitem einen Knecht zu Pferde sitzen, der ein zweites Pferd von schwarzer Farbe bei der Hand führte; diesen bat er flehentlich, ihm doch ein Pferd zu überlassen, doch voll Verachtung stürmte jener über ihn hinweg, warf ihn auf die Erde und trampelte ihn immer wieder nieder. Dabei ergriff Bruder Heinrich den Zügel des schwarzfarbigen Pferdes und hielt ihn fest, bestieg das Pferd und bog zum Heer der Brüder ab, an dem er zehnmal vorbeiritt und fragte, wem denn jener Rappe gehöre; er fand niemanden, der das Pferd kannte, so ließ er es frei, und wie er zuerst um den Knecht gekommen war, so verlor er jetzt das Pferd. Beide verschwanden nämlich so, daß niemals irgendeiner in Erfahrung brachte, wohin sie gelangt waren.

---

[29] 1305 März 7 bis April 18.
[30] Vgl. III,280.

291. De victoria fratrum contra regem Lethowinorum

Anno Domini MCCCV circa assumpcionem beate virginis[31] frater Philippus de Bolandia advocatus episcopi Sambiensis et XI fratres cum CC viris tres villas regis Lethowinorum incenderunt captis hominibus et occisis. Medio tempore, quo hec agerentur, rex quasi omnes pociores regni sui habuit circa se congregatos in quodam tractatu seu parlamento, et dum hec perciperet, cum mille et quingentis viris sequebatur. Fratres autem iam ad talem locum venerant, ubi se sine omni periculo putabant, et depositis armis, dum CC viri cum uno fratre precederent, ipsi cum paucis a longe sunt secuti. Extunc improvise irruit in eos rex cum suis et in primo congressu frater Bolandus iunior nepos dicti advocati lancea cuiusdam Rutheni est transfixus, quod videns advocatus [32]commota fuerunt viscera sua[32] et proiecto clypeo suo ad dorsum arreptoque gladio ambabus manibus occisori nepotis sui caput uno ictu amputavit. In hac pugna quatuor fratres, scilicet duo de Bolandia, frater Bernardus de Hoensten et frater Ioannes Monachus et VI viri ceciderunt interfecti. Hoc facto CC viri, qui precesserant, reversi cum magno strepitu et fragore venerunt ad locum certaminis et tantum hostibus terrorem indiderunt, quod rex et omnes sui statim visis eis arma reicerent et in fugam converterentur. Extunc fratres [33]percusserunt peccatores in ira sua[33] et occiderunt XVII pociores de regno Lethowie et de populo communi multitudinem copiosam.

292. De destructione suburbii castri Garthe

Anno Domini MCCCVI frater Conradus magister intelligens relacione veridica, quod de Lethowia et castro Gartha magnus exercitus versus Poloniam processisset, misit fratrem Albertum de Indagine et quosdam alios fratres cum CCCC viris de Nattangia ad expugnandum castrum predictum. Qui dum appropinquarent castro, tanta intemperies aeris orta est, quod unus alium vix audire potuit vel videre, et durante adhuc tempestate hac intraverunt

---

[31] 15. August.

291. Vom Sieg der Brüder über den Fürsten der Litauer

Im Jahre des Herrn 1305 setzten um Mariä Himmelfahrt[31] Bruder Philipp von Bolanden, der Vogt des Bischofs von Samland, und 11 Brüder mit 200 Mann drei Dörfer des Fürsten von Litauen in Brand und fingen und töteten die Menschen. Zu der Zeit, als sich das ereignete, hatte der Fürst alle Großen seines Reiches um sich in einer Versammlung oder Beratung geschart, und sobald er davon Kunde erhielt, machte er sich mit 1500 Mann auf die Verfolgung. Die Brüder waren indessen an eine solche Stelle gelangt, wo sie sich sicher glaubten, und legten die Waffen ab; während die 200 Mann mit einem Bruder vorausritten, folgten sie selbst mit geringer Begleitung in weitem Abstand nach. Da fiel plötzlich der Fürst mit seinen Litauern über sie her, und beim ersten Zusammenstoß wurde der jüngere Bruder von Bolanden, ein Neffe des erwähnten Vogts, von der Lanze eines Russen durchbohrt; als das der Vogt sah, [32]geriet er in äußersten Zorn[32], warf sich seinen Schild auf den Rücken, ergriff sein Schwert und schlug mit beiden Händen dem Mörder seines Neffen mit einem Schlag den Kopf ab. Bei diesem Kampf fanden vier Brüder, nämlich zwei von Bolanden, Bruder Bernhard von Honstein und Bruder Johannes Monachus, und sechs Mann den Tod. Nachdem dies geschehen war, machten die 200 vorausgezogenen Männer kehrt, erreichten unter großem Kriegslärm und Getöse den Kampfplatz und jagten dem Feind einen solchen Schrecken ein, daß der Fürst und alle seine Krieger bei ihrem Anblick die Waffen fortwarfen und die Flucht ergriffen. Darauf durchbohrten[33] die Brüder [33]in ihrem Zorn die Sünder[33] und töteten 17 Große des Litauerreiches und vom gemeinen Volk eine zahlreiche Menge.

292. Von der Zerstörung der Vorburg der Burg Garthen

Im Jahre des Herrn 1306 erfuhr Meister Bruder Konrad aus glaubhaftem Bericht, daß ein großes Heer aus Litauen, und zwar aus der Burg Garthen, in Richtung Polen ausgerückt sei, und er schickte den Bruder Albert von Hagen und einige andere Brüder mit 400 Mann aus Natangen zur Eroberung der besagten Burg. Während sie sich der Burg näherten, erhob sich in der Luft ein solches Unwetter, daß der eine den anderen kaum hören oder sehen konnte, und bei noch andauerndem Sturm fielen sie in die

---

[32–32] Vgl. Gn 43,30; 1 Kg 3,26.
[33–33] 1 Makk 2,44.

preurbium ipsius castri, quod tunc magnum fuit et populosum ad modum civitatis, et captis omnibus et occisis hominibus et combusto preurbio cum preda tanta, quantam deducere poterant, sunt reversi.

293. Item de eodem

Post reditum huius exercitus frater Eberardus commendator de Kunigsbergk intellecto, quid egerit, sperans, quod destructo suburbio castrum facilius expugnaret, cum centum fratribus et sex milibus equitum dictum castrum Gartham est aggressus. Sed rex Lethowie audita destructione suburbii huius castri misit preelectos viros et in armis expeditos plurimos ad defensionem. Unde factum est, quod dum fratres castrum impugnarent, castrenses ex adverso se viriliter opponentes exierunt ad prelium, quod diu inter eos duravit. Tandem fratres fugaverunt eos. Reversi igitur ad castrum post modicam horam resumptis viribus et audacia iterum exierunt ad pugnam et hoc factum fuit pluribus vicibus ab ortu solis usque ad meridiem. Quandoque isti illos, aliquando illi istos represserunt. In isto certamine multi de infidelibus letaliter sunt vulnerati et plures mortui ceciderunt. De nostris vero fratres XII et XXX viri fuerunt vulnerati et frater Hartmannus de Elsterbergk[1] telo per collum sagittatus postea expiravit.

294. De quodam miraculo

Hoc tempore quidam Lethowinus de Erogel captus a rege suo, dum ad suggestionem cuiusdam Rutheni, qui cum eo in carcere fuit, vovisset Deo certum pondus cere pro liberacione sua, statim catene, quibus ligatus fuit, sunt confracte et [34]ianua carceris aperta[34] et evasit.

---

[1] Cristburgh B.

Vorburg jener Burg ein, die damals groß und bevölkert war wie eine Stadt, fingen und töteten alle Menschen und kehrten nach Niederbrennen der Vorburg mit so viel Beute zurück, wie sie fortbewegen konnten.

293. Nochmals davon

Nach der Rückkehr dieses Heeres erfuhr Bruder Eberhard, der Komtur von Königsberg, von dem Vorgefallenen, und weil er hoffte, daß nach der Zerstörung der Vorburg die Burg leichter zu erobern sei, griff er mit 100 Brüdern und 6000 Reitern die Burg Garthen an. Als aber der Fürst von Litauen von der Vernichtung der Vorburg dieser Burg hörte, schickte er sehr viele erlesene und kriegserprobte Kämpfer zu deren Verteidigung. So kam es, daß bei dem Angriff der Brüder auf die Burg die Burgleute mannhaft Gegenwehr leisteten und die Burg zur Schlacht verließen, die lange Zeit zwischen ihnen tobte. Schließlich schlugen die Brüder sie in die Flucht. Zurückgekehrt zur Burg, nahmen die Litauer nach einer knappen Stunde mit wiedergewonnenen Kräften und frischem Mut den Kampf erneut auf, und so ging es mehrere Male vom Sonnenaufgang bis zum Mittag. Einmal drängten diese jene zurück, das andere Mal ging es umgekehrt. Bei diesem Treffen fielen viele der Heiden mit tödlichen Verletzungen, noch mehr erlitten den Tod. Von unserer Seite wurden 12 Brüder und 30 Mann verwundet, und Bruder Hartmann von Elsterberg, von einem Pfeil in den Hals getroffen, verstarb später.

294. Von einem Wunder

Damals saß ein Litauer aus Erogel auf Befehl seines Fürsten im Gefängnis; als er auf Anraten eines mit ihm in der Gefangenschaft sitzenden Russen Gott für seine Befreiung eine bestimmte Menge Wachs gelobt hatte, zerbrachen sofort seine Fesseln, die [34]Türen des Gefängnisses öffneten sich[34] und er entkam.

[34–34] Vgl. Apg 16,27.

295. De fratre Henrico de Plocz magistro terre Prussie

Frater Henricus de Ploczke[m] Saxo magister Prussie XVII prefuit II annis[35] usque ad adventum magistri generalis, qui ipsum tunc instituit magnum commendatorem.

296. De adventu peregrinorum

Huius magistri anno primo, anno videlicet Domini MCCCVII, nobiles viri dominus Ioannes de Spanheim comes, Adolphus de Winthimel, Theodoricus de Elner iunior et senior cum fratribus suis Arnoldo et Rutgero et Arnoldus et Iacobus de Pomerio milites de Reno et multi alii nobiles de Reno venerunt ad terram Prussie et fuit tempore hyemali ordinatus maximus exercitus ad vindicandam iniuriam crucifixi contra gentem Lethowinorum, tamen propter teneritudinem glaciei procedere non valebat.

297. De vastacione terre Carsovie

Frater Volz vel Volradus commendator de Raganita audiens, quod Carsowite cum exercitu profecti essent contra fratres de Memela, iussit fratrem Hildebrandum de Rebergk procedere ad bellum contra ipsos, qui assumptis sibi quibusdam fratribus et LXXX viris intravit dictam terram Carsovie et preter incendium et rapinam deduxit secum LXX homines captivos.

298. De subversione suburbii de castro Putenicka

Nota, quod hec, que sequuntur de fratre Volz commendatore predicto, in diversis annis facta sunt[36], licet hic simul ponantur.

---

[m] Plotzke K.

295. Von Bruder Heinrich von Plötzkau, dem Meister des Preußenlands

Bruder Heinrich von Plötzkau, ein Sachse, amtierte als 17. Meister von Preußen zwei Jahre[35] bis zur Ankunft des Hochmeisters, der ihn darauf zum Großkomtur ernannte.

296. Von der Ankunft von Kreuzfahrern

Im ersten Amtsjahr dieses Meisters, nämlich im Jahre des Herrn 1307, kamen die adeligen Herren Graf Johannes von Sponheim, Adolf von Windhövel, Dietrich von Eller der Jüngere und der Ältere mit ihren Brüdern Arnold und Rutger, Arnold und Jakob de Pomerio, Ritter vom Rhein, und viele andere Adelige vom Rhein ins Preußenland; im Winter wurde ein sehr großes Heer aufgestellt, um das dem Gekreuzigten angetane Unrecht am heidnischen Litauervolk zu rächen, aber wegen zu geringer Festigkeit des Eises konnte man nicht ausrücken.

297. Von der Verwüstung des Landes Karschauen

Als Bruder Volz oder Volrad, der Komtur von Ragnit, davon hörte, daß die Leute von Karschauen sich mit einem Heer gegen die Brüder von Memel aufgemacht hätten, beauftragte er den Bruder Hildebrand von Rechberg, gegen sie zum Kampf auszurücken; dieser bot einige Brüder und 80 Mann für sich auf, fiel in das Land der Karschauen ein, brandschatzte und plünderte und führte 70 Gefangene mit sich fort.

298. Von der Vernichtung der Vorburg der Burg Putenicka

Wisset, daß die im folgenden vom Komtur Bruder Volz berichteten Taten aus verschiedenen Jahren stammen[36], aber dennoch hier insgesamt

---

[35] Heinrich von Pl. ist als Landmeister in der Zeit von 1307 Mai 15 bis 1309 Mai 1 urkundlich nachweisbar.

[36] 1302 — 1307 und 1315 sind die urkundlich nachweisbaren Amtszeiten des Volrad von Lödla als Komtur von Ragnit.

Ipse enim congregato exercitu cum hiis, qui sub dicione sua fuerunt constituti, navigio ascendit fluvium Iuram et procedens ultra ad castrum Putenickam in ortu diei occulte dormientibus castrensibus intravit suburbium et captis et occisis preter eos, qui ad castrum confugerant, [37]redegit in favillam[37].

299. De eodem

Eodem anno in autumno reedificato iam preurbio predicto cum omnia blada et segetes recondite essent in eo, idem commendator cum suis fratribus et equitibus venit et dictum preurbium iterum concremavit captis et occisis omnibus, qui ibidem sunt reperti.

300. De morte LXXXII Lethowinorum

Consuetudo ista apud Lethowinos in custodia castrorum, que sunt in terminis constituta, quasi communiter observatur. Rex eorum ordinat aliquos armigeros ad custodiam alicuius castri ad terminum unius mensis vel amplius, quo completo recedunt et alii superveniunt ad custodiam supradictam. Unde factum est, quod LXXXV viri Lethowini completa hebdomada vicis sue, dum de custodia castri Bisene deberent recedere, frater Fridericus de Libencele vicecommendator de Raganita, frater Albertus de Ora et frater Theodoricus de Aldenburgk cum XIX fratribus et LX viris ipsos in campo Calsheim viriliter sunt aggressi et omnes interfecerunt preter tres, qui tamen graviter vulnerati evaserunt.

301. De destructione castri Putenicke

Posthec aliquot annis intermediis quidam Lethowinus dictus Spudo potens in castro Putenicka zelator fidei et fidelium demandavit fratri Volz commendatori predicto, ut cum exercitu suo adveniret, ipse enim vellet ei tradere castrum predictum. Quo percepto

erzählt werden. Er bot ein Heer auf und zog mit den seinem Befehl Unterstellten zu Schiff den Fluß Jura aufwärts; indem er noch weiter vorrückte, gelangte er zur Burg Putenicka und drang im Morgengrauen heimlich, während die Burgleute schliefen, in die Vorburg ein, fing und tötete alle außer den in die Burg Geflüchteten und [37]legte sie dann in Asche[37].

299. Von demselben

Als im Herbst desselben Jahres nach dem schon erfolgten Wiederaufbau jener Vorburg alles Getreide und Korn in ihr aufbewahrt wurde, erschien derselbe Komtur mit seinen Brüdern und Reitern und steckte sie nochmals in Brand; alle, die man dort antraf, wurden gefangen und getötet.

300. Von der Tötung von 82 Litauern

Bei den Litauern wird folgende Regelung beim Wachdienst auf den in Grenznähe gelegenen Burgen allgemein beachtet: Der Fürst bestimmt einige Krieger zum Wachdienst irgendeiner Burg für die Zeit eines Monats oder mehr; nach Ablauf der Frist ziehen die Wachleute ab, und andere treten die Burghut an. Als 85 Litauer nach Ableistung ihrer Dienstzeit vom Wachdienst auf der Burg Bisena befehlsgemäß abzogen, geschah es daher, daß sie von Bruder Friedrich von Liebenzell, dem Vizekomtur von Ragnit, Bruder Albert von Ora, Bruder Dietrich von Altenburg, von weiteren 19 Brüdern und 60 Mann im Feld Calsen heftig angegriffen wurden; alle Litauer außer drei, die trotz schwerer Verwundungen entkamen, wurden getötet.

301. Von der Zerstörung der Burg Putenicka

Einige Jahre darauf forderte ein Litauer namens Spudo, der auf der Burg Putenicka den Befehl führte und ein eifriger Anhänger des Glaubens und der Christen war, den erwähnten Komtur Bruder Volz auf, mit seinem Heer anzurücken, er wolle ihm nämlich die Burg in die Hände spie-

[37-37] Vgl. Ez 15,4; Dn 2,35.

idem commendator cum omnibus sibi subiectis venit et illo secrete portas castri aperiente fratres cum suis intraverunt et occisis et captis omnibus ipsum cum suburbio igne apposito funditus destruxerunt et dictus Spudo cum patre et fratribus suis totaque familia baptismi graciam est adeptus.

302. De combustione castrorum Scroneyte et Biverwate[n]

Eodem anno in autumno Carsowite videntes, quod amplius fratribus resistere non possent, relictis duobus suis castris, scilicet Scroneyte et Biverwate, recesserunt, que duo castra fratres postea combusserunt, et sic hec tria castra[38] usque in presentem diem remanent desolata.

303. De vastacione terre Sambiensis

Anno Domini MCCCVIII in die beati Georgii[39] Mansto et Sudargus et alii nobiles de Samethia cum V milibus equitum circa Castrum Novum in Neria Curoniensi intraverunt terram Sambie et territoria Powundie et Rudowie incendio vastaverunt. Sed cum perciperent, quod fratres cum maximo exercitu eos diu expectassent, in noctis medio recesserunt.

304. De fratre Syfrido magistro generali et terre Prussie

Anno Domini MCCCIX frater Syfridus de Wucgwangen magister generalis XI et terre Prussie magister XVIII venit ad terram Prussie et domum principalem, que a tempore destructionis civitatis Achonensis fuerat apud Venecias, transtulit ad castrum Mergenburgk in Prussiam.

[n] Binerwate B.

len. Daraufhin erschien der Komtur mit allen ihm botmäßigen Kriegern, und nachdem jener die Burgtore heimlich geöffnet hatte, drangen die Brüder mit ihren Leuten ein, töteten und fingen alle und zerstörten die Burg samt Vorburg durch Brandschatzung vollständig; Spudo empfing mit seinem Vater und seinen Brüdern mitsamt seinem Gesinde die Gnade der Taufe.

302. Vom Niederbrennen der Burgen Scroneyte und Biverwate

Als im Herbst desselben Jahres die Einwohner von Karschauen merkten, daß sie den Brüdern nicht länger Widerstand leisten konnten, gaben sie ihre zwei Burgen Scroneyte und Biverwate auf und zogen sich zurück; die Brüder haben später beide Burgen niedergebrannt, so daß diese drei Burgen[38] bis zum heutigen Tag wüst daliegen.

303. Von der Verwüstung des Samlands

Im Jahre des Herrn 1308 am Tage des heiligen Georg[39] fielen Mansto, Sudargus und andere Adelige aus Schemaiten mit 5000 Reitern bei Neuhaus auf der Kurischen Nehrung in das Samland ein und verwüsteten die Gebiete von Powunden und Rudau durch Brandschatzung. Sobald sie jedoch gewahr wurden, daß die Brüder sie mit sehr großem Heer seit langem erwartet hatten, zogen sie sich mitten in der Nacht zurück.

304. Von Bruder Siegfried, dem Hochmeister und Meister des Preußenlands

Im Jahre des Herrn 1309 kam Bruder Siegfried von Feuchtwangen, der 11. Hochmeister und 18. Meister des Preußenlands, nach Preußen und verlegte das Haupthaus, das sich seit der Zerstörung der Stadt Akkon in Venedig befunden hatte, in die Burg Marienburg in Preußen.

---

[38] Einschließlich der im vorigen Kap. genannten Burg Putenicka.
[39] 23. April.

305. De Ave Maria

Hoc tempore fratres oppressi fuerunt multis tribulacionibus. Unde statuit idem frater Syfridus magister, quod post singulas horas fratres clerici antiphoniam: *Salve regina* cum versiculo: *In omni tribulacione* et collecta: *Protege Domine*, et layci fratres unum *Ave Maria* dicerent ob reverenciam beate virginis, ut per eius intercessionem dicta turbacio posset aliqualiter mitigari.

306. De vastacione Sambiensis et Nattangie terrarum

Anno Domini MCCCXI in carnisprivio[40] Vithenus rex Lethowie cum maximo exercitu Sambiam et Nattangiam incendio et rapina vexavit, multos homines occidit et fere quingentos cum magno spolio secum duxit non tamen sine strage suorum, quia multi de populo suo, qui ab exercitu se elongaverant, sunt occisi.

307. De populacione territorii Pograude

Statim post recessum regis et exercitus sui frater Fridericus de Wildenbergk commendator de Kunigsbergk cum magno exercitu incedens per eandem viam, per quam dictus rex precesserat, venit illo tempore, quo homines dicti exercitus fuerunt ad propria reversi et post fatigacionem itineris quiescerent gracias diis suis referentes de beneficiis sibi exhibitis in hoc bello, et intravit territorium Pograude et magnam stragem fecit in populo occidendo et rapiendo. Adeo destruxit hoc territorium, quod infra multos annos non potuit resumere vires primas.

308. De vastacione territorii castri Garthe

Eodem tempore frater Otto de Bergo et V fratres cum CCCC equitibus de Nattangia iverunt versus castrum Gartham et, cum

305. Vom Ave Maria

Zu dieser Zeit wurden die Brüder von vielen Widerwärtigkeiten geplagt. Daher setzte der Meister Bruder Siegfried fest, daß nach jeder Gottesdienststunde die Priesterbrüder die Antiphon „Salve regina" mit dem Kehrvers „In omni tribulatione" und mit dem Gebet „Protege Domine", die Laienbrüder hingegen ein „Ave Maria" beten sollten zur Verehrung der heiligen Jungfrau, damit durch ihre Fürsorge jene Bedrängnis einigermaßen in Grenzen bliebe.

306. Von der Verwüstung der Länder Samland und Natangen

Im Jahre des Herrn 1311 verheerte in der Fastenzeit[40] Fürst Witen von Litauen mit sehr großem Heer Samland und Natangen mit Sengen und Plündern. Viele Menschen tötete er und fast 500 Gefangene führte er mit reicher Beute fort, freilich nicht ohne Verluste an seinen Leuten, denn viel Kriegsvolk, das sich vom Heer abgesondert hatte, wurde getötet.

307. Von der Verheerung des Gebiets Pograuden

Sofort nach dem Rückzug des Fürsten und seines Heeres zog Bruder Friedrich von Wildenberg, der Komtur von Königsberg, mit großem Heer auf demselben Weg voran, den der Fürst vorher benutzt hatte, und er kam zu der Zeit, zu der die Teilnehmer an jenem Heerzug nach Hause zurückgekehrt waren, sich von der Mühsal des Marsches ausruhten und ihren Göttern Dank abstatteten für die ihnen in diesem Krieg erwiesenen Wohltaten; er fiel in das Gebiet Pograuden ein, erschlug viel Volk, tötete und plünderte. So sehr verheerte er dieses Gebiet, daß es in vielen Jahren seine früheren Kräfte nicht wiedergewinnen konnte.

308. Von der Zerstörung des Gebiets der Burg Garthen

Zu derselben Zeit zogen Bruder Otto von Berga und fünf weitere Brüder mit 400 Reitern von Natangen aus gegen die Burg Garthen, doch als

[40] 18.–23. Februar.

venissent ad paludem, cuius fluvius dicitur Biber, ductores exercitus sui duobus diebus erraverunt in via, quod factum fuit ex providencia Dei, quia homines° de exercitu regis supradicto adhuc non erant ad propria reversi. Unde transactis hiis diebus et reversis Lethowinis fratres intraverunt territorium Garthe occidentes et capientes multos homines, et dum cum magno spolio redirent, occurrerunt eis quidam Lethowini, qui lassi substiterant de sepedicto exercitu regis, quorum duos eciam occiderunt.

309. De morte fratris Syfridi magistri generalis et terre Prussie

Hoc anno III nonas Marcii frater Syfridus de Wucgwangen magister generalis ordinis domus Theutonice mortuus est in domo principali Mergenburgk et sepultus Colmense in ecclesia cathedrali.

310. De victoria fratrum contra regem Lethowinorum

Eodem anno in vigilia palmarum[41] Vithenus rex Lethowie putans, quod omnia sibi deberent ad votum succedere sicut prius, cum IIII milibus virorum preelectorum intravit terram Prussie et episcopatum Warmiensem depopulavit adeo, quod nihil extra castra et municiones remansit, quod non esset exustum, captum aut occisum. In hoc et priori bello ecclesiis, vestibus sacris et vasis, ministris et ecclesie sacramentis verecundiam magnam fecit et preter aliud spolium, quod fuit multum nimis, ultra mille et ducentos captos Cristianos homines secum duxit. Et ecce rex iste blasphemus nominis Iesu Cristi, dum veniret in solitudinem ad terram Barthensem in campum dictum Woyploc, [42]mente effrenatus[42] [43]gloriabatur quasi potens in potencia exercitus sui[43] [44]nunquam recogitans potestatem Dei[44], et ait ad Cristianos captos, qui ligati astiterunt ibi: „[45]Ubi est Deus vester[45]? Quare non adiuvat vos, sicut dii nostri auxiliati sunt nobis nunc et altera vice?" Cri-

° hominis alle Codd.

sie zum Sumpfgelände des Flusses Biber gelangt waren, verfehlten die Führer des Aufgebots zwei Tage lang den richtigen Weg; das geschah durch Gottes Vorsehung, denn die Krieger aus dem besagten Heer des Litauerfürsten waren noch nicht in ihre Heimat zurückgekehrt. So gingen die Tage dahin, die Litauer kehrten heim, und dann fielen die Brüder in das Gebiet von Garthen ein, töteten und fingen viele Menschen, und als sie sich mit großer Beute auf den Rückweg machten, kamen ihnen einige Litauer in den Weg, die erschöpft von dem Heer des Litauerfürsten zurückgeblieben waren, von denen sie zwei töteten.

309. Vom Tod des Bruders Siegfried, des Hochmeisters und Meisters des Preußenlands

In diesem Jahr starb am 5. März Bruder Siegfried von Feuchtwangen, der Hochmeister des Ordens vom Deutschen Haus, im Haupthaus Marienburg; er wurde in der Kathedralkirche in Kulmsee bestattet.

310. Vom Sieg der Brüder über den Fürsten der Litauer

Am Tag vor Palmsonntag[41] desselben Jahres fiel Fürst Witen von Litauen in der Meinung, daß für ihn wie früher alles nach Wunsch verlaufen müsse, mit 4000 erprobten Kriegern ins Preußenland ein und verwüstete das Bistum Ermland so gründlich, daß außer den Burgen und Befestigungen nichts übrigblieb, das nicht gebrandschatzt, gefangengenommen oder gemordet war. In diesem Heerzug wie schon im vorigen schändete er gröblich Kirchen, heilige Gewänder und Gefäße, Diener Gottes und die Heiligtümer der Kirche, und außer der anderen Beute, die schon allzu groß war, führte er über 1200 Christenmenschen als Gefangene mit sich fort. Solch ein Verächter des Namens Jesu Christi war dieser Fürst, daß er beim Einzug in die Wildnis im Lande Barten auf dem Feld Woplauken sich [42]mit seiner ungezügelten Geistesart[42] [43]großtat wie ein Gewalthaber, der sich auf die Kraft seines Heeres beruft[43] und [44]zu keiner Zeit die Herrlichkeit Gottes bedenkt[44]. Zu den gefangenen Christen, die gefesselt dort dabeistanden, sagte er: „[45]Wo ist denn euer Gott[45]? Warum hilft er euch nicht so, wie unsere Götter uns jetzt und sonst zur Seite gestanden haben?" Die

[41] 3. April.
[42–42] 2 Makk 11,4 u. 13,9.
[43–43] Jdt 1,4.
[44–44] Vgl. 2 Makk 11,4.
[45–45] Vgl. Jdt 7,21; Ps 78,10.

stiani ingemiscentes tacuerunt. Sequenti die, id est VIII idus Aprilis[46], frater Henricus de Ploczke magnus commendator et CL fratres cum multo populo advenerunt et invenerunt regem et suum exercitum undique indaginibus vallatum et in primo congressu Lethowini LX viros Cristianos interfecerunt; sed dum viderent fratres cum suo vexillo et multitudinem copiosam armatorum sequentem, [47]irruit super eos pavor[47] et adeo [48]emarcuit cor eorum[48], quod non habebant ultra virtutem resistendi; unde quasi [49]in ictu oculi[49] reiectis armis omnes terga verterunt. Extunc fratres cum suis insequentes [50]percusserunt eos plaga magna[50], sic quod rex cum paucis vix evasit, alii gladio trucidati sunt, quidam submersi, ceteri in solitudine consumpti inedia vel pre dolore se suspendentes perierunt. Mulieres eciam Cristiane, que capte ibi fuerant, dum vidissent sibi de celo victoriam venisse, immemores fragilitatis sexus sui irruentes repente in Lethowinos, qui eas custodiebant, modo, quo poterant, occiderunt. In memoriam huius gloriose victorie et ad laudem et gloriam Iesu Cristi fratres claustrum sanctimonialium in civitate Thorun fundantes donis magnificis dotaverunt.

311. De vastacione territorii Pograude

Hoc anno in estate Gevehardus de Mansfelt commendator de Brandenburgk et multi fratres cum mille et quingentis viris equitaverunt ad territorium Pograude, et licet scirent Lethowinos premunitos et paratos in armis ad defensionem, tamen commiserunt se Deo, [51]qui non deserit sperantes in se[51], et audacter intrantes dictum territorium interfecerunt multos homines et ceperunt incendio et rapina multipliciter devastantes. Et dum exirent terram, videntes infideles paratos ad bellum omnes captivos homines et, quicquid de spolio vitam habuit, extinxerunt. Mansto autem, Masio et Sudargus et alii nobiles videntes eorum presumptuosam audaciam ammirati sunt ultra modum, et dum vellent eos in bello aggredi, Mansto predictus vir sapiens et experiencia doctus dissuasit

---

[46] 6. April; vgl. dazu Anm. 41.

Christen schwiegen seufzend. Am nächsten Tag, es war der 6. April[46], zogen Bruder Heinrich von Plötzkau, der Großkomtur, und 150 Brüder mit viel Kriegsvolk heran und trafen auf den Litauerfürsten und sein Heer, das sich ganz durch Verhaue umwallt hatte, und beim ersten Zusammenstoß töteten die Litauer 60 Christen; als sie jedoch die Brüder mit ihrem Banner erblickten und die große Zahl der ihnen nachfolgenden Kämpfer, [47]befiel sie der Schrecken[47], und [48]ihr Herz verließ sie so sehr[48], daß sie keinen Mut zu weiterem Widerstand hatten; so warfen sie alle gewissermaßen [49]in einem Augenblick[49] ihre Waffen fort und wandten sich zur Flucht. Sodann machten sich die Brüder mit ihren Leuten an die Verfolgung und [50]brachten ihnen eine schwere Niederlage bei[50], so daß der Fürst mit wenigen gerade noch entkam; andere wurden mit dem Schwert niedergemacht, einige ertranken, die übrigen fanden in der Wildnis den Hungertod oder erhängten sich vor Verzweiflung. Die Christenfrauen, die dort gefangen waren, vergaßen die Schwäche ihres Geschlechts und stürzten sich, als sie erkannten, daß ihnen vom Himmel der Sieg geschenkt wurde, plötzlich auf ihre litauischen Bewacher und töteten sie, wie sie es vermochten. Zur Erinnerung an diesen ruhmreichen Sieg und zum Lobpreis und zur Ehre Jesu Christi gründeten die Brüder in der Stadt Thorn ein Nonnenkloster und statteten es mit reichen Gaben aus.

311. Von der Verheerung des Gebiets Pograuden

Im Sommer desselben Jahres ritten Bruder Gebhard von Mansfeld, der Komtur von Brandenburg, und viele Brüder mit 1500 Mann in das Gebiet Pograuden; obwohl sie wußten, daß die Litauer vorgewarnt waren und zur Verteidigung unter Waffen standen, fielen sie dennoch im Vertrauen auf Gott, [51]der diejenigen nicht verläßt, die ihre Hoffnung auf ihn setzen[51], verwegen in das Gebiet ein, töteten und fingen viele Menschen und verwüsteten es vielfach durch Brennen und Plündern. Als sie das Land verließen, fanden sie die Heiden kampfbereit und töteten alle Gefangenen und von der Beute alles, was Leben besaß. Mansto, Masio, Sudargus und andere Adelige waren aber voller Bewunderung für die Brüder, als sie deren Tollkühnheit sahen, und sobald sie sie im Kampf angreifen wollten, riet Mansto, ein verständiger Mann mit reicher Erfahrung, davon ab,

[47–47] Vgl. Ex 15,16.
[48–48] Vgl. Is 21,4.
[49–49] Vgl. 1 Kor 15,52.
[50–50] 1 Makk 5,34 u. 8,4.
[51–51] Jdt 13,17.

asserens sine dubio fratres insidias posuisse et sic a persecucione fratrum cessaverunt. Postea Lethowini quesiverunt, quis fuerit capitaneus dicti exercitus. Quibus responsum fuit, quod commendator de Brandenburgk homo iuvenis et virilis. At illi: „Dicatis ergo ei, quod nunquam veniet ad etatem debitam, si sic presumptuose nobis presentibus cum tam paucis pugnatoribus nostras terras voluerit depredare."

312. De quadam tradicione

Hoc tempore quidam Lethowinus, qui camerarius fuerat regis Lethowinorum, captus detinebatur in castro Balga, qui sub pena capitis sui obligavit se castrum Gartham tradere in manus fratrum, si a vinculis solveretur. Cui fratres credentes statuto modo et tempore, quo hec fieri possent, ipsum abire libere permiserunt. Sed dum veniret ad regem, de his omnibus premunivit eum. Frater Henricus de Ploczke commendator magnus huius occulte tradicionis nescius cum multis fratribus et V milibus pugnatorum profectus est, et dum appropinquaret castro Garthe, de exploratoribus regis virum unum senem ceperunt, qui, ut mortem evaderet, premunivit fratres in hunc modum asserens, quod rex cum magna potencia exercitus sui castra metatus esset circa Gartham et sic ordinasset, quod dum fratres cum media parte exercitus sui transivissent fluvium Memele, ipse cum suis deberet irruere in ipsos et trucidare et postea partem aliam sequi. Quo audito fratres Deo, qui eos sic misericorditer a tam gravi periculo liberavit, gracias referentes incolumes ad propria sunt reversi.

313. De vastacione territorii Salsenicke

Eodem anno idem frater Henricus commendator magnus et CL fratres cum valido exercitu et duobus milibus peditum direxerunt viam suam versus Lethowiam ad territorium dictum Salsenickam, ubi nunquam visus fuit exercitus Cristianorum, et dum appropinquarent castro Garthe, ceperunt IIII viros exploratores regis et

indem er versicherte, die Brüder hätten zweifellos einen Hinterhalt gelegt; so ließen sie von der Verfolgung der Brüder ab. Später fragten die Litauer, wer denn der Anführer des Heeres gewesen sei. Man antwortete ihnen, es sei der Komtur von Brandenburg gewesen, ein junger Mann mit Mut. Darauf sagten sie: „Richtet ihm aus, daß er niemals alt werden wird, wenn er mit solcher Verwegenheit mit so wenigen Kriegern unsere Gebiete plündern sollte, während wir im Lande sind."

312. Von einem Verrat

Damals wurde ein Litauer, der Kämmerer des Fürsten von Litauen gewesen war, als Gefangener in der Burg Balga verwahrt; mit seinem Kopfe verpflichtete er sich, den Brüdern die Burg Garthen auszuliefern, falls er von seinen Fesseln befreit würde. Die Brüder schenkten ihm Glauben, und nachdem Verfahren und Zeitpunkt des Vorhabens abgesprochen waren, ließen sie ihn frei abziehen. Als er jedoch zu seinem Fürsten kam, unterrichtete er diesen von alledem. Bruder Heinrich von Plötzkau, der Großkomtur, wußte von dem heimlichen Verrat nichts und brach mit vielen Brüdern und 5000 Mann auf; beim Anmarsch auf die Burg Garthen nahmen sie von den Kundschaftern des Fürsten einen alten Mann gefangen, der die Brüder folgendermaßen vorwarnte, um dem Tode zu entgehen: Er versicherte, daß der Fürst mit einem Heer in großer Stärke in der Nähe von Garthen sein Feldlager bezogen und so aufgestellt habe, daß er die Brüder, sobald sie mit der Hälfte ihres Aufgebots die Memel überschritten hätten, mit seinen Kriegern angreifen, niedermetzeln und sodann die andere Hälfte verfolgen wolle. Nach dieser Nachricht dankten die Brüder Gott, der sie barmherzig vor solch großer Gefahr bewahrt hatte, und kehrten unversehrt nach Hause zurück.

313. Von der Verwüstung des Gebiets Salsenicka

In demselben Jahr zogen eben jener Großkomtur Bruder Heinrich und 150 Brüder mit starkem Heer und 2000 Mann zu Fuß nach Litauen in das Gebiet Salsenicka, in dem noch niemals ein Christenheer gesehen worden war; als sie sich der Burg Garthen näherten, nahmen sie vier Kundschaf-

occisis tribus quartus interrogatus dixit, quod de adventu fratrum
nullus in terra Lethowie quidquam sciret, et ad maiorem securita-
tem addidit, quod eodem die quinquaginta viri essent venturi, qui
pro venacione debebant facere indagines regi suo. Quos cum fratres interfecissent, transiverunt Memelam et relictis circa naves et
sarcinas XII fratribus et duobus milibus peditum intraverunt dictum territorium in die Processi et Martiniani[52] vastantes undique
per incendium et rapinam et exustis eciam tribus castris ibidem
pernoctabant, sequenti die preter occisos, quorum numerum novit
Deus solus, fratres cum preda maxima et septingentis hominibus
recesserunt.

314. De fratre Karolo magistro generali et terre Prussie anno Domini MCCCXII[53]

Frater Karolus de Treveri magister generalis XIII, terre autem
Prussie magister XIX prefuit fere annis XIII.[54] Hic vocatus a
sanctissimo patre ac domino Ioanne XXII papa stetit cum multis
fratribus in curia Romana per annum et multa ordinis negocia ardua expedivit. Linguam Gallicam novit sicut propriam; sine inter-
prete loquebatur coram papa et cardinalibus; adeo affabilis et facundus fuit, quod eciam inimici eius delectabantur eum audire. Infirmatus fuit in curia Romana et adeo debilitatus, quod, licet adhuc
iuvenis esset, reversus ad Alemaniam post paucos annos in civitate Treverensi apud fratres suos mortuus est et sepultus.

315. De edificacione Cristmemel

Anno Domini MCCCXIII in festo pasche[55] frater Karolus magister ad laudem et gloriam Dei et matris sue et dilatacionem finium
Cristianorum congregata omni virtute exercitus sui edificavit castrum Cristmemelam in litore Memele supra Raganitam ultra sex
leucas. Tanta fuit ibidem multitudo navium, quod factus fuit pons

[52] 2. Juli.
[53] Vielmehr 1311.

ter des Fürsten fest, von denen sie drei töteten; der vierte antwortete auf
Befragen, daß niemand in Litauen irgend etwas von der Ankunft der Brüder wisse, und zur sicheren Bekräftigung fügte er hinzu, daß noch an demselben Tag 50 Mann heranrücken würden, die für die Jagd ihrem Fürsten
Verhaue errichten sollten. Nachdem die Brüder diese getötet hatten,
überschritten sie die Memel und ließen bei den Schiffen und beim Gepäck
12 Brüder und die 2000 Mann Fußkämpfer zurück. Dann fielen sie in das
erwähnte Gebiet am Tage des Processus und Martinianus[52] ein, verwüsteten es überall durch Brand und Raub und brannten auch drei Burgen nieder; hier verbrachten sie auch die Nacht und zogen am nächsten Tag nach
der Tötung von Gott weiß wie vielen Menschen mit sehr großer Beute und
700 Gefangenen wieder ab.

314. Von Bruder Karl, dem Hochmeister und Meister des Preußenlands im Jahre des Herrn 1312[53]

Bruder Karl von Trier amtierte als 13. Hochmeister und 19. Meister
des Preußenlands fast 13 Jahre lang[54]. Vom heiligsten Vater und Herrn
Papst Johannes XXII. herbeigerufen, verbrachte er mit vielen Brüdern
ein Jahr an der römischen Kurie und erledigte viele schwierige Ordensangelegenheiten. Die französische Sprache beherrschte er wie die eigene,
und vor Papst und Kardinälen sprach er ohne Dolmetscher; er war so
freundlich und beredt, daß selbst seine Feinde ihm gern zuhörten. An der
römischen Kurie erkrankte er und wurde so geschwächt, daß er — obwohl
er noch jung war — nach Deutschland zurückkehrte und nach wenigen
Jahren in der Stadt Trier bei seinen Mitbrüdern verstarb und begraben
wurde.

315. Von der Erbauung von Christmemel

Im Jahre des Herrn 1313 erbaute der Hochmeister Bruder Karl in der
Osterzeit[55] zum Lob und zur Ehre Jesu Christi und der Muttergottes und
zur Ausweitung der Grenzen der Christenheit mit der ganzen Kraft seines Heeres die Burg Christmemel am Ufer der Memel, mehr als sechs
Meilen oberhalb von Ragnit. Dabei war die Zahl der Schiffe so groß, daß

---

[54] Karl von Trier urkundet als Hochmeister erstmals 1311 August 28; er starb
1324 Februar 12.
[55] 15. April.

super Memelam de ipsis, quem quilibet sine periculo poterat pertransire usque ad litus infidelium, de quo ponte Lethowini plus ammirabantur quam de omnibus factis Cristianorum, que viderant in vita sua. Consummato edificio clerici sequente populo cum solempni processione reliquias ad ecclesiam portaverunt missam ibi solempniter celebrantes. Nec hoc pretereundum est, quod ex permissione Dei plures naves fratrum, que cum victualibus et aliis, que ad edificacionem castrorum sunt necessaria, fuerant onerate, in mari naufragio perierunt et fratres IIII et viri quadringenti sunt submersi. *Hanc temptacionem,* sicut dicitur de Iob[56], *permisit Dominus ideo fieri, ut daretur posteris exemplum constancie,* quia, licet hoc grave damnum fratribus occurrerit, nequaquam tamen inceptum opus Domini retardavit. Hoc tempore quidam de Bavaria sagittarius in castro Raganita fuit, qui dum facto crucis signo iaceret in stratu suo noctis tempore et vellet dormire, venit dyabolus et momordit eum maxime in pedicam suam. Iste autem de nimia lesione dolens clamavit alta voce dicens: „Quis est, qui me momordit?" At ille inquit: „Ego sum dyabolus." „Et quare fecisti?" Respondit dyabolus: „Quia cum reponis te ad dormiendum, facis cruces nimis breves." Sequenti autem die cum huiusmodi factum coram fratribus et aliis publicaret, quesiverunt ab eo, utrum sic fuisset de brevitate crucis. Respondit: „Vere ita erat, sed de cetero cavebo; faciam enim cruces, que protendent se a planta pedis usque ad verticem et ultra."

316. De impugnacione castri Bisene

Eodem anno in estate frater Henricus de Plocz[p] marscalcus terre Prussie totum [57]robur exercitus sui congregavit[57], et dum appropinquaret castro Bisene, equites sui in ortu diei ipsum castrum obsederunt, hii autem, qui navigio venerant, facto ponte cum navibus suis ab insula vicina per Memelam applicatis instrumentis bellicis per longum tempus fortissime impugnaverunt, licet non proficerent. Unde aliquibus de parte fratrum et quibusdam de castrensibus vulneratis ab obsidione recesserunt.

[p] Ploczke D.

aus ihnen eine Brücke über die Memel gebildet wurde, die jedermann ohne Gefahr bis zum Ufer der Heiden überschreiten konnte; diese Brücke bestaunten die Litauer mehr als alles bisher von Christen ins Werk Gesetzte, das sie in ihrem Leben zu Gesicht bekommen hatten. Nachdem die Burg errichtet war, trugen die Geistlichen und das nachfolgende Kirchenvolk in feierlicher Prozession Reliquien in die Kirche und feierten dort eine Festmesse. Ferner muß noch berichtet werden, daß nach Gottes Willen viele Schiffe der Brüder, mit Lebensmitteln und zum Burgenbau notwendigem Material beladen, im Meer Schiffbruch erlitten und vier Brüder und 400 Mann ertranken. „Diese Versuchung", so wird von Job gesagt[56], „ließ der Herr geschehen, damit der Nachwelt ein Beispiel von Standhaftigkeit gegeben werde"; obwohl den Brüdern dieses schwere Mißgeschick widerfuhr, erlitt nämlich das begonnene Werk des Herrn keine Verzögerung. Damals lebte in der Burg Ragnit ein Bogenschütze aus Bayern; als er nachts, nachdem er sich bekreuzigt hatte, auf seinem Lager ruhte und schlafen wollte, kam der Teufel und biß ihn heftig in seine Zehe. Jener verspürte Schmerzen über die übermäßige Verletzung und rief mit lauter Stimme: „Wer beißt mich denn da?" Darauf die Antwort: „Ich bin es, der Teufel." „Und warum hast du das getan?" Des Teufels Antwort: „Weil du zu kleine Kreuze schlägst, wenn du dich zum Schlafen niederlegst." Als er am folgenden Tag diesen Vorfall vor den Brüdern und anderen erzählte, fragten sie ihn, ob es sich mit der Kleinheit der Kreuze so verhalte. Er antwortete: „Ja, so war es wirklich, aber in Zukunft werde ich mich davor hüten; ich werde Kreuze schlagen, die von der Fußsohle bis zum Scheitel reichen und darüber hinaus."

316. Von der Bestürmung der Burg Bisena

Im Sommer desselben Jahres bot Bruder Heinrich von Plötzkau, der Marschall des Preußenlands, [57]die gesamte Streitmacht seines Heeres auf[57], und als er sich der Burg Bisena näherte, begannen seine Reiter im Morgengrauen mit der Belagerung der Burg, während diejenigen, die zu Schiff angelangt waren, von einer nahen Insel aus eine Brücke aus Schiffen über die Memel errichteten, Belagerungsgeräte herbeischafften und die Burg lange Zeit mit heftigem Einsatz bestürmten, allerdings nichts erreichten. Daher ließen sie von der Belagerung ab, bei der es auf der Seite der Brüder und der Burgleute einige Verwundete gab.

[56] Vgl. Tob 2,12.
[57-57] Vgl. 1 Chr 20,1.

317. De quadam nave bellica facta per fratres

Posthec frater Wernerus commendator de Raganita fecit sibi edificari navem bellicam cum meniis et plures naves alias. Cum quibus dum venisset ad impugnandum castrum Iunigedam, ventus validus irruens in navem violenter deiecit eam ad litus. Quo viso castrenses armata manu invaserunt navem fratribus et armigeris in ea existentibus ex adverso viriliter se defendentibus. In qua pugna Lethowini plures interfecti fuerunt et letaliter vulnerati. Et sic fratres evaserunt.

318. De destructione navis huius

Rex Lethowinorum audita fama navis huius turbatus est et omnis Lethowia cum eo et post multa consilia variosque tractatus habitos pro destructione ipsius tandem misit nobilem virum et bellicosum Surminum cum centum navibus, in quibus erant sexcenti viri et amplius, et centum equites, qui dum navem impugnarent, IIII sagittarii de intus, qui ad defensionem eius deputati fuerant, viriliter defenderunt. Tandem preciso fune, quo ligata fuit, descendit navis Memelam et descendendo fortiter impugnaverunt, sic quod multis Lethowinis vulneratis et Scoldone[q] germano dicti Surmini occiso navem ceperunt et interfectis IIII sagittariis in cinerem redegerunt.

319. De combustione preurbiorum castri Bisene

Hoc anno in autumno frater Henricus marscalcus cum fratribus et viris de Sambia et Nattangia impugnavit castrum Bisenam et post longam impugnacionem diversis utriusque partis vulneratis ambo ipsius suburbia ignis incendio devastavit.

---

[q] Scoldove K, B.

317. Von einem Kriegsschiff, das die Brüder erbauten

Danach ließ sich Bruder Werner, der Komtur von Ragnit, ein Kriegsschiff bauen mit mauerähnlichen Aufbauten und dazu mehrere andere Schiffe. Als er sich mit diesen Schiffen der Burg Junigeda zum Angriff näherte, erhob sich gegen das Schiff ein stürmischer Wind, der es mit Gewalt ans Ufer schleuderte. Sobald das die Burgleute sahen, griffen sie das Schiff an. Die darin befindlichen Brüder und Krieger leisteten gegen sie mannhaften Widerstand. Bei diesem Kampf wurden viele Litauer getötet und tödlich verwundet. Unter diesen Umständen entkamen die Brüder.

318. Von der Zerstörung dieses Schiffes

Der Fürst der Litauer hatte von diesem Schiff gehört und geriet in Unruhe und mit ihm ganz Litauen; nach vielen Beratungen und verschiedenen Überlegungen zur Zerstörung des Schiffes schickte er schließlich den Adeligen Surminus, einen kriegserprobten Mann, mit 100 Schiffen aus, auf denen sich 600 Mann und mehr befanden, sowie 100 Reiter, und während diese nun das Schiff angriffen, leisteten vier auf dem Schiff zu seiner Bewachung abgestellte Bogenschützen kräftigen Widerstand. Schließlich trieb das Schiff memelabwärts, nachdem das Halteau vorn zerschnitten worden war, und die Litauer bestürmten es, indem sie abwärts mitzogen, unausgesetzt, so daß sie das Schiff in ihre Gewalt brachten, nachdem viele auf ihrer Seite verwundet und Scoldo, der Bruder des genannten Surminus, getötet worden waren; die vier Bogenschützen wurden getötet, das Schiff in Asche gelegt.

319. Vom Niederbrennen der Vorburgen der Burg Bisena

Im Herbst desselben Jahres griff der Marschall Bruder Heinrich mit Brüdern und Kriegern aus dem Samland und aus Natangen die Burg Bisena an, deren zwei Vorburgen er nach langer Bestürmung, bei der es zahlreiche Verwundete auf beiden Seiten gab, durch Feuersbrunst verwüstete.

320. De depredacione territorii Medenicke

Anno Domini MCCCXIIII post circumcisionem[58] eius idem frater Henricus marscalcus cum fratribus et viris de Sambia et Nattangia, dum veniret circa territorium Medenickam, quidam Lethowini noctis tempore tentoria eius intrantes IIII viros occiderunt duos equos secum deducentes, de quo exercitus Cristianorum per totam noctem fuit inquietatus. Sed hoc fratres non terruit in tantum, ut opus Domini inceptum aliqualiter retardaret. Unde quod ad laudem Domini nostri Iesu Cristi inceperant zelo fidei succensi, viriliter confisi in Domino perfecerunt. Sequenti igitur die dictum territorium potenter intraverunt, et quicquid in eo infra tres leucas constitutum fuit, vastaverunt incendio et rapina et occisis et captis septingentis hominibus cum preda maxima redierunt.

321. Ad idem

Eodem anno circa purificacionem beate virginis[59] idem frater Henricus marscalcus cum omni potencia exercitus sui venit ad territorium Medenickam iterum et castrum ibidem dictum Sisditen impugnavit castrensibus ex adverso viriliter se defendentibus et in hac pugna, que diu duravit, de parte Lethowinorum germanus Masini et XVIII alii ceciderunt interfecti, sed de parte fratrum tres fratres, scilicet frater Henricus Ruthenus, frater Ulricus de Tetinge et frater Rebodo de Ysenburgk et IIII viri in armis strenui, scilicet Spagerot, Queram de Waldow, Michael et Mindota. Hoc facto cum non proficerent in impugnacione castri, profecti sunt ad territorium eius et iterum depopulaverunt per incendium et rapinam.

320. Von der Ausplünderung des Gebiets Medenicka

Als im Jahre des Herrn 1314 nach dem Tag der Beschneidung des Herrn[58] der Marschall Bruder Heinrich mit Brüdern und Kriegern aus dem Samland und aus Natangen in die Nähe des Gebietes Medenicka gelangt war, drangen einige Litauer nachts in seine Zelte ein, töteten vier Leute und führten zwei Pferde mit sich fort, worüber das Heer der Christen die ganze Nacht in Unruhe gehalten wurde. Aber das erschreckte die Brüder nicht so sehr, daß das begonnene Werk des Herrn irgendeine Verzögerung erfuhr. Daher brachten sie das, was sie zum Lob unseres Herrn Jesus Christus begonnen hatten, entflammt im Eifer für den Glauben und im Vertrauen auf den Herrn mannhaft zu Ende. Also drangen sie am folgenden Tag mit Macht in das erwähnte Gebiet ein, verwüsteten alles in einem Umkreis von drei Meilen durch Brand und Plündern, töteten und fingen 700 Menschen und kehrten mit reicher Beute zurück.

321. Nochmals davon

In demselben Jahr zog der Marschall Bruder Heinrich zur Zeit von Mariä Reinigung[59] mit all seiner Heeresmacht nochmals in das Gebiet Medenicka und bestürmte die Burg Sisditen bei tapferer Gegenwehr durch die Burgleute; bei diesem Kampf, der lange andauerte, fielen auf der Seite der Litauer der Bruder des Masinus und weitere 18 Mann, auf der Seite der Brüder drei Brüder, nämlich Bruder Heinrich Ruthenus, Bruder Ulrich von Dettingen und Bruder Rembold von Isenburg sowie vier kriegstüchtige Männer, nämlich Spagerot, Queram von Waldow, Michael und Mindota. Als sie danach mit der Bestürmung der Burg keinen Erfolg hatten, fielen sie in das Gebiet der Burg ein und verheerten es nochmals durch Brennen und Plündern.

---

[58] 1. Januar.
[59] 2. Februar.

322. De vastacione terre Criwicie et expugnacione civitatis Parve Nogardie

Hoc anno in mense Septembri idem frater Henricus marscalcus cum omni virtute exercitus sui venit ad terram Criwicie et civitatem illam, que Parva Nogardia dicitur, cepit et funditus destruxit, et terram circumiacentem rapina et incendio multipliciter molestavit fixisque ibi tentoriis ante castrum dicte civitatis pernoctans sequenti die ipse et totus exercitus accesserunt ad castrum et ipsum fortiter impugnaverunt, sic quod ex utraque parte aliqui occisi et plures fuerunt letaliter vulnerati. Sed cum in hac impugnacione non proficerent, recesserunt, et dum venirent ad locum, ubi custodes ad sarcinas reliquerunt, invenerunt XXX viros per David castellanum de Gartha occisos et mille et quingentos equos, panes et quicquid de cibo et rebus aliis ibi deposuerant, deductos. Turbati ergo fratres dum venirent ad secundam mansionem et ibi eciam de pane et aliis relictis nihil penitus invenirent, processerunt et pluribus diebus fuerunt sine pane, quidam fame invalescente comederunt equos suos, alii herbas et radices earum, aliqui mortui fuerunt fame, multi inedia consumpti post reditum defecerunt, reliqui circa finem sexte hebdomade a die, qua exierant, sunt reversi.

323. De impugnacione castri Raganite

Anno Domini MCCCXV circa assumpcionem beate virginis[60] Lethowini de Samethia cum omni potencia exercitus sui venerunt occulte et improvise ad castrum Raganitam et impugnaverunt illud. Quibus fratres dum occurrerent in bello, non valentes tante multitudine resistere coacti sunt retrocedere non tamen sine preiudicio suorum, quia frater Ioannes dictus Poppo ibi occisus fuit ab infidelibus et plures alii vulnerati. Tandem cum Lethowini in hac impugnacione non proficerent, calcatis et destructis in agro utriusque castri, scilicet Scalowitarum et Raganite, segetibus recesserunt.

322. Von der Verwüstung des Kriviĉenlandes und der Eroberung der Stadt Novogrodek

Im September dieses Jahres zog der Marschall Bruder Heinrich mit seiner gesamten Kriegsmannschaft in das Kriviĉenland, nahm die Stadt namens Novogrodek, zerstörte sie völlig und bedrückte das umliegende Gebiet vielfältig durch Plünderung und Brandschatzung; die Nacht verbrachte er nach Aufschlagen der Zelte vor der Burg jener Stadt, und am nächsten Tage zogen er und das gesamte Heer an die Burg heran und griffen sie mit solcher Heftigkeit an, daß es auf beiden Seiten einige Tote und mehrere tödlich Verletzte gab. Weil sie aber bei dieser Bestürmung keinen Erfolg hatten, ließen sie davon ab; an die Stelle gelangt, an der sie eine Wachmannschaft beim Gepäck zurückgelassen hatten, sahen sie, daß 30 Mann von David, dem Kastellan von Garthen, getötet und 1500 Pferde, Brote und alles an Verpflegung und anderen Dingen dort Verwahrte weggeführt worden waren. Als die Brüder voller Verwirrung an die zweite Marschstation gelangten und auch dort gar nichts an Brot und nichts von den anderen abgelegten Dingen vorfanden, zogen sie weiter und waren mehrere Tage ohne Brot; einige verzehrten bei stärker werdendem Hunger ihre Pferde, andere Kräuter und deren Wurzeln, wieder andere starben vor Hunger; viele starben, vom Hunger ausgezehrt, nach der Rückkehr, der Rest kam etwa nach Ablauf der sechsten Woche, gerechnet vom Tag des Aufbruchs, zurück.

323. Von der Bestürmung der Burg Ragnit

Im Jahre des Herrn 1315 erschienen um Mariä Himmelfahrt[60] Litauer aus Schemaiten mit all ihrer Heeresstärke heimlich und unversehens bei der Burg Ragnit und bestürmten sie. Als die Brüder sich ihnen im Kampf entgegenstellten, vermochten sie einer solchen Überzahl nicht standzuhalten und waren zum Rückzug gezwungen, freilich nicht ohne eigenen Verlust, denn Bruder Johannes Poppo wurde von den Heiden getötet und mehrere andere verwundet. Schließlich hatten die Litauer mit ihrer Bestürmung keinen Erfolg. Sie zerstampften und vernichteten im Feld beider Burgen, nämlich von der Schalauerburg und von Ragnit, die Getreidefelder und zogen dann ab.

---

[60] 15. August.

324. De obsidione castri Cristmemele

Eodem anno mense Septembri Vithenus rex Lethowinorum congregatis omnibus de regno suo, qui ad bellum apti fuerunt, obsedit Cristmemelam et per XVII dies cum duabus machinis et multis sagittariis ex omni parte fortissime impugnavit. Fratres autem hoc videntes, ut precaverent futurum periculum, castri sui preurbium cremaverunt. Medio tempore, quo hec agerentur, venerunt de Sambia X fratres et CL viri navigio in subsidium dicti castri, sed Lethowini ita prudenter occupaverant vias et aditus ipsius castri, quod licet sepius attemptaretur, nullus tamen poterat habere accessum ad ipsum. Unde coacti sunt fratres manere in navibus, ubi eos Lethowini singulis diebus impugnaverunt, in qua pugna de infidelibus plures occisi sunt et letaliter vulnerati et de parte fratrum XVIII viri vulnerati. Dum igitur sic non proficerent, tandem die XVII cum vellent recedere, intellecto, quod magister cum magno exercitu appropinquaret, accedentes ad fossam castri apportaverunt ligna, fenum, stipulas et stramina volentes ipsum utique concremare. In qua comportacione et impugnacione tot de infidelibus occisi sunt et letaliter vulnerati, quod eorum numerum non audivi sicque combustis machinis infecto negocio recesserunt.

325. De combustione suburbii castri Iunigede

Interea frater Karolus magister generalis de salute suorum sollicitus turbatusque de obsidione dicti castri congregavit magnum exercitum, ut ipsum liberaret. Sed dum in via perciperet, quod esset solutum ab obsidione, dimisit exercitum preter sex milia hominum, cum quibus navigio venit noctis tempore ad castrum Iunigedam, et intrantes suburbium eius occisis multis hominibus et LXXVIII captis funditus per incendium destruxerunt. Deinde processerunt Cristmemelam, et quicquid Lethowini ibidem destruxerant, refecerunt.

324. Von der Belagerung der Burg Christmemel

Im September desselben Jahres belagerte Witen, der Fürst der Litauer, mit einem Aufgebot aller Waffenfähigen seines Reiches Christmemel und bestürmte die Burg 17 Tage lang mit zwei Belagerungsmaschinen und vielen Bogenschützen von allen Seiten mit großem Einsatz. Dieses vor Augen, brannten die Brüder zum Schutz vor zukünftigen Gefahren die Vorburg ihrer Burg nieder. Während sich dieses abspielte, trafen aus dem Samland zehn Brüder und 150 Mann zu Schiff zur Unterstützung dieser Burg ein, aber die Litauer hatten vorher so geschickt die Zufahrtswege und Zugänge der Burg besetzt, daß trotz häufiger Versuche niemand zur Burg gelangen konnte. So waren die Brüder gezwungen, auf den Schiffen zu bleiben, in denen sie von den Litauern Tag für Tag bestürmt wurden; bei diesem Kampf wurden von den Heiden viele getötet und tödlich verletzt, auf seiten der Brüder wurden 18 Mann verwundet. Als sie auf diese Weise nicht vorankamen und sich schließlich am 17. Tag zurückziehen wollten, weil sie erfuhren, daß der Hochmeister mit großem Heer heranrückte, da näherten sie sich dem Burggraben, schleppten Holz, Heu, Stroh und Streu heran und wollten die Burg doch wenigstens in Brand setzen. Bei diesem Herbeischleppen und dieser Bestürmung wurden so viele Heiden getötet und tödlich verwundet, daß ich deren Zahl nicht in Erfahrung bringen konnte. Nachdem ihre Belagerungsmaschinen verbrannt waren, zogen sie sich ohne Erfolg zurück.

325. Von der Brandschatzung der Vorburg der Burg Junigeda

Inzwischen bot der Hochmeister Bruder Karl, bedacht auf das Wohl der Seinen und wegen der Belagerung dieser Burg in Unruhe versetzt, ein großes Heer auf zu deren Entsatz. Als er jedoch auf dem Marsch davon erfuhr, daß die Burg von der Belagerung befreit worden war, entließ er das Heer mit Ausnahme von 6000 Mann, mit denen er zu Schiff nachts bei der Burg Junigeda anlangte; sie drangen in die Vorburg ein, töteten viele Menschen, machten 78 Gefangene und brannten alles nieder. Sodann zogen sie nach Christmemel weiter und bauten alles dort von den Litauern Zerstörte wieder auf.

326. De vastacione territorii Pastovie

Anno Domini MCCCXVI tempore hyemali frater Henricus marscalcus cum magna potencia equitum intravit territorium Pastovie improvise et ipsum totum vastavit incendio et rapina captis quingentis hominibus et occisis.

327. De depredacione territorii Medenicke

Dum autem idem frater Henricus reversus esset Kunigsbergk, invenit multos peregrinos de partibus Reni, videlicet nobiles viros de Monte et Nuwennare[r] comites, Arnoldum de Elner milites et multos alios nobiles, cum quibus congregato iterum magno exercitu venit ad territorium Medenickam et ipsum depopulavit occisis et captis ducentis hominibus. De parte fratrum eciam quinquaginta viri ceciderunt interfecti. Medio tempore, quo hec agerentur, comes de Monte sub vexillo fratrum ante castrum Medewagam[s] milites multos fecit.

328. De occisione LXXX Lethowinorum

Hoc tempore frater Fridericus de Libencele vicecommendator de Cristmemela cum XX fratribus et LX viris versus Lethowiam est profectus eo tempore, quo LXXX Lethowini deputati ad custodiam castri Bisene debebant recedere et alii supervenire, quos ipse et sui complices omnes occiderunt preter quinque, qui reiectis armis fuge presidio evaserunt.

329. De combustione castri Bisene

Eodem anno in die beati Ambrosii[61] frater Theodoricus de Aldenburgk et frater Fridericus Quitz et quidam alius frater cum tribus armigeris de Raganita iverunt versus castrum Bisenam illo

---

[r] Nuwenare K.
[s] Megenadam B, K, D.

326. Von der Verwüstung des Gebiets Pastovia

Im Jahre des Herrn 1316 fiel der Marschall Bruder Heinrich im Winter mit einem großen Reiteraufgebot unversehens in das Gebiet Pastovia ein, verheerte es völlig durch Brennen und Plündern und fing und tötete 500 Menschen.

327. Von der Ausplünderung des Gebiets Medenicka

Als derselbe Bruder Heinrich nach Königsberg zurückgekehrt war, fand er dort viele Kreuzfahrer aus den Ländern am Rhein vor, nämlich die adeligen Herren von Berg und Neuenahr, Grafen, und Arnold von Eller, sämtlich Ritter, sowie viele andere Adelige, mit denen er nach erneutem Aufbieten eines großen Heeres in das Gebiet Medenicka vorrückte, das er ausplünderte, wobei er 200 Menschen tötete und fing. Auf der Seite der Brüder fielen auch 50 Mann. Während dieses Heerzuges schlug der Graf von Berg unter dem Banner der Brüder vor der Burg Medewaga viele zu Rittern.

328. Von der Tötung von 80 Litauern

Damals brach Bruder Friedrich von Liebenzell, der Vizekomtur von Christmemel, mit 20 Brüdern und 60 Mann nach Litauen zu der Zeit auf, in der 80 zum Wachdienst auf der Burg Bisena abgestellte Litauer abgelöst werden und andere ihre Stelle einnehmen sollten. Alle diese töteten er und seine Kampfgenossen, ausgenommen fünf, die ihre Waffen fortwarfen und sich durch die Flucht retteten.

329. Vom Niederbrennen der Burg Bisena

In demselben Jahr gelangten am Tage des heiligen Ambrosius[61] Bruder Dietrich von Altenburg, Bruder Friedrich Quitz und ein dritter Bruder mit drei Kriegern aus Ragnit zur Burg Bisena, und zwar zu dem Zeit-

---

[61] 4. April.

eciam tempore, quo quidam Lethowini completa hebdomada vicis sue de custodia dicti castri debebant recedere, et ex eis sex occiderunt. Alii sex, dum viderent duos armigeros, quos ad vie custodiam deputaverant, reiectis armis effugerunt. Post hec fratres cum armigeris suis invenientes dictum castrum vacuum funditus combusserunt et sic remansit hoc castrum desolatum usque in presentem diem.

330. De combustione duarum villarum in territorio Medenicke

Eodem anno in estate frater Hugo advocatus Sambiensis de mandato marscalci cum octingentis viris equitavit versus territorium Medenickam et ordinatis insidiis in loco competenti fratres de Raganita cum suis intraverunt illud et combustis duabus villis occisisque viris et captis mulieribus et parvulis celeriter recesserunt, quos CC Lethowini hostiliter sequebantur. Sed dum viderent exercitum Cristianorum ruptis nimis mature insidiis, fugientes evaserunt.

331. Quomodo Deus fratres cum magno exercitu mirabiliter a mortis periculis liberavit

Anno Domini MCCCXVII tempore hyemali frater Henricus marscalcus et fratres et pugnatores de Sambia et Nattangia dum venissent ante territorium Waykinam, in primo somno noctis tempore audita fuit horrenda intemperies aeris et insolita, quia venti in modum tonitrui tam horribiliter mugiebant, quod preter timorem, qui per hoc hominibus fuit incussus, equi plures quam quingenti fractis frenis et canistris fugiendo discurrerunt per silvam. Unde factum est, quod equis omnibus preter paucos cum magno labore et tedio recollectis fratrum exercitus est reversus. Postea compertum fuit in veritate, quod magna multitudo infidelium parata in armis fratres et eorum exercitum per tres dies expectavit, et si Cristiani intrassent ad depredandam terram ipsorum, nunquam aliquis ipsorum sano capite rediisset.

punkt, zu dem Litauer nach Ableistung ihres Wochendienstes von der Bewachung dieser Burg abziehen sollten; von ihnen töteten sie sechs Mann. Sechs andere Litauer warfen ihre Waffen fort und entflohen, als sie zwei Krieger erblickten, die als Straßenwache eingesetzt waren. Danach brannten die Brüder mit ihren Bewaffneten die leer vorgefundene Burg vollständig nieder. Daher liegt diese Burg bis auf den heutigen Tag wüst danieder.

330. Vom Niederbrennen von zwei Dörfern im Gebiet Medenicka

Im Sommer desselben Jahres ritt Bruder Hugo, der Vogt des Samlands, im Auftrag des Marschalls mit 800 Mann in das Gebiet Medenicka, und nachdem er an passender Stelle einen Hinterhalt gelegt hatte, drangen die Brüder von Ragnit mit ihren Leuten in das Gebiet ein, brannten zwei Dörfer nieder, töteten die Männer und machten Frauen und Kinder zu Gefangenen; dann zogen sie sich eilig zurück, 200 Litauer setzten ihnen feindselig nach. Als diese jedoch das Heer der Christen erblickten, entkamen sie nach deren allzu frühem Hervorbrechen aus dem Hinterhalt durch die Flucht.

331. Wie Gott die Brüder mit ihrem großen Heer auf wunderbare Weise aus Todesgefahr befreite

Als im Jahre des Herrn 1317 der Marschall Bruder Heinrich sowie Brüder und Krieger aus dem Samland und aus Natangen im Winter vor das Gebiet Wayken gezogen waren, hörte man nachts im ersten Schlaf ein fürchterliches und ungewöhnliches Unwetter, weil die Winde wie Gewitterdonner so schrecklich heulten, daß — abgesehen von der Furcht, die deswegen die Menschen befiel — mehr als 500 Pferde nach Zerreißen der Zügel und Tragekörbe loskamen und im Wald hin- und herirrten. Daher kam es, daß nach recht mühevollem und verdrießlichem Wiedereinfangen aller Pferde, wenige Verluste ausgenommen, das Heer der Brüder umkehrte. Später wurde glaubhaft in Erfahrung gebracht, daß eine große Zahl von Heiden die Brüder und deren Heer drei Tage lang unter Waffen erwartet hatte. Wenn die Christen ihr Land zur Ausplünderung betreten hätten, wäre niemals auch nur einer von ihnen mit heiler Haut davongekommen.

332. De combustione suburbii castri Gedemini et ceteris

Eodem anno in estate circa festum nativitatis beati Ioannis baptiste[62] idem marscalcus cum fratribus et viris de Sambia dum venisset circa territorium Pograudam, divisit exercitum suum in IIII turmas, sic quod frater Hartmannus et frater Fridericus Quitz cum LX viris quasdam villas huius territorii debebant invadere, sed erraverunt in via nihilque egerunt. Secunda pars exercitus, scilicet frater Fridericus de Libencele commendator de Raganita cum CL viris, debebat latenter subintrare castrum Gedemini et expugnare, sed nescio, quo casu castrenses premuniti castrum defenderunt suburbio penitus a fratribus concremato. Tercia pars, scilicet frater Albertus de Indagine et LX viri, intraverunt habitacionem cuiusdam nobilis et potentis viri dicti Sudargi et eam cum villis circumiacentibus [63]in cinerem redegerunt[63], uxorem ipsius et liberos et familiam cum multis aliis mulieribus et parvulis ceperunt viris pluribus interfectis. Quarta pars exercitus fuit sub vexillo fratrum, cuius ductores dum errarent in via, eciam nihil egit. Tandem exercitus totus recollectus ad propria est reversus.

333. De quodam facto

In hoc exercitu accidit quoddam factum dignum memoria, quia dum frater Albertus de Indagine insultum faceret cursitando ad locum sibi deputatum, quidam armiger de equo suo cespitante cecidit. Et dum sic graviter lesus post longam moram resumptis viribus surgens equum suum et fratrum exercitum undique circumspiciens non videret, turbatus ultra modum suspirans [64]elevatis oculis in celum[64] beatam virginem devotissime pro auxilio invocabat et facto signo crucis Deo se et beate virgini commendabat et eadem via, qua venerat, rediit Raganitam. Contigit autem ipsum transire per quandam villam infidelium, qui ei viam rectam versus Raganitam, dum pro ipsa quereret, ostenderunt. Sed dum non longe processisset a dicta villa, infideles videntes ipsum armatum dixerunt

332. Von der Einäscherung der Vorburg der Gedimin-Burg und von anderem

Als im Sommer desselben Jahres um das Fest der Geburt Johannes' des Täufers[62] der Marschall mit Brüdern und Männern aus dem Samland in die Nähe des Gebiets Pograuden gezogen war, teilte er sein Heer so in vier Haufen, daß Bruder Hartmann und Bruder Friedrich Quitz mit 60 Mann in bestimmte Dörfer dieses Gebiets einzufallen hatten; sie kamen jedoch vom Wege ab und richteten nichts aus. Der zweite Haufe des Heeres, und zwar Bruder Friedrich von Liebenzell, der Komtur von Ragnit, mit 150 Mann, sollte heimlich in die Gedimin-Burg eindringen und sie erobern; aber aus unbekannten Gründen waren die Burgleute vorgewarnt und leisteten Gegenwehr, die Vorburg wurde von den Brüdern indes vollständig verbrannt. Der dritte Haufe, und zwar Bruder Albert von Hagen und 60 Mann, überfiel die Wohnstätte eines mächtigen Adeligen namens Sudargus, [63]legte diese und die umliegenden Dörfer in Asche[63], nahm dessen Frau, Kinder und Gesinde mit vielen anderen Frauen und Kindern gefangen und tötete viele Männer. Der vierte Haufe des Heeres verblieb unter dem Banner der Brüder; weil jedoch seine Führer vom rechten Weg abkamen, richtete er nichts aus. Zum Ende vereinigte sich das Heer wieder und kehrte heim.

333. Von einem besonderen Ereignis

Bei diesem Heerzuge ereignete sich etwas Merkwürdiges: Als nämlich Bruder Albert von Hagen seinen Angriff an der ihm bestimmten Stelle unternahm, fiel ein Krieger von seinem strauchelnden Pferd. Sobald er, dabei schwer verletzt, nach langer Zeit seine Kräfte wiedergewonnen und sich erhoben hatte, sah er sich um und bemerkte weder sein Pferd noch das Heer der Brüder; über alle Maßen erschreckt, seufzte er auf, [64]hob die Augen zum Himmel[64], rief die heilige Jungfrau voller Demut um Hilfe an, bekreuzigte sich, vertraute sich Gott und der heiligen Jungfrau an und gelangte auf demselben Wege nach Ragnit zurück, den er gekommen war. Dabei fügte es sich, daß er ein Dorf der Heiden passierte, die ihm auf seine Frage hin den richtigen Weg nach Ragnit zeigten. Als er von diesem Dorf ein Stückchen fortgekommen war, sagten die Heiden, die gesehen hatten,

---

[62] 24. Juni.
[63—63] Vgl. 2 Petr 2,6.
[64—64] Vgl. Dt 4,19.

ad invicem: „Utique iste est de exercitu fratrum, sequamur et occidamus eum." Accurrunt ergo omnes cum tota familia et canibus ipsum querentes. Ille audito clamore canum et hominum abscondit se in silva vicina, sed infideles advenientes sepius ipsum circuibant et quasi a Deo percussi acrisia ipsum non viderunt. Tandem fatigati ab inquisicione destiterunt, quo facto ille Cristianus adhuc indutus armis suis venit Raganitam et intrans ecclesiam [65]procidit ad genua[65] sua et Deo et beate virgini de tanto beneficio sibi exhibito gracias referebat.

334. De combustione suburbii Iunigede

Hoc eciam anno in die beati Mathei apostoli[66] idem marscalcus cum magno exercitu venit ad campum Calsen et mille et quingenti equites relictis equis sub vexillo fratrum pedestres transiverunt silvam dictam Wint, et in ortu diei dum vellent occulte accedere ad castrum Iunigedam et expugnare, castrenses premuniti accenso igne per indicium fumi vicinis gentibus fratrum exercitum prodiderunt. Procedentes itaque fratres dictum castrum fortiter impugnaverunt, tandem post longam altercacionem habitam inter eos, dum amplius agere non possent, suburbium dicti castri [67]in cinerem redegerunt[67]. Hoc facto dum fratres recederent, omnes vicine gentes viso fumo ignis predicti convenerant et ipsos sepius hostiliter invaserunt, sic quod multi utriusque partis graviter vulnerati fuerunt et frater Theodoricus Pirremont occisus et plures de infidelibus interfecti.

335. De suburbiorum destructione castrorum Iunigede et Piste

Anno Domini MCCCXVIII in autumno frater Henricus marscalcus cum magno exercitu venit ad castra Iunigedam et Pistam et utriusque suburbia, que tunc frumento de novo introducto superhabundabant, funditus concremavit.

[65-65] Lk 5,8.

daß er bewaffnet war, zueinander: „Das ist doch jedenfalls einer aus dem Heer der Brüder, wir wollen hinterher und ihn töten." So kamen alle mit dem ganzen Gesinde herbei und suchten ihn mit Hunden. Jener hörte den Lärm von Hunden und Menschen und versteckte sich in einem nahen Wald, aber die Heiden kamen heran, streiften öfter an ihm vorbei, aber — wie von Gott mit Blindheit geschlagen — entdeckten ihn nicht. Schließlich gaben sie erschöpft die Suche auf, und jener Christ kam danach, immer noch unter Waffen, nach Ragnit, ging in die Kirche, [65]fiel auf die Knie[65] und stattete Gott und der heiligen Jungfrau für die ihm erwiesene übergroße Gnade Dank ab.

334. Vom Niederbrennen der Vorburg von Junigeda

Am Tage des heiligen Apostels Matthäus[66] dieses Jahres rückte derselbe Marschall zum Feld Calsen vor, und 1500 Reiter durchquerten unter Zurücklassen der Pferde beim Banner der Brüder zu Fuß einen Wald namens Wint; als sie sich im Morgengrauen der Burg Junigeda heimlich nähern und sie erobern wollten, wurden die Burgleute vorgewarnt, entfachten Feuer und meldeten durch Rauchzeichen den benachbarten Heiden das Heer der Brüder. Deswegen rückten die Brüder vor und bestürmten die Burg heftig; als schließlich nach langem Hin und Her im Kampf die Brüder nichts weiter ausrichten konnten, legten[67] sie die Vorburg der Burg [67]in Asche[67]. Sobald sich die Brüder danach zurückzogen, kamen alle Heiden aus der Nachbarschaft auf dieses Rauchzeichen zusammen und griffen sie öfters feindlich an, so daß viele auf beiden Seiten schwere Verletzungen erlitten und Bruder Dietrich Pirremont sowie viele von den Heiden getötet wurden.

335. Über die Zerstörung der Vorburgen der Burgen Junigeda und Pista

Im Jahre des Herrn 1318 rückte der Marschall Bruder Heinrich im Herbst mit großem Heer zu den Burgen Junigeda und Pista vor und brannte deren Vorburgen völlig nieder, die derzeitig von neugespeichertem Getreide übervoll waren.

[66] 21. September.
[67-67] Vgl. 2 Petr 2,6.

336. De exustione suburbii castri Iunigede

Anno Domini MCCCXIX post festum pasce[68] idem marscalcus cum multis fratribus et pugnatoribus navigio veniens voluit castra Iunigedam et Pistam expugnare. Sed cum ordinacio ab ipso statuta, que ad huiusmodi impugnacionem fuit necessaria, debito modo non servaretur, indignatus omisso castro Pista, quingenti viri occulte accesserunt ad castrum Iunigedam et invenientes ipsum premunitum solum eius suburbium subverterunt.

337. De occisione LV Lethowinorum

Hoc anno cum esset aquarum inundancia in solitudine, David castellanus de Gartha cum octingentis viris exiens ad bellum ordinato exercitu suo in insidiis cum LXXX viris intravit territorium Prussie dictum Wohenstorph et combustis paucis domibus magnam predam in hominibus et rebus aliis secum duxit. Quos frater Ulricus de Drilebe commendator de Tapiow et frater Fridericus Quitz socius eius cum paucis hominibus sequutus fracto prius ponte, quem Lethowini transire debebant, LV viros de ipsis occiderunt et totam predam, quam tulerant, de ipsorum manibus eruerunt. Reliqui fugiendo venerunt ad insidias suas et omnes perterriti simul recesserunt totque pericula sustinuerunt in via, quod pauci ex ipsis incolumes sunt reversi.

338. De morte marscalci et XXIX fratrum et multorum de populo Sambiensi

Anno Domini MCCCXX VI kalendas Augusti, id est tercia die post festum beati Iacobi apostoli, frater Henricus marscalcus cum XL fratribus et equitibus de Sambia et de Memela venit ad territorium Medenickam, et dum primi precursores secundum consuetos mores belli ipsum transirent per rapinam et incendium devastando, gentes huius territorii iam parate in armis eos, qui sub vexillo

336. Vom Niederbrennen der Vorburg der Burg Junigeda

Im Jahre des Herrn 1319 zog derselbe Marschall mit vielen Brüdern und Kriegern nach Ostern[68] zu Schiff aus und wollte die Burgen Junigeda und Pista erobern. Weil aber der von ihm entworfene Schlachtplan, der für eine Bestürmung dieser Art notwendig war, nicht gebührend eingehalten wurde, geriet er in Zorn und ließ von der Burg Pista ab. 500 Mann zogen dann heimlich zur Burg Junigeda und trafen sie vorgewarnt an. So vernichteten sie nur deren Vorburg.

337. Von der Tötung von 55 Litauern

Als in diesem Jahr in der Wildnis sich eine Überschwemmung bildete, zog David, der Kastellan von Garthen, mit 800 Mann zum Kampf aus; nachdem er seine Heerschar in einem Hinterhalt bereitgestellt hatte, fiel er mit 80 Mann in das Gebiet Wohnsdorf in Preußen ein, verbrannte einige wenige Wohnstätten und entführte große Beute an Menschen wie an anderen Dingen. Diesen folgten Bruder Ulrich von Dreileben, der Komtur von Tapiau, und sein Kumpan Bruder Friedrich Quitz mit ein paar Mannen; nachdem sie zuvor die Brücke zum Einsturz gebracht hatten, welche die Litauer überqueren mußten, töteten sie von diesen 55 Mann und nahmen ihnen die gesamte mitgeschleppte Beute ab. Die übrigen gelangten auf der Flucht zu ihrem Hinterhalt; erschreckt zogen sie alle ab und hatten so viele Gefahren unterwegs zu bestehen, daß nur wenige von ihnen unversehrt nach Hause gelangten.

338. Vom Tod, den der Marschall, 29 Brüder und viele vom samländischen Volk erlitten

Im Jahre des Herrn 1320 zog der Marschall Bruder Heinrich am 27. Juli, das ist am dritten Tag nach St. Jakob, mit 40 Brüdern und Reitern aus dem Samland und von der Memel zum Gebiet Medenicka; während die Vorausabteilung nach gewohnter Kampfesweise das Gebiet durchzog und durch Plündern und Brennen verheerte, griffen die Heiden dieses Gebiets, schon unter Waffen bereitstehend, die unter dem Banner ver-

[68] 8. April.

erant constituti, hostiliter invaserunt in bello et cadentibus ex utraque parte pluribus interfectis tandem ipsum fratrem Henricum marscalcum cum XXIX fratribus et multis de populo occiderunt. Alii in solitudine errantes per plures dies et noctes consumpti inedia sunt reversi. Fratrem etiam Gerardum dictum Rude advocatum Sambiensem indutum armis et depositum super dextrarium cremantes diis suis pro victima obtulerunt.

339. De fratre Thammone de Balga et vita eius

Anno Domini MCCCXXI frater Thammo natus de Misna, qui stetit in Balga et in ordine domus Theutonice per LVI annos, infra XXX annos ante mortem suam nunquam exivit terminos dicti castri. Vinum mellicratum seu medonem et omne, quod inebriare potest, non bibit; usus fuit cilicio; in pane et aqua singulis sanctorum vigiliis ieiunavit. Tandem dum infirmaretur, post perceptionem sacramentorum fuit sine cibo XXXIX diebus et noctibus et tunc in Domino feliciter obdormivit.

340. De adventu peregrinorum et vastacione territoriorum Waykine, Russigene et Erogele

Anno Domini MCCCXXII illustres viri et domini Bernardus dux Wratislaviensis de Polonia, comes de Gerodishecke, primogeniti filii comitum de Iuliaco et de Wildenbergk de Reno, dominus de Lichtenbergk et Phligt[t] cum fratre suo de Bohemia cum multis militibus et armigeris venerunt ad terram Prussie. Cum hiis omnibus et tota potencia exercitus fratrum a terra Colmensi et infra frater Fridericus de Wildenbergk gerens vicem magistri generalis et fratres CL tempore hyemali intraverunt territorium Waykinam; rapina et incendio tam castrum quam alia edificia destruentes tantam stragem fecerunt in populo illo, quod nec ibi [69]mingens ad parietem superesset[69]. Sequenti die intraverunt territorium Russi-

---

[t] Philigt B; Phlick D.

sammelten Krieger im Kampf feindselig an, und auf beiden Seiten gab es viele Tote; schließlich töteten sie den Marschall Bruder Heinrich mit 29 Brüdern und vielem Kriegsvolk. Andere irrten mehrere Tage und Nächte in der Wildnis umher und fanden ausgezehrt von Hunger zurück. Den Bruder Gerhard Rude, den Vogt des Samlands, verbrannten sie hoch zu Pferd und mit seinen Waffen angetan als Opfer für ihre Götter.

339. Vom Bruder Thammo von Balga und seinem Leben

Im Jahre des Herrn 1321. Bruder Thammo, gebürtig aus Meißen, lebte in Balga und war während seiner 56jährigen Zugehörigkeit zum Orden des Deutschen Hauses in den 30 Jahren vor seinem Tod niemals über das Gebiet der genannten Burg hinausgelangt. Mit Honig versetzten Wein oder Met und alles, was einen Rausch bewirkt, trank er nicht; er trug ein härenes Gewand und fastete an den Tagen vor den Heiligenfesten bei Brot und Wasser. Als er schließlich krank wurde, verbrachte er nach Empfang der Sakramente noch 39 Tage und Nächte ohne Nahrungsaufnahme und entschlief dann selig im Herrn.

340. Von der Ankunft von Kreuzfahrern und der Verwüstung der Gebiete Wayken, Russigena und Erogel

Im Jahre des Herrn 1322 kamen die erlauchten Männer und Herren Herzog Bernhard von Breslau aus Polen, der Graf von Geroldseck, die erstgeborenen Söhne der Grafen von Jülich und von Wildenburg vom Rhein, der Herr von Lichtenburg und Plichta mit seinem Bruder aus Böhmen mit vielen Rittern und Bewaffneten ins Preußenland. Mit diesen allen und der gesamten Heeresmacht der Brüder vom Kulmerland und weiter weichselabwärts zogen Bruder Friedrich von Wildenberg, der Stellvertreter des Hochmeisters, und 150 Brüder im Winter in das Gebiet Wayken; durch Plündern und Niederbrennen zerstörten sie sowohl eine Burg wie auch andere Gebäude und verübten ein solches Morden unter der Bevölkerung, daß nicht [69]ein einziger männlichen Geschlechts davonkam[69]. Am nächsten Tag zogen sie in das Gebiet Russigena, am dritten

---

[69–69] Vgl. 1 Sam 25,34.

genam et tercia die territorium Erogelam et utrumque incendio molestabant. In vespere huius tercie diei obsederunt castrum Pi=stam ipsum fortissime impugnantes; sed peregrini adeo bene fuerunt armati, quod dum scanderent ad menia, castrenses nec lanceis nec gladiis nec aliquo genere armorum poterant ipsos ab ascensu prohibere. Tandem duo vel tres aut plures accepta hasta posuerunt eam ad pectus vel dorsum ascendencium et sic premendo eos a meniis deiecerunt. Supervenientibus ergo tenebris noctis cessaverunt fratres ab impugnacione. Sequenti die dum iterum vellent ad pugnam accedere, castrenses dederunt obsides promittentes se fratrum imperio subiacere. Sed artante ipsos rege Lethowinorum fidem prestitam postea non servabant.

341. De vastacione episcopatus Tharbatensis terre Lyvonie

Medio tempore, quo exercitus iste fratrum esset in dictis territoriis, Lethowini cum magna populi multitudine intraverunt terram Lyvonie et preter alia damna, que in episcopatu Tharbatensi fecerunt incendio et rapina, quinque milia hominum Cristianorum et amplius interfecerunt et in captivitatem perpetuam deduxerunt.

342. De adventu peregrinorum et intenso frigore

Anno Domini MCCCXXIII dominus de Cinnenbergk[u] et dominus de Egerbergk cum multis nobilibus de Bohemia et Reno fuerunt in terra Prussie. In hac hyeme intensissimum fuit gelu, sic quod quasi omnes arbores fructifere in partibus Lyvonie et Prussie aut omnino aruerunt vel infra multos annos vires pristinas resumere non valebant. Unde licet exercitus magnus a fratribus congregatus venisset fere ad medium vie inter Lethowiam et Prussiam, tamen ultra procedere non valebat, quia pre nimio frigore communis populus periisset.

[u] Cuncenberg T.

Tag in das Gebiet Erogel; beiden Gebieten setzten sie mit Brandschatzungen schwer zu. Am Abend des dritten Tages belagerten sie die Burg Pista und bestürmten sie sehr heftig; die Kreuzfahrer waren indes so gut bewaffnet, daß die Burgleute sie beim Besteigen der Wälle weder mit Lanzen noch mit Schwertern oder irgendeiner anderen Waffe davon abhalten konnten. Schließlich hielten zwei oder drei oder mehrere ihre Speerlanzen den Hochsteigenden auf die Brust oder den Rücken und warfen sie so durch Wegdrücken von den Wällen hinunter. Als das Dunkel der Nacht heraufzog, ließen die Brüder von der Bestürmung ab. Sobald sie am folgenden Tage erneut den Kampf aufnehmen wollten, stellten die Burgleute Geiseln und versprachen, sich der Gewalt der Brüder zu unterwerfen. Aber auf den Zwang des Fürsten von Litauen hin hielten sie die gelobte Treue später nicht.

341. Von der Verwüstung des Bistums Dorpat in Livland

In der Zeit, in der jenes Heer der Brüder in den erwähnten Gebieten stand, zogen die Litauer mit einer großen Menge Kriegsvolks nach Livland; außer anderem Schaden, den sie im Bistum Dorpat durch Brennen und Plündern anrichteten, töteten und führten sie in dauernde Gefangenschaft 5000 und mehr Christen ab.

342. Von der Ankunft von Kreuzfahrern und von großer Kälte

Im Jahre des Herrn 1323 waren der Herr von Zinnenberg und der Herr von Egerberg mit vielen Adeligen aus Böhmen und vom Rhein im Preußenland. In diesem Winter herrschte eine solch außerordentlich bittere Kälte, daß fast alle Obstbäume in Preußen und Livland entweder völlig abstarben oder innerhalb von vielen Jahren ihre frühere Kraft nicht wiedergewinnen konnten. Obwohl ein großes von den Brüdern zusammengestelltes Heer schon fast die Hälfte des Weges zwischen Litauen und Preußen zurückgelegt hatte, konnte es nicht weiter vorrücken, weil das gemeine Kriegsvolk infolge allzugroßer Kälte zugrundegegangen wäre.

343. De depopulacione Revalie terre regis Dacie

Eodem tempore David castellanus de Gartha cum exercitu Lethowinorum intravit Revaliam terram regis Dacie et preter alia infinita damna, quibus oppressit dictam terram incendio et rapina, ultra quinque milia hominum Cristianorum, nobilium, matronarum, virginum et aliorum promiscui sexus cepit et interfecit. Sacerdotes eciam plures seculares et religiosos occidit. Sacramenta, ecclesias, vestes sacras et vasa altaris et quicquid ad divinum cultum spectabat, inhumaniter polluit et contrectavit.

344. De destructione civitatis Memele et plurium castrorum

Hoc eciam anno tercia die post festum beati Gregorii pape[70] Lethowini de Samethia cum exercitu suo expugnaverunt civitatem Memelam et unum sacerdotem fratrem ordinis domus Theutonice occiderunt. LXX quoque homines in ea ceperunt, quorum quidam interfecti sunt, alii in captivitatem perpetuam deducti. Ipsam civitatem et tria circumiacencia castra neophitorum[71], cogas et naves alias et quicquid igne consumi potuit preter solum castrum, in quo fratres habitabant, [72]in cinerem redegerunt[72].

345. De morte fratris Friderici Quitz et vastacione territorii Wilow

In vigilia beati Petri ad vincula[73] anno predicto Lethowini intraverunt terram Sambie et in territorio Wilow sex villas combusserunt et fratrem Fridericum dictum Quitz virum audacem et in armis strenuum et XXXVI viros interficientes mulieres et parvulos cum preda alia deduxerunt.

343. Von der Ausplünderung von Revele, dem Land des Dänenkönigs

Zu derselben Zeit zog David, der Kastellan von Garthen, mit einem Heer von Litauern in das Land Revele, das dem Dänenkönig gehörte; abgesehen von den unendlichen Schäden, mit denen er dieses Land durch Brennen und Plündern bedrückte, fing und tötete er mehr als 5000 Christen, adelige Frauen, Jungfrauen und andere beiderlei Geschlechts. Auch viele Priester, Weltgeistliche und Ordensleute tötete er. Die Heiligtümer, die Kirchen, heilige Gewänder und Altargefäße sowie alles, was zum Gottesdienst gehörte, besudelte und entweihte er rücksichtslos.

344. Von der Zerstörung der Stadt Memel und mehrerer Burgen

In demselben Jahr eroberten die Litauer aus Schemaiten am dritten Tag nach dem Fest des heiligen Papstes Gregor[70] mit ihrem Heer die Stadt Memel und töteten einen Priesterbruder des Ordens vom Deutschen Hause. Auch machten sie 70 Gefangene, von denen etliche getötet, andere in dauernde Gefangenschaft abgeführt wurden. Die Stadt selbst und drei in der Nachbarschaft gelegene Burgen für Neugetaufte[71], Koggen und andere Schiffe sowie alles, was durch Feuer vernichtet werden konnte — außer der Burg, die die Brüder bewohnten —, [72]legten sie in Asche[72].

345. Vom Tod des Bruders Friedrich Quitz und von der Verwüstung des Gebiets Wehlau

Einen Tag vor Sankt Peters Kettenfeier[73] desselben Jahres fielen die Litauer in das Samland ein, brannten im Gebiet Wehlau sechs Dörfer nieder und töteten den Bruder Friedrich Quitz, einen mutigen und kriegserprobten Mann, sowie weitere 36 Männer; Frauen und Kinder schleppten sie zusammen mit anderer Beute fort.

[70] 14. März.
[71] Die hier erwähnten castra neophitorum belegen die Praxis des Ordens, den Prußen besondere Wehranlagen zuzuweisen bzw. zu erbauen. Ähnlich: castrum Pomesanorum (III,142.143), castrum Scalowitarum (III,235).
[72-72] Vgl. 2 Petr 2,6.
[73] 31. Juli.

346. De destructione ducatus et civitatis Dobrinensis et occisione et capcione IX milium Cristianorum

In die exaltacionis sancte crucis[74] eiusdem anni Lethowini videntes, quod omnia succederent eis ad votum, congregato iterum exercitu valido venerunt ad ducatum nobilis matrone ducisse de Dobrin et sex milia hominum utriusque sexus, alios trucidando, quosdam vero ad perpetuam sue gentilitatis servitutem miserabiliter deducendo interemerunt. Preterea septem sacerdotes plebanos et duos fratres ordinis sancti Benedicti et cum hiis omnibus sexaginta clericos tam ordinatos quam inordinatos extra et intra schole loca repertos occiderunt. Item X parochiales ecclesias ac capitalem dicti ducatus civitatem dictam Dobrin captis et occisis in illa duobus milibus Cristianorum et cunctas ducatus villas per incendium vastaverunt. Insuper et cum damnis prefatis tot et tanta diversarum rerum spolia abduxerunt, quod Cristifidelibus in perpetua gentilitatis servitute permansuris dicti ducatus terra damna memorata — lugubri memoria bene digna — vix aut nunquam poterit recuperare; et indubitanter formidandum est et dolendum, quod per dicti ducatus annihilacionem patebit facilior aditus infidelibus ad Cristianorum terminos contiguos et vicinos. Ecce quanta mala fidei Cristiane et fidelibus infra spacium unius anni et dimidii sunt exorta, quia fere XX milia hominum Cristianorum ab infidelibus occisa et in servitutem perpetuam sunt deducta et multe civitates et castra penitus sunt destructe.

347. De morte quorundam Lethowinorum

Hoc eciam anno tempore messium frater Henricus commendator de Tapiow cum octo fratribus et CCC viris equitavit ad campum Semegallie, qui ex opposito castri Pastovie situs est, et messores Lethowinorum, quos quesivit, non invenit laborantes propter tempus pluviale. Receptis ergo XXXIIII equis rediit. Sed Lethowini sequentes dum venirent ad locum, ubi fratres posuerant insidias, unus missa sorte secundum ritum gentilitatis clamavit alta

346. Von der Verwüstung von Herzogtum und Stadt Dobrin und von der Tötung und Gefangennahme von 9000 Christen

Als die Litauer bemerkten, daß ihnen alles nach Wunsch verlief, stellten sie wiederum ein starkes Heer auf und zogen am Tage der Kreuzerhöhung[74] desselben Jahres in das Herzogtum der edlen Frau Herzogin von Dobrin und brachten über 6000 Menschen beiderlei Geschlechts Verderben, indem sie sie dahinmetzelten oder in die ewige Knechtschaft ihres Heidentums jämmerlich abführten. Außerdem brachten sie sieben Leutpriester und zwei Brüder des Benediktinerordens um sowie mit all diesen 60 Geistliche, geweihte wie nichtgeweihte, als sie diese innerhalb und außerhalb einer Schule antrafen. Ebenso verwüsteten sie durch Brandschatzung zehn Pfarrkirchen und den Hauptort des Herzogstums namens Dobrin, in dem sie 2000 Christen fingen und töteten, sowie alle Dörfer des Herzogtums. Darüber hinaus und in Verbindung mit den genannten Verwüstungen führten sie so viel und eine solch ansehnliche Beute an verschiedenen Dingen fort, daß das Land dieses Herzogtums die erwähnten Verheerungen, die des Gedenkens in Trauer wohl wert sind, kaum oder gar niemals wiedergutmachen kann, wenn die Christgläubigen in dauernder Knechtschaft der Heiden verbleiben, und zweifellos ist weiterhin schrecklich und schmerzlich, daß durch die Vernichtung des Herzogtums den Heiden ein leichterer Zugang zu den angrenzenden und benachbarten Gebieten der Christen offensteht. Siehe an, wieviel Unheil dem christlichen Glauben und den Gläubigen innerhalb von eineinhalb Jahren zugefügt wurde, da ja fast 20000 Christen von den Heiden umgebracht und in ewige Knechtschaft weggeführt wurden und viele Städte und Burgen gänzlicher Vernichtung anheimfielen.

347. Vom Tod einiger Litauer

Ebenfalls in diesem Jahr ritt zur Erntezeit Bruder Heinrich, der Komtur von Tapiau, mit acht Brüdern und 300 Mann zu einem in Semgallen gelegenen Feld gegenüber der Burg Pastovia; die litauischen Schnitter, auf die er es abgesehen hatte, fand er wegen Regenwetters nicht bei der Arbeit. Nachdem er 34 Pferde genommen hatte, kehrte er um. Als die Litauer, die den Brüdern nachsetzten, an die Stelle gekommen waren, an der jene einen Hinterhalt gelegt hatten, warf einer von ihnen nach heidnischem Brauch das Los und rief mit lauter Stimme: „Laßt uns schnell um-

---

[74] 14. September.

voce: „Cito revertamur, insidie Theutonicorum sunt hic." Quo audito dum Lethowini recederent, fratres de insidiis exilientes sequebantur et ex eis XII occiderunt.

348. De adventu peregrinorum

Anno Domini MCCCXXIIII dominus Ioannes et Philippus comites de Spanheim et de Bohemia dominus Petrus de Rosenbergk et Hermannus avunculus eius cum multis militibus et armigeris et multi alii nobiles de Reno et Alsacia venerunt Prussiam; nihil tamen poterat agi contra inimicos fidei propter teneritudinem glaciei.

349. De destructione allodii seu predii David de Gartha

Eodem anno in quadragesima[75] tres fratres et sexcenti viri de Nattangia allodium seu predium David castellani de Gartha hostiliter sunt ingressi et funditus comburentes preter occisos XXXVIII homines et C equos cum multo pecore alio deduxerunt.

350. De conversione cuiusdam viri mirabili

Hoc anno in castro Kunigsbergk frater Ioannes[v] de Gilberstete Saxo mortuus fuit, qui dum adhuc esset secularis, vitam duxit indecentem. Unde Dominus plagavit eum gravi infirmitate, in qua dum sacram communionem et alia ecclesie sacramenta percepisset, quandam iuvenculam, que ministrabat ei, vi opprimens carnaliter cognovit. Unde ex permissione Dei volentis ulcisci hanc maliciam demones ipsum cum lecto rapuerunt et per aera ducentes in quandam paludem distantem per dimidiam leucam proiecerunt et dixerunt: „O miser, quomodo in hoc statu tuo ausus fuisti facere tantam irreverenciam Deo tuo et ecclesie sacramentis." Sed cum sic in aere duceretur, invocavit beatam virginem Mariam matrem

[v] Johel K.

kehren, hier gibt es einen Hinterhalt der Deutschen." Als sich die Litauer daraufhin zurückzogen, brachen die Brüder aus dem Hinterhalt hervor, verfolgten sie und töteten von ihnen 12 Mann.

348. Von der Ankunft von Kreuzfahrern

Im Jahre des Herrn 1324 kamen Herr Johannes und Philipp, Grafen von Sponheim, und aus Böhmen Peter von Rosenberg und sein Onkel Hermann mit vielen Rittern und Knechten sowie viele andere Adelige vom Rhein und aus dem Elsaß nach Preußen; wegen der zu dünnen Eisdecke konnte jedoch nichts gegen die Feinde des Glaubens unternommen werden.

349. Von der Zerstörung des Allods oder Eigenguts des David von Garthen

In demselben Jahr griffen in der Fastenzeit[75] drei Brüder und 600 Mann aus Natangen das Allod oder Eigengut des Kastellans von Garthen David feindselig an und brannten alles vollständig nieder, abgesehen davon, daß sie 38 Menschen töteten und 100 Pferde zusammen mit viel Weidevieh mit sich fortführten.

350. Von der wunderbaren Bekehrung eines Mannes

In diesem Jahr starb in der Burg Königsberg Bruder Johannes von Ilberstedt, ein Sachse, der, solange er als Laie lebte, ein ungehöriges Leben führte. Daher suchte ihn der Herr mit schwerer Krankheit heim, in der er, nachdem er die heilige Kommunion und andere Sakramente der Kirche empfangen hatte, einem jungen Mädchen, das ihm aufwartete, unter Gewaltanwendung fleischlich beiwohnte. Daraufhin entführten ihn böse Geister mit der Einwilligung Gottes, welcher diese Übeltat vergelten wollte, mitsamt seinem Bette, beförderten ihn durch die Lüfte und warfen ihn in einen eine halbe Meile entfernten Sumpf. Dabei sagten sie: „O, du Unseliger, wie konntest du in einem solchen Zustand es wagen, eine so große Unehrerbietigkeit deinem Gott und den Sakramenten der Kirche anzutun." Als er aber derartig durch die Luft geführt wurde, rief er die heilige

---

[75] 5. März bis 16. April.

misericordie pro auxilio vovens, quod vellet assumere ordinis domus Theutonice habitum regularem. Quo facto dimissus a dyabolis cecidit in paludem. De qua exiit et reversus ad civitatem Hallensem, que gesta fuerant, enarravit et per lectum et vestes ipsius, que postea in palude invente fuerant, comprobavit.

351. De combustione suburbii de castro Gedemini

Posthoc XI kalendas Iunii frater Theodoricus de Aldenburgk commendator de Raganita et XLIIII fratres cum CCCC viris de Sambia et Nattangia improvise intraverunt in ortu diei suburbium castri Gedemini et incendio destruxerunt et occiderunt, quicquid in eo repertum fuit preter eos, qui ad castrum confugere poterant. De parte fratrum tres viri de Nattangia interfecti sunt et duo capti. Frater Otter eciam captus fuit, sed breviter postea mirabiliter evasit. Decem enim diebus fuit in via sine cibo.

352. De morte XLV Lethowinorum

Eodem anno et tempore quidam de episcopatu Warmiensi dictus Mucko cum XIX latrunculis vadens versus Lethowiam invenit XLV equites Lethowinos in solitudine et subtiliter circumveniens eos omnes interfecit.

353. De eodem

Idem Mucko tempore alio cum paucis latrunculis exiit contra infideles, et dum venisset in solitudinem, vidit plures equites de Lethowia et expavescens eorum multitudinem et potenciam reiecit de humeris suis cibum et potum et quicquid eum poterat gravare, et cum sociis suis fugit et evasit. Quo facto idem Mucko turbatus post multa consilia dixit ad socios suos: „Oportet nos mori fame, quia cibum non habemus. Consulo ergo, ut moriamur honeste. Sequamur hostes nostros et videamus, si possumus aliquid proficere circa ipsos." Quod cum placuisset omnibus, accesserunt secrete

Jungfrau Maria, die barmherzige Mutter, zu Hilfe und gelobte, das Ordenskleid des Ordens vom Deutschen Haus anziehen zu wollen. Nachdem dieses geschehen war, ließen ihn die Teufel los, und er fiel in den Sumpf. Aus diesem kam er frei, kehrte in die Stadt Halle zurück und erzählte das Vorgefallene, das er durch das Bett und seine Kleidung, die später im Sumpf aufgefunden wurden, beweisen konnte.

351. Vom Niederbrennen der Vorburg der Gedimin-Burg

Danach fielen am 22. Mai Bruder Dietrich von Altenburg, der Komtur von Ragnit, und 44 Brüder mit 400 Mann aus dem Samland und aus Natangen bei Tagesanbruch unversehens in die Vorburg der Gedimin-Burg ein, zerstörten sie durch Brandstiftung und töteten, was sie darin vorfanden, ausgenommen diejenigen, die sich in die Burg flüchten konnten. Auf der Seite der Brüder wurden drei Männer aus Natangen getötet und zwei gefangengenommen. Bruder Otter wurde ebenfalls gefangengenommen, jedoch entkam er kurz danach auf wunderbare Weise. Zehn Tage verbrachte er nämlich unterwegs ohne jegliche Nahrung.

352. Von der Tötung von 45 Litauern

Gleichzeitig in diesem Jahr zog ein gewisser Mucko aus dem Bistum Ermland mit 19 Freibeutern nach Litauen, traf in der Wildnis auf 45 litauische Reiter, umzingelte sie schlau und machte sie alle nieder.

353. Nochmals davon

Derselbe Mucko zog ein anderes Mal mit wenigen Freibeutern gegen die Heiden, und als er in die Wildnis gekommen war, sah er mehrere Reiter aus Litauen; voller Schreck vor deren Überzahl und Stärke warf er Nahrungsmittel, Trinkvorrat und alles, was ihm hinderlich sein konnte, von seinen Schultern ab, ergriff mit seinen Genossen die Flucht und entkam. Danach erwog Mucko in seiner Bestürzung mancherlei Pläne und sprach dann zu seinen Genossen: „Wir müssen vor Hunger sterben, weil wir nichts zu essen haben. Ich schlage daher vor, daß wir ehrenhaft sterben. Laßt uns unseren Feinden nachfolgen und die Augen offenhalten, ob wir bei ihnen irgend etwas ausrichten können." Weil alle damit einver-

noctis tempore et omnes occiderunt eorum arma, equos et quecunque alia secum deducentes.

354. De fratre Wernero magistro generali et terre Prussie

Frater Wernerus de Orsele magister generalis XIIII terre Prussie XX hoc anno scilicet MCCCXXIV sexta die mensis Iulii in domo principali Mergenburgk est electus et prefuit annis ...[76].

355. De impugnacione castri Cristmemele

Huius tempore eodem mense Iulii CCCC Lethowini occulte venientes volebant castrum Cristmemelam expugnare. Sed fratres premuniti per quendam piscatorem parati in armis, dum ad pugnam accederent in ortu diei, plures vulneraverunt ictibus et sagittis et quendam virum nobilem occiderunt, quem cum Lethowini deportare vellent, fratres per crebra iacula defenderunt. Tandem provocati in iram omnes convenerunt, quidam ipsum mortuum cum brachiis, alii cum pedibus, reliqui cum capite rapientes violenter deportaverunt. Sed antequam hoc perficerent, tot ex eis vulnerati fuerunt, quod eorum numerum non audivi.

356. De legatis sedis apostolice et pace facta inter infideles et Cristianos

Hoc anno eciam dominus Ioannes papa XXII ad suggestionem fratris Friderici ordinis fratrum Minorum archiepiscopi de Riga et civium ibidem misit ad partes[w] Lyvonie duos legatos Bartholomeum scilicet episcopum Electensem et Bernardum abbatem monasterii sancti Theofredi Aniciensis diocesis ordinis sancti Benedicti, ut regem Lethowinorum et Ruthenorum[77] baptizarent. Qui cum in

---

[w] fratres B.

standen waren, zogen sie des Nachts heimlich an jene heran, brachten alle um und führten ihre Waffen, Pferde und alles andere mit sich fort.

354. Von Bruder Werner, dem Hochmeister und Meister des Preußenlands

Bruder Werner von Ursel wurde zum 14. Hochmeister und 20. Meister des Preußenlands in diesem Jahr 1324 am 6. Juli im Haupthaus Marienburg gewählt und amtierte ... Jahre[76].

355. Von der Bestürmung der Burg Christmemel

Zu seiner Zeit wollten in demselben Monat Juli 400 Litauer, die heimlich herangerückt waren, die Burg Christmemel erobern. Aber die Brüder waren vorher gewarnt worden durch einen Fischer und standen unter Waffen, als jene im Morgengrauen zum Kampf heranzogen, und verwundeten viele durch Würfe und Pfeile und töteten einen litauischen Adeligen; diesen wollten die Litauer forttragen, was die Brüder jedoch durch dichte Würfe verhinderten. Schließlich kamen sie alle in ihrer Wut zusammen, einige zogen jenen Toten gewaltsam an den Armen, andere an den Füßen, wieder andere am Kopf, und so schafften sie ihn fort. Bevor sie indessen das zustande brachten, wurden von ihnen so viele verwundet, daß ich deren Zahl nicht vernommen habe.

356. Von den Legaten des Apostolischen Stuhls und von dem zwischen den Heiden und den Christen abgeschlossenen Frieden

In diesem Jahr schickte ferner der Herr Papst Johannes XXII. auf Anraten des Bruders Friedrich vom Minoritenorden, des Erzbischofs von Riga, und der Rigaer Bürger die zwei Legaten Bartholomäus, Bischof von Alet, und Bernhard, Benediktiner und Abt des Klosters St. Theofred in der Diözese Le Puy, nach Livland, damit sie den Fürsten der Litauer und Russen[77] tauften.

---

[76] Bemerkenswerterweise hat Dusburg an dieser dafür bestimmten Stelle das ihm bekannte Todesdatum des Hochmeisters wie auch die Umstände seines Todes nicht mitgeteilt. Vgl. dazu Suppl. 20.

[77] Der Titel des Litauerfürsten „rex Lethowinorum et Ruthenorum" ist urkundlich belegt, wenn auch nur in den gefälschten sog. Gedimin-Briefen.

crastino beati Mathei apostoli et evangeliste[78] venirent ad civitatem Rigensem, fecerunt pacem inter dictos regem[x] et eorum subditos ex una parte et Cristifideles ex altera[79] et preceperunt eam autoritate apostolica firmiter observari addentes, quod quicunque huius pacis fieret temerarius violator aut aliquid ageret verbo vel facto, consilio aut opere, per quod eorum salubre negocium impediri posset aut aliqualiter retardari, in sentenciam excommunicacionis incideret ipso facto, a qua non posset nisi per sedem apostolicam absolvi, cui sedi ipse eciam infra tres menses deberet se presentare subiturus ibi correctionem debitam pro excessu. Hoc facto legati solempnes nuncios miserunt ad Gedeminum regem Lethowinorum, ut negocium sibi commissum a sede apostolica illi proponerent et diligenter investigarent, si ipse cum populo regni sui vellet baptismi graciam suscipere et relicta ydolatria nomen Domini nostri Iesu Cristi humiliter adorare.

357. De destructione terre Masovie

Firmata igitur pace, dum fratres et alii Cristifideles terre Lyvonie et Prussie et aliarum parcium vicinarum indubitanter crederent, quod non deberent amodo prelia exerceri et iam disponerent [80]gladios suos conflare in vomeres et lanceas in falces[80], idem prophanus fidei hostis et fidelium [81]tanquam aspis surda obturavit aures suas[81] ad salutaria monita domini pape per dictos nuncios eidem cum omni diligencia proposita, quia dum de salute sua et suorum cogitare debuerat, quomodo scilicet posset digne et cum reverencia debita suscipere baptismatis sacramentum, ipse sequens vestigia predecessorum suorum totum conatum suum in destructionem fidei et fidelium convertit. Ordinavit enim, quod David castellanus suus de Gartha cum valido exercitu intravit terram Masovie XI kalendas Decembris et civitatem episcopi Ploczensis, que dicitur Poltus, et CXXX villas dicti episcopi et ducis Masovie religioso-

---

[x] reges alle Codd.

[78] 22. September.

Als diese am Tage nach Sankt Matthäus dem Apostel und Evangelisten[78] in die Stadt Riga kamen, brachten sie einen Frieden zwischen ihnen zustande, dem Fürsten und seinen Untertanen auf der einen Seite und den Christen andererseits[79], befahlen bei ihrer apostolischen Gewalt, ihn unverbrüchlich zu bewahren und fügten hinzu: Wer immer diesen Frieden leichtfertig verletze oder durch Wort und Tat, durch Zuraten oder Anschlag etwas unternehme, das ihrem vorteilhaften Abschluß ein Hindernis sein oder ihn irgendwie hemmen könne, der solle mit seiner Tat der Strafe der Exkommunikation verfallen; davon könne er nur durch den Apostolischen Stuhl losgesprochen werden, dem er sich innerhalb von drei Monaten präsentieren müsse, um dort die seiner Sünde gemäße Buße auf sich zu nehmen. Danach sandten die Legaten eine feierliche Gesandtschaft an Gedimin, den Fürsten der Litauer, um ihm die ihnen vom Apostolischen Stuhl übertragene Aufgabe zu erläutern und sorgfältig in Erfahrung zu bringen, ob er selbst mit dem Volk seines Reichs die Gnade der Taufe empfangen und nach Aufgabe des Heidenglaubens den Namen unseres Herrn Jesus Christus demütig anbeten wolle.

357. Von der Zerstörung des Landes Masowien

Nachdem nun der Frieden geschlossen worden war und die Brüder und die anderen Christen in Livland, Preußen und anderen benachbarten Ländern ohne Zweifel daran glaubten, daß sie keinesfalls mehr Krieg auszutragen brauchten, und sich schon vornahmen, [80]ihre Schwerter in Pflugscharen umzuschmelzen und ihre Lanzen in Sensen[80], da verstopfte der unheilige Feind des Glaubens und der Gläubigen [81]wie die taube Viper seine Ohren[81] gegenüber den nützlichen Ermahnungen des Herrn Papstes, die ihm durch jene Gesandten mit großer Sorgfalt dargelegt worden waren; denn er folgte, da er doch eigentlich sein und der Seinen Seelenheil hätte bedenken müssen, wie er nämlich in würdiger Form und mit der schuldigen Ehrerbietung das Sakrament der Taufe empfangen könnte, den Spuren seiner Vorfahren und wandte sein ganzes Trachten auf die Vernichtung des Glaubens und der Gläubigen. So befahl er nämlich, daß David, sein Kastellan von Garthen, mit starkem Heer am 21. November das Land Masowien betrat, die Stadt des Bischofs von Plock namens Pultusk und 130 Dörfer des genannten Bischofs und des Herzogs von Masowien

---

[79] Der Friede wurde schon 1323 Oktober 2 vor Eintreffen der Legaten zustande gebracht.
[80–80] Vgl. Is 2,4.
[81–81] Vgl. Ps 57,5.

rumque et nobilium plura predia, ecclesias parochiales XXX et capellas cum multis oratoriis ad laudem Dei dedicatas rapina et incendio devastavit. Sacramenta ecclesie, vestes sacras et vasa irreverenter tractando sacerdotes et religiosos et seculares et alios promiscui sexus ultra IIII milia peremit aliquos trucidando, alios in captivitatem perpetuam deducendo.

358. De vastacione territorii Rositen in terra Lyvonie

Eodem tempore idem rex misit alium exercitum pregrandem versus Lyvoniam, qui X kalendas Decembris intravit territorium dictum Rositen et illud depopulavit per incendium et rapinam. Hos duos exercitus misit ipse rex ad destructionem fidelium, dum adhuc nuncii legatorum sedis apostolice in persecucione dicti negocii fuerant circa ipsum. Ecce qualem devocionem seductor iste habuit ad suscipiendum baptismatis sacramentum.

359. De reditu nunciorum legatorum

Hoc anno VII kalendas Decembris nuncii legatorum Rigam sunt reversi et cum eis quidam Lethowinus nobilis et quasi [82]secundus post regem[82], qui ex ore ipsius regis in presencia legatorum et multitudine prelatorum et aliorum fidelium circumstante alta voce dixit, quod nunquam alique litere de consciencia regis super negocio baptismatis sui vel suorum emanaverint aut domino pape fuerint presentate nec mandaverit talia in civitatibus maritimis et provinciis aliis in sermonibus publicari, addens, quod ipse rex per deorum potenciam iuraverit, quod nunquam aliam legem vellet assumere preter eam, in qua progenitores sui decesserunt. Hoc idem eciam nuncii predicti ita esse coram omni multitudine veraciter affirmabant. Quo audito legati cum dicta responsione ad sedem apostolicam sunt reversi.

Litauische Heerzüge — Gedemin lehnt Taufe ab

sowie viele Güter von Geistlichen und Adeligen, 30 Pfarrkirchen und Kapellen mit vielen dem Lobpreis Gottes geweihten Gebetsstätten durch Plündern und Brennen verwüstete. Die Heiligtümer der Kirche, heilige Gewänder und Gefäße richtete er durch ruchlose Behandlung zugrunde; Priestern, und zwar sowohl Ordens- wie Weltgeistlichen, und mehr als 4000 anderen Menschen beiderlei Geschlechts brachte er das Verderben, indem er sie teils niedermetzelte, teils in dauernde Gefangenschaft abführte.

358. Von der Verheerung des Gebiets Rositten in Livland

Zu eben dieser Zeit sandte derselbe Fürst ein zweites besonders großes Heer nach Livland, das am 22. November das Gebiet namens Rositten betrat und es durch Brand und Raub verheerte. Diese beiden Heere schickte jener Fürst zur Vernichtung der Gläubigen aus, während noch die Boten der Legaten des Apostolischen Stuhls zur Erledigung der genannten Angelegenheit bei ihm weilten. Seht nur, welche Ergebenheit dieser Betrüger zum Empfang des Taufsakraments bewies.

359. Von der Rückkehr der Boten der Legaten

Am 25. November dieses Jahres kehrten die Boten der Legaten nach Riga zurück und mit ihnen ein litauischer Adeliger, der [82]nach dem Fürsten gewissermaßen den zweiten Rang einnahm[82] und im Auftrag jenes Fürsten in Gegenwart der Legaten und vor einer großen Zahl anwesender Prälaten und anderer Gläubiger laut äußerte, daß niemals irgendwelche Briefe mit Wissen des Fürsten über das Projekt seiner oder seiner Untertanen Taufe abgesandt oder dem Herrn Papst zugeschickt worden seien, noch daß er in den Städten am Meer und in anderen Provinzen derartiges in der Predigt zu verbreiten gefordert habe; er fügte hinzu, daß jener Fürst bei der Kraft seiner Götter geschworen habe, niemals einen anderen Glauben annehmen zu wollen als den, in dem seine Vorfahren verstarben. Daß sich dieses so verhielt, bekräftigten die erwähnten Boten vor der ganzen Menge wahrheitsgemäß. Nachdem sie dieses gehört hatten, kehrten die Legaten mit der erteilten Antwort zum Apostolischen Stuhl zurück.

[82-82] Vgl. Est 13,3; 16,11.

360. De edificacione civitatum plurium et castrorum

Anno Domini MCCCXXV frater Henricus de Ysenbergk commendator de Kunigsbergk de licencia et mandato reverendi viri fratris Werneri magistri generalis viri utique solliciti et intenti circa iniunctum sibi officium ad dilatandum terminos Cristianorum edificavit et perfecit in die beatorum Petri et Pauli apostolorum[83] in terra Barthensi castrum Girdawiam. Eodem anno et tempore Eberardus episcopus Warmiensis per fratrem Fridericum de Libencele advocatum suum in terra Galindie in litore fluminis Pisse edificavit castrum Wartenbergk, quod castrum dum esset perfectum et de sancto spiritu missa solempniter cantaretur, apparuit infra evangelium una columba albissima domestica. Sed in priori castro, scilicet Gerdavia, dum eciam missa celebraretur, et post missam apparuerunt due columbe volantes infra castrum et supra menia. Prutheni autem, qui huic edificacioni interfuerunt, asserebant veraciter, quod in hac vasta solitudine nunquam columbas domesticas vidissent. Preterea idem frater Fridericus in territorio Glottovie in medio fluminis Alle civitatem dictam Gutstat et Iordanus prepositus Warmiensis castrum dictum Plut circa civitatem Melsac et Rudolphus episcopus Pomesaniensis civitatem dictam Bischophwerder supra litus Osse et frater Lutherus provincialis Colmensis terre[84] super litus Driwance civitatem, que Novum Forum dicitur, construxerunt.

361. De vastacione terre marchionis de Brandenburgk
et morte et captivitate sex milium Cristianorum

Anno Domini MCCCXXVI Loteko rex Polonie rogavit Gedeminum regem Lethowinorum, cuius filiam filius eius noviter duxerat in uxorem[85], ut ei aliquos armigeros de gente sua mitteret. Qui precibus eius acquiescens MCC equites destinavit ei. Hii de mandato dicti Lotekonis[y] adiuncti populo suo armata manu hostiliter

[y] Lothoconis K.

[83] 29. Juni.

360. Von der Errichtung mehrerer Städte und Burgen

Im Jahre des Herrn 1325 errichtete Bruder Heinrich von Isenburg, der Komtur von Königsberg, mit Genehmigung und im Auftrag des verehrungswürdigen Mannes, Bruders und Hochmeisters Werner, der in jeder Hinsicht die ihm übertragene Aufgabe angelegentlich und eifrig versah, zur Erweiterung der Grenzen der Christen im Lande Barten die Burg Gerdauen und vollendete sie am Tage der heiligen Apostel Peter und Paul[83]. Gleichzeitig ließ in diesem Jahr Bischof Eberhard von Ermland durch Bruder Friedrich von Liebenzell, seinen Vogt, im Lande Galinden am Ufer des Flusses Pissa die Burg Wartenburg erbauen, und sobald diese Burg fertiggestellt war und feierlich die Messe vom Heiligen Geist gesungen wurde, erschien beim Evangelium eine ganz weiße, zahme Taube. In der vorerwähnten Burg Gerdauen erschienen, ebenfalls während der Meßfeier und danach, zwei Tauben im Flug innerhalb der Burg und über den Wällen. Prußen, die beim Bau dabei waren, versicherten indes wahrheitsgemäß, daß sie in dieser öden Wildnis niemals zuvor zahme Tauben gesehen hätten. Außerdem errichteten derselbe Bruder Friedrich im Gebiet von Glottau in der Mitte des Flusses Alle die Stadt Guttstadt, der ermländische Propst Jordan die Burg Plut in der Nähe der Stadt Mehlsack, Bischof Rudolf von Pomesanien die Stadt Bischofswerder am Ufer der Ossa und Bruder Luther, der Landkomtur des Kulmerlands[84], am Ufer der Drewenz eine Stadt mit Namen Neumark.

361. Von der Verwüstung des Landes des Markgrafen von Brandenburg und von der Tötung und Gefangennahme von 6000 Christen

Im Jahre des Herrn 1326 ersuchte Lokietek, der König von Polen, den Litauerfürsten Gedimin, dessen Tochter sein Sohn kurz zuvor geheiratet hatte[85], ihm einige Krieger seines Volkes zuzusenden. Dieser entsprach seiner Bitte und ordnete für ihn 1200 Reiter ab. Diese machten, auf Befehl des Lokietek seinem eigenen Kriegsvolk verbunden, mit Waffen-

---

[84] Gründer von Neumark ist vielmehr der zwischen 1320 und 1333 ununterbrochen als Komtur des Kulmerlands amtierende Otto von Lauterberg.

[85] Lokieteks Sohn Kasimir, später von 1333 bis 1370 König von Polen, heiratete 1325 die Gedimin-Tochter Anna-Aldona.

intraverunt terram marchionis de Brandenburgk circa civitatem Frankenvurdam[z] et totam illam contractam, que continebat ultra centum et XL villas, ecclesias parochiales totidem, cenobia monachorum ordinis Cisterciensis tria et claustra sanctimonialium duo et plura religiosorum et secularium monasteria, spoliis et incendio destruxerunt inhumaniter religiosos et sacras Deo dicatas virgines de claustris extrahentes, ministros ecclesie et sacerdotes, vasa sacra, vestes et sacramenta alia pertractantes. Occiderunt viros, sed mulieres et nobiles matronas multas cum virginibus et parvulis captivas deduxerunt. Inter has virgines una fuit nobilis, que propter eminenciam pulchritudinis sue parem non habuit, pro qua habenda fuit dissensio magna inter Lethowinos, sed ne altercacio invalesceret inter eos, accessit quidam et gladio per medium secuit eam, dicens: „Divisa est in duas partes, quilibet de ipsa sibi contingentem accipiat porcionem." Sicque vastata terra illa, et occisis et captis pluribus quam sex milibus hominum recesserunt. Hunc exercitum quidam Polonus dolens de tanta strage Cristianorum secutus fuit simulans se amicum infidelium, et dum locus et tempus advenerat opportunum, David castellanum de Gartha et capitaneum huius belli, qui infinita mala, ut premissum est, intulit fidei et fidelibus, in conspectu plurium interfecit.

362. De edificacione castri Lunenburgk et duarum civitatum

Hoc tempore frater Theodoricus de Aldenburgk commendator de Balga petita et optenta generalis magistri licencia in terra Barthensi circa confluenciam duorum fluminum scilicet Gobrionis et Says edificavit castrum Lunenburgk trahens nomen suum a nomine campi, in quo est situm. Item idem commendator civitatem circa castrum Bartenstein et frater Lutherus filius illustris ducis de Brunswich, commendator de Cristburgk, civitatem circa castrum Ylienburgk locaverunt.

[z] Frankenwerder D.

gewalt einen feindlichen Einfall in das Land des Markgrafen von Brandenburg in der Nähe der Stadt Frankfurt und zerstörten gänzlich jene Gegend, die mehr als 140 Dörfer enthielt, ebenso viele Pfarrkirchen, drei Klöster von Mönchen des Zisterzienserordens und zwei Nonnenklöster sowie viele Niederlassungen von Ordens- und Weltgeistlichen durch Plündern und Brennen, indem sie ruchlos die Ordensangehörigen und die Gott geweihten heiligen Jungfrauen aus den Klöstern rissen und die Diener Gottes und Priester, die heiligen Gefäße, Gewänder und andere Heiligtümer mißhandelten. Die Männer töteten sie, aber die Frauen und viele adelige Damen mit jungen Mädchen und Knaben führten sie gefangen ab. Unter diesen jungen Mädchen war eine von Adel, die wegen ihrer erlesenen Schönheit nicht ihresgleichen hatte; um ihren Besitz entstand ein großer Streit unter den Litauern, aber damit keine Auseinandersetzungen unter diesen aufkämen, trat ein Mann hinzu, zerhieb sie mit seinem Schwert in der Mitte und sprach: „Da ist sie nun in zwei Teilen, ein jeder möge sich von ihr den ihm zukommenden Teil nehmen." Als auf diese Weise jenes Land verwüstet worden war und mehr als 6000 Menschen getötet und gefangengenommen waren, zogen sie sich zurück. Dieses Heer verfolgte ein Pole, der Schmerz empfand über das riesige Morden unter den Christen; er tat so, als sei er ein Freund der Heiden, und als er glaubte, Ort und Zeit seien günstig, brachte er vor den Augen vieler den Kastellan von Garthen David um, den Anführer in diesem Krieg, der unendliche Übeltaten dem Glauben und den Gläubigen wie oben beschrieben zugefügt hatte.

362. Von der Erbauung der Burg Leunenburg und zweier Städte

Damals erbaute Bruder Dietrich von Altenburg, der Komtur von Balga, nachdem er vom Hochmeister die Erlaubnis erbeten und erhalten hatte, im Lande Barten nahe dem Zusammenfluß von zwei Flüssen, nämlich von Guber und Zaine, die Burg Leunenburg, die ihren Namen nach dem Feld erhielt, in dem sie gelegen ist. Ebenso gründete derselbe Komtur eine Stadt bei der Burg Bartenstein, und Bruder Luther, ein Sohn des erlauchten Herzogs von Braunschweig und Komtur von Christburg, eine Stadt bei der Burg Gilgenburg.

Incipit Quarta Pars Libri

De Incidentibus

1. De Celestino III papa et Henrico imperatore VI

Hoc tempore, quo ortum et originem habuit ordo domus Theutonice scilicet anno domini MCXC Celestinus papa III et Henricus VI imperator regnaverunt.

2. De Innocencio papa III et Ottone IIII et Friderico II imperatoribus

Postea Innocencius papa III et Otto IIII et Fridericus II imperatores successive regnaverunt.

3. De capcione Constantinopolitane urbis

[86]Anno domini MCC civitas Constantinopolitana, que in prophetia sua habuit, quod non caperetur nisi per angelum, capta est a Francis et Venetis, qui per murum, ubi angelus depictus fuit, intraverunt. Decepti fuerunt cives per equivocacionem angeli. Et factus fuit ibi Baldewinus comes Flandrensis imperator, et imperaverunt ibi Latini LVII annis[86].

4. De publica penitencia Cristianorum

Huius Innocencii papae tempore quasi omnes Cristiani fuerunt in publica penitencia, et quia flagellis se flagellabant, vocati fuerunt Theutonice Geyseler.

Hier beginnt der vierte Teil des Buches

Über Begebenheiten

1. Von Papst Cölestin III. und Kaiser Heinrich VI.

In der Zeit, in der der Orden vom Deutschen Hause seinen Ursprung hatte und seinen Anfang nahm, nämlich im Jahre des Herrn 1190, herrschten Papst Cölestin III. und Kaiser Heinrich VI.

2. Von Papst Innozenz III. und den Kaisern Otto IV. und Friedrich II.

Später herrschten Papst Innozenz III. und nacheinander die Kaiser Otto IV. und Friedrich II.

3. Von der Einnahme der Stadt Konstantinopel

[86]Im Jahre des Herrn 1200 wurde die Stadt Konstantinopel, von der geweissagt worden war, daß sie nicht eingenommen werden könne, es sei denn durch einen Engel, von den Franken und Venezianern erobert, die über eine Mauer in sie hineingelangten, auf die ein Engel gemalt war. Durch die Doppeldeutigkeit des Wortes angelus wurden die Bürger getäuscht. Dort wurde Balduin, Graf von Flandern, zum Kaiser erhoben, und die Lateiner herrschten dort 57 Jahre lang[86].

4. Von der öffentlichen Buße der Christen

Zur Zeit dieses Papstes Innozenz III. übten fast alle Christen öffentlich Buße, und weil sie sich mit Geißeln peitschten, wurden sie in deutscher Sprache Geißler genannt.

[86–86] Vgl. Martin S. 468; Thol., Hist. XXI,1 Sp. 1119. Die Einnahme Konstantinopels erfolgte 1204.

5. De inicio dominii Tartarorum

[87]Anno domini MCCII inicium habuit dominium Tartarorum[87].

6. De mutacione vini in sanguinem et panis in carnem in sacrificio altaris

[88]Hoc tempore apud Roseum in Bria[a] vinum in sanguinem, panis in carnem in sacrificio altaris visibiliter sunt mutata[88].

7. De resuscitacione militis mortui

[89]In Vermendesio quidam miles mortuus revixit et multa futura multis predixit et sine cibo et potu multo tempore vixit[89].

8. De rore mellito, qui segetes infecit

[90]In Gallia circa festum beati Iohannis baptiste[91] ros de celo cadens mellitus spicas segetum infecit, ita ut multi eas in ore ponentes odorem mellis sentirent aperte[90].

9. De magnis lapidibus grandinis

[92]Apud Atrebatum mense Iulii tempestas valida exorta est, tanteque magnitudinis lapides de celo occiderunt, quod segetes, vineas et nemora penitus destruxerunt[92].

---

[a] Umbria Thol.

5. Vom Anfang der Herrschaft der Tataren

[87]Im Jahre des Herrn 1202 nahm die Herrschaft der Tataren ihren Anfang[87].

6. Von der Verwandlung von Wein in Blut und Brot in Fleisch beim Altarsakrament

[88]Damals wurden in Rozay-en-Brie Wein in Blut und Brot in Fleisch beim Opfer am Altar sichtbar gewandelt.[88]

7. Von der Wiedererweckung eines toten Ritters

[89]Im Vermandois gewann ein verstorbener Ritter sein Leben wieder, sagte vielen viel Zukünftiges voraus und lebte ohne Nahrung und Trank noch lange Zeit[89].

8. Von Honigtau, der auf Getreidefelder niederging

[90]In Gallien fiel um die Zeit des Festtages Johannes' des Täufers[91] Honigtau vom Himmel auf die Ähren des Getreides, so daß viele, als sie diese in den Mund steckten, deutlich den Honiggeschmack spürten[90].

9. Von großen Hagelbrocken

[92]Bei Arras erhob sich im Juli ein heftiges Unwetter, und es fielen Brocken von solcher Größe vom Himmel, daß sie die Getreidefelder, Weingärten und Wälder vollständig vernichteten[92].

[87–87] Vgl. Martin S. 471; Thol., Hist. XXI,4 Sp. 1121.
[88–88] Vgl. Thol., Hist. XXI,4 Sp. 1121.
[89–89] Vgl. Thol., Hist. XXI,4 Sp. 1121.
[90–90] Vgl. Thol., Hist. XXI,4 Sp. 1121.
[91] 24. Juni.
[92–92] Vgl. Thol., Hist. XXI,4 Sp. 1121.

10. De occisione multorum Tartarorum in Hispania

[93]Hoc eciam tempore Almimolinus imperator Sarracenorum venit cum infinita multitudine in Hispaniam et indixit bellum omnibus adorantibus crucifixum. Quem reges Hispanie aggredientes in bello vicerunt, et facta fuit tanta strages, ut rivi sanguinis de occisis fluerent Sarracenis. Almimolinus cum paucis confusus evasit[93].

11. De conversione terre Livonie

[94]Anno Domini MCCIIII Livonia terra provincie Rigensis per sollicitudinem Innocencii pape ad fidem Cristi est conversa[94].

12. De nativitate beate Elizabeth

Anno Domini MCCVII beata Elizabeth nata fuit.

13. De Honorio III et Friderico II imperatore

Honorius papa III et Fridericus II imperator regnavit.

14. De ortu et origine religionum

Ordo sancti Benedicti incepit proficere anno Domini D tempore Felicis pape III[95]. [96]Ordo Cluniacensis anno Domini DCCCC tempore Adriani pape III[96]. [97]Ordo Cartusiensis anno Domini MLXXXII tempore Victoris pape III[97]. [98]Ordo Cisterciensis anno Domini MXCVII[98]. [99]Ordo hospitalis sancti Iohannis anno Domini

---

[93–93] Vgl. Thol., Hist. XXI,9 Sp. 1123—1124; Thol., Ann. ad a. 1203; Martin S. 438. Gemeint ist die Schlacht bei Navas de Tolosa (1212).

[94–94] Vgl. Martin S. 438; Thol., Hist. XXI,10 Sp. 1124. Das Datum könnte sich auf die Kreuzzugsbulle Innozenz' III. von 1204 Oktober 21 beziehen.

[95] Die Gründung des Klosters Montecassino erfolgte 529.

Verschiedene Begebenheiten 473

10. Von der Tötung vieler Tataren in Spanien

[93]Zu derselben Zeit kam Almimolinus, der Kaiser der Sarazenen, mit einer unermeßlichen Menge nach Spanien und erklärte allen, die das Kreuz verehrten, den Krieg. Ihn griffen die Könige von Spanien an und besiegten ihn im Kampf; dabei war das Morden so groß, daß das Blut der getöteten Sarazenen in Strömen floß. Almimolinus entkam erschüttert mit wenigen[93].

11. Von der Bekehrung Livlands

[94]Im Jahre des Herrn 1204 wurde das Land Livland, und zwar die Provinz Riga, durch den Eifer des Papstes Innozenz zum christlichen Glauben bekehrt[94].

12. Von der Geburt der heiligen Elisabeth

Im Jahre des Herrn 1207 wurde die heilige Elisabeth geboren.

13. Von Honorius III. und Kaiser Friedrich II.

Es herrschten Papst Honorius III. und Kaiser Friedrich II.

14. Vom Ursprung und von der Entstehung der Orden

Der Benediktinerorden begann mit seinem Wirken im Jahre des Herrn 500 zur Zeit des Papstes Felix III.[95]. [96]Der Cluniazenserorden im Jahre des Herrn 900 zur Zeit des Papstes Hadrian III.[96] [97]Der Kartäuserorden im Jahre des Herrn 1082 zur Zeit des Papstes Viktor III.[97] [98]Der Zisterzienserorden im Jahre des Herrn 1097[98]. [99]Der Orden vom Hospital des

[96–96] Vgl. Thol., Hist. XVI,24 Sp. 1021. Kloster Cluny wurde 910 gegründet.
[97–97] Vgl. Thol., Hist. XIX,14 Sp. 1078. Die Ordensgründung ist 1084 zu datieren.
[98–98] Vgl. Thol., Hist. XIX,21 Sp. 1082; Martin S. 435. Die Ordensgründung erfolgte 1098.
[99–99] Vgl. Thol., Hist. XIX,21 Sp. 1082. Das ungewöhnliche Datum vielleicht verschrieben für 1113 mit Bezug auf ein entsprechendes Breve Paschalis' II.

MCIIII tempore Urbani pape II[99]. [100]Ordo Templariorum anno Domini MCXII tempore Paschalis pape II, qui destructus fuit a Clemente papa V in concilio Viennensi anno Domini MCCCXII XI kalendas Aprilis, pontificatus vero dicti pape anno VII, non per sentenciam definitivam, sed per provisionem sedis apostolice tempore Henrici imperatoris VII[100]. [1]Ordo domus Theutonice anno Domini MCXC tempore Celestini pape III et Henrici imperatoris VI[1]. [2]Ordo fratrum Predicatorum anno Domini MCCXVI sub Honorio papa III[2]. [3]Ordo fratrum Minorum anno Domini MCCXXIII sub Honorio papa III[3]. [4]Ordo Heremitarum montis Carmeli et ordo fratrum Vallis Scolarium per eundem dominum Honorium papam sunt confirmati[4].

15. Quoto anno beata Elizabeth duxit maritum

Anno Domini MCCXXI Elizabeth duxit lantgravium Thuringie in maritum.

16. De transitu montis virtute terre motus in Burgundia

[5]Anno Domini MCCXXV in Burgundia in montibus Salinarum ex virtute terre motus mons quidam se divisit ab aliis montibus et transiit ad montes oppositos totamque vallem cooperuit et V milia hominum suffocavit[5].

17. De morte mariti beate Elizabeth

Anno Domini MCCXXVII III idus Septembris lantgravius maritus beate Elizabeth cruce signatus in itinere peregrinacionis mortuus est in Sicilie civitate, que dicitur Ortrant.

[100-100] Vgl. Thol., Hist. XIX,29 Sp. 1086. Die Ordensanfänge sind in die Jahre 1119/28 zu setzen.

[1-1] Vgl. I,1.

heiligen Johannes im Jahre des Herrn 1104 zur Zeit des Papstes Urban II.[99] [100]Der Orden der Templer im Jahre des Herrn 1112 zur Zeit des Papstes Paschalis II. Dieser wurde von Papst Clemens V. auf dem Konzil von Vienne im Jahre des Herrn 1312 am 22. März zur Zeit Kaiser Heinrichs VII. aufgelöst, im siebten Pontifikatsjahr des genannten Papstes, freilich nicht durch richterliche Entscheidung, sondern durch päpstliche Verfügung[100]. [1]Der Orden vom Deutschen Hause im Jahre des Herrn 1190 zur Zeit des Papstes Cölestin III. und des Kaisers Heinrich VI.[1] [2]Der Orden der Predigerbrüder im Jahre des Herrn 1216 unter Papst Honorius III.[2] [3]Der Orden der Minderbrüder im Jahre des Herrn 1223 unter Papst Honorius III.[3] [4]Der Orden der Eremiten vom Berg Karmel und der Orden der Brüder von Grandval wurden durch denselben Herrn Papst bestätigt[4].

15. In welchem Jahr die heilige Elisabeth heiratete

Im Jahre des Herrn 1221 heiratete Elisabeth den Landgrafen von Thüringen.

16. Vom Wandern eines Berges in Burgund durch die Gewalt eines Erdbebens

[5]Im Jahre des Herrn 1225 entfernte sich in Burgund in den Bergen bei Salins infolge der Gewalt eines Erdbebens ein Berg von den anderen Bergen, bewegte sich auf die gegenüberliegenden Berge zu, verschüttete ein Tal völlig und erstickte 5000 Menschen[5].

17. Vom Tod des Gatten der heiligen Elisabeth

Im Jahre des Herrn 1227 starb am 11. September der Landgraf, der Ehemann der heiligen Elisabeth, als Kreuzfahrer unterwegs auf seiner Pilgerfahrt in der Stadt Otranto im Königreich Sizilien.

[2–2] Vgl. Thol., Hist. XXI,20 Sp. 1129; Martin S. 438.
[3–3] Vgl. Thol., Hist. XXI,25 Sp. 1132; Martin S. 438.
[4–4] Vgl. Thol., Hist. XXI,20 Sp. 1129.
[5–5] Vgl. Thol., Hist. XXI,26 Sp. 1133; Thol., Ann. ad a. 1226; Martin S. 472.

18. De Gregorio IX papa et Friderico II imperatore

Gregorius papa IX et Fridericus imperator II regnant.

19. De Gebelinis et Gelphis

[6]Anno Domini MCCXXVIII inceperunt esse partes in Italia Gebelini et Gelphi, que sunt nomina duorum fratrum, qui se diviserunt. Gebelinus partem imperii, Gelphus partem ecclesie fovit[6].

20. De capcione insularum Maiorice et Minorice

[7]Anno Domini MCCXXX rex Arragonum in Hispania cepit insulas, que Maiorice et Minorice appellantur, obsessas a Sarracenis[7].

21. De morte beate Elizabeth

Anno Domini MCCXXXI XIII kalendas Decembris beata Elizabeth mortua est.

22. De vastacione Ungarie et Polonie

[8]Eodem anno Tartari Ungariam et Poloniam devastant[8].

23. Quomodo Ferrandus rex Castelle regem Granate vicit in bello

[9]Eodem tempore Ferrandus rex Castelle regem Granate Sarracenorum vicit, ut eciam multis temporibus ei censum daret singulis diebus M marrobortinos auri[9].

[6–6] Vgl. Thol., Hist. XXI,27 Sp. 1133.
[7–7] Vgl. Thol., Hist. XXI,33 Sp. 1136.

18. Von Papst Gregor IX. und Kaiser Friedrich II.

Es herrschten Papst Gregor IX. und Kaiser Friedrich II.

19. Von Ghibellinen und Guelfen

[6]Im Jahre des Herrn 1228 entstanden die Parteien der Ghibellinen und der Guelfen in Italien; das sind die Namen zweier Brüder, die sich zerstritten. Ghibellinus hielt zur Partei des Reichs, Guelfus zur Partei der Kirche[6].

20. Von der Einnahme der Inseln Mallorca und Menorca

[7]Im Jahre des Herrn 1230 nahm der König der Aragonesen in Spanien die von den Sarazenen besetzt gehaltenen Inseln Mallorca und Menorca ein[7].

21. Vom Tod der heiligen Elisabeth

Im Jahre des Herrn 1231 starb die heilige Elisabeth am 19. November.

22. Von der Verwüstung Ungarns und Polens

[8]In demselben Jahr verwüsteten die Tataren Ungarn und Polen[8].

23. Wie König Ferdinand von Kastilien den König von Granada im Kriege besiegte

[9]Zu derselben Zeit besiegte König Ferdinand von Kastilien den König der Sarazenen von Granada, so daß dieser ihm lange Zeit Zins zahlen mußte in Höhe von 1000 Mark Gold-Maravedis täglich[9].

[8-8] Vgl. Thol., Hist. XXI,34 Sp. 1137 (schon hier zu 1231).
[9-9] Vgl. Thol., Hist. XXI,33 Sp. 1136.

24. De invencione cuiusdam libri in medio lapidis in Toleto

[10]Anno Domini MCCXXXII in Toleto Hispanie inventus est quidam liber a Iudeo in medio lapidis integri in concavitate, qui quasi lignea folia habuit, scriptus hebraice, grece et latine. Tantum habuit de litera, quantum psalterium, et loquebatur de triplici mundo ab Adam usque ad Antecristum proprietates hominum exprimendo. De tercio mundo sic loquebatur: in tercio mundo filius Dei nascetur de virgine Maria et pro salute hominum pacietur. Iudeus hoc legens cum tota sua familia baptizatus est. Erat autem ibi scriptum, quod tempore Ferrandi deberet inveniri[10].

25. De canonizacione beate Elizabeth

Anno Domini MCCXXXV canonizata fuit beata Elizabeth a Gregorio papa IX Perusii in conventu fratrum Predicatorum, ubi idem pontifex altare in honorem ipsius dedicavit.

26. De translacione corone spinee Domini

[11]Anno Domini MCCXXXIX corona spinea Domini per Lodowicum regem Francie de Constantinopoli Parisius est translata[11].

27. De vastacione Ungarie et Polonie et morte Colmani fratris regis Ungarie et Henrici ducis Wratislavie

[12]Eodem anno gens Tartarorum orientis plage Ungariam et Poloniam intraverunt ibique in bello Colmanum fratrem regis Ungarie et Henricum ducem Polonie et reliquum vulgus, quod invenire poterant, occiderunt et terras illas redegerunt in solitudinem, ita ut multi pulvere cuiusdam montis pro farina uterentur[12].

24. Von der Auffindung eines Buches mitten in einem Stein in Toledo

¹⁰Im Jahre des Herrn 1232 wurde in Toledo in Spanien von einem Juden mitten in einem unversehrten Stein in einer Höhle ein Buch gefunden, das gleichsam hölzerne Seiten hatte und hebräisch, griechisch und lateinisch geschrieben war. Es enthielt so viel Geschriebenes wie ein Psalter und handelte von den drei Weltaltern von Adam bis zum Antichrist, die die Eigenarten des Menschen zum Ausdruck bringen. Von der dritten Welt hieß es da: In der dritten Weltzeit wird Gottes Sohn von der Jungfrau Maria geboren werden und für das Heil der Menschen die Passion erleiden. Als der Jude das las, ließ er sich mit seinem ganzen Gesinde taufen. Es stand in dem Buch auch geschrieben, daß man es zur Zeit des Ferdinand finden werde¹⁰.

25. Von der Kanonisierung der heiligen Elisabeth

Im Jahre des Herrn 1235 wurde die heilige Elisabeth von Papst Gregor IX. im Konvent der Predigerbrüder in Perugia heiliggesprochen, wo der Papst einen Altar ihr zu Ehren weihte.

26. Von der feierlichen Überführung der Dornenkrone des Herrn

¹¹Im Jahre des Herrn 1239 wurde die Dornenkrone des Herrn durch König Ludwig von Frankreich aus Konstantinopel nach Paris feierlich überführt¹¹.

27. Von der Verwüstung Ungarns und Polens und vom Tod des Koloman, des Bruders des Ungarnkönigs, und des Herzogs Heinrich von Breslau

¹²In demselben Jahr fiel die aus dem Osten kommende Völkerschaft der Tataren nach Ungarn und Polen ein, tötete dort im Kampf den Bruder des Königs von Ungarn Koloman und Herzog Heinrich von Polen sowie alles weitere Volk, das sie vorfand, und verwandelte jene Länder in Einöden, so daß viele den Staub eines bestimmten Berges als Mehl gebrauchten¹².

---

¹⁰⁻¹⁰ Vgl. Thol., Hist. XXI,34 Sp. 1136; Martin S. 472.
¹¹⁻¹¹ Vgl. Thol., Hist. XXI,36 Sp. 1138.
¹²⁻¹² Vgl. Martin S. 472.

28. De eclipsi solis maxima

[13]Hoc eodem anno tercia die Iunii in meridie fuit eclipsis solis maxima, ut eciam stelle possent videri sicut in crepusculo[13].

29. De Celestino papa IIII et Friderico II imperatore et Innocencio IIII papa et Friderico III imperatore

Anno Domini MCCXL Celestinus papa IIII et Fridericus II imperator regnaverunt. Anno Domini MCCXLIII Innocencius IIII papa et Fridericus II regnaverunt.

30. De institucione octave nativitatis beate Marie

[14]Anno MCCXLV idem papa concilium habuit Lugduni, ubi instituit octavas nativitatis beate virginis Marie celebrari[14].

31. De canonizacione sanctorum Emundi, Stanislai et Petri

[15]Item sanctum Emundum Cantuariensem archiepiscopum, sanctum Stanislaum Cracoviensem ab iniquo principe interfectum et sanctum Petrum martirem ordinis Predicatorum canonizavit[15].

32. De electione lantgravii Thuringie in regem Romanorum

Anno MCCXLVI electus fuit lantgravius Thuringie in regem Romanorum.

28. Von einer sehr großen Sonnenfinsternis

[13]In demselben Jahr gab es am dritten Tag im Juni zu Mittag eine sehr große Sonnenfinsternis, so daß wie zur Dämmerzeit die Sterne zu sehen waren[13].

29. Von Papst Cölestin IV. und Kaiser Friedrich II. und von Papst Innozenz IV. und Kaiser Friedrich II.

Im Jahre des Herrn 1240 herrschten Papst Cölestin IV. und Kaiser Friedrich II. Im Jahre des Herrn 1243 herrschten Papst Innozenz IV. und Friedrich II.

30. Von der Einrichtung der Oktave von Mariä Geburt

[14]Im Jahre 1245 hielt derselbe Papst Innozenz IV. in Lyon ein Konzil ab, auf dem er festlegte, die Oktav der Geburt der heiligen Jungfrau Maria als Festtag zu begehen[14].

31. Von der Kanonisierung der Heiligen Edmund, Stanislaus und Peter

[15]Ebenso kanonisierte er den heiligen Edmund, den Erzbischof von Canterbury, den heiligen Stanislaus, den von einem bösen Fürsten erschlagenen Bischof von Krakau, und den heiligen Peter, den Märtyrer des Predigerordens[15].

32. Von der Wahl des Landgrafen von Thüringen zum Römischen König

Im Jahre 1246 wurde der Landgraf von Thüringen zum Römischen König gewählt.

[13−13] Vgl. Thol., Hist. XXI,37 Sp. 1139.
[14−14] Vgl. Thol., Hist. XXII,3 Sp. 1142.
[15−15] Vgl. Thol., Hist. XXII,4 Sp. 1142−1143; Martin S. 440.

33. De fratre Conrado quondam lantgravio Thuringie magistro generali V ordinis domus Theutonice

Frater Conradus lantgravius quondam Thuringie magister V generalis ordinis domus Theutonicorum obiit IX kalendas Augusti et sepultus est Marcburgk. Hic dum adhuc esset secularis, civitatem Vritslariam potenter expugnavit, pro quo, dum religionem vellet ingredi, doluit et humiliavit se pro huiusmodi delicti satisfactione sic, quod nudis pedibus et capite ante processionem in dicta civitate iret et posuit se ante fores ecclesie exhibens virgam, quam manu gestabat, populo, ut quilibet eum ad placitum verberaret. Nullus tamen eum tetigit preter unam vetulam, que plures plagas dedit ei. Iste frater Conradus per hunc modum conversus fuit ad ordinem domus Theutonicorum. Quadam die fugiens frequenciam populi et strepitum causarum cum Hartmanno de Helderunge et Theodorico de Gruninge et paucis de familia sua secessit ad castrum suum Deneburgk, ubi dum consederent, supervenit quedam meretrix, quam alloquens lantgravius ait: „Unde venis?" Que respondit: „Sedi in rubeto madida et frigida per diem." Ad quam ille: „Tu misera plus pateris pro penis inferni quam alius pro gaudio eterno." At illa respondit: „Domine reverende, nescio alium modum, per quem possim acquirere victum meum." Cui lantgravius: „Velles vivere caste, si haberes necessaria vite?" Quo audito illa suspirans ingemuit et cum lacrimis ait: „Ita vero, domine." Unde lantgravius miserans miseriam anime ipsius constituit ei certos reditus, quibus deberet, quamdiu viveret, sustentari. Quo facto ipse omnia verba hec increpacionis, quibus ipsam corripuit, conservabat conferens ea in corde suo cogitans, quod magis sibi ipsi fuissent necessaria quam illi. Illa enim necessitate paupertatis urgente peccavit, ipse ex rerum affluencia delectatus Deum peccatis suis contra se temere provocavit et sic occupatus totam noctem duxit insompnem. Mane facto dum Hartmannum et Theodoricum predictos didicisset cogitacione simili occupatos, ivit cum eis nudis pedibus et sine lineis ad capellam beati Nicolai in Gladbach[b] requirens ibi Dei consilium in hoc casu. Ubi ei divinitus fuit inspiratum,

---

[b] Glandbach T.

33. Von Bruder Konrad, dem früheren Landgrafen von Thüringen und fünften Hochmeister des Ordens vom Deutschen Hause

Bruder Konrad, vormals Landgraf von Thüringen, der fünfte Hochmeister des Ordens vom Hause der Deutschen, starb am 24. Juli und wurde in Marburg begraben. Dieser hatte, als er noch in weltlichem Stand lebte, die Stadt Fritzlar mit aller Gewalt erobert, worüber er Schmerz empfand, als er in einen Orden eintreten wollte, und zur Buße für diese Untat demütigte er sich in der Weise, daß er mit nackten Füßen und barhäuptig in jener Stadt vor der Prozession einherging, sich vor den Türen der Kirche aufstellte und dem Volk eine mitgeführte Zuchtrute darbot, auf daß ihn jeder nach Belieben züchtige. Niemand rührte ihn freilich an, ausgenommen eine Alte, die ihm viele Schläge versetzte. Dieser Bruder Konrad wurde auf folgende Art zum Orden des Hauses der Deutschen bekehrt. Als er eines Tages vor der Menge des Volkes und dem Lärm der Gerichtsverhandlungen mit Hartmann von Heldrungen und Dietrich von Grüningen sowie wenigen aus seinem Gesinde floh und sich in seine Burg Tenneberg begab, tauchte — während sie sich niedersetzten — eine Dirne auf, zu der der Landgraf sprach: „Woher kommst du?" Sie antwortete: „Ich habe den Tag über im nassen und kalten Brombeergesträuch gesessen." Darauf der Landgraf: „Du Unglückliche erduldest mehr für die Strafen der Hölle als ein anderer zur Erlangung der himmlischen Freuden." Da antwortete sie: „Ehrwürdiger Herr, ich weiß keine andere Art, mir meinen Lebensunterhalt zu verdienen." Ihr entgegnete der Landgraf: „Willst du züchtig leben, wenn du das zum Leben Notwendige hast?" Als sie das hörte, holte sie tief Atem, seufzte und sagte unter Tränen: „Ja, so ist es, Herr." Deswegen setzte der Landgraf, der mit dem Unglück ihrer Seele Mitleid hatte, ihr bestimmte Einkünfte aus, von denen sie ihren Unterhalt haben sollte, solange sie lebte. Danach behielt er alle Worte dieser Schelte, mit denen er sie zurechtgewiesen hatte, und trug sie in seinem Herzen, denn er dachte, daß sie für ihn nötiger gewesen wären als für jene. Jene hatte nämlich aus der drängenden Not der Armut heraus gesündigt, er dagegen hatte aus Freude am materiellen Überfluß Gott durch seine Sünden unbesonnen herausgefordert; derartig mit sich beschäftigt, brachte er die ganze Nacht schlaflos zu. Als er bei Anbruch des Morgens erfahren hatte, daß die erwähnten Hartmann und Dietrich mit ähnlichen Überlegungen beschäftigt waren, ging er mit ihnen barfüßig und ohne Leinenuntergewand zur Kapelle des heiligen Nikolaus in Goldbach und erbat in dieser Sache den Rat Gottes. Da wurde ihm durch göttliche Fügung eine Einge-

quod ipse cum paucis de familia sua accessit ad dominum papam et confessus fuit ei omnia peccata sua. Qui papa iniunxit ei, ut susciperet ordinis domus Theutonice habitum regularem. Quo facto in reditu filiam ducis Austrie sibi in coniugio oblatam respuit et sancto proposito inherens secretariis suis, quod gestum fuerat, enarravit postulans, ut ob reverenciam Dei et sui dictum ordinem assumerent. Qui omnes consenserunt eius precibus inclinati. Interea dum hec agerentur, quidam miles cum multis armigeris terram dicti lantgravii hostiliter depredavit, et dum esset in reditu, occurrit ei famulus de castro suo nuncians ei, quod uxor ipsius eadem hora fuisset periclitata in partu et cum puero mortuo expirasset. Quo audito miles perturbatus consideravit, quod Deus ipsum sic plagasset pro eo, quod per huiusmodi depredacionem sanctum propositum domini sui lantgravii voluit retardare. Reddito igitur spolio his, quibus abstulerat, accessit ad dominum suum petens veniam de commisso. Cui lantgavius: „Quomodo", inquit, „ausus es in conspectu meo comparere?" At ille: „Confisus", inquit, „de solita benignitate gracie vestre ad vos veni, quia concepi firmiter in corde meo intrare ordinem domus Theutonice sicut et vos." De quibus verbis lantgravius tantum exultavit, quod cum gaudio irruens in amplexus eius omne delictum remisit. Hoc facto cum dicto milite et Hermanno et Theoderico prenominatis et cum multis aliis militibus et nobilibus venit ad fratres domus Theutonice Marcburgk, ubi dum deberent vestiri[16] et more consueto prostrati iacerent ante altare et sacerdos post alias oraciones alta voce cantando inciperet: „Alleluia, veni, sancte spiritus", descendit spiritus sanctus corporali specie sicut flamma ignis super ipsos et, quanto magis quilibet ipsorum accensus fuit in dilectione Dei, tanto maior flamma predicta in conspectu omnium astancium apparebat. Hic frater Conradus lantgravius magister adeo illuminatus fuit a gracia spiritus sancti, quod facta hominum secreta novit, unde nullum vicio fornicacionis reum circa se potuit sustinere. Quod quidam abbas intelligens voluit examinare, si ita res se haberet, et adducens secum duos iuvenes fornicatores accessit ad magistrum, qui statim visis famulis iussit eos recedere. Sed dum famuli premissa vera contricione et confessione redirent, magister intuens eos ait: „O bone Iesu, quam misericors et bonus tu es, isti duo famuli prius fuerunt [17]filii diaboli, modo sunt filii Dei[17]."

bung zuteil, so daß er mit wenigen aus seinem Gesinde zum Herrn Papst zog und ihm alle seine Sünden bekannte. Der Papst befahl ihm, das geistliche Kleid des Ordens vom Deutschen Hause anzulegen. Danach wies er auf dem Rückweg die ihm zur Ehefrau angetragene Tochter des Herzogs von Österreich zurück, erzählte, an seinem heiligen Vorsatz festhaltend, seinen Vertrauten, was sich zugetragen hatte, und forderte von ihnen, aus Verehrung für Gott und ihn in den genannten Orden einzutreten. Sie alle neigten sich seinen Bitten und stimmten zu. Währenddessen hatte ein Ritter mit vielen Knappen das Land des Landgrafen feindselig ausgeplündert; als er sich auf dem Rückweg befand, erreichte ihn ein Diener aus seiner Burg und meldete, daß seine Ehefrau in derselben Stunde bei der Geburt in Todesgefahr gekommen sei und zusammen mit einem toten Sohn ihr Leben gelassen habe. Als der Ritter davon hörte, dachte er bestürzt daran, daß Gott ihn deswegen gestraft habe, weil er durch einen derartigen Beutezug den heiligen Vorsatz seines Herrn Landgrafen verzögern wollte. Er gab deshalb die Beute denen zurück, denen er sie genommen hatte, ging zu seinem Herrn und erbat Verzeihung für seine Tat. Ihm antwortete der Landgraf: „Wie, du wagst es, vor meinen Augen zu erscheinen?" Jener entgegenete: „Im Vertrauen auf die gewohnte Milde Eurer Gnade bin ich zu Euch gekommen, weil ich mir fest in meinem Herzen vorgenommen habe, wie Ihr in den Orden des Deutschen Hauses einzutreten." Über diese Worte freute sich der Landgraf so sehr, daß er sich mit Freude in seine Arme warf und alle Missetat vergab. Danach zog er mit diesem Ritter und den erwähnten Hartmann und Dietrich sowie vielen anderen Rittern und Adeligen zu den Brüdern vom Deutschen Hause nach Marburg. Als sie dort eingekleidet werden sollten[16] und wie gewöhnlich vor dem Altar ausgestreckt lagen und der Priester nach anderen Gebeten mit lauter Stimme zu singen begann: „Halleluja, komm, Heiliger Geist", da kam der Heilige Geist in Gestalt einer Feuerflamme über sie herab, und je stärker einer von ihnen in Liebe zu Gott entbrannt war, desto größer erschien diese Flamme vor den Augen aller Anwesenden. Dieser Bruder Konrad, der Landgraf, der Hochmeister, war so sehr von der Gnade des Heiligen Geistes erleuchtet, daß er von heimlichen Taten der Menschen wußte, weswegen er niemanden, der des Lasters der Unzucht sich schuldig gemacht hatte, in seiner Nähe ertragen konnte. Als das ein Abt erfuhr, wollte er prüfen, ob es sich so verhielte, und ging, indem er zwei jugendliche Lotterbuben mitnahm, zum Hochmeister, der sofort beim Anblick dieser Diener befahl, sie sollten zurückgehen. Als sie jedoch nach voraufgegangener, echter Reue und Beichte zurückkehrten, sah der Hochmeister sie an und sprach: „O, guter Jesus, wie barmherzig und gut bist du, jene beiden Diener waren vorher [17]Kinder des Teufels, nun sind sie Kinder Gottes[17]."

[16] 1234 November 18.
[17-17] Vgl. 1 Jo 3,10.

34. De electione Wilhelmi comitis Hollandie in regem Romanorum

[18]Anno Domini MCCXLIX mortuo lantgravio Wilhelmus comes Hollandie electus fuit in regem Romanorum, sed post modicum tempus est a Frisonibus interfectus et sic uterque caruit corona imperiali[18].

35. De morte Henrici[19] regis Dacie

[20]Anno MCCL Henricus rex Dacie a fratre suo iuniore Abel occiditur, ut pro eo regnaret, sed iusto Dei iudicio, ne pro malicia commodum reportaret, secundo anno est a Frisonibus occisus[20]. [21]Hoc factum predixit regi sanctus Wenceslaus dux Bohemorum, qui ante CCC annos eodem modo a fratre suo fuerat interemptus, et rogavit dictum regem Henricum, ut in honorem sui nominis ecclesiam faceret fabricari, sicut fecit, scilicet monasterium ordinis Cisterciensis in Revalia, que est sita in terra Livonie[21].

36. De destructione civitatis Neapolis et morte Conradi filii Friderici II imperatoris

[22]Anno Domini MCCLI Conradus filius Friderici imperatoris II de filia regis Ierosolimitani intravit regnum Apulie et Neapolim. Muros funditus destruxit, sed anno sequenti mortuus est veneno[22].

37. De Alexandro papa IIII et vacacione imperii

[23]Anno Domini MCCLIII Alexander papa IIII quondam legatus Wilhelmus[24] terre Polonie et Pruzie vacante imperio sedit. Hic fuit beneficus, graciosus et pius in pauperes et[23] multa bona fecit pro

---

[18—18] Vgl. Thol., Hist. XXII,9 Sp. 1145.
[19] Vielmehr: Erici, d.i. Erich III. Plogpennig (1241 — 1250).
[20—20] Vgl. Martin S. 472.

34. Von der Wahl des Grafen Wilhelm von Holland zum Römischen König

[18]Im Jahre des Herrn 1249 wurde nach dem Tod des Landgrafen Graf Wilhelm von Holland zum König der Römer gewählt, nach kurzer Zeit jedoch von den Friesen getötet, und so erhielten beide die Kaiserkrone nicht[18].

35. Vom Tod des Königs Heinrich[19] von Dänemark

[20]Im Jahre 1250 wurde König Heinrich von Dänemark von seinem jüngeren Bruder Abel getötet, auf daß er an dessen Stelle regiere, aber nach Gottes gerechtem Urteil wurde er danach im zweiten Jahr von den Friesen getötet, damit er für die Missetat nicht Vorteil davontrage[20]. [21]Diese Tat sagte dem König der heilige Wenzel, der Herzog von Böhmen, voraus, der vor 300 Jahren von seinem Bruder auf dieselbe Weise ermordet worden war, und bat den genannten König Heinrich, ihm zu Ehren eine Kirche errichten zu lassen; das tat dieser auch: nämlich ein Zisterzienserkloster in Reval, das in Livland gelegen ist[21].

36. Von der Zerstörung der Stadt Neapel und vom Tod Konrads, des Sohns Kaiser Friedrichs II.

[22]Im Jahre des Herrn 1251 kam Konrad, der Sohn Kaiser Friedrichs II. und der Tochter des Königs von Jerusalem, in das Reich Apulien und nach Neapel. Die Mauern zerstörte er von Grund auf, aber im folgenden Jahr starb er durch Gift[22].

37. Von Papst Alexander IV. und von der Vakanz im Reich

[23]Im Jahre des Herrn 1253 war Alexander IV. Papst, der vormalige Legat Wilhelm[24] für die Länder Polen und Preußen, und das Reich erlebte derzeit eine Vakanz. Dieser war ein wohltätiger Mann, gnädig und fromm zu den Armen[23], und tat viel Gutes für die Sache des Preußenlands, weil er

---

[21-21] Vgl. Martin S. 464. Die Gründung des Zisterzienserinnenklosters in Reval erfolgte wohl 1249.
[22-22] Vgl. Thol., Hist. XXII,10.11 Sp. 1146; Martin S. 472.
[23-23] Vgl. Thol., Hist. XXII,13 Sp. 1147—1148.
[24] Vgl. III,33.

statu terre Pruzie, quia angustias, quas ibi fratres domus Theutonice et alii Cristifideles paciuntur, fide viderat oculata.

38. De fratre Poppone magistro generali VI ordinis domus Theutonice

Frater Poppo de Osterna magister generalis VI ordinis domus Theutonice fuit hoc tempore[25]. Hic post multa bella, que ante assumptum officium et post gloriose gessit in terra Pruzie et Livonie, gravatus senio et labore officium suum humiliter resignavit et successit ei frater Anno in officio supradicto.

39. De electione Alfonsi regis Castelle et Richardi comitis Cornubie fratris regis Anglie in regem Romanorum in discordia

[26]Anno Domini MCCLVI principes Alimanie duos, scilicet Alfonsum regem Castelle et Richardum comitem Cornubie fratrem regis Anglie, in discordia elegerunt in regem Romanorum, que discordia multo tempore duravit[26].

40. De canonizacione sancte Clare

[27]Anno Domini MCCLVII papa Alexander sanctam Claram de ordine sancti Damiani, que postea facte fuerunt ordinis fratrum Minorum, canonizavit[27].

41. De Alberto Magno et Thoma de Aquino

[28]Hoc tempore fuit Albertus Magnus clericus de Alimania ordinis Predicatorum, qui in scienciis parem non habuit. Hic episcopa-

---
[25] 1252 — 1256.
[26—26] Vgl. Thol., Hist. XXII,15 Sp. 1149; Martin S. 440.

ja die Nöte, die die Brüder des Deutschen Hauses und die anderen Christgläubigen dort auszuhalten hatten, mit eigenen Augen gesehen hatte.

38. Von Bruder Poppo, dem sechsten Hochmeister des Ordens vom Deutschen Hause

Bruder Poppo von Osternohe war damals der sechste Hochmeister des Ordens vom Deutschen Hause[25]. Nach vielen Kriegen, die er vor und nach seinem Amtsantritt in den Ländern Preußen und Livland ruhmreich führte, legte er, gedrückt durch Alter und Mühen, sein Amt demütig nieder, und ihm folgte im genannten Amt Bruder Anno.

39. Von der zwiespältigen Wahl des Königs Alfons von Kastilien und des Grafen Richard von Cornwall, des Bruders des Königs von England, zum Römischen König

[26]Im Jahre des Herrn 1256 wählten die Fürsten Deutschlands, unter sich uneins, zwei zum Römischen König, nämlich König Alfons von Kastilien und Graf Richard von Cornwall, den Bruder des Königs von England; dieser Zwiespalt dauerte lange Zeit.[26]

40. Von der Kanonisation der heiligen Klara

[27]Im Jahre des Herrn 1257 kanonisierte Papst Alexander die heilige Klara vom Orden von Sankt Damian, der später dem Orden der Minderbrüder angegliedert worden ist[27].

41. Von Albertus Magnus und Thomas von Aquin

[28]Zu dieser Zeit lebte Albertus Magnus, ein Predigermönch aus Deutschland, der in der Wissenschaft nicht seinesgleichen hatte. Er ver-

---

[27–27] Vgl. Thol., Hist. XXII,16 Sp. 1149. Die Heiligsprechung erfolgte 1255.
[28–28] Vgl. Thol., Hist. XXII,18–20 Sp. 1150–1152.

tum Ratisponensem resignans in civitate Coloniensi XVIII annis actu fuit legens et etatis sue anno LXXX et Domini anno MCCLXXX moritur et Colonie est defunctus. Floruit et eodem tempore frater Thomas de Aquino discipulus Alberti ordinis Predicatorum[28], qui postea canonizatus fuit a papa Iohanne XXII.

42. De recuperacione civitatis Constantinopolitane

[29]Anno Domini MCCLIX Constantinopolis, que per Gallicos et Venetos capta fuerat, per Paleologum imperatorem Grecorum recuperatur[29].

43. De morte sex milium de Florentinis et Lucanis

[30]Eodem anno et Florentinis et Lucanis pugnantibus contra Senenses ultra sex milia capti et mortui ceciderunt[30].

44. De bello regum Bohemie et Ungarie

[31]Anno Domini MCCLX rex Ungarie regem Bohemie in bello aggreditur habens diversarum nationum XL milia equitum. Cui rex Bohemie cum centum milibus equitum et septem milibus dextrariorum[32] occurit, cumque insultum simul facerent, tantus pulvis surrexit, ut in media die homo hominem vix agnoscere posset. Tandem rege Ungarie graviter vulnerato ipse cum suis fugit et in quodam fluvio preter occisos XIIII milia hominum de Ungaria sunt submersa[31].

[29—29] Vgl. Martin S. 473; der Vorgang ist ins Jahr 1261 zu setzen.
[30—30] Vgl. Martin S. 473; richtige Datierung: 1260.

zichtete auf das Bistum Regensburg und war in der Stadt Köln 18 Jahre lang Lehrer von Beruf; in seinem achtzigsten Jahr starb er im Jahre des Herrn 1280 und wurde in Köln begraben. Zur selben Zeit lebte auch Bruder Thomas von Aquin, ein Schüler des Albert aus dem Predigerorden[28]; er wurde später heiliggesprochen von Papst Johannes XXII.

42. Von der Wiedereroberung der Stadt Konstantinopel

[29]Im Jahre des Herrn 1259 wurde Konstantinopel, das durch Franken und Venezianer genommen worden war, durch den Kaiser der Griechen Palaiologos wiedererobert[29].

43. Vom Tod von 6000 Florentinern und Lucchesen

[30]In demselben Jahr, als sowohl die Florentiner wie die Lucchesen gegen die Sienesen kämpften, wurden über 6000 Mann gefangen und getötet[30].

44. Vom Krieg der Könige von Böhmen und Ungarn

[31]Im Jahre des Herrn 1260 zog der König von Ungarn gegen den König von Böhmen in den Krieg und hatte 40000 Reiter verschiedener Völker bei sich. Ihm stellte sich der König von Böhmen mit 100000 Reitern, darunter 7000 Schwergewaffnete[32], entgegen, und als sie zugleich den Angriff eröffneten, wurde so viel Staub hochgewirbelt, daß mitten am Tag einer den anderen kaum zu erkennen vermochte. Nachdem schließlich der König von Ungarn schwer verletzt worden war, ergriff er mit den Seinen die Flucht, und in einem Fluß ertranken, ungerechnet die Gefallenen, 14000 Mann aus Ungarn[31].

[31–31] Vgl. Martin S. 473.
[32] Dusburgs Vorlage schließt die Reiter in die Gesamtzahl ein.

45. De institucione festi Corporis Cristi

[33]Anno Domini MCCLXI Urbanus papa IIII instituit festum Corporis Cristi, quod postea Vienne a Clemente papa V in concilio generali anno MCCCX confirmatum fuit[33].

46. De donacione regni Cecilie Carolo

[34]Anno Domini MCCLXIII idem Urbanus papa regnum Cecilie, quod Manfredus violenter occupaverat, dedit Carolo comiti Provincie fratri regis Francie, ut eriperet illud ab eo[34].

47. De fratre Annone magistro generali VII ordinis domus Theutonice

Frater Anno generalis ordinis domus Theutonice VII fuit hoc tempore[35] vir utique Deo devotus, qui multa bona fecit pro statu ordinis et terre sancte. Obiit VIII idus Iulii.

48. De cometa et significacione eius

[36]Anno Domini MCCLXIIII cometes tam nobilis apparuit, qualem tunc nullus vivens vidit. Ab oriente cum magno fulgore surgens usque ad medium emisperii versus occidentem comam perlucidam protrahebat, et licet in diversis mundi partibus multa significaverit, hoc tamen unum compertum est et verum, ut cum plus quam per tres menses duraverit, ipso primo apparente papa Urbanus cepit infirmari et in eadem nocte, qua papa moriebatur, et cometes disparuit[36].

[33–33] Vgl. Thol., Hist. XXII,24—25 Sp. 1153—1154.
[34–34] Vgl. Martin S. 473; richtige Datierung: 1262.

45. Von der Einrichtung des Festtags Fronleichnam

³³Im Jahre des Herrn 1261 richtete Papst Urban IV. das Fest Fronleichnam ein, das später in Vienne von Papst Clemens V. auf dem allgemeinen Konzil im Jahre 1310 bestätigt worden ist³³.

46. Von der Schenkung des Königreichs Sizilien an Karl

³⁴Im Jahre des Herrn 1263 übergab derselbe Papst Urban das Königreich Sizilien, das Manfred mit Gewalt besetzt hatte, dem Grafen Karl von der Provence, dem Bruder des Königs von Frankreich, damit er es jenem abnehme³⁴.

47. Von Bruder Anno, dem siebten Hochmeister des Ordens vom Deutschen Hause

Bruder Anno war damals³⁵ der siebte Hochmeister des Ordens vom Deutschen Hause, ein ganz und gar gottergebener Mann, der viel Gutes tat für die Sache des Ordens und des Heiligen Landes. Er starb am 8. Juli.

48. Von einem Kometen und seiner Bedeutung

³⁶Im Jahre des Herrn 1264 erschien ein so denkwürdiger Komet, wie ihn damals niemand zu seinen Lebzeiten gesehen hatte. Vom Osten erhob er sich mit großem Glanz und zog nach Westen hin bis zur Mitte der Hemisphäre einen leuchtendhellen Haarschweif mit sich, und obwohl er in den verschiedenen Teilen der Welt vieles vorausdeutete, hat sich freilich das eine als wahr erwiesen: daß — während er mehr als drei Monate lang zu sehen war — bei seinem ersten Erscheinen Papst Urban zu kränkeln begann und daß in der Nacht, in der der Papst verschied, auch der Komet verschwand³⁶.

---

³⁵ 1256 — 1273.
³⁶⁻³⁶ Vgl. Martin S. 473; Thol., Hist. XXII,26 Sp. 1155.

49. De coronacione Caroli in regnum Cecilie et morte Manfredi filii naturalis Friderici II imperatoris

[37]Anno Domini MCCLXV Clemens papa IIII Carolum predictum coronavit in regnum Cecilie, quod ei papa Urbanus dedit. Hic Carolus Manfredum filium naturalem Friderici imperatoris II vita et regno privavit[37].

50. De vastacione Hispanie per Sarracenos

[38]Anno Domini MCCLXVI multi Sarraceni ex Africa venientes Hispaniam occupant, sed tandem Cristiani non sine multa sanguinis sui effusione de ipsis triumphabant[38].

51. De destructione Armenie et Antiochie per soldanum Babilonie

[39]Anno Domini MCCLXVII soldanus Babilonie Armenia destructa Antiochiam unam de famosioribus civitatibus orbis cepit et occisis et captis omnibus ipsam in solitudinem redegit[39].

52. De morte Conradini nepotis Friderici II imperatoris

[40]Anno Domini MCCLXVIII Conradinus nepos olim Friderici imperatoris II in bello a Carolo rege Cecilie predicto capitur et cum multis nobilibus de Alemania decapitatur[40].

[37–37] Vgl. Thol., Hist. XXII,30 Sp. 1157; Martin S. 473.
[38–38] Vgl. Martin S. 473.

49. Von der Königserhebung Karls für das Reich Sizilien und vom Tode Manfreds, des natürlichen Sohns Kaiser Friedrichs II.

[37]Im Jahre des Herrn 1265 krönte Papst Clemens IV. den genannten Karl zur Herrschaft über Sizilien, das ihm Papst Urban gegeben hatte. Dieser Karl nahm dem Manfred, dem natürlichen Sohn Kaiser Friedrichs II., Leben und Herrschaft[37].

50. Von der Verwüstung Spaniens durch die Sarazenen

[38]Im Jahre des Herrn 1266 besetzten viele aus Afrika kommende Sarazenen Spanien, aber schließlich trugen die Christen mit erheblichen eigenen Verlusten den Sieg über sie davon[38].

51. Von der Zerstörung Armeniens und Antiochias durch den Sultan von Babylon

[39]Im Jahre des Herrn 1267 nahm der Sultan von Babylon, nachdem er Armenien zerstört hatte, Antiochia ein, eine der berühmtesten Städte des Erdkreises, fing und tötete alle und verwandelte die Stadt in eine Einöde[39].

52. Vom Tode Konradins, des Enkels Kaiser Friedrichs II.

[40]Im Jahre des Herrn 1268 wurde Konradin, der Enkel des früheren Kaisers Friedrich II., im Krieg von König Karl von Sizilien gefangengenommen und zusammen mit vielen Adeligen aus Deutschland enthauptet[40].

[39–39] Vgl. Martin S. 473.
[40–40] Vgl. Martin S. 473–474; Thol., Hist. XXII,34–37 Sp. 1159–1161.

53. De morte Lodowici regis Francie et filii sui et de multis cruce signatis pro recuperacione terre sancte

[41]Anno Domini MCCLXX VIII kalendas Septembris Lodewicus rex Francie cum duobus filiis suis et multis principibus iter assumpsit pro recuperacione terre sancte, sed ipse cum uno filio et multis aliis in via moriebatur. Hic Cristianissimus rex post multas oraciones hanc intulit: „[42]Introibo in domum tuam, adorabo ad templum sanctum tuum[42] [43]et confitebor nomen tuum[43], Domine"; et hoc dicto in Domino obdormivit. Alia pars exercitus processit, et cum ad eos Carolus rex Cecilie cum suis veniret, gavisi sunt et in tantum angustiaverunt soldanum et suos, quod oportuit eos inire pacem sub his pactis, quod ipse soldanus omnes Cristianos captivos redderet et quod ecclesiis Dei constructis in omnibus civitatibus regni sui admitteret, ut fides Cristi predicaretur in toto regno suo et, qui vellent baptizari, baptizarentur et quod ipse fieret tributarius Cristianis. Hoc facto venit Eduardus rex Anglie cum multitudine Frisonum et peregrinorum et computabantur in toto exercitu CC milia pugnatorum et sperabant Cristiani, quod non solum terram sanctam, sed eciam terram Sarracenorum sibi deberent subiugare. Sed exigentibus peccatis totus exercitus Cristianorum est dispersus, ita quod de illo nulla alia utilitas est secuta, quia papa, patriarcha, legatus, rex Navare sunt defuncti[41].

54. De Gregorio X papa et canonizacione sancte Hedwigis ducisse Polonie

[44]Anno Domini MCCLXXII Gregorius papa X[c] fuit. Hic sanctam Hedwigim ducissam Polonie canonizavit[44].

---

[c] IX alle Codd.

53. Vom Tode des Königs Ludwig von Frankreich, seines Sohnes und vieler Kreuzfahrer für die Wiedereroberung des Heiligen Landes

[41]Im Jahre des Herrn 1270 brach König Ludwig von Frankreich am 25. August mit seinen zwei Söhnen und vielen Fürsten zur Wiedereroberung des Heiligen Landes auf, aber er und ein Sohn sowie viele andere verstarben auf dem Wege. Dieser allerchristlichste König sprach nach vielen Gebeten folgendes: „[42]Ich werde in dein Haus eintreten, ich werde dich in deinem heiligen Tempel anbeten[42] [43]und deinen Namen bekennen[43], Herr"; und nachdem er dieses gesprochen hatte, verstarb er im Herrn. Ein anderer Teil des Heeres rückte voran, und als König Karl von Sizilien mit den Seinen diese erreichte, freuten sie sich und bedrängten den Sultan und dessen Leute so sehr, daß sie einen Frieden unter folgenden Bedingungen abschließen mußten: Der Sultan solle alle christlichen Gefangenen ausliefern und — nachdem für Gott in allen Städten seines Reiches Kirchen gebaut wären — zulassen, daß der Christenglaube in seinem gesamten Reich gepredigt werde und diejenigen getauft werden könnten, die es wünschten, und er selbst solle den Christen abgabepflichtig sein. Danach langte König Eduard von England mit einer Menge von Friesen und Kreuzfahrern an, und zwar wurden in seinem gesamten Heer 200 000 Kämpfer gezählt, und die Christen hofften, daß nicht nur das Heilige Land, sondern auch das Land der Sarazenen ihnen unterworfen werden müsse. Aber infolge der Sünden zersplitterte sich das ganze Christenheer, so daß von ihm kein weiterer Erfolg ausging, zumal der Papst, der Patriarch, der Legat und der König von Navarra verstarben[41].

54. Von Papst Gregor X. und der Kanonisation der heiligen Hedwig, der Herzogin von Polen

[44]Im Jahre des Herrn 1272 wurde Gregor X. Papst. Er kanonisierte die heilige Hedwig, Herzogin von Polen[44].

[41–41] Vgl. Martin S. 474.
[42–42] Ps 5,8.
[43–43] Ps 137,2.
[44–44] Vgl. Martin S. 441–442; Thol., Hist. XXII,38 u. XXIII,1 Sp. 1161 u. 1165. Die Heiligsprechung der Hedwig erfolgte unter Clemens IV. 1267.

55. De electione Rudolphi in regem Romanorum

⁴⁵Anno Domini MCCLXXIII Rudolphus de Habsburg^d in regem Romanorum est electus⁴⁵.

56. De fratre Hartmanno de Helderunge magistro generali VIII ordinis domus Theutonice

Frater Hartmannus de Helderunge magister generalis ordinis domus Theutonice VIII hoc tempore fuit⁴⁶, qui obiit XIIII kalendas Septembris.

57. De concilio Lugdunensi et morte Beneventure cardinalis et Thome de Aquino

⁴⁷Anno Domini MCCLXXIIII Gregorius papa X habuit concilium Lugduni pro subsidio terre sancte, in quo Greci ad unitatem sancte ecclesie redierunt, nuncii quoque Tartarorum baptizati sunt. Dominus Beneventura cardinalis de ordine fratrum Minorum mortuus est⁴⁷.

58. De Innocencio papa V et Rudolpho rege Romanorum

⁴⁸Anno Domini MCCLXXV Innocencius papa V, qui prius dicebatur frater Petrus de Tharenthasia ordinis Predicatorum, et Rudolphus rex Romanorum regnaverunt⁴⁸.

---

^d D. T. astburgk K.

55. Von der Wahl Rudolfs zum Römischen König

[45]Im Jahre des Herrn 1273 wurde Rudolf von Habsburg zum Römischen König gewählt[45].

56. Von Bruder Hartmann von Heldrungen, dem achten Hochmeister des Ordens vom Deutschen Hause

Bruder Hartmann von Heldrungen war damals[46] der achte Hochmeister des Ordens vom Deutschen Hause. Er starb am 19. August.

57. Vom Konzil in Lyon und vom Tode des Kardinals Bonaventura und des Thomas von Aquin

[47]Im Jahre des Herrn 1274 hielt Papst Gregor X. in Lyon ein Konzil zur Unterstützung des Heiligen Landes ab, auf dem die Griechen zur Einheit der heiligen Kirche zurückkehrten und auch Gesandte der Tataren getauft wurden. Der Herr Kardinal Bonaventura vom Minoritenorden verstarb[47].

58. Von Papst Innozenz V. und vom König der Römer Rudolf

[48]Im Jahre des Herrn 1275 herrschten Papst Innozenz V., der früher Bruder Petrus von Tarentaise hieß und dem Predigerorden angehörte, und der König der Römer Rudolf[48].

[45–45] Vgl. Thol., Hist. XXIII,3 Sp. 1166.
[46] 1273 – 1282.
[47–47] Vgl. Thol., Hist. XXIII,3 Sp. 1166; Martin S. 442.
[48–48] Vgl. Thol., Hist. XXIII,2 u. 17 Sp. 1165 u. 1173; Martin S. 442.

59. De morte primogeniti Rudolphi regis

[49]Hoc tempore primogenitus Rudolphi regis rediens victoriose de comite Sabaudie in Reno submersus est[49].

60. De Adriano V papa et rege Rudolpho

[50]Anno Domini MCCLXXVI Adrianus papa V et Rudolphus rex Romanorum regnaverunt[50].

61. De edificacione castri et opidi Risenburgk

Hoc anno Albertus episcopus Pomesaniensis edificavit castrum et opidum Risenburgk in terra Pruzie.

62. De Iohanne XXI papa et rege Rudolpho rege Romanorum

[51]Eodem anno Iohannes papa XXI nacione Hispanus magnum in arte phisica librum composuit, qui summa vel thesaurus pauperum dicitur[51].

63. De victoria Rudolphi regis Romanorum contra Ottackarum regem Bohemie

[52]Hoc tempore Rudolphus rex Romanorum Ottackarum regem Bohemie in bello occidit et ducatum Austrie filio suo Alberto dedit, qui postea factus fuit rex Romanorum, et filiam suam dedit filio regis Bohemie occisi[52].

[49–49] Vgl. Thol., Hist. XXIII,18 Sp. 1174. König Rudolfs Sohn Hartmann (er war nicht der Erstgeborene) ertrank 1281.
[50–50] Vgl. Martin S. 443; Thol., Hist. XXIII,20 Sp. 1175.

59. Vom Tode des ältesten Sohns des Königs Rudolf

[49]Damals ertrank der älteste Sohn König Rudolfs im Rhein, als er siegreich vom Grafen von Savoyen zurückkehrte[49].

60. Von Papst Hadrian V. und König Rudolf

[50]Im Jahre des Herrn 1276 herrschten Papst Hadrian V. und Rudolf, der König der Römer[50].

61. Vom Bau der Burg und der Stadt Riesenburg

In diesem Jahr erbaute Bischof Albert von Pomesanien die Burg und die Stadt Riesenburg im Preußenland.

62. Von Papst Johannes XXI. und Rudolf, dem König der Römer

[51]In demselben Jahr verfaßte Papst Johannes XXI., ein Spanier von Geburt, ein großes Buch von der Wissenschaft der Medizin, welches die Summa oder der Schatz der Armen genannt wird[51].

63. Vom Sieg des Römischen Königs Rudolf über den König von Böhmen Ottokar

[52]Damals tötete Rudolf, der König der Römer, im Kampf König Ottokar von Böhmen, überließ das Herzogtum Österreich seinem Sohn Albrecht, der später König der Römer wurde, und gab seine Tochter dem Sohn des getöteten Königs von Böhmen[52].

[51-51] Vgl. Thol., Hist. XXIII,21 Sp. 1176.
[52-52] Vgl. Thol., Hist. XXIII,25 Sp. 1178. Die Schlacht bei Dürnkrut fand 1278 August 26 statt.

64. De Nicolao III papa et rege Rudolpho et inundacione Tyberis

[53]Anno Domini MCCLXXVII Nicolaus papa III et Rudolphus regnaverunt. Hoc tempore Rome Tyberis in tantum inundavit et crevit, ut per IIII pedes et amplius ascenderet super altare beate Marie rotunde[53].

65. De relevacione corporis beate Marie Magdalene

[54]Anno Domini MCCLXXX Karolus rex Salernitanus et postea rex Cecilie corpus Marie Magdalene relevavit[54].

66. De morte Alberti Magni

[55]Eodem anno Albertus Magnus Colonie moritur[55].

67. De miraculis sancti Iodoci in Pomesania Pruzie

Hoc eciam anno sanctus Iodocus in diocesi Pomesaniensi in Pruzia incepit facere miracula.

68. De Martino papa IIII et rege Rudolpho et monstro piscis marini et morte multorum Gallicorum in Cecilia

[56]Anno Domini MCCLXXXI Martinus papa IIII et Rudolphus rex Romanorum regnaverunt. Hoc tempore mense Februarii piscis marinus in effigie leonis captus fuit in illa plaga maritime, que sita est versus Montem Altum, et portatus apud Urbem Veterem,

---

[53-53] Vgl. Martin, Cont. Rom. S. 476.
[54-54] Vgl. Thol., Hist. XXIII,35 Sp. 1184.

64. Von Papst Nikolaus III. und König Rudolf sowie von der Überschwemmung des Tiber

[53]Im Jahre des Herrn 1277 herrschten Papst Nikolaus III. und Rudolf. Damals strömte der Tiber bei Rom so sehr über und schwoll derartig an, daß er auf vier Fuß und mehr über den Altar der Rotunde der heiligen Maria anstieg[53].

65. Von der Erhebung des Leibes der heiligen Maria Magdalena

[54]Im Jahre des Herrn 1280 erhob Karl, der König von Salerno und spätere König von Sizilien, den Leib der Maria Magdalena[54].

66. Vom Tod des Albertus Magnus

[55]In demselben Jahr verstarb in Köln Albertus Magnus[55].

67. Von Wundern des heiligen Jodokus in Pomesanien in Preußen

In diesem Jahr begann der heilige Jodokus in der pomesanischen Diözese in Preußen Wunder zu wirken.

68. Von Papst Martin IV., König Rudolf, von einem Meeresfisch-Ungeheuer und vom Tod vieler Franzosen in Sizilien

[56]Im Jahre des Herrn 1281 herrschten Papst Martin IV. und der Römische König Rudolf. Damals wurde im Februar ein Meeresfisch von der Gestalt eines Löwen in jenem Meeresteil gefangen, der zum Montalto-Gebirge hin gelegen ist, und nach Orvieto gebracht, wohin eine Menge

---

[55–55] Vgl. Thol., Hist. XXII,19 Sp. 1151.
[56–56] Vgl. Martin, Cont. Rom. S. 477–478.

quo multitudo curialium venit ad videndum monstrum hoc, quia pellis eius pilosa fuit, pedes breves, cauda leonina, caput leoninum, aures, os, dentes et linguam habuit quasi leo. Referebatur, quod in eius capcione planctus horribiles emiserat, sic quod multi prenosticabant futura ex hoc. Et ecce non longe post in regione Cecilie Panormitani succensi rabie Gallicos, qui morabantur ibi, omnes tam mares quam feminas in predicti regis contemptum occiderunt et, quod detestabilius fuit, mulierum Latinarum pregnancium latera aperientes, que dicebantur de Gallicis concepisse, partus occidebant, antequam nascerentur[56].

69. De morte milium L Sarracenorum et XXX milium Tartarorum

[57]Eodem tempore Tartari orientales ultra quinquaginta milia Sarracenorum occiderunt, sed soldanus resumptis viribus et animo Tartaros invasit et in fugam conversos XXX milia interfecit[57].

70. De fratre Burgardo magistro generali IX ordinis domus Theutonice

Frater Burgardus de Swanden magister generalis IX ordinis domus Theutonice prefuit hoc tempore[58]. Hic nescio, quo ductus spiritu, dum ad terre sancte defensionem debuit transire, petita licencia et obtenta habitum ordinis Theutonice deposuit et ordinem Hospitalariorum assumpsit, in quo postea est defunctus.

von Kurialen kam, um das Ungeheuer anzuschauen, weil nämlich seine Haut behaart war, seine Füße kurz, der Schwanz und der Kopf wie bei einem Löwen sowie Ohren, Maul, Zähne und Zunge ebenso, wie ein Löwe sie besitzt. Es wurde erzählt, daß es bei seinem Einfangen schreckliche Klagelaute von sich gegeben hatte, so daß viele Zukünftiges daraus vorhersagten. Und siehe da, knapp darauf töteten in Sizilien die Palermer wutentbrannt alle dort weilenden Franzosen, Männer und Frauen, aus Verachtung gegen den König von Sizilien, und was noch verabscheuungswürdiger ist: sie öffneten die Leiber der schwangeren sizilischen Frauen, die von Franzosen empfangen haben sollten, und töteten die Leibesfrucht vor der Geburt[56].

69. Über den Tod von 50000 Sarazenen und 30000 Tataren

[57]Zu derselben Zeit töteten die östlichen Tataren über 50000 Sarazenen, aber der Sultan griff die Tataren mit frischen Kräften und neuem Mut an und tötete 30000 von den in die Flucht Geschlagenen[57].

70. Von Bruder Burchard, dem neunten Hochmeister des Ordens vom Deutschen Hause

Bruder Burchard von Schwanden war damals[58] der neunte Hochmeister des Ordens vom Deutschen Hause. Als er zur Verteidigung des Heiligen Landes aufbrechen sollte, legte er, nachdem er — ich weiß nicht, von welchen Beweggründen geleitet — die Erlaubnis dazu erbeten und erhalten hatte, das Kleid des Deutschen Ordens ab und zog den Johanniterhabit an, in dem er später verstarb.

[57–57] Vgl. Martin, Cont. Rom. S. 478.
[58] 1283 – 1291.

71. De Honorio papa IIII et rege Rudolpho
et de confirmacione ordinis Carmelitarum
et promocione ordinis sancti Augustini,
quantum ad magistros

[59]Anno Domini MCCLXXXIIII Honorius papa IIII et Rudolphus rex Romanorum regnaverunt. Hic papa ordinem Carmelitarum, qui in concilio Lugdunensi mansit suspensus, confirmavit et Carmelite mantellos sbarratos[e] mutaverunt in cappas albas. Hoc eciam tempore promotus est ordo Augustinensis, quantum ad magistros, Parisius[59].

72. De fratre Egidio doctore magno ordinis sancti Augustini
et morte ipsius

[60]Eodem tempore floruit magister Egidius ordinis Augustinensis doctor magnus, qui postea a Bonifacio papa VIII factus archiepiscopus Bituricensis[60] mortuus fuit Avinionis Romana curia ibidem residente sub Iohanne papa XXII anno Domini MCCCXVI kalendis Ianuariis et Parisius apud fratres sui ordinis sepultus.

73. De morte Conradi sacerdotis de Alimania,
qui ad convertendum gentes transiit Lethowiam

Anno Domini MCCLXXXV Conradus sacerdos de Alemania transiit ad terram Lethowie ad convertendum gentes ibidem. Qui cum moram fecisset per duos annos ibi, Lethowini ipsum interfecerunt. In loco autem, ubi interfectus fuit, postea candele ardentes sepius sunt vise.

[e] So Thol.; matellos scarratos alle Codd.

71. Von Papst Honorius IV., König Rudolf, der Bestätigung des Karmeliterordens und der Förderung des Ordens des heiligen Augustinus, soweit es die Magister betrifft

[59]Im Jahre des Herrn 1284 herrschten Papst Honorius IV. und der König der Römer Rudolf. Dieser Papst bestätigte den Karmeliterorden, der auf dem Konzil von Lyon aufgehoben blieb, und die Karmeliter tauschten ihre hochgeschlossenen Umhänge in weiße Mäntel um. Zu derselben Zeit wurde der Augustinerorden, soweit es die Magister betrifft, in Paris gefördert[59].

72. Von Bruder Aegidius, dem großen Gelehrten des Ordens des heiligen Augustinus, und seinem Tod

[60]Zu derselben Zeit lebte Magister Aegidius vom Augustiner-Orden, ein großer Gelehrter, der später von Papst Bonifaz VIII. zum Erzbischof von Bourges ernannt wurde[60] und in Avignon im Jahre des Herrn 1316 am 1. Januar verstarb, als dort die römische Kurie unter Johannes XXII. residierte, und in Paris bei den Brüdern seines Ordens begraben wurde.

73. Vom Tod des Priesters Konrad aus Deutschland, der nach Litauen ging, um die Heiden zu bekehren

Im Jahre des Herrn 1285 zog der Priester Konrad aus Deutschland in das Land Litauen, um dort die Heiden zu bekehren. Als er sich dort zwei Jahre lang aufgehalten hatte, töteten die Litauer ihn. An der Stelle, an der er umgebracht wurde, wurden später öfters brennende Kerzen gesehen.

[59–59] Vgl. Thol., Hist. XXIV,13.14 Sp. 1191.
[60–60] Vgl. Thol., Hist. XXIV,14 Sp. 1191.

74. De Nicolao papa IIII et rege Rudolpho et destructione civitatis Tripolis

⁶¹Anno Domini MCCLXXXVIII Nicolaus papa IIII de ordine fratrum Minorum et Rudolphus rex Romanorum regnaverunt. Huius pape anno secundo Tripolis est destructa captis Cristianis inibi existentibus et occisis⁶¹.

75. De quadam virgine in diocesi Leodiensi, que ultra XXX annos vixit sine cibo et potu

Hoc tempore in Alemania in diocesi Leodiensi in villa, que dicitur Erkel, quedam puella incepit vivere sine cibo et potu et sic ultra XXX annos vixit. Plebanus dicte ville optulit ei oblatam non consecratam die, quo consuevit corpus Domini sumere, quam non potuit deglutire, sed resumpta illa dedit ei hostiam consecratam, quam statim deglutivit, perpendens in hoc, quod cibum materialem non posset sumere nullo modo.

76. De conflictu circa Coloniam in villa Wurinc

Hoc tempore fuit conflictus apud Coloniam Agrippinam circa villam Wurinc⁶², in quo Ioannes dux Brabancie optinuit victoriam contra Syfridum de Runkel archiepiscopum Coloniensem et preter communem populum ex utraque parte mille et CCC nobiles ceciderunt interfecti.

77. De destructione civitatis Achonensis

⁶³Anno Domini MCCXC in die Potenciane virginis, scilicet XIIII kalendas Iunii, civitas Achonensis a soldano destructa est captis et occisis Cristianis infinitis⁶³. Nota, quod circa annum Domini DC eo

---

⁶¹⁻⁶¹ Vgl. Thol., Hist. XXIV,20.21 Sp. 1194—1195.
⁶² 1288 Juni 5.

74. Von Papst Nikolaus IV. und König Rudolf sowie von der Zerstörung der Stadt Tripolis

[61]Im Jahre des Herrn 1288 herrschten Papst Nikolaus IV. vom Orden der Minderbrüder und Rudolf, der König der Römer. Im zweiten Amtsjahr dieses Papstes wurde Tripolis zerstört, und die darin befindlichen Christen wurden gefangen und getötet[61].

75. Von einer Jungfrau in der Diözese Lüttich, die mehr als 30 Jahre ohne Aufnahme von Speise und Trank lebte

Damals begann in Deutschland in der Diözese Lüttich in einem Dorf namens Erkel eine Jungfrau damit, ohne Speise und Trank zu leben, und sie lebte auf diese Weise mehr als 30 Jahre. Der Pfarrer des Dorfes brachte ihr eine nichtgeweihte Oblate an dem Tag, an dem sie den Leib des Herrn zu nehmen pflegte, die sie indessen nicht verschlucken konnte; als er sie zurücknahm und ihr eine geweihte Hostie gab, die sie sofort hinunterschluckte, wurde er darauf aufmerksam, daß sie stoffliche Speise überhaupt nicht zu sich nehmen konnte.

76. Von der Schlacht bei Köln beim Dorfe Worringen

Damals gab es eine Schlacht bei Köln beim Dorfe Worringen[62], in der Herzog Johann von Brabant gegen den Kölner Erzbischof Siegfried von Runkel den Sieg davontrug; außer gemeinem Volk wurden auf beiden Seiten 1300 Adelige getötet.

77. Von der Zerstörung der Stadt Akkon

[63]Im Jahre des Herrn 1290 wurde die Stadt Akkon am Tage der Jungfrau Potentiana, nämlich am 19. Mai, vom Sultan zerstört, wobei unzählige Christen gefangen und getötet wurden[63].
Merke: Um das Jahr des Herrn 600, und zwar zu der Zeit, als Moham-

---

[63-63] Vgl. Thol., Hist. XXIV,23 Sp. 1196. Die Eroberung Akkons fällt ins Jahr 1291.

tempore, quo Machometus moriebatur, Eraclius imperator in bello procedens contra Cosdroem regem Persarum devicit et partem ligni Dominici, quam de templo Domini tulerat, reportavit[64], ecclesias Dei et terram sanctam, quam destruxerat, reparavit.

78. De statu terre sancte

Non longe post recessum Eraclii imperatoris de terra sancta quidam nomine Homar princeps Arabum, qui tercius successor fuit regni Machometi, terram sanctam ingressus hostiliter occupavit et sic Cristiani in civitate sancta Ierusalem[65] et in partibus adiacentibus commorantes per CCCCXC annos[66] perpessi sunt iugum durissimum infidelium et crudelium dominorum. Tandem Dominus cum diu iratus fuisset, [67]recordatus misericordie sue[67] [68]videns afflictionem populi sui[68] cuidam pauperi et religioso homini de regno Francie in Ambiensi episcopatu vitam heremiticam agenti, qui dicebatur Petrus heremita, inspiravit, ut sepulcrum Domini et loca terre sancte visitaret. Qui cum venisset ad sanctam civitatem, videns loca sancta ab impiis irreverenter tractari, virum eciam venerabilem Symeonem civitatis patriarcham una cum subditis suis tanquam vile mancipium cum omni abiectione innumeris obpressionibus affligi, sicut erat vir sanctus et valde compaciens et super afflictos pia gestans viscera, cepit dolere vehementer et contristari et variis modis secum anxius cogitare, si quo modo posset afflictis subvenire. Cum autem quadam nocte in ecclesia Dominice resurrectionis in oracionibus Domino supplicans pernoctaret et longo vigiliarum labore fatigatus supra pavimentum ecclesie inciperet paululum obdormire, Dominus noster Iesu Cristus apparuit ei in somnis iniungens ei legacionem ad dominum papam et ad principes occidentales pro liberacione terre sancte. Ipse vero divina revelacione confortatus et zelo caritatis succensus cum literis predicti patriarche Symeonis et aliorum fidelium Ierosolime commorancium primo dominum papam Urbanum II petiit, a quo benigne susceptus Ytaliam transcurrens et Alpes transiens tam princi-

med starb, zog Kaiser Heraklius im Kampf gegen den Perserkönig Chosrau aus und besiegte ihn; er brachte ein Stück vom Heiligen Kreuz, das jener aus dem Tempel des Herrn geholt hatte, zurück[64] und richtete die Kirchen Gottes und das Heilige Land, das jener zerstört hatte, wieder her.

78. Vom Zustand des Heiligen Landes

Nicht lange nach dem Rückzug des Kaisers Heraklius aus dem Heiligen Land fiel der Kalif Omar der Araber, der im Reiche Mohammeds der dritte Nachfolger war, in das Heilige Land ein und besetzte es als Feind, und so erduldeten die in der heiligen Stadt Jerusalem[65] und in den umliegenden Gebieten wohnenden Christen 490 Jahre lang[66] das sehr harte Joch von heidnischen und grausamen Herren. Als schließlich der Herr, der so lange gezürnt hatte, [67]sich seiner Barmherzigkeit erinnerte[67] [68]und die Bedrängnis seines Volkes ansah[68], gab er einem armen, gottesfürchtigen Mann aus Frankreich, der im Bistum Amiens ein Einsiedlerleben führte und den Namen Petrus der Eremit trug, ein, das Grab des Herrn und die Stätten des Heiligen Landes zu besuchen. Als dieser in die heilige Stadt kam und sah, wie unehrerbietig die heiligen Stätten von den Gottlosen behandelt wurden und ferner der ehrwürdige Patriarch der Stadt, Simeon, zusammen mit seinen Untergebenen wie ein lumpiger Sklave in aller Schmach von zahllosen Leiden heimgesucht wurde, begann er, lebhaftes Mitleid zu empfinden und mitzutrauern — denn er war ein heiliger und mitleidsvoller Mensch, und gegenüber Bedrängten hatte er ein gütiges Herz — und in seiner Besorgnis auf allerlei Weise zu überlegen, ob er auf irgendeine Art den Bedrängten helfen könne. Als er so einmal nachts in der Auferstehungskirche im Gebet Gott demütig anflehte und die Nacht zubrachte und dabei, von der Qual des langen Wachens erschöpft, auf dem Fußboden der Kirche ein wenig einzuschlafen begann, da erschien ihm unser Herr Jesus Christus im Traum und befahl ihm, den Herrn Papst und die Fürsten des Abendlands aufzusuchen zur Befreiung des Heiligen Landes. So zog er, bestärkt durch göttliche Offenbarung und entbrannt vom Eifer der Nächstenliebe, mit Briefen des Patriarchen Simeon und anderer Christen in Jerusalem zuerst zum Herrn Papst Urban II., von dem er gnädig aufgenommen wurde, dann durchzog er Italien, überschritt die Alpen

---

[64] Wiederaufrichtung des Heiligen Kreuzes durch Heraklius in Jerusalem 630 März 21.
[65] Jerusalem wird 638 von Kalif Omar genommen.
[66] Rückgewinnung Jerusalems: 1099.
[67-67] Ps 97,3.
[68-68] Vgl. Ex 3,7.

pes orientales quam occidentales quam inferiorem populum sollicite admonendo et variis exhortacionibus — sicut erat vir prudens et [69]potens in opere et sermone[69] — multorum animos ad suscipiendum peregrinacionis Ierosolimitane laborem inclinavit Domino cooperante et legati sui sermonibus[70] copiosam graciam largiente. Non multo tempore post dominus papa Urbanus predictum Petrum in Gallias secutus convocato concilio generali[71] calamitates et oppressiones fidelium in terra sancta commorancium et tam Dominicum sepulcrum quam alia sancta loca ab immundis canibus conculcata et prophanata diligenter exposuit omnibus, quos spiritus sanctus ad ulcionem iniuriarum crucifixi et ad terre sancte liberacionem incitaret, in remissionem omnium peccatorum tam sanctam et placitam peregrinacionem iniungens. [72]Semen autem verbi Dei cecidit in terram bonam[72] et fertilem et fecit fructum multum, sic quod multi episcopi, prelati ecclesiarum, principes, duces, comites, barones et nobiles et alii signo salutifere crucis humeris suis affixo sese voto peregrinacionis Domino obligarunt. Anno ergo Domini MXCVI predictus Petrus cum cruce signatis et multitudine copiosa Theutonicorum mare transiens Hellespontum civitatem, que hodie Brachium sancti Georgii dicitur[73], urbem etiam Anthiocenam et civitatem sanctam Ierusalem et procedente tempore per alios peregrinos advenientes infinitas et quasi inexpugnabiles civitates et castra ceperunt de manibus infidelium liberantes, sic quod in civitate sancta Ierusalem patriarcha fuerat institutus, qui sub se habuit quatuor archiepiscopos, scilicet Tyrensem cum quatuor suffraganeis, Cesariensem cum uno, Nazarenum cum uno et Petracensem cum uno suffraganeo. Ecclesie collegiate, monasteria regularium, cenobia monachorum, oratoria heremitarum, claustra sanctimonialium fuerant multa nimis. Rex fuit et Ierusalem, qui sub se habuit multos principes, comites et dominos. Ecce [74]quis enumerare sufficeret[74] mira et [75]magna opera Domini exquisita in omnes voluntates eius[75], que in materiam laudis sue et in usum necessitatis nostre creavit. [76]Vidit Deus cuncta, que fecerat, et erant valde bona[76] [77]et nihil odit eorum, que fecit[77]. Solum peccatum,

[69—69] Lk 24,19.
[70] Oder: „durch die Predigten".

und machte in nachdrücklichem Ermahnen und vielfältigen Aufforderungen — denn er war ein kluger Mann, [69]in der Tat wie in der Rede mächtig[69] — sowohl Fürsten des Ostens wie des Westens wie auch dem einfachen Volk den Sinn vieler geneigt, die Mühen der Pilgerfahrt nach Jerusalem auf sich zu nehmen; dabei half Gott mit, indem er den Predigten[70] seines Gesandten reiche Gnade verlieh. Nicht lange Zeit danach folgte der Herr Papst Urban dem Petrus nach Frankreich, berief ein allgemeines Konzil[71] und legte dort die unheilvolle Lage und Bedrängnis der im Heiligen Lande lebenden Christen eingehend dar, ferner, wie das Grab des Herrn und auch andere heilige Stätten von den sündhaften Hunden mißhandelt und entweiht worden waren, und er erlegte allen, die der Heilige Geist dazu anspornte, das dem Gekreuzigten widerfahrene Unrecht zu rächen und das Heilige Land zu befreien, zur Vergebung all ihrer Sünden die so heilige wie wohlgefällige Pilgerfahrt auf. [72]Der Samen des Gotteswortes aber fiel auf gutes und fruchtbares Land[72] und trug vielfältige Frucht, so daß viele Bischöfe, Prälaten der Kirchen, Fürsten, Herzöge, Grafen, Barone und Adelige sowie andere an ihren Schultern das heilbringende Kreuzzeichen anbrachten und sich dem Herrn durch Gelübde zur Kreuzfahrt verpflichteten. Im Jahre des Herrn 1096 zog Petrus also mit den mit dem Kreuz Bezeichneten und einer zahlreichen Menge von Deutschen über den Hellespont, und sie nahmen die Stadt, die heute 'Arm des heiligen Georg' genannt wird[73], auch die Stadt Antiochia und die heilige Stadt Jerusalem, und sie eroberten, mit voranschreitender Zeit durch andere Kreuzfahrer verstärkt, unzählige und gleichsam unbezwingbare Städte und Burgen und befreiten sie aus der Hand der Heiden, so daß in der heiligen Stadt Jerusalem ein Patriarch eingesetzt werden konnte, der vier Erzbischöfe unter sich hatte, nämlich den von Tyrus mit vier Suffraganen, den von Cäsarea mit einem Suffragan, den von Nazareth mit einem und den von Petra mit einem. Kollegiatkirchen, Ordensklöster, Mönchsklöster, Einsiedlerkapellen und Nonnenklöster gab es überaus viele. Auch einen König gab es in Jerusalem, der unter sich viele Fürsten, Grafen und Herren hatte. Wohlan, [74]wer könnte zur Genüge aufzählen[74] die wunderbaren und [75]großen Werke des Herrn, denkwürdig allen, die ihrer sich freuen[75] und die er sich zur Ehre und uns zum Nutzen vollbrachte. [76]Und Gott sah alles an, was er gemacht hatte, und es war sehr gut[76], [77]und er haßte nichts von dem, was er gemacht hatte[77]. Allein die Sünde haßt er, weil sie

---

[71] Das Konzil zu Clermont/Auvergne begann 1095 November 18.
[72–72] Vgl. Mt 13,8.23.
[73] Brachium sancti Georgii = Bosporus.
[74–74] Vgl. Sir 18,2.
[75–75] Ps 110,2.
[76–76] Gn 1,31.
[77–77] Vgl. Weish 11,25.

quod nihil est, odit, persequitur et destruit. Unde cum sex diebus solo verbo cuncta creavit, annis plus quam XXXIII ad destruendum peccatum in mundo laboravit. Hoc solum est, quod ei displicet, quod [78]oculos maiestatis sue[78] offendit, quod ipsum [79]mitem et suavem[79] nobis asperum reddit, hoc est, quod de angelo diabolum fecit, de libero servum, de incorrupto mortalem et corruptum, de beato miserum et de cive exulem et eiectum, de [80]filiis Dei filios diaboli[80]; hoc est, quod nunquam impunitum relinquit. Unde peccatis impiorum hominum exigentibus, qui terram sanctam multimodis sceleribus sordidabant, et ipsum provocantibus conversus est in crudelem, qui natura benignus est et suavis. Unde [81]facti sunt in derisum[81] [82]vicinis suis et inimici coram subsannaverunt eos[82]. [83]Cythara eorum versa est in luctum[83] et [84]fortitudo eorum redacta est in favillam[84]. [85]Facta est quasi vidua domina gencium, princeps provinciarum facta est sub tributo[85]. Adeo enim [86]conclusit Deus in gladio populum suum et hereditatem sprevit[86]. Adeo [87]facti sunt inimici[87] eorum [88]in caput et ipsi in caudam[88], quod non solum [89]terram promissionis[89], sed omnes fere regiones, civitates et municiones ab introitu terre Egipti usque Mesopotamiam itinere plus quam viginti dierum inimici eorum violenter abstulerunt preter alias multas civitates et municiones maritimas. Postea multi reges et principes cum innumera multitudine armatorum venientes terram sanctam recuperarunt et recuperatam iterum perdiderunt, sic quod anno Domini MCCL incepit sensibiliter deficere, quousque anno eiusdem Domini MCCXC civitas Achonensis, que sola supererat, a paganis funditus est destructa. Causa destructionis huius civitatis fuit duplex, prima diversitas dominorum, qui in defensione ipsius discordabant, secunda, quod cruce signati, quos dominus papa misit in subsidium, erant sine capite et rebelles et treugas continue infringebant.

[78-78] Is 3,8.
[79-79] Vgl. Ps 85,5.
[80-80] Vgl. 1 Jo 3,10.
[81-81] Vgl. Klgl 3,14.

nichts ist, und er verfolgt und zerstört sie. Nachdem er in sechs Tagen allein durch das Wort alles erschaffen hatte, brauchte er mehr als 33 Jahre, um die Sünde in der Welt zu zerstören. Sie allein ist es, die ihm mißfällt, die [78]die Augen seiner Majestät[78] beleidigt, die ihn, [79]der sanft und angenehm ist[79], uns hart macht. Sie ist es, die aus dem Engel den Teufel gemacht hat, aus dem freien Mann den Sklaven, aus dem Unvergänglichen den Sterblichen und Vergänglichen, aus dem Glücklichen den Elenden, aus dem Bürger den Verbannten und Ausgestoßenen, aus [80]den Kindern Gottes die Kinder des Teufels[80]; sie ist es, die er niemals ungestraft sein läßt. Wie es daher die Sünden der ruchlosen Menschen erforderten, die das Heilige Land durch vielerlei Verbrechen besudelten, und indem sie ihn herausforderten, wandelte er sich, der von Natur gnädig und angenehm ist, in einen grausamen Gott. So [81]wurden sie zum Gespött[81] [82]ihrer Nachbarn, und die Feinde verhöhnten sie in ihrer Gegenwart[82]. [83]Ihre Zither wurde ihnen zur Trauer[83], [84]ihre Tüchtigkeit wurde zu Asche[84]. [85]So wurde die Herrin der Völker gewissermaßen zur Witwe, das Haupt der Länder unter Tribut gezwungen[85]. So sehr [86]übergab Gott sein Volk dem Schwert und verschmähte sein Erbe[86]. So sehr [87]wurden ihre Feinde[87] [88]zum Haupt gemacht und sie selbst zum Schwanz[88], daß ihre Feinde ihnen nicht nur [89]das Land der Verheißung[89], sondern fast alle Gebiete, Städte und Befestigungen vom Anfang des Landes Ägypten bis nach Mesopotamien auf einer Strecke von mehr als 20 Tagen mit Gewalt abnahmen außer vielen anderen Städten und Befestigungen am Meer. Später kamen viele Könige und Fürsten mit unzählbar viel Kriegern und eroberten das Heilige Land zurück, verloren das Eroberte jedoch wieder, so daß es im Jahre des Herrn 1250 fühlbar an Kraft zu verlieren begann, bis im Jahre des Herrn 1290 die Stadt Akkon, die allein noch übriggeblieben war, von den Heiden vollständig zerstört wurde. Für die Zerstörung dieser Stadt gab es einen doppelten Grund: erstens die Vielzahl der Herren, die sich bei ihrer Verteidigung uneins waren, zweitens, daß die vom Herrn Papst zur Unterstützung ausgesandten Kreuzfahrer ohne Führer waren und zudem Aufrührer, die ständig den Frieden brachen.

[82—82] Vgl. Ps 79,7.
[83—83] Vgl. Job 30,31.
[84—84] Vgl. Is 1,31.
[85—85] Klgl 1,1.
[86—86] Vgl. Ps 77,62.
[87—87] Vgl. Klgl 1,5.
[88—88] Vgl. Dt 28,13.
[89—89] Vgl. Hebr 11,9.

79. Querimonia desolacionis terre sancte

Sic ergo tu, o sancta [90]terra promissionis[90] Deo amabilis et angelis sanctis venerabilis et universo mundo admirabilis a Deo electa et preelecta, ut te presencia sua visibiliter illustraret et in te liberacionis nostre sacramenta ministrando genus humanum redimeret, posita es [91]desolata et merore consumpta[91]. [92]Factus est Dominus inimicus, precipitavit omnia menia tua, dissipavit municiones tuas[92], [93]dissipavit quasi ortum tentorium tuum, demolitus est tabernaculum tuum, oblivioni tradidit festivitates et sabbatum, abiecit in opprobrium in indignacione furoris regem et sacerdotem[93]. [94]Omnes persecutores tui apprehenderunt te inter angustias[94], [95]plorans ergo plorasti in nocte et lachrime in maxillis tuis nec est, qui consoletur te ex omnibus caris tuis[95].

80. Exhortacio terre sancte ad Cristianos pro liberacione sua

[96]Audite, obsecro, universi populi Cristiani, et videte dolorem desolacionis mee[96], [97]recordamini, quid acciderit mihi, intuemini et respicite opprobrium meum[97], [98]apprehendite arma et scutum et exurgite in adiutorium mihi, effundite frameam et concludite adversus eos, qui me persequuntur[98], [99]eripite me pauperem et desolatam et de peccatorum manibus liberate[99].

81. De Celestino V papa et rege Adolpho de Nassow

[100]Anno Domini MCCXCIIII Celestinus V papa et Adolphus de Nassow rex Romanorum regnant[100].

[90-90] Vgl. Hebr 11,9.
[91-91] Vgl. Klgl 1,13.
[92-92] Vgl. Klgl 2,5.
[93-93] Vgl. Klgl 2,6.
[94-94] Vgl. Klgl 1,3.

Verschiedene Begebenheiten

79. Klage über die Aufgabe des Heiligen Landes

So also bist du, o Heiliges [90]Land der Verheißung[90], Gott liebenswert, den heiligen Engeln verehrungswürdig, aller Welt bewundernswert, von Gott erwählt und auserwählt, so daß er dich durch seine Gegenwart sichtbar auszeichnete und in dir das Menschengeschlecht durch die Darbringung des Opfers unserer Erlösung freikaufte, [91]aufgegeben und durch Trauer verzehrt worden[91]. [92]Der Herr ist zum Feind geworden, er hat alle deine Mauern umgestürzt, deine Befestigungen zuschanden gemacht[92]; [93]zerwühlt hat er wie einen Garten dein Zelt, zerstört hat er deine Hütte, dem Vergessen anheimgegeben die Festtage und den Sabbat, dem Schimpf in seiner zürnenden Ungnade ausgesetzt den König und den Priester[93]. [94]All deine Verfolger haben in der Bedrängnis nach dir gegriffen[94], [95]jammernd hast du in der Nacht wehgeklagt, und Tränen waren dabei auf deinen Wangen, und es ist niemand unter all deinen Freunden, der dich tröstete[95].

80. Aufforderung des Heiligen Landes an die Christen zu seiner Befreiung

[96]Hört her, ich beschwöre euch, ihr sämlichen christlichen Völker, und seht den Jammer meiner Verlassenheit[96], [97]erinnert euch, was mir geschehen ist, schaut mich an und beachtet meinen schimpflichen Zustand[97], [98]ergreift die Waffen und den Schild und steht auf zu meinem Beistand, laßt das Schwert herausfahren und schlagt auf die ein, die mich verfolgen[98], [99]errettet mich, das unglückliche und verlassene, und befreit mich aus den Händen der Sünder[99].

81. Von Papst Cölestin V. und König Adolf von Nassau

[100]Im Jahre des Herrn 1294 herrschten Papst Cölestin V. und der Römische König Adolf von Nassau[100].

[95–95] Vgl. Klgl 1,2.
[96–96] Vgl. Klgl 1,18.
[97–97] Vgl. Klgl 5,1.
[98–98] Vgl. Ps 34,2.3.
[99–99] Vgl. Ps 81,4.
[100–100] Vgl. Thol., Hist. XXIV,27.29 Sp. 1198–1199.

82. De Bonifacio VIII papa et rege Adolpho

¹Anno Domini MCCXCV Bonifacius VIII papa et Adolphus rex Romanorum regnant¹.

83. De canonizacione sancti Lodowici regis Francie

²Anno Domini MCCXCVI Bonifacius papa canonizavit Lodowicum regem Francie².

84. De fratre Godefrido de Hoeloch magistro generali ordinis domus Theutonice

Anno Domini MCCXCVII frater Godefridus de Hoeloch electus fuit in magistrum generalem ordinis domus Theutonice et prefuit XIII annis. Nec tamen inter alios magistros computatur, quia in XIII anno resignavit officium suum et iterum temerarie resumpsit³.

85. De morte Adolphi regis Romanorum

⁴Anno Domini MCCXCVIII Albertus dux Austrie Adolphum regem Romanorum occidit in bello et successit ei in regno⁴.

86. De Alberto rege Romanorum

⁵Anno Domini MCCXCIX Bonifacius papa VIII et Albertus rex Romanorum regnant⁵.

---

¹⁻¹ Vgl. Thol., Hist. XXIV,36 Sp. 1203.
²⁻² Vgl. Thol., Hist. XXIV,36 Sp. 1203. Die Heiligsprechung erfolgte 1297.

82. Von Papst Bonifaz VIII. und König Adolf

[1]Im Jahre des Herrn 1295 herrschten Papst Bonifaz VIII. und der Römische König Adolf[1].

83. Von der Kanonisation des heiligen Ludwig, des Königs von Frankreich

[2]Im Jahre des Herrn 1296 kanonisierte Papst Bonifaz den König Ludwig von Frankreich[2].

84. Von Bruder Gottfried von Hohenlohe, Hochmeister des Ordens vom Deutschen Hause

Im Jahre des Herrn 1297 wurde Bruder Gottfried von Hohenlohe zum Hochmeister des Ordens vom Deutschen Hause gewählt, und er amtierte 13 Jahre. Er wird freilich nicht unter die anderen Hochmeister gezählt, weil er im 13. Jahr sein Amt aufgab und es vermessen wieder an sich brachte[3].

85. Vom Tod des Römischen Königs Adolf

[4]Im Jahre des Herrn 1298 tötete Herzog Albrecht von Österreich den König der Römer Adolf im Kriege und folgte ihm in der Herrschaft[4].

86. Vom Römischen König Albrecht

[5]Im Jahre des Herrn 1299 herrschten Papst Bonifaz VIII. und Albrecht, der König der Römer[5].

---

[3] Über die 1303 in Elbing erfolgte Resignation Gottfrieds vgl. III,283.
[4–4] Vgl. Thol., Hist. XXIV,27 Sp. 1198; Thol., Ann. ad a. 1298.
[5–5] Vgl. Thol., Hist. XXIV,27 Sp. 1198; Thol., Ann. ad a. 1298.

87. De morte CC milium Sarracenorum

⁶Anno Domini MCCC Tartari exeuntes a sedibus suis invaserunt Sarracenos et primo in Capadocia, deinde in partibus Seleucie sive Antiochie, inde in Armenia maiori et minori, abinde in tota terra promissionis et in Damasco et in Gaza usque ad confinia Egipti, in quibus omnibus regionibus plus quam CC milia Sarracenorum occiderunt⁶.

88. De indulgencia anni iubilei

⁷Eodem anno fuit annus iubileus et dominus Bonifacius papa dedit omnibus visitantibus limina beatorum Petri et Pauli apostolorum plenissimam indulgenciam peccatorum⁷.

89. De cometa

⁸Anno Domini MCCCI cometa apparuit in Septembri in occidente in signo scorpionis, quod est domus Martis, qui aliquando emittebat comam ad orientem, aliquando ad meridiem, et apparuit in sero⁸.

90. De morte regis Ungarie et Carolo successore ipsius

⁹Hoc tempore Andreas rex Ungarie moritur et post multas altercaciones inter regem Bohemie et ducem Austrie habitas Karolus Martellus regnum Ungarie optinuit⁹.

---

⁶⁻⁶ Vgl. Thol., Ann. ad a. 1300.
⁷⁻⁷ Vgl. Thol., Hist. XXIV,36 Sp. 1203; Thol., Ann. ad a. 1300.

87. Vom Tod von 200000 Sarazenen

⁶Im Jahre des Herrn 1300 brachen die Tataren von ihren Sitzen auf und überfielen die Sarazenen, zunächst in Kappadokien, dann im Gebiet von Seleukia oder Antiochia, von hier aus in Groß- und Kleinarmenien und von dort im gesamten Heiligen Land, in Damaskus und in Gaza bis zu den Grenzen Ägyptens; in all diesen Gebieten töteten sie mehr als 200000 Sarazenen⁶.

88. Vom Ablaß des Jubeljahres

⁷In demselben Jahr war das Jubeljahr, und Papst Bonifaz gab allen, die die Peterskirche in Rom besuchten, einen vollständigen Ablaß für ihre Sünden⁷.

89. Von einem Kometen

⁸Im Jahre des Herrn 1301 erschien im September im Westen im Sternbild des Skorpion, welches das Haus des Mars ist, ein Komet, der bald nach Osten und bald nach Süden einen Haarschweif aussandte und abends erschien⁸.

90. Vom Tode des Königs von Ungarn und von seinem Nachfolger Karl

⁹Damals starb König Andreas von Ungarn, und nach vielen Auseinandersetzungen zwischen dem König von Böhmen und dem Herzog von Österreich erhielt Karl Martell das Königreich Ungarn⁹.

⁸⁻⁸ Vgl. Thol., Ann. ad a. 1301.
⁹⁻⁹ Vgl. Thol., Ann. ad a. 1301.

91. De bello Alberti regis Romanorum contra ducem Bavarie et Maguntinum et Coloniensem archiepiscopos

¹⁰Eodem anno Albertus rex Romanorum prevaluit in bello contra ducem Bavarie et Maguntinum et Coloniensem archiepiscopos¹⁰.

92. De quodam miraculo beate virginis

Anno Domini MCCCII quidam latro devotus tamen virgini Marie Perusii in Italia decollatus fuit, cuius caput iam precisum de corpore clamavit alta voce: „Afferte mihi sacerdotem, quia beata Maria, prout eam in oracionibus meis singulis diebus fusis rogavi, non sinit me mori, antequam confitear omnia peccata mea", et sic factum fuit.

93. De discordia Bonifacii pape et Philippi regis Francie

¹¹Eodem anno incepit discordia inter Bonifacium papam ex una parte et Philippum regem Francie ex altera. Dixit enim papa regnum Francie in temporalibus et spiritualibus immediate subesse sedi apostolice et misit papa rescriptum subiectionis cum bulla regi Francie asserens dicentem contrarium hereticum esse. Quod rescriptum lectum fuit et combustum Parisius in palacio regis coram innumera multitudine clericorum et laycorum. Et rex contra papam posuit XV articulos criminosos et appellavit ad futurum concilium sive papam. Papa tamen de huiusmodi criminibus Rome in concilio se purgavit¹¹.

94. De morte plurium Gallicorum et Flandrensium

¹²Eodem anno in mense Iulii Flandrenses rebellaverunt contra regem Francie et convenientes in bello tria milia Gallicorum co-

---

[10–10] Vgl. Thol., Ann. ad a. 1301.

91. Vom Kampf des Römischen Königs Albrecht gegen den Herzog von Bayern und die Erzbischöfe von Mainz und Köln

[10]In demselben Jahr siegte Albrecht, der König der Römer, im Kampf gegen den Herzog von Bayern und die Erzbischöfe von Mainz und Köln[10].

92. Von einem Wunder der heiligen Jungfrau

Im Jahre des Herrn 1302 wurde ein Räuber, der gleichwohl der Jungfrau Maria ergeben war, zu Perugia in Italien enthauptet; als sein Kopf schon vom Körper abgetrennt war, rief er mit lauter Stimme: „Bringt mir einen Priester, denn die heilige Maria läßt mich, so wie ich sie in meinen Tag für Tag wiederholten Gebeten angefleht habe, nicht eher sterben, als bis ich alle meine Sünden gebeichtet habe", und so geschah es.

93. Von der Zwietracht zwischen Papst Bonifaz und König Philipp von Frankreich

[11]In demselben Jahr entstand Zwietracht zwischen Papst Bonifaz einerseits und König Philipp von Frankreich andererseits. Der Papst sagte nämlich, daß das Königreich Frankreich in den Temporalien und Spiritualien direkt dem Apostolischen Stuhl untergeben sei, und schickte dem König von Frankreich ein Unterwerfungsreskript mit Bulle und versicherte, daß ein Häretiker sei, wer widerspreche. Dieses Reskript wurde verlesen und verbrannt in Paris im Palast des Königs in Gegenwart einer zahllosen Menge von Geistlichen und Laien. Und der König stellte gegen den Papst 15 Anklage-Artikel auf und appellierte an ein zukünftiges Konzil oder den Papst. Der Papst jedoch reinigte sich in Rom von den so erhobenen Beschuldigungen in einem Konzil[11].

94. Vom Tod vieler Franzosen und Flandrer

[12]In demselben Jahr im Monat Juli standen die Flandrer gegen den König von Frankreich auf, und als sie in der Schlacht aufeinandertrafen, fie-

---

[11−11] Vgl. Thol., Hist. ad a. 1302 Sp. 1221−1222.
[12−12] Vgl. Thol., Ann. ad a. 1302; Thol., Hist. ad a. 1302 Sp. 1222.

mitum, baronum et nobilium ceciderunt[12]. [13]Anno Domini MCCCIII Bonifacius papa Albertum regem Romanorum in imperatorem confirmat et eidem regnum Francie subiecit, quod tamen Clemens papa V postea revocavit[13]. [14]Eodem anno inter Gallicos et Flandrenses magna strages facta fuit et ex utraque parte plurimi ceciderunt[14].

95. De capcione Bonifacii pape et dispersione thesauri

[15]Eodem anno in principio mensis Septembris apud Anagniam in loco scilicet nativitatis sue papa Bonifacius capitur totusque thesaurus ecclesie dispergitur. Sed tandem per cives dicte civitatis liberatus Romam ducitur et in sede sancti Petri locatus post modicum spacium temporis expiravit[15].

96. De Benedicto papa XI et rege Alberto

[16]Anno Domini MCCCIII Benedictus papa XI de ordine fratrum Predicatorum et Albertus rex Romanorum regnaverunt[16].

97. De inundacione aquarum

Anno Domini MCCCIIII circa nativitatem eius tanta fuit aquarum inundancia, quod homines putabant se diluvio perituros. Ambo pontes Parisius corruerunt, sic quod nullum ipsorum vestigium remaneret, et plura in aliis provinciis damna fecit.

98. De Clemente papa V et rege Alberto

[17]Anno Domini MCCCV Clemens papa V et Albertus rex Romanorum imperant[17].

[13–13] Vgl. Thol., Hist. ad a. 1303 Sp. 1222.
[14–14] Vgl. Anm. 12.

len 3000 Franzosen, Grafen, Barone und Adelige[12]. [13]Im Jahre des Herrn 1303 bestätigte Papst Bonifaz den Römischen König Albrecht als Kaiser und unterstellte ihm das Königreich Frankreich, was freilich Papst Clemens V. später widerrief[13]. [14]In demselben Jahr fand zwischen Franzosen und Flandrern eine große Schlacht statt, und auf beiden Seiten fielen sehr viele[14].

95. Von der Gefangennahme des Papstes Bonifaz und der Zerstreuung des Kirchenschatzes

[15]In demselben Jahr wurde zu Anfang September bei Anagni am Ort seiner Geburt Papst Bonifaz gefangengenommen, und der ganze Kirchenschatz wurde auseinandergerissen. Schließlich wurde er jedoch von den Bürgern dieser Stadt befreit, nach Rom geführt und auf den Stuhl des heiligen Petrus gesetzt. Kurze Zeit später verstarb er[15].

96. Von Papst Benedikt XI. und König Albrecht

[16]Im Jahre des Herrn 1303 herrschten Papst Benedikt XI. vom Orden der Predigerbrüder und Albrecht, der König der Römer[16].

97. Von einer Überschwemmung

Im Jahre des Herrn 1304 gab es um die Weihnachtszeit eine solche Überschwemmung, daß die Menschen glaubten, sie würden durch eine Sintflut zugrunde gehen. Beide Brücken in Paris stürzten so zusammen, daß von ihnen keine Spur übrigblieb, und in anderen Gebieten verursachte die Überschwemmung viele Schäden.

98. Von Papst Clemens V. und König Albrecht

[17]Im Jahre des Herrn 1305 herrschten Papst Clemens V. und der Römische König Albrecht[17].

[15–15] Vgl. Thol., Hist. ad a. 1303 Sp. 1223.
[16–16] Vgl. Thol., Hist. ad a. 1303 Sp. 1222–1224.
[17–17] Vgl. Thol., Hist. ad a. 1306 Sp. 1225–1226.

99. De casu pape et corone sue
et oppressione multorum

[18]Hic papa Clemens in octava sancti Martini[19] dum post coronacionem suam descenderet de ecclesia sancti Iusti in monte apud Lugdunum, cecidit murus et multos oppressit et dux Britanie, qui equum pape duxit, mortuus est. Karolus frater regis Francie lesus fuit valde et ipse papa passus est. Equus enim eius cecidit et lapidibus obrutus est et corona cecidit de capite ipsius et in casu perditus fuit lapis preciosus rubinus, qui stetit in capite corone inestimabilis precii, que omnia erant indicativa status sui futuri[18].

100. De empcione castri Dunemunde

Anno Domini MCCCV fratres domus Theutonice de Lyvonia castrum Dunemunde in crastino beati Iacobi apostoli[20] iusto empcionis titulo sunt adepti.

101. De miraculis sancti Ruperti in Kunigsbergk

Anno Domini MCCCVI in Prussia in castro Kunigsbergk incepit Dominus facere miracula propter reliquias sancti Ruperti[f] et multi homines et canes et alia iumenta a diversis languoribus sunt curati.

102. De morte Wenceslai regis Bohemie
et translacione regni ipsius

[21]Anno Domini MCCCVII Wenceslaus rex Bohemie moritur et filius eius in Buda coronatur et eodem anno est a quodam suo milite interfectus[21] et sic regnum Bohemie, quia heredem non habuit,

---

[f] Huperti K, T.

[18-18] Vgl. Thol., Hist. ad a. 1306 Sp. 1226.

99. Von einem Sturz des Papstes und seiner Krone sowie davon, daß viele Menschen verschüttet wurden

[18]Als dieser Papst Clemens an der Oktav von Sankt Martin[19] nach seiner Krönung aus der Kirche des heiligen Justus auf der Montagne Sainte zu Lyon herabzog, brach eine Mauer zusammen und verschüttete viele, und der Herzog der Bretagne, der das Pferd des Papstes führte, wurde erschlagen. Karl, der Bruder des Königs von Frankreich, wurde stark verletzt, und der Papst selbst wurde getroffen. Sein Pferd stürzte nämlich und wurde von Steinen überschüttet, die Krone fiel von seinem Haupt, und bei ihrem Fall ging ein kostbarer Edelstein, ein Rubin von unschätzbarem Wert, der sich oben auf der Krone befand, verloren; das alles waren Vorzeichen seiner zukünftigen Lage[18].

100. Vom Kauf der Burg Dünamünde

Im Jahre des Herrn 1305 gelangten die Brüder vom Deutschen Hause in Livland am Tage nach dem Festtag des heiligen Apostels Jakob[20] in den Besitz der Burg Dünamünde durch rechtmäßigen Kauf.

101. Von Wundern des heiligen Rupert in Königsberg

Im Jahre des Herrn 1306 begann der Herr in Preußen in der Burg Königsberg wegen der Reliquien des heiligen Rupert Wunder zu wirken, und viele Menschen, Hunde und andere Tiere wurden von verschiedenen Krankheiten geheilt.

102. Vom Tode des Königs von Böhmen Wenzel und von der Übertragung seines Reiches

[21]Im Jahre des Herrn 1307 verstarb König Wenzel von Böhmen, und sein Sohn wurde in Buda gekrönt und in demselben Jahr von einem seiner Ritter getötet[21]; so wurde das Königreich Böhmen, weil es keinen Erben

---

[19] 18. November.
[20] 26. Juli.
[21-21] Vgl. Thol., Hist. ad a. 1306 Sp. 1227. König Wenzels II. Tod fällt ins Jahr 1305, der Wenzels III. ins Jahr 1306.

translatum est ad alienos, quia rex Romanorum Albertus filium suum instituit in dictum regnum.

103. De capcione insule Rodi per Hospitalarios

Eodem anno Hospitalarii ceperunt insulam Rodi, in qua habitabant Turchi, et V alias insulas.

104. De occisione Alberti regis Romanorum

Anno Domini MCCCVIII in die beatorum Philippi et Iacobi[22] Albertus rex Romanorum a Ioanne duce dicto Anlant nepote suo occiditur, quia partem ducatus Austrie abstulit ei, licet esset verus heres.

105. De electione Henrici comitis de Lucellenburgk in regem Romanorum

[23]Eodem anno in die beate Katherine[24] principes Alemanie electores Henricum comitem de Lucellenburgk in regem Romanorum concorditer elegerunt[23].

106. De coronacione ipsius Aquisgrani

[25]Anno Domini MCCCIX idem electus in epiphania[26] Aquisgrani coronatur[25].

Verschiedene Begebenheiten 529

hatte, an Fremde übertragen, denn der Römische König Albrecht setzte seinen Sohn in diesem Reich ein.

103. Von der Einnahme der Insel Rhodos durch die Johanniter

In demselben Jahr nahmen die Johanniter die Insel Rhodos, auf der Türken wohnten, und fünf andere Inseln.

104. Von der Tötung des Römischen Königs Albrecht

Im Jahre des Herrn 1308 wurde der Römische König Albrecht am Tage der Apostel Philipp und Jakob[22] von Herzog Johann, genannt Ohneland, seinem Neffen, getötet, weil er ihm einen Teil des Herzogtums Österreich fortgenommen hatte, obwohl er der rechtmäßige Erbe war.

105. Von der Wahl des Grafen Heinrich von Luxemburg zum Römischen König

[23]In demselben Jahre wählten am Tage der heiligen Katharina[24] die Kurfürsten Deutschlands den Grafen Heinrich von Luxemburg einmütig zum Römischen König[23].

106. Von seiner Krönung in Aachen

[25]Im Jahre des Herrn 1309 wurde der Erwählte am Dreikönigstag[26] in Aachen gekrönt[25].

---

[22] 1. Mai.
[23-23] Vgl. Thol., Hist. XXIV,40 Sp. 1205—1206.
[24] 25. November; Wahltag war jedoch November 27.
[25-25] Vgl. Thol., Hist. XXIV,40 Sp. 1205—1206.
[26] 6. Januar.

107. De coronacione eiusdem apud Mediolanum

[27]Anno Domini MCCCXI in epiphania[28] eius Henricus rex Romanorum apud Mediolanum corona ferrea coronatur[27].

108. De morte X milium equitum Sarracenorum per Tartaros

[29]Hoc et anno Tartari cum Armenis et Gorgianis venerunt in Siriam et Palestinam et fugato Soldano ultra X milia equitum occiderunt[29].

109. De destructione ordinis Templariorum

[30]Anno Domini MCCCXII XI kalendis Aprilis tempore Henrici VII imperatoris ordo Templariorum a Clemente V papa non per sentenciam definitam, sed per provisionem sedis apostolice condempnatur in concilio Viennensi, qui fundatus fuit anno Domini MCXII sub Pascali papa II et Henrico V imperatore[30].

110. De coronacione regis Henrici in imperatorem

[31]Hoc anno Henricus VII rex Romanorum in ecclesia Lateranensi Rome in imperatorem coronatur a deposicione Friderici imperatoris II anno LXII[31].

111. De canonizacione sancti Petri quondam Celestini pape V

[32]Anno Domini MCCCXIII V die mensis Maii papa Clemens V canonizavit sanctum Petrum confessorem, qui fuit papa Celestinus V, et precepit festum suum XIIII die mensis Iunii observari[32].

[27-27] Vgl. Thol., Hist. XXIV,40 Sp. 1205—1206.
[28] 6. Januar.
[29-29] Vgl. Thol., Hist. ad a. 1311 Sp. 1235.

107. Von seiner Krönung in Mailand

[27]Im Jahre des Herrn 1311 wurde der Römische König Heinrich am Dreikönigstag[28] in Mailand mit der Eisernen Krone gekrönt[27].

108. Von der Tötung von 10000 Reitern der Sarazenen durch die Tataren

[29]Ebenfalls in diesem Jahr erschienen die Tataren zusammen mit Armeniern und Georgiern in Syrien und Palästina, schlugen den Sultan in die Flucht und töteten über 10000 Reiter[29].

109. Von der Zerstörung des Ordens der Templer

[30]Im Jahre des Herrn 1312 wurde am 22. März zur Zeit des Kaisers Heinrich VII. der Orden der Templer von Papst Clemens V. auf dem Konzil in Vienne nicht durch richterliche Entscheidung, sondern durch päpstliche Verfügung verurteilt; er war im Jahre des Herrn 1112 unter Papst Paschalis II. und Kaiser Heinrich V. gegründet worden[30].

110. Von der Krönung des Königs Heinrich zum Kaiser

[31]In diesem Jahr wurde Heinrich VII., der Römische König, in der Laterankirche in Rom zum Kaiser gekrönt im 62. Jahr nach dem Tod Kaiser Friedrichs II[31].

111. Von der Kanonisation des heiligen Petrus, des vormaligen Papstes Cölestin V.

[32]Im Jahre des Herrn 1313 kanonisierte Papst Clemens V. am 5. Mai den heiligen Petrus den Bekenner, der Papst Cölestin V. gewesen war, und setzte fest, seinen Festtag am 14. Juni zu feiern[32].

[30-30] Vgl. Thol., Hist. ad a. 1312 Sp. 1236.
[31-31] Vgl. Thol., Hist. ad a. 1312 Sp. 1238.
[32-32] Vgl. Thol., Hist. ad a. 1313 Sp. 1240; Guido, Flores ad a. 1313 S. 678.

112. De cometa

Eodem anno circa festum beati Georgii[33] aparuit cometa in sero X diebus vertens comam ad Italiam.

113. De morte Henrici imperatoris

[34]Eodem anno in die Bartolomei[35] Henricus imperator in comitatu Senensi mortuus est et sepultus Pisis[34]. X dies, quibus cometa aparuit, signabant X dies, quibus imperator infirmabatur ante mortem suam.

114. De defectu capture allecum in Prussia

Hoc anno captura allecum defecit in terra Prussie, que a tempore, cuius memoria non extitit, ibidem habundabat.

115. De tribus radiis solis et scissura collegii

[36]Anno Domini MCCCXIV kalendis Marcii apud Carpentrasium, ubi tunc curia Romana fuit, aparuerunt tres soles circa octavam horam, unus in oriente innaturalis, duo in meridie unus naturalis, alter contra cursum nature et diu duraverunt et quilibet suos radios emittebat[36]. Hoc fuit quoddam indicium et prodigium significans mortem pape et post mortem eius ad modicum scissuram collegii. Duravit tamen ista scissura per duos annos et IIII menses, antequam cardinales concordarent in electione futuri pape. Hoc idem signum simili modo aparuit tempore mortis Iulii Cesaris, ut scribit Comestor, et post mortem facta est scissura senatus.

Verschiedene Begebenheiten 533

112. Von einem Kometen

In demselben Jahr erschien um den Festtag des heiligen Georg[33] zehn Tage lang abends ein Komet, der seinen Haarschweif nach Italien wandte.

113. Vom Tode des Kaisers Heinrich

[34]In demselben Jahre starb Kaiser Heinrich am Bartholomäustag[35] in der Grafschaft Siena und wurde in Pisa begraben[34]. Die zehn Tage, an denen der Komet erschien, bedeuteten jene zehn Tage, an denen der Kaiser vor seinem Tode erkrankte.

114. Über den geringen Fangertrag von Heringen in Preußen

In diesem Jahr ging im Preußenland der Ertrag des Heringsfangs zurück, der hier seit unvordenklichen Zeiten Überfluß gebracht hatte.

115. Von drei Strahlen der Sonne und von der Spaltung des Kardinalkollegiums

[36]Im Jahre des Herrn 1314 erschienen am 1. März um die achte Tagesstunde in Carpentras, wo damals die römische Kurie weilte, drei Sonnen, eine unnatürliche im Osten, zwei im Süden, eine davon die natürliche, die andere entgegen dem Lauf der Natur, und sie waren lange Zeit vorhanden, und jede sandte ihre Strahlen aus[36]. Das war ein gewisses Vorzeichen und Wunder, das den Tod des Papstes und nach dessen baldigem Tod das Auseinandergehen des Kardinalkollegiums anzeigte. Es dauerte diese Spaltung freilich zwei Jahre und vier Monate, bevor sich die Kardinäle auf die Wahl des zukünftigen Papstes einigten. Dasselbe Zeichen erschien in ähnlicher Form zur Zeit des Todes von Julius Caesar, wie Comestor schreibt, und nach seinem Tode erfolgte ein Auseinandergehen des Senats.

---

[33] 23. April.
[34-34] Vgl. Thol., Hist. ad a. 1313 Sp. 1240.
[35] 24. August.
[36-36] Vgl. Thol., Hist. ad a. 1313 Sp. 1241.

116. De morte pape

[37]Eodem anno XIIII kalendas Maii moritur papa Clemens eo die revoluto anno, quo cometa incepit aparere[37].

117. De electione discordi Lodewici de Bavaria et Friderici ducis Austrie in regem Romanorum

Hoc eciam anno XII kalendas Novembris Lodewicus de Bavaria et Fridericus dux Austrie in discordia sunt electi in regem Romanorum tempore, quo sedes apostolica vacavit XXVIII mensibus, et duravit inter eos hec discordia usque ad annum Domini MCCCXXII, ubi in vigilia Michaelis[38] Lodewicus dux Bavarie post multa bella inter se habita Fridericum ducem Austrie cepit in bello et captum detinuit II annis. Extunc facta fuit concordia inter ipsos.

118. De papa Ioanne XXII et electis

Anno Domini MCCCXVI Ioannes XXII papa cum hiis electis in discordia regnavit.

119. De canonizacione sancti Lodewici fratris regis Roberti de Sicilia

[39]Anno Domini MCCCXVII Ioannes papa beatum Lodewicum germanum Roberti regis Sicilie ordinis fratrum Minorum canonizavit et precepit diem natalis sui V die post assumpcionem beate virginis celebrari[39].

116. Vom Tode des Papstes

[37]In demselben Jahr starb am 18. April Papst Clemens an dem Tage, an dem vor einem Jahr der Komet zu erscheinen begann[37].

117. Von der zwiespältigen Wahl Ludwigs von Bayern und des Herzogs Friedrich von Österreich zum Römischen König

Ebenfalls in diesem Jahr wurden am 21. Oktober Ludwig von Bayern und Herzog Friedrich von Österreich in zwiespältiger Wahl zum Römischen König erhoben, zu der Zeit, als der Apostolische Stuhl schon 28 Monate lang unbesetzt war, und diese Spaltung unter ihnen dauerte bis zum Jahre des Herrn 1322, in dem Herzog Ludwig von Bayern am Tage vor Sankt Michael[38] den Herzog Friedrich von Österreich nach vielen Kämpfen mit ihm in der Schlacht fing und zwei Jahre lang in Haft hielt. Von da an herrschte Einvernehmen zwischen ihnen.

118. Von Papst Johannes XXII. und den Elekten

Im Jahre des Herrn 1316 herrschte Papst Johannes XXII. mit diesen aus zwiespältiger Wahl hervorgegangenen Elekten.

119. Von der Kanonisierung des heiligen Ludwig, des Bruders des Königs Robert von Sizilien

[39]Im Jahre des Herrn 1317 kanonisierte Papst Johannes den heiligen Ludwig, den Bruder des Königs Robert von Sizilien und Bruder des Minoritenordens, und setzte fest, daß dessen Geburtstag, der fünfte Tag nach der Himmelfahrt der heiligen Jungfrau, gefeiert werde[39].

[37-37] Vgl. Thol., Hist. ad a. 1313 Sp. 1242. Hier die richtige Datierung „XII kal. maii", also 20. April.
[38] 28. September.
[39-39] Vgl. Guido, Flores ad a. 1317 S. 680. Die Vorlage bietet gegenüber Dusburgs Datum (19. August) den Festtag 9. April.

120. De combustione leprosorum in Francia

Anno Domini MCCCXX leprosi in Francia combusti fuerunt. Referebatur enim, quod ipsi veneno aquas infecissent, de quo plures homines et pecora perierunt.

121. De quodam miraculo

Anno Domini MCCCXXI in partibus Sclavie tres viri accusati de propinacione veneni missi fuerunt in ferventem aquam, quorum duo statim suffocati sunt, tercius propter innocenciam illesus exivit.

122. De resuscitacione cuiusdam pueri mortui in terra Prussie in castro Brandenburgk

Anno Domini MCCCXXII in terra Prussie in castro Brandenburgk Thomas filius Hertwigi de Pokarwis vixit, qui, cum esset IIII annorum, mortuus fuit et revixit virtute ligni Dominici, quod antea frater de Vleckenstein de Reno illuc tulerat et frater Gevehardus de Mansvelt semel proiecit in ignem et de igne resiliit pluribus videntibus ad probandum, quod esset verum lignum crucis, in qua Cristus pependit.

123. De guttis sanguinis, que stillabant de pane in terra Prussie in castro Cristburgk

Anno Domini MCCCXXIIII Andreas carpentarius in castro Cristburgk terre Prussie dum in cena esset, de pane, quem tinxerat in cervisiam, gutte sanguinis stillabant, quod commensales sui dum de aliquo vulnere crederent emanare, circumspicientes diligenter et os et faciem et manus eius non invenerunt alicuius vestigium lesionis, unde de hoc facto plures fuerunt admirati.

120. Von der Verbrennung Aussätziger in Frankreich

Im Jahre des Herrn 1320 wurden in Frankreich Aussätzige verbrannt. Es wurde nämlich berichtet, daß sie mit Gift das Wasser infiziert hätten, wodurch viele Menschen und viel Vieh zugrunde gingen.

121. Von einem Wunder

Im Jahre des Herrn 1321 wurden im Slavenland drei Männer angeklagt, Gift verabreicht zu haben, und in kochendes Wasser getaucht; zwei von ihnen erstickten sofort, der dritte ging daraus wegen Unschuld unverletzt hervor.

122. Von der Wiedererweckung eines toten Jungen im Preußenland in der Burg Brandenburg

Im Jahre des Herrn 1322 lebte im Preußenland in der Burg Brandenburg Thomas, der Sohn des Hertwig von Pokarben, der im Alter von vier Jahren starb und das Leben zurückerlangte durch die Wunderkraft des Kreuzes des Herrn, das Bruder von Fleckenstein vom Rhein früher dorthin gebracht hatte und das einmal Bruder Gebhard von Mansfeld ins Feuer warf, aus dem es vor vielen Augenzeugen zum Beweis dafür heraussprang, daß es wahrhaftig das Holz des Kreuzes war, an dem Christus hing.

123. Von Blutstropfen, die im Preußenland in der Burg Christburg vom Brot herabträufelten

Als im Jahre des Herrn 1324 der Zimmermann Andreas in der Burg Christburg im Preußenland beim Essen saß, träufelten von dem Brot, das er in Bier eingetaucht hatte, Blutstropfen herab, und weil seine Tischgenossen meinten, es tropfe aus irgendeiner Wunde, betrachteten sie bei ihm eingehend Mund, Gesicht und Hände, fanden jedoch nicht die Spur einer Verletzung; so gerieten viele über diesen Vorfall in Verwunderung.

124. De occisione multorum milium de parte Gelphorum in Ytalia

Anno Domini MCCCXXV in Ytalia de parte Gelphorum multa milia per Gebellinos sunt occisa.

125. De vastacione terre Ungarie et XXX milium Tartarorum interfectione

Anno Domini MCCCXXVI rex Ungarie de exercitu Tartarorum, qui regnum suum depopulaverant, XXX milia interfecit.

ᵍFINIS PRIME CRONICE PETRI DE DUSBURGᵍ

SUPPLEMENTUMʰ

1. De evangelio: [40]*In principio erat verbum*[40]

Eodem anno frater Wernerus magister generalis in capitulo generali instituit[41], ut in reverenciam et honorem incarnacionis Domini nostri Iesu Cristi singulis diebus finita summa missa clerici evangelium: „[42]*In principio erat verbum*[42]", cum versiculo: „[43]*Ostende nobis, Domine, misericordiam tuam*[43]" et collecta: „Omnipotens sempiterne Deus, dirige actus nostros in beneplacito tuo" legerent, et dum dicerent: „[44]*Et verbum caro factum est*[44]", fratres flecterent genua sua usque ad finem collecte.

2. De edificacione castri Morungen

Anno Domini MCCCXXVII frater Hermannus commendator de Elbingo et hospitalarius domus principalis civitatem dictam Mo-

---

ᵍ⁻ᵍ Nur in T.
ʰ Von Hartknoch zugefügt.
[40—40] Jo 1,1.

124. Von der Tötung vieler Tausende von der Partei der Guelfen in Italien

Im Jahre des Herrn 1325 wurden in Italien von der Partei der Guelfen viele Tausend durch die Ghibellinen getötet.

125. Von der Verwüstung des Landes Ungarn und der Tötung von 30000 Tataren

Im Jahre des Herrn 1326 tötete der König von Ungarn vom Heer der Tataren, das sein Reich verwüstet hatte, 30000 Mann.

ENDE DER ERSTEN CHRONIK DES PETER VON DUSBURG

SUPPLEMENTUM

1. Vom Evangelium „[40]Im Anfang war das Wort[40]"

In demselben Jahr legte der Hochmeister Bruder Werner auf dem Generalkapitel[41] fest, zu Lob und Ehre der Menschwerdung unseres Herrn Jesus Christus sollten an jedem Tag nach Beendigung des Hochamts die Geistlichen das Evangelium „[42]Im Anfang war das Wort[42]" mit dem Vers „[43]Zeig uns, Herr, Deine Barmherzigkeit[43]" und dem Gebet „Allmächtiger und ewiger Gott, lenke unsere Taten nach Deinem Wohlgefallen" lesen; während sie sprächen „[44]Und das Wort ist Fleisch geworden[44]", sollten die Brüder niederknien bis zum Ende des Gebetes.

2. Vom Bau der Burg Mohrungen

Im Jahre des Herrn 1327 gründete Bruder Hermann, der Komtur von Elbing und Spittler des Haupthauses, in der Nähe der Stadt Saalfeld die

---

[41] Vgl. die Gesetze Werners von Ursel bei Perlbach, Statuten S. 147—148, Kap. 2.
[42—42] Jo 1,1.
[43—43] Ps 84,8.
[44—44] Jo 1,14.

rungen circa civitatem Salfelt nomen suum trahens a stagno, in cuius sita est littore, instauravit.

3. De destructione castri Cristmemele

Anno MCCCXXVIII castrum Memelburgk, quod fratres de Lyvonia edificaverunt anno Domini MCCLII et sub dicione fuit eorum usque ad presens tempus, translatum fuit ad fratres de Prussia. Unde castrum Cristmemela, quod frater Carolus magister edificavit, est in die beati Petri ad vincula[45] desolatum.

4. De prenosticacione huius destructionis

Huius castri destructionem prenosticacio aliqua precessit. Anno Domini MCCCXXVII eodem tempore anni, quo sequenti anno destructio facta fuit, tres fratres in cenaculo dicti castri circa crepusculum steterunt, cum adhuc pauce stelle apparerent, et viderunt unam stellam in plaga aquilonis, que pretermisso naturali cursu retrogrado celeriter cucurrit ultra C passus et stetit ibi nec fuit reversa, licet dicti fratres reversionem eius diucius expectarent.

5. Item de eodem

Anno Domini MCCCXXVIII fuit terre motus in dicto castro et non alibi et quaciebatur terra tam horribiliter, quod edificia alta minabantur ruinam, ita quod hii, qui in edificiis fuerant, volebant iam saltare ad terram, ut evaderent mortem.

6. De vastacione territorii castri Garthe

Eodem tempore LX fratres et familia virorum de Prussia exierunt versus castrum Gartham, et dum intelligerent eos premoni-

Stadt Mohrungen, die ihren Namen nach dem See trägt, an dessen Ufer sie liegt.

3. Von der Zerstörung der Burg Christmemel

Im Jahre des Herrn 1328 wurde die Burg Memel, die die Brüder von Livland im Jahre des Herrn 1252 erbauten und die bis zur Gegenwart unter ihrer Gewalt stand, den Brüdern von Preußen übergeben. Daher wurde die Burg Christmemel, die der Hochmeister Bruder Karl erbaut hat, an Sankt Petri Kettenfeier[45] aufgegeben.

4. Von der Vorhersage dieser Zerstörung

Der Zerstörung dieser Burg war eine Weissagung vorhergegangen. Im Jahre des Herrn 1327 standen zur selben Jahreszeit, in der im folgenden Jahr die Zerstörung erfolgte, drei Brüder in der Dämmerung im Speisesaal der Burg, als erst wenige Sterne erschienen waren, und sahen im Norden einen Stern, der unter Verlassen seines natürlichen Laufs schnell über 100 Schritte rückwärts sich bewegte, dort stehenblieb und nicht zurückkehrte, obwohl die Brüder seinen Rücklauf längere Zeit abwarteten.

5. Nochmals davon

Im Jahre des Herrn 1328 gab es in jener Burg ein Erdbeben, das es anderswo nicht gab, und die Erde erzitterte so schrecklich, daß hohe Gebäude zusammenzustürzen drohten und daß die, die sich in ihnen aufhielten, schon auf den Erdboden niederspringen wollten, um dem Tod zu entgehen.

6. Von der Zerstörung des Gebiets der Burg Garthen

Zu derselben Zeit zogen 60 Brüder und ein Aufgebot von Preußen zur Burg Garthen, und sobald sie feststellten, daß die Bewohner vorgewarnt

---

[45] 1. August.

tos esse, miserunt CCCC viros, qui intraverunt territorium dicti castri et depredaverunt id et reversi sunt ad exercitum fratrum. Altera die dum Lethowini crederent fratres rediisse ad terram suam et irent ad agros suos, extunc fratres cum toto exercitu suo intraverunt potenter dictam terram et usque ad sex leucas eam depopulati sunt incendio et rapina. Plures eciam nobiles de dicto castro cum omni domo et familia sua usque XCIIII animas adiuncti sunt fratribus et venientes in Prussiam baptismi graciam perceperunt.

7. De destructione preurbii

Per id tempus fratres de Raganita cum LXXX viris intraverunt preurbium et moverunt bellum contra castrenses de Puthenica, ad quod venerant pridie CC viri hospites, et fratres nesciebant. Et intrantes mane in ortu diei, cum adhuc quiescerent in strato suo, irruerunt improvise in eos et viros et mulieres et parvulos, qui effugere non poterant, occiderunt et deinde preurbium cremaverunt.

8. De combustione preurbii castri Oukaym

Non longe autem post iidem fratres de Raganita cum suis subditis preurbium castri Oukaym dormientibus castrensibus intraverunt et totaliter cremaverunt et preter IIII viros, qui in castro fuerant, et preter paucos, qui effugerant, omnes alii cum uxoribus, liberis, pecoribus et pecudibus aut igne aut gladio sunt consumpti.

9. De castrensibus Medewage

Anno Domini MCCCXXIX Ioannes de Luccelburgk rex Bohemie cum nobilibus regni sui et duce Slesie de Valkenbergk et comitibus de Lininge[i], de Otinge[k], de Niuenar, de Wilnow[l], Hanaw,

[i] Lunge T.
[k] Aetinge T.
[l] Wallrode T.

worden waren, sandten sie 400 Mann aus, die in das Gebiet der Burg eindrangen, es verheerten und zum Heer der Brüder zurückkehrten. Als die Litauer am nächsten Tag glaubten, die Brüder seien in ihr Land abgezogen, und auf ihre Äcker gingen, da fielen die Brüder mit ihrem gesamten Heer mit aller Gewalt in das Land ein und verwüsteten es sechs Meilen tief mit Brand und Raub. Mehrere Adelige aus dieser Burg schlossen sich mit ihrem ganzen Haus und Gesinde, an die 94 Köpfe, den Brüdern an, und als sie nach Preußen kamen, empfingen sie die Gnade der Taufe.

7. Von der Zerstörung einer Vorburg

Zu derselben Zeit zogen die Brüder von Ragnit mit 80 Mann in die Vorburg von Putenicka und eröffneten den Kampf gegen die Burgmannen, zu denen tags zuvor 200 Mann Gäste gestoßen waren, wovon die Brüder nichts wußten. Die Brüder drangen am frühen Morgen bei Tagesanbruch ein, als diese noch auf ihren Lagern ruhten, fielen unversehens über sie her, töteten die Männer, Frauen und Kinder, die nicht entfliehen konnten, und legten dann die Vorburg in Asche.

8. Vom Niederbrennen der Vorburg der Burg Oukaym

Nicht lange danach drangen dieselben Brüder von Ragnit mit ihren Leuten in die Vorburg der Burg Oukaym ein, während die Burgmannen schliefen, und brannten sie vollständig nieder, und außer vier Männern, die in der Burg waren, und einigen wenigen, denen die Flucht gelang, verfielen alle anderen mit den Frauen, Kindern und allem Vieh entweder dem Feuer oder dem Schwert.

9. Von den Burgmannen von Medewaga

Im Jahre des Herrn 1329 kam Johannes von Luxemburg, der König von Böhmen, mit den Adeligen seines Reiches, dem Herzog von Falkenberg aus Schlesien, den Grafen von Leiningen, von Öttingen, von Neuenahr, von Weilnau, von Hanau, von Württemberg, von Schauenberg, von Fal-

de Wirtenbergk, de Scowenbergk et de Valkensteyn et dominis de Kerpin, de Gera, de Berga, de Rotenstein, de Damis, de Kotebus, de Misna et burgravio de Dona et cum multis nobilibus regni Alemannie et Anglie intravit in terram Prussie. Cum hiis omnibus frater Wernerus et fratres CC et XVIII milia pugnatorum preter pedites ivit versus Lethowiam et in vigilia purificacionis beate Marie[46] obsedit castrum Medewage[m]; et post multas impugnaciones subdiderunt se fidei Cristiane et VI milia hominum dicti castri sunt in nomine Domini baptizati, sed non longe post apostataverunt.

10. De destructione terre Colmensis

Medio tempore, quo hec agerentur, et eodem die Lotheco rex Polonie maliciam, quam diu conceperat, adimplevit et cum VI milibus pugnatorum dolose non obstantibus treugis, quas cum rege Bohemie et magistro fecerat, intravit terram Colmensem et V diebus et V noctibus vastavit incendio et rapina. Ecce stupendum et exsecrabile nefas: Iste rex antea fuit dux et noviter a sede apostolica in regem institutus[47], ut esset sancte ecclesie, fidei et fidelium eo diligencior et fidelior et magis strenuus propugnator. Nunc autem non solum non defendit cetum fidelium, sed eos, qui defendunt, crudeliter impugnat. Et quod deterius est: Cum rex Bohemie et magister et exercitus eorum essent in actu impugnandi infideles et vindicandi iniuriam Domini crucifixi, ipse maliciam, quam supra diximus, perpetravit.

11. De prenosticacione belli

Anno Domini MCCCXXIX ultima die mensis Ianuarii in ipsa nocte, que precessit vigiliam purificacionis beate Marie[48], quidam Pruthenus vigil in castro Girdavie vigilans audivit tonitrua et coruscaciones et posthec vidit in aere innumeros viros enses evaginatos vibrare; deinde vidit lucem maximam in quatuor plagis terre et in medio lucis crucem fulgidam, cuius summum brachium, quod

[m] Mederage T.

kenstein, den Herren von Kerpen, von Gera, von Berga, von Rotenstein, von Dahme, von Kottbus, von Meißen und dem Burggrafen von Dohna sowie mit vielen Adeligen aus dem deutschen Reich und aus England ins Preußenland. Mit all diesen zog Bruder Werner mit 200 Brüdern und 18000 Kriegern außer den Fußtruppen nach Litauen und belagerte am Tag vor Mariä Reinigung[46] die Burg Medewaga, und nach vielen Anstürmen unterwarfen sich die Litauer dem christlichen Glauben, und es wurden 6000 Menschen dieser Burg im Namen des Herrn getauft, die aber bald darauf wieder abfielen.

10. Von der Zerstörung des Kulmerlands

Während dieses geschah, vollbrachte König Lokietek von Polen an demselben Tag das, was er schon lange geplant hatte, und fiel mit 6000 Mann voller Trug, trotz des mit dem König von Böhmen und dem Hochmeister abgeschlossenen Friedens, in das Kulmerland ein und verwüstete es fünf Tage und fünf Nächte lang durch Brand und Raub. Wie unerhört und fluchwürdig ist doch diese Schandtat: Jener König war vorher Herzog, unlängst ist er vom Apostolischen Stuhl zum König eingesetzt worden[47], damit er für die heilige Kirche, den Glauben und die Gläubigen ein um so eifrigerer, ergebenerer und tüchtigerer Vorkämpfer sei. Nun aber verteidigt er die Schar der Gläubigen nicht nur nicht, sondern er bekämpft auch jene grausam, die sie verteidigen. Und was noch schlimmer ist: Während der König von Böhmen und der Hochmeister und deren Heer dabei waren, die Heiden zu bekämpfen und das dem gekreuzigten Herrn widerfahrene Unrecht zu rächen, verübte er jene Missetat, von der gerade die Rede war.

11. Von der Weissagung des Krieges

Im Jahre des Herrn 1329 hörte am letzten Januartag in der Nacht vor dem Tag vor Mariä Reinigung[48] ein Pruße, der als Wächter auf der Burg Gerdauen Dienst tat, Donnergetöse und Blitzen und bemerkte danach in der Luft unzählige Männer, wie sie ihre gezogenen Schwerter schwangen; sodann erblickte er sehr helles Licht in den vier Himmelsrichtungen und in der Mitte des Lichts ein glänzendes Kreuz, dessen oberster Arm, wel-

[46] 1. Februar.
[47] Wladyslaws Erhebung zum König erfolgte 1320 Januar 20.
[48] 31. Januar.

se extendit ad orientem, primum cepit oriri, deinde paulatim proximum brachium ad occidentem, post hoc brachium dextrum ad meridiem et sinistrum brachium ad aquilonem. Tandem venit turbo magnus, qui involvens hec omnia secum duxit versus orientem in Lethowiam. Et tum disparuerunt omnia etc.

12. De destructione castri Wischerat

Licet Dominus in Deuteronomio dicat[49]: *Mea est ulcio et ego retribuam,* iterum tamen [50]Mattathias cum appropinquaret tempus moriendi, dixit filiis suis[50]: „[51]Mementote operum patrum vestrorum, que fecerunt in generacionibus suis, et accipietis gloriam magnam et nomen eternum[51]." Et interpositis quibusdam addit: „[52]Vindicate vindictam populi vestri et retribuite retribucionem hostibus vestris[52]." Et alibi [53]interfectis hiis, qui non resistentes hostibus in simplicitate sua mortui sunt[53], [54]dixit vir proximo suo: „Si fecerimus omnes sicut fratres nostri et non pugnaverimus adversus hostes pro animabus nostris et iustificacionibus nostris, cicius disperdent nos a terra."[54] Hiis et aliis sacre scripture monitis salubriter eruditi magister et fratres terram Prussie sub innumeris expensis et angustiis de manibus infidelium ereptam et fidem inibi multorum nobilium sanguine complantatam contra dicti regis impugnacionem defendere decreverunt propter hoc res et corpora exponentes. Magister igitur congregato magno exercitu misit eum in Poloniam anno supradicto in estate et obsedit castrum Wischerat regis Polonie, in quo habitabant viri scelerati, famosi in malicia sua, qui pretereuntes homines facto navigio in Wisela spoliabant rebus suis eosque captivaverunt aut occiderunt, et nullus poterat eos evadere sine damno et hoc continuaverunt multis annis in grave preiudicium fratrum et suorum et post multas impugnaciones tandem intraverunt potenter et [55]percusserunt peccatores in ira sua[55] et viros iniquos cum indignacione sua et captis omnibus et occisis castrum cum indignacione penitus cremaverunt.

[49] Dt 32,35.

cher sich nach Osten erstreckte, sich als erster zu bilden begann, dann allmählich der nächste, westwärts gerichtete Arm, danach der nach Süden weisende rechte und der linke, der nach Norden zeigte. Schließlich brach ein großer Sturmwind los, der alles das einhüllte und mit sich ostwärts nach Litauen führte. Danach verschwand alles usw.

12. Von der Zerstörung der Burg Wissegrad

Obwohl der Herr im Deuteronomium sagt[49]: „Mein ist die Rache, ich werde vergelten", sagte [50]Mattathias dagegen, als die Zeit zu sterben herannahte, zu seinen Söhnen[50]: „[51]Seid eingedenk der Werke eurer Väter, die sie zu ihren Zeiten vollbracht haben, und ihr werdet großen Ruhm und einen unvergänglichen Namen erhalten[51]." Etwas später fügte er hinzu: „[52]Übt die Rache für euer Volk und zahlt es euren Feinden heim[52]." Und an anderer Stelle, als [53]die getötet waren, die ohne Widerstand gegen die Feinde in ihrer Einfalt fielen[53], [54]sagte er zu seinem Nächsten: „Wenn wir alle tun wie unsere Brüder und nicht gegen die Feinde für unser Leben und unser Gesetz kämpfen, dann werden sie uns bald von der Erde vertilgen."[54] Durch diese und andere Mahnworte der Heiligen Schrift heilsam belehrt, beschlossen der Meister und die Brüder, das unter unzähligem Aufwand und Mühen den Händen der Heiden entwundene Preußenland und den dort mit dem Blut vieler Edler eingepflanzten Glauben gegen den Angriff des erwähnten Königs zu verteidigen und dafür Gut und Leben einzusetzen. Deshalb brachte der Meister ein großes Heer zusammen und schickte es im vorgenannten Jahr im Sommer nach Polen, und es belagerte die Burg Wissegrad des Königs von Polen, in der verbrecherische Männer lebten, berüchtigt wegen ihrer Bosheit, welche die zu Schiff auf der Weichsel vorüberziehenden Menschen ihrer Güter beraubten, sie gefangennahmen oder töteten; keiner konnte ihnen ohne Schaden entkommen, und das trieben sie viele Jahre lang zum schweren Nachteil der Brüder und ihrer Leute; nach vielen Angriffen drangen sie schließlich mit aller Gewalt in die Burg ein, [55]durchbohrten in ihrem Zorn und ihrer Entrüstung die Sünder[55] und Missetäter, fingen und töteten alle und verbrannten in ihrer Entrüstung die Burg bis auf den Grund.

[50-50] Vgl. 1 Makk 2,49.
[51-51] Vgl. 1 Makk 2,51.
[52-52] Vgl. 1 Makk 2,67—68.
[53-53] Vgl. 1 Makk 2,37f.
[54-54] Vgl. 1 Makk 2,40.
[55-55] Vgl. 1 Makk 2,44.

13. De destructione castrorum Nakel et plurium

Eodem anno et estate venit alius exercitus fratrum et terram circumiacentem civitatem Brist vastaverunt incendio et rapina. Et hoc facto processit exercitus et obsedit quoddam castrum, ubi obsessi tradiderunt id sub hiis pactis, ut salvis rebus recederent. Deinde processit exercitus predictus ad duo castra alia et ad castrum Nakel, que tria castra expugnaverunt violenter successive, et captis omnibus et occisis castra in cinerem converterunt. In hoc castro fuit capitaneus quidam Henricus nomine miles, qui indifferenter clericos et laicos, religiosos et seculares et quoscunque pretereuntes spoliavit et crudeliter molestavit. Hic captus fuit a fratribus, et cum quererent ab eo, cur tot et tanta mala perpetrasset, respondit: „Quia mihi nullus prohibuit aut defendit." Ecce quomodo impunitas scelerum intencionem tribuit delinquendi.

14. De vastacione territorii Wayken

Anno Domini MCCCXXX comes de Marcha et de Vianda[n] et germanus comitis de Iuliaco cum multis militibus et nobilibus de Alemannia venerunt ad terram Prussie et tempore hyemali magister venit ad terram et misit cum eis C fratres et tria milia equitum, qui intrantes terram Lethowie territorium, quod dicitur Wayken, incendio vastaverunt, et quia homines longe ante premoniti fuerunt, predam modicam receperunt.

15. De exustione castri Iedemini et suburbii

Eodem tempore fratres de Raganita cum suis subditis occulte in ortu diei dormientibus Lethowinis intraverunt suburbium castri Iedemini et totum illud cum hominibus, mulieribus et parvulis et omni supelectili penitus combusserunt preter XII viros, qui ad castrum fugientes mortis iudicium evaserunt.

[n] Manda alle Codd.; Viant bei Jeroschin.

13. Von der Zerstörung der Burg Nakel und weiterer

Im Sommer desselben Jahres zog ein zweites Heer der Brüder aus und verwüstete das Gebiet um die Stadt Brest mit Brand und Raub. Danach rückte das Heer weiter vor und belagerte eine Burg, die die Belagerten unter der Bedingung übergaben, daß sie unbeschadet ihres Besitzes abziehen könnten. Sodann zog das Heer weiter zu zwei anderen Burgen und zur Burg Nakel, und diese drei Burgen erstürmte es nacheinander mit Gewalt, alle Bewohner wurden gefangen und getötet, die Burgen in Asche gelegt. In der Burg Nakel war der Anführer ein Ritter namens Heinrich, der unterschiedslos Geistliche und Laien, Ordensleute und Weltliche und jeden beliebigen Vorüberziehenden ausbeutete und grausam bedrückte. Dieser wurde von den Brüdern gefangen, und als sie ihn fragten, warum er so viele schlimme Missetaten verübt habe, antwortete er: „Weil mir das niemand verbot oder mich daran hinderte." Sieh an, wie das Nichtbestrafen von Verbrechen dem Trieb zu sündigen aufhilft.

14. Von der Verwüstung des Gebiets Wayken

Im Jahre des Herrn 1330 kamen der Graf von der Mark, der von Vianden und der Bruder des Grafen von Jülich mit vielen Rittern und Adeligen aus Deutschland ins Preußenland, und im Winter kam auch der Hochmeister ins Land und schickte mit ihnen 100 Brüder und 3000 Reiter aus, die in das Land Litauen eindrangen und das Gebiet Wayken durch Brand verwüsteten; weil aber die Menschen lange vorgewarnt waren, trugen sie nur wenig Beute davon.

15. Von der Verbrennung der Gedimin-Burg und der Vorburg

Zu derselben Zeit drangen die Brüder von Ragnit mit ihren Leuten heimlich bei Tagesanbruch, als die Litauer noch schliefen, in die Vorburg der Gedimin-Burg ein und brannten sie samt den Männern, Frauen und Kindern sowie allem Hausrat vollständig nieder, ausgenommen 12 Männer, die durch ihre Flucht in die Burg dem sicheren Tod entkamen.

16. De destructione civitatis Rigensis

Anno predicto, scilicet MCCCXXX, tempore paschali cum iam civitas Rigensis fere per annum obsessa fuisset, immortalis, ut quondam estimabatur, discordia inter cives Rigenses ex una parte et fratres domus Theutonice de Lyvonia ex altera mortem subiit temporalem, quod invalescente fame et sedicione, que timebatur inter rectores civitatis et communem populum, coacti sunt cives se et sua et civitatem et libertates et omnia iura et privilegia sua tradere in manus fratris Eberhardi de Monheim magistri terre Lyvonie et fratrum, ut de hiis omnibus ordinarent et disponerent [56]secundum sue beneplacitum voluntatis[56]. Et non intravit civitatem magister, priusquam fossata essent impleta cum muro in longitudine XXX cubitorum. Et dixit quedam mulier: „Utique iste magister valde grossus est in corpore, qui requirit tantum spacium et non intrat per alias portas sicut ceteri homines Cristiani".

17. De vastacione terre Colmensis

Eodem anno in autumno Lotheco rex Polonie cum omnibus equitibus regni sui et multis stipendiariis et VIII milibus, quos ei misit rex Ungarie de populo suo in subsidium, intravit potenter terram Colmensem et obsedit civitatem et castrum Schonese et post hoc venit ante castrum Lypam nec tamen horum aliquod impugnavit, sed X diebus terram predictam rapina et incendio molestavit. Tandem deficientibus victualibus et pactis quibusdam intervenientibus recessit.

18. De quodam miraculo

In hoc exercitu fuit quidam comes magister Wilhelmus capitaneus Ungarorum, cui beata virgo apparuit in visione noctis tempore, cum iaceret in strato suo, et duris verbis eum increpans ait: „Quare destruis terram meam multorum Cristianorum sanguine

16. Von der Zerstörung der Stadt Riga

In demselben Jahr 1330, als zur Osterzeit die Stadt Riga schon fast ein Jahr lang belagert worden war, fand der immerwährende — wie man einmal meinte — Streit zwischen den Bürgern von Riga einerseits und den Brüdern vom Deutschen Hause in Livland andererseits ein vorübergehendes Ende, weil die Bürger durch Überhandnehmen des Hungers und wegen des zwischen den führenden Leuten der Stadt und dem einfachen Volk befürchteten Aufruhrs gezwungen waren, sich, ihre Habe, die Stadt, ihre Freiheiten, alle ihre Rechte und Privilegien in die Hand des Bruders Eberhard von Monheim, des Meisters von Livland, und der Brüder zu überantworten, so daß diese über all jenes bestimmen und [56]nach ihrem Belieben und Dafürhalten[56] verfügen konnten. Auch betrat der Meister die Stadt nicht früher, als bis die Gräben in einer Länge von 30 Ellen mit den Brocken der Stadtmauer angefüllt waren. Eine Frau sagte dazu: „Sicherlich ist jener Meister körperlich so dick, daß er so viel Platz braucht und nicht durch die anderen Stadttore hereinkommen kann wie andere Christen."

17. Von der Verwüstung des Kulmerlands

In demselben Jahr fiel im Herbst König Lokietek von Polen mit allen Reitern seines Reiches und vielen Söldnern sowie 8000 Mann, die ihm der König von Ungarn von seinem Kriegsvolk zur Unterstützung geschickt hatte, mit Macht in das Kulmerland ein und belagerte Stadt und Burg Schönsee; danach zog er vor die Burg Leipe, griff jedoch keine von ihnen an, sondern beunruhigte das Land zehn Tage lang durch Rauben und Brennen. Als ihm schließlich die Lebensmittel ausgingen und bestimmte Verträge geschlossen wurden, zog er sich zurück.

18. Von einem Wunder

In diesem Heer befand sich ein gewisser Graf Magister Wilhelm, der Anführer der Ungarn, dem die heilige Jungfrau nachts im Traumgesicht erschien, als er auf seinem Lager ruhte. Mit harten Worten schalt sie ihn und sagte: „Warum zerstörst du mein Land, das mit vieler Christen Blut

---

[56-56] Vgl. Eph 1,9.

plantatam? Si non recesseris, scito, quod mala morte brevi morieris."

19. De vindicta Domini

Medio tempore, quo Ungari terram Colmensem destruerent, rex Ungarie cum maximo exercitu processit contra regem quendam subditum suum[57]. Dum regnum illius invaderet, rustici illius regionis arbores sylve, per quam oportebat Ungaros redeundo transire, serris preciderunt per medium, ut dum una caderet, tangendo aliam deprimeret, et sic deinceps. Unde factum est, ut dum in reditu intrassent Ungari dictam sylvam et rustici predicti moverent arbores, cecidit una super aliam, et sic cadentes omnes ex utraque parte oppresserunt magnam multitudinem Ungarorum. Ecce licet Deus natura sit bonus, placidus [58]et misericors, paciens et multe misericordie[58], tamen secundum prophetam Naum est eciam [59]*ulciscens Dominus et habens furorem, ulciscens Dominus in hostes suos et irascens ipse inimicis suis*[59]. Quomodo ergo poterat Dominus in paciencia et misericordia tolerare, quod iste rex Ungarie gentem suam miserat ad destruendam terram Cristi et matris sue et fratrum inibi habitancium, qui quotidie parati sunt exponere res et corpus, ut vindicent iniuriam Domini crucifixi? Utique sine ulcione non poterat Dominus pertransire.

20. De morte magistri generalis

Anno predicto, scilicet MCCCXXX, in octava sancti Martini hyemalis[60] frater Ioannes de Endorph Saxo nacione ordinis domus Theutonice instigante dyabolo et propria iniquitate fratrem Wernerum magistrum generalem, dum cantatis vesperis exiret de ecclesia, interfecit, quod ipsum pro suis excessibus increpabat. O Ioannes fratricida, [61]quid fecisti? En sanguis fratris tui clamat ad Deum de terra[61]. [62]Quis unquam audivit talia horribilia[62]? Perpe-

---

[57] Gemeint ist Karls I. Zug gegen den Wojewoden der Walachei Basarab (1330).
[58-58] Vgl. Joel 2,13.
[59-59] Vgl. Nah 1,2.

begründet ist? Wenn du nicht zurückgehst, dann wisse, daß du alsbald eines üblen Todes sterben wirst."

19. Von der Rache des Herrn

Während der Zeit, in der die Ungarn das Kulmerland zerstörten, zog der König von Ungarn mit sehr großem Heer gegen einen ihm untergebenen König[57]. Als er in dessen Reich einfiel, schnitten die Bauern dieses Gebietes die Bäume des Waldes, durch den die Ungarn den Rückweg zu nehmen hatten, mit Sägen so bis zur Mitte an, daß, wenn einer fiele, er den zweiten durch Berührung niederreißen würde, und so fort. Als die Ungarn auf ihrem Rückzug diesen Wald betreten hatten und die Bauern die Bäume in Bewegung setzten, fiel ein Baum über den anderen, und so stürzten die Bäume alle von beiden Seiten und erdrückten eine große Menge von Ungarn. Siehe, obwohl Gott von Natur aus gut, sanftmütig [58]und barmherzig, langmütig und voll Mitleid[58] ist, so ist er nach dem Propheten Naum auch ein [59]rächender Herr und voller Zorn, ein rächender Herr für seine Feinde und zürnend seinen Widersachern[59]. Wie also konnte der Herr in seiner Nachsicht und Barmherzigkeit zulassen, daß jener König von Ungarn sein Volk ausschickte, das Land Christi, seiner Mutter und der dort lebenden Brüder zu zerstören, die täglich bereit sind, Gut und Leben einzusetzen, um das dem gekreuzigten Herrn widerfahrene Unrecht zu rächen? Sicherlich konnte der Herr das ohne Vergeltung nicht vorübergehen lassen.

20. Vom Tod des Hochmeisters

In demselben Jahr 1330 tötete an der Oktav von Sankt Martin im Winter[60] Bruder Johannes von Endorf, ein Sachse und Bruder des Ordens vom Deutschen Hause, angestachelt vom Teufel und von eigener Sündhaftigkeit, den Hochmeister Bruder Werner, als dieser nach Beendigung des Vespergesangs aus der Kirche trat, weil dieser ihn wegen seiner Ausschweifungen öfters schalt. O, Johannes, du Brudermörder, [61]was hast du getan? Schreit nicht das Blut deines Bruders von der Erde zu Gott?[61] [62]Wer hat jemals schon so Schreckliches gehört[62]? Du hast nämlich eine

[60] 18. November.
[61-61] Vgl. Gn 4,10.
[62-62] Jr 18,13.

trasti enim malum, quod a principio fundacionis ordinis non est factum. Tu non es secutus interpretacionem nominis tui; Ioannes dicitur: „In quo est gracia." Sed, heu! in te nulla fuit gracia, quod cum magister te corriperet pro delictis tuis, tu eum, si sapiens fuisses, debueras diligere ceu patrem tuum. Nunc autem ut stultus eum odio habuisti. Cur tanta benignitate usus non fuisti? Cur Iude demencia eodem die cibum et potum eius osculatus fuisti et tum ipsius corpus cultello perforando sanguinem effudisti? Ipse te corripiendo de morte anime ad vitam revocare studuit. Ibi tu eum feriendo vitam auferens mortem crudeliter intulisti. [63]Quis igitur dabit capiti meo aquam et oculis meis fontem lacrymarum? Et plorabo die et nocte principem populi mei[63] sic miserabiliter interfectum.

Untat verübt, die seit Anfang der Gründung des Ordens nicht vollbracht worden ist. Du bist nicht der Bedeutung deines Namens gefolgt: Johannes heißt: „In dem die Gnade ist." Aber, o weh, in dir war keine Gnade, denn, wenn dich auch der Hochmeister wegen deiner Vergehen zurechtwies, du hättest — wärest du einsichtig gewesen — ihn lieben sollen wie deinen Vater. So aber hast du ihn wie ein Narr gehaßt. Warum bist du auf solche Güte nicht eingegangen? Warum hast du mit dem Wahnsinn des Judas an diesem Tage sein Essen und Trinken geküßt und dann sein Blut durch einen Dolchstoß in seinen Leib vergossen? Jener versuchte, dich durch Zurechtweisen vom Tod deiner Seele in das Leben zurückzurufen. Dort hast du ihm, indem du ihn erdolchtest, das Leben genommen und grausam den Tod gebracht. [63]Wer gibt meinem Haupt Wasser und meinen Augen den Quell der Tränen! Beklagen werde ich Tag und Nacht, daß der Fürst meines Volkes[63] so erbärmlich ermordet worden ist.

[63-63] Vgl. Jr 9,1.

NAMENVERZEICHNIS

Das Register bezieht sich auf den lateinischen Text. Nicht aufgenommen wurden wegen zu großer Häufigkeit: Prussia (Preußen, Preußenland), Prutheni (Prußen), Theutonicorum ordo sancte Marie Ierosolimitanus (Deutscher Orden). Weichen die modernen oder gebräuchlichen Namensformen wesentlich von den im lateinischen Text vorkommenden Formen ab, sind im allgemeinen auch die modernen Formen unter Verweis auf die im Text vorkommenden Formen als eigene Stichwörter aufgeführt. Mit Vor- und Nachnamen genannte Personen sind unter ersterem eingeordnet; vom Nachnamen wird auf den Vornamen verwiesen. In der Regel sind Verweise nur bei einem Abstand von mehr als fünf Stichwörtern zwischen den zu verweisenden Namen gemacht. Y ist — auch im Wortinneren — unter I, J eingeordnet. Bei C vgl. auch K und Z; bei F vgl. V; bei K vgl. C; bei V vgl. F.

Abkürzungen: archiep. = archiepiscopus, B. = Bischof, bibl. = biblisch, Br. = Bruder, DO = Deutscher Orden, DO-Br. = Deutschordensbruder, dt. = deutsch, Eb. = Erzbischof, ep. = episcopus, ff. = folgende, Fl. = Fluß, G. = Gemahl, Gemahlin, grch. = griechisch, Grf. = Graf, Hg. = Herzog, Hl. = Heilige(r), HM = Hochmeister, Kg. = König, Ks. = Kaiser, Kt. = Komtur, Lgrf. = Landgraf, lit. = litauisch, Lkt. = Landkomtur, LM = Landmeister, M. = Mutter, Mgrf. = Markgraf, n. = nördlich, Nebenfl. = Nebenfluß, nö. = nordöstlich, nw. = nordwestlich, o. ä. = oder ähnlich, ö. = östlich, onö. = ostnordöstlich, P. = Papst, pr. = prußisch, s. = siehe, S. = Sohn, SO = Schwertbrüderorden, sö. = südöstlich, südl. = südlich, sw. = südwestlich, T. = Tochter, V. = Vater, vgl. = vergleiche, w. = westlich, wsw. = westsüdwestlich, zw. = zwischen.

Aa s. Treydera
Aachen s. Aquisgranum
Abel, Br. Kg. Erichs III. v. Dänemark 486
Abenda territorium, Land Bethen im w. Samland 330; s. Bethen
Abiron (bibl.) 220
Abraham (bibl.) 44. 84
Absalom, S. Davids (bibl.) 74
Achoy, Ahohi (bibl.) 386

Achon, Achonensis civitas, Akkon in Palästina 38. 40. 48. 50. 414. 508. 514; Achonensis ep. s. Theobald
Adadezer, Hadadezer (bibl.) 80
Adam (bibl.) 478
Adolphus de Nassow, Kg. A. v. Nassau (1292—1298) 516. 518
Adolphus de Winthimel, A. v. Windhövel (1304. 1307) 402. 410
Adrianus III, P. (884—885) 472

Adrianus V, *P. (1276)* 500
Aegidius s. Egidius
Ägypten s. Egyptus
Africa 494
Agafia, *G. Hg. Konrads I. v. Masowien (1207—1247)* 62
Aimar s. Eymarus
Akkon s. Achon
Albertus ep. Pomesaniensis, *B. v. Pomesanien (1257/59—1286)* 500
Albertus Magnus, *B. v. Regensburg (1260—1262, † 1280)* 488. 502
Albertus rex Romanorum, *Kg. Albrecht I., S. Rudolfs v. Habsburg (1298—1308)* 500. 518. 520. 522. 524. 528
Albrecht I., Hg. v. Braunschweig (1236—1279) 244
Albertus marchio Brandenburgensis, *Mgrf. Albrecht II. v. Brandenburg (1177—1220)* 42
Albrecht der Entartete, Lgrf. v. Thüringen (1256—1315) 244
Albertus de Indagine, *DO-Br. A. v. Hagen* 368. 406. 440
Albertus de Misna, *DO-Br. A. v. Meißen, Kt. in Königsberg (1283—1288)* 344. 346
Albertus de Ora, *DO-Br.* 412
Alchimus *(bibl.)* 68
Aldenburgk s. Theodoricus de A.
Alemania, *Deutschland* 36. 40. 48. 52. 94. 108. 128. 130. 138. 156. 168. 172. 178. 184. 190. 198. 206. 212. 214. 244. 308. 388. 396. 402. 424. 488. 494. 506. 508. 528. 544. 548; s. Theutonici
Alet, B. s. Bartholomeus
Alexander IV, *P. (1254—1261)* 136. 486. 488
Alfonsus rex Castelle, *Kg. A. X. der Weise v. Kastilien (1252—1284), dt. Kg. (1257—1275)* 488
Algent territorium, *Land um Marienburg* 262

Alla flumen, *Alle, Nebenfl. des Pregels* 464
Almimolinus imperator Sarracenorum, *Almohadenherrscher Mohammed an-Nasir (1199—1213)* 472
Alpes, *Alpen* 510
Alsacia, *Elsaß* 454
Altenburg s. Aldenburgk
Amalek *(bibl.)* 66
Ambiensis episcopatus, *Bistum Amiens* 510
Ammon filii *(bibl.), Ammoniter* 70
Amorrei *(bibl.), Amoriter* 84
Anagnia, *Anagni* 524
Anastasia *(† 1335), G. Hg. Ziemowits v. Dobrin* 452
Andreas rex Ungarie, *Kg. A. III. v. Ungarn (1290—1301)* 520
Andreas, *Zimmermann in Christburg* 536
Angerapp s. Wangrapia
Angetete, *pr. Burg im Land Wohnsdorf* 196
Anglia, *England* 544; Anglie rex s. Eduardus
Aniciensis diocesis, *Bistum Le Puy* 458; s. Bernardus abbas
Anjou, Karl v. s. Carolus
Anlant, princeps, *Fürst v. Anhalt (Hg. Albrecht v. Sachsen [1212—1261]?)* 174
Anlant s. Ioannes dictus A.
Anna-Aldona, T. Gedimins v. Litauen, G. Kasimirs III. v. Polen 464
Anno *(v. Sangerhausen), HM des DO (1256—1272)* 270. 488. 492
Anselmus ep. Warmiensis, *B. v. Ermland (1251—1278)* 190. 258
Antecristus, *Antichrist* 478
Antiochia *in Syrien* 494. 512; Seleucia sive A. 520
Antiochus Epiphanes, *Seleukide A. IV. († 164 v. Chr.)* 46
Antiochus Eupator, *Seleukide A. V. († 162 v. Chr.)* 68

Antiquum Castrum, *Althausen (=Alt-Kulm), DO-Burg südl. Kulm* 140. 160. 174
Antiquum Castrum, *Alt-Thorn, Burg u. Stadt* 106
Antiquum Cristburgk, *Alt-Christburg* 174; s. Cristburgk
Apollo 40
Apulia, *Apulien* 486; *DO-Ballei* 36. 52
Aquinum s. Thomas de A.
Aquisgranum, *Aachen* 528
Arabes, *Araber* s. Sarraceni; Arabum princeps s. Homar
Armenia, *Armenien* 494. 520; *DO-Ballei* 36. 52. — Armeni, *Armenier* 530
Arnoldus Crop, *DO-Br. A. Kropf* 284
Arnoldus de Elner, *A. v. Eller (1304. 1307. 1316), Br. Dietrichs v. Eller u. Rutgers* 402. 410. 436
Arnoldus de Pomerio, *A. v. Baumgarten (o. ä.) (1307)* 410
Arragonum rex s. Jakob I. v. Aragon
Arse fluvius s. Wangrapia
Assur *(bibl.)* 82
Atrebatum, *Arras in Frankreich* 470
Auglitten s. Ochtolite castrum
Augustinus, *Hl.* 70. 88. 114. — Augustinensis, sancti Augustini ordo, *Augustinereremitenorden* 506
Austechia, *Aukstaiten (Hochlitauen)* 374; s. Lethowia
Austria, *Österreich* 42. 156. 168. 190. 350. 484. 500. 520. 528; *DO-Ballei* 36. — Austrie dux s. Fridericus, Gertrud, Ioannes
Auttume, *Heerführer der Pogesanier (1260)* 210
Avinio, *Avignon* 506

Babilonia *Babylon* 26. 76. 494; Babilonie rex s. Nabuchodonosor, Babilonie soldanus s. Baibars
Bacchardi, *Begarden* 400
Bachides *(bibl.)* 68
Baibars, *mamlukischer Sultan v. Ägypten (1260—1277)* 494
Bayern s. Bavaria
Baldensheym s. Lodovicus de B.
Baldewinus comes Flandrensis, *Grf. Balduin I. v. Flandern, Ks. v. Konstantinopel (1204—1205)* 468
Balga, *DO-Burg am Frischen Haff* 116. 120. 122. 124. 126. 128. 134. 138. 182. 184. 188. 190. 256. 258. 322. 340. 362. 382. 384. 422. 446. 466; *Kt.* s. Henricus Zutswert, Syfridus de Reibergk, Theodoricus de Aldenburgk
Baligan s. Paliganus
Balke s. Hermannus
Barbara, *Märtyrerin* 138. 140
Barbige, *Barby;* comes de s. Walther IV.
Barletum, *Barletta in Apulien* 50
Bart s. Hermannus
Bartha, Barthensis terra, *pr. Landschaft Barten* 28. 98. 126. 128. 232. 234. 368. 418. 464. 466; Bartha et Plicka Bartha, que nunc maior et minor Bartha 98. — Barthenses, Barthi, *Barter* 98. 120. 126. 128. 186. 210. 236. 256. 262. 282. 288. 292. 294. 338. 340. 342; s. Diwanus
Barthenstein, Bartenstein, *DO-Burg u. Stadt Bartenstein* 128. 216. 218. 236. 238. 240. 292. 294. 378. 466
Bartholomeus ep. Electensis, *B. v. Alet (St. Malo)* 458. 460. 462
Baruch *(bibl.)* 88
Basarab I., *Wojewode der Walachei (1310—1352)* 552
Baumgarten s. Arnoldus de Pomerio, Iacobus de Pomerio
Bauwarus s. Ulricus
Bavaria, *Bayern* 426. 522; s. Lodewicus de B.
Begarden s. Bacchardi

Beisleiden s. Beseleda
Bela IV., Kg. v. Ungarn (1235—1270) 478. 490
Belial *(bibl.)* 216. 248
Belichow, pr. *Burg in Pomesanien (Belchau, w. Roggenhausen)* 268
Benedicti sancti ordo, *Benediktinerorden* 452. 458. 472
Benedictus XI, P. *(1303—1304)* 524
Beneventura cardinalis, *Bonaventura, Generalminister der Franziskaner (1221—1274)* 498
Bentheim s. Stenckel de Bintheim
Berg s. Mons
Berga, dominus de, *Herr v. Berga (1329)* 544; s. Otto de Bergo
Berge s. Henricus de B.
Berlwinus novus marscalcus, *DO-Marschall B. (v. Freiberg) (1243)* 148
Bernardus beatus, *B. v. Clairvaux, Hl.* 80. 114
Bernardus abbas monasterii sancti Theofredi, *Abi v. St. Theofred (Diözese Le Puy)* 458. 460. 462
Bernardus dux Wratislaviensis de Polonia, *Hg. v. Schweidnitz (1287/91—1326)* 446
Bernardus de Hoenstein, *DO-Br. B. v. Honstein († 1305)* 406
Bernheim s. Theodericus de B.
Berthold II., B. v. Zeitz (1186—1206) 40
Bertoldus dictus Bruhave de Austria, *DO-Br. B. Brühaven, Kt. in Ragnit (1289), Kt. in Königsberg (1289—1302)* 350. 358. 382. 384. 386
Bertoldus de Northusen, *DO-Br., Lkt. des Kulmerlands (1264—1268, 1274—1276)* 308
Beseleda castrum, pr. *Burg in Natangen (Beisleiden, sö. Pr. Eylau)* 294
Bethen territorium, *Land B. im w. Samland* 228; *s.* Abenda
Bethlemitanus ep., *B. v. Bethlehem (1198; anonym)* 40

Biber, palus cuius fluvius dicitur B., *Biebrza-Bobr, n. Nebenfl. des Narew* 418
Bintheim s. Stenckel de B.
Birgelow castrum, *DO-Burg Birglau im Kulmerland (sw. Kulmsee)* 278. 282
Bischophwerder civitas, *Stadt Bischofswerder an der Ossa (1325)* 464
Bisena castrum, *lit. Burg am Unterlauf der Memel (bei Elenarava-Raudonenai)* 338. 412. 426. 428. 436. 438
Biverwate castrum, *Burg in Karschauen (an der Bebirva)* 414
Blindenburgk s. Conradus de B.
Bobare fluvius, *Bober, Nebenfl. der Oder* 110
Bobr s. Biber
Bodemer *s.* Rudolphus dictus B.
Boecius, *Boethius, röm. Philosoph, Schriftsteller u. Staatsmann (480—524)* 70
Bogatini s. Gobotini
Bohemia, *Böhmen* 156. 194. 244. 390. 446. 448. 454. 526; Bohemie rex, dux *s.* Ioannes de Luccelburgk, Ottackarus, Wenceslaus, *Wenzel*
Bolandia, iunior de, *DO-Br., Neffe des DO-Br. Philipp v. Bolanden (1305)* 406
Boleslaus, Boleslaw, S. *Hg. Konrads v. Masowien († 1248)* 62
Boleslaw der Fromme, dux de Calis *(† 1279)* 144; *s.* Polonia
Boleslaw I., Hg. v. Oppeln-Falkenberg (1293—1362/65), dux Slesie de Valkenbergk 542
Bonaventura s. Beneventura
Bonifacius VIII, P. *(1294—1303)* 506. 518. 520. 522. 524
Bonislaus, *Hg. Boleslaw v. Masowien († 1313), S. Hg. Ziemowits I.* 366. 372. 378
Bonse, camerarius de territorio Pubeten, *Samländer* 308

Botel s. Henricus
Brabancie dux s. Henricus, Ioannes
Brachium sancti Georgii, *Bosporus* 512
Brandenburgk marchionatus, *Markgrafschaft B.* 246. 464. 466. — Brandenburgensis, de Brandenburgk marchio, *Mgrf. v. B.* 42. 186. 190. 198. 244. 246. 250. 360. 464. 466; s. Albertus, Ioannes, Otto
Brandenburgk castrum, *DO-Burg B. am Frischen Haff* 212. 246. 248. 250. 254. 334. 386. 388. 390. 402. 420. 422. 536; *Kt.* s. Conradus de Lichtenhagen, Cuno (v. *Hattstein)*, Fridericus de Holdenstete, Gevehardus de Mansfelt
Braunsberg s. Brunsbergk
Braunschweig s. Brunswich
Bremensis civitas, Bremenses cives, *Bremen, Bremer* 38. 48
Bremer s. Conradus
Breslau s. Wratislavia
Bria, *Landschaft Brie in Frankreich;* s. Roseum
Briscensis, Bristensis terra, Brist civitas, *Land u. Stadt Brest-Brześć in Kujawien* 314. 362. 548
Britania, *Bretagne;* -e dux s. *Johann II.*
Bruhave s. Bertoldus
Bruno, *Meister des Ordens v. Dobrin* 58
Bruno magister terre Lyvonie, *LM des DO in Livland († 1297)* 384
Bruno, *B. v. Olmütz (1245—1281)* 190
Brunsbergk castrum et civitas, *DO-Burg u. Stadt Braunsberg im Ermland* 128. 258. 260
Brunswich, *Braunschweig;* dux s. *Albrecht I.*, Lutherus, Otto
Bucka fluvius, *der Bug, Nebenfl. der Weichsel* 344
Buda *in Ungarn* 526
Burchard IV. (v. *Querfurt), Burggrf. v. Magdeburg*, burgrabius de Megdeburgk *(1209—1243/46)* 110

Burgardus de Hornhusen, *DO-Br. B. v. Hornhausen, Kt. in Königsberg (1255), LM in Livland (1257—1260)* 194. 196. 202. 204
Burgardus de Swanden, *B. v. Schwanden, HM des DO (1283—1290/91)* 320. 504
Burgundia, *Burgund* 474
Burzenland s. Wurcza

Caesar, Julius s. Cesar
Caesarea s. Cesarea
Caym territorium, *Gebiet im Samland (Kaimen, sw. Labiau)* 192
Calendin s. Henricus de C.
Calige villa, *Kalgen (südl. Königsberg)* 220; s. Sclunien
Calis, dux de s. *Boleslaw der Fromme*
Calsheim, Calsen campus, *Feld nahe Junigeda* 412. 442
Cameniswika castrum, *pr. Burg in Nadrauen (Kamswikus-Berg an der Angerapp, ö. Insterburg)* 296. 298
Candeym, *pr. Adelsgeschlecht* 192; s. Gedune, Ringelus, Wissegaudus de Medenow
Cantegerda, *adliger Sudauer* 328. 332
Cantuarensis archiep., *Eb. v. Canterbury* s. Emundus
Capadocia, *Kappadokien* 520
Capostete castrum, *pr. Burg im Land Wohnsdorf* 196
Carmeli montis ordo Heremitarum, ordo Carmelitarum, *Karmeliterorden* 474. 506
Carolus comes Provincie, rex Cecilie, *Karl v. Anjou, Kg. v. Neapel (1265— 1285)* 492. 494. 496; rex Salernitanus 502
Carpentrasium, *Carpentras in Frankreich* 532
Carsovia, *Land Karschauen (n. des Memelunterlaufs u. südl. von Hochschemaiten)* 202. 400. 410. — Carsowitae, *Karschauer* 410. 414

Carthusen castrum, *Burg Karkus in Livland (südl. Fellin)* 384
Cartusiensis ordo, *Kartäuserorden* 472
Casimirus, Kasimirus dux Cuyavie, *Hg. v. Kujawien († 1267), S. Konrads I. v. Masowien* 62. 110. 144. 156. 158. 164. 168. 170. 178
Casimirus dux Polonie, *Hg. v. Lentschütz († 1294), Br. Wladyslaw Lokieteks* 362. 366
Castella, *Kastilien; Kg. s. Alfonsus, Ferrandus*
Catthow territorium Nadrowie, *Gebiet in Nadrauen (Kattenau, nö. Gumbinnen?)* 296
Caustere fluvius, *Keyster, Nebenfl. des Pasmar* 128
Cecilia, Sizilia, *Königreich Sizilien* 474. 492. 494. 502. 504; -e rex *s.* Carolus, Manfredus, Robertus; regis frater *s.* Lodewicus
Cedelicze predium in terra Cuyavie, *Szadlowice (bei Inowroclaw)* 60
Cedelicze *s.* Otto de C.
Celestinus III, *P. (1191—1198)* 36. 468. 474
Celestinus IV, *P. (1241)* 480
Celestinus V, *P. (1294)* 516. 530; Petrus confessor 530
Cerethi et Pheleti, *Krethi u. Plethi (bibl.)* 46
Cesar, Iulius 66. 532
Cesarea *s.* Eymarus de C.; Cesariensis archiep., *Eb. v. Cäsarea (1198, anonym)* 40; *Erzbistum* 512
Champagne *s.* Henricus rex Ierosolimitanus
Chananei, *Chanaaniter (bibl.)* 84
Chobar fluvius, *bibl. Fl. in Mesopotamien (für Guber?)* 264; *s.* Gobrio
Chosrau II., *Kg. v. Persien s.* Cosdroes
Christ- *s.* Crist-
Cicze, *Zeitz; s.* Henricus. — Cicensis ep. *s.* Berthold

Cinnenbergk, dominus de, *Herr v. Zinnenberg (in Sachsen) (1323)* 448
Cippel feodatarius miles, *Lehnsmann im Kulmerland mit Burg* 284
Cisterciensis ordo, *Zisterzienserorden* 54. 466. 472. 486
Clairvaux, *Bernhard v. s.* Bernardus beatus
Clara sancta, *Hl. Klara vom Orden St. Damian* 488
Clemens III, *P. (1187—1191)* 42
Clemens IV, *P. (1265—1268)* 494. 496
Clemens V, *P. (1305—1314)* 474. 492. 524. 526. 530. 532. 534
Clementis castrum, *Burg im Kulmerland (Plement, nw. Rehden)* 308. 310
Clermont, *Konzil (1095)* 512
Cluniacensis ordo, *Cluniazenserorden* 472
Codrunus capitaneus, *pr. Anführer* 120
Cölestin *s.* Celestinus
Colayna, Colayne castrum, *lit. Burg am Unterlauf der Memel* 352. 354. 358; *Kastellan s.* Surminus
Colmannus frater regis Ungarie, *Koloman, Br. Belas IV. v. Ungarn (1235— 1270)* 478
Colmen, Colmensis civitas, Colmense castrum, *Burg u. Stadt Kulm an der Weichsel* 108. 110. 138. 140. 148. 150. 154. 158. 160. 166. 174. 176. 216. 280. 282; *s.* Antiquum Castrum
Colmense civitas, *Stadt Kulmsee (Kr. Thorn)* 272. 274. 284. 388. 392. 418
Colmensis terra, *Kulmerland* 28. 54. 56. 60. 62. 96. 98. 110. 112. 114. 138. 142. 148. 154. 164. 170. 174. 242. 246. 262. 268. 272. 274. 278. 280. 282. 284. 309. 310. 330. 384. 386. 390. 446. 464. 544. 550. 552; *Lkt. s.* Bertoldus de Northusen, Conradus Saccus, Hermannus de Sconenbergk. — Colmensis diocesis, *Bistum Kulm* 136. 270. 272; Colmensis ep. *s.* Hedenricus

Colonia, Coloniensis civitas, *Köln* 490. 502. 508. 522; archiep. s. Syfridus de Runkel
Colte capitaneus, *pr. Heerführer* 262
Comestor, Petrus, *Verfasser einer Historia scholastica († 1179)* 532
Conradinus nepos Friderici II, *Konradin († 1268), Enkel Ks. Friedrichs II.* 494
Conradus Maguntinensis archiep., *Eb. K. I. v. Mainz (1161—1200)* 40
Conradus Herbipolensis ep., *K. (v. Querfurt), B. v. Würzburg (1198—1202), Reichskanzler* 40
Conradus filius Friderici II, *Kg. K. IV. (1237—1254)* 486
Conradus dux in Masovia, Cuyavia et Polonia, *Hg. K. I. v. Masowien (1202—1247)* 54. 56. 58. 60. 90. 96. 110; *G. s.* Agafia, *S. s.* Boleslaus, Casimirus, Semovitus
Conradus marchio de Landsbergk, *Mgrf. der Lausitz u. v. Landsberg (1190—1210)* 42
Conradus sacerdos, *DO-Priester in Balga* 340
Conradus, *DO-Br. in der Schalauerburg* 368
Conradus sacerdos de Alemania, *DO-Priester in Litauen (1285)* 506
Conradus de Blindenburgk, *DO-Br. K. v. Blindenburg (Glindenberg n. Magdeburg)* 270
Conradus dictus Bremer, *DO-Br.* 162
Conradus dictus Dyabolus, Dywel, *K. Dyvel (Teufel), Freibeuter* 316. 344
Conradus de Landisbergk, *DO-Br. K. v. Landsberg (1228—1233)* 62. 90. 92
Conradus de Lichtenhagen, *DO-Br. K. v. Lichtenhain, Kt. in Brandenburg (1305)* 402
Conradus Rufus, *DO-Br. (1295)* 376

Conradus Saccus, *DO-Br. K. Sack, Lkt. im Kulmerland (1296—1298), LM in Preußen (1302—1306)* 386. 392. 400. 406
Conradus Stango, *DO-Br. K. Stange, Kt. in Ragnit (1291—1292)* 366
Conradus Swevus, *DO-Br. K. Schwab in Elbing* 268
Conradus Thuringie lantgravius, *Lgrf. v. Thüringen, HM des DO (1239—1240)* 52. 482. 484
Conradus de Tirbergk senior, *DO-Br. K. v. Tierberg der Ältere, LM in Preußen (1273—1276)* 250. 254. 294. 296. 304. 308. 312. 314. 318. 330
Conradus de Tirbergk iunior, *DO-Br. K. v. Tierberg der Jüngere, Marschall u. LM in Preußen (1273—1283, 1284—1287)* 250. 318. 326. 328. 330. 332. 338
Conradus de Tremonia, *DO-Br. K. v. Dortmund* 138
Conradus dictus Tuschevelt, *DO-Br. in Ragnit (1294)* 374
Conradus de Tutele, *DO-Br. K. v. Teutleben (1229/30)* 94
Conradus de Wucgwangen, Wug-, *DO-Br. K. v. Feuchtwangen, LM in Preußen (1279), HM des DO (1292—1296)* 206. 318. 380; *Schwester* 206
Constantinopolis, Constantinopolitana urbs, *Konstantinopel* 468. 478. 490
Cornubia, *Cornwall;* comes s. Richardus
Cosdroes rex Persarum, *Kg. Chosrau II. v. Persien (590—628)* 510
Cracovia, *Krakau* 98. 110. 156. 164. 314. — Cracovie, Cracoviensis dux s. Henricus de Wratislavia, Lestekinus. — Cracoviensis ep. s. Stanislaus
Crasima territorium Sudowie, *Gebiet in Sudauen* 324. 326
Crisostomus, *Johannes Chrysostomus, Kirchenvater, Patriarch v. Konstantinopel (398—404)* 86

Cristburgk, *Christburg, DO-Burg u. Stadt* 174. 178. 180. 182. 186. 208. 254. 260. 262. 264. 266. 306. 308. 312. 338. 394. 400. 536; Antiquum Cristburgk 174; Kt. s. Helwicus de Goltbach, Henricus dictus Stango, Hermannus de Sconenbergk, Lutherus filius ducis de Brunswich, Theodoricus dictus Rode
Cristianus ep. de Prussia, *B. v. Preußen (1215—1245)* 54. 58. 62. 66
Cristmemela castrum, *Christmemel, DO-Burg am Unterlauf der Memel* 424. 426. 434. 436. 458. 540
Crivicia, *Land der ostslav. Kriviĉen (Schwarzrußland)* 432
Criwe, *pr. Priester* 102. 104
Cronswicz, *Cronschwitz, Nonnenkloster in Thüringen* 172
Crop s. Arnoldus C.
Crucebergk castrum, *Kreuzburg, DO-Burg in Natangen (Kr. Pr. Eylau)* 128. 216. 218. 236. 248
Crucke villa, *Krücken, Dorf in Natangen (südl. Kreuzburg)* 182
Cruczewicz s. Martinus de C.
Cuyavia, -wia, *Kujawien* 54. 60. 62. 110. 156. 176. 178; s. Polonia. — Cuyavie dux s. Casimirus, Conradus. — Cuyavie ep. s. Michael
Cunce s. Henricus de C.
Cuno, *DO-Br. K. (v. Hattstein), Kt. in Brandenburg (1296—1303)* 386. 388
Curonia, Curoniensis terra, *Kurland* 98. 200. 202. 204. 206. 208. 242; s. Lamotina terra. — Curonienses, *die Kuren* 204. — Curoniense Stagnum, *Kurisches Haff* 400. — Curoniensis Neria, *Kurische Nehrung* 330. 332. 414

Dabore, consanguineus *des Diwan Clekine* 264
Dacia, *Dänemark* 204. 450. — Dacie rex s. Abel, Henricus

Damascus 520
Damiani sancti ordo, *Orden v. St. Damian* 488
Damis, dominus de, *Herr v. Dahme (Brandenburg) (1329)* 544
Danczke castrum, *Danzig* 98
Daniel *(bibl.)* 26. 28
Dardanellen s. Hellespontus
Dathan et Abiron *(bibl.)* 220
David *(bibl.)* 34. 46. 68. 70. 74. 80. 82. 84. 120
David, castellanus de Gartha, *Kastellan der Burg Grodno († 1326)* 432. 444. 450. 454. 460. 462. 466
Deneburgk castrum, *Burg Tenneberg in Thüringen* 482
Dersko, *Barter* 340
Dersovia castrum, *Burg u. Stadt Dirschau an der Weichsel* 248
Dettingen s. Ulricus de Tetinge
Deutschland, Deutsche s. Alemania, Theutonici
Dyabolus, Dywel s. Conradus D.
Dietrich s. Theodericus
Dirsovia, *Dirschau;* comites s. Pacoslaus
Diwanus dictus Clekine, *Heerführer der Barter (1260ff.)* 210. 236. 262. 264. 282. 284; consanguineus s. Dabore
Dobin s. Henricus de D.
Dobrin, *Burg u. Stadt D.-Dobrzyń in Masowien* 58. 60. 452. — Dobrinensis ducatus, *Herzogtum D.* 98. 314. 390. 452; ducissa de Dobrin s. Anastasia. — Fratres ordinis militum Cristi de Dobrin, *Orden der Ritterbrüder v. D. (1228—1235)* 58. 60. 66; magister s. Bruno
Dominicus beatus, *Hl. Dominikus († 1221)* 114
Dona, burgravius de, *Burggrf. v. Dohna (Meißen) (1329)* 544
Dorge, *Pruße im Samland* 106
Dorpat s. Tharbatensis episcopatus

Namenverzeichnis

Dortmund s. Conradus de Tremonia
Drayko, *Litauer, Burgmann von Oukaym,* 392. 394; s. Pinno
Dramenow villa, *Drebnau, Dorf in Pobethen im Samland* 228
Drilebe s. Ulricus de D.
Driwance, *Drewenz, Nebenfl. der Weichsel* 390. 464
Drusiger, *Trauslieb, Truchseß Hg. Friedrichs II. v. Österreich* 168. 170
Drusina, Drusine stagnum, *Drausensee südl. Elbing* 116. 288
Dunemunde castrum, *Dünamünde in Livland* 526
Durbin fluvius, *Durbe, Fl. in Kurland* 204
Dusburgk, Petrus de, *P. v. Dusburg (Doesburg/Ijssel?)* 26

Eberardus ep. Warmiensis, *E. (v. Neiße), B. v. Ermland (1301—1326)* 464
Eberhardus de Monheim, *DO-Br., LM in Livland (1328—1340)* 550
Eberardus de Virnenburgk, *DO-Br. E. v. Virneburg, Kt. in Königsberg (1305—1309)* 402. 404. 408
Edmund s. Emundus
Eduardus rex Anglie, *Kg. E. II. v. England (1272—1307)* 496
Egerbergk, dominus de, *Herr v. Egerberg in Böhmen (1323)* 448
Egidius, *Aegidius Romanus, Eb. v. Bourges (1295—1316)* 506
Egyptus, *Ägypten* 30. 82. 514. 520
Eymarus de Cesarea dominus, *Aimar v. Caesarea (1198)* 40
Ejragota s. Erogela
Elbingense castrum, Elbingus, *Elbing, DO-Burg u. Stadt* 52. 116. 118. 134. 138. 160. 162. 164. 182. 190. 200. 216. 240. 260. 264. 266. 268. 286. 288. 290. 306. 338. 396. 538; *Kt. s.* Conradus Saccus, Hermannus *(v. Öttingen)*

Elbingus flumen, *der Elbing, Zufluß ins Frische Haff* 118
Electensis ep., *B. v. Alet (St. Malo) s.* Bartholomeus
Elizabeth beata, *Lgrf.in v. Thüringen, Hl. (1207—1231)* 94. 472. 474. 476. 478
Elner, *Eller s.* Arnoldus de E., Rutgerus de E., Theodoricus de E.
Elsaß s. Alsacia
Elsterbergk *s.* Hartmannus de E.
Emundus archiep. Cantuarensis, *Eb. Edmund v. Canterbury (1233—1240)* 480
Enachim stirps *(bibl.)* 46
Endorph *s.* Ioannes de E.
Engelbertus de Marcha comes, *Grf. v. der Mark (1249—1277)* 218
Engelko natus de Westfalia, *DO-Br. in Christburg* 266. 268
Engelsbergk castrum, *Engelsburg, DO-Burg im Kulmerland (nw. Rehden)* 124
England s. Anglia
Eraclius imperator, *Heraklius, byzantinischer Ks. (610—641)* 510
Erich III. Plogpennig, *Kg. v. Dänemark s.* Henricus rex Dacie
Erkel villa, *Dorf in der Diözese Lüttich* 508
Ermland s. Warmia
Erneko, *DO- Br. in Ragnit* 354
Ernst s. Ornestus
Erogela, Erogel, *Gebiet in Schemaiten (Jeragolja-Ejragota an der Dubissa)* 370. 408. 446. 448
Esau, *S. Isaaks (bibl.)* 76
Esbech *s.* Theodoricus de E.

Farao s. Pharao
Felix III, *P. (526—530)* 472
Fermo; Firmanius ep. *s.* Philippus
Ferrandus rex Castelle, *Kg. Ferdinand III. d. Hl. v. Kastilien (1217—1252)* 476. 478

Feuchtwangen s. Conradus de Wucgwangen, Syfridus de W.
Flandrensis comes s. Baldewinus. — Flandrenses, *Flandrer* 522. 524
Fleming, Heinrich, B. v. *Ermland* s. Henricus
Florentini, *Florentiner* 490
Folsong s. Vogelsanck
Francia, Francie regnum, Gallia, *Frankreich* 470. 510. 512. 522. 524. 536. — Francie rex s. Lodowicus, Philippus; regis frater s. Karolus. — Franci, Gallici, *Franzosen* 468. 490. 502. 504. 522. 524
Franciscus beatus, Hl. *Franziskus († 1226)* 114
Frankenvurda civitas, *Frankfurt an der Oder* 466
Freiberg s. Berlwinus
Fridericus archiep. de Riga, *F. (v. Pernstein), Eb. v. Riga (1304—1341)* 458
Fridericus II imperator, *Kg. u. Ks. (1211—1250)* 52. 62. 468. 472. 476. 480. 486. 494. 530
Fridericus dux Austrie, *Hg. F. I. v. Österreich (1195—1198)* 42
Friedrich II. der Streitbare v. Österreich (1230—1246) 156. 168
Fridericus dux Austrie, *Hg. F. III. v. Österreich, dt. Kg. (1307—1330)* 534
Fridericus dux Swevie, *Hg. F. V. v. Schwaben (1168—1191)* 40. 42. 48. 50
Fridericus, *DO-Br. in Marienburg* 392
Fridericus de Holdenstete, *DO-Br. F. v. Holdenstedt, Marschall in Preußen (1265—1270) u. Kt. in Brandenburg* 244. 248
Fridericus dictus Holle, *DO-Br. in Brandenburg, Br. des Marquard v. Röblingen* 334
Fridericus de Libencelle, *DO-Br. F. v. Liebenzell in Bartenstein (1295), Vizekt. in Ragnit (1307?), Vizekt. in Christmemel (1316), Kt. in Ragnit*
(1317), Vogt *des B. von Ermland (1325)* 378. 412. 436. 440. 464
Fridericus Quitz, *DO-Br. in Ragnit* 436. 440. 444. 450
Fridericus de Wida, *DO-Br. F. v. Weida* 164
Fridericus de Wildenbergk, *DO-Br. F. v. Wildenberg, Kt. in Königsberg (1311), HM-Stellvertreter (1322)* 416. 446
Frisches Haff s. Mare Recens
Frisones, *Friesen* 486. 496
Fritzlar s. Vritslaria

Galbuhnen s. Wisenburgk
Galindia, *Galinden, pr. Landschaft* 98. 100. 128. 464. — Galindite, *Galinder* 98. 100
Gallia s. Francia. — Gallici s. Franci
Gampti, *Brüder aus Schweden* 66
Gardolphus ep. Halberstatensis, *B. G. v. Halberstadt (1193—1201)* 40
Gartha castrum, *Garthen, Burg Grodno in Litauen* 308. 338. 340. 376. 382. 384. 402. 406. 408. 416. 418. 422. 432. 444. 450. 460. 466. 540. 542; *Kastellan* s. David
Gatirslebe s. Theodoricus de G.
Gauwina, *Natanger (1295)* 378
Gaza *in Palästina* 520
Gebelinus, *angeblicher Br. des Gelphus* 476; Gebelini, *Ghibellinen, kaiserlich orientierte Partei in Italien* 476. 538
Gebhard s. Gevehardus
Gedemini, Iedemini castrum, *die Gedimin-Burg in Pograuden (Schemaiten)* 402. 440. 456. 548
Gedeminus rex Lethowinorum, *Fürst Gedimin v. Litauen (1316—1341)* 448. 458. 460. 462. 464; rex Lethowinorum et Ruthenorum 458; *T.* s. *Anna-Aldona*
Gedeon, *Gideon (bibl.)* 72. 314
Gedune de gente Candeym, *V. des Wissegaudus v. Medenau* 192

Gelphus, *angeblicher Br. des* Gebelinus 476; Gelphi, *Guelfen, päpstlich orientierte Partei in Italien* 476. 538
Georgier s. Gorgiani
Georgius sanctus s. Brachium sancti Georgii; — Georgii sancti mons, *Georgenberg u. castrum Georgenburg in Karschauen (an der Einmündung der Mituva in den Memelunterlauf)* 202
Gera, dominus de, *Herr v. G. (1329)* 544
Gerhard II. v. *Eppstein, Eb. v. Mainz (1288—1305)* 522
Gerardus, *DO-Br. in Marienburg* 360
Gerardus de Hirczbergk, *DO-Br. G. v. Hirschberg, LM in Preußen (1257—1258)* 198
Gerardus dictus Rude, *DO-Br., Vogt des Samlands († 1320)* 446
Gerhard v. *Malberg, HM des DO (1241—1244)* 134
Gerhardus de Reno, *DO-Br. G. van den Rijn in Balga* 258
Gerdavia, Girdavia castrum, *Burg Gerdauen in Barten* 232. 464. 544; s. Girdaw
Gerkin forum, *Görken in Natangen, nw. Pr. Eylau* 252
Gerlacus Rufus, *SO-Br. u. späterer DO-Br. Gerlach der Rote* 130
Germau s. Girmow
Gernuldus prepositus, *Propst des Bistums Masowien (1230)* 62
Gerodishecke, comes de, *Grf. v. Geroldseck (1322)* 446
Gertrud, *Schwester Hg. Friedrichs II. v. Österreich (1230—1246)* 484
Gesovia territorium, *Gebiet in Litauen (Gojżewo nahe der Einmündung der Dubissa in die Memel)* 360. 370
Gevehardus natus de Saxonia, *DO-Br. Gebhard* 224
Gevehardus de Mansfelt, *DO-Br. Gebhard v. Mansfeld, Kt. in Brandenburg (1309—1313)* 420. 422. 536

Ghibellinen s. Gebelini
Gideon s. Gedeon
Gilberstete s. Ioannes de G.
Gilbertus Erail, *Großmeister des Templerordens (1194—1200)* 40
Gilgenburg s. Ylienburgk
Gymewa castrum, *Mewe, DO-Burg an der Weichsel (Kr. Dirschau)* 328. 330
Girdaw, *Barter* 232; *nach ihm benannte Burg* Girdaw-Gerdavia s. Gerdavia; s. Rendalia
Girdawia s. Gerdavia
Girdilo, *Schalauer (1285)* 342
Girmow territorium u. villa, *Dorf u. Gebiet Germau im Samland* 186
Gladbach, *Goldbach in Thüringen* 482
Glande capitaneus, *Heerführer der Samländer* 210
Glappo, Glappus, *Heerführer der Warmier* 210. 248. 254. 256
Glapponis mons, *Glappenberg (späterer Oberrollberg auf dem Gebiet v. Königsberg)* 256
Glindenberg s. Conradus de Blindenburgk
Glisbergk, frater dictus de, *DO-Br. v. Gleißberg († 1260)* 180. 208
Glottovia territorium, *Gebiet Glottau in Natangen, sw. Guttstadt* 388. 464
Gnesen; Gnisnensis dux s. Odowis
Gobotini viri prepotentes, *Gobotiner, Adelsfamilie in Warmien (sonst:* Bogatini) 124
Gobrio flumen, *Guber, Nebenfl. der Alle* 232. 234. 466; s. Chobar
Godefridus de Hoeloch, *DO-Br. Gottfried v. Hohenlohe, HM des DO (1297—1302)* 384. 386. 396. 518
Goducke capitaneus confinii, *Häuptling in Natangen* 196
Görken s. Gerkin
Gojżewo s. Gesovia
Goldbach s. Gladbach, Helwicus de Goltbach

Goldin s. Waltherus dictus G.
Golya, Golias, *Goliath (bibl.)* 70. 82. 236
Golin s. Martinus de G.
Goluba castrum, *Gollub im Kulmerland* 384. 392
Gorgiani, *Georgier* 530
Gottfried s. Godefridus
Gottfried v. Donjon, Großmeister des Johanniterordens (1193—1202) 40
Granata, *Granada in Spanien* 476
Grandval (Val-des-Ecoliers), Augustinerchorherren-Kongregation in der Diözese Langres (Frankreich) 474
Graudenz s. Grudencz
Greci, *Griechen* 36. 490. 498
Gregorius, *P. G. I. (590—604)* 68. 78. 80. 130. 476. 478. 484
Gregorius IX, *P. (1227—1241)* 64. 96.
Gregorius X, *P. (1271—1276)* 496. 498
Gregorius vicecancellarius, *Vizekanzler Hg. Konrads I. v. Masowien (1230)* 62
Grodno s. Gartha
Grudencz, Grudentz castrum u. civitas, *Graudenz an der Weichsel* 308. 310
Grunbach s. Hartmannus *(= Hartmud)* de G.
Gruninge s. Theodoricus de G.
Guber s. Chobar, Gobrio
Guelfen s. Gelphi
Gundow castrum, *pr. Burg im Land Wohnsdorf* 196
Gundramus, *DO-Br. in Christburg* 394
Guntherus ep. Masoviensis, *B. Günther v. Masowien (1227—1232)* 62
Guntherus de Regenstein, *DO-Br. Günther v. Regenstein (1282)* 252; *Br.* s. Theodoricus de R.
Guta, *T. Kg. Rudolfs v. Habsburg, G. Kg. Wenzels II. v. Böhmen († 1297)* 500
Gutstat civitas, *Guttstadt an der Alle (Kr. Heilsberg)* 464

Habsburg s. *Guta, Hartmann*, Rudolphus de H.

Hadrian s. Adrianus
Hagen s. Albertus de Indagine
Hay, *Stadt Ai in Kanaan (bibl.)* 74
Halberstatensis ep. s. Gardolphus
Hallensis civitas, Hallis, *Halle in Sachsen* 152. 456
Hanaw, comes, *Grf. v. Hanau (1329)* 542
Hartmann, S. Kg. Rudolfs v. Habsburg († 1281) 500
Hartmannus, *DO-Br.* 400
Hartmannus de Elsterbergk, *DO-Br. H. v. Elsterberg in Königsberg (1306)* 408
Hartmannus de Grunbach, *DO-Br. Hartmud v. Grumbach, LM in Preußen (1260—1262)* 200
Hartmannus de Helderunge, *DO-Br. H. v. Heldrungen, HM des DO (1273— 1282)* 318. 482. 484. 498
Hartwig s. Hertwicus
Hattstein s. Cuno *(v. H.)*
Hebrei, *Hebräer* 32
Hector 138
Hedenricus, Henricus ep. Colmensis, *B. Heidenreich v. Kulm (1246—1263)* 150. 190. 272. 280
Hedwigis ducissa Polonie, *G. Hg. Heinrichs I. v. Schlesien, Hl. († 1243)* 496
Heiliges Land s. terra sancta
Heimsoot s. Hemsot
Heinrich s. Henricus
Helderunge s. Hartmannus de H.
Heliodorus *(bibl.)* 284
Helisbergk, Helsbergk castrum, *pr. Burg in Pogesanien (Heilsberg an der Alle)* 128. 214. 290
Heliseus propheta, *Elisäus (bibl.)* 82
Hellespontus, *Dardanellen* 512
Helmericus, *DO-Br. H. (v. Würzburg), LM in Preußen (1262—1263)* 216. 242
Helwicus de Goltbach, *DO-Br. Helwig v. Goldbach, Kt. in Christburg (1277), LM in Preußen (1301—1302)* 254. 306. 388

Namenverzeichnis

Hemsot castrum, *Burg Heimsoot im Kulmerland (sw. Kulmsee)* 284
Henemannus, *DO-Br. in Marienburg* 392
Henemannus dictus Kint, *DO-Br.* 376
Henricus s. Hedenricus
Heinrich, *B. v. Merseburg (1244—1266)* 186
Henricus ep. Warmiensis, *B. H. Fleming v. Ermland (1279—1300)* 260
Henricus V imperator, *Kg. u. Ks. (1106—1125)* 530
Henricus imperator VI, *Kg. u. Ks. (1190—1197)* 42. 468. 474
Henricus imperator VII, comes de Lucellenburgk, *Kg. u. Ks., Grf. v. Luxemburg (1308—1313)* 474. 528. 530. 532
Heinrich Raspe, *Lgrf. v. Thüringen, Gegenkg. (1246—1247)* 480
Henricus rex Ierosolimitanus, *H. v. Champagne, Kg. v. Jerusalem (1192—1197)* 40
Henricus rex Dacie, *Kg. Erich III. Plogpennig v. Dänemark (1241—1250)* 486
Henricus dux Brabancie, *Hg. H. I. v. Brabant (1183—1235)* 42
Henricus de Wratislavia dux, *Hg. H. I. v. Breslau u. Krakau (1201—1238)* 110
Henricus dux Polonie dux Wratislavie, *Hg. H. II. v. Breslau (1238—1241)* 478
Henricus marchio Misnensis, *Mgrf. H. der Erlauchte v. Meißen (1221—1288)* 114. 116. 118. 252; S. s. Theodoricus marchio Misnensis 252
Henricus palatinus comes Reni, *Pfalzgrf. bei Rhein (1195—1214)* 40
Henricus de Schwarzburgk comes, *Grf. H. III. v. Schwarzburg (1231—1259)* 186
Henricus miles, *Kastellan in der Burg Nakel* 548

Henricus, *DO-Br., Kt. in Tapiau (1323)* 452
Henricus de Berge Thuringus, *DO-Br. (1229/30)* 94
Henricus dictus Botel, *DO-Br., Marschall in Preußen (1246—1260)* 182. 202. 204
Henricus de Calendin, *Reichsmarschall H. v. Kalden († nach 1214)* 42
Henricus de Cicze, *DO-Br. H. v. Zeitz (1229/30)* 94
Henricus de Cunce, *DO-Br.* 396. 398. 400
Henricus de Dobin, *DO-Br. (1289—1300)* 352. 390
Heinrich v. Hohenlohe, *HM des DO (1244—1249)* 158. 176
Henricus de Ysenbergk, *DO-Br. H. v. Isenburg, Kt. in Königsberg (1325)* 464
Henricus de Lichtenstein miles, *H. v. Liechtenstein, babenberg. Ministeriale (1245/46)* 168. 170. 176
Henricus Monte, *Häuptling der Natanger († 1273)* 210. 212. 214. 224. 226. 242. 254. 286
Henricus de Plocz, Ploczke, *DO-Br. H. v. Plötzkau, LM in Preußen (1307—1309), Großkt. (1309—1312), Marschall (1313ff.), Kt. in Königsberg (1315—1320)* 410. 420. 422. 426. 428. 430. 432. 436. 438. 440. 442. 444. 446
Henricus Ruthenus, *DO-Br. († 1314)* 430
Henricus de Sconenberg s. Hermannus de Sconenberg
Henricus dictus Stango, *DO-Br. H. Stange, Kt. in Christburg (1249—1252/53)* 186. 188
Henricus Tupadel, *späterer DO-Br. H. v. Taupadel (1264)* 240. 242
Henricus Ulenbusch, *DO-Br. (1262)* 226. 228

Henricus dictus Walpote, *H. Walpode, HM des DO (1198ff.)* 48. 50
Henricus de Wedere, *DO-Br. H. von Werderthau in Balga (1296)* 382
Henricus de Wida, *DO-Br. H. v. Weida, LM in Preußen (1242—1244)* 172. 174. 176
Henricus de Wolpherstorph, *DO-Br. H. v. Wolfersdorf in Königsberg (1305)* 404
Henricus Zutswert, *DO-Br. H. Zuckschwert, Kt. in Balga (1291—1296)* 356. 360. 362. 364. 384
Heraklius s. Eraclius
Hermannus palatinus comes Saxonie et lantgravius Thuringie, *Pfalzgrf. H. I. v. Sachsen, Lgrf. v. Thüringen (1190—1217)* 42
Hermannus, *Mutterbruder des* Petrus de Rosenbergk 454
Hermannus, *DO-Br. H. (v. Öttingen), Kt. in Elbing und Spittler (1327)* 538
Hermannus dictus Balke, *DO-Br. H. Balk, LM in Preußen (1230—1239) u. Livland (1237—1239)* 94. 96. 112. 130
Hermannus dictus Bart, *DO-Br., HM des DO († 1209)* 50
Hermannus de Lichtenburgk, *DO-Br. H. v. Lichtenburg in Brandenburg (1267)* 250
Hermannus de Salcza, *DO-Br. H. v. Salza, HM des DO (1209—1239)* 50. 52. 54. 60. 62. 92. 94. 96. 128. 130. 134
Hermannus dictus Sarracenus natus de Swevia, *DO-Br. in Königsberg (1255—1260)* 198. 200. 206. 208
Hermannus de Sconenbergk, *DO-Br. H. v. Schönburg, Kt. in Christburg (1268—1271 u. 1275—1276), Lkt. im Kulmerland (1277—1289)* 254. 310
Hermannus (Stango), *DO-Br. H. Stange (1252/53)* 188

Hertwicus de Pocarwis, nobilis, *Hartwig v. Pokarben u. sein gleichnamiger S.* 124. 536; s. Thomas
Hibelino s. Ioannes de H.
Hieronymus s. Ieronimus
Hildebrandus de Rebergk, *DO-Br. H. v. Rechberg in Ragnit (1302/07)* 410
Hirczbergk s. Gerardus de H.
Hirtzhals burgensis de Megdenburgk, *Bürger aus Magdeburg* 212. 214
Hispania, *Spanien* 472. 476. 478. 494
Hoeloch, *Hohenlohe* s. Godefridus de H., *Heinrich v. H.*
Hoenstein s. Bernardus de H.
Hoinbergk s. Wernerus de H.
Holdenstete s. Fridericus de H.
Hollandia, *Holland;* comes s. Wilhelmus
Holle s. Fridericus H.
Holofernes *(bibl.)* 68. 80. 90
Homar princeps Arabum, *Kalif Omar (634—644)* 510
Honorius III, *P. (1216—1227)* 52. 472. 474
Honorius IV, *P. (1285—1287)* 506
Hornhusen s. Burgardus de H.
Hospitalariorum ordo s. Iohannis sancti hospitalis ordo
Hugo, *Br. des* Radulphus dominus Tiberiadis *(1198)* 40
Hugo advocatus Sambiensis, *DO-Br. Hugo, Vogt im Samland (1316)* 438
Hugo dictus Potyre 66

Iacob, *S. Isaaks (bibl.)* 78. 84
Iacobus archidiaconus Leodiensis, *Archidiakon v. Lüttich (1248—1249)* 186
Iacobus de Pomerio *(1307)* 410
Jakob I., *Kg. v. Aragon (1213—1276)* 476
Ibelin s. Ioannes de Hibelino
Iedemini castrum s. Gedemini castrum
Iedetus capitaneus Sudowitarum de Kymenovia, *Häuptling der Sudauer (1283)* 334

Jeragolja-Ejragola s. Erogela
Ieremias *(bibl.)* 72. 82
Ieronimus, *Hl. Hieronymus* 68. 108
Ierusalem 84. 86. 96. 240. 290. 510. 512. — Ierosolimitanus rex s. Henricus; regis filia s. *Isabella.* — Ierosolimitanus patriarcha s. *Monachus*
Iesbuto, *Litauer (1290)* 356. 360
Ilberstedt s. Ioannes de Gilberstete
Ylienburgk castrum, *Gilgenburg, DO-Burg u. Stadt (Kr. Osterode)* 466
Indagine s. Albertus de I.
Innocencius III, *P. (1198—1216)* 468. 472
Innocencius IV, *P. (1243—1254)* 96. 134. 480
Innocencius V, *P. (1276)*, vorher Petrus de Tharenthasia 498
Insula sancte Marie, civitas u. castrum, *Burg u. Stadt Marienwerder* 110. 112. 262. 268. 270. 308. 310. 312
Ioab, *Hauptmann Kg. Davids (bibl.)* 74. 120
Ioannes, *Apostel* 44
Iohannes XXI, *P. (1276—1277)* 500
Iohannes XXII, *P. (1316—1334)* 424. 458. 490. 506. 534
Ioannes de Luccelburgk rex Bohemie, *J. v. Luxemburg, Kg. v. Böhmen (1310—1346)* 542. 544
Ioannes dux dictus Anlant, *J. Parricida, Neffe u. Mörder Kg. Albrechts I. († 1313)* 528
Ioannes dux Brabancie, *Hg. J. II. v. Brabant (1294—1312)* 508
Johann II., Hg. der Bretagne, Britanie dux *(1286—1305)* 526
Ioannes marchio Brandenburgensis, *Mgrf. J. I. v. Brandenburg (1225—1266)* 198. 244
Ioannes cancellarius, *Kanzler des Hg. Konrad I. v. Masowien (1230)* 62
Ioannes vicecommendator, *DO-Br., Vizekt. in Balga (1249)* 184

Ioannes de Endorph, *DO-Br. J. v. Endorf (1330)* 552. 554
Ioannes de Gilberstete, *DO-Br. J. v. Ilberstedt in Königsberg (1324)* 454. 456
Iohannes de Hibelino, *J. v. Ibelin (1198)* 40
Ioannes de Medeborgk, *SO-Br. u. späterer DO-Br. J. v. Magdeburg (1236—1237)* 130
Ioannes Monachus, *DO-Br. († 1305)* 406
Ioannes dictus Poppo, *DO-Br. in Ragnit (1315)* 432
Ioannes de Spanheim, comes, *Grf. J. v. Sponheim (1307. 1324)* 410. 454
Ioannes de Wienna, *DO-Br. J. v. Wien in Ragnit (1290)* 354
Iohannis sancti hospitalis ordo, *Johanniterorden* 40. 42. 472; Hospitalariorum ordo 504. 528; magister s. *Gottfried v. Donjon*
Iob *(bibl.)* 78. 342. 426
Iodocus, *Hl.* 502
Ioduta, *Samländer, V. des Naudiota* 380
Ioiada, *Priester (bibl.)* 74
Ionatha, *Jonathan (bibl.)* 70. 72. 78
Ionis filius Sargini, nobilis de Pomesania, *adliger Pomesanier* 268
Iordanus prepositus Warmiensis, *Propst des ermländ. Kapitels (1325)* 464
Iosaphath rex *(bibl.)* 70
Ioseph, *S. Jakobs (bibl.)* 84
Iosue, Josua *(bibl.)* 44. 74. 94
Isaac, Ysaac *(bibl.)* 76. 78
Isabella, T. Johanns v. Brienne, G. Ks. Friedrichs II. (1225) 486
Ysaias, Isaias *(bibl.)* 32. 74. 76. 78. 80. 82. 84
Ysenbergk s. Henricus de Y.
Ysenburgk s. Rebodus de Y.
Israel, Israeliticus populus 30. 46. 64. 66. 68. 72. 84. 86. 88. 94. 100. 216. 236. 372

Italia, Ytalia, *Italien* 476. 510. 522. 532. 538
Iuda, *Volk Juda (bibl.)* 70
Iudas, *Judas Ischarioth (bibl.)* 554
Iudas Machabeus, *Judas Makkabäus (bibl.)* 32. 64. 68. 70. 72. 74. 76. 86. 368
Iudea, *Judäa in Palästina (bibl.)* 240. — Iudei, *Judäer, Juden* 36. 290. 400. 478
Iudith *(bibl.)* 68. 80. 90
Iuliacum, *Jülich;* filius comitis de -o, *S. des Grf. v. J. (1322)* 446; *Br. des Grf. (1330)* 548; s. Wilhelm
Iulius s. Cesar
Iunigeda territorium u. castrum, *Gebiet u. Burg Junigede (Welun-Wileny-Veliuona am Unterlauf der Memel)* 358. 362. 366. 368. 370. 376. 386. 428. 434. 442. 444
Iura fluvius, *die Iura, Nebenfl. der Memel* 412

Kajmel s. Kymel
Kaimen s. Caym
Kalden s. Henricus de Calendin
Kalgen s. Calige
Kalisch s. Calis
Karkus s. Carthusen
Karolus, *K. der Große, Kg. der Franken (768—814), Ks. (800—814)* 154
Karolus frater regis Francie, *Grf. K. v. Valois (1285—1325), Br. Kg. Philipps des Schönen* 526
Karolus Martellus, *Kg. K. Robert v. Ungarn (1301—1342)* 520. 538. 550. 552
Karolus de Treveri, *DO-Br. K. v. Trier, HM des DO (1311—1324)* 424. 434. 540
Karschauen s. Carsovia
Kasimir III., *Kg. v. Polen (1333—1370)* 464

Keyster s. Caustere
Kerpin, dominus de, *Herr v. Kerpen (Niederrhein) (1329)* 544
Kersow, pars terre Polonie, *Land in Polen* 314
Kertene silva iuxta Barthenstein, *Wald in Natangen* 294
Kymel castrum, *Burg in Litauen (Kajmel-Kaimelis am Unterlauf der Memel, gegenüber Georgenburg?)* 380. 382
Kymenovia castrum, *Burg im gleichnamigen Gebiet in Sudauen (südl. vom Löwentinsee)* 332
Kymenow, Kymenovia territorium, *Gebiet in Sudauen (südl. vom Löwentinsee)* 312. 332. 334
Kint s. Henemannus
Kirsuovia territorium, *Gebiet in Sudauen (nö. Goldap)* 334
Köln s. Colonia
Königsberg s. Kunigsbergk
Kotebus, dominus de, *Herr v. Kottbus (Niederlausitz) (1329)* 544
Kreuzburg s. Crucebergk
Krücken s. Crucke
Kudare de Sudowia, *Kudare v. Sudauen, Freibeuter* 316
Kulm s. Colmen
Kulmerland s. Colmensis terra
Kulmsee s. Colmense
Kunigsbergk, *Königsberg* 192. 194. 196. 198. 206. 216. 218. 220. 222. 224. 226. 228. 230. 232. 240. 244. 248. 254. 256. 318. 344. 350. 358. 378. 380. 384. 386. 402. 404. 408. 416. 436. 454. 464. 526; Tuwangste 194; *Kt.* s. Albertus de Misna, Bertoldus dictus Bruhave, Burgardus de Hornhusen, Eberardus de Virnenburgk, Fridericus de Wildenbergk, Henricus de Plocz. — Glapponis mons 256. — Nicolai sancti ecclesia parochialis 226

Namenverzeichnis

Kurland, Kuren, Kurisches Haff, Kurische Nehrung s. Curonia, Curonienses, Curoniense Stagnum, Curoniensis Neria

Labegowe castrum, *DO-Burg Labiau (südl. vom Kurischen Haff)* 302
Lamotina terra, *kurische Landschaft (n. der Memel u. wsw. v. Schemaiten)* 374
Landeshute s. Raganita
Landisbergk s. Conradus de L.
Landsbergk, marchio de s. Conradus
Latini, *Lateiner (in Konstantinopel)* 468
Laucstiete, *Samländer* 232; s. Locstete
Lausitz, Mgrf. s. Conradus
Leiningen s. Lininge
Leipe s. Lipa
Lencenbergk castrum, *Burg Lenzenberg am Frischen Haff (bei Brandenburg)* 208
Lentschütz-Łęczyca s. Luncense confinium, Casimirus
Leodiensis diocesis, *Bistum Lüttich* 508; Leodiensis archidiaconus s. Iacobus
Le Puy s. Aniciensis diocesis
Lestekinus dux Cracoviensis, *Hg. Leszek der Schwarze v. Krakau († 1288)* 314
Lethowia, *Litauen* 98. 298. 302. 308. 314. 330. 332. 334. 336. 338. 342. 344. 352. 354. 364. 374. 382. 384. 386. 388. 394. 400. 402. 406. 408. 416. 422. 424. 428. 436. 448. 456. 506. 544. 546. 548; s. Austechia, Gesovia, Pastovia, Salsenicka, Samethia. — Lethowini, *Litauer* 102. 104. 204. 206. 240. 242. 278. 310. 314. 320. 330. 332. 336. 340. 342. 352. 354. 356. 358. 360. 364. 366. 368. 370. 372. 374. 376. 378. 382. 384. 386. 388. 390. 392. 394. 400. 402. 404. 406. 408. 410. 412. 418. 420. 422. 426. 428. 430. 432. 434. 436. 438. 444. 448. 450. 452. 454. 456. 458. 460. 462. 464. 466. 506. 542. 544. 548; s. *Anna-Aldona,* Gedeminus, Pucuwerus, Trinota, Vithenus
Leunenburg s. Lunenburgk
Libencelle s. Fridericus de L., Lodewicus de L.
Lichtenbergk, dominus de, *Herr v. Lichtenburg (Böhmen) (1322)* 446
Lichtenburgk s. Hermannus de L.
Lichtenhagen s. Conradus de L.
Lichtenstein s. Henricus de L.
Licka fluvius, *Lyck, Nebenfl. des Biebrza-Bobr* 356
Lidelow s. Theodoricus de L., Volradus
Liefardi molendinum, *Mühle des Liefard (nahe Elbing)* 288. 290
Lininge, comes de, *Grf. v. Leiningen (Rheinpfalz) (1329)* 542
Linko, *ein Pogesanier* 262
Lyon s. Lugdunum
Lipa, Lypa castrum, *DO-Burg Leipe im Kulmerland (n. Kulmsee)* 310. 550
Lisias, *Lysias (bibl.)* 86
List, *DO-Br. (1295)* 376
Litauen, Litauer s. Lethowia, Lethowini
Livonia, Lyvonia, *Livland* 36. 44. 52. 58. 94. 96. 102. 128. 130. 202. 204. 228. 318. 382. 384. 386. 396. 448. 450. 458. 460. 462. 472. 486. 488. 526. 540. 550; s. Revalia, Rositten, Semegallia, Tharbatensis episcopatus. — Lyvonienses, *Livländer, livländ. DO-Br.* 206. 228. 550; *LM des DO* s. Bruno, Burgardus de Hornhusen, Eberhardus de Monheim, Hermannus dictus Balke. — Milites Cristi in Lyvonia, Lyvonie milites Cristi, *Schwertbrüderorden in Livland (1202—1237)* 128. 130; magister s. Volquinus

Lochoto, Loteko, Lotheco, *Hg. Wladyslaw Lokietek v. Großpolen, Kg. v. Polen (1320—1333)* 362. 464. 544. 550
Locstete, Lochstete castrum, *DO-Burg Lochstädt im Samland* 186. 232; s. Laucstiete, Wiclantsort
Lodewicus de Bavaria, *Kg. u. Ks. Ludwig IV. der Bayer (1314—1347)* 534
Lodowicus rex Francie, *Kg. Ludwig IX. der Heilige v. Frankreich (1226— 1270)* 478. 492. 496. 518
Lodewicus frater regis Roberti de Sicilia, *Ludwig, Br. Kg. Roberts v. Sizilien (1299—1343), B. v. Toulouse (1296/97), Hl.* 534
Ludwig IV., Lgrf. v. Thüringen, G. d. hl. Elisabeth († 1227), Hl. 474
Lodovicus de Baldensheym, *DO-Br. Ludwig v. Baldersheim, LM in Preußen (1264—1269)* 244
Lodewicus de Libencele, *DO-Br. Ludwig v. Liebenzell (1283ff.), Kt. in Ragnit (1290—1300)* 324. 326. 328. 332. 356. 374. 380
Lodewicus dictus Osse, *DO-Br. in der Schalauerburg († 1293)* 368
Lodewicus de Scippe, *DO-Br. Ludwig v. Schüpf, LM in Preußen (1299—1300)* 388
Lödla s. Theodoricus de Lidelow, Volradus
Löwentinsee s. Nogothin
Loteko, Lotheco, *Lokietek* s. Lochoto
Lubicensis civitas, Lubicenses, *Lübeck, Lübecker* 38. 48
Lubovia castrum et civitas, *Burg u. Stadt Löbau* 280
Lubovia terra, *Land Löbau (nö. vom Kulmerland)* 28. 60. 62. 98. 242. 280. 394. 400
Lucani, *Lucchesen* 490
Lucellenburgk, Luccelburgk, *Luxemburg;* s. Henricus imperator VII, Ioannes rex Bohemie

Ludwig s. Lodowicus
Lübeck s. Lubicensis civitas
Lüttich s. Leodiensis diocesis, Iacobus archidiaconus
Lugdunum, *Lyon;* Lugdunense concilium 480. 498. 506
Luncense confinium, Lunczensis ecclesia, *Land u. Stadt Lentschütz-Łęczyca in Großpolen* 314. 366
Luneburgk, dux de s. Otto
Lunenburgk castrum, *Leunenburg am Guber in Barten* 466
Lutherus filius ducis de Brunswich, *DO-Br. Luther v. Braunschweig, Kt. in Christburg (1326)* 464. 466
Lutuwer, Fürst v. Litauen s. Pucuwerus

Machabei, *Makkabäer (bibl.)* 46. 68. 84. 86; s. Iudas Machabeus. — Machabei alteri, *neue Makkabäer (=DO-Br.)* 132. 204
Machometus, *Mohammed, Stifter des Islam († 632)* 510
Macrobius, *Grammatiker u. Philosoph (um 400)* 70
Magdeburg s. Megdenburgk
Mailand s. Mediolanum
Mainz; Maguntinus, Maguntinensis archiep. s. Conradus, Gerhard
Maiorica insula, *Mallorca* 476
Malberg s. Gerhard v. M.
Manegoldus, *DO-Br., LM in Preußen (1280—1282)* 318. 320. 324. 326
Mansfelt s. Gevehardus de M.
Manfredus filius Friderici II, *Kg. v. Sizilien (1258—1266)* 492. 494
Mansto, *adliger Litauer aus Schemaiten (1308. 1311/12)* 414. 420
Marcburgk, *Marburg in Hessen* 482. 484
Marcha, *Mark (Westf.);* comes de, *Grf. v. der Mark (1330)* 548; s. Engelbertus

Mare Recens, *Frisches Haff* 116. 118. 120. 254
Mare Salsum, *Salzmeer = Ostsee* 98. 332
Maria Magdalena, *Hl.* 502
Marienburg s. Mergenburgk
Marienwerder s. Insula sancte Marie
Marquardus de Revelinge, *DO-Br. M.* v. *Röblingen in Ragnit (1290)* 334. 356; *Br.* s. Fridericus dictus Holle
Mars, *röm. Kriegsgott* 520
Martinus IV, *P. (1281—1285)* 502
Martinus de Cruczewicz, *M.* v. *Kruschwitz, poln. Ritter (1246)* 170
Martinus de Golin, *Freibeuter* 148. 150. 274. 276. 316. 344
Masinus, *Litauer (1314)* 430
Masio, *adliger Litauer (1311)* 420
Masovia, *Land u. Herzogtum Masowien* 54. 98. 234. 278. 366. 372. 378. 460. — Masovie dux s. Agafia, Boleslaus, Bonislaus, Conradus, Semovitus. — Masoviensis ep. s. Guntherus; prepositus s. Gernuldus
Mattathias, *Stammvater der Makkabäer (bibl.)* 546
Matto filius Pipini, *adliger Pomesanier (1260)* 108. 202
Maudelo, Maudelus, *S. des Tirsko (1255—1274)* 194. 294
Medeborgk s. Ioannes de M.
Medenicka territorium, *Gebiet in Schemaiten (Mednyken-Varniai)* 430. 436. 438. 444
Medenow territorium, *Gebiet Medenau im Samland (nw. Königsberg)* 192
Mederaba castrum, *Burg in Schemaiten (1291)* 358
Medewaga, Medewage castrum, *Burg im Gebiet Medenicka in Schemaiten (Medvegalis, nw. Kaltinenai)* 436. 542. 544
Medi, *Meder-Perser* 76
Mediolanum, *Mailand* 530

Mednyken s. Medenicka
Megdenburgk, Medeborgk, Megdeburg, *Magdeburg* 110. 130. 212. 244; burgrabius s. Burchard *IV.;* s. Ulricus de M.
Meißen s. Misna
Melchisedech, *Priesterkönig (bibl.)* 44
Melsac civitas, *Mehlsack im Ermland (Kr. Braunsberg)* 464
Memela civitas, Memelburgk castrum et civitas, *Memel* 98. 304. 410. 450. 540. — Memela flumen, *die Memel* 98. 298. 300. 336. 338. 350. 354. 372. 374. 376. 382. 422. 424. 426. 428. 444
Meneko de Querenvorde, *DO-Br. Meinhard* v. *Querfurt, LM in Preußen (1288—1298)* 348. 352. 356. 360. 362. 364. 370. 372
Menorca s. Minorica insula
Mergenburgk castrum, domus principalis, *Burg u. Haupthaus Marienburg an der Nogat* 262. 264. 324. 360. 392. 414. 418. 458; s. Algent
Mersburgk, *Merseburg;* ep. s. Heinrich
Meruniska territorium, *Gebiet in Sudauen (Mierunsken, sö. Goldap)* 314
Mesopotamia, *Mesopotamien* 514
Mestowinus dux Pomeranie, *Hg. Mestwin II.* v. *Pommerellen (1264/66— 1294), S. Swantopolks* 146. 148. 156. 176. 246. 248. 328
Mewe s. Gymewa
Mezzano s. Opizo v. M.
Michael, *Kriegsmann des DO (1314)* 430
Michael *III. Palaiologos, Ks.* v. *Byzanz (1259—1282)* 490
Michael Cuyavie ep., *B.* v. *Kujawien (1220/22—1252)* 62
Mierunsken s. Meruniska
Miligedo, *Pruße in Bartenstein (1263)* 236. 238
Mindota, *Kriegsmann des DO (1314)* 430

Minorica insula, *Menorca* 476
Minorum fratrum ordo, *Minderbrüder-Minoritenorden* 458. 474. 488. 498. 508. 534
Misna, *Markgrafschaft Meißen* 42. 114. 116. 118. 156. 166. 190. 250. 446. 544; s. Albertus de M. — Misnensis marchio s. Henricus, Theodericus
Missino, *Natanger (1295)* 378
Moab filii, *Moabiter (bibl.)* 70
Mockera fluvius, *Mocker (unbest., in Pomesanien)* 116
Modena; Mutinensis ep. s. Wilhelmus
Mohammed an-Nasir s. Almimolinus
Mohrungen s. Morungen
Moyse, *Moses (bibl.)* 44. 66
Molendinum Novum Castrum, *Burg Neuermühlen in Livland (n. Riga)* 386
Monachus s. Ioannes
Monachus, Patriarch v. Jerusalem (1196—1200) 40
Monheim s. Eberhardus de M.
Mons Altus, *Montalto-Gebirge in Mittelitalien* 502
mons sancti Georgii s. Georgii sancti mons
Mons; comes de Monte, *Grf. v. Berg (Niederrhein) (1316)* 436
Monte s. Henricus
Monteminores genus, *pr. Adelsgeschlecht* 294; s. Nameda
Morungen castrum u. civitas, *Mohrungen* 538. 540
Mucko, *Freibeuter (1324)* 456
Mutinensis ep., *B. v. Modena* s. Wilhelmus

Nabuchodonosor rex Babilonie, *Kg. Nebukadnezar (bibl.)* 26
Nadrowia terra, *pr. Landschaft Nadrauen* 98. 102. 194. 294. 296. 298; s. Catthow, Rethowi. — Nadrowite, *Nadrauer* 98. 194. 294. 296. 298

Naka de Pogesania, *Freibeuter (1279)* 316
Nakel castrum, *Burg Nakel an der Netze* 144. 548
Nalubo, Nalubus, *Samländer, S. des Sclodo* 204. 222
Nameda, *M. des Posdraupotus, aus dem Adelsgeschlecht der Monteminores* 294
Namile nobilis de Pomesania, *adliger Pomesanier, V. des Tussinus* 266
Nara fluvius, *Neris-Wilija, Nebenfl. der Memel* 374
Nara fluvius, *Narew, Nebenfl. des Bug* 356. 390
Nassau s. Adolphus de Nassow
Nattangia terra, *pr. Land Natangen* 28. 98. 126. 128. 182. 184. 196. 208. 212. 248. 252. 316. 376. 378. 382. 388. 406. 416. 428. 430. 438. 454. 456; s. Glottovia, Solidow; *Vogt v. N. u. Ermland* s. Volradus. — Nattangi, *Natanger* 98. 120. 126. 186. 210. 212. 224. 236. 242. 252. 254. 256. 258. 286. 288. 294. 308. 378; s. Goducke, Henricus Monte, Sabine
Naudiota filius Iodute, *Samländer (1295)* 380
Naum, *Prophet (bibl.)* 552
Navarra; rex s. Thibaud
Nazarenus archiep., *Eb. v. Nazareth (1198; anonym)* 40; *Erzbistum* 512
Neapolis, *Neapel* 486; s. Carolus
Nebukadnezar s. Nabuchodonosor
Neiße, Eberhard v., B. v. Ermland s. Eberardus
Neria Curoniensis, *Kurische Nehrung* 330. 332. 414
Neris s. Nara
Nessovia castrum, *DO-Burg Nessau an der Weichsel (gegenüber v. Thorn)* 92. 94. 96
Neuenahr s. Nuwennare
Neuenburg s. Nuwenburgk

Neuermühlen s. Molendinum Novum
Neuhaus s. Nova Domus
Neumark s. Novum Forum
Nicze fluvius, *Netze, Nebenfl. der Warthe* 110
s. Nicolaus, 226; Nicolai sancti ecclesia parochialis s. Kunigsbergk
Nicolaus III, *P. (1277—1288)* 502
Nicolaus IV, *P. (1287—1292)* 508
Nineric, *poln. Ritter* 284
Niuenar s. Nuwennare
Nodam, *Litauer (1290)* 354
Nogadus fluvius, *Nogat, Mündungsarm der Weichsel* 156
Nogardia Parva, *Novogrodek in Schwarzrußland* 432
Nogothin stagnum, *See in Sudauen (Löwentinsee)* 318
Northusen s. Bertoldus de N.
Nova Domus, Castrum Novum, *DO-Burg Neuhaus (Kurische Nehrung)* 332. 414
Novum Forum civitas, *Neumark an der Drewenz* 464
Numo, *Barter* 340
Nuwenburgk castrum, *Neuenburg an der Weichsel (Kr. Schwetz)* 246. 248
Nuwennare, Niuenar, comes de, *Grf. v. Neuenahr (Rhein) (1316. 1329)* 436. 542

Ochtolite castrum, *Burg im Land Wohnsdorf (Auglitten, Kr. Bartenstein)* 196
Odora flumen, *die Oder* 110
Odowis dux Gnisnensis, *Hg. Wladyslaw Odonicz v. Gnesen († 1239)* 110
Österreich s. Austria
Öttingen s. Otinge, Hermannus
Olmütz; Olmacensis ep. s. Bruno
Omar s. Homar
Opizo, *Abt v. St. Paul in Mezzano, päpstl. Legat in Preußen (1245)* 168
Ora s. Albertus de O.

Ornestus, *DO-Br. Ernst, LM in Livland († 1279)* 318
Orsele s. Wernerus de O.
Orvieto s. Urbs Vetus
Ortrant, *Otranto in Apulien* 474
Ossa fluvius, *die O., Nebenfl. der Weichsel* 268. 270. 272. 310. 464
Osse s. Lodewicus dictus O.
Osternohe s. Poppo de Osterna
Otekaym castrum 342; *identisch mit Oukaym;* s. dort
Otholichia castrum, *Burg in Nadrauen im Gebiet Catthow* 296
Otinge, comes de, *Grf. v. Öttingen (Franken)* 542; s. Hermannus
Otranto s. Ortrant
Ottackarus, Othacarus rex Bohemie, *Kg. Ottokar II. v. Böhmen (1253—1278)* 190. 192. 194. 244. 490. 500
Otter, *DO-Br. (1324)* 456
Otto IV imperator, *Kg. u. Ks. (1198—1218)* 468
Otto marchio de Brandenburgk, *Mgrf. O. III. v. Brandenburg (1220—1267)* 186. 190. 244. 246. 250
Otto princeps et dux de Brunswich qui eciam de Luneburgk, *Hg. O. das Kind v. Braunschweig-Lüneburg (1235—1252)* 126. 128
Otto, *DO-Br., HM des DO († 1209)* 50
Otto de Bergo, *DO-Br. O. v. Berga (1294—1311)* 372. 416
Otto de Cedelicze, *DO-Br. O. v. Zedlitz in Ragnit (1294)* 372
Oukaym territorium u. castrum, *lit. Burg u. Gebiet in Schemaiten (um Batakiai)* 342. 354. 362. 390. 392. 394. 404. 542; castrensis s. Drayko, Swirtil

Pacoslaus senior et iunior, comites de Dirsovia, *P. der Ältere u. der Jüngere, Grff. v. Dirschau (1230)* 62
Pagansten s. Poganste

Paleologus imperator Grecorum s. Michael III.
Palestina, *Palästina* 530
Paliganus rex Sarracenorum, *Baligan, sagenhafter Gegner Karls des Großen* 154
Paris; Parisius 478. 506. 522. 524
Parricida s. Ioannes dictus Anlant
Partegal castrum in campo sic nominato, *Feld u. Burg in Warmien (bei Partheinen, sö. Balga)* 124. 126
partes inferiores, *Gebiet ö. der Passarge* 136. 182
partes superiores, *Oberland, Gebiet w. der Passarge* 138
Parva Nogardia s. Nogardia Parva
Paschalis II, *P. (1099—1118)* 474. 530
Paskalwen s. Scalowitarum castrum
Passarge s. Sergia
Passau; Pataviensis ep. s. Wolgerius
Pastovia territorium u. castrum, *Gebiet in Litauen (Postów nahe der Einmündung der Dubissa in die Memel)* 360. 370. 436. 452
Paulinus ep., *P. v. Nola († 431)* 88
Paulus, *Apostel* 70
Peluse, *Litauer (1286)* 342
Pernstein, Friedrich v., Eb. v. Riga s. Fridericus
Perse, *Perser* 510
Perusius, *Perugia in Italien* 522
Pestlin s. Postelin
Peštvenai s. Pista
Petra; Petracensis archiep. *(1096; anonym)* 512
Petrus, *Apostel* 92. 524
Petrus confessor, *Petrus (v. Murrone) der Bekenner, Hl.* s. Celestinus V.
Petrus heremita, *Petrus der Eremit aus Amiens, Führer einer Kreuzfahrerschar (1096)* 510. 512
Petrus martir, *Petrus v. Verona (1252)* 480
Petrus, *DO-Priester in Brandenburg* 250

Petrus de Dusburgk, *DO-Priester, Chronist* 26
Petrus de Rosenbergk, *Peter v. Rosenberg aus Böhmen (1324)* 454; *Oheim* s. Hermannus
Petrus de Tharenthasia s. Innocencius V.
Pharao, Farao *(bibl.)* 64. 100
Pheleti s. Cerethi
Philippus ep. Firmanius, *B. v. Fermo in Italien (1273—1300), päpstl. Legat (1283)* 328
Philippus rex Francie, *Kg. Ph. IV. der Schöne v. Frankreich (1285—1314)* 522
Philippus de Bolandia, *DO-Br. Ph. v. Bolanden, Bischofsvogt im Samland (1305)* 406; *Neffe* s.Bolandia
Philipp, Grf. v. Savoyen († 1285) 500
Philippus comes de Spanheim, *Grf. Ph. v. Sponheim (1324)* 454
Philisteus, Philistinorum nacio, *Philister (bibl.)* 72. 82
Phligt, *Plichta v. Žirotin aus Böhmen (1322)* 446
Pinno, *S. des* Drayko 392
Pyopso capitaneus Warmiensium, *Häuptling der Warmier (1239)* 122
Pipin, Pippinus, nobilis de Pomesania, *adliger Pomesanier, V. des Matto* 106. 108. 202
Pippini stagnum, *Pippins See im Kulmerland (Pippingsee-Pigża, sw. Kulmsee)* 106
Pirremont s. Theodoricus
Pisa *in Italien* 532
Pissa flumen, *Nebenfl. der Alle* 464
Pista, *lit. Grenzburg an der Einmündung der Dubissa in die Memel (Peštvenai)* 370. 372. 386. 442. 444. 448
Plauten s. Plut
Plementis s. Clementis castrum
Plichta s. Phlight

Plicka Bartha, *Klein-Barten* 98; s. Bartha
Plocz, Ploczke, *Plötzkau* s. Henricus de P.
Ploczko castrum, Ploczensis civitas, *Plock-Płock an der Weichsel (Masowien)* 56. 460; *Domdekan* s. Wilhelmus
Plowist castrum, *Burg an der Ossa (zw. Rehden u. Bischofswerder, Groß-Plowenz)* 310
Plut castrum, *Burg bei Mehlsack (Plauten, onö. Mehlsack)* 464
Pobethen s. Pubeta
Pobrawe, -wo, *pr. Heerführer* 258
Pocarwis, *Pokarben (Kr. Heiligenbeil)* 212. 220; s. Hertwicus de P.
Poganste villa, *Pagansten-Menthen (südl. Christburg)* 264
Pogesania, *pr. Landschaft Pogesanien* 28. 98. 118. 260. 286. 290. 308. 316. 338. 340. — Pogesanus, Pogesani, *Pogesanier* 98. 118. 120. 186. 210. 260. 262. 286. 288. 290. 294. 306. 308. 342; s. Auttume
Pograuda territorium Lethowie, *Gebiet Pograuden in Schemaiten (zw. Putenicke-Putves u. der Dubissamündung)* 374. 402. 416. 420. 440
Pokima territorium, *Gebiet in Sudauen (südl. vom Löwentinsee)* 318
Polonia, *Polen* 54. 56. 58. 62. 64. 94. 110. 156. 170. 276. 284. 314. 322. 328. 340. 356. 362. 366. 372. 390. 406. 446. 464. 476. 478. 486. 546; s. Kersow. — Polonie rex, dux s. *Anna-Aldona,* Bernardus, *Boleslaw der Fromme,* Casimirus, Conradus, Hedwigis, Henricus, *Kasimir,* Lochoto. — Polonus, Poloni, *Pole(n)* 170. 366. 390
Poltus civitas, *Pułtusk am Narew in Masowien* 460
Pomanda vir nobilis, *pr. Adliger* 126

Pomerania, *Herzogtum u. Land Pommerellen* 98. 134. 144. 168. 172. 246. 248. 328; s. Wanceke. — Pomeranie dux s. Mestowinus, Samborius, Swantepolcus, Warceslaus. — Pomerani, *Pommereller* 142. 164. 168. 180
Pomerio s. Arnoldus de P., Iacobus de P.
Pomesania, *pr. Landschaft Pomesanien* 28. 98. 106. 108. 112. 116. 138. 180. 202. 266. 268. 278. 286; s. Reysen. — Pomesaniensis episcopatus, diocesis, *Bistum P.* 136. 246. 270. 464. 502; ep. s. Albertus, Rudolphus. — Pomesani, *Pomesanier* 98. 110. 116. 118. 120. 186. 250. 260. 264. 306. — Pomesanorum castrum, *Burg der Pomesanier (bei Christburg)* 178. 260. 262. 264
Poppo s. Ioannes dictus P.
Poppo de Osterna, *DO-Br. P. v. Osternohe, LM in Preußen (1241. 1244—1247), HM des DO (1252—1256)* 130. 156. 160. 162. 164. 488
Posdraupotus, *S. der* Nameda, *aus dem pr. Adelsgeschlecht der* Monteminores 294
Posilge s. Pusilia
Postelin, propugnaculum prope, *Burg in Pomesanien (Pestlin südl. Stuhm)* 116
Postów s. Pastovia
Potyre, Hugo dictus 66
Potterbergk castrum, *Burg im Kulmerland (zw. Kulm u. Althausen)* 160. 328. 330
Powida, *Pomesanier* 306
Powundia territorium, *Gebiet Powunden im Samland (n. Königsberg)* 414
Predicatorum ordo, *Predigerorden (Dominikaner-)* 272. 474. 478. 488. 490. 498. 524
Prigora flumen, *der Pregel* 224. 226
Provincia, *Provence;* comes s. Carolus

Pubeta, Pubeten territorium, *Gebiet Pobethen im Samland* 228. 308. 330; s. Bonse
Pucuwerus rex Lethowie, *Fürst Lutuwer v. Litauen († 1292), V. des* Vithenus 362. 366. 368. 374; s. Vithenus
Pułtusk s. Poltus
Pusilia, *DO-Burg Posilge (ö. Marienburg)* 262
Putenicka, -ca, *lit. Grenzburg in Schemaiten (Putves an der Akmena, Nebenfl. der Jura)* 410. 412. 414. 542; s. Spudo

Quedenow territorium, *Gebiet Quednau im Samland (n. Königsberg)* 192. 204. 222. 228
Queram de Waldow, *Kriegsmann des DO (1314)* 430
Querenvorde, *Querfurt;* s. Burchard IV., Conradus Herbipolensis ep., Meneko de Qu.
Quidinus insula, *Werder Queden (bei Marienwerder)* 110
Quitz s. Fridericus

Radulphus dominus Tiberiadis, *R. v. Tiberias (1198)* 40; Br. s. Hugo
Raganita castrum, *Ragnit, Burg der Schalauer u. spätere DO-Burg an der Memel* 298. 300. 342. 348. 350. 354. 356. 358. 362. 366. 368. 370. 372. 374. 376. 386. 392. 394. 410. 424. 426. 428. 432. 436. 438. 440. 442. 456. 542. 548; Landeshute 350; *Kt.* s. Bertoldus dictus Bruhave, Conradus Stango, Fridericus de Libencelle, Lodewicus de Libencele, Theodoricus de Aldenburgk, Volradus, Wernerus
Raynaldus dominus Sidonis, *R. v. Sidon (1198)* 40
Ramige castrum, *Burg in Schalauen an der Memel, gegenüber v. Ragnit (Rombinusburg)* 300

Rawe, *DO-Br. in Rehden (1243)* 156
Rebergk, *Rechberg* s. Hildebrandus de R.
Rebodus de Ysenburgk, *DO-Br. Rembold v. Isenburg in Königsberg (1314)* 430
Rechberg s. Syfridus de Reiberg, Hildebrandus de Rebergk
Redinus castrum, *Burg Rehden im Kulmerland (sö. Graudenz)* 112. 114. 138. 148. 156. 274. 276. 310
Regenstein s. Guntherus de R., Theodoricus de R.
Reiberg, *Rechberg* s. Syfridus de R.
Reyder, dominus de *(1261)* 212
Reysen territorium, *Gebiet Reisen in Pomesanien (um Riesenburg)* 110. 112. 116
Rendalia, *pr. Geschlecht, Nachkommen des Girdaw* 232; s. dort
Reno s. Gerhardus de R.
Rensen palus, *R., toter Seitenarm der Weichsel bei Rondsen (sw. Graudenz)* 146. 148
Renus, *der Rhein* 190. 402. 410. 436. 446. 448. 454. 500. 536. — Palatinus comes Reni s. Henricus
Resela castrum, *DO-Burg Rößel im Land Barten (sö. Bartenstein)* 128. 218
Rethowi, -wis territorium, *Gebiet in Nadrauen (Rodwisch-Rudupönen an der Angerapp, ö. Insterburg)* 294. 296
Revalia, *Reval in Estland* 204. 486. —
Revalia terra, *Landschaft Revele in Estland (um Reval)* 450
Revelinge s. Marquardus de R.
Rhodos s. Rodus
Richardus comes Cornubie, *Grf. R. v. Cornwall, dt. Kg. (1257—1272)* 488
Riga, Rigensis civitas, *Riga in Livland* 384. 458. 460. 462. 550; cives de Riga, Rigenses 384. 386. 550; provincia Rigensis, *Kirchenprovinz R.* 472; Eb. s. Fridericus

Rijn, van den s. Gerhardus de Reno
Ringelus, *Br. des Gedune, aus dem Geschlecht* Candeym *(1255)* 192
Rinow territorium, *Gebiet Rinau im Samland (um den Galtgarben)* 230
Risenburgk, Rysen- castrum et opidum, *Riesenburg in Pomesanien (ö. Marienwerder)* 116. 500
Rysenkirchen, *Riesenkirch (ö. Riesenburg)* 116
Robertus rex de Sicilia, *Kg. v. Sizilien (1299—1343)* 534; *Br. s.* Lodewicus Rode *s.* Theodoricus dictus R., Rufus
Rodus insula, *Rhodos* 528
Rodwisch-Rudupönen s. Rethowi
Röblingen *s.* Marquardus de Revelinge
Rößel s. Resela
Rogow castrum, *Burg im Kulmerland (Gr. Rogau, nö. Thorn)* 106. 108
Rogow fluvius, *Bach Rogau (ö. Elbing)* 288
Roma, *Rom* 102. 502. 520. 522. 524. 530
Romania, *DO-Ballei Romanien* 36. 52
Rombinusburg s. Ramige castrum
Romene villa, *in Aukstaiten* 374
Romow locus in Nadrowia, *pr. Heiligtum in Nadrauen* 102
Rondsen s. Rensen
Rosenbergk *s.* Petrus de R.
Roseum in Bria, *Rozay-en-Brie, Dép. Seine-et-Maine (Frankreich)* 470
Rositten territorium, *R. in Lettgallen (Livland)* 462
Rossiene-Raseiniai s. Russigena
Rotenstein, dominus de *(1329)* 544
Rude *s.* Gerardus R.
Rudolphus de Habsburg, *Kg. (1273— 1291)* 498. 500. 502. 506. 508; *S. s.* Hartmann, *T. s.* Guta
Rudolphus ep. Pomesaniensis, *B. v. Pomesanien (1322—1331)* 464

Rudolphus dictus Bodemer, *DO-Br. R. v. Bodman in Bartenstein (1295)* 378
Rudowia territorium, *Gebiet Rudau im Samland (n. Königsberg)* 192. 414
Rufus *s.* Conradus R., Gerlacus R., Rode
Ruyani, *Rugianer (Einwohner v. Rügen);* princeps *s. Wizlaw*
Runkel *s.* Syfridus de R.
Rupertus sanctus, *Hl.* 526
Russia, Russie terra, *Rußland* 98. 326. — Ruthenus, Rutheni, *Russe(n)* 284. 298. 300. 382. 406. 408. 458; Ruthenorum rex *s.* Gediminus
Russigena territorium, *Gebiet in Schemaiten (Rossiene-Raseiniai, w. der Dubissa)* 446
Russigenus nobilis de Sudowia, *adliger Sudauer (1280)* 322
Rutgerus (de Elner), *Rutger v. Eller, Br. des* Theodoricus de Elner *(1307)* 410
Ruthenus *s.* Henricus R.

Saalfeld s. Salfelt
Saba, regina, *Kg.in v. S. (bibl.)* 36
Sabaoth, *Zebaoth (bibl.)* 44
Sabaudia, *Savoyen;* comes *s.* Philipp
Sabine dux exercitus, *Heerführer der Natanger (1295)* 378
Saccus *s.* Conradus
Sachsen s. Saxonia
Says flumen, *Zaine, Nebenfl. des Guber* 466
Salcza *s.* Hermannus de S.
Salerno in Italien; Salernitanus rex *s.* Carolus
Salfelt civitas, *Saalfeld (sö. Christburg)* 540
Salinarum montes, *Berge bei Salins-les-Bains (sw. Besançon in Frankreich)* 474
Salomon *(bibl.)* 36. 46. 68. 70. 88. 350
Salsenicka territorium, *Gebiet in Litauen (Soleczniki, südl. Wilna)* 422. 424

Sambia, *pr. Landschaft Samland* 98. 106. 186. 192. 194. 214. 228. 230. 232. 240. 254. 296. 320. 330. 332. 340. 342. 352. 358. 376. 386. 406. 414. 416. 428. 430. 434. 438. 440. 444. 446. 450. 456; *s.* Abenda, Bethen, Caym, Girmow, Medenow, Powundia, Pubeta, Quedenow, Rinow, Rudowia, Scoken, Tapiow, Waldow, Wargen, Wilow. — *DO-Vogt s.* Hugo, Philippus de Bolandia, Theodoricus de Lidelow. — Sambite, *Samländer* 98. 186. 188. 190. 192. 194. 204. 210. 214. 218. 220. 222. 226. 228. 230. 232. 288. 294. 308. 370. 380; *s.* Glande

Samborius, *Sambor, Br. Hg. Swantopolks II. v. Pommerellen (1224—1276)* 110. 112. 158. 328

Samethia, *Schemaiten (Niederlitauen)* 374. 414. 432. 450; *s.* Erogela, Lethowia, Medenicka, Oukaym, Pograudia, Russigena, Wayken. — Samethi, *die Litauer aus Schemaiten* 374. 414; *Fürst s.* Trinota

Samson *(bibl.)* 350

Sangerhausen s. Anno *v. S.*

Santirium castrum, *Burg Zantir an der Weichsel-Nogat-Gabelung* 156. 158. 162. 182. 308. 312. 324

Sardewicz castrum, *Burg Sartowitz in Pommerellen (n. Schwetz)* 138. 140. 142. 144. 146. 158

Sarecka Scalowita castellanus in castro Sarecka, *Schalauer* 302. 304

Sarecka castrum, *Burg in Schalauen (Scharkaberg bei Kallehnen, sw. Tauroggen)* 302

Sarginus 268; *S. s.* Ionis

Sarraceni, *Sarazenen-Araber* 154. 472. 476. 494. 496. 504. 520. 530; *s.* Arabes, Tartari; Sarracenorum imperator *s.* Almimolinus; Sarracenorum rex *s.* Paliganus

Sarracenus *s.* Hermannus S.

Sartowitz s. Sardewicz

Sassowia castrum Scalowitarum, *Burg in Schalauen (am Unterlauf des Šešuvis, südl. Tauroggen)* 304

Satana, *Satan (bibl.)* 344

Saul *(bibl.)* 72. 74. 82

Savoyen s. Sabaudia

Saxonia, Saxo, *Sachse(n)* 110. 190. 224. 348. 454. 552. — Saxonie palatinus comes *s.* Hermannus

Scalowia, Scalowitarum terra, *pr. Landschaft Schalauen* 98. 300. 302. 306. 350. — Scalowita, -te, *Schalauer* 98. 194. 294. 298. 300. 302. 304. 306. 342. 350; capitaneus *s.* Stinegota. — Scalowitarum castrum, *die Schalauerburg (Paskalwen, zw. Tilsit u. Ragnit)* 348. 350. 368. 376. 432

Schaaken s. Scoken

Scharkaberg s. Sarecka castrum

Schemaiten s. Samethia

Schlesien s. Slesia

Schneckenberg s. Snickenbergk

Schönburg s. Hermannus de Sconenbergk

Schonense, Schonese castrum et civitas, *Burg u. Stadt Schönsee im Kulmerland (zw. Kulmsee u. Gollub)* 282. 550

Schrangenberg s. Scrandonis mons

Schüpf s. Lodewicus de Scippe

Schwab s. Conradus Swevus

Schwaben s. Suevia; *Hg. s.* Fridericus

Schwanden s. Burgardus de Swanden

Schwarzburg s. Henricus de Schw.

Schweden s. Swecia

Schweidnitz, Hg. v. s. Bernardus dux Wratislaviensis

Schwertbrüderorden s. Livonia

Schwetz s. Swecza

Scippe, *Schüpf s.* Lodewicus de S.

Sclavie partes, *Slavenland* 536

Sclodo de Quedenow, *Samländer (1260)* 204. 222; *S. s.* Nalubo, Wargullo

Sclunien territorium *u.* villa, *Gebiet in Warmien (am unteren Pregel), identisch mit* Calige villa 220. 378
Scoken territorium, *Gebiet Schaaken im Samland (n. Königsberg)* 106. 222
Scoldo germanus Surmini, *Br. des lit. Adligen Surminus (1313)* 428
Sconenbergk *s.* Hermannus de S.
Scowenbergk, comes de, *Grf. v. Schauenberg (1329)* 544
Scrandonis mons, *Scrandos Berg, Schrangenberg (bei Gr. Hoppenbruch, Kr. Heiligenbeil)* 124. 126
Scroneyte castrum, *Burg in Karschauen (Skerśpile an der Mituva)* 414
Scumandus Sudowitarum capitaneus, *Scumand-Skomand, Häuptling der Sudauer (1277ff.)* 282. 284. 310. 324. 326. 338. 340
Scumo, nobilis et potens, *adliger Pruße (1260)* 256
Scurdo capitaneus alterius partis Sudowie, *Häuptling in Sudauen (1283)* 334
Seleucia *s.* Antiochia
Semegallia, *Semgallen in Livland* 452
Semovitus, *Ziemowit I., Sohn Hg. Konrads I. v. Masowien, Hg. v. Czersk u. Masowien († 1262)* 62
Senensis comitatus, *Grafschaft Siena in Italien* 532. — Senenses, *Bewohner v. Siena* 490
Sergia fluvius, *die Passarge* 258
Seron *(bibl.)* 72
Sicilia *s.* Cecilia
Sidonis dominus *s.* Raynaldus
Syfridus de Reibergk, *DO-Br. Siegfried v. Rechberg, Kt. in Balga (1296)* 382
Syfridus de Runkel archiepiscopus Coloniensis, *Eb. v. Köln (1274—1297)* 508
Syfridus de Wucgwangen, *DO-Br. Siegfried v. Feuchtwangen, HM des DO (1303—1311)* 396. 414. 416. 418

Silia territorium Sudowie, *Gebiet in Sudauen (an der Slina?, südl. Nebenfl. des Narew)* 326; capitaneus *s.* Wadole
Symeon patriarcha, *grch. Patriarch S. v. Jerusalem (1097)* 510
Sion, *Burg (Jerusalem) (bibl.)* 46
Sirenes, *Pomesanier in Christburg* 264
Sirgune fluvius, *die Sorge (Zufluß zum Drausensee)* 112. 262. 266
Siria, *Syrien* 530
Sisditen castrum, *Burg im Gebiet Medenicka in Schemaiten* 430
Skerśpile s. Scroneyte
Slavenland s. Sclavia
Slesia, *Schlesien;* Slesie dux de Valkenbergk *s. Boleslaw I.*
Slupp s. Starkenbergk
Snickenbergk castrum, *Burg Schneckenberg bei Balga (Kr. Heiligenbeil)* 124
Soleczniki s. Salsenicka
Solidow territorium Nattangie, *Gebiet in Natangen (um Kreuzburg)* 248
solitudo, *Wildnis* 112. 218. 254. 276. 386. 394. 418. 420. 444. 446. 456. 464
Sorge s. Sirgune
Spagerot, *Kriegsmann des DO (1314)* 430
Spanheim, *Sponheim s.* Ioannes de S., Philippus de S.
Spanien s. Hispania
Spittenbergk castrum, *Burg Spittenberg in Pomesanien* 272
Spudo potens in castro Putenicka, *Litauer, Burgkommandant auf Putenicka (1307)* 412. 414
Stango *s.* Conradus S., Henricus S., Hermannus S.
Stanislaus ep. Cracoviensis, *B. v. Krakau († 1079)* 480
Stanteko, *Pruße (1262)* 218
Stanto, *Natanger (1295)* 378

Starkenbergk castrum, *Burg Starkenberg im Kulmerland (Slupp, nö. Rehden)* 270. 272
Steynow, vir subiectus, *Warmier* 254
Stenckel de Bintheim, miles de Westfalia, *St. v. Bentheim (1261)* 212
Stephanus, *Erzmärtyrer* 28
Stinegota capitaneus Scalowitarum, *Häuptling der Schalauer* 302
St. Malo s. Bartholomeus ep. Electensis
Stovemel, -mele, *Freibeuter* 316. 344
Straisbergk castrum *u.* oppidum, *Burg u. Stadt Strasburg im Kulmerland (an der Drewenz)* 280. 386
Stucze nobilis et potens, *adliger Pruße (1260)* 256
Stumo, *Stuhm (südl. Marienburg)* 116
Sudargus, *adliger Litauer aus Schemaiten (1308ff.)* 394. 414. 420. 440
Sudowia, *pr. Landschaft Sudauen* 98. 234. 278. 280. 312. 314. 316. 318. 320. 322. 324. 326. 332. 334; *s.* Kymenow, Kirsuovia, Meruniska, Pokima, Silia. — Sudowite, *Sudauer (= Jatwjagen, Jatwinger)* 98. 100. 148. 194. 240. 278. 280. 282. 284. 286. 292. 294. 310. 312. 316. 320. 322. 324. 326. 332. 334; capitaneus *s.* Iedetus, Scumandus, Scurdo
Suevia, *Schwaben* 198; Swevie dux *s.* Fridericus
Surbancz dominus pocior, *adliger Schalauer* 306
Surdeta dominus pocior, *adliger Schalauer* 306
Surgurbi, *pr. Name für* Tapiow; *s. dort*
Surminus, *adliger Litauer, Kastellan v.* Colayna *(1290ff.)* 352. 354. 428; *Br. s.* Scoldo
Swanden *s.* Burgardus de Sw.
Swantepolcus dux Pomeranie, *Hg. Swantopolk II. v. Pommerellen (1220—1266)* 110. 112. 132. 134. 136. 138. 140. 142. 144. 146. 148. 152. 154. 156. 158. 160. 162. 164. 166. 168. 170. 172. 174. 176. 178. 180. 182. 186. 246. 328; *Br. s.* Samborius, *S. s.* Mestowinus, Warceslaus
Swecia, *Schweden; s.* Gampti
Swecza castrum, *Schwetz an der Weichsel (gegenüber v. Kulm)* 158. 160. 164. 166
Swevus *s.* Conradus S.
Swirtil castrensis, *Burgmann auf* Oukaym *(1304)* 404
Swisdeta dominus pocior terre, *adliger Schalauer* 306
Szadlowice *s.* Cedelicze

Tapiow territorium *u.* castrum, *pr.* Surgurbi, *Gebiet u. Burg Tapiau im Samland (w. Wehlau)* 192. 232. 320. 324. 444. 452; *Kt. s.* Henricus, Ulricus Bauwarus, Ulricus de Drilebe
Tarentaise s. Innocencius V
Tarquinius Superbus, *letzter röm. Kg.* 184
Tartari, *Tataren, auch: Sarazenen-Araber* 110. 470. 472. 476. 478. 498. 504. 520. 530. 538; *s.* Sarraceni
Taupadel s. Henricus Tupadel
Templariorum ordo, *Templerorden* 474. 530; Templi domus, Templi milicie fratres 40. 42; magister *s. Gilbertus Erail*
Tenneberg, *Burg in Thüringen* 482
terra sancta, *Hl. Land* 84. 492. 496. 498. 504. 510. 512. 514. 516. 520
Tetinge *s.* Ulricus de T.
Teufel s. Conradus dictus Dyabolus
Teutleben s. Conradus de Tutele
Thammo, *DO-Br. in Balga (1321)* 446
Tharbatensis episcopatus, *Bistum Dorpat in Livland* 448
Tharenthasia s. Innocencius V
Theobald, B. v. Akkon (1191—1200) 40
Theodericus marchio Misnensis, *Mgrf. Dietrich der Bedrängte v. Meißen (1190/97—1221)* 42

Theodoricus marchio Misnensis, *Mgrf. Dietrich der Weise v. Meißen († 1285)* 252

Theodoricus sacerdos, *DO-Priester Dietrich in Welsas* 380

Theodoricus marscalcus, *DO-Br. Dietrich, Marschall in Preußen (1262— 1263)* 216. 238. 242

Theodoricus de Aldenburgk, *DO-Br. Dietrich v. Altenburg in Ragnit (1316), Kt. in Ragnit (1324), Kt. in Balga (1326), HM des DO (1335— 1341)* 412. 436. 456. 466

Theodericus de Bernheim, *DO-Br. Dietrich v. B., Marschall in Preußen (1230—1243)* 94. 138. 140. 142. 148

Theodoricus de Elner senior, *Dietrich v. Eller der Ältere (1304. 1307)* 402. 410

Theodoricus de Elner iunior, *Dietrich v. Eller der Jüngere (1307)* 410

Theodoricus de Esbech, *DO-Br. Dietrich v. Esbeck in Ragnit († 1295)* 372. 376

Theodoricus de Gatirslebe, *DO-Br. Dietrich v. Gatersleben, LM in Preußen (1271)* 250

Theodoricus de Gruninge, *DO-Br. Dietrich v. Grüningen, LM in Livland (1238/39—1246), LM in Preußen (1249ff.) u. Deutschmeister (1245ff.)* 482. 484

Theodoricus de Lidelow, *DO-Br. Dietrich v. Lödla, Vogt des Samlands (1274—1292)* 106. 296. 300. 308. 340. 342

Theodoricus Pirremont, *DO-Br. Dietrich P. († 1317)* 442

Theodoricus de Regenstein, *DO-Br. Dietrich v. R. (1272) u. sein Br. Günther* 252

Theodoricus dictus Rode, *DO-Br. Dietrich R., Kt. in Christburg (1262/64)* 260

s. Theofredus; -i monasterium s. Bernardus

Theutonia, *Deutschland s. Alemania*

Theutonici, *Deutsche* 212. 454. 512

Thibaud V., *Kg. v. Navarra (1253— 1270)* 496

Thomas de Aquino, *Th. v. Aquin (1225/26—1274)* 490. 498

Thomas filius Hertwigi de Pokarwis, *S. Th. des Hertwig v. Pokarben (1322)* 536

Thorun castrum, Thorunensis civitas, *Burg u. Stadt Thorn an der Weichsel* 92. 96. 106. 138. 148. 158. 164. 170. 280. 282. 344. 420; s. Antiquum Castrum. — Capella hospitalis infirmorum de Th. extra muros 280. — Claustrum sanctimonialium in civitate Th. 420

Thuringia, *Thüringen* 156. 190. 396. 482. — *Lgrf. s. Albrecht*, Conradus, Elizabeth, *Heinrich Raspe*, Hermannus, Ludwig. — Thuringus 94; *Thüringer* 388

Tyber, *der Tiber* 502

Tiberiadis dominus s. Radulphus

Tirbergk s. Conradus de T.

Tyrensis archiep., *Eb. Joscius v. Tyrus (1186—1200)* 40; *Erzbistum (1096)* 512

Tirsko, *Vater des Maudelo, Kastellan auf Wehlau (1274)* 194. 196

Tobias *(bibl.)* 26

Toletum, *Toledo in Spanien* 478

Tranpere castrum, *Burg in Pomesanien (Troop, zw. Marienburg u. Elbing)* 262

Trauslieb s. Drusiger

Treydera fluvius, *die Treyder oder Livländ. Aa* 384

Tremonia s. Conradus de T.

Treveris, Treverensis civitas *Trier* 424; s. Karolus de Treveri

Trinota filius regis Lethowinorum, *Troinat, S. des Fürsten Wykint, Fürst in Schemaiten († 1263)* 278

Trinta, *Natanger (1295)* 378
Tripolis, *im Libanon* 508
Troop s. Tranpere
Troppo, *in Bartenstein* 238
Tupadel s. Henricus T.
Turchi, *Türken* 528
Turnitz castrum, *Burg im Kulmerland (Tursnitz, sö. Graudenz)* 310
Tuschevelt s. Conradus T.
Tussinus, *S. des adligen Pomesaniers Namile* 266
Tutele s. Conradus de T.
Tuwangste s. Kunigsbergk

Ulenbusch s. Henricus U.
Ulixes, *Odysseus* 138
Ulricus Bauwarus, *DO-Br., Kt. in Tapiau (1279—1280)* 320. 324
Ulricus de Drilebe, *DO-Br. U. v. Dreileben, Kt. in Tapiau (1319)* 444
Ulricus de Megdeburgk, *DO-Br. U. v. Magdeburg in Königsberg (1266)* 244. 246
Ulricus de Tetinge, *DO-Br. U. v. Dettingen (1314)* 430
Ungaria, *Ungarn* 52. 476. 478. 490. 520. 538. 550. — Ungarie rex s. Andreas, *Bela*, Colmanus, Karolus Martellus. — *Ungari, die Ungarn* 550. 552; capitaneus s. Wilhelmus
Unsatrapis castrum, *pr. Burg im Land Wohnsdorf* 196
Urbanus II, *P. (1088—1099)* 474. 510. 512
Urbanus IV, *P. (1261—1264)* 186. 492. 494
Urbs Vetus, *Orvieto in Mittelitalien* 502
Ursel s. Wernerus de Orsele

Valkenbergk s. Boleslaw I.
Valkensteyn, comes de, *Grf. v. Falkenstein (1329)* 544
Vallis Scolarium s. Grandval
Vejukai s. Wayken

Venecie, *Venedig, Haupthaus des DO* 396. 414. — Veneti, *Venezianer* 52. 468. 490
Veringe, *DO-Br. v. Veringen (1295)* 376
Vermendesium, *Grafschaft Vermandois* 470
Vianda, comes de, *Grf. v. Vianden (1330)* 548
Victor III, *P. (1086—1087)* 472
Vienna, *Vienne* 492; Viennense concilium, *Konzil zu Vienne (1311/12)* 474. 530
Villisass s. Welsais
Virnenburgk s. Eberardus de V.
Vischovia castrum, *DO-Burg Fischau in Pomesanien (zw. Marienburg u. Elbing)* 262
Vischusen castrum, *bischöfl. Burg Fischhausen im Samland (am Frischen Haff)* 230
Vithenus rex Lethowinorum, *Fürst Witen v. Litauen (1292—1315/16)* 362. 366. 382. 384. 406. 408. 416. 418. 420. 422. 424. 428. 434. 448; *V.* s. Pucuwerus
Vleckenstein, de Vl. de Reno, *DO-Br. v. Fleckenstein v. Rhein in Brandenburg (1322)* 536
Vogelsanck castrum, *Burg Vogelsang an der Weichsel (gegenüber v. Thorn)* 90. 92. 94
Vogelsanck locus, *Folsong bei Turzno im Kulmerland (sö. Kulmsee)* 274
Volquinus magister, *Meister Volkwin des livländ. Schwertbrüderordens († 1236)* 128. 130
Volradus, Volz, *DO-Br. V. (v. Lödla), Kt. in Ragnit (1301—1307)* 392. 410. 412. 414
Volradus Mirabilis, *DO-Br., Vogt v. Natangen u. Ermland (1260)* 208
Vritslaria, *Fritzlar in Hessen* 482

Wadole capitaneus, *Häuptling im Gebiet Silia in Sudauen (1280)* 326

Wayken, Waykina territorium, *Gebiet in Schemaiten (Vejukai, südl. Vidukle)* 374. 438. 446. 548
Waistotepila castrum, *Burg in Barten (am Guber)* 232. 234
Walachei s. Basarab
Waldow territorium, *Gebiet Waldau im Samland (ö. Königsberg)* 192. 228
Waldow s. Queram de W.
Walewona s. Wisenburgk
Walpote s. Henricus
Walther IV., *Grf. v. Barby († vor 1263)*, comes de Barbige 214
Waltherus dictus Goldin, *DO-Br. in Balga (1296), Kumpan des Kt. in Brandenburg (1300)* 382. 390
Wanceke territorium, *Gebiet u. Burg Mewe in Pommerellen* 328; s. Gymewa
Wangrapia flumen, Arse fluvius, *die Angerapp, Nebenfl. des Pregels* 234. 296
Warceslaus, Wartislaw, *S. Hg. Swantopolks II. v. Pommerellen (1248—1271)* 328
Wargen territorium, *Gebiet im Samland (nw. Königsberg)* 228
Wargullo, *S. des* Sclodo *v. Quednau, Br. des* Nalubo 222
Warmia, *pr. Landschaft Warmien (Ermland)* 28. 98. 120. 122. 124. 126. 128. 208; s. Sclunien. — Warmiensis diocesis, *Bistum Ermland* 136. 190. 214. 258. 388. 418. 456. 464; ep. s. Anselmus, Eberardus, Henricus; prepositus s. Iordanus; *Bischofsvogt* s. Fridericus de Libencelle; *Vogt v. Natangen u. Ermland* s. Volradus. — Warmienses, *Warmier* 98. 120. 122. 126. 128. 186. 210. 248. 254. 256. 258. 288. 292. 294. 308; s. Glappo, Pyopso
Wartenbergk castrum, *Burg Wartenberg im Kulmerland* 278
Wartenbergk castrum in terra Galindie, *Burg Wartenberg (Alt-) in Galinden (onö. Allenstein)* 464

Weclitze castrum, *Burg bei Wöklitz (sö. Elbing)* 286. 288
Wedere s. Henricus de W.
Weeske s. Weseca
Wehlau s. Wilow
Weichsel s. Wisela
Weida s. Wida
Weilnau s. Wilnow
Welsais castrum, *Burg Welsas im Kulmerland (Villisass sw. Rehden)* 310. 380
Welun-Wileny s. Iunigeda
Wenceslaus dux Bohemorum, *Hg. Wenzel v. Böhmen († 935), Hl.* 486
Wenceslaus rex Bohemie, *Kg. Wenzel II. v. Böhmen (1278—1305)* 390. 500. 520
Wenzel III., Kg. v. Böhmen (1305—1306) 526
Werderthau s. Henricus de Wedere
Wernerus, *DO-Br., Kt. in Ragnit (1312)* 428
Wernerus comes de Hoinbergk, *Grf. W. v. Hoinberg (1304)* 402
Wernerus de Orsele, *DO-Br. W. v. Ursel, HM des DO (1324—1330)* 26. 458. 464. 466. 538. 544. 546. 548. 552. 554
Weseca flumen, *die Weeske (Zufluß zum Drausensee)* 288
Westfalia, *Westfalen* 212. 266; s. Engelko, Stenckel de Bintheim
Wiclantsort castrum, nunc Locstete, *Burg Witlantsort am Lochstädter Tief (Frische Nehrung)* 232; s. Laucstiete, Locstete
Wida, dominus de, *Herr v. Weida (1242/44)* 172; s. Fridericus de W., Henricus de W.
Wienna s. Ioannes de W.
Wildenbergk, *Willenberg (südl. Marienburg)* 116
Wildenbergk, comes de, *Grf. v. Wildenburg (Eifel) (1322)* 446; s. Fridericus de W.

Wildnis s. solitudo
Wilhelm V., Grf. v. Jülich (1262), comes de Iuliaco 218
Wilhelmus decanus, *Dekan des Domkapitels v. Płock (1230)* 62
Wilhelmus, magister, comes, capitaneus Ungarorum, *Grf. W., ungar. Heerführer (1330)* 550
Wilhelmus quondam Mutinensis ep., *B. v. Modena, päpstl. Legat in Preußen (1234—1245)* 134. 136. 144. 146. 158. 486
Wilhelmus comes Hollandie, *Grf. v. Holland, dt. Kg. (1247—1256)* 486
Wilnow, comes de, *Grf. v. Weilnau (1329)* 542
Wilow castrum u. territorium, *Burg u. Gebiet Wehlau im Samland (an der Einmündung der Alle in den Pregel)* 194. 240. 294. 450; capitaneus castri s. Tirsko
Wimarus burgravius, *Burggrf. Wimar* 146. 148
Winse silva, *Wald in Sudauen* 312
Wint silva, *Wald bei der Burg* Iunigeda 442
Winthimel, *Windhövel* s. Adolphus de W.
Wirtel, *in Elbing* 286
Wirtenbergk, comes de, *Grf. v. Württemberg (1329)* 544
Wischerat castrum, *Burg Wissegrad-Wyszogród an der Weichsel (ö. Płock)* 546
Wischerot castrum, *Burg Wyszegrod an der Weichsel (bei Fordon, ö. Bromberg)* 164
Wisela fluvius, *die Weichsel* 56. 90. 96. 98. 106. 110. 134. 142. 154. 156. 158. 176. 182. 246. 330. 446. 546
Wisenburgk castrum, *pr.* Walewona, *Burg Wiesenburg in Barten (Galbuhnen, nw. Rastenburg)* 128. 234
Wisna castrum, *Burg Wizna in Masowien (am Narew)* 372. 378

Wissegaudus de Medenow de gente Candeym, *W. v. Medenau, V. Gedune* 192
Witen s. Vithenus
Witlantsort s. Wiclantsort
Wittekendorph villa 94; s. Henricus de Cicze
Wizlaw II. v. Rügen (1261—1302) 342
Wladyslaw Lokietek s. Lochoto
Wladyslaw Odonicz s. Odowis
Wöklitz s. Weclitze
Wohenstorph territorium, terra, *Gebiet Wohnsdorf am Unterlauf der Alle (Groß W. w. Allenburg)* 196. 378. 444
Woyac, *Heerführer Hg. Swantopolks v. Pommerellen (1243)* 146. 148
Woyploc campus, *Feld Woplauken in Barten (nö. Rastenburg)* 418
Wolgerius Pataviensis ep., *B. Wolfger v. Passau (1191—1208)* 40
Wolpherstorph s. Henricus de W.
Wolveramus Saxo, *DO-Br. in Königsberg* 348
Worringen s. Wurinc
Wratislavia, *Breslau;* Wratislaviensis, de Wratislavia dux s. Bernardus, Henricus
Wucgwangen, *Feuchtwangen* s. Conradus de W., Syfridus de W.
Württemberg s. Wirtenbergk
Würzburg s. Helmericus; *B. s. Conradus*
Wurcza territorium in Ungaria, *Burzenland-Siebenbürgen* 52
Wurinc villa, *Worringen (Köln)* 508

Zaine s. Says
Zantir s. Santirium
Zedlitz s. Otto de Cedelicze
Zeitz s. Berthold, Henricus
Ziemowit s. Semovitus
Żirotin s. Phligt
Zutswert s. Henricus